KB089601

GUINNESS WORLD RECORDS 2020

모노노푸는
오른팔에 공기총이
장착돼 있어 약
140km/h의 속도로
스펀지 공을
발사한다.

▶ 가장 큰 휴머노이드 차량

일본 고전 애니메이션 시리즈 〈기동전사 건담〉에서 영감을 얻은 이 거인 로봇은 엔지니어 나구모 마사아키(왼쪽, 위쪽에 서 있는 사람은 조수 사카키바라 고)와 농기계 제조사 사카키바라-키카이(모두 일본)가 제작한, 위풍당당한 모습의 '모노노푸'다. 높이 8.46m, 어깨 폭 4.27m로, 2018년 12월 7일 일본 군마현 기타군마에서 측정됐다(173쪽 참조). 146~167쪽에 수록된 획기적인 로봇들에 관한 《기네스 세계기록 2020》 로봇 특집도 놓치지 말자.

목차 CONTENTS

세계에서 가장 많이 팔린 연간 발매 서적의 2020년도 판에 온 걸 환영한다. 이 책은 새로운 10년을 위한 수천 개의 최신 기록들로 가득하다. 말 그대로 최고 기록들로 채워진 11개의 챕터에는 놀랍고 감동적인, 번뜩이는 업적들이 엄청나게 수록돼 있다. 이 중 일부 기록은 누구나 충분히 도전할 수 있는 것들이다.

챕터들은 색으로 분류되며, 기록들은 11개 주요 카테고리로 나뉜다.

이 책은 전 세계에서 촬영한 놀라운 사진들로 가득하다. 이 중에는 최초로 공개되는 독점 사진들도 많다.

얼마나 클까? 아래와 같이 '100%' 표시가 있는 사진들은 실물과 똑같은 크기다.

100%

고고학부터 동물학까지 광범위한 주제들을 다루는 기네스 세계기록은 전 세계의 수많은 전문가들의 도움을 받아 만들어진다. 우리의 자문가들 중 일부를 250~251쪽에서 만날 수 있다.

우리의 디지털 아티스트들이 '스냅샷' 사진들에 특별한 노력을 기울였다. 기네스 세계기록의 고향인 런던에 **가장 큰 동상, 가장 큰 우주정거장, 가장 부자인 사람**과 같은 몇 가지 상징적인 기록들을 가져와 도시의 가장 유명한 랜드마크와 비교 이미지를 만들었다. 그 결과는 정말 상상을 초월한다.

당신의 생일이 언제든, 기네스 달력에서 그날 작성된 신기록을 찾을 수 있다.

In 2016, Gabriel Medina (BRA) lands the **first successful backflip at a Surfing World Championships event.** He is awarded a perfect score of 10 at the Oi Rio Pro in Rio de Janeiro, Brazil.

집에서 따라 해보세요!

'기네스 세계기록 달성'을 원한다면 새로운 챕터 '바이럴 스포츠'에 주목하자. 요요, 큐브 맞추기, 저글링 등 도전해볼 만한 기록들이 많다. 기네스 온라인 사이트에 가면 눈 가리고 병 회전시켜 세우기 챔피언인 조시 호턴(위 사진) 같은 현재 기록 보유자들을 만나볼 수 있는데, 세계에서 가장 유명한 책에 어떻게 하면 자신의 이름을 올릴 수 있는지 비결까지 공개한다.

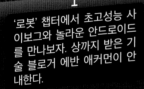

AIRBORNE AUTOMATA

ROBOTS
바이오닉옵터

온라인까지 이어지는 이야기 @ GUINNESSWORLDRECORDS. COM

이 표시는 guinnessworldrecords. com/2020에 보너스 영상이 있다는 의미다. 기네스 영상 팀이 눈이 번쩍 뜨이고 입이 쩍 벌어지는, 세계에서 가장 놀라운 기록 영상을 모아놨으니 보고 따라 해볼 기회를 놓치지 말자.

'로봇' 챕터에서 초고성능 사이보그와 놀라운 안드로이드를 만나보자. 상까지 받은 기술 블로거 에반 애커먼이 안내한다.

Boston Dynamics

USAF
ULA

DELTA

THEMIS

KIPCHOGE

3

편집자의 편지 EDITOR'S LETTER

새로운 10년을 위해 완전히 개정되고 업데이트된 《기네스 세계기록 2020》에 온 것을 환영한다.

올해 우리의 기록 관리팀은 하루에 100개 이상의 지원서를 검토했다. 언제나 그렇듯 철저한 평가를 거쳐 핵심 요건들을 만족한 지원서들만 공식 기네스 세계기록으로 인정받았다.

매년 통과하는 비율은 5~15% 정도다.

'세계에서 가장 짧은 연필'이나 '읽지 않고 모은 가장 많은 이메일', '가장 오래 샤워한 기록'에 '불합격' 판정을 내릴 수밖에 없었던 건 유감이지만, 지난 12개월 동안 5,103개의 기록에 엄지손가락을 치켜세울 수 있어 기쁘게 생각한다.

우리는 매년 받는 수천 개의 지원서 외에도 다양한 분야의 자문가와 고문들에게 놀라운 기록들을 전해 받는다.

이 외부 전문가들 중에는 자신의 연구 분야를 이끌어가는 학자들도 많아 우리가 말 그대로 고고학부터 동물학에 이르기까지 광범위한 스펙트럼의 주제를 다룰 수 있도록 해준다. 1950년대 《기네스북》을 처음 펴낸 노리스 맥허터는 이 과정을 "전문가들에게서 최고의 기록을 추출해낸다"라고 표현했다. 말 그대로 거미학자, 패류학자(조개), 암석학자(바위)들에게 부탁해 가장 빠르고, 높고, 무겁고, 강한 기록들을 찾아냈다.

올해 우리의 선임편집자 애덤 밀워드는 이 전문가 집단을 늘리기 위해 더 많은 노력을 기울였는데 특히 개미 학교, 버클리 지진학 연구소, 큐 왕립식물원이 합류하게 돼 기쁘다.

전체 자문가와 기고자 리스트는 250~251쪽에 있다.

또한 올해 《기네스 세계기록》에는 로봇공학 자문가 에반 애커먼

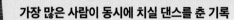

가장 많은 사람이 동시에 치실 댄스를 춘 기록

손발협조기능검사인 '치실' 동작(치실질을 하는 것처럼 골반과 팔을 움직이는 것. '백팩키드춤'이라고도 한다)은 2017년 퍼지기 시작해 최근 크게 유행하는 춤이다. 스웨덴 어린이 TV 쇼 〈릴라 악트엘트와 릴라 스포츠피예른〉은 2018년 12월 4일 트렌드에 동참했다. 스웨덴 텔레비전이 스톡홀름 지역 학교에 마련한 이 행사에 793명의 학생과 선생님들이 모였다.

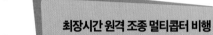

최장시간 원격 조종 멀티콥터 비행

더 깨끗한 연료의 실용화 가능성을 보여주기 위해 메타비스타 사(대한민국)가 16.4kg의 멀티 로터 드론 비행기를 단 6ℓ의 액체수소만으로 12시간 7분 5초 동안 비행시키는 데 성공했다. 이 기록은 2019년 4월 3일 대한민국 대전광역시 유성구에서 작성됐으며, 이전 기록을 2시간 6분 7초 차이로 경신했다.

티백 포장지 최다 수집

티백 포장지 수집은 수집계의 블루오션 같겠지만 이 기록은 2018년에 2회나 경신됐다. 현재 기록 보유자는 프레이야 루이즈 크리스티안센(덴마크, 사진 가운데)으로 5년 넘게 수집한 티백이 덴마크 유틀란트 오르후스에서 2018년 6월 12일 기준 1,023개로 확인됐다. 이전 기록인 743개를 가볍게 넘어섰다(76쪽 참조).

3-6-3 스택 30개 개인 최단시간 기록

벤딕 아모(노르웨이)는 2019년 3월 2일 덴마크 코펜하겐 KU.BE 문화활동 센터에서 1분 33초 54 만에 3-6-3 스택 30개를 모았다 펼쳤다. 세계스포츠스태킹협회는 "3-3-3, 3-6-3 개인 최고 기록과 회전 종목 기록까지 봤을 때 노르웨이에서 가장 뛰어난 스포츠 스태커는 아모"라고 했다.

여자 EHF 핸드볼 챔피언스 리그 개인 최다 골

2005년부터 2019년 3월 26일까지 헝가리 팀의 핸드볼 스타 아니타 고르비츠는 유럽 핸드볼 연맹 챔피언스 리그에서 939골을 득점했다. 고르비츠는 죄르 아우디 ETP KC 소속으로 2017~2018 시즌에만 70골을 넣으며 개인 통산 4회째 챔피언스 리그 타이틀을 차지했다.

JAN 1 1907년 새해를 맞아 미국 대통령 시어도어 루스벨트는 **가장 많은 주(州) 대표들과 악수하기**(단일 행사) 기록을 달성했다. 그는 백악관 공식 행사에서 8,513명과 악수를 나눴다.

JAN 2 1932년 게르하르트 해밀턴 '게리' 브랜드(남아프리카)는 영국 트위크넘에서 열린 남아프리카 팀과 잉글랜드 팀의 럭비 경기에서 **15인 럭비 최장거리 드롭골**을 기록했다(77.7m).

이 새롭게 합류했다. 언론인이자 블로거, 과학기술 소통전문가인 에반은 미국 전기전자엔지니어 협회의 일원이자 로봇 분야에서 존경받는 전문가다. 올해의 특별 챕터인 '로봇'에 대해 그보다 더 잘 설명하고 안내해줄 사람이 있을까? 에반이 선별한 놀라운 로봇들의 활약상은 146쪽부터 소개되어 있다.

언제나 새로운 재주를 찾아내는 우리의 재능 발굴단은 올해 자동차 쇼부터 강아지 축제, 비디오 게임 컨벤션, 마라톤 대회까지 역사상 가장 다양한 행사에 참여했다.

특별히 최근 파트너십을 맺은 비눗방울(90~91쪽)과 불(92~93쪽) 관련 단체들은 정말 놀라운 장면들을 연출해주었다. 눈을 크게 뜨고 확인해보자.

우리가 방문한 가장 규모가 큰 행사는 미국 네바다주 라스베이거스에서 열린 2018 스킬콘이었다. 여기서는 광선검 대회, 큐브 빨리 맞추기, 저글링 대결, 풋배킹(콩주머니 차기)은 물론 상상 이상의 대결 종목들이 다양하게 펼쳐졌다. 우리의 심사관들은 촬영팀과 함께 대회를 찾아가 여러 신기록을 기록하고, 기록 보유자들과 인터뷰했으며, 그들이 알려주는 기본적인 팁을 독점적으로 촬영했다.

올해 책에서 우리는 유튜브나 인스타그램 같은 소셜 미디어 플랫폼에서 인기를 끌고 있는 '바이럴 스포츠' 관련 기록들도 따로 모았다. 그 내용은 98쪽부터 시작된다.

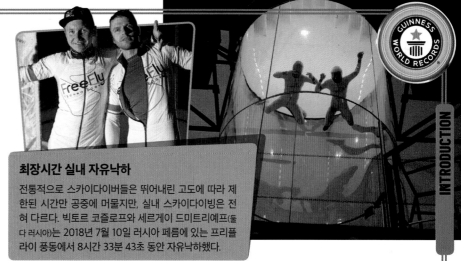

최장시간 실내 자유낙하

전통적으로 스카이다이버들은 뛰어내린 고도에 따라 제한된 시간만 공중에 머물지만, 실내 스카이다이빙은 전혀 다르다. 빅토르 코즐로프와 세르게이 드미트리예프(둘 다 러시아)는 2018년 7월 10일 러시아 페름에 있는 프리플라이 풍동에서 8시간 33분 43초 동안 자유낙하했다.

가장 큰 피클 단지

터키 수도 앙카라 인근의 추북은 매년 9월 지역 최고 특산품인 피클을 기념하는 행사를 연다. 식초에 절인 채소가 가득 든 1,696ℓ 용량의 단지보다 행사를 기념하는 더 좋은 방법이 있을까? 추북 지방정부(터키)가 제작한 이 특대 단지는 기네스 세계기록의 심사관 세이다 수바쉬 게미치(사진 왼쪽)가 2018년 9월 13일 검증했다(왼쪽 사진).

수갑 차고 2인 마라톤 달리기 최고 기록(혼성)

남편과 아내로 구성된 팀인 레베카(영국)와 누노 세자르 데 사(포르투갈)는 2019 런던 마라톤 대회에 수갑을 차고 출전해 3시간 43분 17초 기록으로 결승선을 통과했다. 이는 2019년 4월 28일 열린 런던 마라톤에서 새로 작성된 40가지 기록 중 하나다. 236~237쪽에서 다른 사람들이 세운 기록들도 찾아보자.

가장 낮은 고도에서 축구 경기하기

2017년 가장 높은 고도에서 축구 경기하기에 성공한 이퀄플레잉필드(스포츠에서 양성 평등을 주장하는 재단)가 2018년 4월 5일 정반대 기록을 세웠다. 이집트, 프랑스, 인도, 이탈리아, 스웨덴, 영국 포함 20개국 이상에서 모인 여자 선수들이 요르단 사해 인근 해수면 아래 326m 지점에서 경기를 했다.

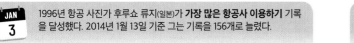

JAN 3 1996년 항공 사진가 후루쇼 류지(일본)가 **가장 많은 항공사 이용하기** 기록을 달성했다. 2014년 1월 13일 기준 그는 기록을 156개로 늘렸다.

JAN 4 2015년 락샨 와니아라치치(스리랑카)는 스리랑카 콜롬보에서 **동시에 가장 많은 사람과 스크래블 게임하기** 기록을 달성했다(40명). 이 기록을 인정받으려면 31명을 이겨야 한다. •스크래블 - 보드 게임의 일종

5

NBA 최다 트리플더블 십 대 선수

댈러스 매버릭스의 루카 돈치치(슬로베니아, 1999년 2월 28일생)는 4경기에서 NBA 통계 기록 5가지 항목, 즉 득점, 리바운드, 어시스트, 스틸, 블록 중 3가지 항목에서 2자릿수를 달성했다(트리플더블). 그가 십 대에 트리플더블을 달성한 마지막 경기는 LA 클리퍼스 전으로, 20번째 생일이 되기 겨우 3일 전이었다.

가장 큰 프라이팬

2018년 5월 12일 터키 북서부의 에디르네 지방정부가 만든 무게 2t의 프라이팬 크기가 지름 6.72m, 깊이 0.8m로 기록됐다. 이 엄청난 프라이팬은 이 도시에서 열린 제8회 국제 간 요리 및 밴드 페스티벌을 기념해 해당 지역의 셰프들이 600kg 분량의 간 요리를 튀기는 데 사용됐다.

 ### 살아 있는 최고령 형제자매(합계)

포르투갈의 포르토 남부 산타마리아 다 페이라에 사는 형 알바노(1909년 12월 14일생)와 동생 알베르토 안드라데(1911년 12월 2일생, 둘 다 포르투갈)는 2019년 4월 2일 기준 나이가 각각 109세 109일과 107세 121일이었다. 합계 216세 230일로, 2016년 합계 나이 215년 353일을 기록한 스페인의 토머스 자매를 뛰어넘었다.

guinnessworldrecords.com/2020에서 우리가 독점 취재한 스킬콘 영상을 확인해보자. 우리의 영상 팀은 기네스 세계기록의 유튜브 채널에 올릴 수백 시간 분량의 자료를 촬영하느라 어느 때보다 바쁘게 보냈다. 책에서 ▶ 아이콘을 찾아보자. 이 버튼이 보인다면 우리 웹사이트에서 관련 영상을 찾아볼 수 있다.
《기네스 세계기록 2020》의 또 다른 새로운 섹션은 '스냅샷'이다. 매 챕터의 첫 페이지를 포스

터 같은 사진들이 장식하고 있다. 우리 편집자들이 55Design과 기네스 세계기록의 3D 아티스트 조셉 오닐과 긴밀하게 작업해 만든 페이지다. 신기록을 세운 대상을 3D 모델링 소프트웨어를 이용해 우리의 일상으로 끌고 왔다.
예를 들어, **가장 큰 조각상**(190~191쪽)이 있다. 인도 외곽에 있는 이 182m 높이의 조각상은 사실 《기네스 세계기록》의 많은 독자들이 직접 찾아가 보는 것이 쉽

최대 규모 기념품 접시 수집

때로 신기록 수립은 가족의 일이 되기도 한다. 현재 미국 코네티컷주에 사는 쿤딘 가족(러시아)은 2019년 1월 24일 기념품 접시를 1,555개 모은 것으로 기록됐다. 1990년 알렉산더 쿤딘(아래 사진)이 수집을 시작했고 그 후 아내 아이린과 세 자녀 앤드루, 마이클, 빅토리아가 함께 모았다.

JAN 5 2018년 엘레나 소피 스털리니(오스트리아)는 오스트리아 빈에 있는 댄스 스튜디오에서 **최장시간 트워킹 춤추기**에 성공했다. 그녀는 2시간 1분 동안 쉬지 않고 춤을 췄다.

JAN 6 2017년 존 로비치(미국)는 1,251개의 건물로 구성된 **최대 규모 진저브레드**(생강 쿠키) **마을**을 만들어 미국 뉴욕시 코로나에 있는 뉴욕 과학관에 전시했다.

〈카운터 스트라이크: 글로벌 오펜시브〉 최다 상금 선수

아스트랄리스 소속 프로게이머 안드레아스 'Xyp9x' 호이스레트(덴마크)는 2019년 2월 12일 기준 〈카운터 스트라이크: 글로벌 오펜시브〉(밸브 사, 2012년 작) 대회에 출전해 132만 1,921달러의 상금을 받았다. 그가 가장 큰 상금을 번 대회는 2018년 12월 9일 열린 '인텔 그랜드슬램 시즌 1'으로 팀이 우승하면서 전체 상금 중 20만 달러를 나눠 받았다.

최대 규모 모조 성 전시

역사를 좋아하는 졸탄 알렉스지(헝가리)는 2014년 여름 헝가리 페예르 디니예스에 성 공원을 열며 어린 시절 꿈을 이루었다. 모조 성 18개로 시작했지만 2019년 1월 4일 기준 이곳에 있는 미니어처 헝가리 성의 개수는 38개로 늘어났다. 각각의 요새는 나무, 돌, 벽돌, 진흙 등 실물 크기의 성을 만들 때와 똑같은 재료를 사용해 제작됐다.

최대 규모 실외 벽화

인천광역시와 인천항만공사, 인천경제산업정보테크노파크, 한국TBT(모두 대한민국)가 2018년 9월 20일 대한민국 인천의 항구에 있는 48m 높이의 곡물 저장 사일로에 화사한 벽화를 그렸다. 22명의 예술가로 구성된 팀은 86만 5,400ℓ의 페인트를 사용해 그림을 그렸다.

지 않다. 그래서 독자들이 그 엄청난 크기를 쉽게 짐작할 수 있도록 우리가 조각상을 통째로 가져와 영국 템스 강에 있는 런던아이 대관람차 옆으로 옮겨 왔다. 이렇게 하면 실제 조각상의 높이가 어느 정도 가늠이 될 것이다!

'그런데 왜 런던에 있는 랜드마크냐'고 물을 수 있다. 65년 동안 영국의 수도는 《기네스 세계기록》의 고향이었다. 1954년 이곳에서 노리스와 로스 쌍둥이가 처음으로 책을 펴낸 이래 우리의 본사는 언제나 런던에 위치했다. 가장 유명한 연간 발매 서적에서 자신의 이름을 보고 싶다면 먼저 guinnessworldrecords.com에 연락해보자. 개인으로 지원해도 되고 가족, 학교, 자선단체, 회사로 지원해도 괜찮다. 우리는 언제나 당신의 도전을 환영한다.

새로운 10년을 맞이하는 지금이야말로 버킷 리스트에서 '세계신기록 달성하기'를 지워버리기에 더할 나위 없이 좋은 시기다. 우리에게 신청서를 산더미처럼 보내도 되지만, 우리가 하루에 볼 수 있는 신청서는 딱 100통뿐이라는 점은 이해해주길 바란다.

Craig Glenday

편집장
크레이그 글렌데이

'통일로 나가는 문'이라는 제목의 입체 벽화는 남북 간의 화합을 희망하며 제작됐다. 이 그림에는 댐의 반대편에 펼쳐진 북한의 모습이 묘사돼 있다.

▶ 최대 규모 트릭아트 그림

트릭아트는 원근법을 이용한 눈속임으로 평면에서 입체감을 느낄 수 있게 만든다. 2018년 9월 28일 대한민국 화천군 평화의 댐에 테니스 코트 18개를 합친 크기와 맞먹는 4,775.7m² 크기의 '터널' 그림이 공개됐다. 이 작품은 한국수자원공사의 이학수 사장의 의뢰로 제작됐다(둘 다 대한민국).

 JAN 7 1972년 로스앤젤레스 레이커스가 NBA 최다 연승인 33승을 기록했다. 1971년 11월 5일 시작된 연승 행진은 마지막 승리 이틀 뒤 밀워키 벅스에 패하며 막을 내렸다.

 JAN 8 2011년 아시리타 퍼먼(미국)은 캔과 줄로 만든 죽마로 1마일 빨리 가기 기록을 세우며 자신의 기네스 세계기록 목록을 늘렸다. 그는 캐나다 온타리오주 오타와에서 11분 55초의 기록으로 코스를 완주했다.

GWR DAY

30초 안에 줄넘기 맘바 트릭 많이 하기

이쿠야마 히지키(일본)는 일본 도쿄에서 30초 동안 줄넘기를 하며 맘바 트릭을 24회 하는 데 성공했다. 맘바 트릭이란 줄넘기를 하다가 순간적으로 한쪽 손잡이를 놓고 옆으로 줄을 빼면서도 남은 손으로 줄넘기를 돌리는 묘기다. 줄을 360도 회전시킨 뒤 놓았던 손으로 다시 손잡이를 잡아 줄넘기를 계속해야 한다(영상을 확인해보자).

묘기 농구 전문 팀 할렘 글로브로터스(미국)가 기네스 세계기록의 날에 신기록을 작성했다. 팀원 줄리안 '제우스' 맥클러킨은 **1분 동안 눈 가리고 덩크 많이 하기** 기록을 세웠다(5회). 이들이 기네스 세계기록의 날에 만든 기록은 아래에 더 나와 있다!

매년 세계 각지에서 수천 명의 사람들이 아주 놀랍고도 다양한 도전을 하기 위해 '기네스 세계기록(GWR)의 날' 행사에 참가한다. 이 연례 행사는 2005년 기네스 세계기록이 **가장 많이 팔린 연간 발매 서적**에 등극한 것을 축하하기 위해 시작됐다. 공식 기네스 세계기록 타이틀에 도전하는 것은 기부금을 모으거나, 친구나 동료 사이를 돈독하게 만드는 수단으로도 빛이 나지만, 그저 재미로 해도 된다. 2018년 기네스 세계기록의 날에 성공한 도전들을 살펴보자.

▶ 이 표시가 있는 기네스 세계기록의 날 영상은 다음

자동차가 인쇄된 우표 최다 수집

나빌 카람(레바논)이 자동차가 인쇄된 우표 3,333장을 모은 사실이 레바논 주크 모스베흐에서 확인됐다. 위 사진은 그가 기네스 세계기록의 편집장 크레이그 글렌데이(사진 왼쪽), 기네스 기록 심사관 타랄 오마르(오른쪽)와 함께 있는 모습이다.
카람은 이 외에도 **최다 자동차 모델 수집**(3만 7,777개), **최다 자동차 디오라마 수집**(577개) 기록도 보유 중이다.

주소에서 확인할 수 있다.
guinnessworldrecords.com/2020

최다 인원 스포츠스태킹
(여러 장소)

2018년 11월 8일 세계스포츠스태킹협회(WSSA)는 기네스 세계기록의 날에 열린 제13회 '스택 업!' 행사에서 다시 한 번 많은 사람들을 모아 플라스틱 컵을 쌓고 포개게 해 또다시 최고 기록을 달성했다. 25개국 2,833개의 학교 및 기관에 62만 4,390명의 참가자들이 모였는데, 미국이 56만 9,928명으로 가장 많았다.

WSSA는 12년 전인 2006년 기네스 세계기록의 날에 총 8만 1,252명을 모아 첫 기록을 세웠는데, 2018년 행사에서는 그보다 7배 이상 많은 인원으로 신기록을 달성했다!

최대 규모 자외선(UV) 블랙라이트 그림

기네스 세계기록의 날을 맞아 영국의 자선단체 영마인즈가 인상 깊은 작품을 만들었다. 정신건강에 문제가 있는 청소년들의 도전으로 완성된 이 작품에는 말 그대로 한 줄기 빛이 비쳤다. 예술가 리비 고슬링(영국)의 도움으로 영마인즈 자원자 팀이 영국 버킹엄셔 밀턴케이스에서 453.22m² 크기로 제작한 이 자외선 그림은 자연광에서는 흰 종이로 보이지만, 블랙라이트를 비추면 이미지가 나타난다. 그런데 왜 사람의 머리 안에 나무가 있는 그림일까? 리비는 "마음의 건강은 나무처럼 잘 가꿔야 건강해지고 꽃을 피우니까요"라고 설명했다.

할렘 글로브로터스와 플라이 글로비스

'제우스' 맥클러킨은 미국 조지아주에서 **1분 동안 뒤로 3점 슛 많이 넣기** 기록을 세웠다(3개). 그의 팀 동료들은 '1분짜리' 기록을 2개 더 작성했는데, '토치' 조지는 **가장 많이 옆으로 구르며 다리 사이로 공 튀기기(여자)** 기록을 세웠고, '불' 블라드는 **가장 멀리 뒤로 공중제비 돌며 슛 던져 넣기** 기록을 세웠다(17.71m). 글로브로터스의 아크로배틱 덩크 팀 플라이 글로비스(바로 위 삽입 사진)는 트램펄린으로 점프해 다리 밑으로 공을 돌려 덩크슛하기 팀 **최다** 기록을 세웠다(28회).

JAN 9 1863년 **최초의 지하철**이 영국 런던에서 개통됐다. 이 초기 도시지하철(메트로폴리탄 라인)은 패딩턴부터 패링던 스트리트까지 6km를 운행했다.

JAN 10 2013년 퀸벤저네이 윌리스(2003년 8월 28일생)는 9세 135일의 나이로 **최연소 오스카 여우주연상** 후보에 올랐다. 〈비스트〉(미국, 2012년 작)에 출연했을 때 그녀의 나이는 겨우 6세였다.

▶ 1분 동안 풍동에서 앞뒤다리찢기 자세로 최다 회전하기

실내 스카이다이빙 강사 다니엘 '도니' 게일스(호주)는 호주 뉴사우스웨일스에 있는 아이플라이 다운언더에서 앞뒤다리 찢기 자세로 풍동(인위적으로 큰 바람을 일으키는 장치) 안에서 55회나 옆으로 회전했다. 이 23세 여성은 "평생 춤을 췄어요. 태어날 때부터 꾸준히 해왔죠. 춤이 하늘을 나는 데 도움을 줬어요"라고 말했다.

플레이모빌 피겨 5개 빨리 조립하기

후 유페이(중국)는 중국 상하이의 '상하이 키즈 펀 엑스포'에서 플레이모빌 피겨 5개를 59초88 만에 조립했다.

행사에 참여한 다른 중국 방문객들도 기네스 세계기록을 여러 개 작성했는데, '플레이도'로 면발 21가닥 빨리 뽑기(39초32, 진 주안), 장난감 자동차 30개 빨리 분류하기(20초92, 수 친), 유아용 카시트 커버 빨리 교체하기(1분 58초44, 치 하이펑)가 있다.

1분 동안 공을 땅에 튀기며 저글링 많이 하기 (농구공 3개)

루이스 디에고 소토 비야(멕시코)는 멕시코 멕시코시티에서 1분 동안 공 3개를 땅에 튀겨가며 저글링 많이 하기 신기록을 수립했다(213회).

▶ 손과 발을 동시에 이용해 루빅큐브 3개 빨리 맞추기

치에 지엔위(중국)는 중국 푸젠성 샤먼에서 손과 발을 동시에 써 루빅큐브 3개를 1분 36초39 만에 동시에 맞췄다.

같은 날 그는 철봉에 거꾸로 매달려 루빅큐브 빨리 맞추기에도 성공했다(15초84).

▶ 레고 블록으로 만든 가장 큰 해시계 (지지형)

플레이어블 디자인(중국)은 지름 2.91m에 두께 0.8m 크기의 실제로 시간이 맞는 해시계를 공개했다. 레고 듀플로 블록 4만 5,000개를 사용해 만들었다. 해시계는 인류가 최소 기원전 1,500년 전부터 사용한 시계 장치 중 하나다.

30초 동안 입으로 탁구공 벽에 많이 튀기기

레이 레이놀즈(영국)는 영국 런던에서 입만 사용해 탁구공을 벽으로 뱉고 다시 받기를 30초 동안 총 34회나 성공시켰다.

훌라후프하며 줄넘기 많이 넘기

장 지칭(중국)은 중국 베이징에 있는 베이징 차오양 사범학교에서 훌라후프하며 줄넘기를 1분 32초653 동안이나 했다(줄넘기 142회 성공). 장은 63세였지만 기네스 세계기록의 날에 신기록 도전에 나서서 힘과 운동능력을 과시했다.

1분 동안 도넛 많이 쌓기 (눈 가리고)

케이티 놀란(미국)은 2018년 11월 7일 미국 뉴욕시에서 ESPN의 〈올웨이즈 레이트 위드 케이티 놀란〉 프로그램 촬영 중 눈을 가리고 도넛을 7개나 쌓았다.

▶ 랩으로 사람 빨리 감기

유튜버 '데카킨'(일본)은 일본 도쿄 미나토에서 아이돌 그룹인 '극장판' 고키겐 제국의 시라하타 이치호를 1분 59초71 만에 랩으로 감쌌다.

전구가 가장 많이 사용된 빛과 소리 쇼 (일회성 행사가 아닌 상시 설치된 장소)

중국 저장성에서 펼쳐지는 '원저우 산 라이트 쇼'에서는 산등성이와 건물들, 다리들, 그리고 오우 강 양쪽에 70만 7,667개의 전구를 달아 관광객들을 사로잡는다. 베이징 랜드스카이 환경기술주식회사(중국)가 설치했고 2018년 기네스 세계기록의 날에 신기록으로 공식 인정됐다.

이 거대한 시계는 천문학자와 공학자들이 3개월 이상 공을 들여 제작했다.

▶ 집에서 만든 슬라임 가장 길게 늘리기 (30초)

일본의 블로거인 '봄봄 TV'의 '윳치'(위 사진 가운데)는 일본 도쿄에서 슬라임 한 덩이를 3.87m까지 늘렸다.

같은 날 '봄봄 TV'의 팀원들이 모여 30초 동안 집에서 만든 슬라임 가장 길게 늘리기(8명이 한 팀) 기록을 달성했다(13.78m).

▶ 최장거리 휠체어 경사대 점프

애런 '휠즈' 포더링햄(미국)은 미국 캘리포니아주 우드워드 웨스트에 설치된 경사대에서 휠체어로 21.35m나 점프했다. 같은 날 그는 휠체어로 가장 높은 쿼터파이프 타기와 휠체어로 가장 높은 쿼터파이프에서 핸드 플랜트(손 짚기) 묘기하기에 성공했다(둘 다 8.4m, 95쪽 참조).

JAN 11 2016년 리 싱난(중국)이 중국 베이징에 마련된 CCTV의 〈기네스 세계기록 스페셜〉 무대에서 벽 밟고 높이 올라가 공중 뒤돌기하기 기록을 세웠다 (3.7m).

JAN 12 2012년 잭이라는 이름의 할리퀸 마코 앵무새가 미국 캘리포니아주 새너제이에서 1분 동안 부리로 소다 캔 35개를 열어 1분 동안 음료수 캔을 가장 많이 연 앵무새로 기록됐다.

가장 많이 본 GWR 영상 MOST-WATCHED GWR VIDEOS

귀여운 동물, 목숨을 건 스턴트, 믿을 수 없을 만큼 놀라운 사람들과 끝내주는 재능… 당신이 어떤 영상을 좋아하든 기네스 세계기록(GWR) 영상보다 생생할 수는 없다. 지금 세계 어느 곳에 있든 소셜 미디어에서 기네스 세계기록을 찾아보자. 여기, 유튜브에서 가장 인기 있는 기네스 세계기록 영상들을 정리해놓았다. 당신은 어떤 영상을 좋아하는가?

세계로 가는 기네스 세계기록

1998년 처음 시작한 기네스 세계기록 TV 쇼는 북미와 중동, 아시아, 호주를 포함해 전 세계 약 190개 이상 지역에서 방영돼왔다. 위 사진은 **가장 키가 큰 남자**(58~59쪽 참조) 술탄 쾨센(터키)이 중국 CCTV의 〈기네스 세계기록 스페셜〉에 신기록 보유자들과 함께 출연한 모습이다.

최근 몇 년 사이에 소셜 미디어 분야가 폭발적으로 성장하며 기네스 세계기록도 전 세계 사람들과 더 가깝게 연결되었다. 유튜브, 페이스북, 인스타그램, 팝잼 등 무엇으로 보든 우리의 '놀라운 공식' 기록 영상들이 당신의 눈을 번쩍 뜨이게 만들 것이라 보장한다. 그리고 우리는 시청자, 게시자, 공유자들의 신기록 관련 의견 제안을 언제나 환영한다!

2018년 11월, 기네스 세계기록 영상들의 누적 시청시간이 10억 시간을 넘기며 우리는 하나의 이정표를 세웠다. 가장 인기 있는 영상은 가전기업 아론스(미국)의 직원들이 몸 바쳐 만든 **최대 규모 인간 매트리스 도미노 영상**으로 4,600만 뷰를 기록했다(옆 페이지 오른쪽 상단). 우리는 언제나 재미있는 '꼭 봐야 할 영상'을 찾고 있으며, 디지털 팀에서는 매달 신선하고 놀라운 영상들을 모아 미리보기 형식으로 편집하고 있다.

특히 우리는 '신기록 보유자와의 만남' 시리즈에 자부심이 큰데, 놀라운 재주에 가려진 스타들의 솔직한 모습을 독점으로 보여주고, 기록 보유자들의 믿을 수 없는 이야기가 최초로 공개된다. 아래 표에서 가장 인기 있는 영상들을 알아보자.

유튜브 '신기록 보유자와의 만남' 시청 횟수

영상	게시일	뷰
1. 가장 긴 손톱(한 손, 사상 최고)	2015년 9월 29일	15,317,359
2. 다리가 가장 긴 여자	2017년 9월 9일	9,256,334
3. 세계에서 키가 가장 큰 개	2012년 9월 12일	7,163,951
4. 배트맨 코스프레 세계신기록	2016년 8월 24일	6,910,558
5. 검도 고수의 신기록 도전 - 일본 투어	2017년 3월 2일	5,981,577
6. 머리에 캔 붙이기 - 접착제 없이	2016년 3월 31일	4,468,971
7. 가장 높은 하이탑페이드(헤어스타일)	2017년 9월 14일	4,331,221
8. 세계에서 가장 큰 말	2012년 9월 12일	3,872,814
9. 브리트니 갈리반: 종이를 몇 번이나 접을 수 있을까?	2018년 11월 26일	3,720,518
10. 턱걸이하는 남자	2016년 5월 5일	3,439,371

2019년 2월 18일 기준

《기네스 세계기록》은 **가장 많이 판매된 연간 발매 서적**이지만, 놀라운 기록들을 책으로만 볼 수 있는 건 아니다. 우리는 기록들을 사진이나 영상으로도 남겨 수백만에 달하는 온라인 팬들과 공유하고 있다. 《기네스 세계기록 2020》을 읽다가 왼쪽 '플레이' 표시가 있으면 영상이 있는 기록이라는 의미다. 모든 영상은 다음 주소에서 볼 수 있다.

www.guinnessworldrecords.com/2020

 JAN 13 1981년 이 날부터 1983년 9월 16일까지 여학생 도나 그리피스(영국)는 976일 동안 재채기를 멈추지 않았다. **가장 오래 재채기한 기록**이다. 그녀는 1981년에만 100만 회가 넘게 재채기를 했다.

 JAN 14 2012년 식신 패트릭 '딥 디시' 베르톨레티(미국)는 미국 일리노이주 이스트던디에 있는 시에라 스튜디오에서 **1분 동안 마늘 많이 먹기** 기록에 도전해 성공했다(36쪽).

유튜브에서 가장 많이 본 기네스 세계기록 영상 25위

영상	게시일	뷰
1. 최대 규모 인간 매트리스 도미노	2016년 4월 7일	51,446,906
2. 세상에서 가장 잘 늘어나는 피부	2009년 1월 12일	37,396,345
3. 가장 긴 자전거	2015년 11월 10일	19,648,054
4. 1분 안에 젖은 티셔츠 많이 입기	2015년 6월 8일	16,606,141
5. 파쿠르 - 벽 밟고 가장 높이 올라 뒤돌기	2016년 11월 11일	15,851,965
6. 다리가 가장 긴 여자(이전 기록자)	2009년 3월 11일	15,345,386
7. 가장 긴 손톱(한 손, 역사상 최고)	2015년 9월 29일	15,317,359
8. 가장 높은 곳에서 떨어진 크리켓 공 잡기	2016년 7월 5일	14,783,638
9. 가장 작은 도미노 쌓기	2014년 7월 29일	14,222,140
10. 세상에서 가장 키가 큰 남자: 시 순	2008년 4월 14일	12,675,322
11. 바늘방석 사이에 끼우고 인간 샌드위치 높이 만들기	2016년 2월 5일	12,287,653
12. 30초 동안 몸에 거미 많이 올리기	2007년 7월 27일	11,882,364
13. 세상에서 혀가 가장 긴 사람	2014년 9월 9일	10,990,528
14. 책 도미노	2015년 10월 16일	9,473,611
15. 다리가 가장 긴 여자	2017년 9월 9일	9,256,334
16. 신형 미니 출시 기념 가장 좁은 장소에 드리프트로 평행주차하기	2012년 5월 31일	8,766,424
17. 호버보드로 가장 먼 거리 날아가기	2015년 5월 22일	8,694,963
18. 벽 밟으며 가장 멀리 가기(파쿠르)	2012년 11월 30일	8,581,682
19. 미국 올림픽 선수의 풍선껌 불기 세계기록 도전	2016년 7월 31일	8,025,513
20. 세계에서 키가 가장 큰 개	2012년 9월 12일	7,163,951
21. 배트맨 코스프레 세계신기록	2016년 8월 24일	6,910,558
22. 가르릉 소리가 가장 큰 고양이	2015년 5월 21일	6,751,925
23. 한 손가락으로 코코넛 4개에 빨리 구멍 내기	2013년 4월 11일	6,682,935
24. 얼티메이트 기네스 월드레코드 쇼 - 에피소드 2: 큰 맥주잔, 바나나 그리고 인간 큐브	2012년 4월 5일	6,660,398
25. 1분 동안 의상 많이 바꿔 입기 마술	2016년 9월 30일	6,640,954

2019년 2월 18일 기준 기록

2016년 7월 23일 스타일루션 인터내셔널과 에이드 그룹(둘 다 중국)의 직원 2,016명이 **최대 규모 인간 매트리스 도미노** 기록을 경신했다.

사람들이 유튜브에서 기네스 세계기록 영상을 시청한 시간을 모두 합치면 약 2,500년이나 된다.

JAN 15 1984년 팀 맥베이(미국)는 **처음으로 비디오게임에서 10억 점을 올린 사람**이 됐다. 그는 미국 아이오와주 오텀와에서 게임 〈니블러〉를 44시간 45분 동안 마라톤으로 한 끝에 10억 4만 2,270점을 달성했다.

JAN 16 2003년 10명의 외과 전문의 팀이 이탈리아 로마의 엘레나왕비연구소에서 **최초로 턱뼈 이식 수술에 성공했다.** 이 수술은 80세 환자를 대상으로 11시간 동안 진행됐다.

염분에 가장 강한 식물

녹색조류 두나리엘라 살리나는 염도 0.2~35%의 환경에서도 생존하는 **염분에 가장 강한 진핵생물**(핵이 있는 세포를 가진 생물)이다. 이 조류는 열에도 놀라울 정도로 강한데, 무려 0~40도까지 견뎌낸다. 대양이나 염분이 많은 호수, 습지 등 전 세계 곳곳에서 발견된다.

두나리엘라 살리나는 염도 증가나 기온 상승, 양분 부족 등으로 환경이 척박해지면 붉은 오렌지색을 내는 베타카로틴 색소의 양을 증가시키며 스스로를 보호한다.

이 사진은 산시성에 있는 일명 '중국의 사해' 윈청 소금호를 항공 촬영한 모습이다.

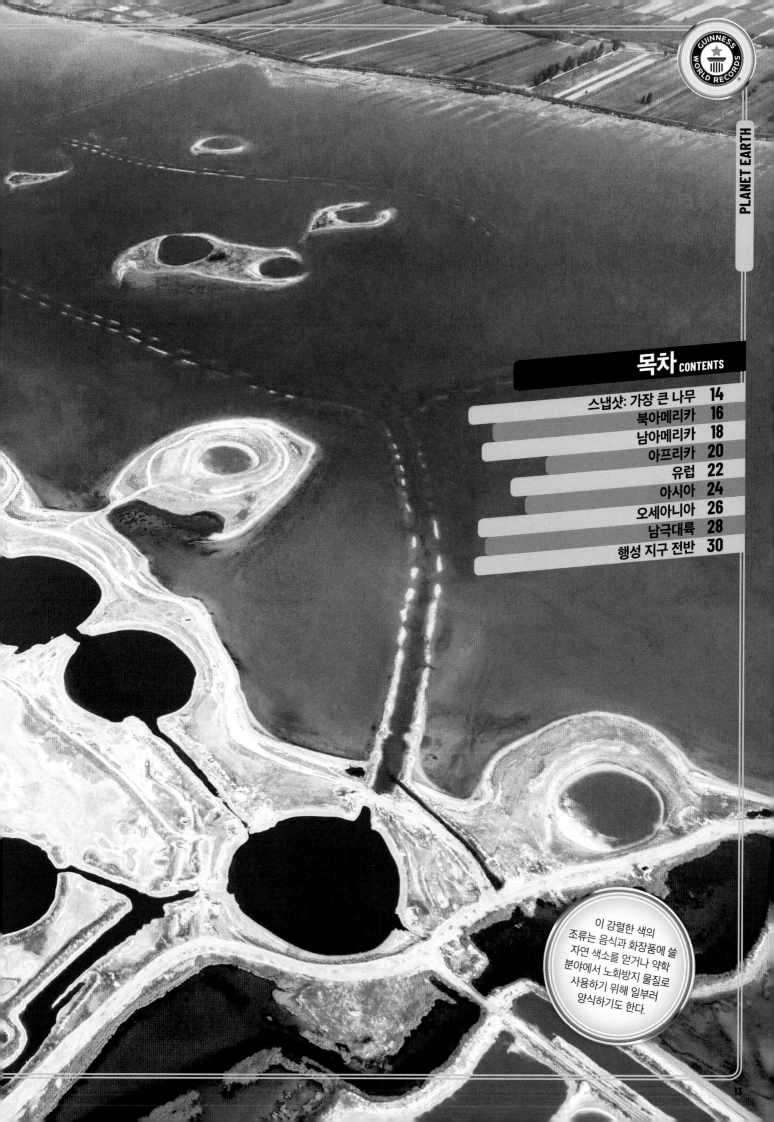

목차 CONTENTS

이 강렬한 색의 조류는 음식과 화장품에 쓸 자연 색소를 얻거나 약학 분야에서 노화방지 물질로 사용하기 위해 일부러 양식하기도 한다.

가장 큰 나무 TALLEST TREE

하늘을 찌르는 조각상 같은 레드우드(세쿼이아삼나무)는 미국 서부에 서식한다.
이 나무는 다른 어떤 종보다 크게 자라며 수령이 2,000년 이상이다. 영국 국회의사당인
웨스트민스터 궁전 옆에 이 나무가 서 있는 모습을 상상해보자.
세계에서 가장 유명한 시계탑 옆에 서면 어떤 모습일까?

레 드우드는 매우 굵게, 높이 자란다. 하지만 잘 자라려면 습한 환경이
필요하다. 안개가 자주 끼는 미국 태평양 연안의 오리건주 남부에서 캘
리포니아주 북부에 이르는 둘레 720km 지역에서만 발견된다.

세계에서 가장 큰 수종이라는 특별한 타이틀은 레드우드, 유칼립투스, 미송이
공유하는데, 모두 113m 이상 자랄 수 있다. 현재 '가장 큰 나무는 하이페리온'
이라는 이름의 세쿼이아(레드우드의 일종)로 2017년에 높이가 115.85m로 기록됐
다. 미국 캘리포니아주 레드우드 국립공원에서 크리스 앳킨스와 마이클 테일
러가 2006년 처음 발견했다.

레드우드는 어떻게 이 정도로 높이 자랄 수 있을까? 온화한 기후, 높은 강수량,
여름 안개(앞의 수분 증발을 막아준다), 비옥한 토양, 바람을 막아주는 주변의 레드
우드들까지 모두 성장에 영향을 가한다.

레드우드의 꼭대기에 올라가면 지붕처럼 우거진 가지들 사이에서 다른 식물들
을 찾을 수 있다. 착생식물로 알려진 이끼, 지의류, 허클베리부시, 심지어 소나
무 같은 나무들도 보인다. 일반적인 생각과 달리 토양이 부족은 문제가 되지
않는다. 레드우드의 수많은 잎들이 가지에 쌓어져 썩으면 결과적으로 되라가
째 식물이 자랄 수 있는 비옥한 토대를 이룬다. 이 키다리 나무는 곤충이나 도
룡뇽 그리고 등쥐 같은 작은 포유동물을 포함한 많은 동물들이 사는 집이 되
어 하나의 생태계를 이룬다.

하이페리온 나무는 웨스트민스터 궁의 북쪽 끝에 서 있는 '빅벤'으로 더 많이
알려진 유명한 탑 엘리자베스 타워보다 20m 가까이 크다. 정확히 말해, 빅벤
은 탑위의 이름이 아니라 그 안에 달린 13.7t짜리 종이 이름으로, 1859년 처음
타종됐다. 이렇게 상징적인 건축물 옆에 하이페리온 나무를 세우면 레드우드
가 얼마나 높이 자랄 수 있는지 생생하게 느껴진다. 물론 런던 사람들은 시계
를 보기가 힘들어지겠지만…

작은 구과에 든 거대한 레드우드

수백 파트가 넘는 거대한 나무는 겨우 2.5cm 길이의 열매에
서 시작한다. 이 구과(毬果)에는 나선형 모양의 포두리에
3~4mm 길이의 씨앗이 전가지 8~9개를 동안 열매 한
들은 완전히 성숙하기 전가지 8~9개를 동안 열매 한
에 머문다. 때가 되면 구과가 녹색에서 갈색으로 변하
고 씨앗을 내보내기 위해 겹겹이 열린다.

레드우드의 뿌리는 그렇게 깊지 않지만, 30m까지는 옆게 퍼진다. 이는 엘리자베스 타워 높이의 3분의 1에 약간 못 미치는 정도다.

런던 아이 옆에 선 거대한 나무들

현재 가장 큰 나무인 하이페리온도 역대 가장 큰 나무위으론 쪽 옆에 서면 그늘이 드리운다. 기록에 논란이 있긴 하지만, 지금까지 가장 큰 나무는 호주 빅토리아주 힐즈빌 인근 블 랙스파에서 G 클레인이 측정한 146.3m 높이의 유칼리나무 로 여겨진다. 1867년 빅토리아 주정부의 식물학자 페르디난 드 뮐러가 남작이 기록했다. 위 그림은 탬스강 옆에 위치한 135m 높이의 런던 아이 대관람차 옆에 두 나무가 서 있는 모습이다. 탬스강에 관한 기록은 190~191쪽에 나온다.

북아메리카 NORTH AMERICA

인구
5억 7,900만 명

총넓이
2,471만km²

국가
23개국

가장 높은 산
데날리산
6,190m

가장 큰 호수
슈피리어호
8만 2,414km²

가장 긴 강
미주리강
4,087km

가장 높은 산

미국 하와이에 있는 마우나케아산은 해발 4,205m로 북아메리카에서 가장 높은 산(왼쪽 아래 참조)보다 약 2km 낮다. 하지만 물 위로 드러난 부분은 '빙산'의 일각으로 물 아래에 수 km가 잠겨 있다. 해저 가장 낮은 지점부터 측정한 이 산의 높이는 1만 205m로 에베레스트산보다 1.3km나 높다.

하와이를 둘러싼 바다는 세계자연보전연맹(IUCN)에서 정한 **가장 넓은 해양보호구역**이다. 2016년 당시 미국 대통령 버락 오바마는 파파하노모쿠아키아 해양국립기념지를 150만 8,870km²로 확장했다. 상업적 어업이나 채집으로부터 보호되는 해양생물의 천국으로, 세상에서 **가장 큰 해면동물**이 서식한다. 길이 3.5m, 높이 2m, 폭 1.5m의 이 육방해면동물은 2015년 2대의 원격조종 탐사선이 발견했다.

가장 넓은 초원

그레이트플레인스는 미국의 중심부에 북에서 남으로 뻗어 있는 크기 300만km²의 대초원이다. 로키산맥부터 미주리강까지 뻗어 있는 이 광활한 초원은 세계에서 8번째로 넓은 국가인 아르헨티나보다 크다. 이곳에 서식하는 유명한 동물로는 버펄로가 있다(39쪽 참조).

가장 깊은 곳에 사는 식물

은퇴한 스미소니언 식물학자 마크와 다이애나 리틀러(둘 다 미국)는 1984년 10월 바하마 산살바도르섬 인근에 있는 미지의 해저산을 잠수정으로 탐험하던 중 해저 269m에서 자라는 산호조류를 채집했다. 고동색의 이 식물은 햇빛이 99.9995% 들지 않는 깊이에서도 광합성을 할 수 있다.

기록된 가장 큰 토네이도

미국의 폭풍 시즌(6~11월)은 악명이 높은데, 특히 텍사스에서 노스다코타주 사이의 지역이 '토네이도 길목'이라 불리며 유명하다.

2013년 5월 31일에 폭이 축구장 1,900개보다 긴 4.18km의 토네이도가 오클라호마주 엘리노를 덮쳤다. 이 슈퍼 태풍의 규모는 미국 기상청이 측정했다.

세계기상기구에 따르면 미국 남부 전역에 4일 동안 폭풍이 발생한 사례가 있는데, 그중 토네이도가 2011년 4월 27~28일 207회 발생해 **24시간 동안 토네이도 최다 발생 횟수** 기록을 세웠다.

가장 높은 조수

캐나다의 대서양 해안, 노바스코샤주와 뉴브런즈윅주 사이에 있는 펀디만은 평균 만조가 세계에서 가장 크다. 춘분 기간 평균 조차는 최대 14.5m에 이른다.

가장 북쪽에 있는 화산

높이 2,276m의 비어렌버그산은 그린란드해 북위 71도 얀마웬섬에 자리잡고 있는 화산이다. 가장 최근에 용암이 분출된 건 1985년이다.

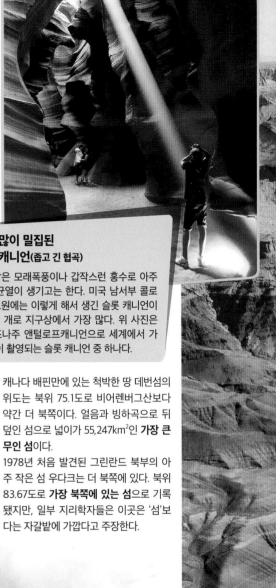

가장 많이 밀집된 슬롯 캐니언(좁고 긴 협곡)

퇴적암은 모래폭풍이나 갑작스런 홍수로 아주 작은 균열이 생기고는 한다. 미국 남서부 콜로라도고원에는 이렇게 해서 생긴 슬롯 캐니언이 약 1만 개로 지구상에서 가장 많다. 위 사진은 애리조나주 앤털로프캐니언으로 세계에서 가장 많이 촬영되는 슬롯 캐니언 중 하나다.

캐나다 배핀만에 있는 척박한 땅 데번섬의 위도는 북위 75.1도로 비어렌버그산보다 약간 더 북쪽이다. 얼음과 빙하곡으로 뒤덮인 섬으로 넓이가 55,247km²인 **가장 큰 무인 섬**이다.

1978년 처음 발견된 그린란드 북부의 아주 작은 섬 우다크는 더 북쪽에 있다. 북위 83.67도로 **가장 북쪽에 있는 섬**으로 기록됐지만, 일부 지리학자들은 이곳은 '섬'보다는 자갈밭에 가깝다고 주장한다.

표면적이 가장 넓은 담수호

북아메리카의 오대호 중 가장 큰 슈피리어호(위 사진)는 넓이 8만 2,414km²로, 미국과 캐나다에 걸쳐 있다. 가장 깊은 곳은 수심이 무려 406m나 된다.
한 국가 안에 있는 가장 큰 호수는 슈피리어호에 이웃한 미시간호로 넓이 5만 7,800km²가 모두 미국 내에 있다.

가장 습한 사막

여름이면 기온이 40도까지 오르는 미국의 소노란 사막은 연평균 강수량이 76~500mm에 달하며 일부 지역에는 비가 더 많이 내린다. 애리조나주와 캘리포니아주 남부에 걸쳐 있으며 일부는 멕시코 소노라주와 바하칼리포르니아주까지 뻗어 있다. 이 사막은 특이하게 우기가 2회 있는데 12~3월, 7~9월이다.

가장 높이 물을 뿜는 간헐천

미국 와이오밍주 옐로스톤 국립공원에 있는 스팀보트 간헐천은 현재 활동 중인 간헐천 중 가장 크고 열수를 높이 뿜는데 91.4m가 넘는다.
하지만 **가장 물을 높이 뿜는 간헐천**은 아니다. 뉴질랜드 와이망구 간헐천은 1903년 30~36시간마다 물을 약 460m 높이로 분출했다. 하지만 1904년 이후 휴면기에 접어들었다.

JAN 17 1989년 셜리 메츠와 빅토리아 '토리' 머든(둘 다 미국)은 **육로로 남극에 도달한 최초의 여자**가 되었다. 둘은 11명으로 구성된 국제남극육로탐험대의 일원이었다.

JAN 18 1896년 **최초의 대학농구 경기**가 미국 아이오와시티 아머리에서 열렸다. 아이오와 대학과 시카고 대학(둘 다 미국)의 경기다.

가장 큰 협곡

미국 애리조나주에 있는 길이 446km의 그랜드캐니언은 북아메리카를 대표하는 자연경관 중 하나다. 콜로라도강이 수백 년 동안 깎아내려간 흔적으로, 이 강은 아직도 협곡 아래를 흐르고 있다. 그랜드캐니언의 깊이는 1.6km에 달하며, 북쪽에서 남쪽의 폭은 0.5~29km에 이른다.

그랜드캐니언을 모두 채우려면 3,700조ℓ의 물이 필요하다. 지구에 있는 모든 강의 물을 이 거대한 협곡에 부어도 겨우 반밖에 채우지 못한다!

둘레가 가장 두꺼운 나무

멕시코 오악사카주 산타마리아 델 툴레에 있는 수령 2,000년의 멕시코낙우송(옆의 작은 사진과 아래 사진)은 2005년 측정 당시 둘레가 약 36.2m였다. 현지 전설에 따르면 이 '툴레의 나무'는 아즈텍 폭풍의 신이 심었다.

역사상 가장 큰 둘레의 나무는 이탈리아 시칠리아섬의 에트나산에 있던 유럽밤나무로 1780년 둘레가 57.9m로 기록됐다. 나무의 몸통이 아직 남아 있지만 현재 쪼개져 있다.

가장 큰 석고 결정

2000년이 되어서야 발견된 이 '결정 동굴'은 멕시코 치와와 사막 아래에 있다. 동굴 아래 마그마의 강한 열로 데워진 물에는 광물이 포화 상태로 녹아 있어 결정 생성에 최적화된다. 석고 결정은 50만 년 이상에 걸쳐 형성됐다. 가장 큰 결정의 길이는 11m로 스쿨버스의 길이와 비슷하다.

JAN 19 2010년 중국 이춘시 인민정부는 **가장 높은 얼음 조각상**을 만들었다. 이 공룡 얼음 조각상의 높이는 16.22m로 다 자란 기린보다 약 3배 컸다.

JAN 20 1961년 민주당원 존 F 케네디(1917년 5월 29일생)는 43세 236일의 나이로 미국의 대통령에 취임하며 **가장 젊은 대통령 당선자**가 됐다.

남아메리카 SOUTH AMERICA

인구
4억 2,250만 명

총넓이
1,784만km²

국가
12개국

가장 높은 산
아콩카과산
6,962m

가장 큰 호수
티티카카호
8,372km²

가장 긴 강
아마존강
6,400km

대륙의 가장 긴 산맥

대륙 서부 7,600km에 걸쳐 뻗어 있는 안데스산맥은 '남아메리카의 척추'로 불린다. 해발 6,000m가 넘는 봉우리가 100개 정도 있다.

안데스는 자연의 보고다. 2018년 1월 〈네이처〉에 발표된 세계 주요 산맥을 대상으로 한 조류 다양성 연구에 따르면 안데스산맥은 2,422종이 넘는 새의 서식처로 **가장 많은 조류(종)가 서식하는 산맥**이다.

상업 항해가 가능한 가장 높은 곳의 호수

볼리비아와 페루에 걸쳐 있는 티티카카호는 해발 3,810m 높이에 위치한다. 이 호수는 아시아의 티베트고원에 이어 세계에서 2번째로 넓은 고원인 알티플라노에 있다. 최대 깊이는 180m로 대형 화물선이 지나가기에 충분하다.

가장 오래 지속된 건기

가장 건조한 국가이자(오른쪽 아래 참조) **가장 폭이 좁은 국가**인 칠레에는 가장 오랫동안 비가 한 방울도 내리지 않은 지역이 있다. 세계기상기구에 따르면 아리카시는 1903년 10월부터 1918년 1월까지 총 172개월, 즉 14년이 넘게 비가 내리지 않았다!

가장 높은 곳에 있는 간헐천 지역

칠레 북부 엘타티오의 해발 4,300m 지역에는 활동 중인 간헐천과 진흙온천, 온천이 80개 이상 있다. 넓이는 약 30km²로 남반구에서 가장 넓은 간헐천 지역이다. 이곳은 높은 고도 탓에 물이 86.6도에서 끓는다(그에 반해서 해수면에서는 100도).

엘타티오에는 **가장 자주 분출하는 간헐천**도 있다.

엘 제페(보스)라는 이름으로 불리는 이 간헐천은 2012년 6일 동안 3,531회 분출했는데, 평균 분출 간격은 고작 132초2다.

가장 큰 석호

파투스호(오리 호수)는 브라질 남부 히우그란지두술주에 위치해 있다.

길이 280km, 넓이 9,850km²로 좁은 모래 지역이 대서양과 호수의 경계를 형성한다. 호수의 이름은 오리, 백로, 홍학 등 많은 물새들이 찾아오는 데서 비롯됐다.

가장 최근 지구에 생긴 크레이터

2007년 9월 15일 콘드라이트(석질운석)가 페루의 티티카카호 남부 카란카스 마을 인근의 메마른 강바닥에 충돌하며 지름 14.2m, 깊이 3.5m 이상의 크레이터를 남겼다. 사람이 직접 목격한 아주 희귀한 사례다.

지구의 중심에서 가장 먼 산봉우리

해수면을 기준으로 가장 높은 산은 에베레스트이지만(25쪽 참조), 해저를 기준으로 **가장 높은 산**은 하와이의 마우나케아다. 하지만 지구의 중심부터 측정하면 에콰도르에 있는 침보라소산의 정상이 가장 높다.

지구는 적도 부근이 살짝 부푼 타원형이라 행성의 중심에서 이 안데스산맥에 있는 침보라소산의 정상까지 높이를 재면 에베레스트보다 2km 정도 높은 6,384.4km가 된다.

번개가 가장 많이 친 장소

1998~2013년의 기록에 따르면 베네수엘라 마라카이보호에 폭풍이 야간에 297회나 지나갔으며 매년 km²당 233회의 번개가 쳤다. 따뜻하고 습한 공기가 주변 산맥과 상호작용하며 번개가 발생했다.

가장 작은 사막

칠레 아타카마 사막의 규모는 미국 켄터키주의 크기와 비슷한 10만 5,200km²로 지구에서 가장 작은 사막이다.

가장 큰 파인애플과 식물

파인애플과 같은 과(科)인 '안데스의 여왕' 푸야 라이몬디는 볼리비아와 페루 고지대에 사는 고산식물이다. 유카(육설란과의 여러해살이풀)를 닮은 잎은 땅에서 4m까지 자라지만 우뚝 솟은 꽃차례는 12~15m에 달한다. **가장 꽃이 뒤늦게 피는 식물**로, 일생 동안 처음이자 유일한 꽃을 피우기까지 80~150년이 걸리며 그 후 생을 마감한다.

가장 건조한 장소

아타카마 사막에 있는 칠레 퀼라구아 마을 인근의 기상관측소에서 측정한 1964~2001년 연간 강수량은 고작 0.5mm다.

반면 같은 대륙에 있는 아마존 분지는 이곳의 4,260배가 넘는 연간 강수량을 기록했다.

가장 큰 소금사막

볼리비아 남서부에 있는 우유니 소금사막은 넓이가 약 1만km²로 미국 유타의 보너빌 소금사막보다 100배 정도 크다. 선사시대엔 거대한 호수였지만 고염도의 물이 수천 년에 걸쳐 모두 증발하며 생겨났다. 오늘날 이곳에는 약 100억t의 소금이 있다고 추정된다.

JAN 21 2012년 영국 벨파스트에서 열린 북아일랜드 스크래블 챔피언십에서 싱가포르의 토 웨이빈이 **스크래블 대회 최고점**을 기록했다(850점).

*스크래블 - 철자가 적힌 조각으로 글자를 만드는 보드게임의 일종

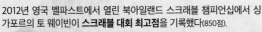

JAN 22 2015년 미국의 비핀 라르킨(던지기)과 아시리타 퍼먼(받기)이 미국 뉴욕에서 **1분 동안 칼 많이 잡기** 기록을 달성했다(56회).

일부 수문학자(水文學者)의 주장대로 앙헬 폭포의 윗부분만 기록이 인정된다면 남아프리카의 투겔라 폭포가 높이 948m로 가장 긴 폭포 기록을 차지한다. 투겔라는 현재 **가장 긴 다단형 폭포**다.

가장 높은 폭포

남아메리카에 위치한 베네수엘라의 앙헬 폭포(케레파쿠파이 폭포)는 높이가 979m다. 탁상고원인 아우얀 테푸이 절벽에서 뿜어져 나와 협곡 아래까지 807m를 떨어지는 **가장 긴 단일 폭포**가 포함돼 있다.

이 폭포의 물은 낙하 거리가 너무 길어 바닥에 닿기 전에 대부분 흩어진다. 이 물들은 앙헬 폭포의 총높이를 이루는 다른 작은 폭포들의 하류에 합류하기 전에 사라져 어디까지를 폭포로 봐야 하는지 약간의 논란이 있다(왼쪽 위 참조).

가장 큰 열대 우림

최소 넓이가 624만km²인 아마존 우림은 남아메리카 9개국에 걸쳐 있으며 세계의 모든 동식물 종 중 10% 이상이 살고 있다.

숲을 굽이쳐 통과하는 6,400km 길이의 아마존강은 매초 올림픽 수영장 80개의 용량과 맞먹는 20만m³의 물을 대서양으로 보내 **가장 큰 강**(유량 기준)으로 기록됐다.

가장 큰 습지

스위스 국토의 대략 4배에 달하는 16만km² 크기의 판타날(판타나우) 습지는 브라질, 파라과이, 볼리비아에 걸쳐 있다. 생물다양성이 뚜렷한 이곳에는 아나콘다(가장 무거운 뱀)와 카피바라(가장 큰 설치류)가 살며(49쪽 참조), **가장 큰 수련**인 빅토리아 아마조니카 같은 독특한 식물도 있다.

JAN 23 1958년 하니프 무함마드(파키스탄)는 바베이도스 브리지타운에서 서인도제도를 상대로 열린 경기에서 16시간 10분 동안 337점을 올려 **테스트 크리켓 개인 최장 이닝**을 기록했다. ※ 테스트 크리켓 - 국가대표 공식 시합

JAN 24 1986년 보이저 2호가 **최초의 천왕성 근접 비행**에 성공했다. 이 탐사선은 행성 구름 위 8만 1,500km 내로 비행하며 천왕성의 하루가 약 17시간이라는 사실을 계산했다.

아프리카 AFRICA

인구
12억 5,600만 명

총넓이
3,037만km²

국가
54개국

가장 높은 산
킬리만자로산
5,895m

가장 큰 호수
빅토리아호
5만 9,947km²

가장 긴 강
나일강: 6,695km

가장 오래 인류가 산 대륙

'인류의 요람'으로 불리는 아프리카는 수백만 년 전 인간으로 진화한 인류의 초창기 조상과 유인원이 살던 장소다. 2017년 모로코 마라케시 서쪽 100km 인근의 한때 광산이었던 제벨 이르후드에서 31만 5,000년 전쯤 살았던 호모사피엔스(최소 5인)의 두개골과 턱뼈가 발견됐다. 이 발견 전까지 과학자들은 호모사피엔스가 동아프리카에서 10만 년쯤 더 뒤에 처음으로 나타났다고 믿었다. 현재 아프리카는 **국가가 가장 많은 대륙**(54개국)이기도 하다.

가장 오래된 산맥

마콘지와산맥으로 불리는 남아프리카의 바버턴 녹암지대는 36억 년 전 생긴 암석들로 형성됐다. 이 산맥은 해수면 기준 높이가 약 1,800m다. 아프리카의 최고봉인 킬리만자로산은 나이가 겨우 250만 년 정도로 추정된다.

가장 오래된 섬

아프리카 남동쪽 연안에 있는 마다가스카르는 약 8,000만~1억 년 전 인도 아대륙에서 분리되며 섬이 됐다. 넓이가 58만 7,041km²로 세계에서 4번째로 큰 섬이다.

가장 긴 대지구대

동부 아프리카를 남북으로 달리고 있는 동아프리카 대지구대는 길이가 약 4,400km, 평균 폭은 약 50~65km다. 골짜기의 끝부분에 형성된 절벽(단층)은 평균 높이가 600~900m다. 이 지형은 아덴만에서 시작해 남동아프리카 모잠비크까지 뻗어 있다고 여겨진다. 아라비아판이 아프리카판에서 떨어지며 약 3,000만 년에 걸쳐 형성됐다.

가장 긴 호수

러시아 시베리아의 바이칼호(24쪽 참조)에 이어 지구에서 2번째로 깊은 탕가니카호는 길이가 673km로 잠비아, 탄자니아, 콩고민주공화국, 브룬디의 국경을 가로지른다. 폭은 16~72km로 좁다.

가장 치명적인 호수(익사 제외)는 아프리카 서중부 카메룬에 있는 니오스호다. 1986년 8월 21일 이곳에서 발생한 이산화탄소 가스 분출로 인해 1,600~1,800명과 셀 수 없이 많은 동물이 목숨을 잃었다.

가장 깊은 강

2008년 7월 미국 지질조사국과 미국 자연사박물관의 과학자들이 중앙아프리카를 가로지르며 흐르는 콩고강의 최대 깊이가 적어도 220m라는 사실을 발견했다. 영국 런던의 템스강은 가장 깊은 지점이 약 20m다.

가장 큰 열대호

2016년 조사 데이터에 따르면 아프리카 중동부에 있는 빅토리아호(빅토리아 니안자)는 표면적이 약 5만 9,947km²로 열대에 있는 호수 중 가장 크다. 스코틀랜드 네스호보다 약 327배나 많은 2,424km³가량의 물을 담고 있으며, 지구에서 **가장 긴 강**인 나일강의 수원이다.

최대 규모 다이아몬드 광산

보츠와나의 오라파 노천굴 광산은 넓이가 1.18km²로 축구장 165개를 합친 크기와 맞먹는다. 다이아몬드 컨설팅 회사인 폴 짐니스키의 최근 분석에 따르면 이곳에서는 2017년에만 980만 캐럿(1,960kg)의 다이아몬드가 생산됐다.

2014년 오카방고 삼각주는 유네스코 세계유산에 1,000번째로 이름을 올렸다.

가장 큰 '석림'

마다가스카르 서부에 있는 그랑칭기는 쥐라기에 형성된 석회석이 뾰족하게 깎이며 생긴, 넓이 600km²의 돌 숲이다. 이 드라마틱한 절경은 석회석이 오랜 기간 빗물에 침식돼 이뤄졌으며, 돌기둥의 높이는 최대 90m에 이른다.

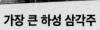

가장 큰 하성 삼각주

보츠와나에 있는 넓이 4만km²의 오카방고 삼각주는 앙골라 산악지대에서 오는 강물이 넘쳐 이루어진 광활한 습지다. 10년에 최소 1회 이상 1만 4,000km²가 넘는 면적이 물에 잠긴다. 이 지역에는 사자, 코끼리 외 400종 이상의 조류와 70종 이상의 어류가 산다. 이 삼각주의 전통적인 이동 수단으로 통나무 속을 파내 만든 쪽배 '모코로'가 있다.

JAN 25 2013년 일레인 마틴(미국)은 미국 켄터키주 오언즈버러에서 배에 난 털이 16.77cm로 측정돼 복부에 난 가장 긴 털 기록 소유자가 됐다. 그녀는 "정말 가관이네요"라고 소감을 말했다.

JAN 26 1972년 승무원 베스나 불로비치(유고슬라비아)는 그녀가 일하는 DC-9 비행기가 공중 1만 160m에서 폭파됐지만 기적적으로 생존해 **가장 높은 곳에서 낙하산 없이 떨어져 생존한 사람**으로 기록됐다.

사하라는 미국 영토보다 넓고 아마존 우림보다 약 2배 가까이 크다.

가장 넓고 뜨거운 사막

전 세계 지표면의 대략 8분의 1은 연간 강수량이 25cm 이하인 건조한 땅이다. 이 중 가장 큰 사막은 사하라(28쪽 **가장 넓은 사막** 참조)다. 동에서 서로 가장 긴 거리는 5,150km인 반면, 남에서 북은 1,280~2,250km다. 넓이는 910만km² 에 이른다.

아프리카는 3분의 2가 건조지 혹은 사막이고, 완전히 사막화되지 않은 지역이 3분의 1 정도로 **가장 많이 사막화된 대륙**이다. 사막화의 요인으로는 기후 변동이나 토양 침식 등 자연적인 이유가 많다. 하지만 인간의 과도한 경작지 확대, 삼림 벌채, 난민 이동 같은 활동도 사막화를 가속화 한다.

바로 위 작은 사진은 아프리카 남서부 국가인 나미비아 남부 콜만스코프의 옛 다이아몬드 광산 마을에 버려진 집의 내부 모습이다. 사막의 모래가 가득 차 있다.

가장 오래된 사막

나미비아와 앙골라, 남아프리카의 2,000km 거리에 걸쳐 있는 나미브 해안사막은 연간 강수량이 10mm 미만이다. 이곳은 최소 8,000만 년 전부터 건조 혹은 반건조 지역이었다. 벵겔라 해류의 차가운 물로 인해 건조한 공기가 하강 하며 생겼다.

가장 빠른 용암류

니라공고산은 콩고민주공화국에 있는 순상화산이다. 1977년 1월 10일, 산의 측면 틈에서 분출된 용암이 60~100km/h의 속도로 흘러내렸다. 규산 함유량이 낮아 굉장히 유동적인 상태였다.

니라공고산의 분화구(위 사진)는 **가장 큰 용암호**로, 지름 약 250m에 깊이는 600m 정도다.

JAN 27 2018년 칼리기 랑가나탄 몬트포드 학교 그룹(인도)은 인도 첸나이 자와할랄 네루 스타디움에 3,997명을 모아 **최다 인원 루빅큐브 맞추기** 기록을 세웠다.

JAN 28 2017년 스웨덴 베스트라예탈란드주 스트룀스타드에서 디플롬-이스(노르웨이)가 **스쿠프로 떠서 만든 가장 큰 아이스크림 피라미드**를 제작했다. 아이스크림을 총 5,435회 떠서 1.1m 높이로 만들었다.

유럽 EUROPE

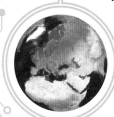

인구
7억 4,140만 명*

총넓이
1,018만km²*

국가
51개국*

가장 높은 산
엘브루스산
5,642m

가장 큰 호수
라도가호
1만 7,700km²

가장 긴 강
볼가강 3,530km

*2개 이상의 대륙에
걸쳐 있는 국가들은 유럽에
속한 부분만 인정

가장 작은 나라

이탈리아의 수도 로마 안에 위치한 바티칸시국은 크기가 겨우 0.44km²다. 미국 뉴욕의 센트럴파크의 8분의 1 크기다. 이탈리아는 1929년 2월 11일 라테란 조약을 통해 바티칸의 주권을 정립했다. 바티칸시국은 이탈리아와 인접한 국경이 총 3.2km로 **국토 경계가 가장 짧은 나라**다.

가장 오래 분출된 화산

이탈리아 서쪽 티레니아해에 있는 스트롬볼리산(화산섬)은 짧은 간격의 주기적인 분출로 '지중해의 등대'로 불린다. 최소 기원전 7세기부터 화산 활동을 시작했다고 알려졌으며 초기 그리스 정착민이 처음으로 그 활동을 기록했다.
스트롬볼리 남쪽 약 170km에는 시칠리아섬의 기록적인 화산 에트나가 있다(옆 페이지 참조).

가장 깊은 지하 수역

동굴 다이버 크지슈토프 스타나우스키(폴란드)는 2015년 체코 흐라니체 어비스(수중 동굴)를 265m 잠수해 내려갔지만 바닥에 닿지 못했다. 1년 뒤 그는 원격 수중탐사선(ROV)을 조종해 총깊이가 404m라는 사실을 알아냈다.

가장 긴 거리에 일어난 번개

2012년 8월 30일 구름과 구름 사이를 잇는 번개가 프랑스 남동부에서 약 200km 거리에 7초74 동안 지속됐다.

참고로 번개의 평균 지속 시간은 0초2다. 이 기록은 세계기상기구가 2016년 인증했다.

가장 긴 백악암초

다이버 롭 스프레이와 환경보호팀이 2010년 약 3억 년 된 암초를 발견했다. 조수가 깎아낸 아치와 도랑이 있는 이 자연경관은 영국 노퍽 앞바다에 32km 이상 펼쳐져 있다.

가장 강력한 자연 소용돌이

노르웨이 북부의 셰르스타피오르와 살트피오르를 잇는 좁은 해협은 조수의 속도가 40km/h에 이른다. 유량이 치솟으면 폭 10m, 깊이 5m의 강한 소용돌이가 발생한다. 이 조류는 만월에 가장 강력하다.

가장 넓은 갈대밭

루마니아와 우크라이나 흑해 연안에 뻗어 있는 도나우강 삼각주는 유네스코가 지정한 생물권보전지역이자 유럽에서 가장 넓은 습지다. 이곳에는 바티칸시국 크기의 3,552배에 달하는 1,563km²의 갈대 습지가 있다.
조류를 비롯한 많은 동물 종이 사는 곳으로, 갈대는 강물이 바다에 흘러들기 전 자

가장 큰 연기 고리

유럽에서 가장 큰 화산은 용암과 화산재만 만들지 않는다(오른쪽 위 사진). 에트나 화산이 가끔 만드는 지름 200m의 소용돌이 고리는 상공 약 1km까지 떠오른다. 이 희귀한 현상은 빠른 가스 기류가 좁고 둥근 화산구를 높은 압력으로 통과하며 생기는 것으로 여겨진다.

연정화제의 역할을 한다.

가장 넓은 기수 지역

북유럽 발트해의 37만 7,000km²에 달하는 지역은 세계에서 가장 넓은 기수(해수와 담수가 혼합된 물) 수역이다.
염도가 0.23~3.27%로 **가장 염도가 낮은 바다**다. 참고로, 바닷물의 평균 염도는 약 3.5%다. 염도가 약한 이유는 발트해를 둘러싼 국가들에서 유입되는 담수의 양이 많기 때문이다.

블루 플래그 인증 해변이 가장 많은 지역

블루 플래그 인증 해변이 가장 많은 지역은 카리브해도 호주도 아닌 스페인으로, 2018년 7월 30일 590곳이 선정됐다. 블루 플래그는 환경교육재단(FEE)이 국제봉사 활동을 통해 수질, 직원 교육, 환경 관리 등 엄격한 기준으로 해변을 평가하는 프로그램이다.

가장 큰 해양식물 번식 군락

2006년 스페인 발레아레스 제도 이비사 남부에 '지중해 해초'로 알려진 포시도니아의 광대한 군락이 발견됐다. 이 식물은 해저에 넓게 분포해 자라는 해양식물의 한 종으로 지름 약 8km 지역을 뒤덮고 있었다.
자가증식하는 식물로, 나이가 최소 약 10만 년 이상으로 추정됐다.

가장 큰 코르크나무

1783년 포르투갈 아구아스 드 모라에 심어진 '휘파람 나무'에서 2009년 10만 개의 와인 병에 쓰기에 충분한 생 코르크 825kg이 생산됐다. 코르크는 코르크참나무의 껍질에서 얻는데, 대략 9년 간격으로 수확한다. 가시에 낳은 새들이 사는 네서 착안해 이름이 '멍멍'된 이 엄청난 개체는 2018년 '유럽 올해의 나무'에 선정됐다.

JAN 29 2013년 짐 볼린(미국)은 세상에서 **가장 큰 골프티**를 공개했다. 길이는 9.37m이며 헤드의 지름은 1.91m다. 미국 일리노이 주 케이시에서 측정됐다.

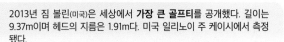

JAN 30 2018년 1만 7,303명이 **최대 규모 재활용 교육**에 참가해 '쓰레기 없이 살기(제로 웨이스트)' 교육을 받았다. 이 행사는 인도 타밀나두주의 비루두나가르 토스트마스터스 클럽이 마련했다.

기록된 가장 오래된 화산 분출

유럽은 태평양을 둘러싼 **가장 큰 화산 활동 지역** '불의 고리'와는 거리가 멀지만, 그렇다고 화산 활동이 전혀 없지는 않다. 이탈리아 시칠리아섬의 에트나 화산의 첫 분출 기록은 3,500년 전인 무려 기원전 1500년으로 거슬러 올라간다. 높이가 3,329m인 이 유럽 최대 화산은 그 후 200회 이상 폭발했다.

이 성층화산은 가장 최근엔 2013년 9월 불을 뿜은 뒤 용암이 조금씩 분출되고 있다. 2018년 12월 24일에는 에트나의 측면에서 재가 뿜어지며 십수 년 만에 처음으로 '측면 분출'을 시작했다. 이는 진도 4.8의 지진과 많은 여진을 촉발했다.

가장 큰 심해산호초

노르웨이 로포텐제도 인근의 뢰스트 산호초는 축구장 14개를 합친 크기와 맞먹는 넓이에 펼쳐진 최대 규모 심해산호초다. 해수면 300~400m 아래에 주로 로너리아 석산호류로 구성돼 있는데, 열대산호초에서 사는 상당히 다른 해양생물들이 서식한다.

가장 많은 토네이도가 발생한 지역(국가)

영국(잉글랜드 지역)은 1980~2012년에 1만 km²당 연평균 2.2회의 토네이도가 지나갔다. 같은 기간 미국은 1.3회였다. 영국의 토네이도는 약 95%가 EF0~EF1 등급(풍속 105~175km/h)이었다. 오른쪽 사진은 2005년 7월 EF2 등급(풍속 220km/h 이내)의 토네이도가 버밍엄을 휩쓸고 간 모습이다.

 JAN 31 1920년 퀘벡 불도그스의 조 말론(캐나다)은 캐나다 퀘벡시에서 열린 토론토 세인트패트릭스와의 경기에서 7득점에 성공하며 **NHL 아이스하키**에서 가장 많은 골을 넣은 선수가 됐다.

 FEB 1 1893년 외부를 검은 종이로 발라 빛을 차단한 **최초의 영화 촬영 스튜디오** '블랙 마리아'가 미국 뉴저지주 웨스트오렌지에서 완성됐다. 토머스 에디슨(미국)의 발명품이다.

23

아시아 ASIA

인구
44억 6,300만 명

총넓이
4,458만km²

국가
49개국*

가장 높은 산
에베레스트산
8,848m

가장 큰 호수
카스피해
37만 1,000km²

가장 긴 강
양쯔강
6,300km

*오세아니아의 태평양
도서 국가는 제외(26~27쪽)

가장 큰 호수

유럽 남동부와 아시아의 경계에 자리 잡은 카스피해는 넓이가 일본과 비슷한 37만 1,000km²이며 호안선이 총 7,000km다. 카스피해는 내부 배수, 즉 막힌 호수로 물이 바다로 흐르지 않는다.

가장 깊은 호수

시베리아 남동쪽 지구대에 있는 담수호인 바이칼호는 길이가 636km다. 1999년 수계 지리학자와 호소(호, 저수지 연구)학자로 이루어진 국제 연구팀이 기존 데이터를 재평가해 더 정확한 디지털 호수 수심 지도를 제작한 결과 깊이가 최소 1,642m였다.
북아메리카에 위치한 슈피리어호의 약 2배에 이르는 2만 3,615km³의 물이 담긴 러시아의 바이칼호는 **세계에서 가장 큰 담수호**(부피 기준)다.

가장 높은 사구(단독으로 서 있는)

중국 북부 내몽골의 바단지린사막에 있는 거대 사구들은 평균 높이가 330m이지만, 미국의 엠파이어스테이트 빌딩보다 높은 460~480m의 사구도 있다. 지질학자들은 이곳의 모래에 수분이 많은 것도 모래가 안정적으로 쌓이는 원인의 하나라고 말한다.

가장 넓게 이어지는 모래사막

룹알할리(허무의 구역)는 사구로 덮인 모래사막으로 아라비아반도 대부분을 이루는 아라비아사막의 약 56만km²를 차지한다.
대부분 사우디아라비아에 있지만 오만과 예멘, UAE(아랍에미리트)에도 걸쳐 있다.
사우디아라비아에 있는 알아사 오아시스는 85.4km²의 크기로 280개 이상의 자분천(지하수가 용출하는 샘)의 물줄기가 모여든다. **가장 큰 오아시스**이자 고고학 유적이 모여 있는 곳으로 대추야자 250만 그루가 자란다.

가장 긴 천연 아치

천연 아치형 다리 셴렌교(일명 요정의 다리)는 중국 광시좡족자치구의 불리우강이 석회석 카르스트 지역을 깎아내어 형성됐다. NABS(천연 아치와 다리학회)가 2010년 10월 측정한 결과 이 아치의 폭은 120m다.

가장 큰 꽃

동남아시아가 원산지인 라플레시아 아르놀디는 꽃의 지름이 91cm, 무게는 11kg나 되며, 꽃잎의 두께는 1.9cm다. 잎과 줄기, 뿌리가 없고 정글에 있는 덩굴에 기생해 꽃을 피워 번식한다. '시체꽃'으로도 알려져 있고 산패한 악취를 뿜어 화분을 옮겨주는 매개체인 파리를 유혹한다. **가장 키가 큰 꽃**(30~31쪽 참조)도 같은 특징을 가졌다.

가장 작은 바다

터키 서북부에 위치하는 마르마라해(위 사진)는 총길이 280km에 폭이 가장 긴 곳이 약 80km다. 대양의 가장자리에 있는, 바다의 일부분이 육지로 둘러싸인 소금물 수역이다. 수면의 총넓이는 1만 1,350km²이며, 평균 깊이는 494m다.
아시아에는 **가장 큰 바다**인 남중국해도 있는데, 넓이가 약 350만km²다.

가장 빨리 자라는 산

히말라야 서부, 파키스탄 북부에 있는 낭가파르바트산은 매년 7mm씩 자라고 있다. 높이 8,125m로 세계에서 9번째로 높은 산이다.

48시간 최대 강수량

1995년 6월 15~16일 인도 메갈라야주 체라푼지에 2.493m의 비가 내린 사실을 세계기상기구가 인정했다. 체라푼지는 고지대에 있는 마을로 해발 1,313m의 높은 고도에 영향을 받아 연간 강수량이 많다.

천연 다리가 가장 많은 폭포

1952년 레바논 타누린에서 발견된 '세 다리 동굴'에 있는 폭포는 255m를 낙하하며 천연 석교 3개를 통과한다. 이 광경은 눈이 녹는 3~4월에만 볼 수 있다. 폭포가 1억 6,000만 년가량 전 쥐라기 때 형성된 석회석 사이를 통과해 내려온다.

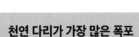

가장 큰 나무열매

인도-말레이시아 지역이 원산지인 잭푸르트 나무는 길이 90cm에 무게는 오렌지보다 250배 무거운 34kg의 열매를 맺는다. 2016년 6월 23일 기록된 **가장 무거운 잭푸르트**는 무게가 42.72kg이었다.

FEB 2 2014년 코미디언 데가와 테츠로(일본)는 일본 도쿄의 시부야에서 NHK 〈대단한 어린이 영재 TV〉 무대에 올라 온몸에 674개의 스티커 메모를 붙여 **5분 만에 몸에 붙인 최다 스티커 메모** 기록을 작성했다.

FEB 3 2014년 엘리자베스 윈디시(독일)는 독일의 뒤셀도르프에 있는 슈미트 와겐바우 유한회사에서 **가장 큰 젤리 캔디**를 선보였다. 무게가 무려 512kg이었다.

산동굴에서 가장 높은 지점은 자유의 여신상보다 2배 이상 높다!

가장 큰 동굴

전체 규모로 봤을 때 산동동굴이 단일 동굴 중 가장 크다. 높이 약 200m, 폭 150m, 길이는 최소 6.5km다. 이 동굴은 베트남 꽝빈 성 퐁나케방 국립공원에 있다.

줄을 타고 하강해 내려가야만 들어갈 수 있는 이 동굴은(바로 위 사진 참조) 1991년 인근에 사는 농부 호 칸이 발견했다. 하지만 그는 그곳을 다시 찾아내기까지 18년이나 걸렸다. 2009년 4월 호 칸은 영국 동굴탐험가 팀과 함께 정글을 6시간이나 헤치고 들어가 산동동굴을 찾아냈다. 탐험가 팀은 동굴의 일부를 조사했다.

가장 높은 산

티베트와 네팔의 국경에 솟아 있는, 히말라야 내 에베레스트(사가르마타, 초모룽마로도 불린다)는 높이가 해발 8,848m에 이른다. 하지만 에베레스트가 **가장 키가 큰 산**(16쪽 참조)은 아니다.

아시아는 **수직 폭이 가장 큰 대륙**이다(9,278m). 이는 에베레스트의 꼭대기에서 요르단의 사해(해저 430m)까지 측정한 길이다.

가장 오래 불타고 있는 메탄 분화구

별명이 '지옥의 문'인 30m 깊이의 다르바자 가스 분화구는 1971년부터 불타고 있다. 이 천연가스 매장지는 투르크메니스탄 아슈하바트 북쪽 250km 거리의 카라쿰사막에 있다. 땅을 시추하던 중 지대가 함몰됐고, 새어나오는 메탄가스를 태워 없애려 이 분화구가 생긴 것으로 여겨진다.

다르바자 분화구를 최초로 탐험한 사람은 조지 코로니스(캐나다)로, 2013년 11월 알루미늄 단열복을 입고 바닥으로 내려갔다(사진 참조).

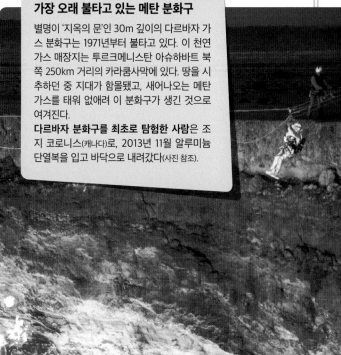

FEB 4 1994년 세계기록을 다수 보유한 패디 도일(영국)은 영국 버밍엄 폴스워스의 불스헤드 펍에서 **1시간 동안 한 최다 버피** 기록을 달성했다(1,840회).

FEB 5 2016년 디자와 그 주인 로버트 돌웨트(미국/호주)가 **1분 동안 한 최다 고양이 묘기** 기록 달성에 성공했다(24개). 여기에는 하이파이브, 제자리돌기, 스케이트보드 타기가 포함돼 있었다.

25

오세아니아 OCEANIA

지리적으로 태평양 남부에 위치한 오세아니아는 뉴질랜드와 뉴기니를 비롯한 많은 국가와 섬들을 포함한다. 오세아니아에 속한 가장 큰 영토는 호주 대륙도(島)다. 오세아니아 전반에 관한 기록은 아래 왼쪽 표에 나와 있다.

가장 작은 대륙

기네스 세계기록을 포함한 많은 자료에서 호주 본토를 꼽는다. 이 대륙은 서에서 남으로 폭이 4,042km이며, 넓이는 761만 7,930km²다.

호주는 평균 해발 높이가 330m로 **가장 평평한 대륙**이다. 가장 높은 지점은 해발 2,228m의 코지우스코산 정상이다. 이는 오세아니아의 가장 높은 봉우리, 일명 칼스텐츠 피라미드라고 하는 푼착자야산의 반 정도 높이다.

가장 넓은 간헐호

항상 물이 차 있는 일반적인 호수와 달리 사우스오스트레일리아주에 있는 에어호는 평소에는 물이 거의 없다가 우기에 큰 비가 내리면 일시적으로 물이 차오른다. 염분으로 뒤덮인 바닥에 물에 가득 고이면서 넓이 9,690km²가량의 내해(內海)가 생긴다.

가장 큰 환초

태평양 중앙 마셜제도에 있는 콰절런 환초는 기다랗게 형성된 타원형 산호초로, 길이가 283km에 달한다. 내부 석호는 크기가 룩셈부르크보다 넓은 2,850km²다.

👥 **인구**	3,830만 명
⤢ **총넓이**	850만km²
🚩 **국가 수**	14개국
⛰ **가장 높은 산**	푼착자야산 4,884m
🏞 **가장 큰 호수**	코랑가미테호 234km²
〰 **가장 긴 강**	머리강 2,508km

가장 큰 원통형 구름

아주 희귀한 형태의 구름으로 특정 모양을 유지하며 일정한 속도로 이동한다. 호주 카펀테리아만에 자주 나타나는 동그랗게 말린 '모닝 글로리' 구름이 가장 긴 원통형 구름이다. 최대 길이 1,000km, 높이 1km에 이르며 60km/h의 속도로 이동한다.

가장 긴 해식동굴

2012년 10월 뉴질랜드의 남쪽 섬에 있는 마타이나카 동굴을 조사한 결과 총길이가 1.54km로 측정됐다. 대양의 파도에 의해 형성된 이 동굴은 현재까지도 조금씩 깊어지고 있다.

가장 높은 시스택

시스택(sea stack)은 해안에 파도의 침식으로 생겨난 바위기둥을 말한다. 태평양 로드하우섬 인근에 있는 볼스 피라미드는 높이가 561m로 캐나다 CN 타워보다 높다. 2001년 과학자들은 이 노두(암석의 노출부)에 올라 **가장 희귀한 곤충**인 로드하우 대벌레의 소규모 군락을 발견했다. 이미

멸종된 것으로 알려졌던 이 곤충은 현재 야생에 9~35마리만 남아 있어 심각한 멸종위기종으로 분류된다.

가장 높은 해안사구

퀸즐랜드 남동쪽 모튼섬에 있는 템페스트 산은 높이가 280m로 자유의 여신상 높이의 3배다.

최대 규모 온천(표면적 기준)

뉴질랜드의 '와이망구 가마솥'으로 알려진 프라이팬 호수는 최대 폭 200m에 넓이는 약 3만 8,000m²다. 이곳의 물은 산성으로, 평균온도가 50~60도다.

지상돌풍 최고 속도

풍속계로 측정된 가장 강력한 지상풍의 풍속은 408km/h다. 이 돌풍은 1996년 4월 10일 열대저기압(사이클론) 올리비아가 불어닥친 웨스턴오스트레일리아주 배로섬의 자동 기상관측소에서 기록됐다. 2010년 세계기상기구에서 공식 인정한 풍속이다.

> 울루루는 고대에는 산맥의 일부였는데, 현재 주변 봉우리들은 모두 침식해 사라졌다.

가장 큰 난초

프세우도바닐라 폴리아타 난초는 호주 열대우림의 부패한 나무에서 15m 높이까지 자란 기록이 있다. 이 난초는 자기 힘으로 광합성을 하지 않고 죽거나 썩은 유기체에서 생육하는 부생식물이다.

가장 큰 사암 단일 암체

에어즈 록으로도 잘 알려진 울루루는 호주 노던준주의 황량한 벌판에 348m 높이로 솟아 있는 지형이다. 이 유명한 랜드마크의 나이는 6억 년 정도로 추정되며, 2.5km 길이에 폭은 1.6km다. 울루루 특유의 붉은색은 바위 표면의 철 성분이 녹슬며 생겨났다.

천연 다이아몬드를 가장 많이 생산한 단일 광산

다이아몬드 컨설팅 회사 폴 짐니스키에 따르면 웨스턴오스트레일리아주의 아가일 다이아몬드 광산은 2017년 1,710만 캐럿의 다이아몬드를 생산했다. 유일한 핑크 다이아몬드 산지이지만 매장량이 줄어 2020년에 폐광 예정이다.

FEB 6 1952년 아버지 조지 6세 왕이 서거하자 엘리자베스 2세 여왕이 왕위를 물려받았다. 그녀는 2019년 4월 21일 기준 67년 74일간 통치해 **가장 오래 집권한 여왕**이 됐다.

FEB 7 2010년 슈퍼볼 XLIV에서 인디애나폴리스 콜츠의 플레이스키커(땅에 볼을 놓고 차는 선수) 매트 스토버(미국)가 42세 11일의 나이로 출전, **최고령 슈퍼볼 선수**에 등극했다. 그는 5득점에 성공했지만, 콜츠는 패했다.

가장 긴 산호초 지역

호주 북동부 해안의 그레이트배리어리프(GBR)는 길이 2,027km로, 영국에서 몰타까지의 거리와 비슷하다. GBR은 사실 '산호초 생태계'로 2,900개의 개별 군락이 20만 7,200km² 넓이를 덮고 있다. 죽은 폴립 위에 또 산호가 크는 식으로 약 2,000만 년 전부터 자라온 것으로 보인다.

다양한 산호초가 있지만 많은 위험에 직면한 연약한 생태계다. 대표적으로 '백화' 현상은 바닷물의 온도가 상승하며 공생 조류가 살지 못하게 만들고 산호를 하얗게 변색시킨다. 2018년 연구에 따르면 GBR에서는 2016년 유례없는 9개월간의 고온현상으로 약 30%의 산호가 죽어나갔다.

가장 오래된 열대우림

호주 퀸즐랜드에 있는 데인트리 우림은 넓이가 대략 1,200km²로 퀸즐랜드 열대습윤 지역의 일부를 차지한다. 호주에 있는 가장 큰 단일 우림 지역으로 1억 8,000만 년 전인 쥐라기에 형성된 것으로 보인다.

가장 큰 파도 모양 절벽

웨스턴오스트레일리아주 하이든 록의 북면인 웨이브 록은 길이가 약 110m, 높이는 12m, 넓이는 대략 1,320m²다. 27억 년 된 화강암으로 구성돼 있으며, 표면을 덮고 있던 토양의 산성 성분 때문에 침식되어 지금의 모습이 된 것으로 추정된다.

FEB 8

2004년 전 세계에서 **가장 큰 웨딩 케이크**를 미국 코네티컷주 언커스빌에 있는 모히건 선 호텔&카지노의 요리사들이 만들었다. 무게가 6.818t이었다.

FEB 9

2018년 제보라 호텔이 UAE 두바이에 문을 열었다. 75층 이상에 528개의 객실을 보유한 이 금빛 빌딩은 높이가 356.33m로 세상에서 **가장 높은 호텔**이다.

27

남극대륙 ANTARCTICA

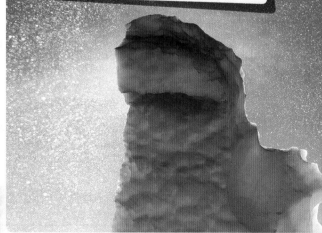

국가 수가 가장 적은 대륙

남극대륙에는 원주민이 없고 남위 60도 아래로는 국가도 없다. 여러 국가들이 남극의 일부 영토를 자신의 것이라 주장했지만, 1959년 조약에 53개국이 서명하면서 현재는 모든 나라가 평화롭게 과학조사를 할 수 있게 됐다. 반면 군사적 행동은 불가능하다.

영국 남극자연환경연구소에 따르면, 남극은 빙붕을 제외한 평균 고도가 OSU91A 지오이드(평균 해수면과 일치하는 중력점을 연결하여 지구의 형상을 가상으로 정한 면)보다 2,194m 높다. **고도가 가장 높은 대륙**이다.

가장 넓은 사막

'사막'이란 단순히 정의하면 비가 내리지 않거나 매우 적게 내리는 지역을 말한다. 이에 따르면, 가장 넓은 사막은 남극대륙의 99% 이상(1,400만km²)을 덮고 있는 남극빙상이다.

매년 이 대륙에는 고작 평균 50mm의 '물과 같은' 것들(비, 눈, 우박 등)이 내리는데, 내륙으로 들어갈수록 그 양이 더 줄어든다. 그래서 남극대륙은 **가장 건조한 대륙**이기도 하다.

가장 빠른 활강바람

활강바람은 높은 고도에 있는 차갑고 밀도 높은 공기가 중력에 의해 경사면을 타고 내려오며 발생하는데 남극의 해안 경사면에서 최고 속도를 기록한 사례가 포착됐다. 호주 남극탐사대를 1911~1914년에 이끌었던 지질학자이자 탐험가인 더글라드 모슨은 1915년 남극 커먼웰스만의 데니슨곶에서 순간풍속 270km/h가 넘는 바람 속도를 측정했다고 기록했다.

남극빙상이 **가장 추운 사막**인 건 당연한 사실이다. 영국 남극자연환경연구소에 따르면, 겨울의 평균기온은 해안가가 영하 20도이며 내륙으로 들어가면 영하 60도 이하로 내려간다. 또 남극대륙은 이제까지 **지구에서 가장 낮은 기온**을 기록한 사례도 있다(오른쪽 참조).

남극빙상은 사막으로 분류되지만 아이러니하게도 동시에 **가장 큰 단일 담수 수역**이기도 하다. 비록 얼어 있지만 부피가 대략 3,000만km³로, 전 세계 물의 70%에 달하는 양이 이곳에 있다. 이는 **가장 큰 호수**(24쪽 참조)인 카스피해의 400배에 달하는 부피다.

가장 남쪽에 있는 모래 사구

모래 사구가 뜨거운 사막에만 있는 건 아니다. 남극 빅토리아밸리에 있는 높이 70m에 달하는 사구들은 남위 약 77.3도에 존재한다.

가장 두꺼운 유빙

러트포드 빙류는 서남극에 있는 엘스워스산맥의 동쪽 사면으로 뻗어 있다. 영국 남극자연환경연구소의 찰스 스위딘뱅크 박사와 그 연구팀이 1975년 1월 전파 음향 측심법으로 빙류가 물에 뜬 표면 지점부터 아래의 두께를 측정해보니 1,860m였다. 이 얼음은 남위 약 77.6도, 서경 약 84.2도 지점에서 론빙붕으로 흘러들고 있었다.

지구에서 가장 기온이 낮은 장소

1983년 7월 21일 러시아의 남극기지 보스토크 기지의 기온이 남극의 겨울 평균 기온보다 54도나 낮은 영하 89.2도까지 급락했다. 2018년 인공위성들이 동남극고원이 이보다 더 추운 영하 98도까지 내려간 것을 발견했지만, 세계기상기구는 모든 기록은 표준 고도의 기상관측소에서 측정돼야 한다는 입장을 고수했다. 그래서 기네스 세계기록에서는 이 기록들이 지상 실험을 통해 확인되기 전까지 인증을 미루기로 했다.

일조량이 가장 적은 곳

남극에서는 1년 중 182일 동안 햇빛을 볼 수 없다. 6개월 동안 태양이 지평선 위로 전혀 떠오르지 않기 때문이다. 한편 북극은 176일 동안 햇빛을 볼 수 없다.

가장 큰 빙하

램버트-피셔 빙하는 폭이 약 96.5km에 길이는 402km로 **가장 긴 빙하**다. 이 빙하는 1956년 호주 비행사들이 사진 촬영 임무를 수행하던 중 발견했다.

가장 외딴곳에 있는 나무

뉴질랜드 캠벨제도에 있는 가문비나무속의 수목은 가장 가까운 곳에 있는 동종의 나무가 222km 이상 떨어진 오클랜드섬에 있다. 현지에서는 뉴질랜드 총독이 1901년에 심은 나무로 알려져 있으나, 2017년 연구에서 그 뒤에 심어졌음이 밝혀졌다.

다이아몬드더스트가 가장 자주 발생하는 장소

'다이아몬드더스트'는 기온역전(밤에 지면의 열이 식어서 지면 근처의 공기가 그 위의 공기보다 온도가 낮아지는 현상)으로 지상에 형성되는, 수많은 얼음의 미세한 결정이 지표 가까이 떠 있는 현상이다. 남극 고원 중앙에 자리한 미국의 플래토 기지(현재는 사용하지 않음)에서는 매년 평균 316일 동안 다이아몬드더스트를 목격할 수 있다.

인구
0

총면적
1,400만km²

국가 수
0

가장 높은 산
빈슨산 4,892m

가장 큰 호수
보스토크 빙저호
1만 5,000km²

가장 긴 강
오닉스강 32km

FEB 10 2013년 스카이다이브 두바이 클럽(UAE)이 **가장 많은 스카이다이버들이 낙하산을 메고 기구에서 동시에 뛰어내리기** 기록을 세웠다. 총 25명이 두바이 상공을 갈랐다.

FEB 11 2018년 무타바 하산 무갈(파키스탄)은 파키스탄 카라치에서 **1분 동안 쌍절곤으로 호두 많이 깨기** 기록을 작성했다(총 118개).

남극대륙에서 가장 높은 산

빈슨산의 정상은 해발 4,892m까지 솟아 있다. 엘스워스산맥의 센티널레인지의 일부로, 남극점에서 약 1,200km 거리에 있는 이 산은 미국산악회와 미국국립과학재단 합동 팀이 1966년 처음으로 정복했다. 오늘날 빈슨산은 세븐서미츠 도전 목록에 포함돼 있는데, 목록에 있는 모든 봉우리 중 가장 멀리 있어 대개 마지막에 도전하고는 한다.

세븐서미츠 중 하나인 빈슨산은 평균 기온이 영하 30도이며 강한 바람이 온 산을 뒤덮고 있어 사람들이 가장 적게 등반하는 산이다.

가장 깨끗한 바다

1986년 10월 13일, 독일의 알프레드 베게너 연구소가 남극 웨들해의 선명도를 측정했다. 폭 30cm의 투명도판을 물속으로 점점 가라앉히다가 안 보이게 되는 지점의 깊이를 측정하는 방식이다. 이 투명도판은 영국 런던에 있는 넬슨기념탑 높이의 1.5배인 80m 지점까지 내려가서야 시야에서 사라졌다.

가장 큰 빙붕

로스빙붕은 1841년 제임스 클락 로스(영국) 대령이 발견했다. 이 빙붕은 남극대륙이 태평양과 접하고 있는 만에 위치한 로스해의 약 47만 2,000km² 면적을 덮고 있다. 세계에서 가장 큰 유빙이다.
빙붕의 가장자리는 길이 600km 이상, 높이는 10~15m로 수직에 가까운 면이 남극해를 향해 있다.

FEB 12
2002년 피터 도일(영국) 교수가 이끄는 고생물학자 팀이 1억 6,000만 년 전 거대한 물고기처럼 생긴 해양 파충류인 어룡이 뱉은 **가장 오래된 토사물 화석**을 찾았다고 발표했다.

FEB 13
2011년 미국 캘리포니아주 로스앤젤레스에서 열린 그래미 시상식에서 E! 엔터테인먼트(미국)가 레이디 가가의 이미테이션 가수들을 가장 많이 모아 '파파라치' 포즈를 취하게 했다(121명).

행성 지구 전반 ROUND-UP

기록된 가장 낮은 수심에서 분출된 화산

2015년 12월 자율 무인잠수정이 태평양에 있는, **바다에서 가장 깊은 지점**인 마리아나 해구 서쪽에서 열수 분출공을 발견했다. 해수면에서 약 4,450m 아래 지점에서 7.3km의 길이로 뻗어 있는 어두운 유리질의 용암을 찾아낸 것이다. 이는 최근 있었던 심해 분화 때 분출된 용암이다.

2016년에는 원격 조종 잠수정이 추가로 탐사를 해 더 발견한 사실들을 2018년 10월 23일 〈프런티어스 인 어스 사이언스〉에 정리해 실었다.

탐사된 가장 긴 해저 동굴계

2018년 1월 다이버들의 탐사로 멕시코의 유카탄반도에 있는 264km 길이의 시스테마 삭 악툰 동굴과 84km 길이의 도스 오호스 동굴이 연결된 사실이 발견됐다.

2018년 7월에는 현지 킨타나 로 동굴조사 팀이 이 해저 동굴의 총길이가 353km인 것을 확인했다. 동굴에 이름을 붙이는 일반적인 법칙에 따르면, 2개 이상의 동굴이 사실 하나였다는 증거가 발견되면 그중 가장 큰 동굴의 이름으로 통합된다.

가장 더운 달(단일 지역)

2018년은 전 세계 기온이 가장 높았던 해다. 미국 캘리포니아주 데스밸리는 퍼니스 크릭 관광안내소 인근의 기상관측소에서 측정한 바에 따르면 7월 1~31일의 1일 평균 기온이 42.3도를 기록했다. 이 중 52.7도가 넘는 날이 4일 연속 관측되기도 했다(7월 24~27일). 오만의 해안도시 쿠리야트(왼쪽 위 작은 사진)는 6월 26일 24시간 동안 기온이 42.6도 밑으로 떨어지지 않아 **1일 최저 기온이 가장 높은 날**로 기록됐다. 그날의 최고 기온은 49.8도였다.

살아 있는 가장 오래된 나무

미국 캘리포니아주 화이트산에 있는 브리슬콘 소나무들이 가장 유서 깊은 나무들이다. 오랜 시간 비와 바람, 서리에 맞아 뒤틀려 있다(아래 사진). 이 중 가장 오래된 개체는 1957년 에드먼드 슐만(미국) 박사가 발견한 '므두셀라'로 4,800년 이상 산 것으로 여겨진다.

최대 규모 단일 동굴 공간(부피)

미아오 동굴은 중국 구이저우성 쯔윈거투하촨동 인근에 있다. 2013년 〈내셔널 지오그래픽〉이 지원하고 영국이 주도한 지질학 팀이 3D 레이저 스캐너로 지형을 알아내 계산한 동굴의 크기는 부피 1,078만m³로, 이집트 기자에 있는 대피라미드보다 4배 이상 크다.

최장시간 목격된 무지개

2017년 11월 30일 중국문화대학(대만) 관측소 소속 대기과학부 부원이 적어도 하나의 무지개(한때 최대 4개)가 8시간 58분 동안 떠 있는 것을 관측했다.

무지개는 대만 양밍산 기슭에 위치한 이 대학의 여러 장소에서 목격됐는데 높은 고도와 대기 조건, 한낮 태양빛의 각도가 이 무지개를 관측하기에 최상의 조건을 만들어주었다.

가장 고도가 높은 자연보호구역

1988년 지정된 초모랑마봉(중국명으로는 주무랑마봉) 국립자연보호구역은 **가장 높은 산**인 에베레스트(8,848m)의 정상까지 뻗어 있다. 중국 국경 안에 위치하는데 크기가 3만 3,810km²인 구역으로, 티베트 자치구에 있는 히말라야산맥의 중심부에 위치한다. 사해 근처의 이웃추킴 자연보호구역('엔페쉬카'로도 알려져 있다)은

일반적인 브리슬콘 소나무의 모습이다. '므두셀라'는 반달리즘으로부터 보호하기 위해 그 위치를 비밀로 하고 있다.

최대 규모 해조류

해조는 바다에 사는 조류를 통틀어 일컫는 말이다. 2018년 6월 모자반류 해초가 6,317km²의 넓이를 덮었는데 무게가 젖은 상태의 생물량으로 따졌을 때 최소 890만t 이상으로 측정됐다. 이 해조류들은 멕시코만부터 아프리카 서부 연안에 걸쳐 8,300km나 뻗어 있었다. 위 사진은 인부들이 멕시코 유카탄반도 툴룸의 솔리만 해안에서 모자반류 해초를 제거하는 모습이다.

FEB 14 · 2014년 캐나다 앨버타주 캘거리의 텔러스 스파크 과학센터에서 **최대 규모 스피드 데이트 행사**가 열렸다. 651명의 싱글들이 사랑을 찾기 위해 참여했다.

FEB 15 · 1981년 '슬래민(Slammin, 멋진, 근사한)' 새미 밀러(미국)가 미국 뉴욕주에 있는 얼어붙은 호수 조지호에서 옥시전(산소)이라는 썰매로 속도 399km/h를 기록했다. **로켓 추진식 썰매 최고 속도**다.

해발 400m 아래 있는, **가장 낮은 곳에 있는 자연보호구역**이다. 사해는 식물이 살기에는 염도가 너무 높지만, 연안의 5.8km 지역에 걸쳐서 **가장 낮은 습지대가** 형성돼 있고 이곳은 유다산맥의 지하수가 흘러나와 염도도 낮은 편이라 오아시스로 여겨진다. 하지만 이 늪지대는 사해의 수면이 지속적으로 낮아져 사라질 위기에 처해 있다.

사해 남서쪽의 이스라엘 소돔산에는 말함동굴이 있다. 2019년 3월 28일에 이 동굴의 길이가 대략 10km로 측정돼 **가장 긴 소금 동굴**로 기록됐다. 이는 예루살렘 히브리 대학교(이스라엘) 연구팀이 2년 동안 조사한 끝에 알아낸 사실이다. 소금 동굴은 굉장히 희귀한 데다 보통 길이가 0.8km를 넘지 않는다.

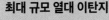

최대 규모 열대 이탄지

콩고 분지에 있는 큐벳 중앙 이탄지는 크기가 아일랜드보다 2배 이상 넓은 14만 5,000km²다. 이 늪지에는 300억t 이상의 이산화탄소(CO_2)가 함유된 것으로 추정되는데, 이는 현재 미국에서 나오는 화석 연료 배기가스의 20년치에 해당하는 양이다. 큐벳 중앙 이탄지는 지구에서 가장 중요한 '탄소 흡수원'의 하나로, 탄소를 배출하는 것보다 흡수하는 양이 많은 지역이다.

키가 가장 큰 꽃

타이탄 아룸은 다른 어떤 종류의 꽃보다 키가 크다. 기네스 세계기록의 심사관 애덤 밀워드(아래 삽입 사진 맨 오른쪽)는 2018년 10월 영국 런던에 있는 큐 왕립 식물원에 방문해 이 꽃의 월등한 높이를 직접 검증했다.

이곳의 타이탄 아룸은 높이 3m로 2010년 6월 18일 미국 뉴햄프셔주 길포드에서 루이스 리카르디엘로(미국, 위 사진)가 기른 3.1m의 개체보다 약간 작았다.

타이탄 아룸은 고기가 썩는 듯한 지독한 악취를 풍겨 '시체 꽃으로'도 불린다. 이 악취는 약 0.8km 거리에서도 느껴질 정도다. 그 때문에 때때로 라플레시아와 함께 **냄새가 가장 지독한 식물**로 꼽힌다.

1분 동안 내린 가장 많은 양의 비

세계기상기구에 따르면 1956년 7월 4일 미국 메릴랜드주 유니언빌에서 1분 동안 31.2mm의 비가 쏟아졌다.

가장 오래된 생물 색소

2018년 7월 9일 〈미국국립과학원 회보〉에 발표된 연구 자료에 따르면, 11억 년 전 있었던 것으로 추정되는 가장 오래된 생물 색소는 대부분 분홍, 빨강, 보라였다고 한다.

이 색소들은 모리타니의 타우데니 분지 내 사하라사막 아래서 발견된 셰일 암석에서 추출됐는데, 다른 천연 색소들보다 5억 년 이상 앞서 생성되었다.

가장 깊은 동굴

2018년 3월 파벨 데미도프와 일리야 투르바노프가 이끄는 러시아 동굴학자 팀이 조지아 북서부 남코카서스에 있는 베료브키나 동굴의 바닥으로 내려가 깊이를 측정한 결과 2.21km로 확인됐다. 이 팀은 12일간의 탐사 기간 동안 매우 희귀한 견본들을 많이 채취했는데, 여기에는 처음 발견된 동굴 서식 종들도 포함돼 있었다.

가장 최근에 발견된 해양생물군계

2018년 3월 20일 〈네이처〉에 발표된 산호초 생태계 연구 논문은 해수면 130~309m 아래에 펼쳐진 '레리포틱 존(Rariphotic Zone, 빛이 희귀한 지역)'을 새로운 해양생물군계라고 설명했다. 이곳은 빛이 매우 부족한 곳으로, 이전에는 약식으로 '산호초 약광층'이라 했다. 아래 사진은 스티초패데스로, 이곳에 서식하는 처음 발견된 산호초 종이다.

가장 다양한 생물이 사는 열대목초지(식물군)

브라질의 20%를 덮고 있는 수목이 우거진 대초원 세라도에는 다른 어떤 목초지보다 다양한 6,500종의 관다발식물이 산다. 이 비교연구는 2016년 8월 8일 〈왕립학회 자연과학회보 B〉에 발표됐다. 이곳 생물군계에는 다양한 동물군도 사는데, 남아메리카의 가장 큰 갯과 동물인 갈기늑대도 서식한다.

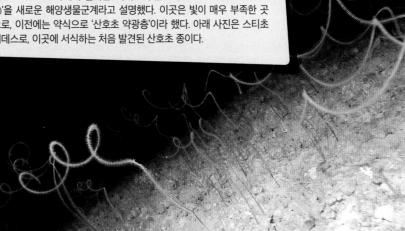

FEB 16 2008년 사이드 압둘 가파르 쿠리(UAE)는 UAE 아부다비에서 열린 경매에서 1,420만 달러를 지불하고 **가장 비싼 자동차 번호판**을 취득했다. 그 번호판에는 숫자 '1'만 적혀 있다.

FEB 17 1989년 체스 마스터 이반 니콜릭과 고란 아르소빅(둘 다 세르비아)이 현재의 세르비아 수도 베오그라드에서 대결을 펼쳐 20시간 15분 동안 **가장 많은 수가 오간 체스 경기를 기록했다**(269수).

동물 ANIMALS

▶ 가장 작은 말(수컷)

2018년 4월 24일 폴란드 우치의 카스카다 말 훈련소에서 측정한 봄벨의 기갑고(말의 양어깨 사이에 도드라진 부분까지의 수직 높이)는 56.7cm였다. 이는 그레이하운드 견종보다 작은 키다! 봄벨은 미니어처 아팔루사 종으로, 주인은 카타르지나 지엘린스카(폴란드)다. 봄벨의 부모는 몸집이 평범했지만, 카타르지나는 봄벨이 태어나고 몇 달 뒤 이 망아지의 크기가 조금 특별하다는 사실을 깨닫고 기네스 세계기록 도전이 가능한지 확인하기 위해 봄벨에게 맞는 작은 키 측정 장치를 구해야 했다!

가장 작은 말(암컷)

썸벨리나(엄지공주)는 안타깝게도 2018년 세상을 떠났다. 케이와 폴 고슬링(둘 다 미국)이 키우던 갈색 미니어처 소럴로 기갑고는 44.5cm였다. 썸벨리나는 2006년 자신보다 7.5배나 큰 가장 키가 큰 말 레이더를 만나며 전 세계적으로 화제를 끌어 유명해졌다(아래 사진).

한 달에 한 번, 봄벨은 어린이병원에 환자들을 만나러 간다. 주인인 카타르지나는 "아이들이 봄벨의 꼬리와 갈기를 빗어주고 함께 노는 걸 좋아해요!"라고 말했다.

목차 CONTENTS

야생의 영상도 확인해보자.
guinnessworldrecords.com/2020

역사상 가장 큰 악어류 LARGEST CROCODYLIFORM EVER

무게를 기준으로, 악어는 현재 지구상에서 가장 큰 파충류다. 하지만 악어는 약 1억 1,200만 년 전 선사시대에 살았던 거대한 친척들과는 비교도 되지 않는다. 약 1억 1,200만 년 전 백악기 중반에 살았던 '슈퍼 악어'가 영화 <쥐라기 공원>에서처럼 되살아난다면 정말 놀라운 일이 발생할 것이다. 우리는 여기서 지금까지 존재했던 악어 중 가장 큰 사르코수쿠스가 ZSL 런던동물원에서 탈출한 장면을 상상해봤다.

악어들은 수백만 년 동안 외형이 거의 변하지 않아 종종 '살아 있는 화석'으로 불린다.

오늘날의 악어들이 그들의 고대 야수 조상들과 일부 특징을 공유하지만 그럼에도 상당히 다른 점도 있다. 그 차이는 사르코수쿠스를 보면 가장 뚜렷하게 나타난다.

12.2m까지 자라는 이 종은 **지금까지 존재한 악어류 중 가장 크다.**

오늘날 **가장 큰 악어**이자 **가장 무거운 악어**는 인도악어(바다악어)다. 수컷 성체는 평균 길이가 4.9m이지만 길이 7m, 무게 1,200kg까지 자랄 수 있다.

과거와 현재의 악어는 무게만 다른 게 아니다. 예를 들자면 고대에는 집고양이만 한 크기에 물에 들어가지 않는 악어도 있었고, 물갈퀴가 달린 꼬리로 바다에 사는 종도 있었다.

종합해보면, 악어는 오랜 기간 다양한 모습으로 존재했지만, 소수의 형질만 수백 년을 견뎌낸 셈이다. 하지만 이들의 진화적 성공은 그리 놀라운 일이 아니다. 악어는 지구의 생명체 중 약 80%가 사망한 멸종 사건에서도 살아남은 파충류 중 하나라는 걸 기억해야 한다.

기록 경쟁자?

사르코수쿠스는 고대 늪지대에 숨어 있던 유일한 거대 악어는 아니었다. 사실 800만 년 전 남아메리카에 살았던 푸루스사우루스가 더 컸다. 현대 카이만의 사촌인 이 악어는 일부 연구에 따르면 길이가 10~13m이지만 증거가 될 화석이 부족해 상한선에 논란이 많다.

평균 키의 사람과 인도악어, 그리고 푸루스사우루스의 크기를 추정해 만들어놓은 아래 이미지를 보자.

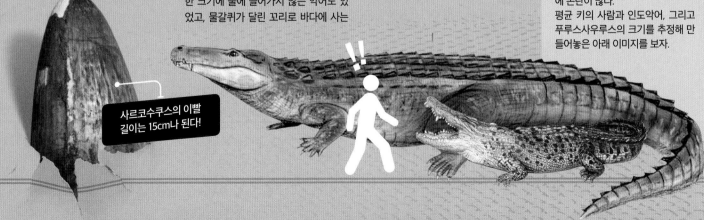

사르코수쿠스의 이빨 길이는 15cm나 된다!

이 고대 포식자는 마치 인도악어를 확대한 것처럼 현대 악어와 외형이 비슷했다. 한 가지 구분되는 특징은 둥그스름한 코끝인데, 냄새를 맡거나 소리를 내는 데 썼을 것으로 추정된다.

포획된 가장 큰 악어

인도악어 카시우스는 머리에서 꼬리 끝까지의 길이가 5.48m로 사르코수쿠스의 반밖에 안 되지만 지금까지 크기를 측정한 살아 있는 악어 중 가장 크다. 야생에 더 큰 개체들이 있다는 보고가 있지만 어디까지나 '눈짐작'으로, 정확한 확인이 불가능하다.

약 100세쯤 된 걸로 여겨지는 카시우스는 호주 노던 준주에서 1987년 포획돼 그린섬의 동물원 마린랜드 멜라네시아로 이주해 지금까지 살고 있다.

문제의 뼈대

사르코수쿠스가 크다는 사실은 모두 알았지만 정확한 크기는 고생물학자 폴 세레노(미국)가 2000년이 되어서야 밝혀냈다. 그는 니제르에서 1.8m 길이의 두개골과 척추뼈 대부분을 발굴해 몸길이는 최소 11~12m, 무게는 8t이라는 사실을 알아냈다. 위 사진은 프랑스 파리국립자연사박물관에 사르코수쿠스의 골격이 전시된 모습이다.

사막 DESERT

100%

가장 열에 강한 육상동물

북아프리카 사하라에 사는 사막개미는 최대 체온 53도에서도 살 수 있다. 실험실 연구에서는 호주의 붉은 꿀개미가 체온 56.7도까지 견뎠다. 인간이 열사병에 걸리기 전 최대로 견뎌낼 수 있는 내부 체온은 40도다.

사막개미는 체온 유지를 위해 여러 가지 방식으로 진화했다. 긴 다리는 엄청나게 뜨거운 모래의 열기에서 신체를 멀리 유지하게 했고, 빠른 속도는 태양에 노출되는 걸 최소화한다.

사실 사하라은색개미는 **가장 빨리 달리는 개미**다. 최대 속도 1.8km/h로 자기 몸길이의 100배 거리를 1초에 주파한다. 이는 평균 신장의 사람이 약 650km/h의 속도로 달리는 것과 비슷하다!

가장 작은 여우

사하라 사막에 서식하는 페넥여우는 주로 알제리나 튀니지에서 발견된다. 최대 몸길이가 40cm로 작은 집고양이와 비슷하며, 광범위한 지역에 서식하는 **가장 큰 여우**인 붉은여우의 반 정도 크기다. 페넥여우는 옅은 털로 햇빛을 반사하고 커다란 귀로 몸의 열을 방출한다.

가장 오래 산 설치류

맹렬한 열기를 피하는 한 가지 방법은 땅속으로 들어가는 것이다. 동아프리카의 벌거숭이뒤쥐는 지하에 복잡하게 얽힌 굴을 수km씩 파고 산다. 암을 포함한 질병에 면역력이 있고, 적은 산소로도 살 수 있는 이 특별한 동물은 수명이 최소 28년이다(햄스터는 오래 살아야 3년).

이 뒤쥐는 그들의 신체만큼이나 독특한 사회를 형성한다. 꿀벌처럼 매우 협력적인 집단을 이루는데, 번식을 담당하는 여왕이 한 마리 있고 각각의 개체는 집단을 위한 의무를 수행한다. **가장 진(眞)사회성을 지닌 포유동물**이다.

갑각류가 서식하는 가장 메마른 땅

게나 로브스터 등 잘 알려진 많은 갑각류가 물 근처에 살지만 모든 절지동물이 그런 건 아니다. 사막쥐며느리는 중동과 북아프리카의 건조한 지역에 서식하며 최대 37도의 기온에서도 먹이 활동을 한다. 사막 먹이사슬의 중요한 역할을 하며, 일부 지역에는 헥타르당 48만 마리의 쥐며느리가 산다.

가장 작은 올빼미

멕시코와 미국 남서부의 건조한 지역에 사는 엘프올빼미는 평균 몸길이가 12~14cm, 무게는 테니스공 1개보다 가볍다. 예전에는 사와로선인장(오른쪽 동그라미 안 사진)에만 구멍을 파고 사는 것으로 여겨졌으나 나무나 간혹 울타리 등에 살기도 한다.

▶ 가장 독성이 강한 도마뱀

미국 남서부와 멕시코 북서부에 서식하는 힐라몬스터(미국독도마뱀)는 독의 강도가 LD50 0.4mg/kg이다. LD50이란 '치사량 50%'의 약어로, 독이 투여된 동물의 50%가 사망한다는 뜻이다. 이들의 독은 티스푼 10분의 1보다 적은 0.4~0.6ml로 사람을 죽일 수 있다. 다행히도 이 도마뱀은 소심한 편이라 자연 상태에서 물리는 경우는 많지 않다. 마리코파수확개미도 독성이 매우 강한데 LD50 0.12mg/kg으로 **독성이 가장 강한 곤충**이다. 꿀벌의 독보다 약 20배 강하다.

가장 빠른 거미

세브라너스 레켄베르기(모로코의 공중제비거미)는 자신이 사는 사구에서 포식자를 만나면 기발한 방법으로 자리를 피한다. 곡예사들이 양손으로 앞구르기나 뒤구르기를 하듯 공중제비를 연속으로 하며 달아난다. 이 거미는 6.12km/h까지 속도를 낼 수 있다.

가장 독성이 강한 뱀

호주에 사는 소형 뱀 인랜드타이판독사는 LD50 0.01~0.03mg/kg의 독성을 가졌다. 보통 분비샘에 60mg의 독을 가지고 있지만, 수컷 1마리가 125명을 죽일 수 있는 110mg의 독을 만든 적도 있다! 치명적인 독에도 아직 사람이 피해를 입은 경우는 없는데, 서식지가 외딴 곳에 있기 때문으로 여겨진다.

가장 큰 유대목 동물

호주의 야생을 상징하는 붉은캥거루는 머리에서 꼬리까지의 길이가 2.5m다. 다 큰 수컷은 무게가 22~85kg이고 암컷은 그보다 약간 가볍다. 캥거루들은 깡충깡충 뛰는 모습으로 유명한데, 이는 아주 작은 힘으로 먼 거리를 이동할 수 있는 굉장히 효율적인 방법이다. 캥거루가 가장 멀리 뛴 기록은 1951년 목격된 12.8m로, 폭스바겐 비틀 차량 3대의 길이와 비슷하다.

> 붉은캥거루는 **유대목 동물 중 가장 큰 새끼**를 낳는다. 하지만 갓 태어난 새끼는 무게가 겨우 0.75g이다!

FEB 18 2017년 압히시 P 도미니크(인도)는 인도 케랄라에서 **1분간 한 손으로 코코넛 가장 많이 깨기**에 성공했다(122개). 5년 만에 경신된 기록이다.

FEB 19 1994년 마크 케니(미국)는 평생의 염원이었던 기네스 세계기록 보유에 성공했다. 11세부터 물구나무 보행을 연마한 그는 **손으로 50m 빨리 걷기** 기록을 달성했다(16초93).

가장 큰 뿔도마뱀

뿔도마뱀은 미국과 멕시코 전역의 사막과 사구, 대초원에서 발견된다. 멕시코의 태평양 연안 에 서식하는 몸길이 20cm의 긴 가시 뿔도마 뱀이 해당 속(屬)에서 가장 큰 종이다. 납작한 얼굴과 위협을 느꼈을 때 부푸는 둥근 몸이 이 양서류 의 대표적인 2가지 특징이다.

뿔도마뱀은 포식자를 물리치기 위해 끔찍한 방법을 사용한다! 눈 주변의 실핏줄로 혈액을 잔뜩 모으고 이 실핏줄을 터뜨려 1.5m 거리까지 혈액이 뿜어져 나가게 한다!

가장 큰 날쥐

날쥐는 긴 뒷다리를 이용해 캥거루처 럼 뛰어다니는 사막 설치류다. 여러 방 향으로, 한 번에 최대 3m까지 뛰어서 추격자를 따돌리는 기술을 가지고 있 다. 중앙아시아의 건조 지역에 사는 큰 날쥐는 몸길이가 18cm이며, 점프할 때 균형을 잡아주는 꼬리의 길이가 무 려 26cm나 된다.

가장 빠른 무척추동물

낙타거미는 거미류에 속하지만 진 짜 거미는 아니다. 북아프리카와 중 동에 사는 이 사막 곤충은 짧은 거리 를 최대 16km/h의 속도로 돌진한 다. 이는 **가장 빠른 인간**, 우사인 볼 트 같은 프로 육상선수들을 제외한 일반인보다 빠른 속도다.

가장 큰 낙타

커다란 발에 긴 속눈썹, 불룩한 음식 저장고(혹에 지방 저장)까지 낙타는 사막에 매우 잘 적응한 모습이다. 몸길이는 3.5m 이상, 어깨까지 높이는 2.4m이며 단 봉낙타가 쌍봉낙타보다 약간 더 크다. 현재 야생에 는 사육되다 달아난 무리만 있다. **가장 많은 개체가** 서식하는 지역은 호주로, 30만 마리의 낙타가 산다.

 FEB 20 캐롤린과 랄프 커민스 부부(둘 다 미국)의 다섯 자녀인 캐서린(1952년생), 캐 럴(1953년생), 찰스(1956년생), 클라우디아(1961년생), 세실리아(1966년생)는 모 두 이 날 태어나 같은 날짜에 가장 많은 남매가 태어난 사례로 기록됐다.

 FEB 21 1995년 스티브 포셋(미국)은 **최초로 단독 기구 태평양 횡단**에 성공했다. 그는 대한민국 서울에서 2월 17일에 출발해 4일 뒤 캐나다 서스캐처원 주 멘드햄에 도착했다.

37

가장 키가 큰 동물

사바나를 비롯해 사바나 남쪽 아프리카 삼림 지대에서 발견되는 기린은 키가 4.6~5.5m나 된다. 기다란 신체 중 3분의 1은 1.5~1.8m나 되는 목으로, **목이 가장 긴 동물**이다.

기린은 이 긴 목으로 구애를 하고, 경쟁자와 싸우며, 45cm에 달하는 긴 혀를 함께 사용해 나무 끝에 달린 나뭇잎을 뜯어 먹기도 한다.

가장 큰 육상동물

다 큰 수컷 아프리카코끼리의 무게는 약 5.5t으로 젖소 5마리를 합친 무게와 비슷하며, 어깨까지 높이는 3.7m에 달한다. 이 헤비급 초식동물은 크기에 관한 기록을 다수 보유하고 있다.

뇌가 가장 무거운 육상동물로, 인간의 뇌보다 거의 4배나 무거운 5.4kg이다. **가장 무거운 코도** 가지고 있다. 코로 물을 뿜기도 하고 다른 코끼리와 의사소통을 하며 물건을 다루는 등 거의 모든 일에 사용하는데, 무게가 200kg(1t은 1,000kg)까지 나간다.

가장 빠른 영장류

아프리카의 파타스원숭이는 반건조 지역의 땅에서 먹이를 구하는 일에 대부분의 시간을 쓴다. 골격과 근육이 도망가기 좋게 발달해 최대 55km/h의 속도로 달릴 수 있다.

가장 먼 거리를 이주하는 육상동물

풀을 뜯고 사는 동물들은 신선한 목초지를 찾아 이주한다. 수백, 수천 마리가 무리를 이루는 그랜트순록은 캐나다의 척박한 툰드라와 평원, 미국 알래스카 4,800km 거리를 이주한다.

하지만 **최대 규모로 이주하는 육상동물**이라는 타이틀의 영광은 누에게 돌아간다. 약 100만~200만 마리가 매년 탄자니아와 케냐를 순회하며 생활하는데, 악어가 우글거리는 마라강도 건넌다.

독성이 있는 가장 큰 육상동물

인도네시아에 서식하는 코모도왕도마뱀은 수컷 성체의 평균 몸길이가 2.59m, 무게는 79~91kg으로 **가장 큰 도마뱀**이기도 하다. 이 도마뱀의 타액에 병원성 박테리아가 있는 건 익히 알려진 사실이지만, 아래턱에 있는 독 분비샘은 2009년이 되어서야 발견됐다.

가장 혀가 긴 육상동물

큰개미핥기는 중앙아메리카뿐만 아니라 남아메리카 남부(우루과이, 브라질, 아르헨티나)에도 서식하며, 팜파스 초원의 기후를 좋아한다. 벌레처럼 생긴 기다란 혀가 특징인데, 미세한 미늘과 끈적한 타액으로 덮여 있으며 입부터 쟀을 때 길이가 최대 61cm로 **가장 긴 사람 혀**보다 6배나 길다. 이 혀는 흰개미 둥지를 후벼 먹기에 완벽한 장비다.

크고 털이 무성한 꼬리를 포함한 몸길이는 1.2~2m로 큰개미핥기는 개미핥기,

야생에 개체가 가장 많은 새

전 세계에 비둘기는 겨우 4억 마리뿐이지만 아프리카에 사는 홍엽조는 성체만 15억 마리가 있다. 이 새는 농장을 마구 훼손해 '깃털 달린 메뚜기'로도 불린다. 100만 마리의 무리가 하루에 10t의 작물을 망치기도 한다.

작은개미핥기, 나무늘보를 포함한 신대륙 포유동물, 즉 유모목 중 **가장 크다.**

날 수 있는 가장 무거운 새

가장 큰 새 타조(옆 페이지 참조)와 함께 아프리카 초원을 누비는 아프리카큰느시다. 이 새는 무게가 18.1kg이나 되지만 타조와 달리 하늘을 날 수 있다. 물론 날기는 최후의 방법으로만 쓴다.

아프리카큰느시는 풀에 있는 곤충과 파충류를 좋아한다.

가장 작은 나비(날개 길이)

남아프리카 초원 지역에서 서식하는 난쟁이푸른나비는 무게가 10mg 미만이며 양 날개의 길이는 약 1.4cm다.

성공률이 가장 높은 사냥꾼

아프리카들개는 사하라 남쪽 서배너에 10~30마리가 무리 지어 산다. 협동성과 융통성, 기회 포착 능력을 기반으로 사냥 성공률이 50~80%에 달하는 전문 사냥꾼이다. 사자 무리나 하이에나 무리의 사냥 성공률이 약 30%인 것에 비하면 월등히 높다.

야생에서 가장 큰 말과

인간에게 사육되는 말을 제외하면 그레비얼룩말이 말과(科) 중 가장 크다. 무게는 450kg까지 나가며 체고(몸높이)는 140~160cm다.

아프리카 케냐와 에티오피아 평원에 약 2,680마리만 남은 **가장 희귀한 얼룩말**이다. 케이프마운틴얼룩말의 개체수가 더 적지만, 현재 이 말은 아종으로 분류된다.

FEB 22 2002년 얀 헴펠(독일)이 독일 뮌헨에서 열린 〈기네스-기록 쇼〉에서 제자리에서 뒤로 **가장 멀리 뛰기** 신기록을 세웠다(2.01m).

FEB 23 1997년 러시아의 우주정거장 미르호가 과염소산 리튬 '촛불'에 산소를 공급해 우주정거장 최초의 불을 밝혔다. 우주인들은 만약의 사태에 대비해 '구조선' 소유즈호에서 대피 준비를 하고 있었다.

육지에서 가장 빠른 동물(장거리)

치타는 단거리에서 모든 동물을 제압할 수 있지만 최고 속도를 약 30초 이상 유지하지 못한다.
반면 가지뿔영양은 장거리에 적수가 없다. 이 북아메리카 발굽동물은 6.6km 거리를 56km/h의 속도로 주파한 기록이 있다.

치타는 모든 신체기관이 속도를 내는 데 최적화돼 있다. 긴 다리와 유연한 척추는 보폭을 넓혀주고, 발톱은 미끄럼을 방지해준다. 긴 꼬리는 갑작스런 방향 전환에도 균형을 잡아준다.

육지에서 가장 빠른 동물(단거리)

아프리카와 중앙아시아 넓은 대지에서 치타는 영양 같은 먹이를 추적하기 위해 100km/h 이상 속도를 낸다. 2012년 6월 20일 **육상동물 100m 최고 속도**를 기록한 암컷 사라는 미국 오하이오주 클러몬트카운티의 신시내티 동물원에서 정지 상태에서 출발해 5초95를 기록했다. 이는 육상선수 우사인 볼트의 기록보다 3초63 앞선다.

100%

육지에서 가장 빠른 새

치타는 저녁거리를 잡으려고 달리지만 타조는 저녁거리가 되지 않으려 달린다.
타조는 이 세상에서 **가장 큰 새**로(54~55쪽 '역사상 가장 큰 새' 참조), 전력으로 달리면 72km/h의 속도를 낸다. 하지만 다가오는 적을 보지 못하면 빠른 속도도 쓸모가 없다…. 다행히 타조는 **육상동물 중 가장 큰 눈**을 가졌다. 각막에서 망막까지 거리가 5cm로, 눈알이 뇌보다 크다!

이동하는 가장 큰 육상동물

가장 넓은 초원(16쪽 참조)인 미국의 그레이트플레인스를 상징하는 아메리카들소는 몸집이 탱크만 하다. 무게가 약 1t으로 북아메리카 육상동물 중 가장 크다. 버펄로로 불리며, 계절마다 이동하는데 봄에는 높은 지대로 향한다. 이 거대 초식동물은 1800년대 사냥으로 멸종 직전에 이르렀으나 현재 개체수가 회복돼 50만 마리 정도가 서식한다.

FEB 24 1988년 루치아노 파바로티(이탈리아)는 독일 베를린에서 공연된 도니체티의 오페라 〈사랑의 묘약〉에서 주인공 네모리노 역을 맡아 노래했다. 1시간 7분 동안 박수가 이어져 그는 **가장 많은 커튼콜**을 받았다(165회).

FEB 25 1956년 미국 뉴저지주 바인랜드의 흰 닭 레그혼이 **가장 무거운 알**을 낳았다. 달걀의 평균 무게보다 9배 무거운 454g으로, 노른자와 껍질도 2개씩이었다.

39

산악 MOUNTAINS

대형 고양잇과 외 가장 큰 고양잇과 동물

퓨마는 고양잇과 종으로 '대형' 고양잇과는 아니지만 호랑이(44쪽 참조), 사자, 재규어에 이어 4번째로 크다. 2.75m까지 자라며, 다 큰 수컷은 100kg까지 나간다.

또 명칭이 가장 많은 포유동물로 영어 이름만 40가지가 넘는다. 쿠거, 팬서, 마운틴 라이온(산 사자) 외에도 미국 미시시피강 동부에서는 페인터나 캐터마운트(스라소니)로 불린다.

가장 초식 성향이 강한 원숭이

에티오피아의 하일랜즈(높은 땅)에 사는 겔라다개코원숭이는 무시무시한 송곳니를 가졌지만 식단의 90% 이상이 풀로 초식 성향이 강하다. 이 구세계(유럽, 아시아, 아프리카를 가리킴) 원숭이는 땅 위에 오래 머무는 육상영장류다.

하지만 **가장 높은 곳에 사는 영장류**는 따로 있다. 바로 검은들창코원숭으로 중국 티베트와 윈난 성의 침엽수림을 집으로 삼아 해발 4,700m까지 모험을 나선다.

성체의 몸집에 비해 가장 작은 새끼를 낳는 태생 포유류

갓 태어난 대왕판다 새끼는 털이 없고 분홍색을 띤다. 무게가 60~200g으로 어미와 비교했을 때 약 900분의 1 크기다. 인간의 아기는 성인 여자 무게의 20분의 1 정도다.

가장 남쪽에 사는 발굽동물

소목 낙타과에 속하는 포유류인 과나코보다 남쪽에 사는 발굽동물은 없다. 남아메리카의 최남단 아르헨티나 티에라델푸에고제도 인근 나바리노섬(남위 55도)에도 서식한다.

비쿠냐(맨 오른쪽 참조)와 마찬가지로 몸집이 작은 라마의 친척으로 1.1m까지 자란다. **가장 북쪽에 사는 발굽동물**은 51쪽에 나온다.

가장 남쪽에 사는 영장류

일본원숭이는 일본 나가노시(북위 36.6도) 인근 지고쿠다니산 전역에 서식한다. 인간을 제외한 어떤 영장류보다 북쪽에 사는데 겨울에 온천을 즐기며, 영하 15도에서 생존할 수 있어 '눈 원숭이'로도 불린다.

가장 작은 사슴

콜롬비아, 페루, 에콰도르의 안데스산맥에 사는 북방푸두는 사슴과(科)에서 가장 작은 종이다. 어깨까지 높이가 35cm, 무게는 6kg도 안 된다. 작은아기사슴(45쪽 참조)이 더 작지만 꼬마사슴과다.

키가 가장 작은 낙타과

비쿠냐는 라마와 가까운 친척 관계다. 성체의 어깨까지 평균 높이는 90cm로 셰틀랜드 포니(말목 말과)와 비슷하다.

남아메리카 안데스의 해발 4,800m에서도 발견되는 비쿠냐는 **가장 높은 곳에 사는 낙타과**다.

가장 식성이 좋은 곰

남아메리카의 안경곰은 최소 305종 이상의 식물을 먹는다. 브로멜리아드와 열매를 주로 먹지만 선인장, 양치식물, 난초, 대나무 외 17종의 작물도 먹는다. 여기에 더해 22종의 포유류와 9종의 곤충, 그리고 새, 환형동물, 연체동물 1종씩을 포함해 최소 34종의 동물을 먹는다. 아르헨티나 북부, 23도에 서식해 **가장 남쪽에 사는 곰종(種)**이기도 하다.

가장 큰 맹금류

안데스콘도르 수컷은 최대 날개 길이 3.2m, 무게 7.7~15kg으로 4세 아이만큼 무겁다. 이 콘도르는 베네수엘라 남부에서 아르헨티나 티에라델푸에고로 이어지는 안데스산맥 지역에 산다. 큰 몸집을 기류에 맡기고 날 수 있는, 높고 바람이 많은 지역을 선호한다.

가장 부드러운 동물의 털

티베트 고원의 명물인 티베트영양의 부드러운 속털은 지름이 7~10마이크로미터로 사람의 머리카락보다 10배 가늘다.

이 고운 털은 겨울이면 영하 40도까지 떨어지는 스텝 기후 지역에서 유용한 단열 장치다. 티베트영양은 그 털을 원하는 사람들이 많아지면서 개체수가 크게 줄었다. 세계자연보전연맹에 따르면 현재 개체수는 15만 마리 미만으로, 준멸종위기종에 이름을 올렸다.

FEB 26
2014년 〈왕의 이름으로 3: 더 라스트 미션〉이 개봉됐다. 우베 볼 감독의 10번째 비디오게임을 기반으로 한 영화로, 그는 **비디오게임 원작 영화를 가장 많이 만든 감독**이 됐다.

FEB 27
2016년 탱고 탭 앤 프렌즈(미국)가 미국 텍사스주 댈러스의 케이 베일리 허친슨 컨벤션센터에서 **가장 많은 사람이 동시에 샌드위치 만들기 기록**을 세웠다(2,586명).

▶ 가장 높은 곳에 사는 육지 포식자

눈표범(아래 사진)은 좀처럼 사람 눈에 띄지 않지만 중앙아시아 및 남아시아 12개국에 널리 분포해 있으며 해발 5,800m 이상에서 촬영되기도 한다. 1990년대에는 퓨마가 남아메리카 안데스의 비슷한 해발 고도에서 발견된 적이 있다. 눈표범은 **인간에게 가장 해가 없는 대형 고양잇과**로, 확인된 바로는 사람을 공격한 사례가 단 2회뿐이었다.

눈표범은 **몸집에 비해 가장 긴 꼬리를 가진 대형 고양잇과**다. 꼬리가 최대 1m로 전체 몸길이의 반 정도다.

가장 높은 곳에 사는 도마뱀

눈도마뱀으로 알려진 시어볼드 토드헤드 아가마는 에베레스트 산 티베트 사면 5,200m 지점과 티베트 서부 5,400m 지점에서 발견된 기록이 있다. 암컷은 알이 아닌 새끼를 낳는데, 이는 극한 환경에서 사는 파충류에게 흔히 나타나는 특징이다.

가장 높은 곳에 사는 거미

1924년 깡충거미과의 한 종이 네팔 쪽 에베레스트 6,700m 높이에서 발견됐다. 당시 처음 발견된 종으로, 1975년 비로소 히말라야깡충거미로 명명됐다. 라틴어 이름을 번역하면 '무엇보다 높은'이라는 뜻이다.

가장 높은 곳에 사는 발굽동물

시베리아아이벡스는 어떤 발굽동물보다 고도에 산다. 히말라야산에서 해발 6,700m의 경사지와 고산식물 목초지에 서식하기 때문이다.
야크는 이와 비슷하게 티베트 고원의 해발 6,100m에 서식해 세계에서 **가장 높은 곳에 사는 소과 동물**이다.

FEB 28 2016년 프리다이버 알레시 세구라(스페인)는 스페인 바르셀로나에서 열린 지중해 다이브 쇼에서 **가장 숨 오래 참기(남자)** 기록을 세웠다(24분 3초 45).

FEB 29 2004년 데일 웹스터(미국)는 1만 407회째 파도를 타 **연속으로 서핑 많이 하기(연일)** 기록을 세웠다. 그는 2015년 총 1만 4,641일까지 기록을 이어갔다.

외양 OPEN OCEAN

가장 큰 물고기

고래상어는 지역에 따라 측정 결과가 달라 크기를 규정하기 힘들다. 지금까지의 연구 결과를 보면 4~12m로 볼 수 있지만, 2001년 인도 연안에서 발견된 암컷 1마리가 18.8m라는 예외적인 크기를 기록한 사례도 있다.

플랑크톤을 먹는 이 온화한 바다의 거인은 대서양, 태평양, 인도양의 따뜻한 물에 서식한다.

가장 큰 포식 어류

다 큰 백상아리는 평균 길이가 4.45m, 몸무게는 520~770kg이다. 입증되지는 않았지만 일부 학자는 10m까지 자란다는 주장도 한다.

지금까지 가장 큰 상어는 16m 길이의 메갈로돈(커다란 이빨)으로 260만 년 전에 멸종했다. 이름에는 그럴 만한 근거가 있는데, 메갈로돈의 이빨은 길이가 백상아리의 2배였다!

가장 최근에 발견된 상어

2018년 8월 〈해양생물학〉 저널에 '동부피그미 가짜 두톱상어'가 새로운 종으로 기재됐다. 수심 200~1,000m에서 발견되는 이 상어는 스리랑카와 인도 남서쪽 연안에 서식한다.

가장 무거운 해파리

해파리의 몸은 대부분 물과 부드러운 기관으로 이루어져 있기에 무게를 정확히 측정하기가 어렵다. 하지만 몸의 크기, 부피, 촉수의 합을 근거로 했을 때 사자갈기해파리는 무게가 1,000kg 이상으로 추정된다.

가장 깊은 곳에 사는 물고기

카리브해와 대서양의 경계에 있는 푸에르토리코해구의 8,370m 깊이에서 뱀목(目)의 어류가 채집됐다. 에베레스트산의 높이보다 겨우 500m 모자란 깊이다.

가장 깊이 잠수한 포유동물은 2013년 미국 캘리포니아주 남부 연안에서 2,992m를 기록한 민부리고래다.

가장 희귀한 고래

바키타돌고래는 야생에 대략 30마리 정도만 있는 게 2016년 11월 확인됐다. 근친교배와 어망에 걸리는 사고 등으로 개체수는 매년 절반 정도 줄어드는 것으로 여겨진다. 고래목의 한 종인 바키타돌고래는 캘리포니아만 북부와 멕시코 북서부에 산다.

가장 장수하는 포유동물

북극고래는 북극 및 아북극 바다에 사는 이빨이 없는 수염고래 종 중 하나다. 1999년 스크립스 해양연구소와 노스슬로프자치구 야생동물관리소(둘 다 미국)의 연구에 따르면 이 중 한 개체는 추정나이가 211세다. 연구 팀은 아스파르트산 라세미화(AAR)라는 방법으로 안구의 아미노산을 분석했다. 이 기술의 오차 범위를 고려한 나이가 177~245세였고, 그 중간인 211세로 추정했다.

더 오래 살았던 어류는 55쪽에 나온다.

가장 멀리 이주하는 어류

많은 어종이 매년 먹이를 찾아 마라톤을 한다. 지금까지 알려진 가장 먼 거리를 이주하는 어종은 참다랑어로, 한 개체가 직선거리 9,335km를 기록했다. 1958년 멕시코 바하칼리포르니아주 연안에서 식별표를 부착한 이 개체가 1963년 4월 일본 도쿄 남부 483km 지점에서 잡혔다.

공중회전을 가장 잘하는 돌고래

돌고래는 대개 물 위로 잘 뛰어오르지만, 특히 회전을 더 잘하는 종이 있다. 스피너돌고래는 1회의 점프로 7바퀴를 회전할 수 있다.

눈이 가장 큰 동물

대서양 대왕오징어는 멸종한 동물들을 포함해 가장 눈이 크다. 캐나다 뉴펀들랜드 심블티클만에서 1878년 발견된 개체는 안구의 지름이 40cm로 배구공보다 거의 2배 정도 크다.

가장 무거운 경골어류

개복치(라틴어 이름은 '맷돌'이라는 의미를 가졌다)속(屬)의 개복치 성체는 무게 약 1,000kg에 양 지느러미 끝에서 끝까지 길이가 1.8m다.

1996년 일본 치바현의 가모가와 연안에서 잡힌 가장 무거운 혹개복치는 길이가 2.72m, 무게 2,300kg으로 다 큰 검은코뿔소보다 무거웠다! 이 개체는 몇 년 동안 개복치로 여겨졌으나, 일본 히로시마 대학의 에츠로 사와이가 주도한 연구에서 머리에 혹이 있는 것이 발견되어 2017년 12월 5일 〈일본어류학회지〉에 혹개복치로 발표되었다.

대왕고래	
기록	측정
가장 큰 동물	160t, 24m
가장 무거운 혀	4t
가장 큰 폐	5,000ℓ
가장 큰 심장	199.5kg, 1.5m
가장 긴 동물 성기	2.4m
포유류 중 가장 느리게 뛰는 심장	분당 4~8회

가장 빠른 상어

청상아리의 수영 속도는 56km/h 이상이다. 이 상어는 먹잇감의 눈을 피해 바다 깊은 곳으로 헤엄쳐 내려가 수직으로 솟아오르며 사냥한다.

청상아리는 **가장 높이 점프하는 상어**이기도 한데 수면 위 최소 6m까지 뛰어오른다. 더 높이 점프한 기록도 있다.

 MAR 1 2015년 바르가브 나라심한(인도)이 인도 첸나이에서 **최단시간에 루빅큐브 5개 맞추기(한 손)** 기록을 거침없이 작성했다(1분 23초93).

 MAR 2 2017년 류드밀라 다리나(러시아)가 러시아 옴스크에서 **비눗방울에 사람 많이 넣기** 기록을 달성했다(374명). 물에 비누와 글리세린, 농도를 진하게 하는 약제를 섞어 이 2.5m 높이의 거품을 만들었다.

가장 깊이 잠수한 거북

거북목은 거북, 테라핀 등이 속한 파충강의 한 분류다. 1987년 5월 미국 버진제도 연안에서 장수거북 1마리가 1,200m를 잠수했다. 2006~2008년에는 위치추적 장치를 부착한 장수거북 1마리가 인도네시아 서뉴기니 서파푸아의 둥지에서 미국 오리건 연안까지 2만 558km를 이동해 서식지를 옮긴 사례가 기록됐다. **가장 멀리 이주한 파충류 기록**이다.

그림포텔우티스는 작은 갑각류 등의 먹이를 자르거나 갈지 않고 통째로 삼키는 독특한 능력이 있다. 다른 문어에게서 보기 힘든 특징이다.

가장 깊은 곳에 사는 문어

그림포텔우티스는 수심 4,865m 이하 대양의 바닥 근처에 산다. 길이 20cm의 몸은 반 젤리 같은 부드러운 구조로 엄청난 수압을 견딜 수 있다. 지느러미가 디즈니 캐릭터 덤보의 귀처럼 생겨 '덤보 문어'로도 불린다. 이 문어는 지느러미와 물갈퀴가 있는 팔로 헤엄을 치면서 깔때기로 물을 강하게 분출해 추진력을 얻기도 한다.

가장 큰 가오리

만타가오리는 평균 지느러미 폭이 6m에 이른다. 가장 큰 개체는 테니스 코트의 폭보다 넓은 9.1m를 기록했다! 머리에 뿔처럼 생긴 지느러미가 있어 '악마 가오리'로도 불린다. 주로 혼자 헤엄치며, 대양의 표면 근처에서 발견된다.

가장 큰 동물 소리

향유고래가 물속에서 한 방향으로 보내는 소리는 최대 236데시벨로 천둥소리보다 44배나 크다. 향유고래는 소리가 반사되는 거리를 측정할 수 있는데, 이 능력을 어둡고 깊은 바다에서 먹이를 찾는 데 사용한다. 향유고래들은 수십km 밖에서도 서로가 내는 소리를 감지한다.

 MAR 3 1923년 시사 주간지 〈타임〉이 처음 출간됐다. 〈타임〉 표지에 가장 많이 등장한 사람은 미국의 37대 대통령 리처드 닉슨이다(55회).

 MAR 4 2012년 미국 플로리다주 포트메이어의 하피(미국)는 **가장 먼 거리를 스케이트보드를 타고 이동한 염소**가 됐다(36m). 25초 만에 주파했다.

43

가장 작은 파충류

3종의 마다가스카르 피그미 카멜레온이 이 기록을 함께 가지고 있다. 브루케시아 미니마(위 사진), 브루케시아 미크라, 브루케시아 튜버큘라타다. 이 3종의 수컷 성체는 주둥이에서 항문까지 길이가 14mm다. 암컷은 약간 크다.

가장 무거운 앵무새

날지 못하는 새 카카포(앵무목 앵무과)는 뉴질랜드 연안의 나무가 울창한 섬 3곳에 산다. 수컷이 암컷보다 큰데 다 크면 무게가 4kg에 이른다. 몸에 지방을 에너지원으로 저장하는 능력이 있어 무게가 많이 나간다.
가장 긴 앵무새는 남아메리카의 히아신스마코 앵무새로 1m 정도다.

가장 무거운 곤충

골리앗 딱정벌레 4종(풍뎅이과)이 가장 무겁다. 레기우스 장수꽃무지, 칠면조 장수꽃무지, 골리앗 장수꽃무지, 드루리이 장수꽃무지다.
이들 수컷은 작은 이마뿔에서 배 끝까지 길이가 최대 11cm이며, 무게는 70~100g이다. 모두 적도아프리카(아프리카 중서부 적도 부근)에 산다.

가장 큰 사슴

1897년 9월 캐나다 유콘준주에서 어깨 높이 2.34m, 추정무게 816kg의 알래스카무스 1마리가 총에 맞아 잡혔다. 암컷의 어깨 높이는 평균 1.8m다.
가장 큰 가지뿔은 1958년 12월 미국 알래스카 리다우트만 인근에서 잡힌 무스의

눈 사이가 가장 먼 동물(몸집 대비)

대눈파리과의 종들은 긴 눈자루가 있어 모든 동물 중 눈 사이가 가장 멀다. 실제 일부 종은 몸길이보다 눈 사이가 더 멀다. 인도 아대륙과 동남아시아에 서식하는 말레이시아 대눈파리 한 개체는 몸길이가 7.5mm에 눈 사이 간격이 10.5mm를 기록했다.

가장 큰 야생 고양잇과 동물

시베리아 호랑이 수컷은 코에서 꼬리 끝까지 길이가 2.7~3.3m이며, 무게는 180~306kg 정도다. 지금까지 알려진 가장 무거운 야생 개체는 384kg으로 1950년 기록됐다.
반면, **가장 작은 야생 고양잇과 동물**은 인도와 스리랑카에 서식하는 붉은점살쾡이다. 머리에서 몸통까지 길이가 35~48cm이며, 무게는 집고양이의 반 정도인 약 1.5kg이다.

뿔로 204.8cm를 기록했다.

가장 작은 곰

동남아시아 및 인도 아열대 지역에 사는 말레이곰이다. 1.5m까지 자라며, 어깨 높이는 70cm, 무게는 회색곰 수컷의 5분의 1인 30~65kg이다.
작은 크기에도 불구하고 말레이곰은 **허가 가장 긴 곰**이다(25cm). 꿀과 곤충을 나무줄기나 둥지에서 뽑아내는 데 이 혀를 사용한다.
혀가 가장 긴 포유류(몸집 대비)는 에콰도르의 구름이 서린 고지대에 사는 긴주둥이꿀박쥐다. 혀가 8.49cm까지 길어지는데, 이는 무려 자기 몸길이의 1.5배에 달하는 길이다. **혀가 가장 긴 포유류**에 대한 내용은 38쪽에 나온다.

어미젖을 가장 오래 먹는 포유류

보르네오와 수마트라에 서식하는 오랑우탄보다 어미젖을 오래 먹는 포유류는 없다. 2017년 연구에 따르면 이 유인원은 새끼를 8.8년 이상 돌본다.

양서류가 가장 많은 나라(종)

전 세계에 알려진 양서류 7,965종 중 최소 1,154종이 브라질에 산다. 비율로 따지면 전체 종의 14.5%가 브라질의 국경 내 물가에 사는 셈이다.
가장 투명한 양서류는 중앙 및 남아메리카에 서식하는 유리개구리과(科)다. 복부의 피부가 반투명해 그 안에 있는 내부 장기와 녹색 뼈가 비친다.

가장 큰 여우원숭이

인드리원숭이는 72cm까지 자란다. 꼬리가 매우 짧아 머리와 몸통이 전체의 90%를 차지한다. 무게는 최대 7.5kg으로 마다가스카르 동부 우림의 나무 위에서 산다. 모두 100종이 넘는 여우원숭이가 여기 사는데, **역대 가장 큰 여우원숭이** 아르케오인드리스 폰토이논티도 있다. 멸종했지만 고릴라와 크기가 비슷했으며, 무게는 200kg까지 나갔다!

MAR 5 2011년 카마라 데 코메르시우 산타 로사 데 카발(콜롬비아)은 콜롬비아 산타로사 데 카발 볼리바르 공원에서 1,917.8m 길이의 **가장 긴 초리조**를 만들었다. • 초리조 - 소시지의 일종

가장 큰 영장류

콩고 동부에 사는 동부로랜드고릴라 수컷은 섰을 때 키가 약 1.75m이고 무게는 163kg까지 나간다. 저지대와 산악지역 모두 가리지 않고 열대우림에 산다.

1990년대에는 약 1만 7,000마리가 있었지만 우림의 축소, 채굴과 벌목, 콩고민주공화국의 불안한 사회 정세가 이어지며 개체수가 급격히 줄었다. 야생동물보존협회와 세계동식물보호단체에 따르면 지금은 4,000마리도 채 안 남았다고 한다.

고릴라는 **포유동물 중 가장 큰 둥지**를 짓는다. 매일 이 거대 영장류는 땅에 가지와 잎으로 잠자리를 만드는데, 이 둥근 간이침대의 폭은 약 1.5m다.

동부로랜드고릴라는 유인원의 4가지 아종 중 하나다. 이들의 친척인 서부고릴라는 2018년 기준 약 31만 6,000마리가 있지만 여전히 심각한 멸종위기종으로 분류된다.

깃털이 가장 긴 야생 조류

중국 산악림에 사는 긴꼬리꿩은 꽁지깃의 길이가 2.4m로, 검독수리의 날개폭보다 길다! 긴꼬리꿩은 비행 중 이 꽁지깃을 브레이크처럼 사용해 신속하게 궤도를 바꿔 포식자의 공격을 피하기도 한다.

가장 다양한 색을 구분하는 곤충

2016년 발표된 연구에 따르면 청띠제비나비의 눈에는 자외선 및 (인간이 볼 수 있는) 가시광선에 민감하게 반응하는 15가지 광수용체가 있다. 개와 고양이, 말의 눈에는 2가지, 인간의 눈에는 3가지, 조류 대부분의 눈에는 4가지의 광수용체가 있다. 호주와 아시아 남부에 서식하는 이 나비는 간혹 우림에서도 하늘을 나는 모습이 발견된다.

가장 작은 발굽동물

큰아기사슴보다 덩치가 조그마한 작은아기사슴은 몸길이 55cm에 최대 어깨 높이 25cm, 몸무게는 2.5kg으로 발굽이 달린 포유류 중 가장 작다. 동남아시아 우림 깊은 곳에 살며 야행성이라 마주치기가 매우 힘들다. 다 큰 수컷은 위에서 아래로 돌출된 송곳니로 구분한다.

MAR 6 2010년 이안 배이티(영국)는 UAE 두바이에서 9,072kg의 괴물 트럭을 몰아 6만 1,106개의 음료수 캔을 납작하게 만들었다. 그는 **자동차로 깡통 가장 많이 찌그러뜨리기**(3분) 기록을 세웠다.

MAR 7 2010년 아카데미 시상식에서 캐서린 비글로(미국)가 자신의 영화 〈허트 로커〉(미국, 2008년 작)로 **오스카 감독상을 수상한 최초의 여자**가 됐다.

가장 큰 갑오징어

대왕갑오징어는 길게 뻗은 촉수를 포함해 몸길이가 1m까지 자란다. 이 동물은 100m 깊이의 호주 남동쪽 연안, 산호초, 해초 지역, 해저 모래 바닥에 산다. 문어 등과 같은 여타 두족류와 마찬가지로 피부색을 바꿔 의사소통을 한다.

가장 작은 해마

사토미스피그미해마는 성체의 평균 길이가 겨우 13.8mm로 사람의 손톱보다 작다. 2008년 새로운 종으로 공식 인정된 이 초소형 바다생물은 인도네시아 보르네오섬에서 약간 떨어진 데라완섬 인근에 서식한다.

100%

육지에서 가장 빨리 움직이는 갑각류

달랑게과에 속하는 열대 유령게는 대개 태평양 서부와 인도양의 경계에 서식하며, 모래사장의 만조 지점에 땅을 파고 산다. 앞이 아닌 옆으로 달리지만 4m/s까지 속도를 낸다.

털이 가장 많은 동물

해달은 cm^{2}당 10만~40만 개의 털이 난다. 이 털은 온몸을 덮고 있지만 앞발 등의 부위에는 상대적으로 숱이 적다. 해달은 태평양 북동부, 캐나다와 미국, 러시아 연안에 산다.

가장 빨리 먹는 물고기

적갈실고기, 청띠실고기, 대주둥치는 먹이를 발견하고 삼키기까지 2ms(밀리세컨드, 1,000분의 1초)밖에 걸리지 않는다. 이 물고기들은 유연하고 반응이 빠른 힘줄로 머리와 주둥이를 신속하게 움직여 먹이(주로 작은 갑각류)를 빨아들여 삼킨다.

알을 낳은 최고령 바닷새(개체)

최소 68년 이상 산 '위즈덤'이라는 이름의 레이산 앨버트로스가 2018년 12월 태평양 미드웨이 산호섬 국립야생보호구역에서 알을 1개 품고 있는 모습이 발견됐다. 환경보호가들이 수십 년째 관찰한 암컷으로, 이번에 알이 부화하면 37번째로 새끼가 태어난다. 이 새들의 수명은 보통 40년 가량이다.

가장 독성이 많은 어류

스톤피시(양볼락과)는 인도-태평양 해안의 얕은 물가에 산다. 이 중 한 종(Synanceia horrida)은 어떤 어종보다 큰 독 분비선을 가지고 있다. 등뼈 13개 중 3~6개에서만 신경독이 분사되는데, 인간에게 매우 치명적일 수 있다.
물리거나 찔리면 독이 주입되는데, 삼켜도 효과가 나타난다. ▶ **가장 독성이 강한 어류**는 홍해와 인도-태평양에 사는 복어(참복류)다. 몸속에 테트로도톡신을 가지고 있는데, 단 16mg으로 체중 70kg의 사람을 죽일 수 있다. 그럼에도 일본에서는 별미로 인정받고 있는데 먹기 위해서는 아주 세심한 손질이 필요하다!

알려진 가장 강력한 생물학적 물질

삿갓조개는 작지만 강도 4.9GPa(기가파스칼)의 이빨로 바위에 구멍을 뚫어 먹이를 구하는데, 어떤 자연 물질이나 인간이 만든 대다수 물질보다 강력하다. 이 이빨은 철 기반의 광물인 침철석에서 뽑아낸 나노섬유로 돼 있다. 이 사실은 2015년 영국 왕립학회의 학회지에 발표됐는데, 이전까지 알려진 가장 강력한 생물학적 시료는 거미줄(최대 4.5GPa)이었다.
참고로 방탄복에 쓰는 화학섬유 케블라의 강도는 3~3.5GPa이다.

가장 희귀한 펭귄 종

세계자연보전연맹(IUCN)이 2000년 이후 꾸준히 멸종위기종으로 분류해온 갈라파고스펭귄은 마지막 조사였던 2009년 당시 약 1,800~4,700마리만 생존해 있었다. 적도 근처에 뻗어 있는 갈라파고스섬에 사는데, **가장 북쪽에 서식하는 펭귄**이기도 하다.

가장 무거운 불가사리

스로미디아 카탈라이는 서태평양에 서식한다. 1969년 9월 14일 뉴칼레도니아 아메데섬에서 발견된 다섯 다리를 가진 이 거대한 생명체는 무게 6kg을 기록했다. 이 개체는 수도 누메아의 한 수족관으로 옮겨졌다.

최대 규모 바다거북 군락

산란기가 되면 6만 마리 이상의 암컷 바다거북이 알을 낳기 위해 호주 퀸즐랜드 북부의 레인섬으로 수천km를 이주해온다. **세계에서 가장 긴 산호초 생태계**인 그레이트배리어리프(27쪽 참조)에 있는 이 작은 섬은 1만 5,000마리 이상의 개체가 1.8km 길이의 해변에 한 번에 둥지를 지을 수 있다.

수명이 가장 짧은 물고기

망둥이의 일종인 피그미고비는 난쟁이고비로도 알려져 있는데 기록된 최대 수명이 겨우 59일이다. 인도양과 태평양의 열대 산호초에 서식하는 이 놀라울 정도로 수명이 짧은 어류는 **가장 수명이 짧은 척추동물**로도 기록됐다.

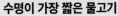

MAR 8 2004년 마누엘 페레즈 페레즈(스페인)가 스페인 란사로테섬에서 **가장 큰 고구마**를 선보였다. 이 거대한 고구마는 무게가 37kg이었다.

MAR 9 2017년 알리 스파뇨라(미국)는 미국 캘리포니아주 로스앤젤레스에 있는 UCLA 드레이크 육상 스타디움에서 **스페이스 호퍼를 타고 100m 빨리 가기(여자)** 기록을 세웠다(38초22).

가장 큰 펠리컨

달마티안펠리컨은 1.8m 길이에 무게는 12kg까지 자라며, 날개폭은 3.2m까지 크다. 유럽 서부에서 중국에 이르기까지 넓은 지역에 서식한다.
하지만 **부리가 가장 긴 새**는 따로 있다. 이 기록은 오스트레일리아펠리컨이 가지고 있는데, 부리의 길이가 갓 태어난 인간 아기의 키와 비슷한 47cm까지 자랄 수 있다!

달마티안펠리컨은 하성 삼각주, 하구, 호수에 산다. 가장 큰 서식지는 그리스와 알바니아 경계에 있는 레서프레스파호로 약 1,400쌍이 있다.

가장 무거운 곰치

말 그대로 대왕곰치는 곰치 중에서 가장 큰데, 무게가 9세 아이와 비슷한 30kg에 이른다. 이 종은 3m까지 자란다. 대왕곰치는 인도-태평양 지역의 석호와 산호초 주변에 사는데, 간혹 다이버들을 공격하는 사례도 있다.

가장 오래 잠수한 바다소

해우류(海牛類)라고도 부르는 바다소는 물에 사는 발굽동물로, 매너티와 듀공이 포함된다. 공인된 최장시간 잠수 기록은 24분으로, 미국 플로리다주에서 서인도매너티가 작성했다.
지금까지 가장 큰 해우류는 스텔러바다소다. 현대의 해우류보다 훨씬 커서 성체는 길이 8~9m, 무게 10t까지 나갔다. 이 느린 해양 포유동물은 고기와 지방, 가죽 때문에 인간에게 사냥을 당해 처음 발견되고 나서 겨우 27년 뒤인 1768년에 멸종했다.

MAR 10 2009년 인도 케랄라주에서 열린 아투칼 퐁갈라 축제는 **여자가 가장 많이 참여한 연례행사**로 250만 명이 참여했다. 이 축제는 아투칼 바가바티 사원신탁(인도)이 기획했다.

MAR 11 2001년 캐서린 하틀리와 피오나 손윌(둘 다 영국)이 캐나다 워드헌트섬에서 시작해 북극까지 **최단시간 스키 여정**(여자)에 성공했다. 둘은 목적지에 겨우 55일 만에 도착했다.

47

강, 호수 & 습지 RIVERS, LAKES & WETLANDS

가장 작은 담수 어종

2006년 과학자들은 잉엇과에 속하는 페도시프리스 프로제네티카라는 이름의 어종을 발견했다고 발표했다. 이 물고기는 세계에서 3번째로 큰 섬인 말레이시아 보르네오의 사라왁주와 인도네시아 서부 끝쪽의 수마트라섬의 산성이 강한 습지에 산다. 지금까지 기록된 가장 작은 성체는 암컷으로 길이가 7.9mm였으며, 가장 작은 수컷은 8.2mm였다.

가장 먼 거리를 이동하는 담수어

유럽뱀장어는 4,800~6,400km의 거리를 알을 낳기 위해 이동한다. 유럽의 강과 호수에서 7~15년 동안 살다가 산란기에 접어들면 외형이 바뀌는데, 은빛을 띠며 주둥이가 길어지고 눈이 커진다. 이렇게 겉모습이 완전히 바뀐 장어는 대서양 서부로 향해, 미국 바하마제도의 동쪽 사르가소해 바닥에 산란을 한다. 이 여정은 대략 6개월이 걸린다.

소하성 어류란 담수에서 태어나 바다로 이주해 청년기를 보낸 뒤 다시 담수로 돌아와 알을 낳는 어종을 말한다. 가장 큰 소하성 어류는 벨루가철갑상어로 다 자라면 길이가 2.3m, 무게는 130kg까지 나간다. 흑해(도나우강에 산란), 카스피해(우랄강), 아조프해(돈강)에서 발견된다.

가장 빠른 비행 곤충

호주잠자리는 짧은 거리를 최고 58km/h의 속도로 비행한다. 달리는 말보다 빠른 속도다. 가장 큰 잠자리는 남아메리카의 카에룰라투스대왕실잠자리다. 몸길이 12cm, 날개폭 19.1cm까지 자란다.

비버가 만든 가장 긴 댐

캐나다 앨버타주 우드버펄로국립공원에 비버가 만든 850m 길이의 댐이 있다. 인간이 아닌 동물이 지은 이 엄청난 건축물은 미국 남서부 콜로라도강에 있는 후버댐보다 2배나 길다.

이 댐은 2007년 환경조사원 진 티에(캐나다)가 해당 지역을 항공사진으로 조사하다 발견했다. 옛 사진들과 비교 검토하던 티에는 비버들이 1970년대 중반부터 이 지역에 몇 세대에 거쳐 댐을 만들었다고 추정했다.

추위에 가장 강한 양서류

시베리아도롱뇽(일명 시베리아영원)과 슈렌크영원(유미목 영원과의 동물)은 둘 다 시베리아 영구동토대에 살며 최저기온 영하 35도까지 견뎌낸다. 이 냉혈동물은 피 속에 물 대신 자연 '부동' 화학물질이 있어 극한의 환경을 이겨낼 수 있는데, 그 덕분에 겨울에는 몸이 단단하게 얼지만 봄이면 다시 풀린다.

슈렌크영원은 주로 러시아의 시호테알린 산맥에 살고, 시베리아도롱뇽은 더 넓은 지역에 분포해서 서식한다.

가장 빠른 물새

오리와 거위, 백조 중에서 아프리카의 박차날개기러기가 가장 빨리 난다(142km/h). 날개를 힘껏 휘저어 빨리 나는 모습에서 이런 이름이 지어졌다. 또 이 조류는 가장 독성이 강한 물새다. 간혹 반묘(곤충)를 먹는데 여기서 얻은 칸타리딘이라는 독을 몸속에 따로 저장한다. 10mg의 적은 양으로도 인간에게 매우 치명적일 수 있다.

열에 가장 강한 양서류

일본냇가청개구리다. 이 개구리의 올챙이는 일본 가고시마현에 위치한 화산섬인 구치노섬의 46.1도에 달하는 온천에서도 발견된다. 뜨거운 물에서 사는 덕에 성장도 빠르고 면역력도 향상되는 듯하다.

▶ 가장 게놈이 많은 양서류

한 생물이 가지는 모든 유전정보를 게놈(유전체)이라고 한다. 멕시코도롱뇽으로도 알려진 아홀로틀은 인간 게놈의 최소 10배 이상인 320억 개의 염기쌍을 가지고 있다.

멸종 위험이 아주 높은 이 양서류는 평생 청년기 모습을 유지하며, 잃어버린 신체 부위를 재생하는 것으로도 유명하다.

가장 큰 강돌고래

남아메리카 아마존강과 오리노코강에 사는 아마존강돌고래는 2.6m까지 자란다. 피부가 분홍색인 이유는 체온을 유지해주는 혈관이 피부 바로 아래에 있기 때문이다. 이들은 바다돌고래보다 유연한데, 이러한 특성은 강물이 넘치면 나무 사이를 헤엄치는 데 도움이 된다.

최대 규모 홍학 군락

동아프리카 소다호에는 꼬마홍학이 150만~250만 마리 있다. 주로 탄자니아 북부에 사는데 이들의 독특한 색은 홍학이 먹는 조류(물속에서 독립영양 생활을 하는 식물)에서 비롯된다. 이 하등식물은 케냐와 탄자니아에 위치한 동아프리카지구대의 가장 염기성이 강한 호수들에서 잘 자란다. pH 10~12 정도의 물로 사람의 피부에 닿으면 물집이 생길 수 있다.

MAR 12 2017년 미우라 가즈요시(일본, 1967년 2월 26일생)는 요코하마 FC의 선수로 50세 14일의 나이에 골망을 흔들며 프로 리그에서 득점한 최고령 축구선수가 됐다.

MAR 13 2018년 '탄환' 데이비스 스미스 주니어(미국)는 미국 플로리다주 탬파에 있는 레이먼드 제임스 스타디움에서 인간대포알로서 최장거리 비행에 성공했다(59.43m).

2012년 베네수엘라에서 촬영된 6m 길이의 아나콘다. 이 파충류는 살아 있는 동안의 대부분을 물속에서 보낸다(오른쪽 삽입 사진 참조, 브라질 포르모소강에서 촬영).

가장 무거운 뱀

아나콘다는 남아메리카와 서인도제도 트리니다드의 습지와 강, 주변 범람원에 산다. 브라질에서 1960년 무렵 총으로 사살된 암컷은 길이 8.45m에 무게는 업라이트 피아노(직립형 피아노)와 비슷한 227kg으로 추정된다. 요즘 파충류 학자들은 이 종의 크기에 대해 조심스럽게 추정하는데, 최대 7.5m 정도까지 자랄 수 있다고 한다. 아나콘다는 물고기, 새, 파충류를 비롯해 카피바라(아래 참조) 같은 포유동물 등 다양한 동물을 먹는다.

가장 큰 악어거북

아메리카에 사는 이 파충류는 부리 같은 턱으로 상대에게 위협을 할 때 '딱' 하는 소리를 낸다. 가장 큰 종은 미국 악어거북으로 길이 60~80cm, 무게는 100kg 이상 나가기도 한다. 사냥을 할 때 혀에 달린 벌레처럼 생긴 부속물을 흔들어 물고기를 유혹한다.

가장 큰 설치류

카피바라 혹은 카르핀초는 길이 1~1.3m로 보더콜리 견종과 비슷하며, 무게는 79kg까지 나간다. 이 거대한 설치류는 파라나강과 우루과이강 유역, 브라질과 아르헨티나의 습지에서 발견된다. 사회적인 동물로 10~20마리가 가족을 이루고 산다.

 MAR 14 2015년 마술사 릭 스미스 주니어(미국)는 미국 오하이오주 클리블랜드의 오대호 사이언스센터에서 놀이용 카드 가장 높이 던지기에 성공해 관객들의 감탄을 자아냈다(21.41m).

MAR 15 2009년 먹기 전문가 고바야시 타케루(일본)는 일본 가시와시에서 후지TV의 〈놀라운 초인 100 스페셜 2탄〉에 출연해 3분간 핫도그 많이 먹기 기록을 세웠다(6개).

49

툰드라 & 얼음 TUNDRA & ICE

역사상 가장 큰 곰

'폭군 북극곰'은 어깨까지 높이가 1.83m에 이르고 몸길이 3.7m, 평균 몸무게 1t으로 다 큰 수컷 회색곰보다 거의 3배 정도 무게가 나갔다. 고립된 북극 회색곰이 플라이스토세 후기(25만~10만 년 전)에 진화한, 화석으로만 남은 이 곰은 **지금까지 육지 포유류 육식동물 중 가장 컸다.** 현대에 이 동물의 후손들이 세운 기록들은 아래에 나온다.

가장 긴 고래의 이빨

과거에는 수컷 일각고래의 나선형 상아(엄니, 간혹 2개가 나지만 대개 1개다)를 전설의 동물인 유니콘의 뿔처럼 여겼다. 그래서 이 뿔을 얻기 위해 사람들이 많이 사냥했다. 일각고래의 상아는 평균 길이가 약 2m이지만 3m 이상 자라기도 하며, 무게는 10kg까지 나간다. 이 고래는 북극의 차가운 물에서만 산다.

가장 긴 바다코끼리의 엄니

바다코끼리의 위턱에서 길게 자라는 엄니는 길이가 보통 50cm 정도다. 1997년 미국 알래스카 브리스틀만에서 한 쌍의 엄청난 엄니가 발견됐다. 오른쪽은 길이가 96.2cm였고, 반대쪽은 그보다 2.5cm 짧았다.

가장 북쪽에 사는 올빼미

유라시아와 북아메리카의 위쪽, 북극 지역에 서식하는 흰올빼미는 다른 어떤 조류보다 더 북쪽까지 날아가 먹이를 찾는 모험을 한다(주로 작거나 중간 크기의 새 혹은 포유류를 잡아먹는다). 1년 중 대부분을 북극권에서 지내는 몇 안 되는 조류 중 하나다.
심지어 매우 춥고 어두웠던 한겨울에 캐나다 엘즈미어섬(북위 82도)에서 발견된 기록도 있다.

1년에 알을 가장 적게 낳는 펭귄

남극대륙의 황제펭귄(옆 페이지 참조)과 남아메리카 남부에 사는 킹펭귄은 1년에 단 1개의 알만 낳는다. 다른 모든 펭귄 종들은 일반적으로 2개의 알을 품는다.
뉴질랜드의 볏왕관펭귄은 한 배에서 **조류 중 가장 거대한 이형성 알**을 낳는다. 이 펭귄의 2번째 알이 첫 번째 알보다 80~85% 정도 무겁다.

가장 흔한 펭귄

볏이 달린 마카로니펭귄은 남극반도와 아남극 섬들에서 발견된다. 약 630만 쌍이 살지만 1970년대 이후 급격한 개체수 감소로 세계자연보전연맹(IUCN)에서 멸종에 취약한 종으로 분류하고 있다.

가장 멀리 이주하는 새

북극제비갈매기는 북극권 북부에서 번식하다가 겨울이면 남극대륙 남부로까지 날아와 지내기를 반복한다. 이들의 이주 여정은 지구 둘레 길이의 2배에 가까운 약 8만 400km에 이른다.

가장 작은 순록 아종

스발바르순록 성체는 어깨까지 높이가 0.8m에 불과하고 무게 또한 다른 순록 아종의 반 정도인 80kg이다. 이 동물은 북극권에 있는 노르웨이 스발바르섬에 서식한다.

체온이 가장 차가운 포유동물

알래스카 페어뱅크스 대학의 브라이언 반스(미국)는 1987년 북극 얼룩다람쥐의 체온이 겨울잠을 자는 동안 영하 2.9도까지 내려간다는 사실을 발견했다.
이 북아메리카의 설치류는 몸속 유동체를 '과냉각'시켜 영하의 날씨에서도 생존할 수 있는데, 겨울잠을 자기 전에 얼음으로 변하는 물 분자를 걸러낸다.

* 과냉각 - 액체가 평형 상태에서의 상 변화 온도 이하로 냉각되어도 원래의 상을 유지하는 상태

(원형 배지)
북극곰은 곰 중에서 **가장 기름진 젖**을 만든다. 지방이 48.4%까지 함유돼 새끼들이 혹독한 추위를 견디는 데 결정적인 역할을 한다.

가장 위험한 기각류

기각류 아목에는 바다코끼리, 바다사자, 바다표범, 물개 등이 포함된다. 이 중 레오파드바다표범은 특별한 이유 없이 인간을 공격하는 유일한 종이다. 이 바다표범은 얼음에 난 구멍을 통해 사람의 다리를 물어 당기기도 하며, 다이버들을 공격한 기록도 한 번 이상 보고됐다.
아래 사진은 불쌍한 아델리펭귄이 잡아먹히는 모습이다.

가장 큰 곰

다 큰 수컷 북극곰은 무게가 대략 400~600kg이며, 코끝에서 꼬리까지 길이가 2.6m에 달한다.
북위 65~85도의 북극에서 발견되는 이 종은 가장 북쪽에 사는 곰이다. 육지 포유류 중 행동 영역이 가장 넓은데, 캐나다 허드슨만에 사는 암컷 성체들은 행동 영역이 독일의 국토 면적과 비슷한 35만km²에 달한다.

MAR 16 1952년 **24시간 최대 강수량**이 인도양 레위니섬의 실라오스에서 기록됐다. 비가 온종일 내려 총 1,870mm의 강수량을 기록했다.

 MAR 17 2011년 레자 파크라반(이란)은 13일 5시간 50분 14초 만에 **최단시간에 자전거로 사하라 횡단하기** 기록을 달성했다. 3월 4일 알제리에서 출발해 수단에서 이 위대한 여정을 마쳤다.

2013년 로스해에서 20마리의 황제펭귄에게 위성수신기를 부착해 연구한 결과가 2018년에 발표됐다. 이 중 한 개체가 32분 12초간 잠수해 **가장 오래 잠수한 조류**로 기록됐다.

가장 큰 펭귄

황제펭귄은 얼어붙은 남극대륙에서 서식한다. 수컷이 암컷보다 약간 큰데, 섰을 때 키가 1.3m이며 무게는 45kg 정도 나간다. 이 종은 1년에 알을 1개만 낳아 62~67일 정도 품어, **가장 오래 알을 품는 펭귄**으로 기록됐다. 특이하게 수컷 홀로 알을 품는다.

가장 큰 기각류

심지어 북극곰보다 덩치가 큰 남방코끼리물범은 아남극 섬들에 서식한다. 납작하고 튀어나온 코(여기서 '코끼리'라는 이름이 붙었다)부터 꼬리지느러미까지의 몸 길이가 평균 5m나 된다. 이 동물의 몸무게는 충격적이기까지 하다. 무려 그랜드피아노 7대를 합친 것보다 무거운 3,500kg에 달한다!

가장 북쪽에 사는 발굽동물

캐나다 본토 툰드라와 캐나다 북극 섬들에 사는 사향소는 그린란드의 북쪽 끝인 북위 83도 지점에서도 발견된다. 이들은 가혹한 조건의 땅에서 생존하기 위해 몇 가지 특징을 진화시켰는데, 설피 같은 넓은 발굽이 있고 1년 내내 두꺼운 속털을 유지한다. 양털보다 8배나 따뜻하다.

MAR 18 2010년 이탈리아 로마에서 미켈레 푸카리노와 엘리사 라차리니(둘 다 이탈리아)가 **최장시간 수중 무호흡 키스** 기록을 함께 세웠다(3분 24초).

MAR 19 1877년 크리켓 최초의 국가대표 경기가 호주 빅토리아주 멜버른 크리켓 그라운드에서 종료됐다. 멜버른&시드니 연합 XI 팀이 영국 원정 팀에 45런 차이로 승리했다.

51

가축 DOMESTIC ANIMALS

▶ 1분 동안 가장 많이 번갈아 손 내밀기를 한 개

2018년 2월 17일 영국 데번주 엑서터에서 잭 러셀 테리어 견종인 제이콥이 주인 레이첼 그릴스(영국)와 '악수하기'를 80회나 성공시켰다.

▶ 혼자 가장 많은 개와 동시에 산책하기

개 조련사인 마리아 하먼(호주)은 2018년 6월 17일 호주 퀸즐랜드 울스턴 크릭 부시랜드 리저브에서 목줄을 한 36마리의 하운드 견종과 함께 '산책'을 했다.

▶ 연속으로 던진 물체 가장 많이 받은 개

2018년 9월 6일 영국 샐퍼드에서 레온베르거 견종인 하그리드는 주인인 데이비드 우드로피-에반스(영국)가 던진 소시지를 9개나 연속으로 받아냈다.

▶ 허가 가장 긴 개

칼라와 크레이그 리커트(둘 다 미국)가 기르는 세인트버나드 견종인 모치는 허의 길이가 18.58cm로 2016년 8월 25일 미국 사우스다코타주 수폴스에서 측정됐다. 믿기 어렵지만 이는 **역사상 가장 작은 고양이**의 몸길이와 비슷하다! 미국 일리노이주 테일러빌에 사는 카트리나와 스콧 포브

스가 기르는 블루포인트 히말라얀-페르시안 수컷 고양이 티커 토이는 다 자란 상태에서 몸길이가 19cm, 키는 7cm였다.

가장 멀리 뛴 고양이

2018년 1월 30일 미국 캘리포니아주 빅서에서 고양이 전사 와플(미국)이 이전 기록을 30cm가량 경신한 2.13m를 점프했다. **가장 멀리 뛴 토끼**는 덴마크 호르센스에 사는 마리아 B 옌센(덴마크)이 키우는 야보로 1999년 6월 12일 3m 거리를 점프했다.

▶ 최고령 토끼

2003년 2월 9일 출생한 회색 토끼 믹은 2019년 2월 16일 기준으로 나이가 16세 7일로 확인됐다. 2004년 동물보호소에서 데려온 이 수컷 토끼는 현재 미국 일리노이주 버원에서 주인 리즈 렌치(미국)와 강아지 셰리, 다른 2마리 애완 토끼와 함께 산다.

▶ 1분 동안 가장 많은 묘기를 선보인 토끼

2018년 12월 15일 핀란드 투르쿠에서 4세의 믹스 토끼 타위가 주인 아이노 키비칼리오(핀란드)와 함께 20가지 묘기를 선보였다. 아래 사진은 그중 '공굴리기'와 '장애물 뛰어넘기'를 하는 모습이다. 아이노는 타위가 묘기를 배울 때마다 보상을 주는 정적 강화법을 활용해 훈련시켰다.

▶ 1분 동안 가장 많은 묘기를 선보인 돼지

2018년 1월 16일 미국 아이오와주 뉴턴에서 조이라는 이름의 미니돼지와 주인 던 블리커(미국)가 1분 동안 13개의 묘기를 선보였다. 조이가 하는 묘기에는 스탠드에서 고리 빼기(위 사진), 러그 감기, 코로 장난감 피아노 치기 등이 있다.

▶ 가장 빠른 거북이

2014년 7월 9일 영국 더럼주 어드벤처 밸리에서 이름이 버티인 레오파드 거북이 0.28m/s의 속도를 기록했다. 5.48m의 코스를 19초59 만에 '달려갔다'.

미니어처 말 최고 높이 점프

로버트 반스(호주)가 기르는 카스트로위스 페일페이스 오리온은 2015년 3월 15일 호주 뉴사우스웨일스주 탬워스에서 108cm 높이를 뛰어올랐다. 기갑고가 겨우 93cm인 걸 감안하면 대단한 기록이다!

가장 뿔이 긴 야크

2018년 12월 23일 이름이 예리코인 야크는 뿔의 한쪽 끝에서 다른 편 끝까지 길이가 3.46m로 측정됐다. 이 수컷 야크는 미국 미네소타주 웰치에 있는 농장에서 휴와 멜로디 스미스(둘 다 미국)와 함께 산다.

허들 10개를 가장 빨리 넘은 라마

2017년 9월 6일 수 윌리엄스(영국)가 기르는 캐스파는 영국 체셔주 알리 홀에서 허들 10개를 13초96 만에 넘었다.

▶ 몸길이가 가장 긴 집고양이

2018년 5월 22일 이탈리아 비제바노에서 메인쿤종 바리벨의 몸길이가 120cm로 측정됐다. 위 사진은 이 고양이와 주인 친치아 티니렐로(이탈리아)다. **역사상 가장 긴 집고양이**는 몸길이 123cm의 스튜이(M. Stewart Gilligan)다. 로빈 헨드릭스, 에릭 브랜즈니스(둘 다 미국)와 살았다.

▶ 가장 작은 황소

미니어처 제부(등에 혹이 있는 소) 종의 수컷 험프리(오른쪽 사진)는 2018년 4월 27일 미국 아이오와주 칼로나 동물병원에서 몸길이가 67.6cm로 측정됐다. 조와 미첼 가드너(둘 다 미국)가 주인이다. **가장 작은 암소**는 마니키얌이라는 이름의 베커종으로 2014년 6월 21일 인도 케랄라주에서 발굽부터 기갑까지 높이가 61.1cm로 기록됐다. 주인은 아크세이 N V(인도)다.

MAR 20 2010년 아크샤트 삭세나(인도)가 14개의 손가락(양손에 7개씩)과 20개의 발가락(양발에 10개씩)을 가진 사실을 의사들이 확인했다. **가장 많은 손가락과 발가락(다지증)을 가지고 태어난 기록**이다.

MAR 21 2013년 마크 템퍼라도 박사(미국)가 미국 뉴욕 레이크빌에서 813개 키트로 구성된 **최대 규모 드럼 세트**를 가진 것이 확인됐다. 그가 20년 동안 수집한 드럼 키트에는 스네어, 카우벨, 심벌즈 등이 포함돼 있다.

▶ 1분 동안 가장 많은 묘기를 선보인 개

'슈퍼' 콜리 히어로와 주인 사라 카슨(캐나다)은 2018년 2월 18일 미국 캘리포니아주 팜데일에서 1분 동안 49가지의 재주를 선보였다. 재주가 많은 콜비는 공중에서 프리스비 잡기, 스케이트 보드 타기, 사라의 발 위에서 균형 잡기 등 다양한 스턴드 묘기를 자랑했다. 이 듀오는 2017년 〈아메리카 갓 탤런트〉에서 5위를 기록했다.

뿔이 가장 많은 동물

제이콥 양은 영국과 북아메리카에 서식하는 품종이지만 중동에서 건너온 것으로 여겨진다. 보통 암양과 숫양 모두 4개의 뿔을 가졌지만 간혹 6개인 경우도 있다. 뿔이 4개인 개체의 경우 1쌍은 대개 위로 자라는데, 길이가 60cm를 넘기도 한다.

레니 '더 배트도그'는 심바와 같은 쇼에 출연해 스케이트보드 타고 허들 5개를 가장 빨리 넘은 개로 기록됐다(2초46).

▶ 1분 동안 리본 매듭을 가장 많이 푼 개

2018년 11월 20일 잭 러셀 심바는 이탈리아 로마의 〈신기록의 날〉 무대에서 선물상자 리본 매듭을 8개나 풀었다. 심바는 주인 발레리아 카니그리아(이탈리아)와 함께 훈련했다.

인스타그램 팔로어가 가장 많은 고양이

2019년 4월 29일 기준으로 날라는 403만 팔로어를 보유한 가장 인기 있는 고양이다. 바리시리 메타치티판(미국)이 보호소에서 입양한 샴/태비 믹스 종으로 커다랗고 파란 눈, 귀여운 머리 장식, 상자에서 몸을 동그랗게 마는 모습으로 온라인 세상을 사로잡았다.

GUINNESS WORLD RECORDS
CERTIFICATE
Nala Cat (USA)
is the most popular cat
on Instagram
with 3.4 million followers
as of 3 May 2017
OFFICIALLY AMAZING

MAR 22 1997년 세계 피겨스케이팅 선수권대회에서 타라 리핀스키(미국, 1982년 6월 10일생)가 14세 285일의 나이로 여자 개인 타이틀을 차지하며 **최연소 피겨스케이팅 세계챔피언**에 올랐다.

MAR 23 2012년 모어캠 커뮤니티 고등학교(영국)가 영국 랭커셔에서 **최대 규모 숟가락 위에 달걀 얹고 달리기 대회**를 열었다. 1,445명의 강력한 출전자들을 제치고 캐머런 볼이 28초59의 기록으로 1위를 했다.

53

동물 전반 ROUND-UP

100%

가장 작은 공룡 발자국

2018년 11월 15일 〈사이언티픽 리포트〉는 평균 길이 10.33mm에 폭은 4.15mm인 두 발가락 형상의 발자국을 발견했다고 발표했다(왼쪽 두 줄 흔적 참조). 참새만 한 공룡이 만든 이 작은 흔적은 대한민국 진주시 인근에서 발견됐다. 성체 혹은 청년기 공룡이 만든 자국으로, 발자국 화석 외에 발견된 것은 없다. 하지만 드로마에오사우리포르미페스 라루스라는 이름으로 명명되며 새로운 속(屬)의 새로운 종(種)으로 분류됐다. 백악기에 살았던 공룡이다(1억 4,500만 년 ~6,600만 년 전).

역사상 가장 큰 새

마다가스카르에서 화석으로만 발견되는 '코끼리새(에피오르니스)'는 약 1,000년 전에 멸종됐다. 이 중에서 가장 큰 보롬베 타이탄(빅 버드)은 키가 3m까지 자랐다. 또한 2018년 9월 26일 〈영국 왕립 오픈 사이언스〉 학회지에 기록된 내용을 보면, 평균 무게는 642.9kg이지만 최대 860kg까지 나갔을 것으로 추정된다. 현재 **가장 큰 새**는 39쪽에 나온다.

가장 새로운 유인원

2018년 6월 〈사이언스〉에 발표된 내용에 따르면 현재는 멸종한 긴팔원숭이 쥔즈 임페리얼리스는 가장 최근 발견된 유인원 종이면서 **가장 새로운 유인원 속**이었다. 이 긴팔원숭이의 유해는 2004년 중국 산시성의 성도 시안 근처 무덤에서 발견된 2,200~2,300년 전 분실(무덤 안의 방)에서 다른 야생 동물들과 함께 발견됐다.

이 종은 18세기에 **인간 때문에 멸종된 최초의 유인원**이 됐는데, 삼림 파괴와 사냥 때문에 그리고 애완용 동물로 거래되며 멸종을 맞았다.

가장 새로운 악어류

2018년 10월 〈주택사(Zootaxa)〉에 발표된 연구에 따르면 중앙아프리카 긴코악어는 서아프리카 종들과는 확연히 다른 새로운 악어 종이다. 담수(강물)를 좋아하는 이 파충류는 서쪽으로는 카메룬과 가봉, 동쪽으로는 탄자니아 지역까지 서식한다.

최초로 알려진 '자폭' 개미

콜로봅시스 실린드리카는 동남아시아의 나무에 집을 짓는 목수개미로, 흔히 '자폭' 개미로 불린다.

이 개미는 자신의 몸을 터뜨림으로써 끈적하고 자극적인 액체를 적(침입 곤충)에게 뿌려 둥지 공격을 막는다.

최초의 벨루가 보호구역

벨루가는 고래목의 포유류다. 해양 야생동물 자선단체인 고래&돌고래 보호단체(WDC)와 시라이프트러스트(둘 다 영국)가 아이슬란드 남서부 헤이마에이섬의 클레트스비크만을 최초의 벨루가 보호구역으로 만들었다.

이 '시라이프트러스트 벨루가 보호구역'은 올림픽 수영장 25개를 합친 크기와 맞먹는 3만 2,000m²이며 가장 깊은 곳은 수심이 9.1m에 달한다.

역사상 가장 오래 산 거미

과학적으로 증거가 남아 있는 가장 오래 산 거미는 호주 문짝거미의 하나인 가이우스 빌로서스 암컷 '넘버 16' 개체다.

2018년 4월 19일 발행된 〈태평양 보존생물학〉에 따르면 이 암컷 거미는 1974년 3월 호주의 거미학자 바바라 요크 마인이 처음 기록했고, 마지막으로 살아 있는 모습이 2016년 4월 무렵 기록됐다. 이 거미의 당시 나이는 최소 43세였다. 웨스턴오스트레일리아주 타민 인근 노스분굴라 자연 보호구역에 서식하던 고대 거미류다.

가장 오래된 동물 거화석

'거화석'이란 맨눈으로 확인할 수 있는 고대 유기체의 대형 화석을 말한다. 알려진 가장 오래된 동물 거화석은 약 5억 5,800만 년 전 살았던, 최대 길이 1.4m의 둥근 형태의 연조직 유기체 디킨소니아의 화석이다. 수십 년 동안 과학자들은 이 화석이 거대 단일 세포 조직, 즉 동물인지 다른 무엇인지 확신하지 못했다.

하지만 2018년 호주국립대학교

가장 빠르게 나는 포유동물

미국과 멕시코, 중앙아메리카와 남아메리카에 서식하는 브라질 큰귀박쥐는 대지속도 최고 44.5m/s(160.2km/h)로 비행할 수 있다. 공기역학적 형태의 몸과 좁은 날개가 이 동물의 비행 속도에 도움을 준다. 기록은 2009년 7월 미국 텍사스주 콘칸 인근의 프리오 박쥐굴 위를 날던 비행기에서 측정됐다.

최고령 침팬지 쌍둥이

아래는 침팬지 쌍둥이 자매 골든과 글리터가 어렸을 때 어미 그렘린과 함께 찍은 사진이다. 1998년 7월 13~14일에 출생한 이 둘은 2018년 11월 8일 기준 나이가 최소 20세 117일이다. 탄자니아 곰베스트림 국립공원의 침팬지 보호소에서 사는데, 이곳은 ▶ **가장 오래 운영되고 있는 야생 영장류 연구소**다. 영장류 동물학자 제인 구달 박사(영국, 아래 오른쪽 사진)가 1960년 지금의 곰베스트림 국립공원 안에 설립해 59년이 지난 지금까지 제인구달협회의 관리로 운영되고 있다. 이 연구소는 320마리 이상의 침팬지를 관찰하며 16만 5,000시간이 넘는 자료를 축적했다.

100%

▶ 가장 큰 벌

월리스 자이언트꿀벌은 턱을 포함한 몸길이가 4.5cm까지 자란다. 곤충학자들은 이 종이 야생에서 멸종되었을 것으로 우려했지만, 2019년 1월 미국-호주 팀이 인도네시아의 노스몰루카스섬에서 이 벌의 암컷을 발견했다. 야생에서 처음 촬영된 살아 있는 개체였다. 이 벌의 크기를 정확히 짐작할 수 있도록 4분의 1 크기인 꿀벌도 사진에 함께 넣었다.

MAR 24 2003년 네덜란드 하퍼트에서 주둥이부터 꼬리지느러미 끝까지의 길이가 47.4cm인 **가장 긴 금붕어**가 측정됐다. 이 금붕어의 주인은 요리스 기스버스(네덜란드)다.

MAR 25 2012년 영화 제작자 제임스 캐머런(캐나다)은 태평양 마리아나 해구에서 '수직 어뢰' 잠수정을 타고 **최고 깊이 유인(有人) 잠수(단독)** 기록을 세웠다(1만 898m).

최고령 육상동물

조나단은 아프리카대륙 서쪽 기슭에서 1,900km 떨어진 남대서양 세인트헬레나섬에 서식하는 세이셸 자이언트거북이다. 이 수컷 거북은 1832년 무렵에 태어난 것으로 여겨져 2019년 기준 나이가 약 187세로 추정된다. 조나단은 1882년 처음 세인트헬레나섬에 도착했을 때 이미 '원숙한(최소 50세 이상)' 상태여서 추정나이가 상당히 신빙성이 있다.

가장 길게 휴면기를 유지한 동물

'휴면기'는 동식물의 일부 기관이 생활에 부적합한 환경을 맞아 일시적으로 생활기능을 정지한 상태를 말한다. 2018년 5월 발행된 〈도클라디 바이올로지컬 사이언스〉에 따르면 북극의 영구 동토층에서 4만 1,000~4만 2,400년간 얼어 있던 2종의 선충이 연구실에서 되살아났다. 이 곤충들은 '파나그로라미무스 데트리토파구스'와 '플렉투스 파르브스'로 2015년 러시아 북동부 알라제야 강 근처에서 채집됐다.

양뿔의 폭이 가장 긴 수소

뿔이 긴 소 사토(9세)는 2018년 9월 30일 미국 텍사스주 베이 시티에서 양 뿔의 폭(양 뿔의 끝에서 끝까지 거리)이 3.2m로 측정됐다. 야구 배트 3개를 일렬로 놓은 것과 비슷한 길이이다. 이 소의 주인은 스콧과 팸 에반스다(둘 다 미국).

는 생화학 연구를 통해 유기조직이 보존된 디킨소니아 내에 있던 화석화된 콜레스테롤을 발견했고, 이들이 자연 상태에서 동물이었음을 확인했다.

성적 성숙이 가장 빠른 척추동물

터콰이즈 킬리피시는 모잠비크와 짐바브웨에서 건기와 우기 등 계절에 따라 생기는 물웅덩이에 서식한다. 2018년 8월 6일 발행된 〈커런트 바이올로지〉에 따르면 이 동물은 서식지가 금방 사라지는 특성 때문에 생후 14~15일이면 번식이 가능하도록 진화했다.

가장 사냥을 잘하는 고양잇과 포식자

세계에서 가장 작은 야생 고양이 중 하나(44쪽 참조)인 검은발살쾡이는 목표물을 죽이고 사냥에 성공할 확률이 60% 이상이다. 남아프리카, 나미비아, 보츠와나에 서식하는 이 고양이는 작은 포유류, 무척추동물, 파충류, 조류와 그 알들까지 먹어치우는 다양한 식성을 보인다. 성체 검은발살쾡이는 하룻밤에 평균 10~14마리의 설치류나 작은 새를 죽인다.

지역 사냥꾼들에 따르면(과학적으로 확인되지 않음) 이 복슬복슬한 다람쥐는 닭이나 사슴까지 잡아먹는다!

최고령 물고기

2016년 연구에 따르면 수명이 가장 긴 어종 중 하나인 그린란드상어 한 개체가 392년을 살아 **척추동물 중 최고령**도 함께 기록했다. 이 깊은 물속에 사는 생명체는 매년 약 1cm씩 자라며, 150년이 지나야 성적으로 성숙해진다. 북대서양의 차가운 물에서 발견되는데, 이런 환경이 상어의 긴 수명에 영향을 끼치는 것으로 추정된다.

가장 술이 많은 꼬리

터프티드 얼룩다람쥐(털이 촘촘한 얼룩다람쥐란 의미)는 보르네오섬에 서식한다. 털이 무성하게 자라는 꼬리는 나머지 신체부위와 비교했을 때 부피가 대략 130%로, 알려진 포유동물 중 신체 대비 꼬리의 비율이 가장 높다. 이렇게 꼬리에 엄청난 털이 나는 이유는 확실하게 밝혀지지 않았다. 하지만 연구자들은 꼬리가 다람쥐의 덩치를 커보이게 해 포식자들의 위협을 잠재적으로 줄여주는 것으로 짐작한다.

MAR 26 2009년 리처드 젠킨스(영국)가 미국 네바다주 이반파 건호(마른 호수)에서 그린버드호를 타고 **육상 요트 최고 속도**를 기록했다. 그는 카본 복합재를 사용한 보트로 속도 202.9km/h를 기록했다.

MAR 27 2002년 영국 런던에서 **경매에서 판매된 가장 비싼 축구 유니폼 상의**(22만 5,109달러)가 기록됐다. 펠레(브라질)가 1970년 피파월드컵 결승전에서 입은 상의로, 상징적인 등번호 '10'이 새겨져 있다.

문신을 가장 많이 한 사람

전기톱 저글링, 외발자전거, 칼 삼키기 등 서커스 공연자인 럭키 다이아몬드 리치(호주, 뉴질랜드 출생)는 문신에 1,000시간 이상 투자했다. 그는 세계 곳곳에서 새긴 형형색색의 문신을 검은 잉크로 덮고, 다시 흰색과 다른 색으로 덮었다. 리치는 눈꺼풀, 발가락 사이의 피부, 귀 뒤쪽, 심지어 잇몸까지 신체의 200%를 문신으로 덮었다. 거울에 비친 리치를 찍은 이 사진은 2018년 영국 런던의 호텔에서 기네스 세계기록 독점으로 촬영됐다.

목차 CONTENTS

럭키는 자유로운 사람이다. 그는 "다른 사람이 날 어떻게 생각하든 상관없어요. 내 자존감은 다른 사람이 주는 게 아니에요"라고 말한다.

스냅샷 SNAPSHOT
가장 키가 큰 남자 TALLEST MAN

2009년 9월 술탄 쾨센은 고국인 터키를 벗어나 생애 첫 해외 여행지로 영국 런던을 방문했다. 그는 빨간 공중전화 부스부터 루트마스터 버스까지 영국을 상징하는 것들 옆에서 사진을 남겼다. 여기, 그날의 추억과 함께 역사상 가장 키가 큰 남자와 술탄을 비교한 모습도 살펴보자.

우리는 《기네스 세계기록 2010》 출간 전 키 251cm의 술탄을 영국에 서 반갑게 맞아 그에게 런던 곳곳을 소개했다. 아래 사진은 술탄이 일반 버스 정류장에서 버스를 기다리는 모습이다. 이 온화한 거인은 런던의 유명한 빨간 2층 버스를 타는 데 애를 먹었다. 일단 그의 키가 2층 버스 높이의 절반을 넘어갔기 때문이다!

다섯 남매 중 1명(다른 남매들은 모두 키가 평범하다)이었던 술탄이 키가 되기 전까지는 남자가 지극히 평범했다. 하지만 뇌하수체에 종양이 생겨 몇 가지 호르몬이 과다 분비됐고, 성장에도 영향을 미쳐 몸이 위로 급격히 자랐다. 2008년 그의 생명을 구하는 수술을 받고 나서야 성장이 멈췄지만 술탄은 이미 지구에서 누구보다 큰 사람이 돼 있었다. 역사상 3번째로 큰데, 263cm의 존 F 캐롤(미국, 1969년생)과 역사상 가장 큰 사람인 로버트 워들로(오른쪽 참조)만 그보다 키가 컸 다. 술탄은 키가 243.8cm(8ft)를 넘어섰다고 증명된 5명 중 1명이다. 이처럼 기록적인 키 때문에 그는 생활에 많은 불편함을 겪는다. 옷 은 물론 침대도 따로 제작해야 하고, 발도 365mm나 신발을 구 하기도 쉽지 않다. 술탄의 영향력이 미치는 건강반은 심각한 영향을 끼친다. 겨울 때면 관절에 지나친 압력이 가해져 목발을 짚고 다녀 야 한다.

술탄은 런던을 방문했을 때 "저의 꿈은 결혼하는 거예요. … 사랑을 찾고 있어요!"라고 희망을 드러냈다.

그리고 4년 뒤, 터키 마르딘에서 키 175.2cm의 메르브 디보와 결혼 하며 꿈을 이뤘다.

술탄은 키 덕분에 예기치 못한 대접을 받기도 한다. 비행기에서 혼자 두 자리를 배정받았다. 프리미엄 룸에 킹사이즈 침대를 제공했다. 그래도 침대를 발 쪽에 하나 더 붙여서 사용해야 했다!

술탄 대 로버트

현재 **가장 키가 큰 사람**(오른쪽)이 런던을 상징하는 2가지, 엘리자베스 타워(빅벤) 14~15쪽 참조와 빨간 공중전화 부스 'K2' 옆에 서 있는 모습이다. 사진 왼쪽에는 **역사상 가장 키가 큰 사람**인 로버트 워들로(미국, 1918~1940년)도 있다. 그도 키가 272cm로, 274cm인 공중전화 부스와 높이가 거의 비슷하다.

술탄의 영상을 큰 화면으로 보자.
guinnessworldrecords.com/2020

손이 가장 큰 사람

2011년 술탄의 손은 손목부터 중지 끝까지 길이가 28.5cm로 측정됐다. 또 **한 뼘이가 장 긴 사람** 기록도 가지고 있는데, 2010년 30.48cm로 확인됐다. 타키의 개인이 얼마나 큰 손을 가졌는지, 지금 우리가 보고 있는 페이지에 빗내 만든 위 이미지를 보자!

역사상 최고령자

증거가 남은, 역사상 최고령자는 122세 164일을 산 잔 루이즈 칼망(프랑스)이다. 그녀는 알렉산더 그레이엄 벨이 전화 특허를 출원하기 1년 전인 1875년 2월 21일 태어났으며, 85세에 펜싱을 배웠고, 100세까지 자전거를 탔다. 1997년 8월 4일 프랑스 아를에 있는 요양원에서 숨을 거뒀다.

가장 오래 산 남자는 기무라 지로에몬(일본)으로 1897년 4월 19일 태어나 2013년 6월 12일, 116세 54일로 세상을 떠났다.

현존하는 부부(나이 합계)

1937년 10월 20일 결혼한 마츠모토 마사오(1910년 7월 9일생)와 소노다 미요코(1917년 11월 24일생, 둘 다 일본)가 주인공이다. 이 부부는 2018년 7월 25일 기준 80년 278일 동안 결혼생활을 했는데, 마사오의 나이는 108세 16일, 미야코는 100세 243일로, 둘의 나이를 합치면 208세 259일이다.

현역 이발사

2018년 10월 8일 기준 안소니 만치넬리(미국, 이탈리아 출생, 1911년 3월 2일생)는 나이가 107세 220일이지만 아직 손님들의 머리카락을 자르고 있다. 미국 뉴욕주 뉴 윈저의 판타스틱 컷츠에서 일주일에 5일씩, 정오부터 오후 8시까지 일하고 있다.

노벨 수상자

2018년 10월 3일 아서 애슈킨(미국, 1922년 9월 2일생)은 96세 31일의 나이로 노벨 물리학상(도나 스트릭랜드, 제라르 무루와 공동 수상)을 받았다. 아서는 광학 족집게 연구로 수상의 영광을 누렸다.

▶ 현역 약사

히무라 에이코(일본, 1923년 11월 6일생)는 2018년 11월 23일 기준 나이가 95세 17일이지만 일본 도쿄 이타바시에 있는 히무라 약국에서 여전히 일하고 있다.

현역 군주

1926년 4월 21일 출생한 엘리자베스 2세 여왕(영국)은 2019년 93회째 생일을 축하했다. 그녀는 2015년 1월 23일 사우디아라비아의 압둘라 왕이 서거하며 세계 최고령 군주가 됐다.

대형 수송차(HGV) 면허 소지자

증조손자를 둔 리처드 토마스 핸더슨(영국, 1935년 4월 13일생)은 2019년 1월 7일 83세 269일의 나이로 영국 셀커크에서 트럭을 몰아 배송을 완료했다. 리처드는 면허를 유지하기 위해 매년 건강 검진을 받는다.

프로 줄넘기 선수

2019년 2월 23일 애니 주디스(미국, 1943년 11월 23일생)는 미국 캘리포니아주 코로나도에서 열린 서던캘리포니아 오픈 점프로프 챔피언십에 75세 92일의 나이로 출전했다.

잉글리시 프리미어 리그 축구 감독

전 잉글랜드 감독 로이 호지슨(영국, 1947년 8월 9일생)은 2019년 4월 21일 71세 255일의 나이로 축구팀 크리스탈 팰리스를 이끌며 아스널과 경기를 펼쳐 3 대 2로 승리했다.

살아 있는, 나이 합계 최고령 16남매

캐나다 퀘벡에 사는 루이-조셉 블레이와 이본 브라조(아래 삽입 사진 가운데에 앉은 두 사람)의 자녀 16명은 2018년 12월 11일 기준 나이의 합계가 1,203세 350일이나 된다. 이 중 최고령자인 85세의 장-자크(1933년 6월 23일생)와 최연소자인 루시(1954년 3월 29일생)는 나이 차이가 21세다. 이 놀라운 가족(위 사진은 남매 중 15명)은 6명의 형제와 10명의 자매로 이루어져 있다.

최고령 현역 축구선수

골키퍼 이삭 하이크(이스라엘)는 2019년 4월 5일 73세 95일의 나이로 이스라엘의 5부 리그 마카비 이로니 오르예후다 소속으로 하포엘 라마트 이스라엘과의 경기를 치렀다. 그는 이전 기록을 거의 20년 차이로 경신했다. 이삭은 1945년 이라크에서 태어나 4세 때 이스라엘로 이민을 왔다. 그는 경기 후 기네스 세계기록 증서를 전달받았으며(위 사진) "다음 경기도 뛸 수 있습니다"라고 말했다.

최고령 미슐랭 3스타 레스토랑 헤드셰프

오노 지로(일본, 1925년 10월 27일생)는 2019년 3월 4일 기준 93세 128일의 나이로 일본 도쿄 주오에 있는 미슐랭 3스타 음식점 스키야바시 지로의 주방장으로 일하고 있다. 지하철역 안에 있는 지로의 식당은 좌석이 10석뿐이며, 테이스팅 메뉴는 당일 아침에 결정된다. 모든 초밥은 지로가 직접 만든다.

최고령 게임 유튜버

2019년 4월 2일 정확히 83세가 된 셜리 커리(미국, 1936년생)는 자신의 이름을 딴 유튜브 채널에 수백 편의 영상을 올려 50만 명 이상의 구독자와 1,100만 뷰 이상을 기록 중이다. 1990년대에 손자를 통해 게임을 처음 접한 셜리는 〈더 엘더 스크롤 5: 스카이림〉(베데스다, 2011년 작) 같은 롤플레잉 게임을 주로 한다.

MAR 28 2016년 가이 마틴(영국)이 커다란 원통 안쪽 벽인 **죽음의 벽 안에서 오토바이 최고 속도**를 기록했다. 영국 링컨셔주 맨비 비행장에서 촬영된 TV 생방송에서 125.77km/h의 속도로 3초41 만에 1회전을 했다.

MAR 29 2015년 가베르 카알와이 가베르 알리(이집트)는 이집트 기자의 카이로 대학교 스타디움에서 **1분 동안 가장 많이 옆으로 재주넘기** 기록을 달성했다(67회).

현존 최고령자 10인		
이름	출생	나이
다나카 카네(일본)	1903년 1월 2일	116년 73일
마리아-주셉파 로부치-나르기소 (이탈리아)	1903년 3월 20일	115년 361일
루실 랑동(프랑스)	1904년 2월 11일	115년 33일
마츠시타 신(일본)	1904년 3월 30일	114년 351일
장 보(프랑스)	1905년 1월 14일	114년 61일
나카치 시게요(일본)	1905년 2월 1일	114년 43일
야마시타 하루노(일본)	1905년 2월 19일	114년 25일
가네코 카메(일본)	1905년 4월 10일	113년 340일
엘렌 '돌리' 깁(캐나다)	1905년 4월 26일	113년 324일
알렐리아 머피(미국)	1905년 7월 6일	113년 253일

출처: 노인학연구그룹, 2019년 3월 16일 기준

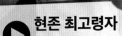

▶ 현존 최고령자

다나카 카네(일본, 1903년 1월 2일생)는 2019년 3월 16일 일본 후쿠오카에서 나이가 116세 73일로 검증됐다. 라이트 형제가 **최초의 동력 비행**에 성공한 해에 태어난 그녀는 찹쌀과 간식, 면류를 판매하는 가업을 이었다. 현재 요양소에서 생활 중이며, 취미로 수학을 공부하거나 〈오델로〉 같은 보드 게임을 한다.

카네는 100세가 되었을 때 현존 최고령자가 되겠다고 마음먹었다. 그녀는 초콜릿으로 이를 자축했다.

▶ 최고령 전문 클럽 DJ

'DJ 수미락' 이와무라 수미코(일본, 1935년 1월 27일생)는 일본 도쿄 신주쿠에서 83세의 나이로 정기 공연을 한 사실이 2018년 5월 25일 확인됐다. 그녀는 77세 때 디제잉을 시작했다. 수미코의 테크노 세트에는 재즈, 애니메이션 사운드트랙, 클래식이 혼합돼 있다. 뉴질랜드와 프랑스에서도 공연을 펼쳤다.

최고령 캐나다 자전거 횡단(여자)

르네아 샐보(미국, 1949년 9월 21일생)는 2018년 8월 26일 세계에서 2번째로 큰 나라인 캐나다를 자전거로 횡단하는 데 성공했다. 당시 나이는 68세 339일로, 70일 동안 6,616km를 달렸다. 교사생활을 하다 은퇴한 르네아는 2016년 10월 23일에는 67세 32일의 나이로 **미국을 자전거로 횡단한 최고령 인물(여자)**이 됐다.

란즈엔드에서 존오그로츠까지 자전거로 주파한 최고령자

알렉스 메나리(영국, 1932년 12월 8일생)는 2018년 9월 8일~9월 25일에 85세 291일의 나이로 스코틀랜드 북동쪽 끝에 도달하며 영국을 종단했다. 매일 평균 101km를 주행했는데 전 펠러닝(나침반과 지도를 가지고 하는 경기) 선수인 알렉스는 신체적 어려움보다 정신적 어려움이 더 컸다고 말했다.

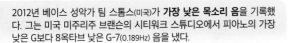

MAR 30 2012년 베이스 성악가 팀 스톰스(미국)가 **가장 낮은 목소리 음**을 기록했다. 그는 미국 미주리주 브랜슨의 시티워크 스튜디오에서 피아노의 가장 낮은 G보다 8옥타브 낮은 G-7(0.189Hz) 음을 냈다.

MAR 31 1889년 프랑스 파리에서 에펠탑이 개관했다. 높이 300m로 당대 가장 높은 구조물이었으며, 오늘날까지 **가장 높은 철골 구조물**로 기록돼 있다.

머리카락 HAIR

가장 긴 머리카락(여자)

2004년 5월 8일 시에 치우핑(중국)의 엄청난 머리카락을 펼치니 길이가 5.62m에 달했다. 그녀는 13세였던 1973년부터 머리를 기르기 시작했다. "익숙해졌기 때문에 문제될 건 없어요. 하지만 인내심이 필요해요. 머리가 이렇게 길면 자세도 항상 바르게 해야 되죠." 시에가 말한 소감이다.

> 5m가 넘는 시에 치우핑의 머리카락 길이는 다 자란 수컷 기린의 키와 비슷하다.

1. 가장 높은 모히칸 머리

패션 디자이너 와타나베 카즈히로(일본)가 15년 동안 기른 뾰족한 모히칸 머리는 높이가 1.23m로 2014년 4월 23일 일본 도쿄의 당고 한조몬 스튜디오에서 확인됐다. 이 놀라운 모히칸 머리는 스타일리스트 팀이 2시간 동안 3통의 헤어 스프레이와 1병의 젤을 모두 써서 만들었다.

2. 세계 턱수염&콧수염 선수권대회 최다 우승자

1999~2013년 세계 턱수염&콧수염 선수권대회에서 칼 하인츠 힐레(독일)는 9회나 타이틀을 차지했다. 그는 '위풍당당한 부분수염' 종목에서 7회 우승했다.

1999년과 2003년에는 통합 챔피언에 등극했다. '위풍당당한 부분수염'에 출전하려면 양볼과 코 아래에만 수염을 길러야 한다.

3. 가장 높은 헤어스타일

KLIPP 운자 프리소르(오스트리아)가 기획해 2009년 6월 21일 오스트리아 벨스에서 열린 행사에서 진짜 머리카락에 가짜 머리카락을 더해 만든 2.66m 높이의 탑이 완성됐다. 신기록 수립을 위해 2명의 스타일리스트가 이틀 동안 총 22m의 인공 머리카락을 사용했다.

4. 가장 폭이 넓은 가발

할리우드 스타 드류 베리모어(미국)가 2017년 1월 27일 미국 〈투나이트 쇼〉 무대에 폭 2.23m의 거대한 가발을 쓰고 출연했다. 이 가발은 켈리 핸슨과 랜디 카르파그노 프로덕션(둘 다 미국)이 제작했다. 베리모어가 이 가발을 착용하는 데 4명의 도움이 필요했다.

5. 턱수염이 완전히 난 가장 어린 여자

2015년 9월 7일 하남 카우르(영국, 1990년 11월 29일생)는 24세 282일의 나이에 구레나룻부터 턱까지, 볼의 일부, 코 밑에 수염이 난 사실이 확인됐다. 그녀는 다낭성난소증후군으로 인한 호르몬 불균형의 영향으로 얼굴에 수염이 자란다. 현재 프리랜서 모델이자 강연자로 활동하는 하남은 자신이 '진정한 아름다움과 모든 사람이 자기다운 모습을 유지하는 방법'을 세상에 알리고 있다고 말한다.

6. 역사상 가장 긴 콧수염

2010년 3월 4일 람 싱 차우한(인도)이 기른 엄청난 수염이 길이 4.29m를 기록한 것이 이탈리아 로마의 〈로 쇼 데 레코드〉 무대에서 확인됐다. 1970년부터 수염을 기르기 시작한 그는 매일 코코넛과 겨자 오일로 관리한다. 람은 수염 덕분에 영화 '제임스 본드' 시리즈 〈007 옥터퍼시〉(영국/미국, 1983년 작)에 카메오로 출연하기도 했다.

APR 1 2009년 영국 에식스주 바즐던에 있는 언더워터 스튜디오의 거대한 잠수용 물탱크에 114명의 축구팬들이 스쿠버 장비를 착용하고 들어가 잉글랜드의 경기를 봤다. 최다 인원이 물속에서 TV를 시청한 기록이다.

APR 2 1988년 레미 브리카(프랑스)는 4.2m 길이의 '부력 스키'를 신고 가장 빨리 대서양을 '걸어서' 횡단하는 기록을 세웠다. 59일 동안 5,636km를 이동했다.

7. 털이 가장 많은 가족

헤수스 '추이' 파하르도 아케베스와 루이사 릴리아 데 리라 아케베스(둘 다 멕시코)는 5대에 걸쳐 선천적 다모증을 겪고 있는 19명 가족의 일원이다. 다모증은 얼굴과 몸에 지나치게 털이 많이 나는 독특한 증상이다. 여자는 가늘거나 중간 두께의 털이 나지만 남자는 손바닥과 발바닥을 제외한 몸의 약 98%를 두꺼운 털이 뒤덮는다.

▶ 8. 가장 큰 아프로 헤어스타일(여자)

2012년 3월 31일, 애빈 두가스(미국)의 아프로 머리는 정수리부터 꼭대기까지 높이가 16cm에 둘레는 총 1.39m로 기록됐다. 매년 2~3회 머리를 다듬는 애빈은 머리를 감을 때 컨디셔너 5가지를 한꺼번에 사용한다.

▶ 또 가장 큰 아프로 헤어스타일은 높이 25.4cm, 둘레 1.77m다. 주인공 타일러 라이트(미국)는 2015년 6월 19일 기록 측정 당시 겨우 12세였다.

9. 살아 있는 턱수염이 가장 긴 남자

2011년 9월 8일 당시 사르완 싱(캐나다)의 수염은 길이가 2.49m였다. 사르완은 캐나다 브리티시컬럼비아 서리에 있는 나나크 시크 사원에서 신자들을 이끌고 있다.
역사상 가장 긴 턱수염은 5.33m로 한스 N 랑세스(노르웨이)가 기록했다. 그가 사망한 해인 1927년에 측정했다.

▶ 가장 머리가 긴 십 대

2018년 11월 21일, 16세의 니란시 파텔(인도, 2002년 8월 16일생)의 삼단 같은 머리는 길이가 1.75m에 달했다. 6세부터 머리를 기른 그녀는 머리카락이 자신의 '행운의 부적'이라고 말한다. 일주일에 한 번 머리를 감는데, 30분 동안 말리고 2번씩 빗는다고 한다. 니란시는 평소에는 머리를 땋고 다니지만 탁구를 칠 때는 머리를 틀어 올려 쪽을 찐다.

APR 3 2017년 배리 존 크로(아일랜드)가 아일랜드 방송협회의 〈빅 위크 온 더 팜〉에서 **1분 동안 소시지 많이 만들기** 신기록을 작성했다. 그는 총 78개의 소시지를 만들었는데 0.76초당 1개 꼴이다.

APR 4 1933년 USS 아크론이 미국 뉴저지 연안에서 태풍에 부서지며 73명의 승객과 승무원이 사망해 **최악의 비행선 사고**로 기록됐다. 생존자는 3명뿐이었다.

인체의 아름다움 BODY BEAUTIFUL

역사상 가장 가는 허리

에델 그레인저(영국)는 1929년 몸에 아주 꼭 끼는 코르셋을 입으며 허리 치수를 56cm로 줄였다. 1939년 잰 그녀의 허리둘레는 겨우 33cm였다. 신체 개조의 선구자나 다름없는 에델은 얼굴에도 여러 개의 피어싱을 했다. 마드모아젤 폴레르로 알려진 에밀리 마리 부쇼(프랑스, 1874~1939년)도 허리 치수가 같았다고 한다.

몸에 같은 이름을 가장 많이 문신한 사람

마크 에번스(영국)가 딸의 탄생을 축하하기 위해 등에 '루시(Lucy)'라는 이름을 267회나 새긴 사실이 2017년 1월 25일 확인됐다.

 최다 신체 개조(부부)

빅토르 휴고 페랄타(우루과이)와 아내 가브리엘 페랄타(아르헨티나)가 신체 변형을 84회나 한 사실이 2014년 7월 7일 확인됐다. 이 부부의 몸에는 피어싱 50개, 마이크로더멀 피어싱(몸에 박는 피어싱) 8개, 보형물 14개, 치아 임플란트 5개, 귀 확장기 4개, 귀 볼트 2개, 1개의 갈라진 혀가 있다.

최다 플래시터널(얼굴)

조엘 미글러(독일)는 2014년 11월 27일 독일 바덴뷔르템베르크주에서 얼굴 플래시터널(튜브 모양으로 가운데 뻥 뚫린 피어싱 액세서리)이 11개로 확인됐다. 크기는 3mm짜리부터 34mm까지 다양하다.

최다 인원 헤나 문신

헤나는 로소니아 이너미스라는 식물에서 추출하는 염색 물질이다. 2018년 2월 3일 인도 구자라트주에서 시리 아히르 사마지 세바 사미티-수라트, 나투바이 란말바이 바투, 제람바이 발라(모두 인도)가 기획한 행사에 1,982명이 참여해 헤나 문신을 받았다.

가장 긴 목

미얀마와 태국의 파다웅(혹은 카얀)족 여자들은 무거운 목걸이를 이용해 머리와 어깨 사이를 늘린다. 2018년 발표된 연구에 따르면 파다웅족 여자들의 목 길이(쇄골에서 아래턱까지 길이)는 최대 19.7cm에 달했다. 보통 성인의 목 길이는 8~10cm다.

피어싱이 가장 많은 노인

일명 '앨버트 왕자' 존 린치(영국, 1930년 11월 9일생)는 2008년 10월 17일 영국 런던에서 얼굴과 목 피어싱 151개를 포함해 몸에 총 241개의 피어싱이 있는 게 확인됐다.

1시간 동안 최다 인원 화장(5명)

2018년 9월 7일 독일 줄츠바흐의 메인 타우누스 젠트룸 몰에서 세포라 도이칠란드(독일)의 메이크업 전문가 5명 구성 1팀이 1시간 동안 148명의 쇼핑객들을 단장해줬다.

같은 브랜드의 립스틱을 바르고 가장 많은 인원이 모인 기록

2018년 9월 9일 필리핀 마닐라 케손시티의 '간다 포 올 뮤직 페스티벌'에서 6,900명이 립스틱을 발랐다. 축제에 참가하려면 바이스 코스메틱스(필리핀)의 립스틱을 바른 모습이 확인되어야 했다. 2018년 7월 27일 메이크업 아

티스트 멜리스 일킬릭스는 1분 동안 가장 많은 사람에게 립스틱 칠하기 기록을 세웠는데, 에이번 터커(둘 다 터키)의 도움을 받아 모델 8명의 입술에 색을 더했다.

전기면도기로 1시간 동안 최다 인원 면도하기(개인!)

2018년 10월 31일 이발사 푸르칸 야카르(터키 출생)는 독일 베를린에서 69명의 얼굴을 면도했다. 이 속사포 면도는 로레알 맨 엑스퍼트와 모벰버 파운데이션(둘 다 독일)이 준비했다.

가장 두꺼운 화장

'추티'는 인도의 전통 무용극 카타칼리의 독특한 특징으로, 밥풀과 종이를 이용해 몇 시간에 걸쳐 만든 '마스크'다. 완성되면 화장 두께가 15cm에 이른다.

가장 비싼 입술 장식

2018년 9월 7일 로젠도르프 다이아몬즈(호주)는 창립 50주년을 기념해 총 54만 5,125달러의 가치가 있는 다이아몬드 126개로 모델 찰리 옥타비아의 입술을 장식했다. 작품의 디자인과 장식은 메이크업 아티스트 클레어 맥(사진 왼쪽)이 맡았는데, 먼저 무광의 검정 립스틱을 바르고 가짜 속눈썹을 붙일 때 사용하는 접착제를 이용해 보석을 하나씩 붙였다.

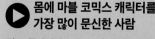 **몸에 마블 코믹스 캐릭터를 가장 많이 문신한 사람**

릭 스콜라미에로(캐나다)가 몸에 마블 유니버스 31가지 캐릭터를 문신한 사실이 2018년 3월 3일 검증됐다. 몸통엔 블랙위도(아래 삽입 사진 위), 무릎엔 베놈(아래 삽입 사진 아래)을 포함해 다양한 캐릭터가 있다. 릭의 손목에는 스탠 리의 사인이 새겨져 있다.

최고령 〈보그〉 모델

보 길버트(영국, 1916년생)는 2016년 5월 100세의 나이로 럭셔리 백화점 하비 니콜라스의 광고 캠페인 모델을 맡으며 영국판 〈보그〉에 출연했다. 보는 잡지의 100주년을 기념해 모델이 되는 영광을 얻었다. 그녀는 "나 자신을 위해 옷을 입어요. 남자들 때문에 입는 게 아니죠!"라고 말했다.

 APR 5 1930년 마하트마 간디(인도)가 78명의 추종자들과 함께 **최장거리 항의 행진**을 펼쳐 387.8km의 여정 끝에 단디에 도착했다. 간디는 영국의 염세 부과에 항의해 구자라트주를 가로지르는 행진을 했다.

 APR 6 1985년 루시 워들(미국)이 **최고 높이 다이빙 보드 점프(여자)**에 성공했다(36.8m). 중국 홍콩의 오션파크 수영장에서 기록했다.

손톱을 가장 길게 연장한 기록

바브라 스타라이샌드의 엄청난 팬이자 자칭 '무서운 아이'인 모자 제작자 오딜롱 오자레(미국)가 열 손가락에 알록달록한 1.21m의 가짜 손톱을 붙인 사실이 2018년 8월 26일 미국 플로리다주 탬파에서 확인됐다. 이 손톱은 미용 아크릴 30겹에 폴리아크릴을 에어브러시로 덧발라 완성됐다. 오딜롱은 그가 사랑하는 왕관앵무새들과 '새 요가'를 수련하며 아이디어를 떠올렸다고 한다. 그는 요즘 가장 긴 신발을 만들고 있다.

오딜롱은 ▶ 가장 긴 모자(오른쪽 사진)도 만들었다(4.8m). 이 기록을 인정받으려면 모자를 쓰고 10m 이상 걸어야 한다.

가장 흔한 비외과성 미용 시술법

국제미용성형수술협회(ISAPS)에 따르면, 세계에서 성형외과의들이 가장 흔하게 집도하는 비외과성 미용 시술법은 보톡스 주사라고 한다.
이 시술은 2017년 전체 비외과성 미용 시술법 중 39.9%인 503만 3,693건이 진행됐다고 한다.

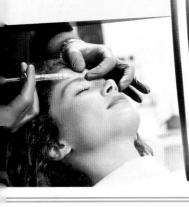

구독자가 가장 많은 패션/뷰티 유튜브 채널

'유야'로 알려진 마리안드 카스트레온 카스타네다(멕시코)는 2019년 4월 29일 기준 2,366만 6,883명의 구독자로 전체 유튜브 채널 상위 50위 안에 랭크됐다. 2009년 '레이디16메이크업(lady16makeup)'의 브이로그도 시작했다. 대부분 의상, 메이크업 영상이지만, 평범한 일상 영상도 올린다.

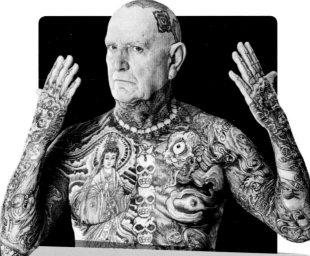

▶ 문신을 가장 많이 한 노인(남자)

1950년대 처음 문신을 한 찰스 '척' 햄케(미국)가 몸의 97.5%를 문신으로 덮은 사실이 2016년 12월 9일 미국 플로리다주 멜버른에서 확인됐다. 그의 아내 샬럿 구텐버그(미국)는 ▶ 문신을 가장 많이 한 노인(여자)이자, ▶ 문신이 가장 많은 여자이기도 하다. 2017년 11월 7일 기준 그녀의 몸 중 98.75%가 문신으로 덮여 있다.

 APR 7 2014년 잭 섹스티(영국)는 영국에서 열린 맨체스터 마라톤에서 결승선을 16시간 24분 만에 통과해 **최단시간 포고스틱 마라톤** 기록을 세웠다.

 APR 8 2013년 중국 간쑤성 센추안 마을의 고대 과수원에서 **가장 오래된 배나무**(만주 품종)의 나이가 458년으로 추정됐다.

65

인체 해킹 BODY HACKING

집에서 만든 가장 강한 외골격

'더 핵스미스' 제임스 홉슨(캐나다)이 설계하고 제작한 상체 및 하체 동력형 외골격 장비를 착용하면 2,272kg이나 되는 트럭의 뒷바퀴를 들 수 있고, 220kg의 바벨을 쉽게 나를 수 있다. 이 기기는 2016년 1월 처음 시연됐다. 이 외골격은 홉슨의 몸을 따라 작동하지만 그 힘은 2개의 강력한 공기압 실린더에서 발휘된다.

최초

웨어러블 컴퓨터

1961년 매사추세츠 공과대학의 수학자 에드워드 O 소프와 클로드 섀넌(둘 다 미국)은 룰렛 휠의 결과를 예측하기 위해 크기가 트럼프 카드 상자만 한 컴퓨터를 발명했다. 이 장치는 허리에 줄로 착용하고 신발에 숨겨진 스위치를 발로 밟아 필요한 데이터를 입력했다.

최초의 웨어러블 안경 카메라는 1980년 스티브 만(캐나다) 교수가 개발했다. 이 장치는 카메라와 시각 디스플레이 기능을 모두 갖췄는데, 착용자의 시야에 그래픽을 덧씌워 보여준다.

공식적으로 인정된 '사이보그'

전색맹인 닐 하비슨(영국, 옆 페이지 하단 사진)은 2004년 두개골 뒤쪽에 '아이보그' 안테나를 심어 색을 음악으로 느낄 수 있도록 했다. 이 안테나는 그의 눈앞에 있는 카메라와 연결돼 빛의 파장을 소리의 파장으로 바꿔 닐에게 들려준다. 그는 아이보그를 항상 착용하고 있으며, 여권 사진도 아이보그를 착용한 모습으로 촬영했다.

최초로 직접 제작한 작동하는 레고 의수

태어날 때부터 오른쪽 팔뚝 아랫부분이 없는 데이비드 아귈라(안도라)는 레고 테크닉 헬리콥터 세트(#9396)의 부품을 이용해 작동하는 의수를 직접 설계하고 제작했다. 의수의 첫 버전은 2017년 완성됐다. 어렸을 때부터(위 삽입 사진) 의수를 만든 '핸드 솔로' 아귈라는 꾸준히 설계를 수정해왔으며, 가장 최근 모델(위 사진에서 착용한 것)은 남은 팔의 미세한 움직임으로 의수의 손가락을 조종하는 동력 장치를 갖추고 있다.

로봇 보행 장치로 마라톤을 혼자 완주한 최고 기록

사이먼 킨들리사이즈(영국)는 리워크 사(社)의 하체 로보틱 외골격 장비를 착용하고 2018 런던 마라톤을 완주했다. 그는 36시간 46분 만에 결승선을 통과했는데, 순수 보행 시간은 27시간 32분이며, 총 6만 373보를 걸었다. 클레어 로마스(영국, 맨 아래 사진)는 **로봇 보행 장치로 마라톤을 완주한 최초의 인물**로, 리워크 사의 장비를 착용하고 2012 런던 마라톤을 16일 만에 완주했다. 2018년 4월 15일 그녀는 그레이터맨체스터 마라톤을 8일 만에 완주하며 **로봇 보행 장치로 가장 빨리 마라톤을 완주(여자)**한 기록을 달성했다.

지진을 느낄 수 있는 바이오해커

문 리바스(스페인, 옆 페이지 하단 사진)는 지구 어디에서든 지진이 일어나면 바로 알려주는 경보기를 발에 삽입했다. 2017년 삽입된 이 경보기는 스마트폰 앱을 통해 지진활동이 감지되면 작동한다. 지진의 강도에 따라 진동 강도도 달라진다.

손가락 자석 삽입

2005년 신체 개조의 선구자 스티브 하위스가 제스 자렐, 토드 허프먼(모두 미국)의 도움을 받아 최초로 몸에 자석을 삽입했다. 손가락 피부 아래에 삽입된 이 자석은 네오디뮴 자석에 금과 실리콘으로 코팅을 해 다른 신체 부위에 영향을 끼치지 않는다.

3D 프린터로 제작한 각막

2018년 5월 30일 영국 뉴캐슬 대학교의 과학자들이 3D 프린터로 인공 각막을 제작했다고 발표했다. 이 팀은 200μm의 노즐이 장착된 3D 바이오프린터에 '바이오-잉크(각막세포, 콜라겐, 알긴산염으로 구성)'를 넣어 미리 스캔해둔 각막을 제작했다. 이 기술 덕분에 각막의 복잡한 구조를 재구성할 수 있었다.

최초의 3D 프린터로 제작한 갈비뼈 삽입은 2019년 1월 발표됐다. 이 보형물은 3D 프린트 서비스 기업 3D BG 프린트(불가리아)가 나일론 기반 물질로 24시간도 안 걸려 제작했으며, 불가리아 소피아의 토쿠다 병원에서 환자 이바일로 요시포프에게 삽입됐다.

> 미래의 보형물 기술은 사용자의 뇌에 감각 반응을 전달해 의수로 '느낄 수' 있게 할 것이다.

최초로 신체와 완전히 연결된 의수

2013년 1월, 10년 전 팔을 잃은 스웨덴의 트럭 운전사가 남은 뼈에 의수를 심어 자신의 신경으로 바로 의수를 조종할 수 있게 됐다. 찰머스 공과대학교(스웨덴)는 영구 티타늄 보형물을 상박 뼈의 핵심 부위에 삽입하고 그 위에 전극으로 조종하는 의수를 부착했다.

APR 9 1860년 발명가 에두아르 레옹 스콧 드 마르탱빌(프랑스)가 **최초의 목소리 녹음**에 성공했다. 민요 〈달밤에〉를 부른 목소리가 10초 정도 녹음됐다.

APR 10 1815년 인도네시아 숨바와섬의 탐보라 화산이 6일 동안 폭발하며 부피 150~180km³의 부산물이 분출됐다. **최대 규모 화산 분출물(부피 기준)**로 기록됐다.

▶ 드럼스틱 의수로 1분 동안 기록한 최다 드럼비트

뮤지션 제이슨 반스는 2018년 7월 25일 미국 조지아주 애틀랜타의 조지아 공과대학에서 길 와인버그(둘 다 미국)가 제작한 의수를 사용해 1분 동안 2,400드럼비트를 기록했다. 이 의수는 근전도 밴드가 제이슨의 팔 근육 조직의 전기 활동을 감지해 로봇팔이 반응하게 만든다.

제이슨은 감전 사고로 팔을 잃었다. 그는 "팔을 잃었다고 꿈을 포기하고 싶지는 않아요. 제 꿈을 막을 수 있는 건 아무것도 없어요"라고 말했다.

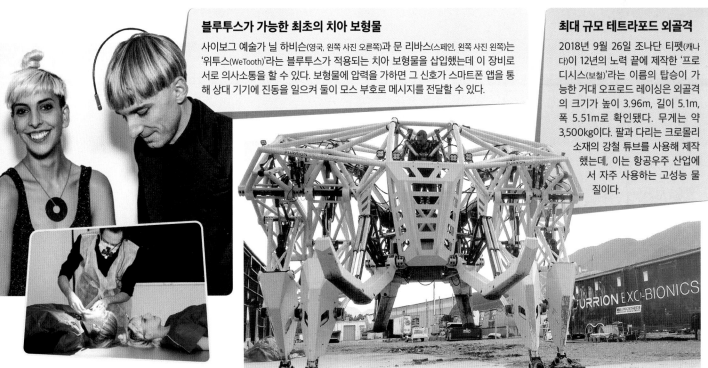

블루투스가 가능한 최초의 치아 보형물

사이보그 예술가 닐 하비슨(영국, 왼쪽 사진 오른쪽)과 문 리바스(스페인, 왼쪽 사진 왼쪽)는 '위투스(WeTooth)'라는 블루투스가 적용되는 치아 보형물을 삽입했는데 이 장비로 서로 의사소통을 할 수 있다. 보형물에 압력을 가하면 그 신호가 스마트폰 앱을 통해 상대 기기에 진동을 일으켜 둘이 모스 부호로 메시지를 전달할 수 있다.

최대 규모 테트라포드 외골격

2018년 9월 26일 조나단 티펫(캐나다)이 12년의 노력 끝에 제작한 '프로디시스(보철)'라는 이름의 탑승이 가능한 거대 오프로드 레이싱은 외골격의 크기가 높이 3.96m, 길이 5.1m, 폭 5.51m로 확인됐다. 무게는 약 3,500kg이다. 팔과 다리는 크로몰리 소재의 강철 튜브를 사용해 제작했는데, 이는 항공우주 산업에서 자주 사용하는 고성능 물질이다.

 APR 11 1999년 호주 퀸즐랜드에서 **한 배에서 가장 많이 태어난 코알라**가 검증됐다. 일란성 쌍둥이 한 쌍으로, 이름은 유카와 립투스다. 대개 암컷 코알라는 새끼 1마리를 품기에 적당한 주머니를 1개 가지고 있다.

 APR 12 1998년 크리스틴 애덤스(호주)는 호주 빅토리아에서 열린 석탄 채우기 세계선수권대회에서 네모난 삽으로 250kg의 석탄을 38초29 만에 옮겨 **가장 빠른 석탄 삽질(여자)**을 기록했다.

크기에 관하여 SIZE MATTERS

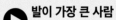

키가 가장 큰

발레 무용수 2014년 9월 25일 파브리스 칼멜(프랑스)이 측정한 키가 199.73cm였다. 그는 미국 일리노이주 시카고 조프리 발레단의 리드댄서다.

정치인 시의원 로버트 E 코네기 주니어(미국)는 2019년 1월 14일 미국 뉴욕시 브루클린에서 키가 209.6cm로 확인됐다.

여자 시디카 파르빈(인도)은 2012년 12월 누워서 측정한 키가 222.25cm였다. 그녀는 건강 악화로 일어서지 못했는데, 그녀의 키를 측정했던 의사는 파르빈이 서서 재면 최소 233.6cm일 것이라고 말했다.

역상상 가장 큰 여자 쩡진란(중국, 1964~1982년)은 사망 후 측정한 키가 246.3cm였다.

역상상 가장 큰 남자 로버트 퍼싱 워들로(미국, 1918~1940년)는 의학 역사상 키가 가장 큰 사람이다. 1940년 6월 27일 마지막 측정 당시의 키는 272cm였다.

키가 가장 작은

우주에 간 사람 키 152cm의 미국 우주비행사 낸시 커리는 1993년 6월 STS-57 임무를 수행하기 위해 우주왕복선에 탑승해 날아갔다.

세계 지도자 베니토 후아레스(1806~1872년)의 키는 137cm였다. 그는 1858~1872년 멕시코의 대통령직을 수행했다.

어머니 스테이시 헤럴드(미국, 1974~2018년)는 2006년 10월 21일 키 72.39cm로 미국 켄터키주 드라이 리지에서 첫 출산을 했다. 그녀는 2008년과 2009년에 2명의 아이를 더 출산했다.

역상상 가장 작은 여자 '파울라인 공주'로 알려진 파울라인 무스터스(네덜란드, 1876~1895년)는 출생 당시 키가 30cm였다. 19세의 나이로 사망할 때는 키가 겨우 61cm였다.

스파이 리슈부르(프랑스, 1768~1858년)는 성인이 되어 측정한 키가 겨우 58cm였다. 프랑스혁명(1789~1799년) 당시 그는 아기 옷을 입고 '유모'에게 안긴 채 파리 안팎으로 밀서를 전달했다.

▶ **역상상 가장 작은 남자** 찬드라 바하두르 당기(네팔, 1939~2015년)는 2012년 2월 26일 네팔 카트만두 라인초르의 CIWEC 클리닉에서 키가 54.6cm로 확인됐다. 키가 검증된 사람 중 역사상 가장 작다.

가장 손이 큰 십 대

매튜-앤드루 버지(영국, 2001년 12월 28일생)의 오른손은 손목부터 중지 끝까지 길이가 22.5cm이며, 왼손은 22.2cm이다. 2018년 2월 13일 영국 런던에서 확인됐다.
라르스 모짜(독일, 2002년 9월 21일생)는 **발이 가장 큰 십 대**다. 2018년 11월 19일 독일 베를린에서 측정한 그의 왼발은 35.05cm, 오른발은 34.98cm였다.

▶ 발이 가장 큰 사람

제이슨 올랜도 로드리게스 에르난데스(베네수엘라)는 2018년 6월 3일 프랑스 보베 성바오로 공원에서 측정한 왼발과 오른발 크기가 40.55cm와 40.47cm로 기록됐다. 제이슨의 신발은 독일에서 맞춤으로 특별 제작된다. 그는 2014년 이 기록의 보유자가 됐는데, 당시 기록은 오른발이 40.1cm, 왼발이 39.6cm였다. 아직도 발이 커지고 있다는 얘기다!

발이 가장 큰 여자는 영국 슈롭셔 엘즈미어섬에 사는 줄리 펠튼(영국)이다. 2019년 3월 23일 측정에 따르면 오른발은 32.9cm, 왼발은 32.73cm였다.

파울로와 카츄시아는 2016년 9월 17일 결혼했다. 2개월 뒤 그들은 그해 기네스 세계기록의 날에 참석해 자리를 빛내주었다.

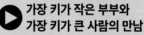

▶ 가장 무거운 사람

현재 이 카테고리는 비어 있다. 하지만 2016년으로 돌아가 살펴보면, 후안 페드로 프랑코 살라스(멕시코)는 멕시코 할리스코주 과달라하라에서 의료진이 측정한 몸무게가 594.8kg이었다. 그는 비만대사 수술(위우회술)을 받은 뒤 2018년 11월까지 몸무게가 약 304kg으로 줄었다고 전해진다. 이 사진은 그해 2월 촬영한 것으로 체중 감량 효과를 여실히 보여준다. 우리 기네스 세계기록은 '전(前)' 살아 있는 가장 무거운 사람인 후안 페드로의 새로운 모습에 축하를 전한다.

▶ 가장 키가 작은 부부와 가장 키가 큰 사람의 만남

브라질의 파울로 가브리엘 다 실바 바로스와 카츄시아 라이 호시노 부부는 2016년 11월 3일 브라질 상파울루 이타페바에서 키를 측정했는데 둘이 합쳐 181.41cm였다. 위 사진은 두 사람이 ▶ **가장 키가 큰 남자**인 술탄 쾨센(터키, 키 251cm)과 함께 있는 모습이다. 이들의 만남은 2018년 11월 기네스 세계기록 이벤트로 러시아 모스크바에서 이루어졌다. 술탄이 **역상상 가장 키가 큰 남자**와 함께 있는 모습은 58쪽을 참조하자.

APR 13 2003년 런던 마라톤에서 폴라 래드클리프(영국)가 2시간 15분 25초로 결승선을 끊으며 **가장 빠른 마라톤 기록(여자)**을 세웠다. 그녀는 자신의 기록을 거의 2분이나 앞당겼다.

APR 14 1986년 방글라데시 고팔라간지주에 떨어진 우박이 정확한 기록이 남은 **가장 무거운 우박 덩어리**다. 최대 무게가 1kg에 달했으며, 이 우박으로 92명이 사망했다.

카젠드라의 아버지는 이렇게 회상했다. "아이가 태어났을 때 손바닥 위에 올려놓을 수 있을 만큼 작았어요. 너무 작아서 씻기기도 힘들었죠."

▶ 보행이 가능한 가장 작은 남자

2010년 10월 14일 카젠드라 타파 마가르(네팔, 1992년 10월 14일생)가 네팔 포카라에 있는 페와 시티병원에서 측정한 키는 67.08cm였다. 기네스 세계기록은 2018년 12월 카젠드라를 만나 그의 가족이 운영하는 가게에서 함께 시간을 보냈다. 기타를 치고, 형과 함께 오토바이를 타고 마을을 도는 등(위 사진)의 여가활동도 같이하며 그의 인생의 한 페이지를 기록했다. **보행이 불가능한 가장 작은 남자**는 준리 발라윙(필리핀, 1993년 6월 12일생, 오른쪽 사진)이다. 키는 테니스 라켓보다 작은 59.93cm로, 2011년 6월 12일 필리핀 삼보앙가델노르테주 신단간 보건소에서 측정됐다.

▶ guinnessworldrecords.com/2020에서 관련 영상들을 만나보자.

▶ 가장 키가 작은 여자

조티 암지(인도)가 2011년 12월 16일 18세 생일에 인도 나그푸르에서 측정한 키는 62.8cm로, **가장 작은 십 대(여자)**에 이름을 올렸다. 가장 작은 여배우이기도 한 조티는 FX TV의 〈아메리칸 호러 스토리〉 시리즈에 '마페티트' 역으로 고정 출연한다.

'아마존 이브' 에리카 어빈(키 201cm)과 함께 찍은 사진을 보자(오른쪽 사진). 어빈은 같은 시리즈에 나오는 동료이자 전(前) **가장 키가 큰 전문 모델**이다.

▶ 키가 가장 큰 부부

2013년 11월 14일 선밍밍(키가 가장 큰 농구선수)과 아내 쉬옌(둘 다 중국)은 키가 각각 236.17cm와 187.3cm로, 두 사람의 키를 합치면 423.47cm나 된다. 중국 베이징에서 측정했으며, 같은 도시에서 그해 8월 4일 결혼식을 올렸다.

 APR 15 1934년 차량 275대를 수용할 수 있는 생크웨일러스 자동차극장이 미국 펜실베이니아주 오리필드에서 문을 열었다. 현재까지 운영되고 있으며, **가장 오래된 자동차극장**이다.

 APR 16 2016년 미국 메릴랜드주에서 열린 볼티모어 타투 아트 컨벤션에서 케이시 세번(미국)이 **1분 동안 혀에 쥐덫 많이 물리기** 기록을 세웠다(13회).

69

인간 전반 ROUND-UP

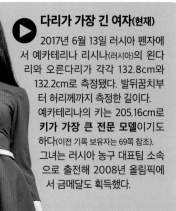

다리가 가장 긴 여자(현재)

2017년 6월 13일 러시아 펜자에서 예카테리나 리시나(러시아)의 왼다리와 오른다리가 각각 132.8cm와 132.2cm로 측정됐다. 발뒤꿈치부터 허리께까지 측정한 길이다. 예카테리나의 키는 205.16cm로 **키가 가장 큰 전문 모델**이기도 하다(이전 기록 보유자는 69쪽 참조). 그녀는 러시아 농구 대표팀 소속으로 출전해 2008년 올림픽에서 금메달도 획득했다.

역사상 손이 가장 큰 사람

역사상 가장 큰 사람인 로버트 퍼싱 워들로(미국)의 손은 손목부터 중지 끝까지 길이가 미식축구공보다 긴 32.3cm로 측정됐다. 그의 반지 사이즈는 25였다.

누구나 예상하듯, 워들로는 **역사상 가장 큰 발**도 가지고 있었다. 그는 미국 치수로 37AA(영국 사이즈 36, 유럽 사이즈 대략 75)인 신발을 신었는데, 길이로 따진다면 47cm다.

이 전설적인 인물에 관한 기록은 58~59쪽에 더 많이 나온다.

가장 긴 귓불(당겼을 때)

몬티 피어스(미국)는 왼쪽 귓불을 12.7cm까지, 오른쪽 귓불을 11.43cm까지 늘릴 수 있다. 하지만 당기지 않았을 때 귓불의 길이는 2.54cm가 안 된다.

가장 볼록하게 튀어나온 눈

김 굿맨(미국)은 자신의 안와(눈구멍)에서 눈알을 12mm까지 돌출시킨다. 그녀의 기록은 2007년 11월 2일 터키 이스탄불에서 측정됐다.

신체 개조를 가장 많이 한 사람

롤프 부크홀츠(독일)는 신체 개조를 516회나 한 사실이 2012년 12월 16일 독일 도르트문트에서

털이 가장 많은 십 대

2010년 3월 4일 이탈리아 로마에서 수파트라 '낫' 사수판(태국)이 다모증 평가에서 가장 높은 수치를 기록했다. 낫은 암브라스 증후군(온몸이 많은 털로 뒤덮이는 희귀병)을 겪고 있는데, 중세시대 이후 단 50명만 기록된 병이다. 2018년 초 전해진 소식에 따르면 그녀는 행복한 결혼을 했으며(삽입 사진), 주기적으로 면도를 한다. 기네스 세계기록은 낫에게 축하의 말을 전한다. 그리고 이 카테고리에 새롭게 지원할 사람들을 언제든 환영한다.

확인됐다. 481개의 피어싱, 2개의 '뿔' 보형물, 그리고 오른손가락 끝에 5개의 자석 보형물을 삽입했다.

마리아 호세 크리스테르나(멕시코)는 ▶ **신체 개조를 가장 많이 한 여자**다(49군데). 피부 대부분이 문신으로 덮여 있고 이마, 가슴, 팔에 보형물을 삽입했으며 눈썹, 입술, 코, 혀, 귓불, 배꼽, 유두에 피어싱이 있다.

가장 넓적한 혀

바이런 슐렌커(미국)가 야구공보다 넓은, 폭 8.57cm의 혀를 가진 사실이 2014년 11월 2일 미국 뉴욕주 시러큐스에서 확인됐다. 그의 딸 에밀리도 같은 날 **가장 넓적한 혀(여자)**를 가진 사실이 확인됐다(7.33cm).

▶ **가장 긴 혀**는 10.1cm로 혀를 내밀고 입을 다문 뒤 혀 끝에서 윗입술 가운데까지를 측정했다. 이 기록의 주인공은 닉 스토벨(미국)로 2012년 11월 27일 미국 캘리포니아주 살리나스에서 확인됐다. 샤넬 태퍼(미국)는 ▶ **가장 혀가 긴 여자**로, 2010년 9월 29일 캘리포니아에서 9.75cm로 측정됐다.

가장 인기 있는 미용 성형수술

국제미용성형수술협회(ISAPS)의 최신 연례 보고에 따르면 유방 확대수술은 2017년에만 167만 7,320건이 진행돼 가장 인기 있는 미용 성형수술로 기록됐다. 그해 ISAPS에 총 1,076만 6,848건의 수술이 보고됐는데, 이 중 유방 확대수술이 15.6%를 차지했다.

같은 자료가 밝힌, **남자가 가장 많이 하는 미용 성형수술**은 안검수술로 2017년 29만 2,707건이 실행됐다. 2017년 전 세계에서

가장 긴 젖니

2018년 1월 17일 10세 소년 커티스 버디(미국)의 입에서 길이 2.4cm의 젖니가 제거됐다. 의사 스콧 보서트(위 사진 오른쪽)가 미국 오하이오주 콜럼버스의 젠틀 치과에서 발치했다.

발치된 가장 긴 치아는 우르빌 파텔(인도)의 것으로 3.67cm였다. 2017년 2월 3일 의사 제이민 파텔이 발치했다.

APR 17 2014년 미국 캘리포니아주 샌프란시스코에서 필립 조셉 산토로(미국)가 **손 안 쓰고 잼 도넛 빨리 먹기** 기록을 세웠다(11초41). 이 기록은 도전이 끝나기 전엔 입술을 핥으면 안 된다!

APR 18 2012년 '매의 눈' 조 알렉산더(독일)가 이탈리아 로마에 마련된 〈로 쇼 데 레코드〉 무대에서 **1분 동안 손으로 화살 많이 잡기** 기록을 달성했다(15개).

▶ 가장 긴 양손 손톱(여자)

2017년 2월 7일 미국 텍사스주 휴스턴에서 야나 윌리엄스(미국)의 양손 손톱 길이가 합계가 576.4cm로 확인됐다. 그녀는 20년 이상 손톱을 기르면서 관리를 철저히 해왔는데, 설거지는 하지 않으며 잘 때는 베개 위에 손톱을 올리고 잔다.

이루어진 남자 미용 성형수술은 155만 263건이 보고됐는데, 이 중 안검성형수술이 14.4%를 차지했다.

몸에 가장 많은 곤충을 문신한 기록

2018년 11월 30일 조슈아 손턴(미국)이 피부에 개미 그림을 281마리를 새긴 사실이 확인됐다. 이 문신은 미국 네바다주 카슨시티에 있는 스켈레톤 스킨 문신의 아티스트 5명이 동시에 새겼다.

입은 양옆으로 잡아당기면 너비가 17cm로 일반 연필 길이와 비슷하다. 이 기록은 2010년 3월 18일 이탈리아 로마에서 확인됐다.

최다 인원이 동시에 손톱을 장식한 기록

2018년 2월 11일 인도 푸네에서 열린 행사에서 총 1,956명이 손톱을 장식했다. 이 행사는 유방암의 예방과 치료를 알리기 위해 오예 재단, 심란 제스와니, 폴리캡 와이어(모두 인도)가 마련했다.

▶ 역사상 가장 긴 한 손 손톱

쉬리타르 칠랄(인도)이 2014년 11월 17일 인도 마하라슈트라주 푸네에서 측정한 왼손 손톱 길이의 합계가 909.6m를 기록했다. 이는 폭스바겐 비틀 차량 길이의 2배가 넘는 수치다. 팔십 대인 그는 마침내 66년 동안 기른 손톱을 2018년 7월 11일 미국 뉴욕시에서 전동공구로 잘랐다. 그 손톱들은 현재 '리플리의 믿거나 말거나!' 박물관에 영구 전시돼 있다 (아래 삽입 사진).

▶ 가장 넓은 입

'치퀴노' 프란시스코 도밍고 조아 킹(앙골라)의

역사상 가장 긴 양손 손톱

2009년 5월 30일 미국 미시간주 트로이에서 확인한 멜빈 부스(미국, 사진 맨 왼쪽)의 양손 손톱 길이의 합계가 985cm였다. 그는 같은 해 12월 세상을 떠났다.

▶ 여자 기록은 리 레드몬드(미국, 왼쪽 사진 오른쪽)가 가지고 있다. 그녀의 양손 손톱의 총 길이는 2008년 2월 23일 스페인 마드리드에서 열린 〈로 쇼 데 레코드〉 무대에서 865cm로 측정됐다. 리는 2009년 초, 자동차 사고로 손톱을 잃었다.

100%

이 사진은 쉬리타르의 엄지손톱 끝부분이 돌돌 말린 모습으로, 실제 크기다.

APR 19 1897년 존 J 맥더모트(미국)는 첫 보스턴 마라톤대회에서 39km 이상을 달려 2시간 55분 10초의 기록으로 우승을 차지했다. 이 대회는 **현재 가장 오랜 기간 계속해서 열리는 연례 마라톤 대회**다.

APR 20 2006년 조 칼루치(미국)는 미국 미네소타주 미니애폴리스에 있는 몰 오브 아메리카에서 **피자 반죽 높이 던지기** 기록을 달성했다. 그는 567g의 도우를 6.52m 높이의 공중으로 던진 뒤 다시 받아냈다.

71

기록학 RECORDOLOGY

트랜스포머 기념품 최다 수집

루이스 조르지우(영국)가 피겨와 만화를 포함한 특이한 트랜스포머 관련 상품을 2,111개나 수집한 사실이 2017년 5월 11일 영국 맨체스터에서 확인됐다. 루이스는 2011년 아들에게 줄 선물로 다이노봇, 스타스크림, 그림록(다이노봇 리더)을 사다가 자신도 어렸을 때 TV에서 트랜스포머를 봤던 기억이 되살아났고, 그때 시작된 수집이 이제까지 이어졌다고 한다.

루이스는 새로운 상품을 찾는 과정을 즐기면서 피겨마다의 독창성에 놀라기도 한다. "디자인, 삽화, 포장, 적용된 기술에 신기한 변신 방법까지 정말 대단해요." 그는 기네스 세계기록을 유지하되 이제 상품 구입은 그만할 것이며 어쩌면 팔아버릴지도 모르겠다고 덧붙였다. 여기 그가 공들여 모은 수집품들을 보자!

루이스는 1960년대 비닐레코드와 1970~1980년대의 디지털시계, 클래식 레고 테크닉 세트를 수집하는 데도 열정적이다.

목차 CONTENTS

가장 큰 피자 LARGEST PIZZA

우리가 사랑하는 국가적 보물에 무언가를 더해보자. 자, 옆 페이지처럼 세인트폴 대성당에 맛있는 피자 한 판이 올라간 모습은 어떤가! **세상에서 가장 큰 피자가** 갑자기 하늘에서 런던의 랜드마크로 떨어질 일은 없겠지만, 그런 일이 일어난다면 대성당의 돔을 완전히 덮고 도시의 비둘기들은 잔뜩 몰려들어 만찬을 즐길 것이다!

총 면적 1,261.65m²에 평균 지름 40.07m인 초대형 마가리타 피자는 세인트폴 대성당의 돔을 가볍게 덮어버린다. 물론 가운데 솟은 첨탑이 피자에 구멍을 내겠지만….

로마의 초대 황제 옥타비우스 아우구스투스에게 헌정하는 의미로 '옥타비아'라는 이름을 붙인 이 상식을 초월한 글루텐 프리 피자는 2012년 12월 13일 이탈리아 로마의 피에라 로마에서 NIP푸드의 도빌리오 나르디, 안드레아 마노치, 마르코 나르디, 마테오 나르디, 마테오 지아노테(모두 이탈리아)가 만들었다. 피자는 세계에서 가장 사랑받는 '패스트' 푸드 중 하나지만, 이렇게 신기록을 세울 때는 결코 '패스트'할 수 없다. 엄격한 식품 규정에 맞춰 도우를 준비하는 데만 며칠이 걸렸다. 4×6m 크기의 직사각형 피자 베이스들을 반만 구워 냉동 보관해뒀다가 필요한 양이 다 채워졌을 때 식용 풀로 붙여 동그랗고 거대한 피자 형태로 만들었는데 5,200개 이상의 베이스를 모두 굽는 데만도 거의 이틀이 소요됐다. 4,535kg의 토마토소스와 3,990kg의 모차렐라 치즈가 들어간 토핑은 300~600도의 뜨거운 열로 익혔다.

남은 일은 기네스 세계기록의 심판관들이 이 거대한 음식의 크기를 측정하고 20년 동안 깨지지 않던 기록을 경신했다고 선언하는 것뿐이다! 그 후 피자는 조각내서 근처 피자 전문점에서 구운 뒤 현지 음식 나눔터에 보내졌다.

거대한 마가리타 피자를 정말로 런던의 랜드마크에 걸쳐보려면 어떤 문제가 생길까? 무엇보다 피자를 공중에 올리는 것부터가 굉장히 어려운 일이다. 그래서 이 거대한 음식을 들어올릴 헬리콥터나 크레인을 구하는 데 쓸 돈을 아끼기 위해 기네스의 디지털 전문가들이 보통 크기의 피자와 세인트폴 대성당의 사진을 구해 합성했다. 하지만 당신이 정말로 새롭게 이 기록에 도전하고 싶다면 거대한 피자를 실제로 만들어보자(아래 참조).

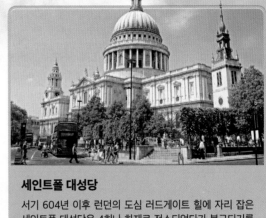

세인트폴 대성당

서기 604년 이후 런던의 도심 러드게이트 힐에 자리 잡은 세인트폴 대성당은 4회나 화재로 전소되었다가 복구되기를 반복했다. 현재 이 성당은 크리스토퍼 렌 경이 1675~1710년 건축한 것으로, 전신은 1666년 런던 대화재 당시 소실됐다. 돔은 높이가 111.3m, 무게는 약 6만 6,040t으로 세계에서 가장 큰 돔 중 하나다. 내부에 있는 '속삭이는 회랑'이 유명한데, 한쪽 벽에서 속삭이는 소리가 약 34m 떨어진 반대편 벽에서도 들린다고 해 붙은 이름이다.

성공을 위한 참고 조리법

옥타비아를 다시 만들려면? 이런 재료들이 필요하다.

- 8,980kg의 밀가루(글루텐 프리 제품이면 더 좋음)
- 1,128ℓ의 효모(이스트)
- 675kg의 마가린
- 250kg의 소금(암염)
- 9,387ℓ의 물
- 173ℓ의 올리브오일
- 4,535kg의 토마토소스
- 3,990kg의 모차렐라 치즈
- 125kg의 파르메산 치즈
- 100kg의 루콜라(아루굴라)
- 25kg의 발사믹 식초

1. 밀가루, 효모(이스트), 마가린과 소금을 섞는다.
2. 물과 올리브오일을 더해 도우를 만든다.
3. 표면에 밀가루를 살짝 뿌리고 치댄 뒤 5,200개 이상의 오븐용 팬에 나눠 넣고 굽는다.
4. 구운 도우들을 식용 풀로 하나로 붙인다.
5. 그 위에 토마토소스, 치즈, 루콜라, 발사믹 식초를 뿌린다.
6. 토핑을 슈퍼파워 히터로 익힌다!

세인트폴은 2세기 넘게
런던에서 가장 높은
건물이었는데, 1939년
배터시 발전소가 완공되며
영광의 자리를 내줬다.

를 506개 모은 사실이 2018년 5월 15일 멕시코 멕시코시티 414캐피털에서 확인됐다.

립 밤

베일리 L 셰퍼드(영국, 11세)가 2017년 5월 7일 2년간 730개의 립 밤을 수집한 사실이 영국 더럼에서 확인됐다.

〈해피 데이즈〉 상품

쥬세페 가넬리(이탈리아)는 2018년 2월 18일 미국의 고전 시트콤 〈해피 데이즈〉 관련 상품을 1,439개 수집한 사실이 이탈리아 로디에서 확인됐다. 그는 1970년대부터 이 시트콤의 팬이었다.

그림 퍼즐

2017년 7월 9일 루이자 피게이레두(브라질)가 48년 동안 1,047종의 퍼즐을 수집한 사실이 브라질 상파울루에서 검증됐다.

크리스마스트리 받침대

스탠리 콜(미국)이 2018년 7월 10일 크리스마스트리 받침대를 1,197개 수집한 사실이 확인됐다. 19세기의 것부터 현재의 것까지 제조연도가 다양한 이 받침대들은 콜의 스토니 힐 나무농장에 전시돼 있다.

〈스쿠비 두〉 상품

다니엘 메거(캐나다)가 2018년 3월 21일 캐나다 앨버타주에서 영화 〈스쿠비 두〉(미국, 2002년 작) 관련 상품 1,806개를 수집한 사실이 확인됐다.

각기 다른 신문 수집

세르지오 F 보디니(이탈리아)가 2018년 6월 2일 이탈리아 로마에서 1,444종의 신문을 수집한 게 증명됐다.

〈머펫〉 쇼 관련 기념품

레트 사프라넥(미국)가 2017년 10월 1일 미국 네브래스카주에서 1,841개의 〈머펫〉 기념품을 수집한 사실이 확인됐다.

뉴스 방송 주제곡

빅토르 플람(네덜란드)은 2002년 1월부터 뉴스 주제곡을 모았다. 2019년 4월 8일 기준 그가 수집한 모든 곡을 들으려면 1,876시간 2분 52초(80일)가 걸린다.

▶ 〈모노폴리〉 보드게임

2018년 9월 5일, 닐 스캘란(영국)이 수집한 전 세계 2,249개의 〈모노폴리〉 세트가 영국 웨스트서식스주 크롤리에서 확인됐다.

새가 그려진 우표

진 페이바오(중국)가 2018년 10월 26일 새를 주제로 한 우표 총 1만 4,558장을 수집한 사실이 중국 윈난성 쿤밍에서 확인됐다.

신데렐라 상품

카와타 마사나오(일본)는 2018년 7월 19일 기준 908개의 신데렐라 상품을 모았다. 일본 도쿄 시부야에서 확인됐다.

기모노

2018년 2월 22일 카지카와 히로노리(일본)는 일본 후쿠시마현에서 기모노 4,147벌을 모은 사실을 인정받았다. 2018년 1월 30일 일본 아이치현에서는 요시노 타카코(일본)가 무려 40년 동안 가장 많은 오비(기모노 허리띠)를 수집한 사실이 확인됐다(4,516개).

장난감 반지(보석)

2018년 10월 20일 미국 펜실베이니아주에서 브루스 로젠(미국)이 장난감 반지 1만 8,350개를 수집한 사실이 검증됐다.

최대 규모 〈퓨처라마〉 상품 수집

애덤 테일러(미국)가 만화 〈퓨처라마〉 관련 공식 상품을 803개나 수집한 사실이 2017년 9월 3일 미국 펜실베이니아주 피츠버그에서 확인됐다. 인형, 옷, 포스터뿐만 아니라 대본, 삽화, 그리고 직원과 광고주, 컨벤션 방문객을 위해 만든 기념품까지 있다. 애덤은 〈심슨 가족〉을 만든 맷 그레이닝의 〈퓨처라마〉가 1999년 처음 방영될 때부터 이 만화의 열렬한 팬이었다.

트롤 최다 수집

셰리 그룹(미국)은 2018년 9월 20일 기준 8,130개의 트롤 장난감을 수집했다. 2012년 처음 이 부문의 기록을 세운 셰리는 그 후 트롤을 5,000개나 더 모았다! 미국 오하이오주 앨리언스의 더 트롤 홀 박물관을 소유한 그녀는 트롤 여왕 시그리드로 가장하고 방문객들에게 이 오래된 상상 속 생명체에 관한 숨겨진 이야기들을 속속들이 전해준다.

가장 많이 모은

축구 유니폼 상의

다니엘 골드파브(미국)가 2018년 4월 2일 402벌을 수집한 게 미국 플로리다주 발하버에서 검증됐다.

스프레드시트

아리엘 피시먼(미국)이 스프레드시트 소프트웨어(계산 및 도표 작성 프로그램) 실물 패키지

티백 포장지 최다 수집

2013년 이후 깨지지 않던 이 기록은 2018년에만 2차례나 그 주인공이 바뀌었다. 먼저 마르타 멘타 친코즈키(헝가리)가 743개의 빳빳한 포장지로 기록을 세웠고(아래 사진), 프레이야 루이즈 크리스티안센(덴마크)이 1,023개의 티백 포장지를 수집해 다시 기록을 경신했다.

주걱 최다 수집

르네 웨즈버리(미국)가 1,636개의 주걱을 수집한 사실이 2017년 5월 6일 미국 워싱턴주 에버렛에서 확인됐다. 그녀는 요리할 때마다 주걱을 쓸 일이 많다는 사실을 깨닫고, 1998년 추수감사절 이후 수집을 시작했다. 르네는 이렇게 말했다. "부엌에 알록달록한 주걱들이 꽃다발처럼 모여 있는 모습이 좋아요. 게다가 시드는 일도 없고, 음식을 만들 때 쓸 수도 있잖아요!"

▶ 〈미녀 삼총사〉 상품 최다 수집

잭 콘던(미국)은 1976년부터 TV 시리즈 〈미녀 삼총사〉와 관련된 상품을 5,569개나 수집했다. 잭은 1976년 3월 21일 파일럿 프로그램도 시청했다.
첫 번째 에피소드가 방영되고 일주일 뒤인 1976년 9월 22일 처음 수집품을 구입했는데, 오리지널 '삼총사(케이트 잭슨, 파라 포셋, 재클린 스미스)'가 표지로 나온 〈TV 가이드〉 매거진이었다.

APR 21 2014년 프레드 푸젠과 빈스 레펫(둘 다 프랑스), 무명의 카메라맨이 UAE 두바이의 부르즈 칼리파에서 건물 최고 높이에서 낙하한 베이스 점프를 기록했다(828m).

APR 22 1937년생 배우 잭 니콜슨(미국)은 1970~2003년 사이에 오스카상 최다 후보자(배우)가 되었다(12회). 주연상 후보에 8회, 조연상 후보에 4회 올라 총 3회 수상했다.

양 관련 상품 최다 수집

알레시아 시티(이탈리아)가 2017년 2월 19일까지 1,822개의 양 관련 상품을 모은 것이 이탈리아 로마 참피노에서 확인됐다. 그녀는 생후 6개월 때 엄마에게 처음으로 양 장난감을 선물로 받았다고 한다. 수집품은 대부분 그녀의 침실에 있는데, 이 방은 '양을 위한 신성한 사원'으로 불린다.

알레시아는 이전 기록 보유자보다 500여 개나 양 관련 상품을 많이 수집해 감탄을 자아냈다.

▶ guinnessworldrecords.com/2020에서 관련 영상들을 찾아보자.

마법 세계 상품 최다 수집

빅토리아 맥클린(영국)이 〈해리 포터〉와 〈신비한 동물사전〉 시리즈 관련 상품을 3,686개나 수집한 사실이 영국 웨스트글러모건주에서 2019년 2월 28일 확인됐다. J K 롤링의 작품에 매혹된 빅토리아는 '보진과 버크의 골동품 가게' 복제품도 만들었다. 가장 소중히 여기는 수집품은 일본에서 출시된 24K 도금 골든 스니치 퍼즐이다.

종이컵 최다 수집

2017년 9월 5일 V 산카라나라야난(인도)이 1회용 종이컵을 736종이나 모은 사실이 인도 타밀나두에서 확인됐다. 보통 주스나 음료, 아이스크림을 담는 용기로 모두 새 제품이었다.

APR 23 1988년 카넬로스 카넬로포울로스(그리스)는 인력 비행기인 '다이달로스 88호'의 페달을 밟아 크레타 이라클리온주에서 그리스 섬 산토리니까지 115.11km 거리를 비행하며 **최장거리 인력 비행** 기록을 세웠다.

APR 24 2004년 채드 펠(미국)은 미국 앨라배마주 윈스턴카운티에서 **풍선껌 풍선 가장 크게 불기** 기록을 세웠다(지름 50.8cm). 그는 더블버블 껌 3개를 씹어 기록을 작성했다.

77

놀라운 먹거리 INCREDIBLE EDIBLES

100%

가장 무거운 블루베리

2018년 7월 19일 페루 리마에서 아그리콜라 산타 아줄 S A C(페루)가 경작한 블루베리 '유레카' 한 알을 전자저울로 측정하니 15g이나 됐다. 앞서 같은 해 호주에서 나온 이전 기록을 2.6g 차이로 경신했다. 북부 하이부시 블루베리 나무에서 수확된 이 놀라운 열매는 지름이 34.5mm였다.

가장 큰

쌀국수

2018년 7월 21일 베트남의 인스턴트 면 제조회사 비폰이 창립 55주년을 맞아 베트남 호치민시에서 1,359kg의 소고기 쌀국수를 만들었다. 31명이 행사를 준비했고, 52명의 요리사가 쌀국수를 조리했다.

▶ 피시 앤 칩스

2018년 2월 9일 리조트 월드버밍엄(영국)이 무게 54.99kg의 거대한 광어 필렛과 감자튀김을 만들었다. 이 기록은 조리 전 감자의 무게가 생선의 2배를 넘지 않아야 인정된다. 거대한 광어는 익히는 데만 90분 이상이 걸렸다.

어묵

2018년 6월 30일 생선 도매상인 폰 에게르순과 요리사 토레 토르게센(둘 다 노르웨이)이 노르웨이 에게르순 광장에서 231kg의 어묵을 만들었다. 대서양연어 평균 무게보다 50배 이상 무거운 이 어묵은 지름이 3.6m로, 팬에서 뒤집을 때 지게차가 동원됐다. 다 익힌 후 현장에서 나눠줬는데, 배고픈 마을주민들이 20분도 안 걸려 해치웠다.

메누도 수프

'국가 메누도 기념의 달'을 축하하기 위해, 후아니타 푸드(미국)가 2018년 1월 28일 전통 멕시코 음식 메누도(소의 위로 만드는 수프)를 1,106.31kg이나 준비했다. 이는 수프 통조림으로 했을 때 3,000개와 맞먹는 무게. 빨간 칠레고추 퓌레 20.4kg, 양념 65.3kg, 다진 양파 24.4kg, 라임 875개가 맛을 더했다.

라두(개인)

2016년 9월 6일 말리카르주나 라오(인도)는 인도 안드라프라데시주 타페스와람에서 아시아코끼리 7마리의 무게와 비슷한 2만 9,465kg의 이 동그란 인도 간식을 만들었다. 캐슈너트, 아몬드, 카르다몬, 기(인도 버터) 등의 재료를 썼고 전통 분디 조리법을 활용했다.

바클라바

2018년 3월 22일 터키 앙카라에서 열린 '앙카라 미식 회담 2018'에서 그랜드피아노보다 무거운 513kg의 이 필로 페이스트리 디저트 바클라바가 공개됐다. 마도 아이스크림 브랜드와 타스파콘 요리협회가 준비했다.

* 필로 페이스트리 - 얇은 반죽을 여러 겹 포개 만든 파이

시나몬 롤

울퍼먼 구메 베이커리(미국)가 2018년 4월 10일 미국 오리건주 메드퍼드에서 성인 남자 8명의 체중과 비슷한 521.5kg 무게의 시나몬 롤을 만들었다. 반죽은 특별 제작한 팬을 프로판 버너로 가열해 익혔다.

▶ 최대 규모 과카몰리 행사

2018년 4월 6일, 멕시코 미초아칸주 탄시타로의 마을은 '제7회 연례 아보카도 축제'를 기념하기 위해 무게 3,788kg의 엄청난 과카몰리를 만들었다. 350명 이상이 모여 이 아보카도를 주재료로 하는 소스를 만들었는데 토마토와 라임, 고수도 첨가됐다.

고구마 파이

혼슈 시코쿠 연락고속도로주식회사(일본)는 2018년 4월 7일 일본 효고현 아와지 휴게소에서 무게 319kg의 미국 전통 디저트를 만들었다. 현지 나루토 킨토키 고구마를 사용했고 지름이 2m 이상이었다.

과일 마자모라

2018년 8월 30일 페루 이키토스의 자원봉사자들이 과일 마자모라(과일, 설탕, 옥수수 전분으로 만든 부드러운 디저트) 751.3kg을 만들어 사람들에게 대접했다. 이 행사는 로욜라 산이그나시오 대학교와 로레토 지방정부(둘 다 페루)가 기획했다.

가장 긴 케이크

장시제빵협회(중국)는 2018년 5월 7일 중국 장시성의 '쯔시 빵 국제관광문화 축제'에서 3.18km 길이의 과일 케이크를 만들었다. 60명의 케이크 제작자와 120명의 보조원들이 하루 가까이 걸려 미국 워싱턴 DC에 있는 내셔널 몰보다 긴 케이크를 만들었다.

최대 규모 스크램블드에그 행사

2018년 10월 27일 모리셔스 바가텔에서 달걀 생산 기업 이니시아(모리셔스)가 2,466kg의 달걀로 스크램블드에그를 만들었다. 버터, 우유, 소금, 후추가 첨가된 이 요리는 완성까지 2시간이 넘게 걸렸다. 250명이 넘는 사람이 동원돼 1만 명 분의 음식을 준비했다.

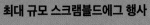

 APR 25 1960년 핵 잠수함 USS 트리톤이 대서양 세인트피터와 세인트폴 암초에 도착하며 60일 21시간 만에 최초의 잠수함 세계 일주를 완료했다.

 APR 26 1717년 노예선 '휘더'호가 침몰하며 해적 사무엘 벨라미(영국)가 사망했다. 가장 약탈을 많이 한 해적으로 일명 '블랙 샘' 벨라미는 요즘 돈으로 1억 3,000만 달러가 넘는 부를 축적했다.

판매하는 가장 큰 피자

지금 출출한가? 그럼 '더 버스' 피자를 만나보자. 2018년 5월 26일 크기가 가로 2.438m, 세로 0.812m, 총넓이는 1.98m²로 기록된 피자다. 미국 텍사스주 벌레슨에 있는 문타워 피자 바(미국)에서 판매하는 '더 버스'는 가격이 299.95달러(세금 별도)이며, 최소 이틀 전에 주문해야 한다.

'더 버스' 피자는 회전식 오븐에서 겨우 30분이면 다 구워져 나온다. 특별 제작한 거대한 상자에 넣어 배달된다.

guinnessworldrecords.com/2020
여기서 음식 영상으로 눈요기하자

RECORDOLOGY

가장 큰 크림 비스킷

비스킷 제조사 몬델리즈 바레인은 2018년 4월 16일 바레인 마나마에서 무게 73.4kg의 오레오 쿠키를 만들었다. 이전 기록을 3배 이상 경신한 이 거대한 쿠키는, 시중에 판매되는 오레오보다 6,495배나 크다.

2018년 가장 큰 과일과 채소

박	제레미 테리(미국)	174.41kg
셀러리	게리 힉스(영국)	42kg
캔털루프멜론	대니 베스터(미국)	29.89kg
적채	팀 세인트(영국)	23.7kg
리크(사진 참조)	폴 로체스터(영국)	10.7kg
피망	이안 닐(영국)	720g
가지	이안 닐(영국)	3.06kg
아보카도	펠리시다드 파살로(미국)	2.49kg
복숭아	A&L 피어슨(미국)	816.46g
천도복숭아	엘레니 에바겔로 플루타르코 (키프로스)	500g
칠리 페퍼	데일 토텐(영국)	420g

양이 가장 많은 핫초콜릿/코코아 1컵

2018년 1월 6일 우루아판 시청(멕시코)은 멕시코 미초아칸주 우루아 판에서 거대한 컵에 핫초콜릿 4,816.6ℓ를 채워넣었다. 동방박사의 날을 기념해 마련된 이 달콤한 음료에는 현지에서 만든 많이 달지 않은 초콜릿 600kg이 들어갔다.

 APR 27 2013년 힘이 장사인 케빈 패스트 목사(캐나다)가 캐나다 온타리오주 코버 그에서 **어깨에 사람 많이 올리기** 기록을 달성했다(11명). 1명당 체중은 60kg 이상이었다.

 APR 28 2001년 사업가 데니스 티토(미국)가 러시아의 소유즈 우주선을 타고 국제 우주정거장(ISS)에 도착했다. **최초의 우주여행자**인 그는 같은 해 5월 6일 까지 ISS에 머물렀다.

재미있는 음식 기록 FUN WITH FOOD

등 5가지 도전에 성공했다. 그의 어머니는 "케빈은 평소에 커피를 마시지도 않아요!"라며 놀라워했다.

1분 동안 초콜릿 스프레드 많이 먹기

안드레 오르톨프(독일)는 음식 관련 기록에만 도전하고 있는데 2017년 11월 30일 독일 아우크스부르크에서 초콜릿 스프레드 359g을 먹어치웠다.

가장 높은 컵케이크

2019년 1월 19일 프리티키친어플라이언스와 푸드컨설레이트첸나이(둘 다 인도)가 인도 남동부 타밀나두주 첸나이에서 컵케이크를 12.69m 높이로 쌓았다.

가장 많은 사람이 모여 만든 김치

메르세데스 벤츠 코리아와 서울특별시청이 2018년 11월 4일 대한민국 수도 서울에서 3,452명을 초대해 채소를 이용한 한국의 전통 발효식품을 만들었다.

최장시간 요리 마라톤

이 기록은 2018년에 2회 경신됐다. 9월 18~20일 '국가 볶음밥의 날'을 기념해 베니하나 식당 체인점의 요리사 안드레이 세크(우즈베키스탄)와 레이문도 멘데즈(멕시코)가 미국 뉴욕시에서 각각 42시간 동안 연속으로 요리를 했다.

하지만 이 기록은 리키 럼킨 2세(미국)가 미국 캘리포니아주 로스앤젤레스에서 열린

▶ 가장 먼 거리에서 던진 핫도그 소시지 빵으로 받기

2018년 10월 24일 영국 런던에서 전잭슨빌 재규어스의 쿼터백 마크 브루넬(미국, 위 사진 가운데)이 20.96m 거리에서 던진 핫도그 소시지를 라이언 무어(영국, 위 사진 오른쪽)가 빵으로 받았다. 핫도그는 행사 기획사 데니 파이어&스모크(아일랜드)가 제공했다.

1분 동안 칵테일용 꼬치로 젤리곰 많이 먹기

케빈 'LA 비스트' 스트랄레(미국)는 2017년 5월 24일 뉴저지주 리지우드에서 칵테일용 꼬치를 이용해 1분 동안 젤리곰 31개를 먹었다. 그가 기획한 '비스트의 뷔페' 행사 중 하나로, 케빈은 앉은자리에서 6가지 기네스 세계기록에 연속으로 도전했다. 그중 ▶ 1분 동안 손 쓰지 않고 마시멜로 많이 먹기(19개), ▶ 커피 1컵 빨리 마시기(4초78)

▶ 콘 1개에 가장 많이 담은 아이스크림 스쿠프

디미트리 판치에라(이탈리아)는 2018년 11월 17일 이탈리아 로마에 마련된 〈신기록의 날〉 무대에서 1개의 콘 위에 아이스크림을 스쿠프로 125회 떠서 올린 뒤 10초를 버텼다. 놀랍게도 디미트리는 이 기록만 5회나 경신했는데, 아시리타 퍼먼(오른쪽 참조)과 6년째 경쟁을 벌이고 있다.

월드비전 모금행사에서 68시간 30분 1초 동안 프라이드치킨을 만들며 경신됐다.

하바네로고추 먹고 오래 키스하기

2016년 6월 11일 멕시코 할리스코주 푸에르토 바야르타에서 칼리 와델과 에반 배스(둘 다 미국)가 ABC 방송의 〈베첼러 인 파라다이스〉 프로그램에서 매운 하바네로고추를 먹고 1분 41초 동안 열렬히 키스했다.

가장 긴 핫도그

2018년 8월 12일 멕시코 할리스코주 사포판에 핫도그 1만 개가 1.46km 길이로 진열됐다. 이 거대 음식은 4개의 브랜드가 각각의 재료를 책임지고 제작했다. 참여 브랜드는 엠바사(케첩), 그루포 빔보(빵), 맥코믹(머스터드와 마요네즈), FUC(소시지)다.

가장 긴 팬케이크는 2018년 2월 28일 호

'네이선스 핫도그 많이 먹기 대회' 최다 우승

네이선스 핫도그 많이 먹기 대회는 매년 7월 4일 미국 뉴욕시 브루클린에서 개최된다. 2018년 조이 체스트넛(미국, 위 사진 오른쪽)은 10분 동안 74개(빵 포함)를 먹어치워 남자부 벨트를 11회째 획득하며 네이선스 핫도그 많이 먹기 대회 최다 우승을 기록했다. 네이선스 핫도그 많이 먹기 대회 최다 우승(여자)은 5회로, 미키 수도(미국, 위 사진 왼쪽)가 2014~2018년 연속으로 기록했다.

주 시드니 대학교에서 누텔라 오스트레일리아가 110.85m 길이로 만들었다.

1시간 동안 쿠키 가장 많이 장식하기

2018년 12월 13일 미국 뉴욕시에서 〈굿모닝 아메리카〉의 자원봉사팀과 앵커, 게스트들이 쿠키 1,696개를 장식했다. 소 야미(모두 미국)와 합동으로 무대를 마련했다.

최단시간에 수프 캔 안의 알파벳들 순서대로 배열하기

2018년 2월 13일 듀드 퍼펙트 팀의 코디 존스(미국)는 미국 텍사스주 프리스코에서 3분 21초 만에 수프 안에 든 알파벳 모양 파스타를 꺼내 A부터 Z까지 정리했다.

1분 동안 스키틀즈® 던져서 입으로 많이 받기

2018년 2월 5일 캄보디아 씨엠립에서 아시리타 퍼먼(위 사진 오른쪽)은 비핀 라킨(위 사진 왼쪽, 둘 다 미국)이 4.5m 이상 거리에서 던진 과일향 사탕을 1분 동안 70개나 입으로 받아냈다.

기네스 세계기록을 향한 아시리타의 탐욕은 줄어들 줄 모른다. 그는 2018년 5월 12일 미국 뉴욕시 자메이카에 있는 자신의 집에서 200ml 머스터드 빨리 마시기 기록을 작성했다(13초85).

APR 29 1989년 '점핀' 제프 클레이(미국)는 1시간 동안 자동차 허들 가장 많이 넘기 기록을 세웠다. 그는 미국 조지아주 포트 오그레토프에서 1시간 동안 차량 101대의 지붕을 뛰어넘는 데 성공했다.

APR 30 2013년 '더 미드나잇 스윙어' 데이비드 스콧(미국)은 미국 아이오와주 더뷰크에 있는 다이아몬드 조 카지노에서 최장시간 1인 스탠드업 코미디 쇼를 완료했다(40시간 8분).

▶ 파스타 1접시 빨리 먹기

수학 교사인 미첼 레스코(미국)는 '카드보드 셸'이라는 이름으로 빨리 먹기 대회 선수 생활도 겸하고 있다. 그녀는 2017년 9월 18일 '대의를 위한 탄수화물' 음식 기부 행사에서 파스타 1접시를 26초69 만에 먹어치워 이전 기록을 14초나 경신했다. 2018년 12월 13일에는 미국 네바다주 라스베이거스에서 눈 깜짝할 사이에 2가지 기록을 세웠는데, **손을 사용하지 않고 핫도그 1개 빨리 먹기**(21초60)와 **3분 동안 마요네즈 많이 먹기**(2.448kg) 기록이다.

3분 동안 발을 사용해 포도 많이 먹기

아르핏 랄(인도)은 2018년 2월 25일 인도 차티스가르주 CNI 교회에서 3분 동안 발을 사용해 포도 53알을 먹었다. 제한시간 내에 완전히 삼킨 포도알만 최종 기록 개수로 인정됐다. 2018년 9월 4일 아르핏은 **30초 동안 날달걀 깨서 많이 먹기** 기록도 세웠는데 총 9개의 날달걀을 마셨으며, 각각의 달걀은 길이가 최소 6cm 이상이었다. 이번에는 손으로 먹었다!

30초 동안 머리로 수박 많이 깨기

무함마드 라시드(파키스탄)는 2018년 5월 6일 파키스탄 신드주에서 30초 동안 수박 29개를 박치기로 박살냈다. 기네스 세계기록의 규정에 따라 껍질이 완전히 딱딱하고 최소 4kg 이상인 수박만 사용했다. 파키스탄 무술학교 창립자이자 교장 무함마드는 이전 기록을 4개 차이로 경신했다.

MAY 1 1996년 우주탐사선 율리시스가 측정된 가장 긴 혜성의 꼬리의 일부를 이루고 있는 하전 입자기류를 통과해 지나갔다. 이는 햐쿠타케 혜성이 남긴 것으로 길이가 5억 7,000만km에 이른다.

MAY 2 2015년 덴마크 코펜하겐에서 열린 토른뷔 게임에서 마즈켄 시슬라우(덴마크)가 **하이힐 신고 100m 빨리 달리기**(여자) 기록을 달성했다(13초557). 그녀는 굽 높이가 9.5cm인 힐을 신고 달렸다.

최다 참가 MASS PARTICIPATION

동시에 샤워한 최다 인원

비누 및 보디워시 브랜드 아이리시 스프링(미국)이 2018년 6월 15일 미국 델라웨어주 도버에서 열린 파이어플라이 뮤직 페스티벌에 수도관과 샤워기를 여러 대 설치했다. 이 공동 샤워기에 396명의 먼지투성이 페스티벌 참가자들이 모여들어 샤워를 했다.

축구공을 다룬 최다 인원

2018년 6월 14일 폴란드 크라쿠프 중앙 광장에서 1,444명이 모여 10초간 축구공을 튀겼다. 이 행사는 미디어 기업인 그루파 RMF(폴란드)가 기획했다. 이 기업은 2017년 8월 24일 1,804명을 모아 배구공을 다룬 최다 인원 기록도 세웠다.

최대 규모 기부 걷기/달리기 행사

2018년 5월 6일 필리핀 종교단체 이글레시아 니 그리스도가 기획한 기부 달리기 행사에 28만 3,171명이라는 대규모 인원이 모였다. 세계 여러 곳에서 동시에 진행된 이 행사의 총참가자 수는 77만 3,136명으로 여러 장소에서 진행된 최대 규모 기부 걷기/달리기 기록도 세웠다.

플로스 댄스(치실 춤)를 춘 최다 인원

2018년 12월 4일 스웨덴 스톡홀름에서 어린 학생 793명이 2도의 추운 날씨에도 용감하게 춤을 췄다. 치실 춤은 스웨덴텔레비전의 어린이 TV 쇼 〈릴라 악트엘트와 릴라 스포츠피예른〉에 방영됐다.

같은 치실을 함께 사용한 최다 인원은 2013년 7월 12일 기록된 1,527명이다. 3,230m 길이의 치실이 사용됐으며 미국 오하이오 주 에이본에서 레이크 이리 크러셔스(미국)가 달성했다.

최대 규모

해커톤

2018년 8월 2일 '사이버 안보, 프로그래밍, 드론을 위한 사우디 재단'이 개최한 '하지 해커톤 2018'에 2,950명이 참가했다. 사우디아라비아 제다에서 열린 이 대회는 인터넷 접속 없이 순례자들에게 거리 표지판을 번역해주는 앱을 제작한 여성 팀이 우승했다.

체스 수업

스위스 무텐즈 자치도시의 체스 클럽 2곳과 학교 2곳이 2018년 9월 20일 최대 규모 체스 수업을 열었다. 총 1,459명의 지역 어린이가 이 오래된 보드게임의 규칙과 기초 전략을 배웠다.

요가 수업

파탄잘리 요가학원, 라자스탄 정부, 코타 지방행정(모두 인도)이 2018년 6월 21일 세계 요가의 날을 기념해 인도 라자스탄주 코타에 10만 984명을 모아 대규모 요가 수업을 진행했다. 이는 2017년 세계 요가의 날에 인도 마이소르에서 세워진 이전 기록을 2배 가까이 경신한 것이다.

럭비 스크럼

2018년 9월 23일 일본 도요타시에서 2,586명이 서로 팔을 걸어 200m 길이의 스크럼을 형성했다. 도요타 청년사업가그룹(일본)이 기획한 이 거대 진영은 2019 럭비 월드컵이 열리는 장소 중 한 곳인 도요타 스타디움에 만들어졌다.

디스코 댄스

2018년 11월 26일 324명의 '슈퍼 트루퍼' 댄싱 퀸이 〈맘마미아 2〉(영국/미국, 2018)의 DVD 발매를 기념해 영국 런던에 모였다. 〈스트릭틀리 컴 댄싱〉에 출연했던 올라와 제임스 조던이 진행한 이 행사는 유니버설 픽처스 홈 엔터테인먼트(영국)가 기획했다.

얼음땡 놀이

육아 기업 IBO 더플(벨기에)이 2018년 9월 14일 벨기에 앤트워프에서 기획한 대규모 얼음땡 놀이에 1,393명의 아이와 어른이 참가했다. 알렉산더 데윗(6세)이 승리했다.

초콜릿 시식 행사

2018년 8월 10일 산이그나시오 로욜라 대학과 우카얄리 지방정부가 페루 푸카이파에 마련한 초콜릿 시식 행사에 797명이 참가해 3가지 종류의 다크초콜릿을 시식했다. 이 지역은 세계 최고의 카카오 생산지 중 한 곳이다.

최다 인원 알몸 수영

데어드레 페더스톤(아일랜드)의 설득으로 2018년 6월 9일 아일랜드 위클로 인근 바다에서 2,505명의 여자들이 알몸 수영을 했다. 소아암 자선단체 에비안 핑크타이를 위한 모금 행사로, 햇볕이 쏟아져 내리긴 했지만 기온이 약 20도여서 수영하기에는 춥다고 느낀 사람도 있었다!

최대 규모 푸드트럭 랠리

말레이시아 페낭 바투카완 지역은 2018 페낭 세계 음식 페스티벌에 모인 158대의 푸드트럭에서 풍기는 나시 다강(코코넛 밥과 생선 커리), 쿠쿠스 베렘파(매운 치킨과 밥) 등 음식 냄새로 가득했다.

이 '푸드트럭 공습' 행사는 16일 동안 펼쳐진 페스티벌의 마지막에서 2번째 날인 4월 28일에 열렸다.

최다 인원 크림 티파티

패션 및 가정용품 기업 캐스키드슨(영국)이 2018년 7월 1일 영국 런던 알렉산드라 궁전에 978명을 초대해 차와 스콘을 대접했다. 브랜드 탄생 25주년을 기념해 열린 이 영국적인 행사는 〈더 그레이트 브리티시 베이크 오프〉의 전 심사위원 메리 베리가 진행을 맡았다.

MAY 3 1992년 질롱은 호주 골드코스트의 카라라 스타디움에서 열린 브리즈번과의 경기에서 239점을 넣어(37 대 17) 호주 풋볼 리그 경기 단일 팀 최다 득점에 성공했다.

이 행사에는 마블 코믹스의 편집자 C B 시벌스키와 여배우 캐롤리나 라바사(오버워치 솜브라 목소리 역)가 참가했다.

스파이더맨 복장으로 모인 최다 인원

마블 엔터테인먼트(미국)와 소니 인터랙티브 엔터테인먼트 유럽(영국)이 2018년 9월 16일 스웨덴 스톡홀름에 피터 파커의 열성 팬 547명을 모았다. 스톡홀름에서 열린 코믹콘 행사의 하나로 진행됐는데 2018년 스파이더맨 비디오게임의 출시를 기념하기 위해 열렸다.

최다 인원으로 만든 휠체어 안내 표지

인도 첸나이의 교육기관인 세인트브리토 학교에서 2018년 2월 27일 최다 인원이 모여 휠체어 안내 표지를 만들었다. 흰 티셔츠와 모자를 쓴 816명이 안내선 안에 들어가 그림을 메웠다.

CARE FOR THE DISABLED

최대 규모 운동용 볼 수업

그레이터토론토 YMCA(캐나다)는 2018년 1월 11일 '좋은 땀' 캠페인의 하나로 대규모 운동용 볼 수업을 열었다. 454명이 참가한 이 행사는 유명 강사 에바 레드패스, YMCA 피트니스 매니저 셰리 페레스, 캐나다의 올림픽 수영 금메달리스트 마크 트윅스버리가 진행했다.

 MAY 4 1536년 이탈리아의 상인 프란체스코 라피는 측량 기준의 하나인 안포라(고대 항아리)의 축약형으로 '@'를 사용했다. 스페인의 식민지 페루에서 온 보물을 기록하는 데 썼는데 **최초의 @(at) 사용**이다.

 MAY 5 2018년 프라바카르 레디 P와 수지트 쿠마르 E(둘 다 인도)는 인도 안드라 프라데시에서 **1분간 한 사람에게 최다 무술 후리기**에 성공했다(42회).

83

힘 & 체력 STRENGTH & STAMINA

스모 데드리프트로 1시간 동안 가장 많은 무게를 들어올린 기록(남자)
월터 어번(미국)은 2018년 5월 22일 1시간 동안 스모 데드리프트를 1만 2,000회 해서 M1 에이브람스 탱크보다 무거운 무게(총 5만 9,343kg)를 들어올렸다. 미국 뉴욕시 〈더 투데이 쇼〉 라이브 무대에서 기록을 달성했는데 스모 데드리프트는 양다리를 어깨보다 넓게 벌리고 하는 데드리프트다.

100ft 이상 끈 가장 무거운 차량(여자)
육상선수 출신 보디빌더 나디아 스타일스(호주)는 2018년 3월 31일 호주 퀸즐랜드 골드코스트에서 1만 1,355kg의 견인차와 자동차를 끌고 100ft(30.48m)를 갔다. 이 도전은 화이트리본 캠페인과 버나도즈 오스트레일리아를 위한 모금행사로 진행됐다. 100ft 이상 끌고 간 가장 무거운 차량(남자) 기록은 9만 9,060kg으로 캐나다 온타리오 코버그에서 2017년 7월 5일 케빈 패스트(캐나다)가 달성했다.

치아로 끌고 간 가장 무거운 배
우크라이나 소아과 의사 '물고 당기기 명수' 올레크 스카비쉬는 2018년 10월 30일 우크라이나 초르노모르스크에서 614t 무게의 선박 베레쉬카기노호에 케이블을 연결하고 치아로 물어 15m 이상을 끌었다.

최고 중량 매고 삼두근 운동
트렌턴 윌리엄스(미국)는 2018년 9월 29일 미국 조지아주에서 총 106.59kg의 벨트를 매고 삼두근 운동을 했다. 트렌턴은 운동으로 외상후스트레스장애를 치료하고 있다.

최단시간에 몸에 올린 콘크리트 벽돌 16개 부수기(남자)
2017년 3월 18일 터키 물라에서 알리 바흐세테페의 복부 위에 올린 콘크리트 벽돌 16개를 그의 조수 니자메틴 아이케무르(둘 다 터키)가 대형 해머로 4초75 만에 모두 부쉈다. 바흐세테페는 자신이 세운 이전 기록 6초33을 산산이 조각내버렸다.

최단시간 45kg 가방 10km 나르기(남자)
미카엘 서머스(미국)는 2018년 7월 7일 미국 인디애나주의 밀란 고등학교 운동장에서 45kg 가방을 메고 10km를 1시간 25분 16초 만에 주파했다.

친 스탠드 자세 오래 유지하기
2018년 7월 22일 타냐 T 시쇼바(불가리아)는 불가리아 소피아에서 턱과 어깨, 가슴을 땅에 대고 나머지 신체를 뒤로 젖히는 자세(메뚜기 자세)를 21분 26초 동안 했다.

저울 자세 오래 유지하기(요가)
2018년 5월 15일 B 프라카시 쿠마르(인도)는 인도 타밀나두주에서 저울 자세를 5분 28초 동안 했다. 저울 자세란 양다리는 가부좌를 하고 그 다리가 바닥에 닿지 않게 양손으로 지지해 몸을 들어올리는 것이다.

▶ 1분 동안 물구나무한 채 팔굽혀펴기 많이 하기(남자)
2018년 5월 3일 시아르헤이 쿠다이에우(벨라루스)는 벨라루스 민스크에서 1분 동안 물구나무한 채 팔굽혀펴기를 51회나 했다. 여자 최고 기록은 12회로, 2017년 2월 1일 미국 뉴욕시의 리복 행사에서 레이첼 마르티네스(미국)가 세웠다.

24시간 동안 가슴을 땅에 대며 팔굽혀펴기 포함 버피 많이 하기(여자)
2018년 2월 23일 UAE 아부다비에서 에바 클라크(호주)가 이 버피를 5,555회나 성공시켰다. 여기에는 1분 최다(31회), 12시간 최다(4,785회) 기록이 포함돼 있다.

▶ 1분 동안 아틀라스 스톤 많이 들기(여자)
크로스핏 선수 미셸 키니(미국)가 2017년 2월 1일 미국 캘리포니아주 베니스에서 1분 동안 들어올린 아틀라스 스톤은 무게로 하면 총 539.77kg이었다. 그녀는 3분 최고(여자) 기록(1,397.06kg)과 1분 동안 턱걸이 버피 많이 하기(여자) 기록(19회)도 가지고 있다.

▶ 1분 동안 얼음 블록 많이 부수기
J D 앤더슨(미국)은 2018년 11월 20일 이탈리아 로마에서 열린 〈신기록의 날〉 행사에서 얼음 블록 88개를 부쉈다. 이 블록들은 영하 2도 이하의 공업용 냉동고에서 두께 10cm 이상으로 제작됐다. '아이스맨'으로 알려진 J D는 몸으로 부딪혀 얼음 블록 한 번에 많이 깨기 기록도 가지고 있었으나, 그 기록은 우르 오즈투르크(터키)가 경신했다(17개).

1분 동안 사람으로 오버헤드 프레스 많이 하기
'아이언 비비' 셰이크 아흐메드 알 하산 사누(부르키나파소)는 2019년 4월 23일 영국 런던에서 기네스 세계기록의 마케팅 매니저 에밀리 녹스(60kg)를 자신의 머리 위로 82회나 들어올렸다. 스트롱맨 선수인 비비는 2019년 통나무 들기 세계챔피언십에서 220kg을 들어올리며 우승을 거뒀다.

▶ 휠체어 팀이 100m 이상 끌고 간 가장 무거운 비행기
2018년 11월 23일 영국 런던의 히드로 공항에서 휠체어 사용자 98명이 무게 127.6t의 787-9 보잉 드림라이너를 끌고 106m를 이동했다. 히드로 공항과 영국항공, 에어로빌리티(모두 영국)가 함께 마련한 이 '휠스4윙스' 행사는 장애인들의 항공 분야 참여를 돕기 위한 모금행사로 진행됐다.

MAY 6 — 1948년 미국 유타주 솔트레이크시티의 호글 동물원에서 라이거 섀스타가 태어났다. 수사자와 암호랑이 사이에서 태어난 암컷 라이거로, 24년 74일 동안 살아 최장수 라이거로 기록됐다.

MAY 7 — 2011년 조 카스트로가 감독을 맡고 스티븐 J 에스코바르(둘 다 미국)가 제작한 영화 〈더 썸머 오브 매서커〉(미국)가 할리우드에서 처음으로 상영됐다. 시체가 가장 많이 나오는 슬래셔 영화다(155구).

이 파괴력 있는 커플은 2017년에는 기네스 세계기록 본사에 방문했는데, 태권도 시범을 보이던 중 사고로 회사의 TV를 파괴했다!

최단시간 기와 1,000장 격파하기

격파에 일가견이 있는 태권도 사범 크리스와 리사 피트먼(영국)이 2018년 그들의 기록 격파를 기념해 진행된 기네스 세계기록 특별 사진 촬영에서 포즈를 취하고 있다. 리사는 기와 1,000장 빨리 격파하기 **여자** 기록 (1분 23초98)을, 크리스는 **남자** 기록을 보유하고 있다(51초08). 2018년 4월 9일 둘은 ▶1분 동안 한 손으로 송판 많이 격파 하기 기록을 세웠다. 리사는 230장(여자), 크리스는 315장(남자)이다.

새끼손가락 턱걸이 연속으로 많이 하기

타지오 가비올리(이탈리아)는 2018년 10월 7일 이탈리아 모데나 카베조에서 새끼손가락으로 철봉에 매달려 턱걸이를 36회 연속으로 했다. 자신이 2017년도에 세운 23회 기록을 경신한 것이다. 자신을 '이탈리아 나비'로 칭하는 자유등반가(장비에 의존하지 않고 사람의 능력만으로 산을 오르는 것)이자 공연가인 타지오는 2018년 4월 14일 데드행 자세로 오래 버티기 기록도 달성했다(위 삽입 사진, 13분 52초).

탱크 10m 빨리 끌기 우승

에디 윌리엄스(호주)는 2018년 3월 17일 호주 빅토리아주에서 열린 아놀드 스트롱맨 호주 챔피언십의 '월드 오브 탱크 PC, 탱크 끌기 종목에서 무게 8t의 FV102 스트라이커 전차를 36초65 만에 10m 거리를 끌었다. 아놀드 슈왈제네거는 에디가 11명의 경쟁자들(남자)을 제치는 모습을 지켜봤다. 전업 음악가였던 에디는 현재 장애가 있는 아이들과 함께 일하고 있다.

 MAY 8 1995년 일본 나가노현 우에다시에서 타가루-오노-94라는 이름의 수탉이 울음소리 가장 길게 내기 기록을 세웠다. 이 폐활량 좋은 닭의 울음소리는 23초6 동안 이어졌다.

 MAY 9 2013년 짐바브웨의 국회가 새로운 법안을 통과시켰다. 이 법안으로 난다우, 수화, 호사를 포함해 16개 언어를 공용어로 인정하며 **공용어가 가장 많은 국가**가 됐다.

85

신기한 업적 CURIOUS ACCOMPLISHMENTS

공기주입식 팔 튜브 10개 빨리 착용
이자벨 에지(영국)는 2018년 7월 25일 영국 랭커셔 블랙풀 플레저 비치에서 미리 부풀려놓은 팔 튜브 10개를 7초35 만에 착용했다.

▶ 강화유리 벽을 가장 많이 연속으로 뚫고 지나간 기록
다닐로 델 프레테(이탈리아)는 2018년 11월 13일 이탈리아 로마의 〈신기록의 밤〉 무대에서 강화유리 벽 24개를 뚫고 지나갔다.

맨발로 레고 블록 위 가장 멀리 걷기
브이로거 '브레이니브릭스' 러셀 카세바(미국)는 2018년 4월 21일 미국 펜실베이니아주 필라델피아에서 열린 '브릭페스트 라이브'l 행사에서 맨발로 레고 블록 위를 834.41m나 걸어갔다.

입으로 가장 빨리 종이배 접기
가오 광리(중국)는 2017년 12월 2일 중국 산둥성 지닝에서 3분 34초 만에 입으로 종이배를 접었다.

짐볼 타고 가장 멀리 이동하기
스포츠 묘기를 선보이는 유튜브 채널 듀드 퍼펙트의 '듀드(너희)' 중 1명인 타일러 토니(미국)는 2018년 10월 16일 미국 텍사스주 프리스코에서 짐볼들 위를 굴러 88.39m를 이동했다.

쇼핑카트를 타고 한 번 밀어서 가장 멀리 가기
2017년 7월 6일 라디오 진행자 리치 퍼스(영국)는 영국 크로이던에서 쇼핑카트를 타고 딱 한 번 밀어서 간 거리가 10.56m를 기록했다. 리치가 라디오에서 자신의 쇼핑카트 미는 실력이 세계적이라고 말해 이 도전이 기획됐다.

칼 삼킨 채 팔굽혀펴기 많이 하기
프란츠 후버(독일)는 2017년 9월 9일 독일 에겐펠덴에서 열린 타투&피어싱 엑스포에서 식도에 칼을 삼킨 채 팔굽혀펴기를 20회나 했다.

30초 동안 머리 위에 올린 파인애플 많이 자르기
2018년 11월 20일 레디 P 프라바카르(인도)는 사무라이 검으로 파인애플 20개를 잘랐다. 그의 용감한 조수들은 머리에 파인애플을 올린 채 꼼짝도 하지 않고 서 있었다. 이 기록은 인도 넬로르에서 작성됐다.

한 사람 몸 위를 지나간 가장 많은 오토바이
2016년 8월 28일 인도 뭄바이에서 무게 257kg(운전사 무게 제외) 오토바이 121대가 판디트 다야구드(인도)의 몸 위를 지나갔다. 그는 2개의 트랙 사이 움푹 들어간 곳에 누워 있었으며, 오토바이 바퀴가 배 위를 굴러갔다.

1분 동안 물로 채운 봉지에 연필 많이 관통시키기
2018년 2월 21일 말라카이 바턴(미국)은 미국 캘리포니아주 로스앤젤레스에서 1분 동안 물이 가득 찬 비닐봉지에 연필 15개를 통과시켰다. 이 기록을 인정받으려면 연필이 비닐봉지의 양면을 관통해야 하며, 물이 새지 않아야 한다.

1분 동안 스키부츠와 스키 신고 줄넘기 많이 하기
2016년 11월 27일 세바스찬 디그(독일)는 독일 가르미슈파르텐키르헨에 마련된 무대에서 스키부츠와 스키를 신고 1분 동안 줄넘기를 61회 성공했다.

3분 동안 찍은 가장 많은 셀피
제임스 스미스(미국)는 2018년 1월 22일 카니발 드림 유람선에서 3분 만에 자기 사진을 168장이나 찍었다. 유람선을 좋아하는 제임스는 최근 대양에서 휴가를 보내며 갑판 위에서 이 도전을 기획했다.

한 손가락으로 문장 빨리 타이핑하기
쿠샬 다스굽타(인도)는 2018년 10월 10일 인도 푸타파르티에서 '기네스 세계기록이 내게 이 문장을 한 손가락으로 최대한 빨리 치는 도전을 내줬다(Guinness World Records has challenged me to type this sentence with one finger in the fastest time.)'를 21초99 만에 키보드로 두드렸다.

▶ 비스킷 가장 오래 담그고 있기
'미스터 체리' 요시타케 체리(일본)는 2018년 11월 15일 이탈리아 로마의 〈신기록의 밤〉 무대에서 뜨거운 음료에 비스킷 1개를 온전한 형태로 5분 17초1 동안 담그고 있었다.

가장 많은 혈액 자국을 딛고 타이핑한 기록
이탈리아 칼프랑코스미나(이탈리아)는 2018년 3월 24일 기록 77글자의 책, 3권, 1,339페이지, 2만 1,096단어, 6만 2,761글자, 41만 7,858글자, 2,322만 38글자를 자판을 타이핑했다.

1시간 동안 네잎클로버 많이 찾기(개인)
이 행운의 상징은 생각만큼 희귀하지 않았다! 케이티 보르카(미국)는 2018년 6월 23일 미국 버지니아주 스포칠베이니아에서 1시간 동안 네잎클로버를 166개나 찾았다. 잎이 5개, 6개, 심지어 9개인 클로버도 발견했으나 기록에 포함되지는 않았다.

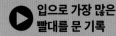

▶ 입으로 가장 많은 빨대를 문 기록
나타라즈 카라테(인도)는 2018년 8월 25일 인도 타밀나두주 살렘에서 입에 692개의 빨대를 밀어 넣었다. 같은 날 나타라즈는 손을 쓰지 않고 입으로 가장 많은 빨대를 문 기록도 세웠다(650개).

가장 높은 종이컵 타워
2017년 6월 28일 하이얼 세탁기 회사(중국)의 직원들이 중국 산둥성 칭다오에서 10.08m 높이의 종이컵 탑을 제작했다. 성인 5명의 키를 합친 것보다 높은, 이 우뚝 솟은 탑은 만드는 데만도 4시간 15분이 걸렸으며 리더 원통형 세탁기 4대가 받침대로 사용됐다.

MAY 10 1902년 가장 오래된 마술 협회인 미국마술사협회가 미국 뉴욕시의 마르틴카 마술 가게에서 연기와 함께 나타났다. 후에 해리 후디니(미국의 유명한 마술사)가 협회장을 맡기도 했다.

MAY 11 2012년 리 퍼넬, 폴 아처, 조너 엘리슨(모두 영국)은 최장거리 택시 여행을 마치고 영국 런던으로 돌아왔다(6만 9,716km). 미터기에 표시된 택시 요금은 12만 7,530달러였다!

▶ 수염에 이쑤시개 많이 꽂기

조엘 스트래서(미국)는 2018년 7월 7일 미국 워싱턴주 레이시에서 턱수염에 이쑤시개를 3,500개나 꽂았다. 이 신기록 작성에 걸린 시간은 총 3시간 13분이다. 그 후 조엘은 **수염에 가장 많은 빨대 꽂기** 기술을 연마했고 기네스 세계기록 본사를 방문한 2019년 3월 18일 수염에 312개의 빨대를 꽂아(아래 삽입 사진) 2018년 7월 7일 아이작 코흐만(미국)이 작성한 259개 기록을 경신했다.

2017년 5월 11일 딘 카터(영국)는 영국 데번주 엑스머스의 샌디베이에 있는 데번 클리프 홀리데이 파크에서 **수염에 1분 동안 이쑤시개 많이 꽂기**(33개) 기록을 달성했다.

기록이 인정되려면 참가자들은 모든 이쑤시개를 스스로 꽂아야 하며, 이쑤시개가 모두 꽂힌 상태에서 10초 이상을 버텨야 한다.

▶ guinnessworldrecords.com/2020
우리가 '꽂아놓은' 영상을 더 확인해보자.

한꺼번에 가장 많은 넥타이를 목에 맨 기록

제레미 무뇨스(미국)는 2018년 4월 4일 미국 텍사스주 러벅에서 넥타이 287개를 한꺼번에 맸다. 도전에 사용된 넥타이는 모두 그의 개인 수집품이다. 10세 때부터 매년 《기네스 세계기록》을 모은 제레미는 세계 신기록을 향한 꿈을 마침내 이루게 됐다.

가장 빨리 물풍선 20개 밟아서 터뜨리기

파르한 아유브(파키스탄)는 2018년 7월 23일 파키스탄 펀자브주 라호르에서 물풍선 20개를 2초75 만에 밟아서 터뜨렸다. **물풍선 100개를 최단시간에 밟아서 터뜨린 기록**은 29초70으로, 기네스 세계기록을 다수 보유한 애쉬리타 퍼먼(미국)이 2015년 12월 16일 미국 뉴욕시에서 달성했다.

한꺼번에 티셔츠 많이 입기

두 아이의 아버지 테드 헤이스팅스(캐나다)는 2019년 2월 17일 캐나다 온타리오주 키치너에서 티셔츠 260장을 입는 기록을 세웠다. 미디엄 사이즈로 시작해 점점 큰 옷을 껴입었는데, 마지막 옷의 사이즈는 20X였다. 테드는 아들 윌리엄과 함께 《기네스 세계기록 2019》를 보다가 영감을 얻었다. 자녀들에게 노력과 책임감을 가르쳐주길 원했던 테드는 마음을 먹으면 무슨 일이든 할 수 있다는 사실을 증명해냈다!

MAY 12 2002년 스피드사이클 선수 에릭 바론(프랑스)이 니카라과 세로네그로 화산의 급경사로에서 172km/h의 속도를 기록했다. 이는 **스피드사이클 다운힐(활강) 최고 기록**이다(흙/자갈).

MAY 13 2012년 사만다 발리(미국)와 그녀의 개 보더콜리/켈피 믹스 견종 제로니모가 **1분 동안 개와 줄넘기 많이 하기** 기록을 달성했다(91회).

87

환상적인 재주 FANTASTIC FEATS

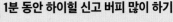

1분 동안 하이힐 신고 버피 많이 하기

라니어 폴라드(미국)는 2017년 12월 7일 미국 캘리포니아주 로스앤젤레스에서 하이힐을 신고 1분 동안 버피 38개를 했다. 라니어는 하이힐을 신고 훈련하다가 시간이 남으면 피트니스 강사로 일하거나 스탠드업 코미디언으로 활동하고 있다.

285.33m 멀리 '순간이동'시켰다.

최장시간 밸런스보드 위에서 균형 잡으며 물체 3개로 저글링하기

나가오 유타로(일본)는 2019년 2월 8일 일본 도쿄에서 밸런스보드 위에 올라 41분 19초 동안 공 3개로 저글링을 했다.

최다

같은 경사대를 이용해 동시에 앞돌기를 한 워터스키 선수들

2017년 4월 23일 미국 플로리다주 그라시 호에서 워터스키 선수 11명이 동시에 앞돌기 묘기를 선보였다. 이 행사는 체인 오브 레코드 2017(미국)이 기획했다.

1분 동안 킥보드로 비틀어 공중 뒤돌기

다코타 슈츠(미국)는 2018년 11월 23일 이탈리아 로마 〈신기록의 밤〉 무대에서 1분 동안 킥보드로 비틀어 공중 뒤돌기를 21회나 성공했다.

1분 동안 자동차 번호판 찢기

스트롱맨 빌 클라크(미국)는 2018년 8월 22일 미국 뉴욕주 빙엄턴에서 1분 동안 자동차 번호판을 23개나 찢어버렸다.

1개월 동안 트라이애슬론에 출전

카린 루벳스키는 2018년 11월 18일 사지마비 환자 케리 그루손(둘 다 미국)을 이끌고 1개월 만에 4회나 철인 3종 경기를 완주했다. 그녀는 모든 경기 구간에서 그루손과 함께하기 위해 튜브형 보트와 휠체어 견인 자전거를 사용했다.

1분 동안 카트휠 하기 (손 안 대고)

2011년 8월 15일 장쯔이(중국)는 중국 베이징의 〈기네스 세계기록 스페셜〉 무대에서 1분 동안 손 안 대고 옆 돌기(카트휠) 묘기를 45회나 성공했다.

턱에 와인 잔 올리고 균형 잡기

순 차오 양(중국)은 2018년 11월 11일 이탈리아 로마의 〈신기록의 밤〉 무대에서 턱에 와인 잔 142개를 올리고 균형을 잡았다. 그는 자신이 2012년 세운 133개 기록을 경신했다.

가장 빠른

10명 들어서 던지기 (여자)

리피아 잉갈스(미국)는 2018년 11월 17일 이탈리아 로마의 〈신기록의 밤〉 무대에서 39초5 만에 10명을 차례로 머리 위로 들어올린 뒤 던져버렸다.

110m 히피점프

히피점프는 움직이는 스케이트보드 위에서 점프하는 묘기로, 장애물을 넘은 뒤 다시 보드에 착지해 이동해야 한다. 스테펜 코스테르(독일)는 2013년 6월 19일 독일 유로파 파크에서 열린 〈최고 기록을 독일로 가져오자〉 행사에서 110m 허들 코스를

히피점프로 29초98 만에 지나갔다.

핀 신고 100m 허들 달리기 (여자)

2010년 12월 8일 베로니카 토르(뉴질랜드)는 중국 베이징의 〈기네스 세계기록 스페셜〉 무대에서 핀(오리발)을 신고 100m 허들을 18초52 만에 완주했다.

스프링 달린 죽마로 100m 달리기

벤 자코비(미국)는 2018년 10월 5일 미국 콜로라도주 볼더에서 100m 코스를 13초45의 기록으로 튕겨 갔다.

스케이트 신고 림보 10개 통과하기

R 나빈 쿠마르(인도)는 2018년 9월 9일 인도 타밀나두주 첸나이에서 10개의 림보 막대 아래를 2초06 만에 지나갔다. 이 막대들은 1m 간격으로 지면에서 24cm 높이로 설치됐다.

최장거리 한쪽 다리만 사용해 외발자전거 타고 가기

2018년 7월 19일 외발자전거 선수 이스라엘 아란츠 파라다(스페인)는 오른다리만으로 외발자전거를 타고 미식축구장 8배 길이인 894.35m 거리를 이동했다. 이 기록은 스페인 카세레스주 발렌시아 데 알칸타라에서 작성됐다.

최장거리 브레이크댄스 헤드슬라이드

헤드슬라이드는 정수리만 바닥에 대고 미끄러져 나가는, 곡예에 가까운 묘기다. 최고 기록은 2.6m로 18세의 브레이크댄스 챔피언 미켈레 가그노(이탈리아)가 2018년 11월 24일 이탈리아 로마에서 작성했다.

최장거리 순간이동 마술

기네스 세계기록에 따르면, '순간이동'은 사람이나 물체가 보이지 않는 힘에 의해 다른 장소로 이동하는 마술로 정의할 수 있다. 2018년 8월 28일 마술사 스콧 토카(미국)는 미국 아이오와주 마술 쇼에서 조수를

날아가는 화살을 주행 중인 차에서 잡은 기록(최장거리)

올림픽 양궁선수 로렌스 볼도프(아래 사진)가 쏜 화살을 무술 전문가 마커스 하스가 달리는 소코다 옥타비아 RS 245 차량의 선루프 밖으로 몸을 내밀고 가다가 잡았다. 기록 도전을 위한 정밀한 운전은 귀도 글루치츠(모두 오스트리아)가 맡았다. 화살은 잡히기 전까지 57.5m를 비행했다. 소코다 오스트리아가 기획한 행사로 2018년 7월 28일 오스트리아 첼트베크에서 진행됐다.

1시간 동안 축구공 1개 발로 저글링하며 멀리 이동하기 (남자)

2019년 3월 12일 축구 프리스타일 전문가 존 판워스(영국)는 모로코 사하라사막에서 공 1개를 발로 저글링하며 1시간에 5.82km를 이동했다. 그는 작년에 네팔 칼라파타르산에서 1시간 동안 축구공 트래핑하며 높이 올라가기 기록도 달성했다(197m).

MAY 14 2016년 가브리엘 메디나(브라질)는 2016년 서핑 세계선수권대회 최초로 공중 뒤돌기에 성공했다. 그는 브라질 리우데자네이루에서 열린 오이 리우 프로 대회에서 10점 만점을 받았다.

MAY 15 2014년 루안 리앙밍(중국)은 중국 장시성 이춘시에서 가장 무거운 꿀벌 망토 입기 기록을 세웠다(63.7kg). 그는 60마리의 여왕벌을 자신의 몸에 매달아 꿀벌들을 유인했다.

브리타니는
이 놀라운 기술을 수년간
연마했다. 그전에는
체조선수로 국내외에서
12년간이나 활동했는데,
은퇴 당시 나이는 겨우
18세였다.

▶ 발로 화살 멀리 쏘기

2018년 3월 31일 브리타니 월시(미국)가 발로 활을 조작해 쏜 화살이 12.31m
거리에 있는 반경 30.4cm 크기의 과녁 정중앙 근처에 꽂혔다. 그녀의 기상천외한 이
묘기는 미국 오리건주 포틀랜드에 있는 크레스턴 학교에서 기록됐다. 브리타니는
자신의 발재간을 공연이나 서커스에서 11년 넘게 선보이고 있다.

12시간 동안 철조망 밑을 기어 멀리 가기

에릭 후터러(캐나다)는 2018년 7월 13일 미국 버몬트주
피츠필드에서 열린 스파르타 죽음의 경기에서 12시간
동안 철조망 아래 진흙길을 손과 무릎을 사용해 기어
서 12.13km를 이동했다. 에릭은 386.79m 코스를
31바퀴 이상 완주해 다른 10명의 죽음의 참가자들을
압도했다.

▶ 최장시간 등 구부려 물구나무 자세하기

제이미 스트라우드(미국)는
2018년 12월 15일 라스베이
거스에서 물구나무 선 자세에
서 등을 아치 모양으로 구부리고
60초03을 버텨냈다. 이 도전은 리
오 올 스위트 호텔&카지노의 스킬
콘 2018 행사의 하나로 진행됐다(더
많은 기록은 98~107쪽 참조).

밸런스보드 위에서 180도 회전 연속으로 많이 하기

실비오 사바(이탈리아)는 2017년 7월 27일 이탈리아
밀라노 로다노에서 밸런스보드 위에 올라 반원 회전
을 107회나 성공했다. 실비오는 밸런스보드 위에서
무릎 굽혀 펴기(앉았다 일어나기) 최다 기록(1분, 64회)도
드미트로 카르로프(우크라이나)와 공유하고 있다.

MAY 16 1929년 미국 캘리포니아주 할리우드의 루스벨트 호텔에서 열린 **첫 아카
데미 시상식**에 많은 영화계 스타들이 참석했다. 시상식은 15분 만에 끝났
으며, TV나 라디오에 중계되지 않았다.

MAY 17 2009년 〈마인크래프트〉 알파 버전이 대중에 처음으로 공개되었고, 겨우
49분 뒤에 'muku'가 **최초로 〈마인크래프트〉 플레이어가 만든 구조물** 이
미지를 포스팅했다. 블록 9개로 만든 다리였다.

89

비눗방울! BUBBLES!

가장 긴 비눗방울 만들기 도구

비눗방울 만들기 도구에는 작은 구멍들이 여러 개 뚫려 있어 비눗방울을 동시에 많이 불어낼 수 있다. 2018년 9월 23일 알레코스 옥타비우치, 안나 이글 시아라파(둘 다 이탈리아), 마리아노 구즈(아르헨티나)는 영국 '버블 데이즈 5' 행사에서 12.6m 길이의 비눗방울 만들기 도구를 제작했다.

가장 긴 비눗방울

앨런 맥케이(뉴질랜드)는 1996년 8월 9일 뉴질랜드 웰링턴에서 **가장 큰 동물**인 대왕고래보다 길이가 긴 32m의 비눗방울을 불었다.

가장 긴 비눗방울 사슬(위로 쌓기)

'블럽' 겐나디즈 킬(독일)은 2011년 1월 13일 스페인 테네리페 섬에서 열린 '청년창의성훈련' 행사에서 지지대 없이 비눗방울을 21층까지 쌓아 올렸다.

비눗방울 안에 1명 오래 감싸기

'더 하이랜드 조커' 에란 바클러가 자신의 아내 로라(둘 다 영국)를 비눗방울로 감쌌는데 1분 2초92 동안 터지지 않았다. 이 기록은 2018년 12월 22일 영국 케임브리지셔 피터버러에서 달성됐다.

가장 큰 비눗방울 얼음

'샘샘 버블맨' 샘 히스(영국)가 2010년 6월 28일 영국 런던의 앱솔루트 보드카 바에서 부피 4,315.7cm³의 비눗방울 얼음을 만들었다.
또 버블 데이즈 5 행사에서 **비눗방울 많이 튕기기** 기록도 세웠다. 그는 손에 장갑을 끼고 방울을 215회 튕겨, 2012년 쿠오-셍 린(대만)이 세운 기록을 20회 차이로 경신했다.

떠다니는 가장 큰 비눗방울(실외)

게리 펄먼(미국)은 2015년 6월 20일 미국 오하이오주에서 NBA 규정 농구공보다 약 1만 2,900배나 부피가 큰 96.27m³의 비눗방울을 만들었다. '마티 맥버블' 그레이엄 덴튼(호주)은 2017년 6월 19일 사우스오스트레일리아주 애들레이드에 있는 록레이스 초등학교에서 부피 19.8m³의 **떠다니는 가장 큰 비눗방울(실내)**을 만들었다.

30초 동안 가장 많은 사람을 감싼 비눗방울

이 기록은 2018년에만 2회나 경신됐다. 먼저 에란 바클러(영국)가 버블 데이즈 5 행사에서 정해진 시간 동안 9명을 비눗방울로 감쌌다. 몇 주 뒤인 2018년 11월 9일 스티븐 랭글리(미국)가 미국 노스캐롤라이나주 헌터스빌에서 13명을 비눗방울로 감싸는 데 성공했다. 두 기록 모두 참가자들의 키가 150cm 이상이었다.

손으로 분 가장 큰 비눗방울

마리아노 구즈(아르헨티나)는 버블 데이즈 5 행사에서 손가락을 비눗물로 적시고 엄지와 검지를 동그랗게 말아 부피 4만 5,510cm³의 방울을 불었다.

시간제한이 없는 최고 기록은 류드밀라 다 리라(러시아)가 2017년 3월 2일 러시아 옴스크에서 작성했는데, 2.5m 높이의 비눗방울에 374명을 감싸, **하나의 비눗방울에 가장 많은 사람을 넣은 기록**이 됐다.

가장 많이 겹쳐 만든 비눗방울 돔

수 청 타이(대만)는 2012년 4월 26일 반원 형태의 비눗방울 안에 작은 비눗방울을 만들고 그 안에 더 작은 비눗방울을 불어넣는 식으로 15겹의 비눗방울 돔을 만들었다. 3년 뒤인 2015년 1월 13일 그는 중국 장쑤성 장인시에서 **하나의 큰 비눗방울 안에 가장 많은 비눗방울 불어 넣기**에 성공했다(779개). 먼저 큰 비눗방울을 만든 뒤 입을 비눗방울 표면에 가까이 대고 부는 식으로 더 작은 비눗방울들을 안에 만들었다.
이 외에도 수 청 타이는 다수의 기록을 보유했는데, 2018년 3월 28일 중국 텐진시에서 **가장 큰 반구형 비눗방울 만들기**에도 성공했다. 지름 1.4m, 높이 0.65m에 부피는 0.644m³였다.

가장 긴 비눗방울 사슬(매달기)

스테파노 리기(이탈리아)는 2017년 2월 22일 이탈리아 엠폴리에서 비눗방울 40개를 위에서 아래로 매달았다. 그는 아들 토머스에게 이전 기록(35개)을 깨겠다고 약속했고, 지켜냈다!

가장 큰 비눗방울 돔 폭발

스테파노 리기(위와 동일인물)는 2018년 2월 20일 이탈리아 엠폴리에서 평평한 표면에 지름 66cm의 비눗방울 돔을 만들고 그 안에 가연성 가스를 채워 넣었다(아래 사진). 그 후 비눗방울에 불꽃을 갖다 대자, 모두가 예상한 결과가 펼쳐졌다! 이 기록에는 숙련된 전문가만이 도전할 수 있다.

가장 큰 비눗방울 만들기용 막대와 비눗물 병

마티아 코데스(체코)가 2018년 3월 25일 체코 리사 나드 라벰에서 1.38m 높이의 비눗방울 막대와 병을 선보였다. 5개월 뒤인 2018년 8월 6일 코데스는 같은 장소에서 **1분 동안 비눗방울 많이 불기** 기록(1,257개)을 세웠지만, 앞서 소개한 엄청난 크기의 비눗방울 막대와 병은 사용하지 않았다.

MAY 18 1968년 키 2m의 장신 강타자 프랭크 하워드가 워싱턴 세니터스(둘 다 미국) 소속으로 뛰며 7일 만에 10개의 홈런을 쳐 **일주일 동안 친 최다 홈런** 기록을 세웠다.

MAY 19 2012년 245명의 등산가가 에베레스트 정상을 밟아 **하루 최다 에베레스트 등반** 기록을 세웠다. 이날 에베레스트의 봉우리 주변은 많은 등산객들로 혼잡을 겪었다.

버블 데이즈 5

2018년 9월 23일 기네스 세계기록은 영국 웨일스에 있는 카나번 성에서 열린 비눗방울 연례행사에서 세계 최고의 비눗방울 기술자들과 꿈같은 시간을 가졌다(왼쪽 작은 사진). 닥터 지그스 엑스트라오디널리 버블스(영국)가 기획한 이 행사에서 다수의 세계신기록이 작성됐는데, **최다 인원이 동시에 비눗방울 막대로 비눗방울 만들기**(317명, 아래 사진), **최다 인원이 동시에 3줄 막대로 거대 비눗방울 만들기**가 포함돼 있다(318명). 다른 기록들도 아래에 더 나와 있다.

비누 막으로 비눗방울 많이 튕기기

파르한 쇼아이브는 버블 데이즈 5 행사에서 2회의 실패 끝에 비눗방울을 113회나 튕기는 놀라운 기록을 세웠다. 파르한의 비눗방울을 다루는 능력은 집안 내력이 틀림없는데, 아버지와 다른 남자 형제도 기네스 세계기록을 달성했다(왼쪽 참조).

비눗방울 많이 주고받기 기록

2016년 4월 13일 레이 버블 우마르 쇼아이브(영국)와 그의 아들 레이한(프랑스)은 프랑스 헝지스에서 비눗방울을 10회나 주고받았다. 가운데가 뚫린 둥근 채에 비누 막을 만들어 '라켓'으로 사용해 기록을 작성했다.

나도 할 수 있을 거 같다고? 생각보다 어렵다! 방울은 쉽게 터져버리거나 라켓의 막을 터뜨리거나 둘이 합쳐지기도 한다.

한 번에 가장 많은 비눗방울 만들기

'샘샘 버블맨' 샘 히스는 버블 데이즈 5 행사에서 막대를 비눗물에 한 번만 담그고 445개의 방울을 만들어냈다. 샘은 비눗방울 놀이를 즐기는 전 연령대의 아이들이 기네스 세계기록 작성의 꿈을 가질 수 있도록 특별한 장비나 전문 지식이 없어도 할 수 있는 기록을 일부러 선택했다.

MAY 20 1927년 찰스 린드버그(미국)는 미국 뉴욕 루스벨트 필드에서 **최초의 단독 대서양 횡단 비행**을 시작했다. 그는 33시간 30분 29초 만에 여정을 마치고 프랑스 파리에 착륙했다.

MAY 21 1977년 뾰족코 개구리 '산티에'가 대회에서 **가장 멀리 점프한 개구리** 기록을 세웠다(세단뛰기, 총거리 10.3m). 남아프리카 피터즈버그에서 열린 개구리 경기에서 작성된 기록이다.

불! FIRE!

더 파이어 스쿨

기네스 세계기록은 이 페이지를 만들 수 있게 도와준 '더 파이어 스쿨'에 감사의 말을 전한다. 영국 최초로 불 묘기를 가르치는 이 학교는 2012년 서커스 공연자와 교사들, '불의 여교장' 사라 하먼이 런던에 설립했다. 이곳에서는 수준별로 안전하고 전문적인 환경을 제공하며 불을 이용한 여러 기술을 교육한다.

1분 동안 불 검 많이 던지고 받기

아시리타 퍼먼(미국)은 2018년 4월 20일 미국 뉴욕시 자메이카에서 불붙은 검을 62회나 던지고 받았다. '불 검'이란 휘발성 연료를 묻히고 불을 붙인 검을 말한다. 4개월 뒤 그는 같은 장소에서 **최장시간 횃불 물고 있기** 기록을 달성했다(5분 1초68). 이 기록은 도전자가 고개를 뒤로 젖힌 상태에서 홰의 불이 붙은 부분을 입안에 넣고 이로 물고 버텨야 인정된다.

▶ 1분 동안 불꽃 많이 뿜기

중국 불 뿜기 공연자 주 지안가오는 2015년 1월 9일 중국 장쑤성 장인에 마련된 〈CCTV-기네스 세계기록 스페셜〉 무대에 올라 1분 동안 189회나 불꽃을 뿜었다. 토비아스 부시크(독일)는 2015년 8월 1일 독일 노이엔뷔르크에서 입으로 횃불을 번갈아 불어 불꽃을 387회나 뿜었다. **연료를 다시 채우지 않고 불꽃을 가장 많이 뿜은 기록**이다. 그는 도전을 하기 전 입에 단 한 번만 불 묘기용 액체를 가득 담고 시작했다.

불붙은 후프 동시에 많이 돌리기

케이시 마틴(미국)은 2014년 8월 14일 캐나다 온타리오주 미시소거에서 열린 포트 크레딧 버스커 축제에서 불타는 후프 4개를 동시에 몸으로 돌렸다. 각 후프에는 4개의 심지가 달려 있었는데 케이시는 그 후프들을 8회 돌리는 데 성공했다. 피파 '더 리퍼' 코램(호주)은 2012년 9월 14일 영국 런던의 원더그라운드에서 다리를 양옆으로 곧게 뻗은 자세(스플릿 자세)로 불붙은 후프 동시에 많이 돌리기 기록을 달성했다(3개). 기네스세계기록의 규정에 따라 팔과 목으로 불붙은 후프를 10초 이상 돌려 기록을 인정받았다.

가장 많은 사람이 불을 돌린 기록

2012년 9월 1일 아메노 지그넘(독일)이 기획하고 독일 노인부르크 포룸 발트에서 열린 행사에 250명이 참가해 불붙은 포이스(끝에 불을 붙일 수 있는 체인 모양의 물체)를 돌렸다.

불을 뿜어 터뜨린 가장 많은 풍선

콜린 르웰린 채프먼(영국)은 2017년 10월 22일 영국 런던에서 불 뿜기 묘기로 131개의 풍선을 터뜨려 불 뿜기로 풍선 가장 많이 터뜨리기 기록을 세웠다.

몸에 불을 붙이고 파도를 탄 최초의 서퍼

2015년 7월 22일 전문 서퍼인 제이미 오브라이언(미국)은 잠수복에 불을 붙이고 프랑스령 폴리네시아 타히티섬의 세계에서 가장 큰 파도가 몰아치는 티후포에서 서핑을 했다. 그는 인스타그램에서 제안을 받고 도전을 기획했다. 불꽃도 위험하지만, 이곳의 파도는 강한 데다 낮게 누운 산호초 위에 부서져 매우 위험한 도전이었다.

1분 동안 입으로 가장 많은 횃불을 끈 기록

'파이어 가이' 브랜트 매튜스(캐나다)는 2018년 8월 10일 미국 위스콘신주 웨스트앨리스에서 1분 동안 입으로 횃불 101개를 껐다. 그는 자신의 불 끄기 재주를 주(州) 축제에서 선보였다.

몸에 불을 붙이고 가장 높은 곳에서 번지 점프를 한 기록

요니 로치(프랑스)는 2012년 9월 14일 프랑스 노르망디의 술뢰브르 대교 65.09m 높이에서 불이 완전히 붙은 상태로 번지 로프를 착용한 뒤 뛰어내렸다. 이 불은 그가 술뢰브르 강에 빠지며 꺼졌다.

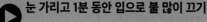

▶ 눈 가리고 1분 동안 입으로 불 많이 끄기

사라 하먼(영국) 교장은 2019년 1월 27일 더 파이어 스쿨에서 눈을 가리고 불붙은 막대를 91회나 입으로 삼켜서 껐다. 이 도전은 막대 1개에 불을 붙여놓은 상태에서 다른 막대에 불을 붙여 입으로 삼켜서 끄고 다시 불붙이기와 불 끄기를 반복하며 이루어졌다.

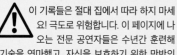

▶ 온몸에 불붙이고 가장 오래 버틴 기록(산소 없이)

2013년 11월 23일 요제프 퇴틀링(오스트리아)은 오스트리아 잘츠부르크 소방서 구내에서 발목부터 머리까지 불을 붙이고 산소 공급 없이 5분 41초를 버텼다. 그는 화상을 방지하기 위해 여러 겹의 내화복을 입었고, 내열성 젤을 머리와 목에 집중적으로 발랐다.

1분 동안 백플립하며 입으로 불 뿜기 최다 기록

2017년 6월 23일 라이언 루니(영국)는 영국 앤트림의 리버사이드 학교에서 백플립하며 입으로 불 뿜기 묘기를 1분 동안 14회나 성공시켰다. 이 도전은 학년이 끝난 걸 기념해 진행됐다. 그는 유튜브 채널 '더 슬로 모 가이즈'에서 전 〈잭애스〉 스타 스티브-오가 같은 묘기를 선보이는 모습을 보고 도전을 결심했다.

⚠ 이 기록들은 절대 집에서 따라 하지 마세요! 극도로 위험합니다. 이 페이지에 나오는 전문 공연자들은 수년간 훈련해 기술을 연마했고, 자신을 보호하기 위한 만반의 준비를 한 뒤에 도전했습니다.

MAY 22 1960년 **가장 강력한 지진**이 칠레를 강타했다. 연안 160km 거리에서 발생한 진도 9.5의 강진으로 2,000명 이상이 목숨을 잃었다.

MAY 23 2009년 리시 토브하니(영국)는 영국 이스트미들랜드 레스터에서 **가장 큰 바지**를 공개했다. 이 바지는 길이 12.19m, 허리둘레 7.92m로 기록됐다.

로라와 노엘리아는 수년간 함께 공연하며 불 묘기 공연에서 가장 중요한 신뢰를 다져왔다.

▶ 1분 동안 서로의 입으로 횃불 넣어 많이 끄기 (2인 팀)

이 기록 도전은 2명이 한 팀이 되어 진행된다. 두 사람이 번갈아가며 횃불을 상대 팀원의 입에 넣어 불을 끄게 하는 방식이다. '이소벨 미드나이트' 로라 서턴(영국, 사진 왼쪽)과 '레이디 노엘리아' 노엘리아 후에소 무뇨스(스페인, 사진 오른쪽)는 2019년 1월 27일 더 파이어 스쿨에서 정해진 시간 내에 서로 불 먹여 끄기를 73회 성공했다.

같은 기간, 이소벨 미드나이트는 **1분 동안 입으로 횃불 많이 끄기**(막대 2개 사용) 기록도 달성했다(78회, 오른쪽 삽입 사진).

불꽃을 가장 높이 내뿜은 기록

2011년 1월 11일 안토니오 레스티보(미국)는 미국 네바다주 라스베이거스의 창고에서 액체 파라핀을 연료로 사용해 8.05m 높이의 불꽃을 내뿜었다. 1년 전 안토니오는 〈아메리카 갓 탤런트〉 시즌 5에 출연해 불꽃 다루기 능력을 뽐내며 준결승 무대까지 진출한 전적이 있다.

▶ 1분 동안 양손 젤리피시 묘기 많이 하기

'양손 젤리피시(해파리)'는 공연자가 2개의 횃불을 빠르게 아래로 내리는 순간 횃불이 그 자리에서 바로 사라지지 않고 해파리 모양을 형성하는 묘기를 말한다. 로만 애클리(영국)는 2019년 1월 27일 더 파이어 스쿨에서 1분 동안 양손 젤리피시를 24회 성공시켰다. 또 **1분 동안 한 손 젤리피시 묘기 많이 하기** 기록도 달성했다(34회).

MAY 24 1991년 티 AI 보잉 747기에 **가장 많은 비행기 승객이 탑승**했다(약 1,088명). 솔로몬 작전의 일환으로 에티오피아 아디스아바바의 유대인들을 이스라엘로 구출하는 것이 임무였다.

MAY 25 1990년 **가장 오래 산 쥐**인 로드니라는 이름의 집쥐가 7년 4개월의 나이로 죽었다. 이 수컷 쥐는 같은 이름을 가진 로드니 미첼이 미국 오클라호마주 털사시에서 키웠다.

93

'놀라운 사람들'

유튜브 채널은 인간의 인내심을 시험하고 한계에 도전하며 새로운 영역에 도전하는 모습을 보여준다. 인간의 신체적 능력, 독창성과 재능을 기리는 이 채널은 세상에서 가장 재능 있는 영상 제작자들을 집중적으로 보여주는 플랫폼이기도 하다. 물론 이 과정에서 많은 신기록들이 양산됐다. 이 페이지에 소개된 사람들은 모두 '놀라운 사람들' 채널에 나온 기네스 세계기록 보유자들이다.

▶ **1분 동안 머리로 호두 많이 깨기**
무함마드 라시드(파키스탄)는 2018년 11월 11일 이탈리아 로마에서 말 그대로 머리를 사용해 254개의 호두를 깼다.

블로빙(에어백)으로 가장 높게 튕겨 오른 기록

'블로빙'은 물 위에 떠 있는, 공기가 반쯤 들어간 커다란 에어백 끝에 1명이 앉아 있고 반대쪽에 다른 사람이 뛰어내려서 앉아 있는 사람을 멀리 튕겨버리는 수상 레저활동이다. 블로버 크리스티앙 '엘비스' 구트는 2012년 6월 7일 22m 높이를 날아 올랐다. 그의 기록은 독일 함부르크에서 크리스티앙 본 크라나흐와 패트릭 바우만(모두 독일)의 도움으로 작성됐다.

▶ **가장 높은 곳에서 얕은 물로 다이빙하기**
'프로페서 스플래시(대런 테일러, 미국)'가 11.56m 높이에서 겨우 깊이 30cm 물에 뛰어들었다. 이 기록은 2014년 9월 9일 중국 푸젠성 샤먼에서 작성됐다. 같은 해 6월 21일 그는 **최고 높이에서 불붙은 얕은 물로 다이빙하기** 기록도 작성했다(8m). 그가 뛰어내리기 전 수면에 불을 붙였다.

> 이 기록에 도전하는 사람은 손을 반드시 물구나무 서는 듯한 자세를 유지하도록 기네스 세계기록 규정에 명시돼 있다.

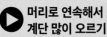

▶ **머리로 연속해서 계단 많이 오르기**
리 룽룽(중국)은 2015년 1월 5일 중국 장쑤성 장인에서 머리로 36계단을 올라갔다. 그는 자신이 세운 이전 기록을 2계단 경신했다.

짐볼 10개 최단시간에 뛰어 건너기

닐 화이트(호주)는 2016년 1월 12일 중국 베이징에서 최소 1m 간격으로 떨어져 있는 10개의 짐볼을 7초8 만에 뛰어 건너갔다. 총 3회의 기회 중 첫 2회는 실패했지만 닐은 3회째 시도에서 자신의 이전 기록인 8초31을 성공적으로 경신했다.
닐은 10년 전인 2006년 8월 25일에는 웨스턴오스트레일리아주 퍼스에 있는 제스트 헬스클럽에서 **최장거리 짐볼 점프**에 성공했다(2.3m).

한 팔만 사용해 사다리 많이 오르기

2014년 1월 9일 타지오 가비올리(이탈리아)는 중국 장쑤성에 있는 하이란 국제승마클럽에서 왼팔만 사용해 사다리를 39칸이나 올라갔다(타지오의 더 많은 기록은 85쪽에 있다).

수직 벽 사이를 발만 짚어 가장 빨리 오른 기록

팡 지성(중국)은 2012년 11월 21일 중국 베이징에서 2개의 벽 사이를 오직 발만 짚어 28초3 만에 18m 이상 올라갔다.

체조 안마기구 위에서 1분 동안 토마스 기술 많이 하기

토마스 기술은 양손으로 바닥을 짚고 두 다리를 크게 회전시키며 한 손을 뗀 사이로 몸통을 번갈아 통과시키는 어려운 묘기로 브레이크댄서들과 체조선수들이 자주 선보인다. 영국 런던에서 루이스 스미스(영국)는 2009년 4월 21일 이 동작을 1분 동안 50회나 했다. 알베르토 부스나리(이탈리아)도 2014년 7월 10일 같은 횟수를 성공시켰는데 2명 모두 세계적으로 잘 알려진 체조선수들이다.

박스 스플릿 자세로 10m 빨리 가기(여자)

박스 스플릿 자세란 양다리를 몸통 양옆으로 180도 편 상태를 말한다. 카와하라 카즈미(일본)는 2012년 3월 12일 이탈리아 로마에서 이 자세로 10m를 16초9 만에 이동했다.

최단시간에 상자에 들어가기(여자)

곡예사 스카이 브로버그(뉴질랜드)는 2011년 9월 15일 영국 런던에서 4초78 만에 52×45×45cm 크기의 상자에 몸을 구겨 넣었다(위 사진). 아래 사진은 스카이가 테니스 라켓을 몸으로 통과하는 모습인데, 그녀는 한때 이 라켓과 관련된 몇 가지 기네스 세계기록을 보유했다. 현재 스카이의 기록 중 2개는 타네스와르 구라가이(네팔)가 경신했는데, **3분 동안 테니스 라켓 많이 통과하기**(96회)와 **테니스 라켓 3회 빨리 통과하기** 기록이다(4초91).

MAY 26
1991년 미국 캘리포니아주 스탠퍼드 대학교 학생 14명으로 구성된 팀이 **최장거리 등 짚고 뛰어넘기** 기록을 달성했다. 이들은 244시간 43분 동안 트랙을 돌며 1,603.2km를 이동했다.

MAY 27
1985년 **최장거리 데이지 화환 만들기**(팀) 기록이 작성됐다. 영국 에식스주 첼름스퍼드 인근 굿이스터 마을 주민 16명이 7시간에 걸쳐 꽃들을 2.12km 길이로 엮어냈다.

왜 이렇게 위험한 점프 기록에 도전한 건가요? 애런은 이렇게 대답했다. "저는 이 기록을 통해 휠체어로도 날 수 있다는 걸 세상에 보여주고 싶었어요!"

▶ 최장거리 휠체어 경사대 점프

2018년 7월 20일 애런 포더링햄(미국)은 미국 캘리포니아주 테하차피의 우드워드 웨스트에 설치된 경사대에서 휠체어로 21.35m나 점프했다. 이 날 그가 작성한 3개의 기록 중 하나로 애런은 **휠체어로 가장 높은 쿼터파이프 타기**와 **휠체어로 가장 높은 쿼터파이프에서 핸드 플랜트**(손 짚기) 묘기도 성공했다(둘 다 8.4m, 오른쪽 삽입 사진 참조).

1분 동안 콘크리트 벽돌 많이 격파하기

알리 바흐세테페(터키)는 2012년 11월 17일 터키에서 1분 동안 콘크리트 벽돌 1,175개를 격파했다. 강철주먹 알리는 2012년에 **30초 동안 콘크리트 벽돌 많이 격파하기**(683개) 기록을, 2015년에는 **한 번에 콘크리트 벽돌 많이 격파하기**(37개) 기록을 작성했다(그의 다른 블록버스터 기록은 84쪽에 있다).

5m 로프 빨리 올라가기

2018년 9월 30일 닉 '더 KO 닌자' 코스트레스키(미국, 위 사진)는 미국 캘리포니아주 산타모니카에서 다 자란 기린의 키와 비슷한, 높이 5m의 로프를 4초11 만에 올라갔다.
같은 날 나탈리 듀란(미국, 오른쪽 사진)은 **5m 로프 빨리 올라가기**(여자) 기록을 달성했다(7초67).

▶ 30초 동안 한 손가락으로 푸시업 많이 하기

시에 구이중(중국)은 2011년 12월 8일 중국 베이징에서 30초 동안 한 손가락으로 푸시업 41개를 성공시켰다. 그는 자신의 이전 기록인 25개를 가볍게 경신했다.
2010년 12월 11일 이 슈퍼 손가락을 가진 남자는 중국 광둥성 선전에서 **한 손가락으로 자동차 50m 빨리 밀기** 기록을 달성했다(47초7).

MAY 28 2006년 쉬에 첸(중국, 1989년 2월 18일생)은 17세 99일의 나이로 중국 상하이 진산 오픈에서 우승하며 **최연소로 국제 비치발리볼 타이틀을 획득한** 선수가 됐다.

MAY 29 1989년 로리 블랙웰(영국)은 스스로를 **최대 규모 1인 밴드**로 변신시켰다. 그는 영국 데번주 돌리시에서 108개의 악기들을 동시에 연주했다(19멜로디, 89퍼커션).

기록학 전반 ROUND-UP

최장시간 아코디언 마라톤 연주

2018년 7월 11~13일 안시 K 라이티넨(핀란드)은 핀란드 쿠오피오에서 아코디언을 40시간 3분 10초 동안 연주했다. 안시는 핀란드 음악과 전 세계적으로 유명한 음악을 포함해 총 610곡을 연주했는데, 모두 악보를 외워서 공연했다. 그는 2010년 자신이 세운 아코디언 마라톤 이전 연주 기록 31시간 25분을 경신했다.

1시간 동안 카드 많이 외우기

몽골의 십 대 뭉슈르 나르만다흐는 2017년 12월 6~8일 중국 광둥성 선전에서 세계 기억력 선수권대회를 제패한 최초의 여자가 됐다. 그녀는 카드 1,924장, 즉 37상자의 카드를 1시간 동안 통째로 외우고 2시간 안에 완벽하게 암기했다.

같은 대회에서 뭉슈르의 일란성 쌍둥이인 엔슈르 나르만다흐(몽골)는 1과 0의 나열을 5,445개나 외워 30분 동안 2진수 가장 많이 암기하기 기록을 세웠다. 하지만 이 기록은 2018년 엔크투야 르카크바두람(몽골)이 5,597개를 외우며 현재 경신됐다.

최장거리 아이스하키 패스

2018년 11월 20일 잭 램파와 전 아이스하키 리그 포워드 톰 코르스케(둘 다 미국)가 275.63m의 패스에 성공했다. 이 기록은 미국 미네소타주 미니애폴리스의 얼어붙은 아일호에서 작성됐다.

▶ 가장 높은 곳에서 떨어진 축구공 발리슛으로 골 넣기

2018년 7월 24일 프리스타일 풋볼선수 존 판워스(88쪽 참조)와 전 잉글리시 프리미어 리그 스타 지미 불라드(둘 다 영국)는 45.72m 상공에 있는 헬리콥터에서 떨어지는 공을 발리슛으로 차 골을 성공시켰다. 이 극한의 슈팅은 영국 메이든헤드 화이트 월섬 비행장에서 진행됐다.

계주로 최단시간에 마라톤 달리기

2018년 6월 15일 59명의 캔자스 시티 운동선수들이 42.1km 코스를 1시간 30분 40초31의 기록으로 주파했다. 조와 필 래터맨(모두 미국)이 마련한 자선모금 행사로 미국 캔자스주 오버랜드 파크의 존슨 카운티 커뮤니티 칼리지에서 진행됐다. 20년 동안 깨지지 않던 기록을 경신하기 위해 고등학교 및 대학 육상선수들이 팀을 이뤄 200m 구간씩 달렸다.

최초 슬랙라인 위에서 엉덩이로 공중뒤돌기 3회전

2018년 10월 8일 루이스 보니페이스(프랑스)는 '슬랙라인 위에 앉아서 엉덩이로 공중 뒤돌기를 하고 착지하는 도전'에서 최초로 3회전에 성공했다. 국제슬랙라인협회가 이를 인증했다.

도전은 프랑스 생랑베르에서 이루어졌으며, 슬랙라인은 지면 위 3.10m 높이에 26m 길이로 설치됐다.

▶ 종이 1장을 가장 많이 접은 기록

2002년 1월 27일 고등학생 브리트니 갈리반(미국)은 수학 공식 2개를 연구해 종이 1장을 12번 접을 수 있음을 증명했고 1,219m 길이의 화장지를 사용해 실제 접어보았다. 기록에 관해 이야기하던 브리트니는 이런 말을 했다. "다른 사람들이 이걸 보고… '불가능'하다고 여겼던 도전에 대해 다시 생각하면 좋겠어요!"

▶ 가장 많은 사람이 공룡 옷을 입고 모인 기록

2019년 1월 26일 유튜브 스타 엘턴 캐스티(미국)는 미국 캘리포니아주 로스앤젤레스에서 〈더 펀 인 라이프〉 뮤직비디오를 촬영하며 10개의 기네스 세계기록을 경신하기 위해 1,000명을 초대했다. 이 날 252명이 공룡 옷을 입고 모인 기록을 포함해 가장 많은 국적의 사람들이 1분 동안 키스하기(50명), 가장 많은 국적의 사람들이 함께 포옹하기(50명) 등의 기록을 세웠다.

엘턴의 뮤직비디오에서 공룡들은 '카니워', '공룡 엉덩이 춤' 등의 동작을 선보였다.

MAY 30 2016년 카일 롭프라이스(미국)는 윙슈트를 착용하고 미국 캘리포니아주 데이비스 상공을 8분 30초 동안 비행했다. 이 시간 동안 그는 32.094km를 이동하며 윙슈트 비행 최장거리 이동(절대거리)을 기록했다.

MAY 31 1975년 전설적인 먹기 선수 피터 도스웰(영국)이 영국 웨스트미들랜드주에서 열린 〈더들리의 톱 랭크 스위트〉 무대에서 우유 2파인트 빨리 마시기 기록을 달성했다(3초2).

▶ 1분 동안 물속에서 하강하며 360도 회전 많이 하기

인어 공연자 아리아나 리우치(미국)는 2018년 12월 12일 미국 네바다주 라스베이거스에 있는 실버턴 카지노 호텔에서 1분 동안 하강하며 360도 회전하기 기술을 32회나 성공시켰다. 전 싱크로나이즈드 스위밍 선수인 아리아나는 44만 2,893ℓ의 해수 아쿠아리움에서 4,000마리의 열대어, 상어, 가오리들과 함께 생활한다! 동료인 로건 핼버슨(미국)은 같은 날 물속에서 **1분 동안 고리 모양 공기방울 많이 만들기** 기록을 달성했다(48회, 아래 삽입 사진).

> 실버턴의 인어 공연자들은 인공 산호초에 설비된 '후카 포트'를 통해 호흡을 할 수 있어 수중에서 15분까지 공연을 펼친다.

▶ 가장 큰 자기 인형

예술가 왕 추와 뎅 지아치(둘 다 중국)가 중국 장시성에서 무려 10년에 걸쳐 제작한 자기 인형을 공개했다.
키는 172cm로, 이 엄청난 실물 크기의 작품은 가슴둘레 70cm, 허리둘레 52cm, 엉덩이둘레 74cm다.

최단시간에 모든 디즈니 테마파크 방문하기

2017년 린제이 네메스(캐나다)는 75시간 6분 만에 전 세계 디즈니 테마파크 12곳을 모두 방문했다. 미국 캘리포니아주 디즈니랜드에서 시작해 비행기를 타고 프랑스 파리, 중국 상하이와 홍콩에 갔다. 그녀의 여행은 12월 6일 일본 치바현 우라야스에 있는 도쿄 디즈니시에서 오래오래 행복하게 결말을 맺었다.

머리카락으로 끈 가장 무거운 차량

2017년 12월 2일 마흐무드 삼손 알 아랍(UAE)은 UAE 푸자이라에서 머리카락으로 1만 380kg 무게의 트럭을 끌었다.

최대 규모 튜바 앙상블

2018년 12월 7일 미국 미주리주 캔자스시티에서 열린 튜바 크리스마스 무대에서 캔자스시티 심포니(미국)의 연주자 835명이 〈고요한 밤〉을 연주했다. 스콧 왓슨 교수가 이 앙상블을 지휘했으며, 연주자들은 11~86세로 나이가 다양했다. 이 기록에서는 튜바, 바리톤 호른, 유포니움을 포함한 저음 악기들만 인정받았다.

▶ 가장 긴 드래곤보트

캄보디아 프레이벵에서 2018년 11월 12일 길이가 87.3m나 되는 드래곤보트가 공개됐다. 캄보디아 청년연합이 프레이벵에서 제작했으며, 해당 지역의 지방 정부(둘 다 캄보디아)가 돈을 댔다. 이 보트에는 노 젓는 사람 179명이 탑승할 수 있다.

눈 가리고 최단시간에 마트료시카 분리하고 다시 조립하기

조르지 카스크(러시아)는 2018년 10월 27일 러시아 모스크바의 카시르스카야 플라자에 있는 쇼핑몰에서 눈을 가린 채 5겹 마트료시카 인형을 8초01 만에 분리하고 다시 조립했다. 이 행사는 ENKA TC(러시아)가 기획했다.

최다 인원이 동시에 화분에 식물을 심은 기록

2018년 8월 18일 미국 오하이오주 포츠머스의 지역 대청소 날, '포츠머스의 친구들'(미국) 소속의 원예에 재능 있는 자원봉사자들 1,405명이 화분에 식물을 심었다.

24시간 동안 가장 많은 골프 홀을 플레이한 기록(개인, 걸어서)

에릭 번스(미국)는 2019년 4월 23일 미국 캘리포니아주 하프문베이 골프 코스에서 169km를 걸으며 420홀을 플레이했다. 이로써 그는 48년 전의 401홀 기록을 경신하게 됐다.

JUN 1 2016년 가장 긴 철도 터널이 개통됐다. 스위스 괴셰넨과 아이롤로의 알프스산맥 아래를 통과하는 고트하르트 터널은 측정 길이가 57km다.

JUN 2 2016년 스트롱맨 코시모 페루치(이탈리아)가 이탈리아 트라니에서 11명이 올라간 플랫폼을 스쿼트 자세로 7회 들어올리며 가장 많은 사람을 스쿼트 지세로 들어올리기 기록을 세웠다.

바이럴 스포츠 VIRAL SPORTS

재미있으면서 고난도 도전들이 수록된 이번 챕터에 온 걸 환영한다! 이 도전들은 영상으로 찍기에도 좋아 온라인에서 공유하기에도 그만이다. 우리는 미국 네바다주 라스베이거스에서 매년 3일간 열리는 독특한 스포츠 경연(저글링 경연 등, 도전할 사람?)인 스킬콘에서 영감을 얻었다. 우리의 심사관들이 2018년 12월에 열린 행사에 참여해 다양한 도전들을 살펴봤고, 상상도 못 했던 재주와 기술의 향연 중 몇 가지를 선정해 다음 몇 페이지에 수록했다.

저글링 재주꾼부터 페트병 회전시켜 세우기의 달인, 큐브 도사와 포고스틱 선수까지 재능 넘치는 사람들을 만나보자. 그리고 **guinnessworldrecords.com/2020**에 방문해 당신을 위해 기록 보유자들이 특별히 준비한 팁과 아이디어 영상을 확인하자. 새로운 지식으로 무장했다면 직접 도전을 해보는 건 어떨까? 요령을 익히고 도전하는 모습을 영상으로 담아 업로드한다면 엄청난 유명인이 될지 아무도 모르는 일이다. 기네스 세계기록으로 인정받을 수도 있다!

▶ guinnessworldrecords.com/2020
여기서 더 많은 영상을 확인해보자.

▶ 최대 규모 광선검 대회

2018년 12월 15일 스킬콘에서 60명의 전투원들이 영화 〈스타워즈〉에서 영감을 얻은 발광성 무기로 전투를 벌였다. 승자 생존 방식으로 운영되었으며 최종적으로 광선검 리그를 창립하고 이 대회까지 기획한 캉 스노(오른쪽 사진, 모두 미국)가 우승을 거뒀다. 2019년 2월 이 새로운 형태의 대결은 프랑스에서 스포츠로 정식 인정되었으며 펜싱 클럽들이 광선검을 구비하기 시작했다!

광선검 대결에서는 '검'이 상대방의 몸에 닿으면 점수가 올라간다. 15점을 먼저 따면 승리. 대결은 지정된 공간(또는 '라이트 박스')에서 진행되는데, 경계선을 빛으로 표시한다.

목차 CONTENTS

공중으로 UP IN THE AIR

고대부터 전해 내려온 저글링은 눈과 손의 빼어난 감각뿐만 아니라 힘 조절력과 공간 지각력도 필요로 한다. 저글링은 두뇌를 발달시키면서 휴식과 자극을 동시에 준다. 무엇보다 재미있다! 아직 저글링을 해본 적이 없는 사람도 기초 기술은 쉽게 배울 수 있다. 조금 어려운 기술에 도전하고 싶다면 이 페이지를 참조하자. 물론 이 중에는 절대 따라 해서는 안 되는 것도 있다. 연습하는 자기 모습을 촬영해서 보면 기술 연마에 도움이 된다. 그리고 그 영상을 온라인에 올려보자. 생각보다 많은 조회 수를 올리고 다른 사람들에게 영감을 줄 수도 있다!

1분 동안 등 뒤로 저글링 많이 하기

등 뒤에서 왼손과 오른손으로 번갈아 물체를 연속으로 던지고 받는 묘기다. 2018년 12월 16일 국제저글링협회 세계챔피언 마탄 프레스버그(미국)는 미국 라스베이거스 스킬콘에서 1분 동안 이 자세로 저글링을 162회 성공했다.

저글링 합계 최고 중량

드니 일첸코(우크라이나)는 2013년 7월 17일 합계 26.98kg의 타이어 3개를 32초43 동안 공중에서 회전시켰다. 그의 이 묵직한 기록은 영국 네넌에 마련된 〈오피셜리 어메이징〉 무대에서 작성됐다.

머리로 풍선 2개 가장 오래 공중에 튀기기

우리가 아는 저글링과는 조금 다르지만, 아브히나바 탄저만(네덜란드)은 2018년 6월 10일 포르투갈 레이리아에서 머리로 풍선 2개를 1분 9초 동안 공중에 띄웠다.

⚠ 집에서 따라 하지 마세요! 전문가들만 날카롭고 무거운 물체로 저글링을 할 수 있습니다.

조시 호턴

공연가 저글링 조시(미국, 위 사진, 본명 조시 호턴)는 아내 캐시와 함께 **1분 동안 칼로 저글링하며 사과 많이 자르기** 기록을 달성했다(36개). 조시는 2017년 9월 4일 제이크 트라이플렛(미국)과 함께 **30초** 기록도 세웠는데, 이때는 사과 17개를 반으로 잘랐다.

▶ 데이비드 러시

기네스 세계기록을 다수 보유한 이 미국 저글러는 STEM(과학, 기술, 공학, 수학) 교육을 홍보하기 위해 여러 신기록에 도전했다. 데이비드는 2018년 10월 28일 미국 아이다호주 보이시의 센터니얼 고등학교에서 **눈 가리고 외발자전거 타며 저글링 많이 하기** 기록을 달성했다(30회). 같은 해 6월 16일에는 보이시의 로도스 스케이트 공원에서 **최다 연속 도끼 저글링**에도 성공했다(839회). 8월 17일에는 밀란 로스코프(슬로바키아)가 2011년에 세운 **최다 볼링공 저글링** 기록과 동률의 기록을 달성했다(3회).

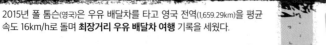

JUN 3 2015년 폴 톰슨(영국)은 우유 배달차를 타고 영국 전역(1,659.29km)을 평균 속도 16km/h로 돌며 **최장거리 우유 배달차 여행** 기록을 세웠다.

JUN 4 2016년 루카스 버드너(폴란드)는 폴란드 쳉스토호바에서 열린 대회에서 빛처럼 빠른, **가장 빠른 탁구 타격**을 기록했다(116km/h).

'팔꿈치로 팅기기': 저글링 중간에 팔꿈치로 공을 팅기는 기술이다. 양팔로 이 기술을 수행하면 2가지 기술을 한 것으로 인정된다!

'어깨 너머로': 등 뒤로 던지기는 몸의 양방향으로 할 수 있다.

'다리 아래로': 물론 이 기술도 양다리를 쓸 수 있으며, 각각 기술로 인정된다.

1분 동안 저글링 묘기 많이 하기(공 3개)

테일러 글렌(미국)은 2018년 12월 16일 미국 네바다주 라스베이거스에서 열린 스킬콘에서 1분 동안 공 3개로 39가지의 묘기(왼쪽에 소개된 3가지 묘기 포함)를 선보였다. 그녀는 12세에 공 3개로 하는 기본 저글링 기술을 배우기 시작했고 그 후 십 대에 공 4개, 공 5개, 곤봉 등으로 저글링하는 기술을 늘려갔다.

집에서 따라 해보세요

테일러보다 더 많은 기술을 연마했는가? 당신이 그녀보다 뛰어나다고 생각한다면 기네스 세계기록의 규정을 먼저 확인해보자.

· 수행하는 모든 묘기는 표준 저글링 동작이어야 한다.

· 기록에 도전하기 전 하려는 묘기의 목록을 제출하고, 그 순서대로 진행해야 한다.

· 도전자의 묘기를 보여주는 비디오나 사진을 함께 제출해도 된다.

· 일반적으로 구매가 가능한 저글링 공만 사용해야 한다.

· 일단 시작하면 1가지 묘기를 완전히 끝낸 후에 다음 묘기를 진행해야 한다. 각각의 묘기는 1회만 수행한다.

· 새로운 묘기를 시작할 때 묘기의 명칭을 소리 내 말해야 한다.

· 공을 떨어뜨리지 말 것! 떨어뜨리면 당신의 도전도 끝난다.

· 2명의 증인이 도전을 직접 확인해야 한다. 증인들은 능숙한 저글러여야 하며, 당신의 기록과 함께 그들의 전문성도 입증해야 한다.

· 증인들은 도전자의 도전 영상을 검토하고 모든 묘기를 완전하게, 순서대로 수행했음을 확인해야 한다.

기네스 세계기록의 모든 공식 규정은 guinnessworldrecords.com/2020 사이트에서 볼 수 있다.

guinnessworldrecords.com/2020에서 테일러의 기술을 참조하자.

JUN 5 2013년 사티아지트 호타(인도)는 터키 이스탄불에 마련된 〈세계기록〉 무대에서 벅돌 1개보다 무거운 3.51kg의 물체로 **눈꺼풀에 매단 가장 무거운 물체** 기록을 세웠다.

JUN 6 2016년 벤이라는 이름의 콜롬비아 무지개보아뱀이 42년 6일의 나이(1974년 5월 31일 출생)로 죽으며 **사육된 뱀 중 최장수** 기록을 세웠다. 이 수컷 뱀은 미국 조지아주 밸도스타에서 해터만 가족과 함께 살았다.

프로처럼 플레이하기 PLAY LIKE A PRO

취미를 극한까지 즐겨, 노는 시간을 직업으로 만든 기록
파괴자들을 만나보자! 포고스틱, 풋백(콩주머니), 스페이스호퍼,
요요 등을 수천 시간씩 연습해 세계 최고의 실력자가 된
사람들이다. 당신도 즐겨하는 취미가 있다면 이미 신기록
도전에 반은 온 셈이다. 여기에 수록된 사람들에게 영감을 얻어
당신도 목표를 세워보자. 잘하면 내 이름이 내년 《기네스
세계기록》에 실릴 수도 있다!

▶ 훌라후프 가장 많이 동시 돌리기

2015년 11월 25일 마라와 이브라힘(호주)은 미국 캘리포니아주 로스앤젤레스에서 훌라후프 200개를 동시에 돌렸다. 그녀는 훌라후프 돌리며 롤러스케이트 타고 50m 빨리 가기(8초76), 훌라후프 3개 돌리며 롤러스케이트 타고 100m 빨리 가기 기록도 갖고 있다(27초 26).

▶ 경이로운 풋백 기록

이 작은 콩주머니를 잘 다루려면 체력과 빠른 반응속도가 필요하다. 데릭 포글(미국, 왼쪽 사진)은 2018년 12월 15일 발로 풋백 팅기며 1시간 동안 가장 멀리 이동하기 기록을 작성했다(5.05km). 한 다리로 풋백 2개 연속으로 많이 팅기기 기록은 기회로, 매튜 고티에(캐나다, 오른쪽 사진)가 달성했다. 두 기록은 2018년 12월 15일 미국 네바다주 라스베이거스에서 열린 스킬콘에서 검증됐다.

포고스틱 최고 높이 점프

드미트리 아르세니예프(러시아)는 2018년 11월 20일 이탈리아 로마에서 다 큰 아프리카코끼리 높이와 비슷한 3.4m를 팅겨 올라갔다. 이 X포고 프로 선수는 2017년 11월 5일 포고스틱으로 점프하며 공중에서 포고스틱 돌리기 최다 연속 기록을 달성했다(26회). 점프 때마다 공중에서 스틱을 360도 회전시킨 뒤 착지했다!

한 손으로 30초 동안 레고 블록 십자 형태로 높이 쌓기

실비오 사바(이탈리아)는 2017년 3월 3일 이탈리아 밀라노에서 30초 만에 레고 블록 29개를 쌓았다. 그는 1분 동안 플라스틱 병뚜껑 많이 쌓기(43개)와 한 손가락에 CD 많이 올리고 균형 잡기(247장) 기록도 가지고 있다.

스페이스호퍼 타고 100m 빨리 가기(여자)

코미디언이자 소셜미디어의 슈퍼스타 알리 스파뇰라(미국)는 2017년 3월 9일 미국 캘리포니아주 로스앤젤레스에 있는 UCLA의 드레이크 육상 스타디움에서 스페이스호퍼를 타고 100m를 38초22 만에 팅겨 갔다. 신기록을 다수 보유한 아시리타 퍼먼(미국)은 스페이스호퍼 100m 최고 기록도 갖고 있는데, 2004년 11월 16일 같은 거리를 30초2의 기록으로 주파했다.

 JUN 7 2015년 독일 마인츠에서 크리스티안 쉐퍼(독일)가 물속에서 게임용 카드 많이 외우기 기록을 작성했다. 그는 단 한 번의 호흡으로 물속에서 카드 56장을 외운 뒤 물 밖으로 나와 차례대로 기억해냈다.

  JUN 8 2014년 마리오 바르트(독일)는 독일 베를린에 있는 올림피아스타디온에서 전설적인 코미디 공연을 마무리했다. 그의 공연을 총 11만 6,498명이 관람해 24시간 동안 최다 관객을 동원한 코미디언이 됐다.

동시에 팽이 많이 돌리기

2012년 3월 17일 미국 뉴욕시에 있는 커낼 파크 플레이하우스에서 마크는 27개 팽이를 동시에 회전시켰다. 기네스 세계기록 도전을 위해 시도한 묘기로, 마크와 그의 무대 파트너 조나단 번스가 브로드웨이 코미디 쇼 〈스턴트 랩〉의 말미에 대결을 펼쳐 기록을 달성했다.

▶ 요요 '개 산책' 묘기로 최장거리 이동하기

코미디 엔터테이너 마크 헤이워드(미국)는 세계 요요 및 팽이 챔피언으로 '개 산책' 묘기 기록 보유자다. '개 산책'은 도전자가 요요를 회전시켜 아래로 내리면 요요가 땅에 닿으며 앞으로 굴러가는 묘기를 말한다. 마크는 2018년 12월 15일 스킬콘에서 이렇게 요요를 굴려 8.28m라는 압도적인 거리를 산책시키는 기록을 세웠다.

▶ guinnessworldrecords.com/2020에 가면 마크가 공유한 요요 팁들이 있다.

집에서 따라 해보세요

마크보다 멀리 '개 산책' 묘기를 해낼 수 있는가? 기네스 세계기록에 도전하려면 우리의 규정을 따라야 한다.

• 시중에서 판매하는 요요만 사용해야 하며, 어떤 개조도 해서는 안 된다. 도전자는 증인이 이 사실을 손으로 확인하도록 허용해야 한다.

• 이 도전은 평평한 장소에서 해야 한다.

• 묘기를 하는 동안 요요가 계속 회전해야 한다. 요요가 멈추면 당신의 기록 도전도 끝이다!

• 증인은 요요가 이동한 수평거리를 측정하기 위해 요요가 처음 땅에 닿는 지점에 별도의 표시를 해야 한다.

• 증인은 요요가 땅에서 도전자의 손으로 되돌아가는 지점도 마찬가지로 표시를 하고, 시작점부터 거리를 측정한다.

• 요요가 지면에서 떠올라 도전자의 손에 돌아갈 때까지, 요요는 여전히 회전하고 있어야 한다.

• 도전 시간을 기록하고, 다른 증거들과 함께 기록을 제출한다.

• 도전은 처음부터 끝까지 모두 촬영해야 하며, 요요의 거리를 측정하는 모습도 영상에 담겨 있어야 한다. 그리고 슬로모션 장면도 포함돼 있어야 한다. 기네스 세계기록의 모든 규정은 guinnessworldrecords.com/2020에서 확인할 수 있다.

JUN 9 2018년 미국 메인주에서 열린 스코히건 무스 축제에서 1,054명의 주민들이 모여 **최다 인원이 동시에 무스 울음소리 내기** 기록을 작성했다. 모두 시작: "음메에에에에에에에에에!"

JUN 10 쉿! 2015년 **가장 조용한 장소** 기록이 검증됐다. 미국 워싱턴주 레드먼드에 있는 마이크로소프트의 방음실은 소음 레벨이 인간이 들을 수 있는 청력의 한계를 넘어선 -20.35dB을 기록했다.

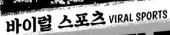

균형 잡기 BALANCING ACTS

바위처럼 침착한 손을 가졌거나 머리가 벽돌처럼 평평하다면 도전해볼 기록이 많다! 심지어 집에 굴러다니는 어떤 물체든 도전에 사용할 수 있다. 트럼프 카드와 플라스틱 병, 숟가락을 포함한 식기류도 모두 기록의 대상이다. 다른 도전자들은 어떤 영감을 얻었는지 이 페이지에서 확인해보자! 당신의 균형감이 온라인에서 화제가 되고, 그 기록이 소셜 미디어에서 돌풍을 일으킬지 누가 알겠는가.

머리에 우유병 올리고 1마일 빨리 달리기

2004년, 다수의 기록을 가진 아시리타 퍼먼(미국)이 우유가 가득 담긴 병을 머리에 올리고 1마일(1.6km)을 7분 47초 만에 주파했다! 7년 뒤, 그는 우유병으로 다른 신기록을 작성했는데, 하프 마라톤을 2시간 33분 28초 만에 완주했다.

카드로 만든 가장 높은 집(지지대 없음)

카드의 마법사 브라이언 버그(미국)는 2007년 10월 16일 미국 텍사스주 댈러스에서 7.86m 높이의 집을 카드로 지었다. 그는 1시간에 카드로 만든 가장 높은 집 기록도 가지고 있는데(26층), 2018년 9월 12일 미국 뉴욕시 〈라이브 위드 켈리 앤드 라이언〉 무대에서 달성했다.

얼굴에 숟가락 가장 많이 올리기

얼굴에 식기를 붙인다고? 2009년 애런 케이시(캐나다, 오른쪽 사진)는 얼굴에 숟가락 17개를 붙이고 기네스 세계기록의 규정에 따라 5초 이상 버텼다. 현재는 달리보르 자블라노비치(세르비아)가 2013년 9월 28일 세르비아 스투비카에서 숟가락 31개를 붙여 경신했다. 당신은 어떤가?

한 손가락에 야구방망이 세우고 100m 빨리 가기

능숙한 저글러(100쪽 참조)이기도 한 데이비드 러시(미국, 위와 아래 사진)는 2018년 10월 5일 미국 아이다호주 보이시 고등학교에서 한 손가락에 야구방망이를 세우고 100m를 14초28 만에 주파했다. 같은 해, 데이비드는 미국 아이다호주 보이시에서 입에 문 숟가락에 달걀 올리고 100m 빨리 가기(1마일 빨리 가기) 기록도 경신했다(18초47, 8분 2초44).

강아지 코에 간식 많이 올리고 균형 잡기

당신의 강아지도 균형 잡기 기록을 세울 수 있다! 당신의 개는 간식을 떨어뜨리지 않고 코 위에 몇 개나 올릴 수 있을까(간식의 유혹을 견디는 것이 더 힘들까)? 왼쪽 사진은 이전 기록 보유견 '몽키'가 2013년 비스킷 26개를 올리고 제한시간 3초 이상 버티는 모습이다. 현재 최고 기록은 디마 예레멘코(영국)가 기르는 허스키 믹스견 조지가 가지고 있는데, 2015년 5월 9일 영국 런던 펫 쇼에서 간식 29개 탑을 세우는 데 성공했다.

JUN 11 1959년 무게 4t의 사운더스-로 SR.N1이 영국 아일 오브 와이트 카우스에서 **최초의 호버크라프트 주행**에 성공했다. 126km/h의 속도를 기록했다.

JUN 12 1999년 P/1999 J6이 **지구에 가장 근접한 혜성**으로 기록됐다. 이 혜성은 지구에 0.012천문단위(179만 5,174km)까지 접근했는데, 이는 지구에서 달까지 거리의 5배가 안 된다.

1분 동안 입으로 마시멜로 많이 받기

2017년 9월 17일 미국 텍사스주 댈러스에서 조시(아래 사진)는 제이크 트리플렛(미국)이 던지는 마시멜로를 1분 동안 42개 받아냈다. 이 기록은 2018년 9월 30일 캐나다 온타리오주 오타와에서 아시리타 퍼먼(옆 페이지 참조)과 비핀 라르킨(둘 다 미국)이 45개를 성공시키며 경신됐다.

눈 가리고 1분 동안 플라스틱 병 360도 회전시켜 세우기

2018년 12월 16일 유명 저글러이자 만능 예능인 조시 호턴(미국)은 안대를 하고 1분 동안 플라스틱 병 1개를 27회나 360도 회전시켜 세웠다. 기네스 세계기록의 규정에 따라(아래 참조) 손으로 회전시킨 병이 정확히 1바퀴를 돌고 바닥에 바로 선 경우에만 기록으로 인정되었다. 이 도전은 미국 네바다주 라스베이거스에 있는 올 스위트 호텔&카지노에서 열린 2018 스킬콘에서 진행됐다.

▶ guinnessworldrecords.com/2020에 조시가 자신의 비결을 공개했다.

머리 위에 화장지 가장 많이 올리고 30초 동안 균형 잡기

조시는 2017년 5월 16일 미국 캘리포니아주 말리부에서 화장지 12개를 머리에 올리고 30초를 버티는 데 성공했다. 도전은 기네스 세계기록 페이스북에서 라이브로 스트리밍됐다.

집에서 따라 해보세요

조시의 눈 가리고 병 돌리기 기록에 도전할 준비가 됐는가? 기네스 세계기록의 규칙을 먼저 숙지하자!

- 시중에서 구할 수 있는 플라스틱 병은 다 사용 가능하다. 단 용량이 500~590㎖여야 한다.

- 병의 3분의 1 정도를 물(액체)로 채우자(측정 장면을 영상으로 남겨 제출해야 한다).

- 도전 중에는 안대를 착용해 시야를 완전히 가려야 하며, 공정한 증인이 이 사실을 검증해야 한다.

- 단단하고 평평한 면에 양손을 올리고 도전자의 정면에 병을 놓고 시작한다.

- 시작 신호와 함께 병을 공중에 회전시켜 360도 돌게 해야 한다. 병은 넘어지지 않고 똑바로 바닥에 착지해야 한다. 이때 한 손만 사용해야 하며, 병도 하나만 사용해야 한다.

- 병이 똑바로 서지 않으면 기록에서 제외한다.

- 병을 회전시킬 때마다 도전자가 직접 다음 시도를 위해 병을 찾아 잡아야 하며, 눈으로 몰래 봐서는 안 된다! 다른 사람이 도와서도 안 된다.

- 1분 안에 병이 완전히 회전한 횟수만 기록으로 인정된다.

- guinnessworldrecords.com/2020에서 기네스 세계기록의 공식 규정을 모두 확인할 수 있다.

JUN 13 2015년 톰 허드슨(영국)과 피트 플레처(호주)는 **24시간 동안 조정으로 최장거리 이동하기** 기록을 세웠다(216.24km). 둘은 대서양을 횡단하던 중 이 기록을 달성했다.

JUN 14 2011년 만화 속 슈퍼히어로를 기반으로 한 뮤지컬 〈스파이더맨: 턴 오프 더 다크〉가 브로드웨이에서 공연을 시작했다. **제작비용이 가장 큰 극장 작품**이다(7,500만 달러).

스피드 큐브 SPEED-CUBING

에르뇌 루비크(헝가리)가 고안한 이 퍼즐은 2020년이면 전 세계에 소개된 지 40주년이 된다. 원래 3×3×3 형태로 시작한 이 큐브는 현재는 12면체인 메가밍크스, 피라밍크스, 클락(2면 퍼즐로, 각 면에 맞춰야 할 시계가 9개 있다) 등 다양한 형태로 파생됐다. 그레그와르 페니히(프랑스)는 33×33×33 버전의 **가장 큰 매직 큐브**를 만들기도 했다(6,153파트). 하지만 초심자라면 단순한 형태부터 시작하자! 3×3×3 큐브를 맞추는 방법을 알려주는 영상은 온라인에서 쉽게 찾을 수 있다. 큐브 맞추기에 완전히 숙달되었다면 영상을 직접 만들어 올려 다른 사람들에게 영감을 주자. 만약 큐브 관련 기네스 세계기록을 깨고 싶다면 여기 이 사람들을 뛰어넘어야 한다.

최단시간에 루빅큐브 1개 맞추기

두위성(중국)은 2018년 11월 24일 중국 안후이성에서 열린 우후 오픈 대회에서 표준 3×3×3 큐브를 3초47 만에 맞췄다. 이 기록은 공식 영상은 없지만, 위성이 재빠른 손놀림으로 큐브를 풀고 옆에서 공식 심판이 지켜보는 장면이 CCTV로 남아 있다(위 오른쪽 사진).

당신의 큐브 게임에 터보 부스터를!
(모든 기록은 아래 왼쪽부터 오른쪽으로 사진 참조)

최단시간
- 포고스틱 타며 루빅큐브 맞추기: 24초13, 조지 터너(영국)
- ▶ 루빅큐브 3개 저글링하며 맞추기: 5분 2초43, 췌젠위(중국)
- 물속에서 2개 동시에: 53초86, 크리쉬남 라주 가디라주(인도)

최다 기록
- 캐스터보드 위에서: 151개, 니킬 소아레스(인도)
- 1시간 동안 선헤엄 치며 한 손만 써서: 137개, 셴웨 이푸(중국)
- 자전거 위에서: 1,010개, P K 아루무감(인도)
- 외발자전거 위에서: 250개, 갈렙 매커보이(미국)

대회에서 3×3×3 루빅큐브를 가장 빨리 맞춘 기록(평균 시간)

펠릭스 젬덱스(호주)는 2017년 10월 15일 말레이시아 방이에서 열린 말레이시아 큐브 오픈 대회에서 평균 5초80 만에 큐브를 맞췄다. 그가 대회 1라운드에서 작성한 기록은 각각 5초99, 5초28, 5초25, 6초13, 9초19다. 펠릭스는 3×3×3 종목에서 우승을 거뒀다.

펠릭스는 루빅큐브 1개 빨리 맞추기 이전 기록도 가지고 있었으나(4초22), 2018년 11월 두위성이 경신했다(왼쪽 위 참조).

JUN 15 1982년 라즐로 키스가 피파 월드컵 경기 최단시간 해트트릭을 기록했다. 헝가리 선수인 그는 스페인 엘체에서 엘살바도르를 상대로 7분 만에 골망을 3회나 흔들었다.

JUN 16 2009년 '루트 미스테리오' 미켈레 포르지오네(이탈리아)가 가장 긴 트림 소리를 내뿜었다(1분 13초). 이 기록은 이탈리아 레지올로에서 열린 제13회 하드록 맥주 페스티벌 트림 소리 대회에서 작성됐다.

6×6×6 루빅큐브 1개 최단시간에 맞추기

맥스(오른쪽 참조)는 2018년 8월 17~19일 대만 타이베이에서 열린 WCA 아시아 챔피언십에서 겨우 1분 13초82 만에 6×6×6 루빅큐브 1개를 맞췄다. 맥스는 다른 종류의 큐브 퍼즐들도 최단시간에 풀어낸 기록을 보유하고 있다.
- 4×4×4: 18초42
- 5×5×5: 37초28
- 7×7×7: 1분 47초89

루빅큐브 1개를 한 손으로 최단시간에 맞추기(평균)

맥스 파크(미국)에게 9초42는 3×3×3 루빅큐브 1개를 한 손으로 맞추기에 충분한 시간이다. 그는 미국 캘리포니아주에서 열린 2018 버클리 하계 대회(9월 15~16일)에서 각각 9초43, 11초32, 8초80, 8초69, 10초02를 기록했다. 세계큐브협회의 규정에 따라 가장 느린 기록과 가장 빠른 기록은 평균 시간을 계산할 때 제외된다.

최단시간

3×3×3	두위성(중국, 옆 페이지 맨 왼쪽)	3초47
2×2×2	마치에이 차피에프스키(폴란드)	0.49초
3×3×3(눈 가리고)	잭 카이(호주)	16초22
3×3×3(한 손으로)	펠릭스 젬덱스(호주, 옆 페이지)	6초88
3×3×3(발로)	다니엘 로즈-레빈(미국)	16초96
메가밍크스	후안 파블로 후안퀴 안디아 (페루)	27초81
피라밍크스	도미니크 고르니(폴란드)	0.91초
클락	수엔밍치(중국)	3초29
스큐브	요나탄 클로스코(폴란드)	1초10
스퀘어-1	빈첸초 궤리노 세치니 (브라질)	5초

출처: 세계큐브협회, 2019년 4월 12일 기준

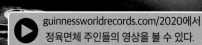
guinnessworldrecords.com/2020에서 정육면체 주인들의 영상을 볼 수 있다.

최단시간 눈 가리고 4×4×4 루빅큐브 1개 맞추기

스탠리 채플(미국)은 2018년 5월 20일 미국 인디애나주 포트웨인에서 눈을 가린 채 4×4×4 루빅큐브를 1분 29초 만에 맞췄다. 이 기록은 세계큐브협회의 큐빙USA 오대호 챔피언십에서 작성됐다 (WCA 눈 가리고 퍼즐 맞추기 규정은 오른쪽 참조).

guinnessworldrecords.com/2020에 스탠리가 자신의 비결을 공개했다.

집에서 따라 해보세요

기네스 세계기록은 세계큐브협회(WCA)의 빨리 맞추기 규정을 따른다. 여기에 눈 가리고 맞추기에 관한 WCA의 규정을 대략적으로 나열해놨지만 worldcubeassociation.org에 가면 세부사항까지 확인할 수 있다.

- 안대는 도전자가 준비한다.
- 빨리 맞추기 종목은 제한시간이 있으며, 도전을 시작하기 전 주최자가 공지한다.
- 10분 안에 맞출 수 있으면 스택맷을 쓴다. 스택맷은 WCA 대회에서 사용하는 공식 타이머다. 하지만 시간이 길어질 경우 심판이 스톱워치를 사용한다.
- 시작 전, 자신의 큐브를 스크램블러에게 제출한다. 스크램블러는 각 면을 무작위로 배열하고, 큐브를 가린다.
- 준비가 끝나면 심판이 참가자에게 '준비 됐습니까?'라고 물어보고, 대답과 함께 큐브를 공개한다. 스택맷을 사용할 경우 손을 올림과 동시에 타이머를 작동시킨다.
- 참가자는 큐브를 외우고 난 뒤 눈을 가리고 맞추기를 시작한다. 눈을 가리기 전에 퍼즐을 맞춰서는 안 된다!
- 끝났다고 생각되면 큐브를 놓고 타이머를 멈춘다.

JUN 17 2016년 큰 기대를 모은 픽사의 후속작 〈도리를 찾아서〉(미국)가 개봉했다. 이 영화는 북아메리카 극장가에서 2일 만에 **최단시간에 수익 1억 달러를 넘긴 애니메이션 영화**(자국 내)로 기록됐다.

JUN 18 2007년 제레미 하퍼(미국)는 하루에 16시간씩 숫자를 세어 88일 후인 9월 14일 자신이 목표로 했던 숫자인 100만에 도달했다. 이는 **큰 소리로 센 가장 큰 수**로 기록됐다.

모험정신 SPIRIT OF ADVENTURE

슬립스트림 주행으로 최고 속도를 기록한 자전거

데니스 밀러 코레넥(미국)이 2018년 9월 16일 미국 유타주 보너빌 소금사막에서 296.009km/h의 속도를 기록했다. 그녀가 탑승한 자전거는 드래그스터에 매달려 가다(삽입 사진 참조)가 약 80.5km/h의 속도에서 분리됐고, 자동차의 슬립스트림 속에서 페달을 밟기 시작했다. 자신이 세운 여자 최고 기록뿐 아니라 1995년 프레드 롬펠버그(네덜란드)가 세운 **남자 최고 기록** 268.831km/h까지 경신했다.

데니스가 기록적인 역주를 펼치기 전 드래그스터 드라이버인 시어 홀브룩과 함께 서 있는 모습이다.

데니스의 카본 프레임셋 자전거는 KHS 바이시클스가 제작했다. 지름 43cm의 오토바이 바퀴로 고속 주행 시 안정성을 높였고, 서스펜션 포크로 표면 진동을 줄였다.

목차 CONTENTS

가장 큰 유인 풍선 LARGEST CREWED BALLOON

2012년 10월 14일 세상의 이목이 펠릭스 바움가르트너에게 집중되었다. 이 겁 없는 오스트리아인은 역사상 가장 큰 유인 풍선에 매단 캡슐에 몸을 싣고 성층권 높이까지 올라간 뒤 지구로 자유낙하하는 아찔한 도전을 실행에 옮겼다. 성공한다면 세계신기록을 동시에 여러 개 세우겠지만, 만약 실패한다면….

7년간의 준비를 끝내고 그날이 왔다. 레드불 스트라토스 우주 낙하기구가 정점에 도달했다. 이 프로젝트가 나사와 미국 공군에 소중한 데이터를 제공하고… 50년 이상 묵은 기록을 산산이 무너뜨릴 순간이었다.

펠릭스는 미국 뉴멕시코주 로즈웰에서 현지 시간 오전 9시 28분에 이륙했다. 헬륨 풍선 아래 매달린 캡슐에 몸을 싣고 2시간이 지나 그가 캡슐의 출구에 섰을 때 0.02mm 두께의 폴리에틸렌 플라스틱으로 만든 풍선은 지름 129.2m, 부피 약 85만m³까지 팽창해 있었다. **사람이 탑승한 역사상 가장 큰 풍선**으로, 1991년 최초의 풍선열기구 태평양 횡단이 기록될 당시 리처드 브랜슨(영국)과 퍼 린드스트랜드(스웨덴)가 띄운 버진 오츠카 퍼시픽 플라이어보다 부피가 11배 정도 컸다. 또 현재 생산 중인 가장 큰 승객 탑승용 열기구 풍선보다는 부피가 40배 이상 크다.

3만 8,969m의 상공에서 캡슐 밖으로 발을 내딛자 펠릭스는 **자유낙하 최고 속도**인 1,357.6km/h에 달하는 목숨을 건 하강을 시작했다(옆 페이지 참조). 이렇게 빠른 낙하 속도는 그를 자유낙하로 음속의 벽을 깬 최초의 인간으로 만들었는데, 이는 미국 공군 장교 척 예거(미국)가 벨 X-1 로켓항공기를 타고 처음 음속의 벽을 돌파한 지 65년 만의 일이다! 여기, 우리의 디지털 전문가들이 당시에 기록을 세운 풍선을 땅으로 내려 런던의 랜드마크 옆에 배치해봤다. 어떤 물체든 39km 상공에 있으면 그 크기를 가늠하기 힘드니 우리가 예술적 상상력을 발휘해 비교 대상 옆으로 가져온 것이다. 실제로 풍선은 사진처럼 지면 가까운 곳에 있으면 절대 최대 용량까지 부풀지 않는다. 이륙할 때 풍선의 높이는 167.6m로 길쭉한 모양이지만, 상공의 정점에 달하면 옆으로 부풀면서 높이가 101.8m로 낮아진다.

풍선 안에 가득 찬 헬륨은 공기보다 가벼워서 해수면 기압의 2%밖에 안 되는 성층권 상단에 도달하면 사진처럼 팽창한다. 이 지점에 달하면(일명 부유높이) 풍선 안의 공기밀도가 외부와 비슷해져 길쭉했던 모양이 달걀 모양으로 부푸는데, 타워 브리지의 중앙 부분 폭보다 2배 이상 넓어진다.

커다란 희망: 하늘을 찌를 듯한 성과에 박수를

기네스 세계기록은 펠릭스 바움가르트너의 아주 특별한 재능을 인증할 수 있어 매우 기뻤다. 그는 이렇게 말했다. "우리의 목표는 항공우주 산업을 안전하게 만드는 것입니다. 그래도 기네스 세계기록 증서를 받으니 제가 가지고 있던 초음속 돌파의 꿈이 비로소 현실이 된 것 같네요."

역사의 순간에 서다

펠릭스가 탄 캡슐은 지구의 둥근 면이 보일 정도로 극한의 고도까지 올라갔다. 그는 낙하를 위해 출구로 가 무전으로 말했다. "지금 전 세계가 저를 보고 있다는 걸 알고 있습니다. 제가 보고 있는 풍경을 여러분도 봤으면 좋겠네요. 이렇게 높은 곳에 올라오면 자신이 얼마나 작은 존재인지 깨닫게 됩니다. … 저는 이제 집으로 돌아가겠습니다." 그러고 그는 뛰어내렸다.

그는 낙하 후 몸이 회전하며 정신을 거의 잃을 뻔했지만, 스카이다이빙 기술을 활용해 안정을 되찾았다. 헬멧에 김도 서렸지만 다행히 낙하를 통제할 수 있었고 고도 약 1,525m에서 낙하산을 펼쳤다. 캡슐에서 뛰어내린 지 약 9분 만에 로즈웰 인근 사막에 터치다운했다.

겨우 2년 뒤인 2014년 10월 24일, 앨런 유스터스(미국)는 펠릭스의 최고 고도 낙하산 **자유낙하** 기록과 최고 고도에 올라간 유인 풍선기구 기록을 경신했다(4만 1,422m).

육로로 BY LAND

7일 동안 자전거로 가장 많은 국가를 방문한 기록(남자)
데이비드 헤이우드(영국)는 2017년 10월 12~18일 벨기에 묄링헨에서 슬로바키아 브라티슬라바까지 13개 나라를 자전거로 이동해 방문했다.

한 국가 내 최장거리 자동차 여행
2016년 7월 11일~11월 9일 그렉 카이예와 헤더 톰슨(둘 다 미국)은 미국 내에서 5만 8,135.87km를 드라이브했다.
한 국가 내 최장거리 모터사이클 여행은 가우라프 싯다르타(인도)가 2015년 9월 17일~2017년 4월 27일 인도에서 기록한 11만 5,093.94km다.

사이클 타고 일본을 세로로 가장 빨리 주파한 기록(북에서 남으로, 남자)
나가세키 히로키(일본)는 7일 19시간 37분 만에 일본을 사이클로 주파했다. 홋카이도 소야곶에서 2018년 7월 19일 출발해 일주일 뒤 규슈 사타곶에 도착했다.
여자 기록 보유자는 파올라 지아노티(이탈리아)로 2017년 5월 24일~6월 1일에 8일 16시간 19분의 기록으로 일본을 완주했다. 이 선수는 2014년에 세운 **최단기간 자전거 세계 일주(여자)** 기록도 보유하고 있다 (144일).

도보로 심프슨 사막을 가장 빨리 횡단한 기록
팻 파머(호주)는 50도가 넘는 호주에서 4번째로 큰 심프슨사막 379km를 3일 8시간 36분 만에 건넜다. 이 여정은 1998년 1월 26일 마무리됐다. 평균 속도 4.75km/h로 모래언덕을 1,162개나 넘었다.

최단시간 사이클 유라시아 횡단
조나스 다이히만(독일)은 사이클을 타고 64일 2시간 26분 만에 유라시아를 서에서 동으로 가로질렀다. 2017년 7월 2일 포르투갈 호카곶에서 출발해 9월 4일 러시아 블라디보스토크에 도착했다.

하루에 가장 많은 대륙을 방문한 기록(달력 일자 하루 기준)
토르 미칼센과 그의 아들 손드르 미카센(둘 다 노르웨이)은 2017년 4월 29일 5개 대륙의 도시들을 방문했다. 이스탄불(아시아 터키), 카사블랑카(아프리카 모로코), 리스본(유럽 포르투갈), 마이애미(북아메리카 미국), 바랑키야(남아메리카 콜롬비아)다.
둘은 2012년 6월 18일 군나르 가포스(노르웨이)와 아드리안 버터워스(영국)가 이스탄불부터 카라카스(남아메리카 베네수엘라)까지의 여정으로 세운 기록과 동률을 이뤘다.

자전거로 팬아메리칸 하이웨이를 가장 빨리 지난 기록
마이클 슈트라서(오스트리아)가 자전거를 타고 미국 알래스카 프루도만에서 출발해 84일 11시간 50분 뒤인 2018년 10월 16일에 아르헨티나 남쪽 끝 우수아이아에 도착하며 기록을 세웠다. 그는 전 기록보유자인 딘 스콧(영국)보다 2개월 뒤에 출발해 도전에 성공했다. 남에서 북으로 달린 스콧은 2월 1일~5월 11일에 99일 12시간 56분의 기록을 작성했다.

태양열 자동차로 심프슨사막을 가장 빨리 횡단한 기록
태양열 자동차로 심프슨사막을 가장 빨리 횡단한 기록은 4일 21시간 23분이다. 마크와 데니 프렌치 부부(둘 다 호주)는 2017년 9월 11일 퀸즐랜드 버즈빌에 도착했다.

최장거리 맨발 여행
2016년 5월 1일~8월 12일에 이먼 키비니(아일랜드)는 아일랜드 2,080.14km를 맨발로 여행했다.

최연소 모터사이클 세계 일주(남자)
케인 아벨라노(영국, 1993년 1월 20일생)는 24세 생일을 맞이하기 하루 전인 2017년 1월 19일 오토바이로 세계 일주를 마치고 영국 타인위어주 사우스실즈 시청에 도착했다. 2016년 5월 31일 시작해 6개 대륙 36개국 4만 5,161km를 여행했다.

란즈엔드에서 존오그로츠까지 잔디 깎는 기계로 가장 빨리 주파한 기록
2017년 7월 30일 앤디 맥스필드(영국)는 잔디 깎는 기계를 타고 5일 8시간 36분 만에 영국을 끝에서 끝까지 주파했다. 알츠하이머협회를 위한 모금 활동이었다.

최단시간 자전거 세계 일주(여자)
제니 그레엄(영국)은 2018년 6월 16일 독일 베를린에서 세계 일주를 시작해 124일 11시간 뒤인 10월 18일 같은 장소에서 일정을 마쳤다. 그녀는 다른 사람의 지원 없이, 본인이 모든 장비를 챙겨가며 여행했다.
마크 보몬트(영국)는 78일 14시간 40분 만에 **최단시간 자전거 세계 일주**를 했다. 2017년 7월 2일 프랑스 파리 개선문에서 '80일 안에 세계를 한 바퀴 돌겠다'고 다짐 후 여행을 시작, 2017년 9월 18일 같은 장소로 들어왔다.

최단시간 도보 미국 횡단
2016년 9월 12일~10월 24일 피트 코스텔닉(미국)은 42일 6시간 30분 만에 캘리포니아주 샌프란시스코 시청에서 뉴욕 시청까지 횡단하는 모험을 성공시켰다.
최단시간 도보 미국 횡단(여자)의 기록은 40년째 깨지지 않고 그대로다. 1978년 3월 12일~5월 21일 마비스 허친슨(남아공)이 69일 2시간 40분 만에 미국을 횡단했다.

JUN 19 1963년 발렌티나 테레시코바(소련)가 보스토크 6호에 탑승해 2일 22시간 50분 동안 지구를 48회 선회하며 우주에 간 최초의 여자가 됐다. 그녀는 '소련의 영웅'이란 칭호를 얻었다.

JUN 20 2017년 18.04캐럿의 록펠러 에메랄드가 가장 비싼 에메랄드(캐럿 기준)로 기록됐다. 미국 뉴욕 크리스티 경매에서 경매 수수료를 포함해 551만 1,500달러에 판매됐다.

90 MILE STRAIGHT
AUSTRALIA'S LONGEST STRAIGHT ROAD
146.6 km

2인승 자전거 최단시간 세계 일주(남자)

영국의 존 와이브로(사진 왼쪽)와 조지 에거트(사진 오른쪽)가 2016년 6월 8일 영국의 캔터베리에서 2인용 자전거를 타고 여정을 시작해 2017년 3월 25일에 같은 장소에 도착했다. 290일 7시간 36분이 걸린 것이다. 이 자전거 듀오는 주문 제작한 자전거 '데이지'로 전 세계 2만 9,946.80km 이상을 질주했다.

둘은 홈리스 자선단체 포치라이트, 런던의 그레이트 오몬드 스트리트 병원, 워터 에이드를 위해 수천 파운드를 모금했다.

한 국가 내 최장거리 대중교통 여행

두르가 차란 미스라와 그의 아내 조트시나(둘 다 인도)는 2018년 2월 18일~3월 30일에 대중교통으로 인도 전역을 2만 9,119km나 여행했다. 이 놀라운 여정은 오디샤주 푸리 기차역에서 시작되고 끝났다. 이 부부는 이전 기록을 1만 9,300km 이상 경신했다.

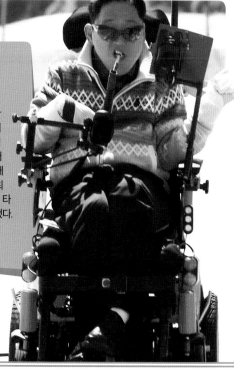

전동 휠체어를 입으로 조종해 24시간 최장거리 이동

2017년 4월 19~20일 대한민국의 최창현은 전동 휠체어를 타고 입으로 조종하며 경상북도 울진 기성리에서 강원도 고성군 통일전망대까지 280km를 달렸다. 최창현은 이외에도 휠체어를 타고 제주도, 유럽 등을 횡단했다.

JUN 21 2014년 **가장 짧은 소** 마니키얌은 발굽부터 기갑(어깨 사이 도드라진 부분)까지 길이가 61.1cm로 측정됐다. 악샤이 N V(인도)가 인도 케랄라에서 키우는 암컷 소다.

JUN 22 2017년 연쇄 기록 파괴자 아시리타 퍼먼(미국)이 미국 뉴욕에서 **작동하는 잔디 깎는 기계를 턱 위에 올리고 멀리 이동하기** 기록을 세웠다(71.5m).

하늘로 BY AIR

수평으로 비행한 최초의 인간

2004년 6월 24일 비행사 이브 로시(스위스)는 스위스 뇌샤텔호 인근 이베르돈 비행장 상공 약 1,600m 높이에서 180km/h로 4분 동안 비행했다. 그의 '제트맨' 장비는 2개의 석유 제트엔진과 3m 길이의 접을 수 있는 카본 날개로 구성돼 있다.

윙수트 최고 고도 점프

2015년 11월 11일 제임스 페트롤리아(미국)는 캘리포니아주 데이비스시 상공 높이 1만 1,407.4m에서 윙수트를 입고 뛰어내렸다. 세계에서 가장 높은 빌딩인 두바이 부르즈 칼리파보다 약 14배 높은 고도다.

최고 고도 스카이다이빙(낙하산 없이)

2016년 7월 30일 스카이다이버 루크 에이킨스(미국)는 캘리포니아주 시미밸리 상공 7,600m를 날던 비행기에서 뛰어내려 929m² 크기의 안전그물에 착륙했다. 그는 '하늘이 보내준'이라 이름 붙은 이 스턴트 준비에 1년 반 동안 몰두했고, 공연은 TV로 생중계됐다. 2분 동안 최고 193km/h의 속도로 자유낙하를 했는데, GPS로 안전그물의 위치를 확인했다.

정기 항공선 최단시간 6대륙 일주(팀)

군나르 가포스(노르웨이, 위 사진 왼쪽), 로날드 한스트라(네덜란드, 위 사진 가운데), 에릭 데 츠바르트(네덜란드, 위 사진 오른쪽)는 2018년 1월 31일~2월 2일, 남극을 제외한 모든 대륙을 56시간 56분에 걸쳐 여행했다. 이들은 시드니(호주)에서 출발해 칠레의 산티아고(남아메리카), 파나마시티(북아메리카), 마드리드(유럽), 알제(아프리카), 두바이(아시아)를 거쳐 다시 시드니로 돌아왔다.

최연소 비행기 세계 일주(단독)

2016년 8월 27일 라클런 스마트(호주, 1998년 1월 6일생)는 18세 234일의 나이로 호주 퀸즐랜드 선샤인코스트 비행장에 시러스 SR22 비행기를 착륙시키며 세계 일주를 마무리했다. 2016년 7월 4일 위대한 여정을 시작해 7주 동안 4만 5,000km를 이동하며 15개국 24곳을 방문했다.

스피드 스카이다이빙 최고 속도

헨릭 라이머(스웨덴)는 2016년 9월 13일 미국 시카고에서 열린 국제항공연맹(FAI) 월드챔피언십에서 최고 속도 601.26km/h를 기록했다. 참고로, **가장 빠르게 하강하는** 새인 매의 종단속도가 약 300km/h다.

윙수트 수평속도 최고 기록

프레이저 코르잔(영국)은 2017년 5월 22일 미국 캘리포니아주 데이비스시 상공에서 윙수트를 입고 396.88km/h의 속도로 비행했다. 군대 자선단체 SSAFA를 알리기 위한 도전이었다.

가장 높은 곳에 도달한 글라이더(남자)

짐 페인(미국)과 부조종사 모건 샌더콕(호주)은 2017년 9월 3일 에어버스사가 개발을 지원한 글라이더 '퍼를란 2호'를 타고 고도 1만 5,902m까지 올라갔다. 이들은 해발 3,200m인 아르헨티나 파타고니아 산악지역에 퍼를란 2호를 가지고 올라가 비행을 시작해 이 기록을 세웠다.

최장시간 실내 자유낙하

빅토르 코즐로프와 세르게이 드미트리예프(둘 다 러시아)는 2018년 7월 10일 러시아 페름의 프리플라이 테크놀로지 풍동에서 8시간 33분 43초 동안 자유낙하를 하는 기록을 세웠다.

호버보드 최장거리 비행

2016년 4월 30일 전 제트스키 챔피언 프랭키 자파타(프랑스)가 프랑스 소세레팽에서 호버보드를 타고 2.25km를 이동해 이전 기록을 8배 이상 경신했다. 자파타의 비행 머신 '플라이보드 에어'는 1,000마력 이상의 제트 엔진으로 추진력을 얻는다. 컨트롤러를 손으로 조종해 출력과 고도를 정하고, 조종사가 세그웨이를 탈 때처럼 무게 중심을 이동시켜 움직인다.

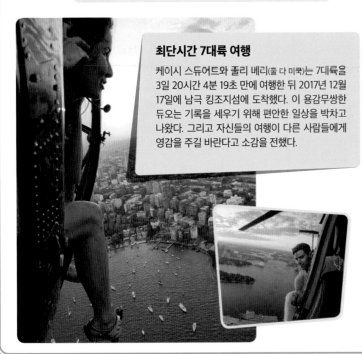

최단시간 7대륙 여행

케이시 스듀어트와 졸리 베리(둘 다 미국)는 7대륙을 3일 20시간 4분 19초 만에 여행한 뒤 2017년 12월 17일에 남극 킹조지섬에 도착했다. 이 용감무쌍한 듀오는 기록을 세우기 위해 편안한 일상을 박차고 나왔다. 그리고 자신들의 여행이 다른 사람들에게 영감을 주길 바란다고 소감을 전했다.

모든 주권국을 최단시간에 방문한 기록

카산드라 드 페콜(미국)은 2015년 7월 24일~2017년 2월 2일, 1년 193일 만에 모든 주권국가를 방문했다. 그녀는 국제연합(UN)에 공식 등록된 193개국과 바티칸(비회원 옵서버 국가), 대만, 팔레스타인(정식 옵서버)까지 포함해 세심하게 일정을 정했다. 이 여행의 목적은 비영리 국제기구인 피스 스루 투어리즘을 통해 세계 평화를 증진하기 위해서다.

JUN 23 2009년 신부 에린 피네건과 신랑 노아 펄모어(둘 다 미국)가 보잉 727-200을 개조한 G-포스 원에서 무중력 상태로 사랑을 맹세하며 **최초의 무중력 결혼식**을 올렸다.

JUN 24 2008년 파키스탄 신드주에서 와지르 무함마드 자기라니(파키스탄)의 오른쪽 신장에 있던 **가장 무거운 신장결석**이 제거됐다. 결석의 무게는 농구공 하나와 거의 비슷한 620g이었다.

낙하산 최장거리 수평비행

이토 신이치(일본)는 2018년 2월 24일 미국 캘리포니아주 데이비스시 상공에서 낙하산으로 46.2km를 이동했다.

그는 고도 약 7,600m 지점에서 낙하산을 펼쳐 짜릿한 비행을 즐겼다. 이토의 수평비행 최고 속도는 279km/h였다.

2011년 이토는 윙수트 수평비행 최고 속도를 달성했다. 하지만 현재는 30km/h 이상의 속도 차이로 기록이 경신됐다(옆 페이지 참조).

정기 항공선 최단시간 세계 일주
(대척점과 근사한 지점 통과)

2018년 1월 21~23일 앤드루 피셔(뉴질랜드)는 정기 항공선만 이용해 52시간 34분 만에 지구 정반대에 가까운 지점을 지나오는 세계 일주에 성공했다. 피셔는 상하이(중국)에서 출발해 오클랜드(뉴질랜드), 부에노스아이레스(아르헨티나), 암스테르담(네덜란드)을 지나 다시 상하이로 돌아왔다.

고정익 비행기로 24시간 동안 가장 많은 비행장에 방문한 기록

마이크 로버츠와 니콜라스 로저스(둘 다 영국)는 2017년 6월 13일 오전 3시 32분 영국 웰스번에서 날아올라 오후 9시 38분 같은 장소로 돌아오기까지 87곳의 비행장에 착륙했다. 자선 모금을 위한 도전이었다. 로버츠는 전에도 혼자 같은 기록을 세웠다.

 JUN 25 1977년 공원 관리인 로이 설리번(미국)은 7회째로 번개에 맞아 가장 많이 번개에 맞고도 생존한 사람으로 기록됐다. 그는 눈썹이 타고, 어깨가 그슬리고, 발톱을 잃는 부상을 당했다.

 JUN 26 1964년 역사상 가장 키가 큰 여자인 정 진란(중국)이 중국 허난성 위장 마을에서 태어났다. 그녀는 1982년 2월 13일 사망 당시의 키가 246.3cm로 측정됐다.

115

수로로 BY WATER

최초로 조정을 타고 대양을 횡단한 자매

카밀라와 코르넬리아 불(둘 다 노르웨이)은 2018년 1월 19일 4명의 여성으로 구성된 '로웨지안스'의 일원으로 엘리다호에 탑승해 대서양을 건너 앤티가에 도착했다. 이들은 2017년 12월 14일 스페인 카나리아 제도의 라고메라섬에서 출항해 36일 9시간 53분 만에 항해를 마쳤다.

조정 페어 중 최연소 대양 횡단

주드 매시(영국, 1999년 3월 6일생)는 18세 318일의 나이로 이복형제 그렉 베일리와 함께 그란카나리아섬에서 바베이도스까지 대서양을 횡단하는 여행을 시작했다. 이들은 피터호를 타고 2018년 1월 18일부터 3월 11일까지 노를 저었다.

조정 팀 중 최연소 대서양 횡단(무역풍 II 루트)

던컨 로이(영국, 1990년 8월 16일생)는 2018년 1월 19일에 27세 156일의 나이로 카보베르데 민델로에서 프랑스령 기아나를 향해 노를 젓기 시작했다. 그는 로즈호에 탑승한 5명 중 1명으로 27일 16시간 50분 만에 3,269km를 횡단하는 데 성공했다.

최단시간 캐나다에서 대서양을 서에서 동으로 단독 횡단한 기록(조정)

브라이스 칼슨(미국)은 2018년 6월 27일~8월 4일, 캐나다 뉴펀들랜드 세인트존스에서 영국 실리제도의 세인트마리 항구까지 38일 6시간 49분 만에 노를 저어 건넜다. 오픈클래스 보트 루실호를 타고 4,263km를 평균 속도 4.63km/h로 항해했다.

노가 하나인 스컬보트로 대양을 건넌 최초의 기록

에르베 르 메르허(프랑스)는 2017년 12월 28일 카나리아제도 엘이에로섬에서 출발해 58일 뒤인 2018년 2월 24일 마르티니크섬에 도착했다. 특별 제작한, 노가 하나뿐인 보트 에이흐아에이흐호로 항해했다.

최초의 영국해협 2인 릴레이 팀 수영 왕복(남자)

2018년 7월 9일 존 로버트 미야트와 마크 레이턴(둘 다 영국)은 영국에서 프랑스까지 10시간 41분 만에 수영해서 갔다가 다시 영국으로 12시간 8분 걸려 헤엄쳐 돌아왔다. 수영을 한 총시간은 22시간 49분으로, 둘은 1시간씩 교대로 헤엄쳤다. 2018년 7월 22일 '스포트파나틱' 팀의 일원인 데지데르 페크, 온드레이 페크, 리카르드 니아리(모두 슬로바키아)는 최초로 영국해협을 3인 릴레이로 왕복했다. 영국에서 프랑스까지 10시간 14분, 다시 영국으로 돌아오는 데 12시간 20분이 걸려 총시간이 22시간 34분이었다. 두 기록 모두 해협수영협회(CSA)의 후원으로 작성됐다.

최초로 영국해협을 길이로 수영

루이스 퓨(영국/남아공)는 2018년 7월 12일 영국 콘월주 랜즈엔드에서 출발해 2018년 8월 29일 켄트주 도버의 애드미럴티 부두까지 560km를 헤엄쳐 간 사실을 CSA에서 인증받았다. 퓨는 하루에 10~20km씩 49일 동안 헤엄쳤다.

최고령 바다수영 트리플 크라운

2018년 6월 30일 팻 갤런트 샤레트(미국, 1951년 2월 2일생)는 67세 148일의 나이에 수영으로 맨해튼의 '20개의 다리'를 지나 섬 둘레 45.8km를 완주했다. 또 2011년 10월 18일에는 미국 산타카탈리나섬에서 캘리포니아 남부까지 카탈리나해협(32.5km)을 헤엄쳐 건넜고, 2017년 6월 17일에는 영국해협(33.7km)을 횡단했다.

가장 높은 파도에서 카이트서핑

2017년 11월 8일 누누 피게이레두(포르투갈)는 포르투갈 나자레에 있는 프라이아 도 노르테에서 19m 높이의 파도가 치는 가운데 카이트서핑을 즐겼다. 이 기록은 국제카이트스포츠협회(IFKO)가 인증했다.

세계 일주 요트 대회에서 우승한 최초의 여자 선장

2018년 7월 28일 선장 웬디 터크(호주)가 이끄는 산야 세레니티 코스트 팀이 2017~2018 클리퍼 세계 일주 요트 경기에서 제일 먼저 결승선을 통과하며 우승을 거뒀다. 이들은 11개월 동안 6개의 대양을 가로지르며 7만 4,080km를 항해했다.

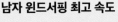

남자 윈드서핑 최고 속도

윈드서퍼 빈센트 발케니어스(벨기에, 왼쪽)는 2018년 7월 21일 프랑스 라 팔메에서 열린 스피드 세일링 대회에서 78.21km/h를 기록했다.
같은 날 자라 데이비스(영국)는 여자 윈드서핑 최고 속도인 69.06km/h를 기록했다. 이 기록들은 세계세일링속도위원회에서 인증했다.

에즐리는 잠수복에 피부가 쓸리고, 해파리에 37회나 쏘이며, 바닷물 때문에 혀가 심하게 갈라지는 고통을 참아가며 노전에 성공했다!

최초의 영국 수영 일주

로스 에즐리(영국)는 2018년 6월 1일~11월 4일 영국 켄트카운티 마게이트에서 시작해 잉글랜드, 웨일스, 아일랜드, 스코틀랜드 연안을 헤엄쳐 다시 출발 지점으로 돌아왔다(지원을 받았다). 그는 밤과 낮에 일정 시간씩 수영을 했는데, 하루에 스트로크를 최대 4만 회까지 했다. 에즐리는 157일간의 수영마라톤 여정에서 209구간 총 2,884km를 이동했다. 이 기록은 세계바다수영협회에서 인증했다.

오션스 세븐

오션스 세븐은 전 세계 7개 바다의 해협을 건너는 마라톤 수영 도전이다. 노스해협, 영국해협, 카탈리나해협, 지브롤터해협, 쓰가루해협, 몰로카이해협, 쿡해협이 포함된다. 내런 밀러(미국, 1983년 4월 13일생, 오른쪽 사진)는 2013년 8월 29일 30세 138일의 나이로 북아일랜드와 스코틀랜드 사이의 노스해협을 헤엄쳐 지나 오션스 세븐을 완성했고, 최연소 오션스 세븐 수영 기록을 세웠다. 그는 모든 해협을 첫 시도에 건너는 데 성공한 최초의 인물이기도 하다.
최고령 오션스 세븐 수영 기록은 안토니오 아르웨예스 디아스 곤살레스(멕시코, 1959년 4월 15일생)가 가지고 있다. 그는 2017년 8월 3일 58세 110일의 나이로 도전을 성공적으로 완수했다.

JUN 27 2009년 영국 체셔 윌라스톤에서 열린 세계지렁이잡기챔피언십에서 소피 스미스(영국)가 10세의 나이로 우승했다. 30분 동안 567마리의 지렁이를 땅 위로 끌어내 지렁이 잡기 신기록을 달성했다.

JUN 28 2005년 고양이 '스마티'는 비행기에 79회째로 탑승하며 가장 비행을 많이 한 애완동물로 기록됐다. 이 암컷 고양이는 주인 피터와 캐롤 고드프리(둘 다 영국)와 함께 이집트에서 키프로스 사이를 비행했다.

최단시간 대서양 여자 단독 횡단 (조정, 무역풍 I 루트)

키코 매튜스(영국)는 2018년 2월 1일 카나리아제도의 그란카나리아섬에서 노를 젓기 시작해 49일 7시간 15분 뒤인 3월 22일 바베이도스 세인트찰스 항구에 도착했다. 그녀는 소마호를 타고 4,819km 거리를 평균 4km/h 속도로 항해했다. 이 기록은 대양조정협회가 인증했다.

2009년 쿠싱병을 진단받은 매튜스는 종양과도 2회나 싸워 이겼났다. 그녀는 자신이 치료 받은 병원에 기부금을 전달하기 위해 노를 잡았다.

대양을 조정으로 횡단한 최연소 형제(평균 나이)

2017년 12월 12일~2018년 1월 29일에 키란(영국, 1998년 9월 11일생, 사진 위쪽)과 제이 오레니츠(영국, 1995년 6월 17일생)는 2인용 보트 화이트드워프호를 타고 대서양을 48일 6시간 31분 동안 노 저어 건넜다. 둘은 이 '놀라운 대서사시'를 시작할 당시 평균 나이가 20세 318일이었다.

시드니 호바트 요트 경기 최단시간 완주

1945년 처음 개최한 시드니 호바트 요트 경기는 매년 박싱데이(12월 26일)에 열려 시드니에서 태즈메이니아주 호바트까지 항해한다. LDV 코만치호는 2017년 12월 26~27일 1일 9시간 15분 24초의 기록으로 우승했다. 와일드오츠XI호가 결승선을 먼저 통과했지만, 경기 시작 때 충돌에 가까운 상황을 연출해 1시간 추가 페널티를 받아 승자가 바뀌었다.

최단시간 6대륙 10km 마라톤 수영 (여자)

2018년 제이미 모나한(미국)은 15일 8시간 19분 만에 6개 대륙에서 각각 10km씩 마라톤수영하기에 성공했다. 그녀는 2018년 8월 13일 콜롬비아에서 시작해 호주, 싱가포르, 이집트, 스위스/프랑스를 거쳐 2018년 8월 28일 미국 뉴욕에서 도전을 마쳤다.

JUN 29 2012년 제임스 스티븐스(미국)는 미국 캘리포니아주 로스앤젤레스에 마련된 〈미쳐 날뛰는 기네스 세계기록!〉 무대에서 **1분 동안 소시지 많이 먹기** 신기록을 달성했다(10개).

JUN 30 2005년 말론 브란도가 가지고 있던 영화 〈대부〉(미국, 1972년)의 173쪽짜리 대본이 31만 2,800달러에 낙찰되며 **경매에서 판매된 가장 비싼 영화 대본으로** 기록됐다.

바위로 BY ROCK

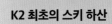

에베레스트에 가장 많이 오른 해

2018년 세계의 등산가들이 세계에서 가장 높은 산 에베레스트(8,848m)를 809회 등반하는 데 성공했다. 이는 667회 등반에 성공한 2013년보다 많은 횟수다.

2018년 봄 등반 시즌에는 18명의 네팔 여자 등산가들이 정상을 밟아 1년 동안 한 국적의 여자들이 가장 많이 에베레스트를 정복한 기록으로 남았다.

에베레스트에 오른 가장 많은 형제자매

2018년 5월 23일 치링 누르부 셰르파와 킴중 셰르파(모두 네팔)의 7번째 자녀인 다와 디키 셰르파가 에베레스트 정상을 정복했다. 그의 형제 6명은 이미 앞서 정상을 밟았다. 이는 니마 치리 셰르파(1953년 에드먼드 힐러리가 최초로 에베레스트를 정복할 당시 연락책)와 페마 푸티 셰르파(둘 다 네팔)의 자녀들이 세운 기록과 동률이다. 이들은 2007년 5월 23일 7번째로 아들이 에베레스트 정상에 오르며 기록을 달성했는데, 에베레스트에 가장 여러 번 오른 형제자매(합계)이기도 하다(63회).

최단기간에 에베레스트와 K2를 오른 기록

네팔의 셰르파 밍마 기아부는 2018년 5월 21일 에베레스트를 정복하고 두 달 뒤인 2018년 7월 21일에는 세계에서 2번째로 높은 K2(8,611m)를 정복했다. 이는 로버트 '롭' 홀(뉴질랜드)이 1994년 5월 9일(에베레스트)과 7월 9일(K2) 세운 기록과 동률이다. 둘 다 산소통을 사용하지 않았다.

같은 기록을 산소통을 사용하지 않고 최단기간 달성한 여자는 헤 창-주안(중국)이다. 그녀는 2018년 5월 16일 에베레스트 정상을 밟았고, 66일 뒤 K2의 정상에 올랐다.

겨울에 등반되지 않은 가장 높은 산

2019년 3월까지, K2는 달력을 기준으로 한 겨울(12월 20일~3월 20일)은 물론 날씨를 기준으로 한 겨울(12월 1일~2월 28일)에는 한 번도 정복되지 않았다. 이 산을 겨울에 정복하려는 시도는 단 5차례만 있었는데, 모두 실패했다.

K2를 가장 많이 등반한 기록(개인)

파잘 알리(파키스탄)는 K2에 3회 등반했다. 2014년 7월 26일, 2017년 7월 28일, 그리고 2018년 7월 22일이다. 3회의 등반 모두 산소통 없이 성공했다.

K2를 가장 많이 등반한 해는 2018년의 64회로, 2004년 51회를 경신했다.

칸첸중가산에 가장 많이 등반한 해

세계에서 3번째로 높은 이 산(8,586m)은 세계의 산악인들이 2018년 등반 시즌에 46회 올라 1989년 세워진 이전 기록을 6회 차이로 경신했다.

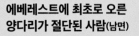

K2 최초의 스키 하산

안제이 바르기엘(폴란드)은 2018년 7월 22일 K2를 산소통 없이 정복한 뒤 베이스캠프까지 약 8시간에 걸쳐 스키로 하산한 최초의 인물이다.

로체산 최초의 스키 하산

2018년 9월 30일 힐러리 넬슨과 짐 모리슨(둘 다 미국)은 세계에서 4번째로 높은 히말라야의 로체산(8,516m) 정상에 올라 스키를 타고 산의 중턱 6,400m 지점에 있는 캠프 2까지 내려왔다.

최단시간 로체-에베레스트 횡단(여자)

로체산 정상에서 에베레스트 정상까지 가장 빨리 가로지른 여자는 쿠 자오-자오(중국)로, 21시간 30분을 기록했다. 그녀는 2018년 5월 20일 오전 8시 20분 로체산 정상에 올라 다음 날 오전 5시 50분 에베레스트의 정상을 밟았다.

산소 공급 없이 8,000m 이상 산에 가장 많이 오른 기록

2000년 5월 24일 데니스 우룹코(카자흐스탄/러시아)는 에베레스트를 시작으로, 산소통을 사용하지 않고 8,000m가 넘는 산을 20회 등반했다. 가장 최근 등반한 칸첸중가산은 2014년 5월 19일 정상을 밟았다.

최단시간 엘캐피탄 등반

알렉스 호놀드와 토미 콜드웰(둘 다 미국)은 2018년 6월 6일 미국 캘리포니아주 요세미티 국립공원에 있는 '대장 바위' 엘캐피탄을 '노즈' 루트로 1시간 58분 7초 만에 올라갔다.

둘은 높이 1,095m의 이 화강암 기둥을 일주일 동안 3회나 오르며 신기록을 달성했는데, 이 과정에서 2시간의 벽을 최초로 넘어섰다.

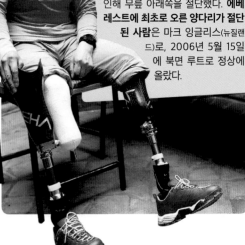

에베레스트 최다 등반(개인)

2018년 5월 16일 '타프케'로도 알려진 카미 리타 셰르파(네팔)는 22회째 에베레스트를 정복했다. 아파 셰르파(네팔), 푸르바 타시 셰르파(네팔, 119쪽 참조)와 이전 기록을 공유하던 이 48세의 셰르파는 이로써 1회 앞서나가게 됐다. 카미 리타는 1994년 5월 13일 처음으로 이 산을 정복했다.

에베레스트 최다 등반(개인, 여자)

라크파 셰르파(네팔)는 2018년 5월 16일 에베레스트 정상을 9회째 밟았다. 그녀는 2000년 5월 18일 이 산을 남면으로 처음 올랐고, 그 후 8회는 북면을 통해 정복했다. 그녀는 등반을 하지 않을 때는 미국 코네티컷주의 식당에서 접시 닦는 일을 하며 생활한다.

에베레스트에 최초로 오른 양다리가 절단된 사람(남면)

2018년 5월 14일 69세의 시아 보유(중국)는 에베레스트 남면을 공략해 정상을 밟았다. 그는 1975년 에베레스트 등반을 시도하다 동상에 걸려 발을 절단하고, 1996년에는 암으로 인해 무릎 아래쪽을 절단했다. 에베레스트에 최초로 오른 양다리가 절단된 사람은 마크 잉글리스(뉴질랜드)로, 2006년 5월 15일에 북면 루트로 정상에 올랐다.

 JUL 1
2015년 '미스터 체리'로 알려진 요시타케 체리(일본)는 영국 서펙 RAF 벤트워터에 마련된 〈오피셜리 어메이징〉 무대에서 1분 동안 젓가락으로 구운 콩 많이 집어 먹기 기록을 달성했다(71개).

 JUL 2
2011년 미국 오리건주 코르발리스에 있는 '주시스 아웃로 그릴'이 메뉴에 5,000달러짜리의 가장 비싼 햄버거를 추가했다. 이 햄버거는 무게가 성인 남자 5명의 몸무게를 합친 것과 비슷한 352.44kg이다.

플레인은 2014년 수영을 하다 목이 부러지는 '교수형골절'에서 회복해가던 중 이 '4개월 안에 7개의 산 정복' 도전을 구상했다.

칼스텐츠를 포함한 세븐 서미츠 최단시간 등반(남자)

스티븐 플레인(호주)은 2018년 5월 14일 에베레스트 정상을 밟으며 7개 대륙의 가장 높은 곳에 최단시간에 오르기 기록을 겨우 117일 6시간 50분 만에 달성했다. 2018년 1월 16일 남극의 빈슨산에 오르며 도전을 시작해(왼쪽 아래 삽입 사진), 아콩카과(남아메리카), 킬리만자로(아프리카, 오른쪽 아래 삽입 사진), 칼스텐츠(오스트랄라시아), 엘브루스(유럽), 데날리(북아메리카)에 올랐으며 에베레스트에서 끝을 맺었다. 그는 3월 3일에 호주 본토에서 가장 높은 곳인 코지우스코산의 정상에도 올랐다(2,228m).

최초의 고라 포베다 겨울 등반

해발 3,003m의 고라 포베다(픽 포베다)는 시베리아 북극권에서 가장 높은 산이면서 지구에서 가장 추운 장소 중 하나다. 2018년 2월 11일 타마라 룬거(사진 왼쪽)와 시모네 모로(사진 오른쪽, 둘 다 이탈리아)는 영하 40도의 추위를 극복하고 이 산의 정상에 올랐다.

최단기간 8,000m급 트리플헤더(여자)

2018년 4월 29일~5월 23일에 니마 장무 셰르파(네팔)는 23일 18시간 30분 동안 8,000m가 넘는 히말라야의 산 3곳의 정상에 올랐다. 그녀는 세계에서 3번째로 높은 칸첸중가산에 오르기 전 로체와 에베레스트를 정복했다. 모두 산소통 없이 등반했다.

8,000m 이상 최다 등반

푸르바 타시 셰르파(네팔)는 2017년 9월 18일 네팔에 있는 마나슬루산(8,163m)을 7회째 등반하며, 지구에 있는 8,000m가 넘는 14개의 산을 35회 등반하는 데 성공했다. 푸르바 타시는 에베레스트를 총 21회 등반해 카미 리타 셰르파에게 단 1회만 뒤져 있다(옆 페이지 참조).

JUL 3 2012년 '아메리카 닌자 워리어' 대회 참가자 브렌트 스테펜슨(미국)은 〈미쳐 날뛰는 기네스 세계기록!〉에서 **최고 높이에서 마시멜로로 뛰어내리기** 기록을 성공시켰다(8.8m).

JUL 4 2015년 **투르드프랑스 스테이지 최고 평균 속도(개인)**가 기록됐다. 로한 데니스(호주)가 스테이지 1에서 55.446km/h의 속도로 승리했다.

얼음으로 BY ICE

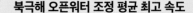

최초

남극에 도달한 사람들

1911년 12월 14일 로알 아문센 대장이 이끈 5명의 노르웨이 탐험대는 로스해의 훼일스만에서 개썰매와 함께 나아가 53일 만에 남극에 도착했다.

남극 횡단

비비안 푹스 박사가 이끈 12명의 영국 탐험대가 1958년 3월 2일 남극대륙을 연안에서 시작해 반대 연안까지 가로지르기를 최초로 성공했다. 이들은 트랙터를 이용해 섀클턴 기지에서 남극을 거쳐 스콧 기지까지 3,473km 거리를 99일 만에 이동했다. 푹스는 스콧 기지의 지원 팀에게서 음식과 연료를 받으며 극점으로 향했다. 지원 팀은 에드먼드 힐러리(뉴질랜드) 경이 이끌었는데, 그는 1953년 텐징 노르게이(티베트/인도)와 함께 최초로 에베레스트 등반에 성공한 인물이다.

북극해 횡단

월리 허버트(영국)가 이끈 영국 북극 횡단 탐험대가 1968년 2월 21일 미국 알래스카 배로곶에서 출발, 463일 뒤인 1969년 5월 29일 노르웨이 스발바르제도 북동부 세븐아일랜드 군도에 도착했다. 4,699km는 허스키 썰매로 이동하고 1,100km는 해류로 이동했다(직선거리는 2,674km). 탐험대의 다른 멤버로는 소령 켄 헤지스, 앨런 길 그리고 로이 '프리츠' 코르너 박사(모두 영국)가 있다.

북극 단독 탐사

우에무라 나오미(일본)는 1978년 4월 29일 북극해 얼음을 개썰매를 타고 770km 가로질러 북극에 도착했다. 그는 55일 전 캐나다 북부 엘즈미어섬에서 출발했다.
최초의 남극 단독 탐사는 엘링 카게(노르웨이)가 스키를 타고 지원 없이 1,400km를 이동해 달성했다. 버크너섬에서 출발한 그는 1993년 1월 7일 극점에 도착했다.

남극 단독 범선 일주 항해

표도르 코뉴코프(러시아)는 '트레이딩 네트워크 알리에 파루사'호를 타고 102일 1시간 35분 50초 만에 남극을 일주 항해한 뒤 2008년 5월 7일 호주로 복귀했다.
여자 기록을 보유한 리사 블레어(호주)는 '클라이메이트 액션 나우'호를 타고 183일 7시간 21분 38초 만에 기록을 달성한 뒤 2017년 7월 25일 호주 웨스턴오스트레일리아주 올버니에 도착했다. 이 2개의 기록은 세계세일링속도위원회에서 인정했다.

가장 빠른

1km 얼음 수영(여자)

2019년 1월 6일 알리사 패텀(독일)은 독일 바이츠브론에서 열린 '얼음수영 독일 오픈' 대회에서 얼음물 1km를 12분 48초70 만에 헤엄쳐 갔다. 스벤 엘페리치(네덜란드)는 2019년 2월 16일 **남자** 기록을 달성했는데, 오스트리아 알텐워스 프리젯베레인에서 11분 55초40을 기록했다. 두 기록은 국제얼음수영협회에서 인증했다.

남극대륙 단독 횡단

또한 **최초의 남극대륙 단독 횡단**은 뵈르게 올랜드(노르웨이)가 1997년 1월 19일 카이트스키로 2,690km의 여정을 끝내며 기록했다. 그는 웨들해 버크너섬에서 65일 전에 출발해 185kg의 보급물자 썰매를 끌고 맥머도만에 있는 스콧 기지까지 갔다.

최초의 위도 60도 선 남극대륙 범선 일주

2017년 12월 23일 마리우즈 코페르 대장과 선원 8명(모두 폴란드)이 요트 '카타르시스 II'호를 타고 남아프리카 케이프타운에서 출항해 위도 60도 선을 따라 남극대륙을 완전히 일주했다(위 삽입 사진). 이들은 102일 22시간 59분 5초 만에 여정을 마치고 2018년 4월 5일 호주 태즈메이니아 호바트에 도착했다. 순수하게 남위 60도 선을 따라 남극대륙을 도는 데 걸린 시간은 72일 6시간으로, 2018년 1월 7일 오전 8시부터 3월 20일 오후 2시(협정세계시)까지 항해했다.

2018년 12월 26일 미국의 마라톤선수 콜린 오브래디가 스키를 타고 론 빙붕과 로스 빙붕 사이를, 남극을 거쳐 54일 만에 지원 없이 최초로 횡단했음을 발표했다. 이 기록을 두고 극지방 탐험 커뮤니티에서는 진짜 남극대륙 횡단의 기준에 관한 치열한 토론이 벌어지기도 했다. 기네스 세계기록은 현재 규정에 관해 검토 중이다.

도보로 북극에 가기

2010년 4월 14일 데이비드 피어스 존스(영국), 리처드 웨버(캐나다), 테섬 웨버와 하워드 페어뱅크(남아공)는 41일 18시간 52분에 걸쳐 지리학적 북위 90도인 북극점에 도달했다. 단 1회의 물자 재공급 외에 어떤 지원도 없이 785km를 걸어서 이동했다.

최고 고도 카약킹

다니엘 불(호주)은 2018년 3월 7일 칠레와 아르헨티나 국경에 있는 **가장 높은 활화산** 오호스 델 살라도(정상 6,887m)에 카약을 끌고 올라갔다. 그는 고도 5,707m에 도달해 반쯤 언 호수에서 카약으로 2.5km 거리를 노 저어 갔다.
다니엘이 가지고 있던 **세븐서미츠 및 세븐볼캐닉서미츠(화산) 최연소 등반** 기록은 2019년 1월 15일 사티아르업 싯단타(인도, 1983년 4월 29일생)가 35세 261일의 나이로 남극대륙에 있는 시들리산을 정복하며 경신됐다. 그가 이 기록을 달성하기 위해 정복한 14번째 봉우리다.

남극에 도보로 도달한 최연소 기록

루이스 클라크(영국, 1997년 11월 18일생)는 2014년 1월 18일 16세 61일의 나이로 가이드 칼 앨비와 함께 지리학적 남극에 도달했다. 이들은 남극 연안 670km 거리에 있는 허큘리스만에서부터 스키로 1,123.61km를 이동해 기록을 달성했다.
북극에 도보로 도달한 최연소 인물은 테섬 웨버(캐나다, 1989년 5월 9일생)다. 그는 2010년 4월 14일 20세 340일의 나이로 지리학적 북극에 도보로 도달했다. 4명으로 구성된 팀의 일원으로 참가했다.

북극해 오픈워터 조정 평균 최고 속도

2017년 7월 20~27일 '폴라 로' 팀이 노르웨이 트롬쇠부터 스발바르제도 롱위에아르뷔엔까지 평균 속도 4.73km/h로 이동했다. 이 팀은 피안 폴(이스라엘), 타타가타 로이(인도), 제프 윌리스(영국), 카를로 파치노(미국), 토르 위검(노르웨이)으로 구성돼 있다.

JUL 5 2018년 마라톤 연주의 거장 판딧 수다르산 다스(영국)가 영국 런던에서 **최장시간 드럼 개인 연주**를 달성했습니다. 드럼 소리가… 그러니까 14시간이나 이어졌다!

JUL 6 2012년 제리 멈마(미국)가 **경매에서 가장 비싼 파이 구매** 기록을 세웠다. 그는 미국 미주리주 리치 힐에서 피넛버터 바나나 파이를 3,100달러에 샀다.

나이아가라폭포 최초의 빙벽 등반

2015년 1월 27일 베테랑 익스트림 모험가 윌 개드(캐나다)가 미국/캐나다 국경에 있는 호스슈폭포가 반쯤 언 상태에서 빙벽을 등반했다. 이 폭포는 나이아가라를 구성하는 3개의 폭포 중 가장 크다. 이 행사는 레드불이 후원했다.

같은 날 약간의 시간이 흐른 뒤, 사라 휴니켄(캐나다)이 **나이아가라폭포 최초의 빙벽 등반(여자)**에 성공했다. 이 2명의 등반가는 호스슈폭포의 왼쪽에 9m 폭으로 형성된 분무 얼음을 타고 올라갔다. 바로 아래 사진은 용감무쌍한 두 사람이 등반에 성공한 뒤 포옹하는 모습이다.

세계에서 가장 강력한 폭포 옆에서 빙벽을 오를 때의 느낌을 회상하며 개드가 전했다. "창자가 떨리고, 한없이 작아지는 기분이었습니다…."

8시간 최다 활강 스키 기록

지미 디마티니(미국)는 2017년 3월 17일 미국 콜로라도 에이본의 비버 크리크 리조트에서 8시간 동안 스키로 활강 코스를 70회나 내려왔다. 기록을 달성한 뒤 그는 겸손하게 말했다. "저는 방향을 아래로 정하고 중력에 몸을 맡겼을 뿐입니다."

12시간 수직 최장거리 스노보드 이동

2017년 3월 12일 키스 헤이스(영국)는 캐나다 브리티시컬럼비아 선 픽스 리조트에서 반나절 동안 스노보드를 타고 1만 9,000m를 하강했다. 헤이스는 9시간 48분 동안 40회의 하강을 반복했는데, 매번 체어리프트를 타고 정상으로 다시 올라갔다. 그는 이 도전을 위해 9개월 동안 훈련했으며 뇌전증 재단을 위한 모금활동도 함께 했다.

24시간 수직 최장거리 스키봅 이동(2명 팀)

이 기록은 2명이 1팀이 되어 슬로프를 반복해 내려온 총높이를 합산했다. 헤르만 코치와 하랄드 브렌터(둘 다 오스트리아)는 2018년 4월 11~12일 오스트리아 오베타우에른에서 스노바이크를 타고 6만 3,638m를 하강했다. **가장 높은 산**인 에베레스트보다 7배 이상인 높이다.

둘은 사기를 높이기 위해 대부분 나란히 내려왔고 스키봅 실력을 더 연마할 수 있었다 (스키봅을 탄 거리만 기록에 합산됐다).

두 사람은 스키봅 **1시간 수직 최장거리 기록**(3,086m)과, **12시간 최장거리 기록**도 달성했다(3만 2,736m).

JUL 7 2007년 채드 네덜란드(미국)는 **이륙하는 비행기 2대 잡고 오래 버티기** 기록을 달성했다. 그는 2기의 세스나 경비행기가 이륙하지 못하게 양쪽으로 잡아당기며 1분 0.6초 동안 버텼다.

JUL 8 1990년 페드로 몬존(아르헨티나)은 경기 시작 65분 만에 레드카드를 받으며 피파 월드컵 결승 최초의 퇴장 선수가 됐다. 아르헨티나는 9명으로 경기를 마쳤고, 독일이 1 대 0으로 이겼다.

121

모험정신 전반 ROUND-UP

최단시간 대륙별 울트라마라톤 달리기(여자)

나힐라 에르난데스 산후안(멕시코)이 2017년 1월 23~30일 월드 마라톤 챌린지에 참가해 각 대륙별 50km씩 달리기(7회)를 6일 11시간 29분 3초 만에 성공했다. 이 위대한 여정은 그녀를 남극(왼쪽 사진), 칠레, 미국, 스페인, 모로코, UAE, 호주(위 사진)로 인도했다.
그녀는 칠레 푼타아레나스에서 가장 빨리 달렸는데, 그곳에서의 기록은 5시간 11분 46초다.

미국 50개 주 마라톤 합계 최단시간(여자)

수지 실리(미국)는 1999년 10월 3일부터 2017년 8월 20일 사이에 미국의 모든 주에서 마라톤을 해 합계 176시간 35분 40초를 기록했다. 그녀는 모든 레이스를 4시간 안에 마쳤다.

최단시간 유럽 자전거 횡단
(개인, 호카곶에서 우파까지)

리 팀미스(영국)는 2018년 9월 10~26일 포르투갈 본토의 최서단 지점에서 자전거를 타 러시아 우파시까지 16일 10시간 45분 만에 도착했다. 자선기금 모금자인 팀미스는 이전 기록을 10일이나 앞당겼다.
같은 루트의 팀 기록은 29일 5시간 25분으로 헬미 엘시드(이집트), 몬스 뮐러, 크리스터 스코그, 토니 두버그, 페르 앤더스 리솔라스

전기자전거 12시간 최장거리 주행

크리스토퍼 램지(영국)는 2018년 8월 26일 영국 애버딘셔 알포드의 그램피언 교통박물관에서 전기자전거에 올라타서 반나절 만에 286.16km를 달렸다. 자칭 '지속 가능한(친환경) 모험가'인 램지는 주요 도시들의 배기가스 감소 노력을 독려하기 위해 이 기록에 도전했다.

(모두 스웨덴)가 2017년 5월 21일~6월 19일에 기록했다.

한 국가 내 자전거 최장거리 여행(단독)

벤저민 우즈(호주)는 2017년 6월 10일~2018년 2월 10일에 호주 내에서 자전거로 1만 8,922.47km를 주행했다.
한 국가 내 자전거 최장거리 여행(팀) 기록은 약 2개월 뒤 작성됐다. M J 파반과 바갸스리 사완트(둘 다 인도)가 2017년 10월 2일~2018년 4월 3일에 인도 내에서 1만 9,400.83km를 자전거로 주행했다. 이 한 쌍은 21개 주와 5개 연방 직할지에 있는 600개

학교에 방문해 소아마비에 대한 경각심을 일깨우고 교육의 중요성을 알렸다.

최단시간 아타카마사막 도보 횡단

2018년 9월 15일 울트라마라톤 선수 미켈 그라글리아(이탈리아)는 칠레 산페드로 데 아타카마에서 출발해 코피아포 남쪽까지 8일 16시간 58분 만에 달려갔다. 지구에서 **가장 건조한 장소**(18쪽 참조)인 아타카마사막의 약 1,200km 거리를 가로지르는 도전이었다. 2018년 7월 그라글리아는 '세상에서 가장 험난한 도보 경주'로 홍보된 배드워터 135 대회에 시

험 삼아 참가해 우승을 거뒀다. 미국 캘리포니아주 데스밸리에서 휘트니산까지 달리는 대회였다.

육지 대중교통으로 최단시간에 모든 국가에 방문한 기록

2009년 1월 1일~2013년 1월 31일의 4년 31일 동안 그레이엄 휴스(영국)는 비행기를 한 번도 타지 않고 197개국을 방문했다. UN 회원국 193개국과 코소보, 바티칸시국, 팔레스타인, 대만을 포함한 숫자다. 휴스는 여행을 하던 중 우주왕복선이 이륙하는 모습을 봤고, 해적을 피해 도망을 쳤으며, 에스토니아와 카메룬에서는 체포되기도 했다.

모든 EU 회원국 최단시간 방문

2017년 9월 5일부터 3일 22시간 39분에 걸쳐 사빈 스타네스쿠

(루마니아)는 유럽연합(EU)의 28개국을 모두 방문했다. 아일랜드에서 출발해 불가리아에서 여정을 마쳤다.

최단기간 자동차 세계 일주

지구를 자동차로 일주한 최초이자 가장 빠른 남자와 여자 기록은 Saloo Choudhury와 그의 아내 Neena Choudhury(둘 다 인도)가 가지고 있다. 둘은 6개 대륙을 지나 적도 거리(2만 4,901마일, 4만 75km) 이상을 주행해야 한다는 1989년과 1991년 적용된 규칙을 지키며 일주했다. 여행은 1989년 9월 9일~11월 17일 총 69일 19시간 5분에 걸쳐 이뤄졌다. 이 부부의 시작점이자 도착지는 인도 델리였으며, 1989 힌두스탄 '콘테사 클래식'을 타고 일수했다.

▶ 전기자동차로 올라간 최고 고도

2018년 9월 24일 첸 하이이(중국)는 NIO ES8 전기 SUV를 타고 중국 티베트 푸로그캉리 빙하의 길을 따라 해발 5,715m까지 올라갔다. 이 도전은 극한 상황에서도 ES8 차량이 안전하다는 것을 보여주기 위해 마련됐다. 이 차는 세계에서 3번째로 큰 빙하를 여행하며 영하의 기온을 견뎌냈다.

 guinnessworldrecords.com/2020에 더 많은 모험 영상이 있다.

 JUL 9 2011년 남수단(수도 주바)이 수단에서 독립하며 **가장 최근에 독립한 국가**가 됐다. 몬테네그로가 2006년 수립된 뒤 처음으로 생겨난 나라다.

 JUL 10 2009년 캐롤라인 마리센 메이어(브라질)가 브라질에서 **가장 숨 오래 참기 기록(여자)**을 세웠다(18분 32초59). 그녀는 도전하기 전에 24분 동안 산소를 들이마셨다.

태양열 보트 최장거리 이동

태양열 보트 'MS 튀라노 플래닛 솔라'호는 2010년 9월 27일 모나코에서 서쪽으로 출발해 2012년 5월 4일 파나마 운하를 통해 복귀했다. 라파엘 돔얀(스위스)이 리더로 선원들을 이끌어 1년 220일 만에 **태양열 보트 최초의 세계 일주**에 성공했다(6만 23km).

최단시간 자전거 10만 마일 주행(WUCA 인증)

2016년 5월 15일~2017년 7월 11일 아만다 코커(미국)는 423일 동안 자전거로 10만 마일(16만 934km)을 주행해 77개 묵은 기록을 경신했다. 이 기록은 세계울트라사이클링협회(WUCA)가 인증했다. 그녀의 기록에는 **자전거 1년 최장거리 주행** 기록도 포함돼 있다(13만 9,326.34km).

태양열 자동차 최장거리 이동은

보훔대학교 솔라카 프로젝트(독일)가 기록한 2만 9,753km다. 이 팀은 2011년 10월 26일에 출발해 2012년 12월 15일 호주 바커산에 도착하기까지 1년 이상을 달렸다.

대체연료 자동차 최장거리 이동

타이슨 제리와 드라이브 투 서스테인 팀(둘 다 캐나다)은 2009년 11월 15일~2010년 5월 4일 사이에 바이오디젤과 식물성 기름을 연료로 하는 자동차를 타고 4만 8,535.5km를 여행했다. 제리는 미국 사우스캐롤라이나주 컬럼비아에서 시작해 현지 패스트푸드점 등에서 연료를 채우며 캐나다 브리티시컬럼비아주 밴쿠버까지 주행했다.

전기보트 1회 충전 최장거리 이동(태양열 아님)

2001년 8월 20~21일에 파이크호가 영국 옥스퍼드셔 템스강에서 쉬지 않고 220.4km를 주행했다. 이 보트에는 템스 일렉트릭 론치 기업이 제작한 전기모터가 장착돼 있었다.

최단시간 패들보드 플로리다 해협 횡단(여자)

빅토리아 버지스(미국)는 2018년 6월 26~27일 쿠바 하바나에서 출발해 폭풍을 이겨내며 미국 플로리다주 키웨스트에 27시간 48분 만에 도착했다. 버지스는 대양 보존과 여자들의 스포츠 참여를 독려하기 위해 기록을 작성했다.

최고령 영국해협 수영 횡단(여자)

린다 애쉬모어(영국, 1946년 10월 21일생)는 2018년 8월 21일 71세 305일의 나이로 영국에서 프랑스까지 헤엄쳐 갔다. 그녀는 2007년에 처음 이 기록을 세웠는데, 당시 나이가 60세 302일이었다.

비행선에 연결돼 가장 멀리 이동한 수상스키

카리 맥컬럼(미국)은 2018년 3월 13일 미국 캘리포니아주 엘시노어호에서 31.4km/h로 나는 비행선에 연결된 채 11.1km 거리를 수상스키로 이동했다. 이 20세 학생은 통신 기업 T-모바일(미국)이 마련한 수상 대회에서 다른 경쟁자들을 물리치고 우승을 차지했다.

최단시간 란즈엔드부터 존오그로츠까지 3인용 자전거 주행

알렉산더(오른쪽)와 퍼거스 길모어 형제, 해리 필즈(가운데, 모두 영국)가 2018년 6월 16~22일 3인용 자전거를 타고 영국을 6일 13시간 30분 만에 길이로 완주했다. 장애아동 자선단체인 '위즈 키즈'와 지역병원을 위한 기부금 모금의 일환이었다.

최대 규모 피라미드 대형 수상스키

머큐리 마린 피라미드(미국)가 2018년 8월 18일 미국 위스콘신주 제인스빌에서 80명으로 이루어진 인간 워터스키 피라미드 대형을 만들었다. 록 아쿠아 제이스 수상스키 쇼 팀의 멤버들이 록강에서 4단 높이의 피라미드 대형을 유지한 채 350m 이상을 이동했다. 거리를 나타내기 위해 색이 들어간 부표가 사용됐다.

JUL 11 2014년 빨리 먹기의 달인 고바야시 다케루(일본)가 이탈리아 밀라노에서 **3분 동안 햄버거 많이 먹기** 기록을 달성했다(12개). 참가자들에게는 단 1가지 양념만 허용했는데, 그는 마요네즈를 선택했다.

JUL 12 2014년 호주 웨스턴오스트레일리아주 코와라멉에서 열린 데자 무 컨트리 페어에서 1,352명의 참가자가 젖소 옷을 입고 모인 **최다 인원** 기록을 세웠다.

123

사회 SOCIETY

**시청 수가 가장 많은
'포스트-포스트-밀레니얼 세대' 유튜브 채널**

2015년 3월 16일에 시작한 '라이언 토이스리뷰'는 2019년 2월 1일 기준으로 구독자 수 1,805만 2,910명, 시청 수(뷰) 271억 4,328만 8,795회를 기록했다.

2010년 이후에 출생한 사람(알파세대)이 운영하는 유튜브 중 시청 수가 가장 많다. 주인공은 8세의 라이언(미국, 2010년 10월 6일생)으로 장난감을 가지고 놀거나 게임을 하는 영상을 주로 올리며(간혹 가족들도 나온다) 제품들에 대한 의견도 공유한다. 라이언의 부모는 아이의 사생활을 지키기 위해 이름만 공개하고 성은 알려주지 않는다.

라이언은 2번째 유튜브 채널 '라이언 가족의 리뷰'도 운영한다. 이 채널은 그의 쌍둥이 여동생인 엠마와 케이트를 포함한 모든 가족이 나와 여행이나 휴가 등 각종 활동을 보여준다.

목차 CONTENTS

세계 최고 부자 RICHEST PERSON

최대 규모 온라인 상점인 아마존의 수장이자 일간지 〈워싱턴 포스트〉의 소유주인 제프 베조스(미국)에게 '슈퍼리치' 타이틀이 붙는 건 너무나 당연한 일이다. 그런데 그는 얼마나 부자일까? 그리고 그의 재산을 모두 현금으로 바꿔 쌓으면 어떤 모습일까?

〈**포** 브스〉의 억만장자 순위에 따르면 이 세상 그 누구보다 부자인 제프 베조스의 순자산은 2018년 3월 6일 기준 1,120억 달러다. 그의 재산을 모두 1달러 지폐로 바꿔 런던 버킹엄 궁전 안뜰에 피라미드 형태로 쌓으면 약 77m 높이가 되어 궁전이 작아 보이는 지경이 된다. 그리고 이 돈을 1년 안에 모두 소비하려면 1초에 3,550달러씩 써야 한다!

베조스는 1964년 1월 12일 미국 뉴멕시코주 앨버커키에서 태어났다. 그는 어려서부터 천재성을 보였는데, 아장아장 걸을 즈음엔 십자드라이버로 아기 침대를 분해했고, 십 대 때는 다른 형제가 자기 방에 들어오면 울리는 알람을 발명했다. 고등학생이 되어서는 '꿈 특강' 여름 캠프를 열어 학생들에게 영감을 주기도 했다. 그리고 1990년, 그는 마침내 투자은행 디이쇼앤드컴퍼니에서 기업 역사상 최연소 부사장에 올랐다. 하지만 1994년에 다니던 회사를 그만두고 미국 워싱턴주 시애틀의 창고에서 온라인 서점을 시작한 베조스는 현재 인터넷 판매의 무한한 잠재성을 알린 사람으로 더 유명하다.

최초의 천억만장자

제프 베조스는 순자산 1,120억 달러로 천억만장자 시대를 열었다. 하지만 부는 상대적이다. 1999년 마이크로소프트의 빌 게이츠(미국)가 보유했던 순자산을 현재 화폐가치로 환산하면 1,360억 달러에 이른다. 심지어 석유왕 존 D 록펠러(미국)는 더 부자였다(132쪽 참조).

역사적으로는 어떨까? 아시아의 대부분을 지배했던 황제 칭기즈칸이나 〈타임〉이 '형용할 수 없을 정도로 부자'라고 한 14세기 말리의 황제 만사 무사 1세는? 우리는 그들의 어마어마한 부의 규모를 단지 짐작만 해볼 뿐이다.

1달러의 무게는 1g 가량으로, 이 현금 더미의 총무게는 약 11만 2,000t에 달한다. 자유의 여신상보다 4배 이상 무겁다.

베조스는 회사 이름을 '아마존'이라 짓고(카다브라 혹은 스타트랙에 영향을 받아 MakeItSo.com도 고려했다) 1995년 7월 처음으로 책을 판매했다. 사업은 빠르게 성장했다. 〈타임〉은 1999년 '올해의 인물'로 그를 선정했고, 2018년에는 세계에서 가장 영향력 있는 100인 중 1명으로 지목했다. 아마존은 곧 음악과 영화 유통도 시작했고, 2006년에는 클라우드 서비스를 추가했다. 디지털 리더(reader) 킨들과 TV 프로그램 및 영상, 배송 서비스 아마존프라임이 뒤를 이었다.

2000년 베조스는 우주기업 블루오리진을 창업해 서브오비탈(지구 궤도를 완전히 벗어나지 않는) 여행으로 영역을 확장했다. 2015년 11월 이 기업의 '뉴 셰퍼드' 우주선은 **서브오비탈 로켓 최초로 유도 착륙**에 성공했다.

베조스의 재산은 엘리자베스 여왕의 재산보다 200배나 많다!

버킹엄 궁전 안뜰

첫 번째 건물이 1703년에 완공된 버킹엄 궁전은 1820년대에 양쪽 건물과 마블 아치(대리석 문)가 추가되며 U자 형태의 모습을 갖췄다. 그 후 1847년 마블 아치가 하이드 공원으로 옮겨지고 궁전에 4번째 건물이 추가되면서 베조스의 돈을 가득 채울 수 있는 네모난 안뜰이 생겨났다!

학창 시절 SKOOL DAZE

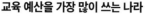

초등학교 최고 등록 비율

유네스코 통계기관에 따르면 2015년(자료 수집이 완료된 가장 최근 해) 영국은 초등학교 재학 대상 어린이 중 99.94%가 초등 교육기관에 등록됐다. 동 기관에 따르면 **초등학교 최저 등록 비율**을 기록한 나라는 라이베리아로 37.68%의 어린이만 학교에 등록됐다. 라이베리아는 또 **중학교 최저 등록 비율**도 기록했는데, 겨우 15.48%다. **중학교 최고 등록 비율**을 기록한 나라는 99.99%의 스웨덴이다.

교육 예산을 가장 많이 쓰는 나라

가장 최신 자료인 2018년 〈더 이코노미스트〉에 따르면, 덴마크는 국내총생산(GDP)의 8% 이상을 교육에 쓴다. 짐바브웨와 몰타가 그 뒤를 이었는데 역시 8%를 약간 넘는다.

최장기간 교직 근무

메다르다 데 헤수스 레온 데 우즈카테구이(베네수엘라, 1899년 6월 8일생~2002년 사망)는 베네수엘라 카라카스에서 12세의 나이에 자신의 두 자매들과 함께 교편을 잡았고, 1942년 결혼한 뒤에는 집에 자신의 학교를 따로 설립했다. 그녀는 1998년까지 총 87년간 교직에 머물렀다.

최고령 초등학교 입학

증조부뻘의 키마니 은강가 마루게(케냐)는 2004년 1월 12일 케냐 엘도레트 캅켄두이오 초등학교에 1학년으로 입학했다. 1년 뒤 그는 유엔(UN)에서 초등학교 무상 교육의 중요성에 대해 연설했다.

가장 많은 학교를 다닌 기록

윌마 윌리엄스(미국)는 1933~1943년에 265곳의 학교에 다녔다. 그녀의 부모는 공연 사업에 종사했다.

고등학교 최다년도 졸업생들이 한 번에 모인 동문회

2018년 10월 20일 미국 캘리포

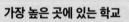

가장 높은 곳에 있는 학교

해발 약 5,022m의 중국 티베트 푸마지 앙탕샹 마을에 있던 초등학교는 1986년부터 2017년 8월까지 운영됐다. 현지 유목사회에서 모인 학생 수는 폐교 당시 약 100명 정도였다. 극한의 추위와 물자 부족, 낮은 산소량으로 학업에 집중하기 힘들다는 문제가 있었다.

한 학교 같은 학년에 다닌 최다 쌍둥이

2017/2018학기 때 미국 일리노이주 위네카에 있는 뉴트라이어 고등학교 1학년에 44쌍의 쌍둥이가 다닌 것으로 2017년 5월 18일 확인됐다. 이 중 단 3쌍만 일란성(모두 여자)이었으며 심지어 2쌍은 다른 날 태어났다. 같은 학년의 학생은 1,000명이 조금 넘어 이 고등학교의 쌍둥이 비율은 미국 전체 평균의 3배 가까이 됐다.

최장기간 운영된 산타 학교

진짜 산타는 1명뿐이지만 언젠가 그의 후계자가 되고 싶은 사람들을 위해 찰스 W 하워드 산타클로스 학교가 있다. 1937년 10월 미국 뉴욕주 알비온에 설립돼 2018년 12월 현재까지 미시간주 미들랜드에서 운영 중이다. 매년 10월 장난감 워크숍 체험과 썰매 타고 날기 수업을 포함해 산타의 세상을 탐험하는 3일 집중 교육을 제공한다.

니아주 새너제이에서 '인디펜던스 고등학교 총동문회 2018'(미국)이 열렸고, 총 41개년의 연속 졸업생들이 참여했다.
이 기록을 축하하며 졸업생들은 **24시간 동안 연감에 가장 많이 사인한 기록**도 함께 작성했다(1,902명). 기록의 기준은 24시간이었지만 사실 3시간 반 만에 달성했다.

첫 반 동기 모임까지 걸린 최장기간

미국 웨스트버지니아주 블루필드에 있는 미스블랑쉬밀러 유치원·초등학교의 1929년 졸업생들이 1999년, 무려 70년 만에 첫 반 동기 모임을 가졌다! 졸업생 중 10명이 세상을 떠났지만 그 외 55%가 살아서 참석했다.

최대 규모 졸업생 모임

바샴 라마 크리슈나와 바샴 교육기관(둘 다 인도)의 졸업생 4,268명이 2017년 12월 24일 인도 안드라프라데시 군투르에서 대규모 동문회를 가졌다.

최장기 경력

국어 교사 중학교 중국어 선생님 렌 주용(1939년 3월 14일생, 위 오른쪽 사진)은 중국 장쑤성 싱화시에서 1959년부터 2017년 8월 30일까지 58년간 교편을 잡았다.
음악 교사 찰스 라이트(미국, 1912년 5월 24일생, 위 왼쪽 사진)는 1931년 피아노 개인교습 및 전문교사 생활을 시작했다. 그는 2007년 7월 19일 95세 56일의 나이로 세상을 등질 때까지 76년간 학생들을 가르쳤다.

JUL 13 2015년 S K 아쉬라프(인도)가 인도 하이데라바드에서 **1~50까지 빨리 타이핑하기** 기록을 세웠다(14초88). 이 기록을 인정받으려면 각 숫자 뒤에 마침표를 찍어야 한다.

JUL 14 2013년 **요리책 최다 수집**이 2,970권으로 기록됐다. 수 히메네스(미국/캐나다)는 미국 뉴멕시코주 앨버커키에 있는 집에 음식 도서관을 마련하고 책들을 모았다.

르 로제는 1955년 《기네스 세계기록》이 처음 발간됐을 때부터 이 기록을 유지하고 있다. 당시 학비는 2,800달러였다.

가장 비싼 학교

르 로제는 스위스 홀르에 있는 남녀공학 기숙학교로, 겨울에는 그슈타드 스키 리조트에서 계절학기를 운영한다(왼쪽 아래 작은 삽입 사진 참조).

이 사립학교는 1인당 연간 학비가 11만 8,299달러. 학생 수는 보통 400명이 넘지 않으며, 200명 이상의 교직원이 관리한다. 졸업생 중에는 왕족이나 국가원수도 많은데, 스페인의 후안 카를로스 1세를 포함해 록펠러나 로스차일드 가문의 자제들, 재벌이나 유명인의 자녀들이 다닌다.

가장 큰 학교(학생 수 기준)

인도 러크나우에 있는 시티 몬테소리 학교는 2019년 1월 16일 기준 재학생 수가 5만 5,547명이다. 3세 이상부터 입학이 가능하고, 중학교와 고등학교 교육까지 모두 받을 수 있다. 자그디시 박사와 바르티 간디 박사가 1959년 임대한 부지에서 학교를 시작했는데, 당시 학생 수는 고작 5명이었다. 그 후 학교가 점점 커져 도시 곳곳에 1,000개 이상의 교실을 보유하고 있으며, 2019년에는 60주년 축하 행사도 열었다.

최대 규모 로봇공학 수업

페르남부트의 세인트폴 학교, 팔라라콤팜의 세인트요셉 학교, 페르남부트의 로터리 클럽(모두 인도)이 2018년 8월 2일 인도 타밀남두에서 연 로봇공학 수업에 1,021명의 학생이 참석했다. 1시간 4분 동안 로봇을 디자인하고 설계하는 법을 배우고 일상생활에서 로봇공학이 어떻게 활용되는지를 학습했다. 로봇에 관해서는 146~167쪽에 자세히 나온다.

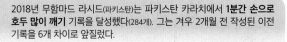

JUL 15 2018년 무함마드 라시드(파키스탄)는 파키스탄 카라치에서 **1분간 손으로 호두 많이 깨기** 기록을 달성했다(284개). 그는 겨우 2개월 전 작성된 이전 기록을 6개 차이로 앞질렀다.

JUL 16 2015년 '슬락의 괴물들' 중 1명인 버너비 Q 오박스(캐나다)는 캐나다 뉴브런즈윅 세인트존에서 **30초 동안 코에 못 많이 넣기** 기록을 세웠다(15개).

사회 SOCIETY

큰 사업 BIG BUSINESS

가장 오래된 증권거래소

네덜란드에 있는 암스테르담 증권거래소는 1602년에 설립되었으며, 연합 동인도 회사가 발행한 주식을 거래했다.

현재까지 실효성을 지닌 가장 오래된 채권은 1624년 네덜란드의 수도 관리 기관이 레크강의 제방을 보수하기 위해 발행한 것이다. 이 채권은 2018년에도 이자가 지급됐는데, 그간의 인플레이션과 통화가치 변동으로 연 16달러에 불과했다.

역사상 최대 규모의 단일 거래소

미국 코네티컷주 스탬퍼드에 있는 금융 서비스 기업 UBS의 거래소는 가로 125m, 세로 69m에 총넓이가 8,625m²로 기록됐다. 이는 테니스장 33개를 합친 것과 맞먹는 규모다. 하지만 금융위기로 거래소가 텅텅 비자 임대료가 저렴한 장소로 옮겨갔고, 이곳은 결국 2016년에 매매됐다.

자산규모가 가장 큰 은행

〈포브스〉가 발표한 2018년 자료에 따르면, 중국공상은행(ICBC)은 자산규모가 4조 1,209억 달러에 이른다. 이는 독일의 GDP보다 높은 수치다. 중국의 4대 국유 상업은행 중 하나인 ICBC는 1984년 유한책임회사로 설립됐다.

월스트리트에서 가장 투자를 잘한 침팬지

1999년 당시 6세였던 침팬지 레이븐은 미국에서 22번째로 높은 수익을 낸 투자자로 기록됐다. 이 암컷 침팬지는 133개의 인터넷 기업 목록 표에 다트를 던져 투자를 결정했다. 원숭이지수로도 불린 레이븐 지수는 213%의 수익률로 전문 투자자 6,000명의 수익률을 앞질렀다.

가장 비싼 주식

2000년 2월 22일 인터넷 서비스 업체 야후! 재팬의 주식이 자스닥(JASDAQ) 증권거래소에서 하루 동안 150만 7,280달러까지 치솟았다. 이 가격은 닷컴 시대에 대한 낙관과 해당 기업의 주식 공급 부족으로 발생했다.

시가총액이 가장 큰 에너지 기업

프라이스워터하우스쿠퍼스가 발행하는 〈연간 글로벌 톱 100 기업 보고〉에 따르면 기업의 전 상장주식을 시가로 평가했을 때 2018년 3월 31일 기준 엑슨모빌(미국)의 총액이 3,160억 달러로 에너지 기업 중 가장 높았다.

같은 보고에서 **시가총액이 가장 큰 은행**은 3,750억 달러를 기록한 JP모건체이스(미국)였다. **자산 규모가 가장 큰 은행**은 왼쪽에 나온다.

최대 규모 기업 공개상장(IPO)

2014년 9월 19일 알리바바 그룹(중국, 134쪽 참조)의 미국예탁증권이 뉴욕증권거래소에서 주당 68달러에 상장됐다. 투자자들은 이 주식을 사기 위해 온라인 마켓으로 몰려갔다. '그린슈(회사주가 매진되고 증주하는 경우)'가 발행되자 총액 규모는 250억 달러로 치솟았다. 사진은 알리바바 그룹의 창업자 마윈이 기업을 공개상장하던 중 타종용 나무망치를 들고 기념 촬영을 하는 모습이다.

최대 규모 인수

2002년 2월 독일의 다국적기업 만네스만이 약 1,590억 달러에 보다폰에어터치(영국)에 인수됐다.

최대 규모 거래 손실

2008년 미국 은행 모건스탠리에서 채권 중개인으로 일하던 하위 허블러는 위험성이 높은 시장에서 신용부도스와프를 거래해 90억 달러의 손실을 봤고, 이로 인해 직장을 잃었다. 은행의 최고재무관리자는 "매우 비싸고 큰 교훈을 얻었다"고 논평했다.

다우존스 산업평균지수(DJIA) 최고 마감

2018년 10월 3일 미국 30대 기업의 주가 지수인 다우존스 산업평균지수(DJIA)가 2만 6,828.39로 마감됐다. 이 높은 기록은 금세 추락했는데, 7일 뒤인 10월 10일에는 지수가 832포인트나 하락했다.

다우존스 산업평균지수 1일 최다 상승 비율은 15.34%로 1933년 3월 15일 기록됐다. 1일 최고 하락폭은 1987년 10월 19일 기록한 22.61%로, 이날은 '검은 월요일'로 더 잘 알려져 있다.

사업하기 가장 좋은 나라

세계은행의 〈기업 환경 평가 2018〉에 따르면, 사업을 시작하는 데 가장 제약이 적은 나라는 뉴질랜드로 평가점수는 86.55점이었다.

사업하기 가장 어려운 나라는 소말리아로 같은 보고서에서 45.77점을 기록했다.

최대 규모 연차총회

'자본주의의 우드스톡'으로 불리는 투자회사 버크셔해서웨이(미국)의 연차총회(AGM)는 미국 네브라스카주의 CHI 헬스센터 오마하(1만 8,975좌석)에서 열린다. 비록 공식 집계는 발표하지 않지만 2017년 5월 6일 열린 총회에는 약 4만 2,000명의 주주들이 모인 것으로 추정된다.

JUL 17 1991년 에르네스틴이라는 이름의 포트벨리 돼지가 캐나다 앨버타주에서 태어났다. 이 암컷 돼지는 2014년 10월 1일 세상을 떠날 때까지 23년 76일을 살아 **가장 오래 산 돼지**로 기록됐다.

JUL 18 1976년 캐나다 몬트리올 올림픽에서 나디아 코마네치(루마니아)가 **최초로 올림픽 체조 부문 10점 만점**을 기록했다. 그녀는 이단평행봉에서 기록을 세웠다.

주식 공개 기업 최초
시가총액 1조 달러

2018년 8월 2일 기술 공룡 애플(미국)의 주식이 장중 207.05달러를 기록하며, 최초로 시가총액 1조 달러의 벽을 넘어섰다. 애플의 가치는 아이폰X의 판매 호조로 상승했다. 프라이스워터하우스쿠퍼스가 발표한 〈연간 글로벌 톱 100 기업 보고〉의 수치에 따르면, 애플은 2018년 3월 31일 당시의 시가총액이 8,510억 달러로 이미 **시가총액이 가장 큰 기업**으로 기록됐다.

사진은 호주(큰 사진)와 일본(왼쪽 위 삽입 사진)의 애플 고객들이 아이폰XS의 첫 구매자가 되기 위해 몰려든 모습이다.

뉴욕증권거래소에서 1일 최다 폭으로 하락한
주식 공개 기업

2018년 7월 26일 페이스북(미국)의 주식이 19% 하락하며 기업 가치가 하루 만에 1,190억 달러나 내려갔다. 이는 2000년 9월 22일 닷컴 붕괴가 정점을 이뤘을 때 인텔이 기록한 '970억 달러 폭락'을 넘어서는 수치이다. 페이스북은 예상치 못한 저조한 수익으로 인해 역대급 폭락을 맞았다.

판매량이 가장 높은
승용차 기업(소매, 현재)

2018년 11월 19일 실행한 연간 판매량 조사에 따르면, 폭스바겐(독일)이 2017년 약 1,044만 7,227대를 팔아 최고의 승용차 판매(소매) 기업에 올랐다. 2위인 도요타보다 거의 300만 대 많은 수치다. 폭스바겐 그룹에는 폭스바겐, 포르쉐, 아우디 등의 브랜드가 포함돼 있다.

JUL 19 2009년 마우리시오 발디비에소(볼리비아, 1996년 7월 22일생)는 볼리비아 라파스에서 12세 362일의 나이로 오로라 FC 소속 선수로 데뷔전을 치렀다. 이는 **한 국가 내 최고의 리그에서 뛴 최연소 선수** 기록이다.

JUL 20 2014년 국제퀴디치협회(IQA)의 글로벌 게임스 대회에서 미국 팀이 210 대 0으로 호주 팀을 꺾으며 **IQA 월드컵 결승전 최다 점수차 승리**를 기록했다.

131

부자 리스트 THE RICH LI$T

현재 최고 1년 수입		
직업	이름	추정 수입
축구선수	리오넬 메시(아르헨티나)	1억 1,100만 달러
뮤지션	에드 시런(영국)	1억 1,000만 달러
라디오 진행자	하워드 스턴(미국)	9,000만 달러
작가	제임스 패터슨(미국)	8,600만 달러
마술사	데이비드 카퍼필드(미국)	6,200만 달러
요리사	고든 램지(영국)	6,200만 달러
코미디언	제리 사인펠드(미국)	5,700만 달러
카 레이서	루이스 해밀턴(영국)	5,100만 달러
골퍼	타이거 우즈(미국)	4,300만 달러

출처: 〈포브스〉 2017년 7월 1일 ~ 2018년 7월 1일 기준

최고 부자(여자)

〈포브스〉의 '2018 억만장자' 순위에 따르면, 앨리스 월튼(미국)의 순자산은 460억 달러로 평가됐다. 월마트의 창업자 샘 월튼의 딸 앨리스는 예술 분야 후원자로 알려져 있다.

가상화폐 최고 부자(현재)

〈포브스〉의 화폐 전문가들이 처음 작성한 가상화폐 '부자 리스트'에 따르면, 2018년 1월 19일 기준 최고의 가상화폐 부자는 크리스 라슨(미국)으로 그의 '가상통화 가치'는 75억 ~80억 달러로 평가됐다. 라슨은 리플의 공동 창업자이자 전 CEO로 52억 XRP(리플의 단위)를 소유하고 있다. 이 가상화폐는 은행의 자금 송금에 사용되는데 리플 '분산 원장' 프로토콜을 사용한다.

실수로 입금된 최대 금액

크리스토퍼 레이놀즈(미국)는 2013년 6월 자신의 페이팔 계좌에 무려 9경 2,233조 7,203억 6,854만 7,800달러가 입금된 걸 발견했다. 9경 2,000조 달러는 그를 세상에서 가장 부자인 사람보다 100만 배나 큰 부자로 만들 수 있는 금액이다. 하지만 안타깝게도 그 오류는 바로 수정됐다.

Account Statement | June 2013   PayPal

Reynolds, Christopher
Email (PayPal Account ID):
Statement period
June 1, 2013 - June 30, 2013

Balance Summary*   USD
                                         140.25
Beginning Balance
Ending Balance   -92,233,720,368,547,800.00

역대 최고 부자(물가 감안)

석유 분야의 큰손 존 D 록펠러(미국)의 개인 재산은 1913년 당시 9억 달러로 평가된다. 이 금액은 오늘날로 따지면 최소 1,896억 달러로, 일부에서는 3,400억 달러까지 된다고 말한다. 이는 **현재 최고 부자** 제프 베조스(미국)의 순자산 1,120억 달러보다 약 3배 많다(베조스에 관해서는 126~127쪽에 더 나온다).

억만장자가 가장 많은 장소(도시)

2017년 3월 기준 전 세계 2,208명의 억만장자 중 82명이 미국 뉴욕시에 거주한다. 〈포브스〉에 따르면 이들의 순자산을 합치면 3,979억 달러로, 이란(3,760억 달러)과 UAE(3,710억 달러) 같은 국가의 명목 GDP보다 높았다. 또 1명 이상의 억만장자가 있는 72개국 중 미국에 **가장 많은 억만장자가 산다**(585명).

최고령 억만장자(현재)

1918년 출생한 해양 개척자 창원충(중국)은 100세의 나이에 순자산 19억 달러로 〈포브스〉의 '2018 억만장자' 순위에 이름을 올렸다. 1949년 싱가포르에서 해운업을 시작한 그는 1967년 퍼시픽 인터내셔널 라인을 공동 창업했다.

1년 수입이 가장 높은 남자 유명인(현재)

〈포브스〉에 따르면 복선수 플로이드 '머니' 메이웨더(미국)는 2017년 7월 1일~2018년 7월 1일에 2억 8,500만 달러를 벌었다. 그는 2017년 8월 26일 큰 화제를 모은 UFC 코너 맥그리거와의 대결에서 2억 7,500만 달러를 챙겼는데, 프로모터 역할도 함께했다(1년 수입이 가장 높은 여자 유명인은 옆 페이지에 나온다).

최대 규모

개인 재산 손실

일본의 기술투자가 마사요시 손(한국명 손정의)은 순자산이 2000년 2월 780억 달러에서 같은 해 7월에 194억 달러로 줄어 총 586억 달러의 손실을 기록했다. 당시 닷컴 버블이 붕괴되면서 그의 기술 복합기업 소프트뱅크의 가치가 떨어져 이런 일이 발생했다.

기부금 약속

투자의 귀재라 불리는 워렌 버핏(미국)은 2006년 6월 26일 자신의 투자기업 버크셔 해서웨이의 '클래스 B' 주식 1,000만 주를 빌&멜린다 게이츠 재단에 기부하기로 약속했다(307억 달러 상당). 가장 최근인 2018년 7월 16일 지불한 금액까지, 버핏은 약속 금액 중 245억 달러를 기부했다.

퇴직금

미국의 연봉 조사업체인 GMI 레이팅은 2001년 9월 30일 퇴직한, 다국적기업 제너럴 일렉트릭의 회장 잭 웰치의 퇴직금을 4억 1,700만 달러로 평가했다. 이는 회사에서 그에게 평생 제공하는 개인 비행기와 기사, 맨해튼의 럭셔리 아파트까지 포함한 금액이다.

온라인 복권 상금

2018년 6월 1일 로토랜드 리미티드 오브 지브롤터는 유로잭팟 당첨금 1억 500만 달러를 독일 베를린에 사는 36세의 청소부 크리스티나에게 지급했다. 그녀는 겨우 2번째 산 복권이 당첨됐다. 크리스티나는 그 돈을 평소 꿈꿔온 휴가인 캠핑카 타고 미국 횡단하기에 쓰겠다고 말했다.

가장 부유한 명품 제작자

'궁극의 유행 제조자'로 불리는 베르나르 아르노는 세계 일류 브랜드를 다수 소유한 LVMH(루이뷔통 모에 헤네시 그룹)의 회장이다.
2018년 3월 6일 발간된 〈포브스〉에 따르면 그가 가진 명품 기업의 주식은 720억 달러에 이른다.

가장 어린 억만장자(현재)

2018년 9월 3일 기준 가장 어린 억만장자는 21세인 알렉산드라 안드레센(노르웨이, 1996년 7월 23일생)이다. 〈포브스〉에 따르면 그녀의 순자산은 14억 달러로, 가족 소유 투자회사 페르드의 지분 42%를 아버지 요한 헨릭 안드레센에게 물려받았다. 한 살 위 언니 카타리나도 지분 42%를 소유하고 있다.

JUL 21 1998년 브라이언 밀턴(영국)은 **최초로 초경량 비행기 세계 일주에 성공**했다. 영국 서리 브루클랜즈에서 페가수스 퀀텀 912 플렉스윙을 타고 출발해 3월 22일 같은 곳에 도착했다.

JUL 22 2018년 인도 우타르프라데시주 가지아바드에서 열린 델리 몬순 오픈에서 시밤 반살(인도)이 **눈 가리고 루빅큐브 많이 맞추기**에 성공했다. 1시간 동안 48개 중 48개를 모두 성공시켰다.

1년 수입이 가장 높은 여자 유명인(현재)

2018년 7월 16일 발행된 〈포브스〉에 따르면 유명 리얼리티 TV 스타이자 사업가인 카일리 제너(미국)가 2017년 7월 1일~2018년 7월 1일에 1억 6,650만 달러를 벌었다. 그녀의 21세 생일이 채 지나기도 전이었다. 카일리는 TV 시리즈 〈키핑 업 위드 더 카다시안스〉로 유명해져 소셜미디어에서 엄청난 팔로어를 모았고, 패션 및 뷰티 인플루언서가 됐다. 그녀가 100% 소유한 기업 카일리 코스메틱은 2015년 설립 후 3년 만에 약 8억 달러로 가치평가가 됐다.

2018년 11월 검색엔진 리스트(Lyst)의 '올해의 패션 리포트'에서 카일리는 이부언니 킴을 제치고 패션계에서 가장 영향력이 큰 유명인으로 선정됐다.

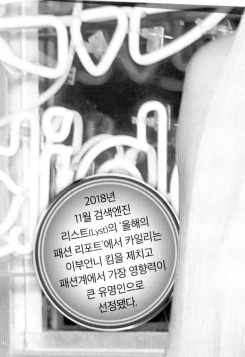

최초의 자수성가 백만장자

미용 전문가 마담 C J 워커(미국, 결혼 전 이름은 사라 브리드러브)는 1867년 미국 루이지애나주 목화 농장에서 태어나 7세에 고아가 됐다. 그녀는 아프리카계 미국 여자들을 위한 모발 및 미용 제품(아래 참조) '워커식 미용술'을 개발하면서 부를 축적했다. 1919년 그녀가 거느린 판매중개상은 2만 5,000명이었다.

가장 부유한 축구 클럽

2018년 6월 12일 맨체스터 유나이티드(영국)는 41억 2,000만 달러로 평가받으면서 40억 8,000만 달러의 레알 마드리드(스페인)를 앞질러 머니 리그의 승자가 됐다. 〈포브스〉의 '축구 비즈니스' 보고에 따르면 맨체스터는 1년 수입 7억 3,700만 달러, 세전 이익 2억 5,400만 달러를 기록했다.

JUL 23 2015년 스티븐 레이니(영국)는 영국 리버풀에서 **1분간 휠체어 스핀 많이 하기**(손으로, 66회)에 성공했다. 이 행사는 지역 휠체어 사용자들에게 제공 가능한 편익을 알리기 위해 마련됐다.

JUL 24 1988년 마이크 로지아니의 지휘 아래 팜 데어리스(둘 다 캐나다)가 캐나다 앨버타주 에드먼턴에서 **가장 큰 아이스크림 선데**를 만들었다. 무게는 24.91t이었다.

최대 규모 쇼핑몰 수족관
UAE 두바이의 두바이쇼핑몰에는 아주 특별한 장소가 존재한다. 이곳에는 54만 8,127m²의 실내 공간에 1,200개의 판매점과 함께 1,000만ℓ 규모의 수족관이 구비돼 있다. 쇼핑객들은 경이로운 어류 140종 이상을 관람할 수 있는데, 여기에는 300마리의 상어와 가오리도 포함돼 있다. 심지어 예약하면 상어 다이빙 체험도 가능하다.

최초의 쇼핑몰
다마스쿠스의 건축가 아폴로도로스가 설계하고 서기 100~112년 완공된 이탈리아 로마의 트라야누스 시장은 6곳 이상의 회랑에 150개의 상점이 있었다.

지금까지 운영 중인 가장 오래된 서점
베르트랑 서점은 1732년 포르투갈 리스본에서 처음 문을 열었다.

일부 가맹점도 아직 포르투갈에서 운영 중이다.

가장 큰 쇼핑몰(임대 가능 총넓이)
2005년 중국 광둥성 둥관에 문을 연 신화남 몰(New South China Mall)의 쇼핑 공간은 넓이가 60만 153m²에 이른다. **가장 작은 국가**인 44만m²의 바티칸시국보다 크다.

가장 긴 쇼핑 거리
중국 헤이룽장성 하얼빈의 중양 다지예(중앙로)는 1.21km 거리가 상점들로 혼잡하다. 1997년 보행자 전용 거리가 됐다.

임대료가 가장 비싼 가게
부동산 컨설턴트 쿠시먼&웨이크필드의 〈세계 중심가 동향 2017〉에 따르면, 미국 뉴욕시의 49~60번가와 만나는 5번가 거리에 있는 가게들은 ft²(제곱피트)당 연간 임대료가 3,000달러에 달한다.

최대 규모 패션 소매점
영국 버밍엄에 있는 프리마크 스토어(영국)는 2019년 4월 5일 바닥 면적이 1만 4,761m²로 확인됐다. 이곳은 예전 파빌리온 쇼핑센터가 있던 장소에 문을 열어, 프리마크 파빌리온이라는 이름이 붙었다.

최대 규모 온라인 판매처(실구매자 기준)
2018년 6월 기준 중국의 온라인 판매 거인 알리바바 그룹은 연간 실구매자가 북아메리카의 전체 인구와 맞먹는 5억 5,200만 명이라고 밝혔다(최근 기록에 따르면 아마존의 연간 실구매자는 3억 1,000만 명). 알리바바 그룹은 알리익스프레스, 알리바바닷컴, 티몰을 포함한 유명 온라인 판매처를 다수 보유하고 있다.

최초의 실시간 방송 판매점
2017년 9월 26~30일 칸스 스트림 스토어에서 치즈를 사려 한 고객들은 온라인에서 실시간으로 가게와 직원을 보고 영상 통화로 구매할 수 있었다. 이 실시간 방송 판매점은 얀 칸(네덜란드)과 ABN AMRO 은행 간 협업으로 네덜란드 알크마르에 마련됐다.

최초로 플라스틱 포장재를 사용하지 않는 슈퍼마켓 구간
2018년 2월 28일 네덜란드 암스테르담의 에코플라자는 철, 종이, 유리처럼 자연분해되거나 재활용이 가능한 소재로만 포장한 700가지 식료품을 모아둔 구간을 마련했다. 그 구간에서는 고기, 쌀, 유제품, 시리얼, 과일, 채소 등이 판매된다.

수익이 가장 높은 판매처
월마트(미국)는 2018 회계연도 기준 전 세계에서 5,003억 달러의 수익을 올렸으며, 이 중 순매출액은 4,958억 달러에 이른다. 이 기업은 샘 월튼과 제임스 월튼이 1962년 7월 2일에 창립했다. 2018년 1월 기준으로 월마트는 28개국에 1만 1,718개의 아울렛이 있으며, 59개의 상호명으로 운영되고 있다.

최고 연간 수익을 기록한 단일 백화점
2016~2017년 영국 런던에 있는 해롯 백화점은 총판매액 27억 달러, 세전 이익 3억 1,460만 달러를 기록했다. 찰스 헨리 해롯이 1849년 설립했으며, 바닥면적 10만 2,000m²에 330개의 매장이 있다. 현재 카타르 국부펀드가 소유하고 있다.

JUL 25 1978년 **최초의 시험관 아기**가 태어났다. 루이스 브라운(영국)은 영국 랭커셔에 있는 올덤 제너럴 병원에서 제왕절개로 출생했으며, 당시 2.6kg이었다.

JUL 26 2004년 산악인 칼 운테르커처(이탈리아)는 에베레스트산과 K2봉을 무산소로 최단기간에 등반한 기록을 세웠다. 그는 에베레스트산의 정상을 밟은 지 63일 만에 K2봉의 정상에 올랐다.

2017년 아마존은 프라임 서비스로만 50억 개의 상품을 발송했다. 매초 158개의 상품을 보낸 셈이다.

최대 규모 온라인 판매처(시장 규모)

프라이스워터하우스쿠퍼스의 '연간 글로벌 톱 100 기업 보고' 수치에 따르면, 온라인 판매 기업 아마존(미국)의 기업가치는 2018년 3월 31일 기준 7,010억 달러로 평가됐다. 하지만 2017~2018 회계연도 기준 글로벌 수익이 1,932억 달러로, 업계 최고인 월마트(옆 페이지 참조)의 반에도 못 미친다. 사진은 2013년 영국 케임브리지셔 피터버러에 있는 아마존 배송 창고에서 연중 가장 바쁜 온라인 쇼핑의 날인 '사이버 먼데이(추수감사절 연휴 후 첫 월요일)'를 준비하는 모습이다.

이 기업은 2018년 1월 22일 미국 시애틀에 새로운 주력 판매점 아마존 고(왼쪽 사진)를 열었다. 계산대와 계산원이 없는 가게로, 구매자가 스마트폰으로 구매할 상품의 QR 코드를 스캔하면 금액이 자동으로 그들의 아마존 계정에 청구된다.

최초의 재활용 상품 판매 쇼핑몰

스웨덴 에스킬스투나에 있는 리투나는 수리, 재활용, 업사이클링 제품을 판매하는 최초의 쇼핑몰이다. 버려진 가구, 컴퓨터, 오디오 장비, 옷, 장난감, 자전거, 정원용품, 건축 자재 등을 새로 단장해 판매한다.

• 업사이클 - 재활용품을 더 좋게 개조하는 것

최대 규모 레고 가게

레고 그룹에 따르면 가장 큰 판매점은 영국 런던 중심부의 레스터스퀘어 지점으로 총바닥 면적이 914m²다. 2층으로 된 실내에는 런던을 상징하는 레고 구조물들이 설치되었는데 63만 7,902개의 블록으로 만든 실제 크기 지하철 객차도 있다. 오른쪽 사진은 가게의 마스코트 레스터가 기네스 세계기록 인증서와 함께 찍은 모습이다.

 JUL 27 2007년 리처드 로드리게스(미국)는 영국 블랙풀의 플레저 비치에서 **최장 시간 롤러코스터 마라톤**을 시작했다. 그는 코스터 '펩시 맥스 빅 원'과 '빅 디퍼'를 405시간 40분 동안 탑승했다.

 JUL 28 1945년 베티 루 올리버(미국)는 미국 뉴욕에 있는 엠파이어스테이트 빌딩의 75층(300m 이상)에서 떨어졌지만 살아남았다. **최고 높이에서 추락한 엘리베이터에서 생존**한 기록이다.

가장 비싼 MOST EXPENSIVE

1. 위스키

2018년 10월 3일 영국 에든버러 본햄스 경매에서 싱글몰트 위스키 '맥캘란 1926 (60년 숙성)'이 경매 수수료를 포함해 110만 2,670달러에 판매됐다. 단 12병만 한정 생산된 위스키 중 1병으로, 화가인 발레리오 아다미(이탈리아)가 라벨을 디자인해 가치가 폭등했다. 화가 본인 및 당시 맥캘란의 회장이었던 앨런 시어치(스코틀랜드)의 사인이 들어가 있다.

2. 와인

2018년 10월 13일 미국 뉴욕시 소더비 경매에서 '1945 도멘 드 라 로마네 콩티 레드 버건디' 1병이 경매 수수료를 포함해 55만 8,000달러에 판매됐다. 이 73년 된 와인은 매도인 지정 가격인 3만 2,000달러보다 17배나 높은 가격에 낙찰됐다.

3. 진

2018년 11월 영국 런던 하비니콜스 백화점에서 '극소량 한정판' 모러스 LXIV 멀베리(뽕나무) 진이 독점으로 판매됐다. 730ml와 30ml의 자기 단지와 가죽 케이스에 든 도자기 컵까지 포함해 5,118달러였다. 이 술은 100년 이상 된 뽕나무 1그루에서 채취한 잎들을 증류해 만들었다. 상품은 댄과 페이 드웨이트(둘 다 영국)가 소유한 기업인 잼자 진에서 제작했다.

▶ 4. 밀크셰이크

2018년 6월 1일 미국 뉴욕시에 있는 세런디피티 3 레스토랑에서 럭스 밀크셰이크가 100달러에 판매됐다. 이 음료는 판매 식당, 스왈로브스키 사(社), 디자이너 '크리스털 닌자' 켈리 디프리스가 협업해 3가지 종류의 크림과 르 크리모제 발디조네(당나귀 우유로 만든 희귀한 캐러멜 소스), 23캐럿짜리 식용 금으로 만들어 보는 사람의 군침을 돌게 했다.

5. 핸드백

고급스러운 무광 흰색의 '히말라야' 에르메스 버킨 30 핸드백이 2017년 5월 31일 익명의 응찰자에게 37만 7,238달러에 판매됐다. 이 핸드백은 중국 홍콩의 크리스티즈가 기획한 핸드백&액세서리 경매에서 거래됐다. 2014년 제작된 가방으로, 18캐럿의 화이트골드 176.3g과 10.23캐럿의 다이아몬드가 사용됐다.

6. 포트와인

라리크 크리스털 디캔터에 든 1863 니에푸르트 포트가 2018년 11월 3일 중국 홍콩의 그랜드하얏트 호텔에서 열린 액커 메랄&콘디트 경매에서 12만 6,706달러에 판매됐다.

7. 치즈케이크

셰프인 라파엘레 론카(이탈리아/미국)가 만든 화이트 트러플 치즈케이크가 2017년 10월 30일 미국 뉴욕시에 있는 리스토란테 라파엘레에서 4,592.42달러에 판매됐다. 버펄로 리코타 치즈와 200년 된 코냑, 마다가스카르 바닐라와 금박이 들어갔다.

8. 수박

네이멍 녹색성 비료회사(중국)가 기른 무게 81.75kg의 수박이 2018년 8월 26일 중국 네이멍 커얼친우익전기에서 7,489달러에 판매됐다.

9. 게

2018년 11월 7일 일본 카네마사 하마시타 쇼텐 수산식품 판매상들이 대게 1마리를 1만 7,648달러에 구입했다. 거래는 일본 돗토리현에서 이루어졌다. 일본에서 귀한 음식으로 여겨지는 대게는 최근 몇 년 사이 전 세계적으로 개체수가 감소해 가격이 상승했다.

> 이 페이지에서 종종 보이는 '경매 수수료'란 경매장에서 낙찰 가격에 추가로 부과되는 일종의 관리비다.

JUL 29 2012년 올림픽에서 영국 단일팀 소속 라이언 긱스(1973년 11월 29일생)는 38세 243일의 나이로 UAE의 골 망을 흔들어 올림픽에서 득점한 최고령 축구선수가 됐다. 88년 만에 경신된 기록이다.

JUL 30 2017년 보스니아헤르체고비나 쿠프레스에서 쿠프레스키 코스키(보스니아헤르체고비나)가 마련한 파티에 2,325명의 이반이 참석했다. 이 파티는 같은 이름의 사람이 가장 많이 모인 행사로 기록됐다.

10. 카메라

2018년 3월 10일 오스트리아 빈에서 열린 베스트리히트 사진용품 경매에서 아시아의 한 개인 수집가가 라이카 35mm 필름 카메라 시제품을 295만 달러에 구입했다. '라이카 0-시리즈 No.122'로 알려진 이 카메라는 라이카가 정식으로 생산되기 2년 전인 1923년에 만든 시제품 25대 중 하나다. 경매 시작가는 49만 2,000달러였다.

11. 코냑 1잔

2018년 3월 21일 란지타 도트 맥그로아티(인도)가 영국 런던에 있는 하이드 켄싱턴 바에서 롬 드 벨갸르드 코냑 1잔(40㎖)을 1만 4,037달러에 구입했다. 이 브랜디 1잔은 장 퓨 코냑 하우스의 저장고에서 2004년에 발견한 병에서 따른 술로, 1894년 생산된 것으로 추정된다. 판매 금액은 자선단체 '글로벌스 메이크 섬 노이즈'에 기부됐다.

12. 고급 화장지 1상자

다이쇼와 제지 생산회사(일본)는 2018년 6월 16일 일본 도쿄도 추오에서 고급 화장지 1상자를 90.39달러에 판매했다. 12가지 색으로 이루어진 이 '주니-히토에' 화장지는 고급스러운 종류의 기모노를 뜻하는 '12겹의 예복'이라는 의미를 담고 있다.

13. 책 삽화

2018년 7월 10일 E H 셰퍼드(영국)가 《아기 곰 푸》(1926년 작)의 면지에 그린 '100에이커의 숲 지도'가 경매 수수료를 포함해 57만 1,369달러에 판매됐다. 영국 런던 소더비 경매에서 거래됐다. 《아기 곰 푸》의 작가 앨런 밀른의 아들이 모델인 어린 소년, 크리스 로빈이 그린 것으로 설정된 삽화로 일부러 낸 오타도 있다 ("Big Stones and Rox"(커다란 돌과 바위), "Nice for Piknicks"(쇼핑 가기 좋음)).

14. 자동차

2018년 5월 사업가이자 레이싱 선수인 데이비드 맥닐(미국)이 1963년 생산된 '페라리 250 GTO' 레이싱 차를 개인 거래로 7,000만 달러에 사들였다. 40대도 채 생산되지 않은 모델이다.
특히 맥닐이 산 이 차는 1964년 투르드프랑스 오토모빌에서 루시앙 비앙키와 조르주 베르거(둘 다 벨기에)가 운전해 우승을 거뒀다(차대 번호 4153GT).

7,000만 달러짜리 250 GTO에는 3ℓ '콜롬보' V12 엔진이 장착돼 최고 280km/h의 속도를 낼 수 있다. 이 빈티지 자동차는 레이싱 차로는 드물게 사고가 전혀 나지 않아 가격 기록을 세우는 데 영향을 끼쳤다.

▶ guinnessworldrecords.com/2020에서 '값을 매길 수 없는 영상'들을 보자.

JUL 31 2012년 미국 사우스캐롤라이나주 콜롬비아에 위치한 케니스 허긴스(미국) 박사가 자신의 집에 가장 많은 토스터를 수집해놓은 사실이 확인됐다(1,284개). 허긴스는 축음기, 라디오, 자동차도 수집한다.

AUG 1 2015년 싱가포르에서 열린 4일간의 음식 행사에서 인도 요리사&음식 협회(싱가포르)가 가장 많은 양의 커리를 만들었다. 무게가 15.34t이었다.

기술 상품 CONSUMER TECH

원격조종(RC) 틸트로터 항공기 최고 속도

2018년 7월 12일 영국 웨스트서식스주 치체스터에서 열린 제75회 굿우드 스피드 페스티벌에서 루크 배니스터(영국)가 조종한 윙콥터 XBR이 240.06km/h의 속도를 기록했다. 이 RC 틸트로터 항공기는 보더폰, X블레이드 레이싱(둘 다 영국), 윙콥터(독일, 160쪽 참조)가 함께 제작했다.

이날 배니스터는 겨우 17세였지만 2016년 3월 12일 UAE 두바이에서 열린 세계드론프릭스에서 우승해 상금 25만 달러를 획득한 베테랑 드론 레이서다. 이 대회는 총상금 100만 달러로 드론 경기 최대 규모 상금을 기록했다.

1개의 기기에 가장 많이 연결한 블루투스 스피커

2017년 4월 25일 자동차 장비 및 오디오 회사 하만 인터내셔널(미국)이 영국 런던의 빌리지 언더그라운드에서 하나의 기기에 블루투스 스피커 1,000개를 연결했다.

가장 큰 터치스크린

2017년 4월 7일 미국 캘리포니아주 로스앤젤레스에 마련된 〈캔디크러쉬〉 TV 게임쇼 무대에서 각각이 킹사이즈 침대 12개보다 큰, 넓이 48.77m²의 스크린 한 쌍이 공개됐다. 킹 사(社)의 인기 모바일 게임을 엄청난 크기로 플레이하도록 기획된 행사로, 참가자들은 줄에 매달려 형형색색의 캔디들을 일렬로 맞춰야 했다.

최대 규모 휴대전화 영상 모자이크

중국의 전자제품 기업 샤오미는 2018년 12월 24일 중국 베이징에서 1,005개의 미 플레이 폰으로 크리스마스트리 모양을 만들었다. 영상은 1분 4초간 지속됐다. 샤오미는 휴대전화 사업 외에 웨어러블 기기를 가장 많이 판매한 브랜드이기도 하다. 2018년 12월 3일 실시한 조사에 따르면 샤오미는 2018년에만 웨어러블 기기를 1,864만 3,300대나 판매했다.

최고 고도 스마트폰 실시간 방송

2016년 9월 5일 화웨이 스웨덴이 기획한 행사에서 아너8 스마트폰이 기상 관측기구에 부착돼 하늘로 올라갔다. 이 스마트폰은 고도 18.42km까지 올라가며 지구의 모습을 페이스북에 실시간으로 방송했다.

연장 케이블 최장거리 연결

미국의 전기 설비업체인 IES 레지덴셜이 2018년 5월 16일 열린 관리자 연례 회의에서 연장 케이블을 22.8km 길이로 연결해 'IESR'이라는 글자를 만들었다. 이 기록과 어울리는 다른 기록으로 가장 긴 멀티탭이 있다. 3m 길이의 멀티탭을 알림 무함마드 살레흐 공과대학의 무함마드 나와즈(인도)가 2018년 10월 11일 제작했다. 총 50구로 26개는 3핀 소켓, 24개는 2핀 소켓이다.

최다 무인항공기(UAV) 동시 비행

2018년 7월 15일 인텔(미국)이 50주년을 기념해 미국 캘리포니아주 폴섬의 하늘을 2,066기의 드론으로 멋지게 장식했다. 이 '슈팅 스타' UAV는 5분 동안 인텔의 로고는 물론 기업의 성장 스토리를 연출해 보여줬다.

2019년 1월 3일 지구 반대편인 UAE 두바이의 밤하늘에는 30기의 드론 비행대대가 'Dubai Police(두바이 경찰)'의 11개 글자를 형상화했다. 이 ▶ UAV 최다 연속 대형은 두바이 경찰 아카데미(UAE) 50주년을 맞아 축하행사로 진행됐다.

최대 규모 자율주행 자동차 퍼레이드

2018년 11월 28일 자동차 기업 창안자동차(중국)가 중국 충칭에서 55대의 자율주행 자동차로 퍼레이드를 했다. 이 차량들은 운전자가 탑승하지 않은 채 3.2km 거리를 9분 7초 만에 완주했다. 이 기업은 같은 날 앞서 44대의 차량으로 기록을 세운 뒤 바로 경신했다.

가장 오래가는 AA 배터리

2018년 10월 12일 기술 자문 기업 인터텍 셈코 AB(스웨덴)가 스웨덴 시스타에서 실험한 결과에 따르면, 에너자이저(미국)가 만든 에너자이저 얼티메이트 리튬 배터리가 평균 점수 229.69를 획득해 최고점을 기록했다. 이 제품은 다양한 실험에서 다른 AA 리튬 배터리보다 나은 성능을 보였다.

가장 긴 셀카봉

2017년 9월 19일 '카타르 스카이 클라이머' 재능 개발 프로그램에 참가한 학생들이 도하에 있는 카타르 국립컨벤션센터에서 18m 길이의 셀카봉으로 사진을 찍으며 2회 졸업식을 기념했다. 2017년 작성된 이전 기록(2m)을 큰 차이로 뛰어넘었다.

▶ AA 배터리 2개로 작동하는 로봇 최장거리 수영

파나소닉 100주년을 기념해 에볼타 AA 배터리 2개를 장착한 17cm 길이의 로봇 '미스터 에볼타 네오'가 3km를 헤엄쳐 갔다. 작은 서핑보드에 탄 이 로봇은 일본 본토에서 히로시마현 이쓰쿠시마 신사(물 위에 있는 신사)의 도리이(신사 입구)까지 3시간 22분 34초 만에 도착했다.

100%

AUG 2

1917년 E H 더닝(영국)은 영국 오크니제도에 있는 항공모함 HMS 퓨리어스호에 자신의 비행기를 착륙시켰다. 이는 최초로 이동하는 배에 비행기 착륙 성공 기록이다. 그는 8월 7일 같은 도전을 시도하다 사망했다.

AUG 3

2009년 사라 아우텐(영국, 1985년 5월 26일생)은 호주 프리맨틀에서 모리셔스까지 조정으로 건넜다. 출발 당시 나이가 23세 310일이었던 그녀는 최연소로 인도양을 조정으로 단독 횡단하는 기록을 세웠다.

가상현실(VR) 디스플레이를 동시에 사용한 최다 인원(여러 장소)

2018년 10월 10일 '세계 정신건강의 날'을 맞아 중국 5개 도시에서 총 2,340명이 단편 영화 〈미스터 S의 세계기록〉을 가상현실 기기로 시청했다. 이 영화는 미스터 S가 조현병을 극복하는 모습을 그렸다. 서안얀 센제약(중국)이 조현병에 대한 경각심을 일깨우기 위해 마련한 행사였다.

VR 기기를 동시에 사용한 **최다 인원**(한 장소)은 1,867명으로 모빌아이(이스라엘)가 2017년 3월 3일 캐나다 브리티시컬럼비아주 밴쿠버에서 달성했다.

가장 많이 판매된 태블릿 브랜드

2018년 12월 3일 조사에 따르면 애플사(미국)의 아이패드는 2018년에 3,627만 3,000대(소매)가 판매됐다. 라이벌 기업 삼성전자(대한민국)의 2,436만 900대보다 약 1,200만 대 많다. 애플은 2018년도에 아이패드 프로도 출시했는데, 태블릿과 랩톱의 격차를 줄이겠다며 '랩톱 킬러'라는 별칭을 붙였다.

가장 많이 판매된 스마트폰 브랜드

2018년 12월 3일 조사에 따르면 삼성전자(대한민국)의 스마트폰은 2014~2018년 소매로 13억 4,891만 1,300대나 팔렸다. 9억 3,703만 6,100대 판매되어 2위를 기록한 아이폰보다 훨씬 많은 수이며, 같은 기간 3위를 기록한 화웨이의 총판매량보다는 거의 3배나 많다.

AUG 4 2007년 핀란드의 헤비메탈 밴드 아고나이저가 핀란드 피아살미 광산의 지하 1,271m 지점에서 공연했다. 이는 지하 **가장 깊은 곳에서 열린 콘서트**로 기록됐다.

AUG 5 1971년 알 워든(미국)은 **심우주**(deep space) **최초 우주유영**에 성공했다. 그는 지구에서 32만km 떨어진 아폴로 15호의 과학 장치 모듈에서 필름 카세트를 회수했다.

도시 생활 URBAN LIFE

가장 작은 공원

미국 오리건주 포틀랜드 SW 네이토 파크웨이 도로의 보행자용 안전지대에 밀엔즈 공원이 자리해 있다. 이 공원은 지름이 겨우 60.96cm이며, 넓이는 2,917.15cm²다. 이 도시 공원은 1948년 3월 17일 지역 언론인 딕 페이건의 청원으로 달팽이 경주와 요정 마을을 위해 마련되었다.

사람들이 가장 오래 거주한 도시

팔레스타인 영토 중 일부인 예리코에 기원전 9000년부터 사람이 살아온 사실을 고고학자들이 발견했다. 요르단강 서안 지구에 있는 이 도시에는 현재 약 2만 명이 거주한다.

기원전 8000년에는 2,000~ 3,000명이 공동체를 이뤄 돌로 지은 성벽 안에서 함께 생활했다.

가장 작은 수도(인구 기준)

2015년 인구조사에 따르면 태평양의 작은 섬나라인 팔라우의 수도 멜레케오크에는 겨우 277명만 거주한다. 이 작고 인적이 드문 응게룰무드로 불리는 지역은 팔라우의 국회의사당이 있는 곳으로, 외국 정부들이 수도로 인정했다.

가장 높은 주거용 건물

2015년 미국 뉴욕시 파크 애비뉴 432번지에 완공된 425.5m 높이의 빌딩은 주거 전용 건물 중 세계에서 가장 높다. 실제 사용 중인 가장 높은 층은 85층으로 지상에서 392.1m 높이에 위치해 있다.

가장 비싼 도시

생계비 이코노미스트 인텔리전스 유닛의 '2018 세계생계비 보고서'에 따르면 싱가포르의 생계비가 가장 높았다. 이 자료는 음식, 음료, 옷, 교통, 관리비, 학비 등 400가지 품목에 드는 비용을 근거로 순위를 매겼는데, 싱가포르의 생계비지수는 116이었다. 참고로 뉴욕시가 100이며, 시리아의 수도 다마스쿠스가 26(가장 낮은 생계비)을 기록했다.

월세 홍콩에서 침실 2개짜리 아파트를 1개월간 빌리려면 3,737달러가 필요하다. 이는 독일의 도이치은행이 세계 주요 도시 50곳의 상품 및 서비스 가격을 조사한 '2018 세계물가지도 보고서'에서 발표한 수치다.

가장 큰 수도(인구 기준)

국제연합(UN)의 '세계 도시화 전망 2018'에 따르면, 일본의 도쿄가 전 세계의 수도 중 가장 인구가 많았다. 도쿄 대도시권에 약 3,746만 8,302명이 산다.

식비 같은 자료에 따르면, 스위스 취리히에서 2명이 펍이나 인근 식당에서 평범한 수준의 식사를 하려면 평균 72.30달러를 써야 한다.

에스컬레이터가 가장 많은 지하철

미국 워싱턴 DC의 지하철에는 에스컬레이터가 618개나 있다. 이곳은 북아메리카에서 에스컬레이터 관리 비용을 가장 많이 쓰는데, 고용된 기술자만 90명이다.

가장 빠르게 커지는 도시

'세계 도시화 전망 2018'에 따르면 방글라데시 루프간지의 2020년 인구는 2015년 대비 9.35% 증가할 것으로 예상된다. 이는 최근 루프간지에 2개의 신도시, 즉 졸시리 아바숀과 푸르바칼 뉴타운이 조성된 결과다.

반면 **가장 빠르게 축소되는 도시**는 중국 헤이룽장성의 이춘시로 2020년까지 주민이 1.35% 이하로 줄어들 예정이다. 이는 과도한 벌목으로 삼림이 지나치게 훼손되면서 목재산업이 붕괴되어 일어난 현상이다. 예상 통계치보다 더 큰 폭으로 감소할 가능성도 있다.

최초의 흑백 줄무늬 횡단보도

1949년 영국의 '보행자 안전 주간'에 1,000개가 넘는 흑백 줄무늬 횡단보도가 시범용으로 설비됐다. 이 '얼룩말' 횡단보도가 최초로 상설된 지역은 영국 버크셔주 슬라우로, 1951년 도입됐다.

가장 짧은 도로

2006년 10월 28일 영국 케이스네스의 위크에 있는 에버니저 플레이스는 길이가 2.05m로 확인됐다. 영국에는 **가장 짧은 주차금지 구역**도 있는데, 노퍽주 노리치 스태퍼드가에 43cm의 주차금지 2중 황색선이 그어져 있다.

캐나다 온타리오주 토론토에서 북으로 나가는 영가(Yonge Street)는 **가장 긴 도로**로 언급되고는 했다. 1,896km 길이의 차선이 현재는 11번 고속도로에 포함되며 길이가 축소됐지만 토론토 항구 앞에서 뉴마켓의 주거 지역 사이에 뻗어 있는 도시 직선 도로는 여전히 48km나 된다.

가장 좁은 도로는 독일 로이틀링겐에 있는 스파오호스타세로 가장 좁은 곳의 폭이 31cm다.

여행객이 가장 많은 도시

마스터카드의 '2018 세계 관광 도시 지수'에 따르면 세계 여행자들이 가장 좋아하는 도시는 태국의 수도 방콕이다.

이 도시에 2016년 해외 여행객들이 전년 대비 3.3% 증가한 2,005만 명이 몰려들며 영국 런던(1,983만 명), 프랑스 파리(1,744만 명) 같은 명성 높은 관광 중심지들을 앞질렀다.

대기오염이 가장 심한 도시

세계보건기구(WHO)의 2018년 5월 보고서에 따르면 인도 칸푸르는 2016년 평균 초미세먼지(PM2.5) 농도가 m³당 173µg(마이크로그램, 100만분의 1g)이었다. WHO의 권고 수치인 m³당 최대 10µg보다 17배나 높았다. 초미세먼지(PM2.5)란 지름이 2.5µg 이하인 그을음, 먼지, 재 등의 입자를 뜻한다. 이런 대기오염 물질에 장기간 노출되면 폐나 심장 건강에 해롭다.

주말 물가가 가장 비싼 도시

덴마크의 수도 코펜하겐을 주말에 여행하려면 평균 2,503달러가 필요하다. 5성급 호텔 숙박비, 자동차 대여비, 4끼 식사(2명), 가벼운 쇼핑까지 이틀 동안 드는 비용을 모두 합한 금액이다. 도이치은행이 2018년 5월 22일 발표한 '2018 세계물가지도 보고서'에 근거한 수치다. 참고로 프랑스 파리에서 주말을 보내는 데 드는 비용은 1,861달러다.

AUG 6 1991년 **최초의 웹사이트**가 생겨났다. 팀 버너스 리(영국)가 스위스 제네바에서 만든 http://info.cern.ch로, 월드와이드웹을 설명하고 어떻게 인터넷을 서핑하는지 설명하기 위해 만들었다.

AUG 7 2012년 키라니 제임스가 올림픽 육상 400m에서 우승하자 그레나다(인구 10만 9,000명)에 국가공휴일이 선포됐다. 이 섬나라는 올림픽에서 금메달을 획득한 **가장 작은 나라**다(인구 기준).

사람이 상시 거주하는 가장 높은 지역

페루 남동부 애나네아산 위, 해발 5,100m에 위치한 라링코나다에는 약 5만 명이 거주한다. 기온이 보통 영하권이며, 위험한 산길 외에는 접근할 방법이 없어 방문하는 여행객은 거의 없다. 쓰레기 수거 및 위생 관리도 미비하고, 배관 시설, 병원, 호텔도 부족하다. 이 지역의 경제 활동은 대부분 규제받지 않는 금광에 의존하고 있다.

이곳의 광부들은 30일 동안 무보수로 일하지만, 그 후 하루 정도는 발견하는 모든 금을 가질 수 있다.

도시 인구가 가장 많은 국가 (총인구 대비)

UN의 '세계 도시화 전망 2018'에 따르면 전 국민이 도시에 사는 국가 (혹은 영토)가 12곳 있다. 싱가포르, 케이맨제도, 신트마르턴, 나우루, 모나코, 지브롤터, 쿠웨이트, 바티칸시국, 앵귈라, 버뮤다, 마카오, 홍콩(아래 사진)이다. 이 중 홍콩에 가장 많은 사람이 산다(740만 명).

도시 최대 면적 자동차 통행금지 구역

모로코 페스의 메디나에는 자동차가 아예 들어올 수 없다. 이곳은 9세기 무렵 형성된 페스시의 가장 오래된 벽으로 둘러싸인 지역으로 페스 엘 발리로도 불린다. 15만 6,000명 이상이 살지만 그 누구도 도시의 벽 안으로 차를 가지고 들어올 수 없다. 고대에 만들어진 몇몇은 길이 폭 60cm 이하로 좁아 사실상 차가 다닐 수 없기 때문이다.

AUG 8 · 2010년 영국 에식스 사우스엔드온시에 있는 어드벤처 아일랜드의 그린 스크림 롤러코스터에 102명의 기부자들이 발가벗고 탑승해 **가장 많은 사람이 놀이동산 기구에 나체로 탑승한** 기록을 남겼다.

AUG 9 · 2010년 모험가 에드 스태퍼드(영국)는 **아마존강 줄기를 따라 걸어서 완주한 최초의 인물**이 됐다. 그는 2년 129일 동안 7,226km를 걷는 마라톤 여정에 성공했다.

지속 가능성 SUSTAINABILITY

전 세계 수력발전에너지 양의 28.4%를 차지한다. '설비용량'이란 해당 발전소가 최상의 조건에서 최대로 생산할 수 있는 전력량을 의미한다.

풍력발전 미국은 설비용량 72.6GW로 193TWh의 전력을 생산해 전 세계에서 만드는 풍력에너지의 23%를 차지한다. 하지만 이 분야에서도 중국이 빠른 속도로 비중을 높이고 있어 곧 미국을 추월할 것으로 보인다.

위의 모든 자료는 국제에너지기구(IEA)의 2017년 〈주요 국제 에너지 통계〉의 기록이다. **태양열에너지로 전력을 가장 많이 생산하는 국가**는 옆 페이지에 나온다.

전기자동차 최장거리 여행
(1회 충전, 태양열 사용 안 함)

IT 에셋파트너스 주식회사(미국)는 2017년 10월 16~17일 폰타나 오토클럽 스피드웨이에서 전기자동차 1회 충전으로 1,608.54km를 주행했다. '더 피닉스'라는 이름의 이 차량은 부품의 90% 이상을 가정용 전자폐기물을 재활용해 만들었다. 공동 제작자 에릭 룬드그렌(미국, 위 사진)이 운행했다.

가장 많은 전력을 생산하는 국가

재생자원 전 세계 재생에너지의 25%인 약 1,398TWh(테라와트시)의 전력이 중국에서 생산된다(1TWh는 1조W 전력으로 60분 동안 하는 일의 양). 이는 중국의 약 9억 3,000만 가구에 1년 동안 충분히 전기를 공급할 수 있는 전력량이다.

수력발전 중국은 설비용량 332GW(기가와트)로 1,130TWh의 전력을 생산한다. 이는

최대 규모 해상 풍력발전소

2018년 9월 8일 659-MW 월니 익스펜션이 가동을 시작했다. 영국 월니섬 연안 19km 거리에 있는 아이리시해에 위치하는데, 축구장 2만 개를 합친 크기와 맞먹는 145km²의 넓이를 차지한다. 이 발전소는 덴마크 기업인 외르스테드가 13억 달러를 들여 만들었다.

이 발전소에는 189개의 터빈(190m)이 있어 1년에 59만 가구에 재생 가능한 에너지를 공급할 수 있다.

최초의 수소전지 여객 열차

알스톰(프랑스)이 개발한 코라디아 아이린트는 수소와 산소를 전기로 전환해주는 전지가 장착된 무공해 열차다. 2018년 9월 16일 이 열차 2대가 독일 북부에서 상업용으로 운행을 시작했다. 북스테후데와 브레머하펜, 쿡스하펜의 인근 마을들 사이를 정기적으로 운행한다.

에너지 시스템 연구소(독일)와 CEA-레티 기술연구소, 제조업체 소이텍(둘 다 프랑스)이 함께 개발했다.

최대 규모 태양로

프랑스 남부 퐁-로미우-오델리오-비아에는 2,000m²의 포물선 반사장치에 약 1만 개의 거울들이 설치되어 태양광선을 받고 있다. 여기서 반사된 빛을 한 곳으로 향하게 하면 온도를 3,800도까지 끌어올릴 수 있다. 현지 과학자들은 1969년 다양한 목적으로 설치된 이 장비를 이용해 열로 수소연료전지를 만들거나 태양열 기술 실험, 우주선 소재 실험 등을 실시했다.

가장 효율성이 높은
태양전지(시제품)

2014년 시험용으로 개발된 광전지가 태양에너지의 46%를 전기로 전환했다. 프라운호퍼 태양

가장 강력한 조력발전소

대한민국의 경기도에 위치한 시화호 조력발전소는 25.4MW(메가와트)의 수중 터빈 10개로 총 254MW의 출력을 발생시킨다. 약 5만 4,000가구에 공급할 수 있는 충분한 에너지다.

가장 강력한 풍력발전용 터빈은 V164-9.5MW로, 덴마크 기업 MHI 베스타스 해상풍력발전이 제작했다. 2017년 6월 6일 출시한 이 설비는 9.5MW의 에너지를 생산할 수 있다.

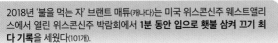

재활용 비율이 가장 높은 나라

환경컨설팅업체 유노미아(영국)와 유럽환경단체가 2017년 발표한 보고서에 따르면 독일이 쓰레기의 66.1%를 재활용해 압도적인 1위를 차지했다. 위 사진은 베를린 ALBA 그룹 공장의 컨베이어 벨트에서 플라스틱 쓰레기를 분류하는 모습이다. 이곳에서는 매년 약 14만t의 쓰레기가 재활용된다.

이 터빈에는 런던 2층버스 9대의 길이와 맞먹는 80m 길이의 깃 3개가 있다.

최대 규모 태양열 경기장

대만 가오슝의 내셔널 스타디움 외부에는 8,844개의 태양열 패널이 1만 4,155m²의 넓이에 부착돼 있다. 이는 잠재적으로 매년 1.14GWh(기가와트시, 1기가와트=10억 와트)의 전력을 생산할 수 있는 규모다. 경기장 운용에 필요한 전력은 설비의 80%만 써도 충분히 생산 가능하다.

이 에너지를 재래식 발전소에서 생산한다고 가정하면 매년 660t의 이산화탄소(CO_2)가 대기에 흘러든다.

AUG 10 2018년 '불을 먹는 자' 브랜트 매튜(캐나다)는 미국 위스콘신주 웨스트앨리스에서 열린 위스콘신주 박람회에서 **1분 동안 입으로 횃불 삼켜 끄기 최다 기록**을 세웠다(101개).

AUG 11 2014년 마술사이자 탈출 곡예사인 알렉시스 아츠(이탈리아, 본명 대닐로 아우디엘로)가 이탈리아 포자에서 **최단시간에 포지 환자구속복 탈출하기**에 성공했다(2초84).

최대 규모 태양열 전기발전소

국제에너지기구의 2017년 〈주요 국제 에너지 통계〉에 따르면 중국은 설비용량 43.2GW 광전지로 매년 대략 45TWh의 전력을 생산했다. 이는 전 세계에서 생산하는 태양열에너지의 18.3%에 해당하는 양이다.

왼쪽 위에 삽입된 사진은 저장성의 태양열발전소의 모습이고, 가운데 큰 사진은 광시좡족자치구 구이강에 있는 중국에서 2번째로 판다를 테마로 한 태양열발전소다. 바로 아래 작은 사진은 중국 동부 안후이성의 안후이콴차이 엔진 사㈜의 주차장 위로 태양열 판이 설치된 모습이다.

환경성과지수 최고점(국가)

예일 대학교와 컬럼비아 대학교가 2002년부터 함께 발표하는 〈환경성과지수〉의 2018년판에서 스위스가 합계 87.42점을 받아 가장 친환경적인 국가로 기록됐다. 이 지수는 산림 훼손, 메탄 및 이산화탄소 배출, 쓰레기 및 오수 처리, 중금속 오염 정도 등 24가지 항목을 평가한 결과다.

1개월 만에 쓰레기 회수기로 수거한 가장 많은 수상 쓰레기

워터프론트파트너십 볼티모어(미국)가 운용하는 수상 쓰레기 회수기 '미스터 트래시 휠'이 2017년 4월 1~30일 미국 메릴랜드주 볼티모어의 존스폴스강에 떠다니던 쓰레기를 57.4t이나 수거했다. 태양열컨베이어와 물레바퀴로 구성된 미스터 트래시 휠은 수상 쓰레기 847.6t(약 56만 1,180개의 플라스틱 병 포함)이 처서피크만까지 흘러들지 못하게 미리 막았다.

AUG **12** 2012년 프랑스 방데에서 포토-보일레브 가문의 사람들 총 4,514명이 한 자리에 모여 **최대 규모 가족 모임**을 기록했다. 이 가문은 조르주 포토와 마들렌 보일레브에 의해 17세기에 시작됐다.

AUG **13** 2014년 영국 노스요크셔에서 마이크 뉴먼(영국)이 **눈가리개 하고 자동차 빨리 몰기** 기록(322.69km/h)을 세웠다. 사실 그는 8세 이후 앞을 보지 못하는 상태였다.

사회 전반 ROUND-UP

GDP가 가장 높은 국가

국내 총생산(GDP)은 1년 동안 한 국가 내에서 생산되는 모든 재화나 서비스의 가치를 말한다. 세계은행에 따르면 2017년에 GDP가 가장 높은 국가는 미국으로 19조 3,900억 달러였다. 하지만 생활비 차이(물가)를 감안하면 중국이 23조 3,000억 달러로 1위다.

1인당 GDP가 가장 높은 국가

GDP를 인구수로 나눠보는 것도 한 국가의 경제가 얼마나 건전한지 알아보는 방법 중 하나다. 세계은행의 자료에 따르면 2017년 기준 룩셈부르크가 1인당 GDP 10만 4,103달러로 모든 국가 중 가장 높았다. 하지만 생활비를 고려하면 카타르의 1인당 GDP가 12만 8,378달러로 최상위를 차지했다. 같은 자료에서 아프리카 국가인 브룬디가 320달러로 **가장 낮은 1인당 GDP**를 기록했다. 하지만 생활비를 고려한 자료에서는 브룬디의 순위가 올라, 중앙아프리카공화국이 725달러로 최하위에 머물렀다.

가장 높은 연간 무역수지 흑자를 기록한 국가

무역수지 흑자란 한 국가의 수출이 수입보다 많은 상황을 나타내는 말이다. 세계은행의 2016년 자료(범세계적 비교가 가능한 최신 연도)에 따르면 독일은 무역으로 2,747억 달러의 흑자를 남겨 연간 무역수지 흑자 규모가 가장 컸다. 같은 자료에 따르면 동기간 미국은 5,047억 달러의 손해를 봐 **가장 큰 연간 무역수지 적자**를 기록한 나라였다.

게양된 가장 큰 국기

2017년 11월 2일 트라이던트 서포트 프래그폴스와 샤르자 투자개발기관(둘 다 UAE)이 2,448.56m² 크기의 국기를 UAE 샤르자에 게양했다.
스카이다이빙(낙하산 점프) 중 펼친 가장 큰 국기(사진)는 이보다 약 2배 큰 4,885.65m²로 스카이다이브 두바이(UAE)가 2018년 11월 29일 기록했다. 농구 코트의 약 10배에 달하는 크기다!

유니세프 최연소 친선대사

밀리 바비 브라운(영국, 2004년 2월 19일생)은 2018년 11월 20일 세계어린이날에, 14세 274일의 나이로 유니세프 대사로 임명됐다. 〈기묘한 이야기〉의 일레븐(위 왼쪽 사진) 역으로 잘 알려진 여배우로, 이 배역으로 에미상 후보에 오르기도 했다(205쪽 참조). 밀리는 어린이들의 권리를 증진하고, '왕따'처럼 젊은 세대에게 영향이 큰 이슈들을 조명하는 새로운 역할을 맡았다.

인플레이션 폭이 가장 적은 국가

국제통화기금(IMF)이 2018년 4월 발표한 〈세계경제전망〉에 따르면 2017년 사우디아라비아와 아프리카의 차드는 평균 인플레이션이 -0.9%였다.

부가가치세가 가장 높은 국가

회계·컨설팅 기업 KPMG가 수집한 자료에 따르면 2018년 헝가리는 27%로 부가가치세(VAT)가 가장 높았다. 2018년 KPMG의 자료에 따르면 카리브해 국가인 아루바는 소득세가 가장 높은 국가(고소득자 대상)를 기록했다. 아루바에서 연간소득이 16만 8,602달러가 넘으면 세금으로 59%를 내야 한다.
같은 자료에 따르면 2018년 기준 법인세율이 가장 높은 국가는 UAE다. UAE의 7개 토후국 중 두바이와 샤르자, 아부다비는 사업으로 발생하는 수입이 130만 달러 이상일 경우 55%의 세금을 내야 한다.

언론인이 가장 많이 수감된 연도

뉴욕에 위치한 비영리 기관 언론인보호위원회(CPJ)의 전 세계 연간 조사에 따르면 2017년 272명

비교물가수준이 가장 높은 나라

경제협력개발기구(OECD)의 2018년 8월 자료에 따르면 아이슬란드는 물가가 다른 어떤 국가보다 높았다. 미국에서 100달러로 살 수 있는 표준 장바구니 물품들을 아이슬란드에서 사려면 149달러가 든다. 같은 방식으로 비교물가기준을 평가했을 때 그다음으로 높은 국가들은 스위스 138달러, 덴마크 127달러 순이다.

AUG 14 2018년 마리아 파라스케바(키프로스)는 키프로스 라르나카에서 **가장 긴 결혼 면사포**를 쓰고 결혼식을 올리며 어린 시절 꿈을 이뤘다. 면사포 길이는 6.96km였다.

AUG 15 2003년 론 헌트(미국)는 46cm 드릴에 머리가 관통됐지만 살아남았다! 이 드릴은 미국 네바다주에서 제거되었는데, **사람의 두개골에서 제거된 가장 큰 물건**으로 기록됐다.

국방비가 가장 높은 국가

미국보다 국방비를 많이 지출하는 나라는 없다. 스톡홀름국제평화문제연구소(SIPRI)의 최근 발표에 따르면 미국국방부(미국 군대의 예산을 조정하는 기관)는 2017년 6,097억 5,800만 달러를 배정받았다. 2016년 6,000억에서 국방비가 더 상승한 것이다.

의 언론인이 업무로 인해 감옥에 수감됐다. 이는 1990년 CPJ가 조사를 시작한 이래 가장 많은 언론인이 수감된 기록이다.

특허출원이 가장 많은 국가

세계지적재산권기구의 자료에 따르면 중국은 2017년(자료가 공개된 가장 최근 해) 138만 1,594건의 특허를 출원했다. 중국 내에서 출원된 특허가 124만 5,709건, 해외에서 출원된 특허는 13만 5,885건이었다.

도시 인구가 가장 적은 국가
(총인구 대비)

국제연합(UN)의 〈세계 도시화 전망 2018 보고서〉에 따르면 토켈라우제도와 월리스푸투나제도도 의 두 섬나라가 도시화 비율이 가장 낮았다. 2개국 모두 UN에서 도시권으로 정의한 거주 지역이 존재하지 않았다. 다시 말하면 모든 국민이 시골에 산다.

자동차 구입비가 가장 높은 도시

도이치뱅크이 세계 50개 주요 도시의 상품 및 서비스 가격을 조사한 〈2018 세계물가지도〉에 따르면 세계에서 자동차 신제품을 가장 비싸게 판매하는 도시는 싱가포르다.

이는 부담이 큰 자동차세 때문인데, 자동차 1대를 구입하는 비용이 평균 8만 6,412달러로 2번째로 높은 덴마크 코펜하겐(4만 4,062달러)보다 2배 가까이 높다.

가장 깊은 바다에서 발견된 비닐봉지

2018년 10월 발행된 학술지 〈마린 폴리시〉에 따르면 태평양 서부에 있는 마리아나해구 깊이 1만 898m 지점에서 비닐봉지가 하나 발견됐다.

최대 규모 재활용품 모자이크(이미지)

2018년 7월 29일 메모리스 이벤트 매니지먼트(UAE)와 MTV SAL(레바논)이 레바논 드바예에 971.37m² 크기의 모자이크 작품을 선보였다. 재활용품 약 1만 개로 만든 이 예술품은 바다에 있는 3척의 배를 묘사했다.

24시간 동안 폐수를 가장 많이 정수한 기록

2018년 2월 16일 지하수보급시스템(미국)이 미국의 캘리포니아주 오렌지카운티에서 폐수 3억 7,854만 1,208ℓ를 마실 수 있는 깨끗한 H₂O로 바꿨다.

최장기 경력

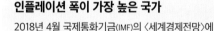
허리케인 헌터 기상학자 제임스 '짐' 맥패든(미국) 박사는 1962년 부터 미국해양대기관리처에서 근무하며 열대저기압에 관해 기록하고 연구해왔다. 그는 1966년 10월 6일 처음으로 허리케인 아이네즈를 실험하는 임무를 맡았다. 가장 최근에는 2018년 10월 10일 허리케인 마이클의 정찰 임무를 맡으며 52년 4일째 '헌터' 커리어를 이어갔다.

한 회사에 근무 월터 오스만(브라질)은 2018년 4월 2일까지 브라질 산타카타리나주 브루스크에 있는 섬유 제조업체 르노 산업(현재 르노뷰)에 80년 75일 동안 근무했다. 첫 출근일은 1938년 1월 17일이었다.

현재 최고령 총리

마하티르 모하마드(말레이시아, 1925년 7월 10일생)는 2018년 5월 10일 수도 쿠알라룸푸르에서 92세 304일의 나이로 총리에 취임했다. 모하마드는 1981~2003년에도 총리를 역임했다.

인플레이션 폭이 가장 높은 국가

2018년 4월 국제통화기금(IMF)의 〈세계경제전망〉에 따르면 베네수엘라의 인플레이션 폭이 가장 높았다. 2017년 평균 1,087.5%로, 마지막 분기에만 2,818.4%가 상승했다. IMF는 2018년 베네수엘라의 인플레이션 폭이 더 기하급수적으로 증가해 연평균 1만 3,864.6%라는 눈물 나는 수치를 기록할 것으로 전망했다.

이 사진을 촬영한 2018년 8월 16일 기준 베네수엘라의 수도 카라카스에서 닭 1마리를 사려면 1,460만 볼리바르(2.2달러)를 내야 한다(사진 속 돈).

도박에 돈을 가장 많이 잃은 국가

국제도박협회 'H2 도박기금'이 2017년 5월 발표한 자료에 따르면 호주의 성인은 2016년 평균 1,052달러를 도박에 사용했다. 1인당 평균 674달러를 기록한 싱가포르가 2위에 올랐고, 아일랜드가 501달러로 3위를 기록했다. 호주는 성인의 약 70%가 도박을 하는 것으로 알려졌는데, 어디서나 흔히 볼 수 있는 전자 포커머신 '포키'를 특히 많이 한다.

AUG 16
2002년, 92분 분량의 엘비스 프레슬리 헌정 뮤지컬 〈스타 오브 더 킹〉이 헝가리에서 처음으로 상연됐다. 작곡가인 아담 로린츠(헝가리, 1988년 1월 1일생)는 당시 14세 76일의 나이로 최연소 뮤지컬 작곡가가 되었다.

AUG 17
1896년 브리짓 드리스콜(영국)이 자동차 사고로 사망한 최초의 보행자로 기록됐다. 그녀는 길을 걷다 6.4km/h로 주행 중이던 차량과 부딪혔고, 이로 인해 영국 런던에서 시위가 발생했다.

145

로봇 ROBOTS

로봇이란 무엇일까?

앞으로 10년, 우리는 로봇들이 우리 삶에서 더 많은 역할을 하는 모습을 보게 될 것이다. 컴퓨터와 센서가 예전보다 더 빨라지고 저렴해지면서 로봇들은 연구소에서 뛰쳐나와 세상에서 다양한 일을 하게 됐다. 하지만 무엇을 로봇이라고 부르느냐에 따라 이들은 이미 수년 전부터 우리 삶의 일부를 차지해왔다고도 볼 수 있다. 정말 무엇을 로봇이라고 부르는 걸까?

로봇공학자들 사이에서도 무엇이 로봇이고 이 아니지에 관한, 보편적으로 통용되는 정의는 없다. 하지만 대부분이 동의하는 아주 기초적인 정의는 다음과 같다. '로봇'은 느끼고, 생각하고, 행동할 수 있는 장치다. 이는 로봇이 생활을 인지하고, 자신이 보는 것을 기반으로 결정을 내리며, 그 결과 주변 환경을 바꿀 수 있다는 것을 뜻한다.

하지만 로봇은 그 이상으로 복잡해지기 시작했다. 1950년대 공상과학소설에 나오는 로봇 하면 으레 사람 생활에 많은 역할을 하는 자율적인 스마트 기술이 떠오를 것이다. 사실, 오래 전 기술을 활용한 가정용 서모스탯(연소 조절하는 기구)도 바로 간단한 동작이지만 느끼고, 생각하고, 자율적으로 활동하는 로봇의 핵심 기능을 충족시킨다. 하지만 반대로, 우리가 기대하는 로봇의 모습과 흡사한 많은 것들, 예를 들어 커다랗고 멀리서도 로봇의 인간이 원격 조종하는 드론 따위는 로봇의 전통적인 정의와는 종종 거리가 멀다.

종합해보면, '로봇'이라는 단어는 오늘날 문제상 여러 의미를 가지며, 조금 사용되는 자동화 장비를 아우른다고 할 수 있다. 어떤 로봇이라는 단어가 미생물부터 크기리에 이르기까지 광범위한 크기의 생명체를 포함하는 것처럼.

로봇의 생태계

로봇의 세계도 자연계와 마찬가지로 각자 특성이 있다. 로봇공학자들은 특정 프로젝트의 목적이나 새로운 기술에 맞춰 로봇을 설계하거나 모양 등에서 광범위하게 창의성을 발휘한다. 그래서 인간을 닮은 로봇도 있고, 동물을 닮은 로봇도 있으며, 자연에서는 담은 그 무언가를 찾기 힘든 로봇도 있다. 이들은 우리보다 강하고 빠르며, 특정 분야에서는 우리보다 똑똑하다.

로봇공학은 많은 발전을 이루었음에도 '아래 참조' 아직 갈 길이 멀다. 다음 몇 페이지에 서문 참조 나오는 로봇들은 신기록을 작성한 최첨단 로봇들이지만, 지능과 적응 능력은 아직 어린이 수준에도 못 미친다. 하지만 몇 년 내로 더 빠르고 더 강하고 똑똑한 차세대 로봇들이 나와 기록을 경신할 것이다.

로봇이 어떤 모습을 하고 있든 인간을 돕기 위해 설계됐으며 서서를 기억하자. 이들은 인간을 대신해 지겹고, 더럽고, 위험한 임무를 수행한다. 아직 우리의 모든 바람을 제어지는 못하지만, 이미 많은 놀라운 로봇들이 우리의 더 나은 삶을 위해 일하고 있다.

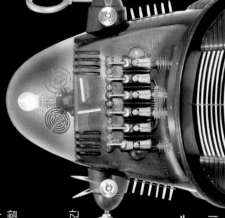

로봇공학 아론인, 에반 애커먼

기네스 세계기록 자문가 에반 애커먼은 10년 넘게 로봇 관련 글을 쓰고 있다. 로봇공학 블로그도 2007년부터 운영 중이며, 〈IEEE 스펙트럼 매거진〉에 글을 기고 중이다.

어떻게 로봇에 관심을 갖게 됐나요?

저음에는 로봇에 관해 잘 몰랐어요. 하지만 로봇공학 컨퍼런스에 참여하고 많은 종류의 로봇이 있다는 사실에 놀랐습니다. 요즘도 여전히 놀라고 있는데요, 그게 바로 제가 로봇에 관한 글을 계속 쓰는 이유입니다.

로봇이 인간의 직업을 빼앗거나 세계를 정복하는 적군은 하지 않을까요?

그런 일은 없을 겁니다. 로봇으로 단지 기술은 본 아웃 하네요. 활용도가 높아지면 일부 작업은 자연이 변하기도 하겠지만, 인간의 모든 직업을 곧방 대체하지는 못할 겁니다. 그리고 우리가 일부러 프로그래밍하지 않는 이상 세계를 정복할 확률도 거의 없습니다.

개인적으로 좋아하는 로봇이 있나요?

모든 로봇을 똑같이 좋아하지만, 아주 약간 더 좋아하는 로봇이 있기는 하죠. 기중그(노르란세이 동물동을한 댄싱 로봇), PR2(팔이 2개 있는 연구 로봇, 제가 가지고 있는 5개의 룸바(로봇 청소기)입니다.

인간이 쉽게 하는 일을 로봇들은 왜 잘 못하나요?

인간은 주변 환경을 이해한 시간(인생)이 길지 만, 로봇은 아닙니다. 특정 임무에 충분한 배우지 않 우지만, 인간 같은 범용 지식은 없어 요. 그래서 새로운 상황 작업에 어려 워하고, 구체적으로 프로그래밍되지 않은 사람은 이해하지 못합니다.

나만의 로봇은 어떻게 가질 수 있을까요?

룸바 같은 로봇 청소기는 당신의 청소기가 됩니다.

삶을 더 편하게 해주죠. 혹시 자신만이 로봇을 만들고 싶다면 프로그래밍을 배우면서 간단한 로봇 키트를 활용해 만드는 방식으로 근하는 게 좋습니다.

바이오닉옵터

일본우주항공연구개발기구(JAXA)의 이트볼

Boston Dynamics

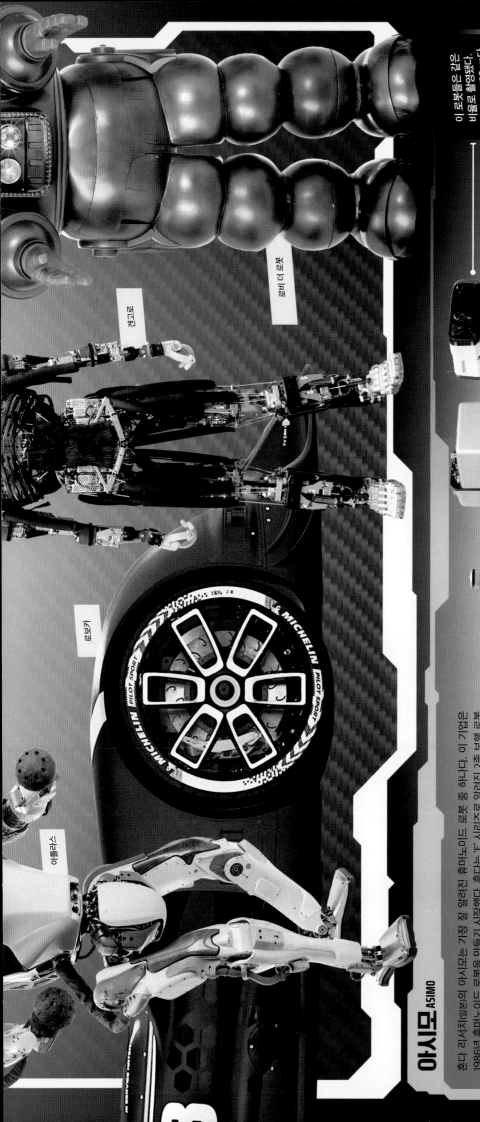

아시모 ASIMO

혼다 리서치(일본)의 아시모는 가장 잘 알려진 휴머노이드 로봇 중 하나다. 이 기업은 1986년 휴머노이드 로봇을 만들기 시작했다. 혼다는 'E' 시리즈로 알려진 2족 보행 로봇에서 시작해 'P' 시리즈 휴머노이드 로봇을 발전시켰고, 2000년에는 그 유명한 아시모 플랫폼을 구축했다. 혼다가 첫 걸음마를 시작한 지 33년 뒤인 2019년까지, 혼다는 활발하게 휴머노이드 로봇을 연구해(152쪽 참조) 최장기간 운영한 휴머노이드 로봇 개발 프로그램을 운영한 기록을 남겼다.

이 로봇들은 같은 비율로 촬영됐다. P2의 키는 182cm다.

로비 더 로봇

켄고로

로보카

이틀라스

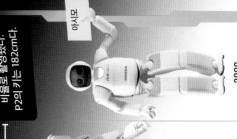
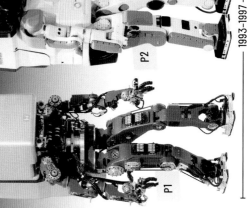
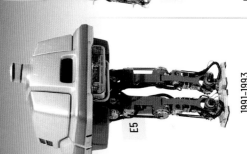
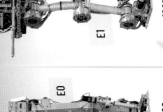

아시모 2000-

P3

1993-1997

P2

P1

E5 1991-1993

E1 1987-1991

E0 1986

아시모

DARPA 자율주행 육상차량

1985년 미국 국방부 고등연구계획국(DARPA)이 자율주행 육상차량(ALV, 오른쪽 사진)로 알아서 주행을 지속할 수 있는 최초의 실용적인 속도로 ALV에 사용된 레이저 스캐너 및 카메라 조합은 현 세대의 무인자동차에도 비슷하게 적용되고 있다. 8개의 카메라 바퀴가 장착돼 있어 오프로드 주행이 가능하며, 밤에는 물론 비나 눈이 오는 날에도 달릴 수 있다.

스타십 딜리버리 로버

작은 로봇 차량들은 인도를 이용해 도시나 시골의 구석구석을 돌아다닐 수 있다. 스타십 테크놀로지의 로봇들은 지역 상점에서 작은 상품을 싣고 몇 km나 떨어진 목적지까지 배달해준다. 다양한 센서를 사용해 자동으로 길을 찾고, 보행자를 피하며, 교통신호를 확인해 횡단보도까지 간다. 이 로봇은 100여 곳의 도시에서 2만 건의 배달을 완료하며 실험을 마쳤다. 총 20만 1,000km 이상을 주행했다.

웨이모 자율주행 자동차

웨이모의 로봇 자동차가 2018년 10월 일반 도로에서 1,600만km를 주행해 무인자동차 누적 최장거리 주행을 기록했다. 2016년 구글에서 자율주행 자동차로 분리된 웨이모 사는 미국 전역의 25개 도시에서 자율주행 자동차를 실험하며 주행 중에 일어날 수 있는 다양한 상황들을 자료로 수집했다. 실제 도로에서의 실험이 안전한 주행을 학습하는 최고의 방법이지만, 웨이모는 시뮬레이션 실험도 함께 진행한다. 이들의 가상 자동차들은 매일 가상 도시에서 1,600만km나 주행한다!

누토노미 자율주행 택시

2016년 누토노미가 싱가포르에 최초의 자율주행 택시 서비스를 도입했다. 앱으로 호출할 수 있는 이 6대의 로봇 차량이 원-노스 업무지구 안을 주행했다. 싱가포르에서 자동차는 평균 95%를 주차된 상태로 있기에 개인 소유의 차량을 줄이기 위해 도입됐다. 누토노미는 언젠가 자사의 자율주행 택시들이 쉼 없이 주행하는 날이 와 싱가포르 도로의 차들이 3분의 2 정도까지 줄어들기를 희망한다.

자율주행을 향한 드라이브

로봇 ROBOTS

로보카 ROBOCAR

자율주행 자동차는 가까운 미래에 우리의 삶을 바꿀 로봇으로 손꼽힌다. 로스앤젤레스 같은 도시에서는 운전자들이 매일 통근에만 평균 1시간 정도를 쓰는데, 만약 자동차가 스스로 운전할 수 있게 된다면 그 시간을 일하거나 휴식을 취하거나 심지어 잠을 자는 데 활용할 수 있다.

자율주행 기술들은 개발 초기에 자동차 경주로 테스트하면 효과적인데, 시스템들이 격렬한 경쟁을 통해 많은 것을 배울 수 있기 때문이다. 이 분야의 선두주자는 영국의 스타트업 기업인 로보레이스가 만든 미래 지향적 자율주행 차량 로보카로, 현재 전기자동차 대회 포뮬러 E에서 한창 실험 중이다.

로보카는 내부에 탑재된 엔비디아 드라이브 PX2 컴퓨터로 AI(인공지능)를 운영해 인간 운전자를 대신한다. 이 로봇 운전자는 레이더, 라이다(Lidar) 카메라, GPS 등 다양한 센서를 통해 얻은 정보를 바탕으로 판단을 내린다. 즉각적인 판단 속도는 아직 인간 운전자보다 느리지만 꾸준히 발전하고 있다. 2019년 3월 21일 로보레이스의 로봇은 282.42km/h라는 놀라운 주행 속도를 기록했다. 이는 영국 요크셔주 엘빙턴에서 영국 시간기록협회가 인증했다. 로보레이스의 로보카는 ▶가장 빠른 자율주행 자동차로 기록됐다.

경주 트랙에서 얻은 정보는 일반 도로에서 사용할 자율주행 시스템의 설계에 활용된다. 고속 주행 중 안전하고 정교하게 코너를 빠져나가고, 공격적인 주행 시 어느 시점에 타이어가 진로에서 벗어나는지 계산한다. 이 과정을 통해 AI 차량은 대부분의 인간보다 뛰어난 주행 실력을 학습하는데, 특히 위험한 상황에서 놀라운 기술을 발휘할 수 있다.

그리 멀지 않은 미래에 사람들은 위기 상황에도 충분한 대처 기술을 갖춘 가상의 운전자가 운전하는 자율주행 택시를 편리하게 이용할 것이다.

DARPA 그랜드 챌린지

미국 국방부 고등연구계획국(DARPA)은 2004년과 2005년, 모하비사막을 횡단하는 완전 자율주행 경주를 열었다. 이 대회는 전 세계 많은 팀의 관심을 끌었고, 자율주행 차량 연구에 새로운 물결을 불러왔다(아래 사진은 카네기멜론 대학교의 '샌드스톰'). 각자 고유 기술력으로 무장하고 이 대회에 참가했던 팀들은 현재 자율주행 차량을 개발하는 기업으로 발전했다.

굿우드 힐클라임을 완주한 최초의 자율주행 차량

2018년 7월 13일 로보카가 영국 웨스트서식스주에 있는 1.86km 거리의 굿우드 힐클라임 코스를 1분 15초 만에 완주했다. 이 무인 경주 자동차는 다니엘 지몬(독일)이 설계하고, 로보레이스(영국)가 개발했다. 코스는 잉글리시 컨추리 파크를 통과하는 구불구불하고 경사진 길로, AI 차량에는 쉽지 않은 도전이다. 도로 표지가 정확하지 않고 나무가 많아 길목마다 비치는 빛의 양에도 차이가 있다. 게다가 나무들은 GPS 기반의 내비게이션에 다양한 변수를 만든다.

위에 360도 카메라와 안테나가 장착돼 있다. 차량의 내비게이션 시스템 중 하나다.

로보카는 GPS를 활용해 자신의 위치를 모니터하는데, 모의 주행을 통해 만든 도로 정보와 대조해 확인한다.

차량의 몸체는 탄소섬유로 만든다.

각각의 바퀴는 개별 모터로 작동한다. 모두 합치면 540kW(720hp) 이상의 출력이다.

냉각구가 로보카의 58kWh 배터리를 적정 온도로 유지시키는 데 도움을 준다.

빛을 통해 사물과의 거리 및 물성을 감지하는 라이다가 차량의 앞과 옆, 뒤에 부착돼 있다.

전방 레이더가 노즈콘에 설치돼 있다. 후면에도 레이더가 장착된다.

ROBORACE

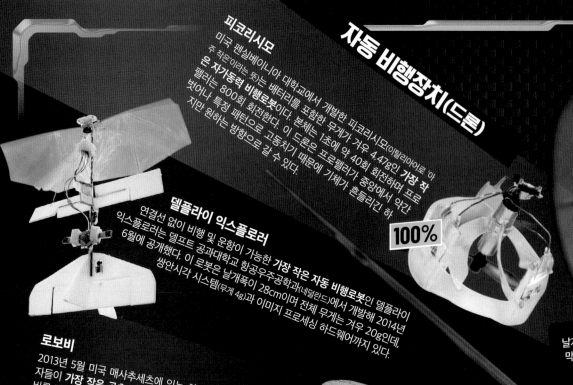

피코리시모

추 작은 '이라는 뜻은 미국 펜실베이니아 대학교에서 개발한 피코리시모(이탈리아어로 '아은 자가동력 비행로봇이다. 본체는 1초에 겨우 40회 회전하며 프로펠러는 800회 회전한다. 이 드론은 1초에 약 40회 회전하며 프로벗어나 특정 패턴으로 고동치기 때문에 기체가 중앙에서 약간지만 원하는 방향으로 갈 수 있다.

델플라이 익스플로러

연결선 없이 비행 및 운항이 가능한 **가장 작은 자동 비행로봇**인 델플라이 익스플로러는 델프트 공과대학교 항공우주공학과(네덜란드)에서 개발해 2014년 6월에 공개했다. 이 로봇은 날개폭이 28cm이며 전체 무게는 겨우 20g인데, 쌍안시각 시스템(무게 4g)과 이미지 프로세싱 하드웨어까지 있다.

100%

날개는 탄소섬유 뼈대에 얇은 막으로 덮여 있다. 날개폭은 63cm다.

로보비

2013년 5월 미국 매사추세츠에 있는 하버드 대학교의 연구자들이 **가장 작은 곤충 비행로봇**(비행 시 외부 연결선 필요) 로보비를 공개했다. 이 초소형 비행 기체는 무게가 80mg으로 진짜 벌(bee)보다 약간 가벼우며, 이륙과 비행, 공중 정지 및 착륙 등 여러 부분에서 실제 벌과 흡사한 능력을 가지고 있다. 현재는 외부로 연결된 선을 통해 신호와 동력을 전달받지만 완전히 독립적인 버전을 개발 중이다.

100%

100%

전류가 니티놀(니켈-티타늄) 형상기억합금 구조를 통과하며 꼬리와 머리를 움직인다.

이오노크래프트

비행로봇들은 곤충을 모방하며 크기를 줄여왔는데, 다른 기술을 활용하면 더 작아질 수도 있다. 이오노크래프트는 동작부가 없는 대신 플라스마를 생성해 바람(공기의 흐름)을 만들어 공중으로 떠오른다. 2018년 6월 6일 발표 자료에 따르면, 캘리포니아 대학교 버클리캠퍼스(미국)가 **가장 작은 이오노크래프트**를 제작해 공개했는데 크기는 겨우 4cm²에 무게는 67mg이었다.

로봇 ROBOTS

바이오닉옵터

독일의 자동화기술 기업 훼스토는 2006년부터 다양한 바이오닉(생체공학) 로봇들을 실험해 오고 있다. 이들은 동물에게서 영감을 받아 기계 구조를 발전시켜 기계개미떼와 로봇갈매기, 로봇나비, 심지어 로봇캥거루도 개발했다.

가장 큰 비행곤충로봇인 바이오닉옵터는 살아 있는 잠자리의 복잡한 움직임을 그대로 모방해 3D 프린터로 기계화한 사례다. 잠자리는 지구상에 존재하는 동물 중 가장 기민하고 숙련된 비행사다. 이들은 먹이를 사냥할 때 성공률이 95%나 된다(참고로 사자의 사냥 성공률은 겨우 30% 정도다). 곤충의 능력 중 일부는 신체 구조나 날개 구조에서 비롯된 특성인데, 옆으로 날

거나 공중에 머무는 등의 움직임은 보통 새들이 흉내 내지 못한다. 새는 대개 비행기와 유사한 원리로 나는데, 날개 모양에서 양력(유체 속의 물체가 수직 방향으로 받는 힘)이 발생한다. 하지만 곤충은 날개를 빠르게 휘저어 공기를 아래로 내리고 몸을 위로 떠오르게 하는 방식으로 비행을 한다.

바이오닉옵터는 실제 잠자리처럼 개별적으로 조종이 가능한 날개 2쌍을 가지고 있다. 로봇은 각각의 날개에서 발생하는 추력(회전하는 프로펠러가 공기를 밀어내거나 제트엔진이 연소된 공기를 분사할 때 반대 방향으로 비행체가 얻는 힘)의 세기와 방향 조절력으로 어디로든 원하는 곳으로 갈 수 있다. 복잡하게 들리지만, 탑재된 시스템이

대부분의 과정을 알아서 처리하기 때문에 조금만 연습하면 당신도 바이오닉옵터를 스마트폰으로 간단하게 조종할 수 있다. 바이오닉옵터는 날개폭이 63cm지만, 무게는 겨우 175g이다. 무게를 줄이기 위해 머리와 꼬리는 열을 가하면 줄어들고 식으면 팽창하는 형상기억합금(SMA) 연결선을 활용해 제어한다.

여기 사용된 전기 및 기계 시스템은 실제 잠자리의 외형뿐만 아니라 놀라운 비행 능력까지 로봇에 옮겨왔다. 이 로봇을 제작하며 알아낸 원리는 복잡하거나 어수선한 공간을 피해서 비행하는 날렵한 드론의 제작에 활용될 예정이다.

비행 컨트롤

날개 마디마다 모터가 있어 날개의 움직임을 세밀히 조종한다. 바이오닉옵터의 몸체에 있는 센서들은 공중에서 안정성을 유지하도록 돕고 비행을 모니터한다. 이 장치들은 지속적으로 날개의 위치와 퍼덕거리는 횟수에 관여하며, 로봇의 방향과 속도를 조종한다.

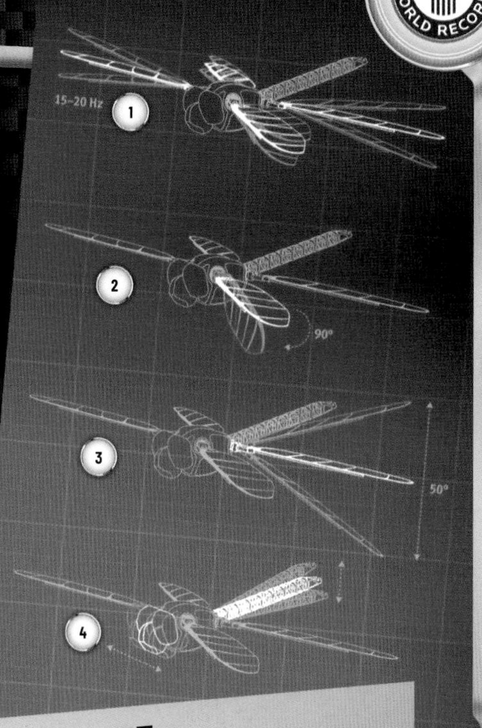

15–20 Hz

(1)

(2)   90°

(3)   50°

(4)

바이오닉옵터 조종

바이오닉옵터는 간단한 조이스틱으로 조종하는데, 조종사의 움직임이 비행의 다양한 측면에 세세하게 영향을 끼친다. (1)퍼덕거리는 비율을 늘리거나 줄이고, (2)날개의 각도를 바꾸고, (3)스트로크의 진폭을 늘리거나 (4)머리나 꼬리를 움직여 무게중심을 바꾼다.

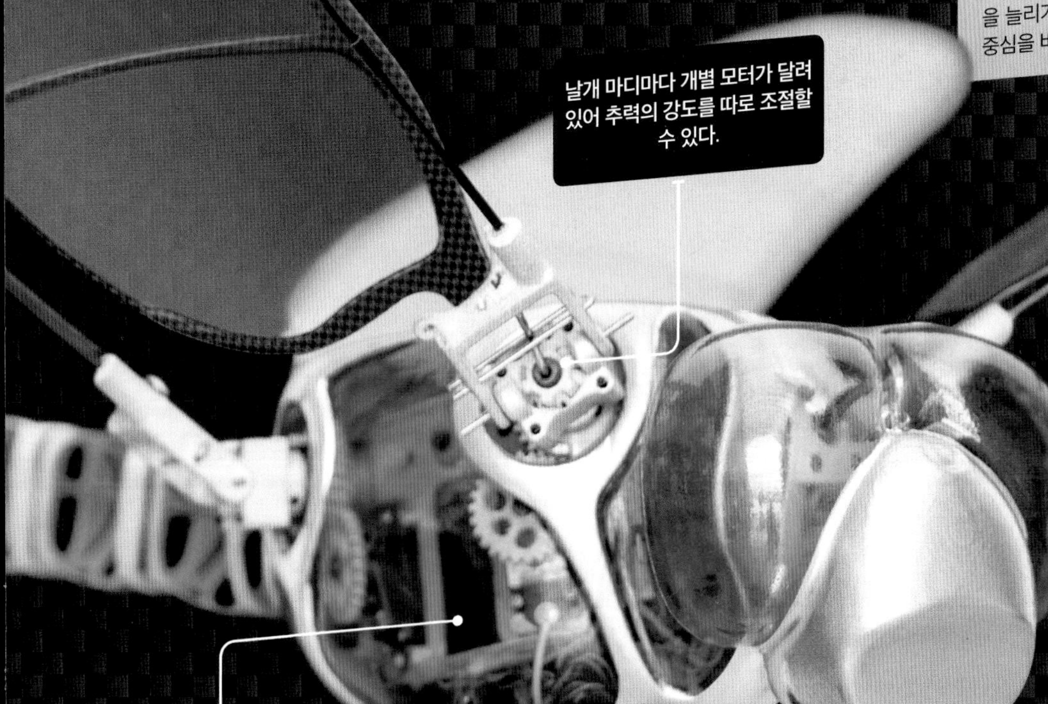

날개 마디마다 개별 모터가 달려 있어 추력의 강도를 따로 조절할 수 있다.

로봇의 길이는 겨우 44cm지만, 내부에 마이크로 컨트롤러 1개와 소형 모터 9개, 배터리 1개가 들어 있다.

로봇 심장의 내부

바이오닉옵터의 몸체는 메커니즘이 잘 구성돼 있어 9개의 전기모터에서 발생하는 단순한 회전운동을 곤충 날개의 복잡한 움직임으로 구현해낸다. 제어 시스템은 날개의 움직임 패턴과 중량 배분을 조절해 비행을 안정화시킨다.

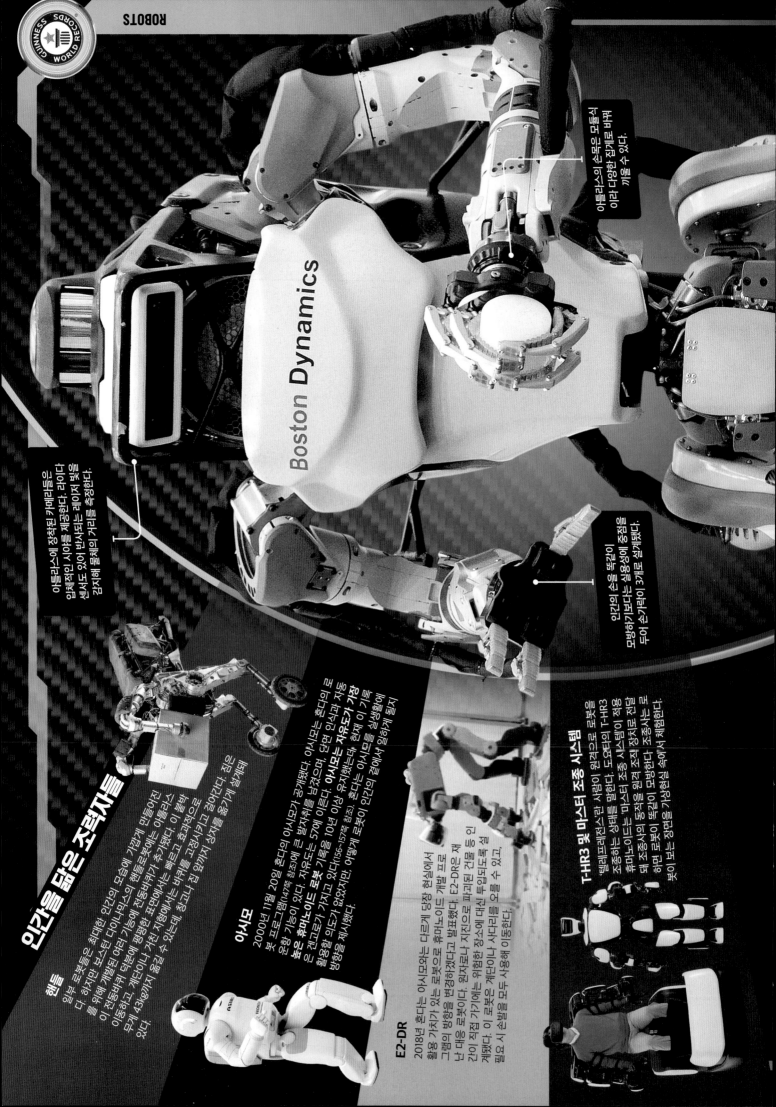

Boston Dynamics

아틀라스의 손목은 모듈식이라 다양한 장비로 바꿔 끼울 수 있다.

인간의 손을 똑같이 모방하기보다는 실용성에 중점을 두어 손가락이 3개로 설계됐다.

아틀라스에 장착된 카메라들은 입체적인 시야를 제공한다. 라이다 센서도 있어 반사되는 레이저 빛을 감지해 물체의 거리를 측정한다.

인간을 닮은 조력자들

핸들

일부 로봇들은 최대한 인간의 모습에 가깝게 만들어진다. 하지만 보스턴 다이내믹스의 핸들 로봇에서 볼 수 있듯이 전동바퀴가 추가되는 아틀라스 틀을 위해 여러 기능이 평평한 표면에서는 이 로봇의 이동하고 계단이나 거친 지형에서는 바퀴를 고정시키고 점프해서 옮길 수 있는데 짐은 무게 43kg까지 들 수 있다.

아시모

2000년 11월 20일 혼다의 아시모가 공개됐다. 아시모는 '선진적인 이동성을 갖춘 혁신적인 로봇'(Advanced Step in Innovative Mobility)의 약자를 본뜬 것이며, 단연 인식과 자동 운항 기능이 있다. 자유도가 57에 이른다. **가장 높은 휴머노이드 로봇** 활동성을 가지고 있었지만 없었지만, 어떻게 로봇이 인간의 곁에서 움직여야 될지 방향을 제시했다.

E2-DR

2018년 혼다는 아시모와는 다르게 재난 현장에서 활용 가치가 있는 로봇으로 휴머노이드 로봇 개발 프로그램의 방향을 변경하겠다고 발표했다. E2-DR은 원자로나 지진으로 피괴된 건물 등이 간이 직접 지원이 위험한 장소에 대신 투입되도록 설계됐다. 이 로봇은 계단이나 사다리를 오를 수 있고, 필요시 손발을 모두 사용해 이동한다.

T-HR3 및 마스터 조종 시스템

텔레프레전스란 사람이 원격으로 로봇을 조종하는 상태를 말한다. 도요타의 T-HR3 휴머노이드는 '마스터 조종 시스템'이 작용해 조종사의 동작을 원격 장치로 전달해 조종사는 로봇이 똑같이 모방한다. 하면 로봇도 네가 보는 정보를 가상현실 속에서 체험한다.

발도 인간의 형태를 그대로 모방하기보다 실용적인 평평한 모양으로 설계됐다.

다리에도 센서가 부착돼 있어 균형 유지에 도움을 준다.

보스턴 다이내믹스는 3D 프린트 기술로 주요 부품을 통합했는데, 유압작동기가 로봇의 팔다리에 바로 들어간 것이 사례다. 이로 인해 여러 개별 파트로 넘버되는 공간을 줄여 아틀라스가 작고 가벼워졌다.

가장 효율적으로 걷는 2족 보행 휴머노이드 로봇

두루스(DURUS)와 조지아 공과대학교에 있는 앰버 연구소(AMBER)에서 개발됐다. 이 로봇은 트레드밀 위를 걸으며 효율적인 시험을 기록했다. 이는 작은 에너지로 힘에서 이동비용(CoT) 1.02를 낮은데, 스탬슘수록 이동비용을 이동할 수 있다는 뜻이다. 인간의 이동비용은 0.2, 달릴 때 0.8 정도다.

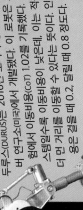

2족 보행 로봇 최초의 백플립(뒤로 공중제비 넘기)

보스턴 다이내믹스는 비밀리에 연구를 진행하기로 유명하다. 그리고 짧고 이용스러운 유튜브 영상으로 최신 기술들을 세상에 공개했다. 우리는 아틀라스가 참고에서 무거운 상자들을 드는 것 등을 봐왔고(오른쪽 사진, 2017년 11월 17일에는 완전히 류하고고보았다. 보스턴 다이내믹스의 건물 주변을 조깅하는 영상을 확인했으며(아래 오른쪽 사진), 최초로 영상을 볼 수 한 사람 크기의 로봇이 선보이는 백플립을 선보였다. 여러 번 실패했지만 아틀라스는 놀라운 속도로 있었다(아래 왼쪽 사진). 여러 번 실패했지만 아틀라스는 뽐내며 백플립을 성공시켰다.

로봇 ROBOTS 아틀라스 ATLAS

휴머노이드 로봇의 제작은 쉽지 않은 도전이다. 하지만 인간의 특성에 맞춰 설계된 환경에서 로봇이 우리의 일을 돕고, 재난 현장에서 구조 활동을 펼치며, 노인들을 보살피는 등의 일을 하려면 인간을 닮은 로봇이 유용하다.

단기적으로 보면, 로봇을 인간보다 단순하게 만드는 게 여러 상황에서 더 효율적이다. 예를 대부분의 작업이 손가락이 1~2개일 때 이뤄진다. 로봇은 일부분을 특정 도구로 설하기 하기 위해 힘든 작업을 하도록 설계할 수 있다. 이런 유용성은 휴머노이드 되는 부분이다.

2012년 미국 국방부 산하 고등연구계획국(DARPA)은 비극적인 재앙에 대응하는 로봇 기술

개발을 위한 2개의 로봇공학 도전과제를 발표했다. 이 도전에 성공하려면 로봇은 전해을 치러하고, 전동 장비를 이용할 줄 알아야 하며, 차량을 운전할 수 있어야 한다. DARPA는 이 과제에 기반이 되는 로봇을 제작하기 위해 보스턴 다이내믹스 로봇인 아틀라스를 선보였고, 2013년 1세대 아틀라스 로봇이 탄생했다.

아틀라스는 수퍼 피스톤으로 판다리를 움직이는 전기 모터를 사용하는 비슷한 휴머노이드 로봇보다 훨씬 강력했다. DARPA의 마지막 버전 아틀라스는 높이가 1.9m에 무게는 156kg이었으며, 넘어져도 스스로 일어날 수 있었다.

DARPA의 로봇공학 도전과제는 2015년 마무리됐지만, 보스턴 다이내믹스는 아틀라스에게 새로운 동작들을 가르치며 하드웨어를 보강해

나갔다. 2016년 초, 이들은 더 민첩한 버전의 아틀라스를 공개했는데 기친 지형을 건너고, 무거운 물체를 나르며, 발을 헛디뎌도 다시 균형을 잡을 수 있었다. 그 후 아틀라스는 달리기, 점프하기, 심지어 마지막 사진에서 만들어진 백플립에 성공하며 지금까지 만들어진 가장 다이내믹한 휴머노이드 로봇 중 하나가 됐다.

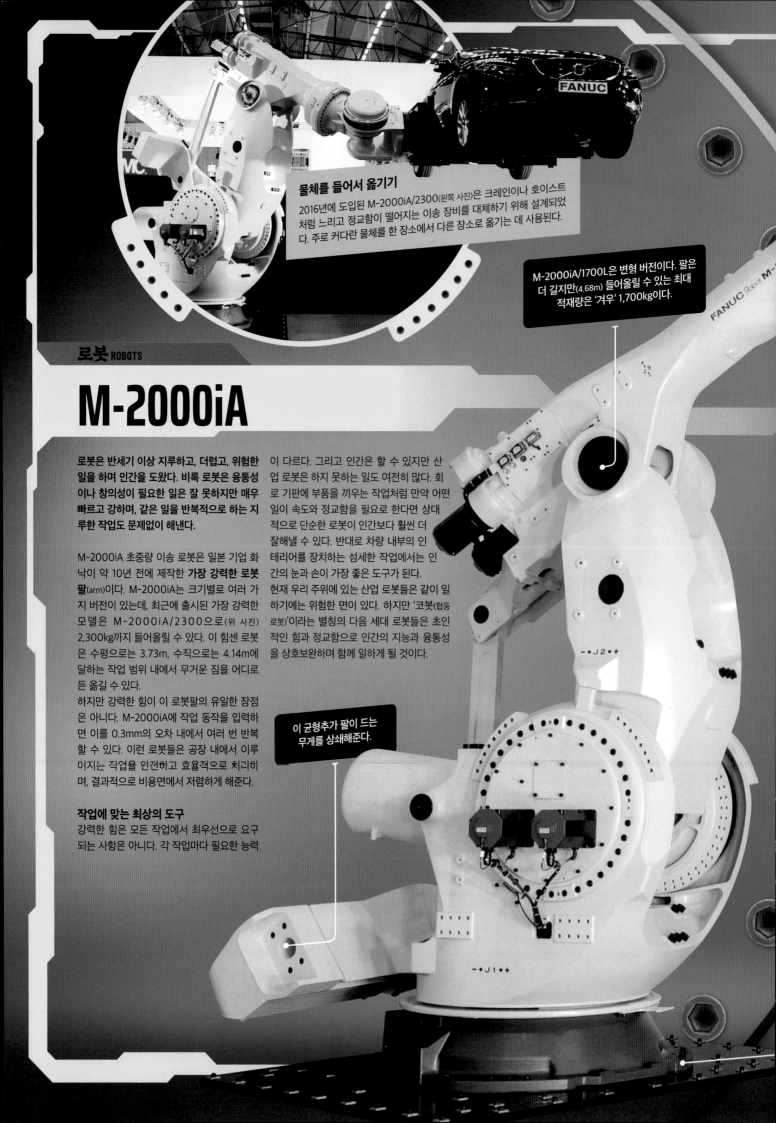

물체를 들어서 옮기기

2016년에 도입된 M-2000iA/2300(왼쪽 사진)은 크레인이나 호이스트처럼 느리고 정교함이 떨어지는 이송 장비를 대체하기 위해 설계되었다. 주로 커다란 물체를 한 장소에서 다른 장소로 옮기는 데 사용된다.

M-2000iA/1700L은 변형 버전이다. 팔은 더 길지만(4.68m) 들어올릴 수 있는 최대 적재량은 '겨우' 1,700kg이다.

M-2000iA

로봇은 반세기 이상 지루하고, 더럽고, 위험한 일을 하며 인간을 도왔다. 비록 로봇은 융통성이나 창의성이 필요한 일은 잘 못하지만 매우 빠르고 강하며, 같은 일을 반복적으로 하는 지루한 작업도 문제없이 해낸다.

M-2000iA 초중량 이송 로봇은 일본 기업 화낙이 약 10년 전에 제작한 **가장 강력한 로봇팔**(arm)이다. M-2000iA는 크기별로 여러 가지 버전이 있는데, 최근에 출시된 가장 강력한 모델은 M-2000iA/2300으로(위 사진) 2,300kg까지 들어올릴 수 있다. 이 힘센 로봇은 수평으로는 3.73m, 수직으로는 4.14m에 달하는 작업 범위 내에서 무거운 짐을 어디로든 옮길 수 있다.

하지만 강력한 힘이 이 로봇팔의 유일한 장점은 아니다. M-2000iA에 작업 동작을 입력하면 이를 0.3mm의 오차 내에서 여러 번 반복할 수 있다. 이런 로봇들은 공장 내에서 이루어지는 작업을 안전하고 효율적으로 치리히며, 결과적으로 비용면에서 저렴하게 해준다.

작업에 맞는 최상의 도구

강력한 힘은 모든 작업에서 최우선으로 요구되는 사항은 아니다. 각 작업마다 필요한 능력이 다르다. 그리고 인간은 할 수 있지만 산업 로봇은 하지 못하는 일도 여전히 많다. 회로 기판에 부품을 끼우는 작업처럼 만약 어떤 일이 속도와 정교함을 필요로 한다면 상대적으로 단순한 로봇이 인간보다 훨씬 더 잘해낼 수 있다. 반대로 차량 내부의 인테리어를 장치하는 섬세한 작업에서는 인간의 눈과 손이 가장 좋은 도구가 된다. 현재 우리 주위에 있는 산업 로봇들은 같이 일하기에는 위험한 면이 있다. 하지만 '코봇(협동 로봇)'이라는 별칭의 다음 세대 로봇들은 초인적인 힘과 정교함으로 인간의 지능과 융통성을 상호보완하며 함께 일하게 될 것이다.

이 균형추가 팔이 드는 무게를 상쇄해준다.

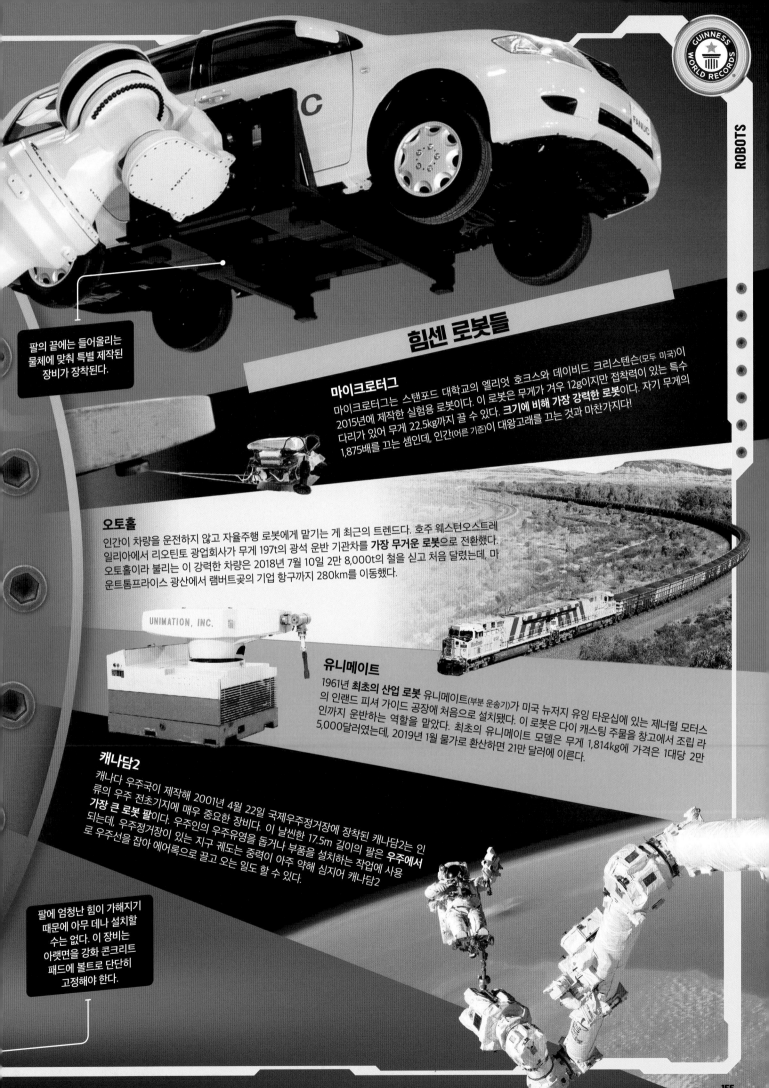

팔의 끝에는 들어올리는
물체에 맞춰 특별 제작된
장비가 장착된다.

힘센 로봇들

마이크로터그

마이크로터그는 스탠포드 대학교의 엘리엇 호크스와 데이비드 크리스텐슨(모두 미국)이
2015년에 제작한 실험용 로봇이다. 이 로봇은 무게가 겨우 12g이지만 접착력이 있는 특수
다리가 있어 무게 22.5kg까지 끌 수 있다. **크기에 비해 가장 강력한 로봇**이다. 자기 무게의
1,875배를 끄는 셈인데, 인간(어른 기준)이 대왕고래를 끄는 것과 마찬가지다!

오토홀

인간이 차량을 운전하지 않고 자율주행 로봇에게 맡기는 게 최근의 트렌드다. 호주 웨스턴오스트레
일리아에서 리오틴토 광업회사가 무게 197t의 광석 운반 기관차를 **가장 무거운 로봇**으로 전환했다.
오토홀이라 불리는 이 강력한 차량은 2018년 7월 10일 2만 8,000t의 철을 싣고 처음 달렸는데, 마
운트톰프라이스 광산에서 램버트곶의 기업 항구까지 280km를 이동했다.

유니메이트

1961년 **최초의 산업 로봇** 유니메이트(부분 운송기)가 미국 뉴저지 유잉 타운십에 있는 제너럴 모터스
의 인랜드 피셔 가이드 공장에 처음으로 설치됐다. 이 로봇은 다이 캐스팅 주물을 창고에서 조립 라
인까지 운반하는 역할을 맡았다. 최초의 유니메이트 모델은 무게 1,814kg에 가격은 1대당 2만
5,000달러였는데, 2019년 1월 물가로 환산하면 21만 달러에 이른다.

캐나담2

캐나다 우주국이 제작해 2001년 4월 22일 국제우주정거장에 장착된 캐나담2는 인
류의 우주 전초기지에 매우 중요한 장비다. 이 날씬한 17.5m 길이의 팔은 **우주에서
가장 큰 로봇 팔**이다. 우주인의 우주유영을 돕거나 부품을 설치하는 작업에 사용
되는데, 우주정거장이 있는 지구 궤도는 중력이 아주 약해 심지어 캐나담2
로 우주선을 잡아 에어록으로 끌고 오는 일도 할 수 있다.

팔에 엄청난 힘이 가해지기
때문에 아무 데나 설치할
수는 없다. 이 장비는
아랫면을 강화 콘크리트
패드에 볼트로 단단히
고정해야 한다.

UNIMATION, INC.

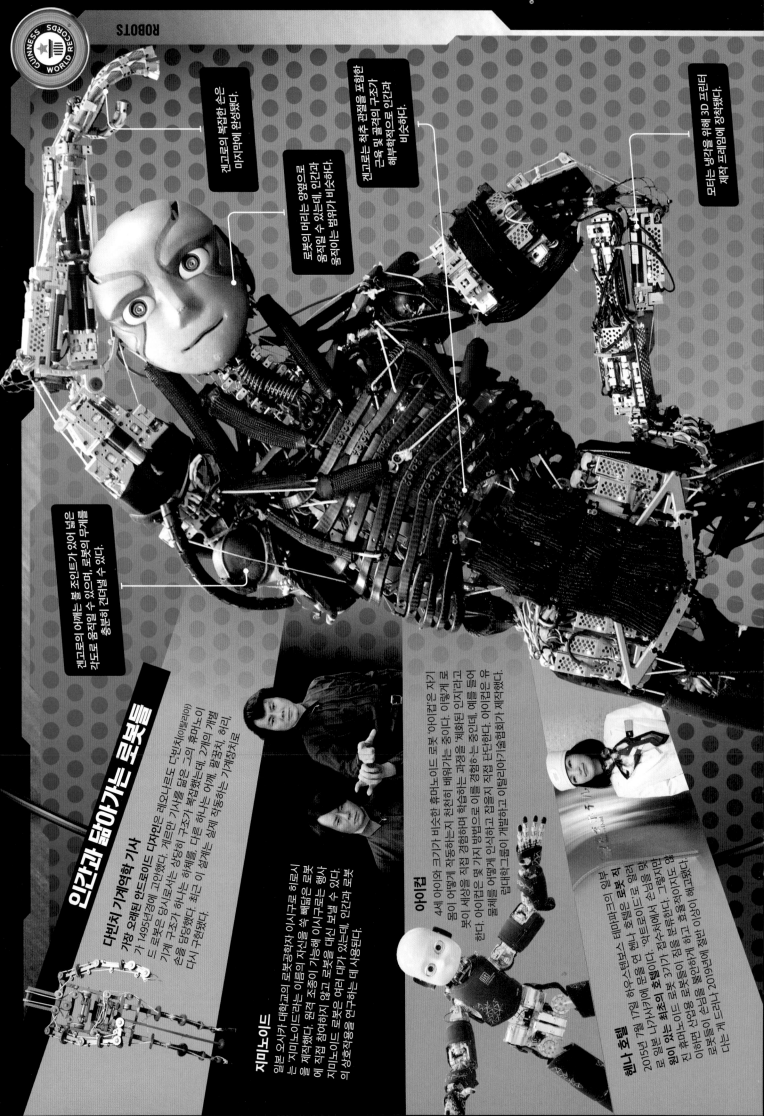

겐고로의 복잡한 손은 마지막에 완성됐다.

로봇의 머리는 양옆으로 움직일 수 있는데, 인간과 움직이는 범위가 비슷하다.

겐고로는 척추 관절을 포함한 근육 및 골격의 구조가 해부학적으로 인간과 비슷하다.

모터는 냉각을 위해 3D 프린터 제작 프레임에 장착됐다.

겐고로의 어깨는 볼 조인트가 있어 넓은 각도로 움직일 수 있으며, 로봇의 무게를 충분히 견뎌낼 수 있다.

인간과 닮아가는 로봇들

다빈치 기계역학 기사
가장 오래된 안드로이드 디자인은 다빈치(이탈리아)가 1495년경에 고안했다. 이 로봇은 당시 갑옷으로 자신을 숨겼으며, 기계 구조가 드러나는 상당히 복잡했던 그의 휴머노이드는 2개의 개별 손을 담당했다. 최근 이 설계를 다른 하네스 어깨, 팔꿈치, 허리, 다리가 실제 작동하는 기계장치로 다시 구현됐다.

지미노이드
일본 오사카 대학교의 로봇공학자 이시구로 히로시는 지미노이드라는 이름의 로봇을 제작했다. 원격 조종이 가능해 이시구로는 직접 참여하지 않고 로봇을 대신 보낼 수 있다. 지미노이드 로봇은 여러 대가 있는데, 인간과 로봇의 상호작용을 연구하는 데 사용된다.

아이컵
4세 아이와 크기가 비슷한 휴머노이드 로봇 '아이컵'은 자기 몸이 어떻게 작동하는지 천천히 배워가는 중이다. 이렇게 로봇이 세상을 직접 경험하며 학습하는 과정을 체화된 인지라고 부른다. 아이컵은 몇 가지 방법으로 이를 경험하는 중인데, 예를 들어 한다. 아이컵은 몇 가지 방법으로 이를 집는지 직접 단단한다. 아이컵은 유 물체를 어떻게 인식하고 집는지 이룹리아가 이룹리아가 기술을 개발하기 제작했다.

헨나 호텔
2015년 7월 17일 하우스텐보스 테마파크의 일부 일본 나가사키에 문을 연 헨나 호텔은 로봇이 운영하는 최초의 호텔이다. 직원 있는 최초의 로봇 3가가 접수처에서 손님을 맞는다. 그렇지만 진 휴머노이드 산업용 로봇도이 직접 업안하게 하고 호출동작이지도 않 이러한 산업용 로봇을 불안하게 불러 로봇들이 손님 2019년에게 펼쳐 이상이 하게됐다 다는 게 드러나

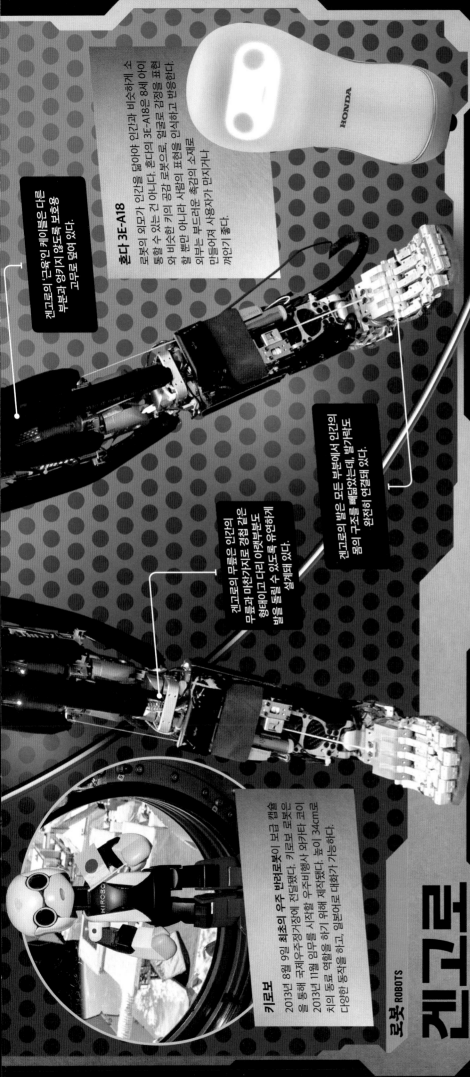

겐고로

겐고로의 '근육'인 케이블은 다른 부분과 엉기지 않도록 보호용 고무로 덮여 있다.

혼다 3E-A18

로봇의 외모가 인간을 닮아야 인간과 비슷하게 소통할 수 있는 건 아니다. 혼다의 3E-A18은 8세 아이와 비슷한 키의 공감 로봇으로, 얼굴로 감정을 표현하며 비슷한 키의 아이처럼 사람의 표현에 반응한다. 딱딱한 금속이 아니라 사람이 축각으로 인식하고 반응할 뿐만 아니라 부드러운 촉감의 소재로 외부는 부드러운 인간의 신체나 의형을 모방할 만들어져 사용자가 만지거나 개안기 좋다.

겐고로의 무릎은 인간의 무릎과 마찬가지로 경첩 같은 형태이고 다리 아랫부분도 발을 돌릴 수 있도록 유연하게 설계돼 있다.

겐고로의 발은 모든 부분에서 인간의 몸이 구조를 빼닮았는데, 발가락도 완전히 연결돼 있다.

기로보

2013년 8월 9일 최초의 우주 반려로봇이 보급 캡슐을 통해 국제우주정거장에 전달됐다. 기로보 로봇은 2013년 11월 임무를 시작했다. 높이 34cm로 치의 동료 역할을 하고, 일본어로 대화가 가능하다.

로봇에게 팔과 다리가 생기면 인간을 위해 설계된 환경에서 활동하기 편해진다. 하지만 대부분의 휴머노이드 로봇은 외형이나 기능이 인간과 똑같지는 않고, 인간의 신체 구조는 매우 복잡하기에, 대부분의 로봇이 구태여 복잡한 인간의 신체나 의형을 모방할 필요는 없었다.

인간이 아닌 존재에 인간적 특성이나 인격을 부여하는 일을 '의인화'라고 하며, 인간과 가깝게 설계된 로봇을 '안드로이드'라고 한다. 예를 들어, 많은 로봇이 물체를 잡을 때 2개의 손가락만 사용해도 되지만, 더 인간화된 일부 로봇은 사용하는 인간의 손 닮았을 때만 할 수 있는 과제들이 있지만, 그렇게 만들려면 돈이 더 들고 5개의 손가락들을 작동시키기 위한 프로그램을 만드는 일도 어렵다.

안드로이드는 인간의 자신과 비슷한 모습의 로봇과 편하게 상호작용하기를 바라는 혹 많으로 설계됐다. 하지만 인간을 어설프게 닮은 로봇을 보면 편안함보다는 소름 끼치는 감정이 심해지는데, 이 현상을 일컬은 공포기간이 한다.

도쿄 대학교에서 개발한 겐고로는 근육의 구조를 인간의 신체와 가깝게 설계됐다. 그 결과 휴머노이드 로봇 중 자유도가 가장 놓은데[174], 각각의 손이 30씩이며, 인간의 몸이 가진 활동 범위와 능력을 상당히 정확하게 모방할 수 있다.

겐고로는 팔굽혀펴기나 윗몸일으키기를 할 수 있을 정도로 튼튼하지만, 문제에 많은 모터가 장착돼 있어 심하게 한 경우 과열될 수 있다. 이 현상을 완화하기 위해 겐고로는 인간이 더 위를 느낄 때 하는 행동을 모방한다. 바로 땀을 흘린다. 이 로봇의 알루미늄 빼는 레이저 소결 3D 프린터로 제작했는데, 빼대에 스펀지처럼 무수히 많은 작은 구멍들이 있다. 빼는 장착된 모터에서 발생하는 열을 흡수하고, 팔 프로 빼대에 물을 통과시켜 증발시킨다. 이 과정을 통해 겐고로는 제온을 유지할 수 있다.

팔굽혀펴기를 가장 많이 하는 휴머노이드 로봇

일본 도쿄 대학교가 제작한 키 167cm의 로봇 겐고로는 팔굽혀펴기 5개 연속으로 성공시켰다. 겐고로는 2016년 팔굽혀펴기를 테스트하기 위해 진행한 실험으로, 이 종류 넣작 방식을 테스트하는 2016년 10월 10일 대한민국 대전에 서 열린 국제로봇슬대회 IROS에서 발표됐다.

인간과 마찬가지로 캐시의 골반은 자유도 3으로 움직인다.

모터가 골반 근처에 달려 있어 점을 때 흔들리는 무게를 감소시킨다.

이음새가 모터의 움직임을 전달해 무릎과 발목의 관절이 알맞게 작동하게 만든다.

높이뛰기 선수들

샌드플리(모래벼룩)
가장 높이 뛰는 로봇
에 바퀴가 달린 구조로, 샌드플리라는 신발 상자 크기의 몸체는 연소 피스톤을 사용해 10m 높이를 뛰어오를 수 있다. 이 로봇의 초기 버전은 2009년 산디아 국립연구소가 제작했다. 그 후 보스턴 다이내믹스(돌다마)가 성능을 개선해, 2012년에는 샌드플리가 건물의 지붕에 뛰어오르는 영상을 공개했다.

미니토르
고스트 로보틱스가 제작한 미니토르는 수직 방향으로 **가장 민첩한 4족 로봇**으로 수직 민첩성(점프로)의 높이와 빈도를 모두 측정이 1.1c m/s으로 기록됐다. 평상시 로봇이 높이는 거우 25cm이지만 두 발로 서서 위로 점프해 보통 크기 문의 손잡이를 앞발로 당겨서열 수 있다.

샐토-1P
미국 캘리포니아 대학교에서 개발한 샐토-1P는 1개의 다리와 1개의 모터, 스프링, 배터리, 상단에 민첩성이 이대략 장착된, 수직 점프 민첩성이 **가장 뛰어난 로봇**이다. 반 컨트롤러 기기이 거의 전부인, 수직 민첩성 1.83m/s로 추진 엔진과 민첩성 '꼬리'가 있어 로봇이 공중에서 고도를 제어할 수 있다.

점프
로봇에게 점프는 쉬운 일이 아니다. 몸을 지면에서 완전히 박차려면 큰 힘이 필요하기 때문이다. 일본 아메토 아메로 코리이의미역 나라 국립기술대학에서 일본 점패는 을 ▶ **1분 동안 가장 많이 점프를 달성**했다. 1 개월의 점패는 을 당성해 기록을 달성했다(106회).

로봇 ROBOTS
캐시 | CASSIE

로봇의 갈군무

로봇을 정확한 동작을 끝임없이 반복할 수 있다. 그래서 공장 조립 라인의 훌륭한 노동자가 되지만, 놀라운 댄서일 수도 있다. 2018년 2월 이의 훌륭한 노동자가 되지만, 또 매우 비싸기 매 문이다. 하지만 그런 로봇들이 변하기 시작했다. 점점 인쳐해지면서 적극적이고 역동적인 동작으로 어려운 동시에 지형을 만나도 척척 대응해 나가고 있다.

로봇에게 '허리'란 지향이란 가파른 계단부터 다른 행성의 지표면까지 독발게 적용된다. 이 런 다양한 환경을 해쳐가기 위해 여러 가지 모 양과 크기의 로봇들이 어떻게 달리고 점프해 야 하는지 그 방법을 배워나가고 있다.

가장 오래된 로봇 스모 대회

일본의 기술기업 후지소프트는 1990년부터 매년 전全국 로봇 스모 대회를 개최하고 있다. 가장 최근 대회일본 로봇 스모 대회를 2018년 12월 15~16일 열렸다. 로봇 스모대의 경연전은 2018년 12월 15~16일 열렸다. 이 하는 일본 전통 스포츠의 규칙을 유사하게 따른다. 이 하는 일본 전통 스포츠의 규칙을 유사하게 크기의 차 대회에 출전하는 '스모 선수'들은 20×20cm 크기의 차 울 로봇으로, 지름 1.54m인 둥그런 '도효(씨름판)' 밖으로 울 로봇으로, 지름 1.54m인 둥그런 '도효(씨름판)' 밖으로 상대방을 밀어내면 된다. 로봇들이 반응이 빛처럼 빨라 대부분 경기가 수 초 안에 끝나버린다.

대부분의 로봇들은 천천히 조심스럽게 움직이는 느낌인데, 몸이 부서지기 쉽고 또 매우 비싸기 때문이다. 하지만 그런 로봇들이 변하기 시작했다. 점점 인쳐해지면서 적극적이고 역동적인 동작으로 어려운 지형을 만나도 척척 대응해 나가고 있다.

민첩한 로봇을 설계하는 일은, 인간이 하기 까 다롭는 더럽고 위험한 과제를 로봇에게 맡길 때 핵심이 되는 요소다. 민첩성이 여러 측면에 서 측정할 수 있는데, 로봇의 경우 보통 수치로 민첩성을 평가한다. 이는 지구의 중력 안에서 로봇이 점프 1회로 도달할 수 있는 높이로, 점 프를 실행할 수 있는 횟수를 곱한 값이다. 애질리티 로보틱스(미국)가 설계하고 2017년 발표한 2족 보행 로봇 '캐시'는 비록 점프는 못 하지만 역동적인 보행 능력을 가지고 있다. 대부분 휴머노이드 로봇들이 조심스럽게 균형을 맞춰 인위적인 모습으로 걷는 반면, 캐시는

실제 인간이나 동물과 매우 유사하 게 걸으며, 심지어 가친 지형에서도 효율적으로 균형을 유지한다. 이 효율성이 되는 여러 부품을 단 하 형은 타조를 닮았는데, 로봇공 학자들이 다리를 기법고 강력 하게 효율적으로 개발하려 다 보니 이런 모습이 되 었다.

이들은 캐시에게 (자율주 행을 위한) 센서를 추가하고 한 쌍의 팔을 더해 캐시가 우리 가정의 문 앞 까지 직접 수하물을 배달할 수 있는 로봇배다

부의 능력을 갖추길 바라고 있다. 2019년 1월 30일 미국 미시간대 학교에서 진행된 실험에서 캐시 로 봇의 한 버전(캐시 메이즈&블루)은 가 장 낮은 기온에서 버틴 2족 보행 로봇으로 기록됐는데, 영하 22도에 서 시간 이상 보행한 뒤 동작이 멈췄다.

로봇의 케이스는 내구성이 뛰어난 플라스틱으로 제작해 넘어질 때 충격을 견딜 수 있다.

스프링처럼 유연한 판이 모터 충격을 완화하고 캐시가 예상 못 한 지형을 지날 때 대처하게 한다.

캐시의 발목은 움직이지 않고 계속 발을 움직이지 않아도 서 있을 수 있다.

X-47B기는 아음속의 속도를 낼 수 있으며, 고도 1만 2,000m에서 비행이 가능하다.

조종사가 없는 비행기들

나사 X-43A '하이퍼-X'

X-43A는 스크램제트 엔진을 테스트하기 위해 설계된 실험용 드론이다. 테스트 전의 엔진은 위험성이 있어 로봇 조종사가 실험 비행하는 게 안전하고 효과적이다. X-43A는 2004년 11월 16일 실험 비행에서 마하 9.6(1만km/h)의 속도로 비행해 공기흡입식 엔진을 사용한 비행기 중 최고 속도를 기록했다.

에어버스 제피르

고고도 의사 위성(HAPS) 에어버스 제피르는 2만 1,000m 상공에서 비행이 가능한 태양열에너지 고정익 드론이다. 이 높이의 상공에서 다른 비행 물체나 날씨에 영향을 받지 않고 한 번에 몇 주 동안 통신이나 감시 임무를 수행한다. 제피르-S HAPS는 2018년 7월 11일~8월 5일 처녀비행에서 미국 애리조나주 상공을 25일 23시간 57분 동안 누비며 **무인 항공기 최장시간 비행**을 기록했다. 2018년 7월 13일에는 고도 2만 2,589m에 도달해 **고정익 무인 항공기 최고 고도**를 기록했다.

DHL 패킷콥터

글로벌 운송기업 DHL이 2014년 말 패킷콥터(소형 무인 운반기)를 운행하며 **최초의** 프로그램을 도입해 독일 본토와 북해 유스트섬 사이를 장식했다. 가장 최근 세대의 패킷콥터(윙콥터 제작, 138쪽 참조)는 2018년 10월 레이크 빅토리아 챌린지에 모습을 드러냈다. 이는 아프리카 외딴 지역에 생필품을 배송하며 드론의 효율성을 테스트하기 위한 대회다.

집라인 드론 배송

많은 기업이 드론 배송 기술을 개발하고 있지만, 실제 정기적으로 배송에 활용하는 기업은 많지 않다. 미국 기반의 집라인 사(社)는 그중 한 기업으로 비교적 단순한 고정익 드론들을 활용해 르완다나 가나 지역의 외딴 병원과 보건소에 혈액제 및 의료용품들을 배송한다. 집라인의 드론들은 2016년에 운송을 시작해 처음 2년 동안 총 50만km를 비행하며 1만 건의 배송을 처리해내고 1만 8,000개 이상의 수혈 팩을 전달했다.

무인 비행기 최장거리 비행

서던크로스II로 불리는 노스롭그루먼이 공급한 미국 공군(USAF)의 글로벌 호크가 2001년 4월 22~23일 단일 비행으로 1만 3,219.86km를 이동했다. 이 고고도 장거리(HALE) 초계기는 미국 캘리포니아주 에드워드 공군기지에서 이륙해 23시간 23분 뒤 호주 사우스오스트레일리아주 애들레이드의 RAAF 에든버러 기지에 착륙했다. **태평양을 횡단한 최초의 무인 비행기다.**

비행기가 갑판에 있을 때 손바닥 크기의 기기로 앞바퀴를 조종할 수 있다.

X-47B 무인 전투기 시스템(UCAS)은 프랫앤드휘트니 사(社)의 F100-PW-220U 애프터버닝 터보팬 엔진으로 동력을 얻는다.

실제로 장착한 적은 없지만 이 비행기는 무기 탑재 칸에 2,041kg의 무기를 실을 수 있다.

기체를 보강해 소금기 있는 바다공기를 더 잘 견딜 수 있다.

보이지 않는 전사
X-47B기에는 B-2 스텔스 폭격기에 사용된 것과 비슷한, 탐지가 힘든 전익기 형태가 적용됐다. 덕분에 레이더나 열 탐지 센서로 찾아내기 힘들다.

바다에서 활용
X-47B기는 바다 위에서 활용하도록 설계됐다. 18.9m의 날개를 9.4m로 접을 수 있는데, 항공모함의 갑판에 몇 기나 실을 수 있느냐를 따질 때(상대비교를 할 때) 이점이 된다.

로봇 ROBOTS

X-47B UCAS

무인 항공기(UAV) 드론은 초기의 군사 목적에서 벗어나 현대인의 다양한 삶의 분야에 활용되고 있다. 다른 어떤 종류의 로봇보다 빨라지고 똑똑해지고 있으며, 심지어 소규모 기업이나 개인도 사용할 만큼 가격까지 저렴해지고 있다.

미국 군대의 MQ-9 리퍼 같은 초기 드론들은 자율성이 떨어져 지상 통제 스테이션에서 조종사가 원격 통제했다. 하지만 컴퓨터와 정밀 센서의 가격이 내려가면서 이제는 저렴한 드론들도 스스로 많은 일을 수행하게 됐다.

그러나 군사용 드론은 여전히 최신 기술의 실험장으로 인공지능을 활용해서 놀라운 능력을 선보이고 있다.

드론 기술이 얼마나 고도로 발전했는지 보여주는 예로, 미 해군이 2011년에 개발한 노스롭 그루먼의 X-47B UCAS(무인 전투기 시스템)을 들수 있다. 2013년 7월 10일 X-47B 시제품은 미국 버지니아주 연안의 USS 조지 H W 부시 항공모함 위에 착륙하며 **무인 드론 최초로 항공모함 착륙**에 성공했다. 이는 공군 조종사에게도 어려운 과제인데, 항공모함은 움직이고 있고 일반 활주로보다 20% 정도 짧아 착륙시 어레스팅 케이블(케이블을 전투기에 걸어 활주로를 벗어나지 않게 잡아준다)을 활용할 수 있어야 하기 때문이다.

아직 최고의 조종사는 인간이지만, 무인 드론이 더 나은 점도 있다. 반응이 빛처럼 빠르고, 한 번에 며칠씩 경계 상태를 유지하며, 높은 중력도 견딜 수 있다. 뿐만 아니라 군대에서는 유사시 드론 활용으로 인간을 위험에서 보호할 수 있다. 특히 뛰어난 조종사가 크게 필요없는 일상적인 작전에서 활용 가치가 높다.

크기가 작은 무인 항공기들은 상업적인 이점도 많다. 작은 크기와 저렴한 가격으로 농업(농축산물 관리)이나 의학(위급 상황 시 운송) 분야에 활용될 가능성이 높다.

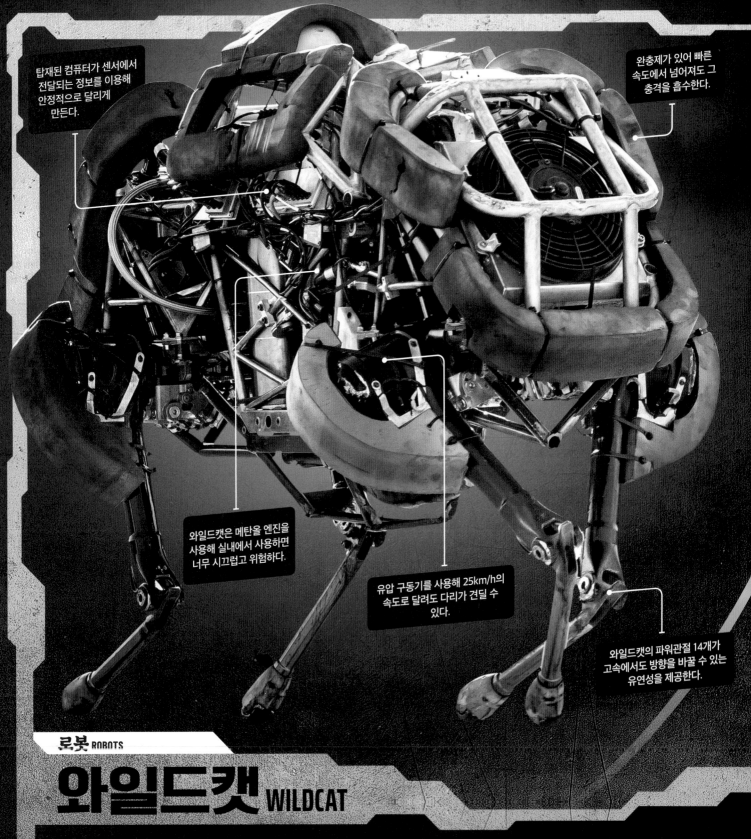

탑재된 컴퓨터가 센서에서 전달되는 정보를 이용해 안정적으로 달리게 만든다.

완충제가 있어 빠른 속도에서 넘어져도 그 충격을 흡수한다.

와일드캣은 메탄올 엔진을 사용해 실내에서 사용하면 너무 시끄럽고 위험하다.

유압 구동기를 사용해 25km/h의 속도로 달려도 다리가 견딜 수 있다.

와일드캣의 파워관절 14개가 고속에서도 방향을 바꿀 수 있는 유연성을 제공한다.

로봇 ROBOTS

와일드캣 WILDCAT

인간은 자신처럼 두 발을 가진 로봇을 선호하는 경향이 있지만, 로봇이 네발을 가졌을 때 많은 부분들이 훨씬 간결해진다는 점은 부정하기 힘들다. 땅을 동시에 지지하는 발이 많을수록 무거운 짐을 싣거나 균형을 잡기가 쉬워지는데, 특히 거친 지형을 지나거나 빨리 이동할 때 이러한 장점이 더 두드러진다.

4족 로봇은 바퀴나 궤도를 사용하는 로봇들보다 다양한 기능을 수행하며, 인간처럼 2족 보행을 하는 로봇보다 더 안정적이고 믿음직하다. 이런 이유에서 4족 로봇들은 가장 먼저 실험실 및 통제된 환경에서 벗어나 예측할 수 없는 일들이 가득한 바깥 세상으로 뛰어들었

다. 이들은 재해 지역을 탐험하고, 장비를 실험하며, 심지어 당신의 문 앞까지 짐을 나를 예정이다.

치타 & 와일드캣

미국 기업 보스턴 다이나믹스는 자사 생산 로봇에 4족 설계와 관련된 많은 주요 혁신들을 적용했다. 이 기업은 2000년대와 2010년대 초반에 걸쳐 4족 동물의 걸음걸이를 연구해 로봇 제작에 활용했다. 4족 동물들의 걷기, 속보, 구보, 전속력 질주를 모방해 더 빠르고 효율적인 움직임을 재현하길 원했다.

보스턴 다이나믹스는 치타라는 이름의 외부선이 연결된 4족 로봇을 설계해 빠르게 달리는 실험을 했는데,

이 로봇은 트레드밀 위에서 45.5km/h의 속도를 기록했다. 이들은 2013년 와일드캣이라는 이름의 로봇에 치타의 안정화 시스템을 장착하고, 외부에 있던 전력 공급 장치를 메탄올 연료 모터로 교체했다. 이 154kg 무게의 로봇은 상대적으로 평평한 지형에서는 25km/h의 속도로 달려 **외부 연결선이 없는 가장 빠른 독립된 4족 로봇**으로 기록됐다.

4족 로봇은 2013년 이후 엄청나게 발달했지만, 아직 와일드캣과 같은 속도를 내는 로봇의 설계는 개발하지 못했다.

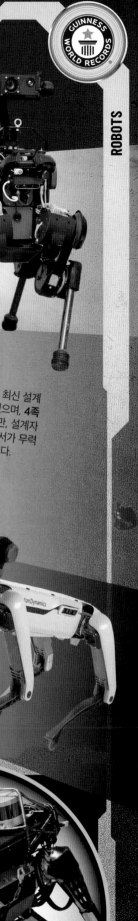

네발 달린 친구들

HAMR

100%

하버드 보행 마이크로봇(HAMR)은 민첩하고 내구성이 강한 바퀴벌레에 영감을 얻어 만들었다. 길이는 겨우 4.5cm이며 무게는 고작 2.8g으로 **외부 연결선이 없는 가장 작은 4족 로봇**이다. HAMR의 구조 대부분은 평평한 판을 종이접기하듯 구부리고 접어 만들었다. 구성이 단순해 로봇을 '떼'로 만들어 모을 수 있다.

애니멀(ANYMAL)

스위스취리히연방공과대학의 로봇시스템 연구실에서 2016년에 제작한 애니멀은 가혹한 환경에서 사용 가능하도록 설계됐다. 모듈식으로 다부지게 제작해 폭우, 심한 먼지, 폭설 등에서도 견딜 수 있다. 미래에는 튼튼한 4족 로봇들이 하수구의 막힌 곳을 찾고, 연안 원유 플랫폼에서 위험한 작업을 하고, 불이 난 빌딩에서 사람들을 구조할 것이다.

치타3

2017년 제작된 이 로봇은 매사추세츠 공과대학(미국)에서 만든 오래된 치타 시리즈 중 가장 최신 설계의 로봇이다. 이 특출나게 민첩한 4족 로봇은 고르지 않거나 불안정한 지형도 지나갈 수 있으며, **4족 로봇 최고 높이 점프** 기록도 보유하고 있다(78.7cm). 치타3는 현재 연구용으로만 사용되지만, 설계자들은 조사 및 구조에 활용되기를 바란다. 그들은 치타에 문을 열 수 있는 손을 장착하고, 센서가 무력화되는 연기나 먼지가 가득한 공간에서는 촉각을 이용해 길을 찾는 능력 등을 추가할 계획이다.

스팟미니

스팟미니는 보스턴 다이나믹스가 다년간의 연구 프로젝트 후 처음으로 상업화한 로봇이다. 이 4족 로봇은 곧 세상에 나와 유용하게 사용될 전망이다. 처음에는 따분한 일부터 할 텐데, 공사장 점검이나 건물 보안 확인 등 반복되는 일을 인간 대신 맡을 계획이다. 보스턴 다이나믹스는 스팟미니가 최종적으로는 우리 가정에 들어와 사람들의 노후를 보살펴주기를 바라고 있다.

빅도그 & 스팟

보스턴 다이나믹스의 빅도그(왼쪽 사진)는 2005년 미국 국방부 고등연구계획국(DARPA)을 위해 개발된 당나귀 크기의 4족 로봇이다. 군인들을 대신해 무거운 장비를 나르는 '짐 나르는 노새' 로봇의 구현 여부를 실험하기 위해 설계됐다. 2015년에는 빅도그와 와일드캣, 다른 로봇을 개발하며 얻은 지식이 스팟이라는 로봇에 복합적으로 반영됐다(오른쪽 사진). 스팟은 유압 구동기에 동력을 공급하기 위한 배터리가 장착돼 있어 실내에서도 사용할 수 있다.

루노호트 & 위투-2

최초의 행성 탐사선은 1970년 11월 17일 달에 착륙한 소련의 루노호트 1(오른쪽 사진)이다. 이 탐사선은 현대의 기준으로 보면 단순해 보이지만 상당히 자율적인 기능을 갖췄는데, 여기에는 지구에서 보내는 명령에 따라 거친 지형을 헤쳐나가는 시스템도 포함돼 있었다. 루노호트를 통해 얻은 정보는 후대 탐사선에 활용됐는데, 이 중 창어 4호에 실려 발사된 중국의 위투-2(맨 오른쪽 사진)는 2019년 1월 3일 **최초로 달의 뒤편에** 착륙했다.

인트-볼

국제우주정거장(ISS)에 있는 우주비행사들은 하루 일과의 10%를 진행 중인 실험에 대한 사진 및 영상 기록에 쓴다. 이를 돕기 위해 2017년 6월 4일 일본 우주항공국(JAXA)은 JEM 인터널 볼 카메라(인트-볼)를 보냈고 인트볼은 **우주정거장에서 사용된 최초의 자율 카메라**로 기록됐다. 인트-볼은 키보 모듈(우주실험실)을 돌아다닐 수 있도록 내부에 아주 작은 프로펠러가 장착돼 있으며, 시각 표지물을 보고 실험 장소를 이동하기도 한다.

로보넛 2 & 발키리

우주로 간 최초의 휴머노이드 로봇은 로보넛 2(오른쪽 사진)다. 2011년 2월 26일 디스커버리 우주왕복선에 타고 ISS에 도착한 로보넛은 2011년 8월 22일 처음으로 가동됐다. 로보넛은 그 후 7년 동안 우주에 머문 뒤 2018년 5월 수리를 위해 지구로 귀환했다. 지구에서는 로봇공학 연구를 지속해 2013년 나사(NASA)가 발키리(맨 오른쪽 사진)라는 이름의 휴머노이드 로봇 시험 기체를 개발, 그 복제품들을 세계 곳곳에 있는 연구 파트너들에게 배분했다.

스피릿 & 오퍼투니티

쌍둥이 탐사선 오퍼투니티(왼쪽 사진)와 스피릿은 2004년 1월 화성에 착륙했다. 이들은 1997년 마스 패스파인더에 실려 **최초로 화성 착륙에 성공한 로버**인 소저너보다 더 크고 기능이 많다. 이 탐사선들은 긴 임무 기간 동안(184쪽 참조) 몇몇 소프트웨어를 업그레이드받아 자율성과 검사 시스템 기능을 높였는데, 이는 후에 큐리오시티에도 사용됐다.

연착륙

화성에 착륙하는 것은 어려운 일이다. 나사는 몇 년 동안 로켓을 탑재하거나 에어백을 사용하는 등 여러 가지 방법을 시도했다. 가장 복잡한 방법은 표면에서 20m 높이에 떠 있는 공중 크레인 시스템의 플랫폼에서 큐리오시티를 천천히 내리는 것이다.

로봇 ROBOTS

큐리오시티

우리는 우주 탐사를 위해 로봇을 지구 밖으로 보내는데, 로봇이 인간보다 훨씬 우주 활동에 적합하기 때문이다. 인간은 다치기 쉽고, 필요한 게 많으며, 음식이나 물, 따뜻한 온도 등이 충족되지 않으면 생존하기 힘들다. 결국 인류가 달이나 화성을 자유롭게 드나드는 날이 오겠지만, 그 기술이 갖춰지기 전까지는 로봇이 우리를 대신해 태양계를 탐사하게 될 것이다.

2012년 8월 6일 나사는 자동차 크기의 큐리오시티(Curiosity) 로버(탐사선)를 화성에 착륙시켰다. 큐리오시티는 과학 장비 80kg을 포함한 전체 무게가 899kg로 **가장 큰 행성 탐사선이**다. 이 원자력 추진 과학 로봇은 우리의 이웃 행성에 산재한 의문들에 답하기 위해 7년 넘게 화성에서 임무를 수행해오고 있다.

탐사

화성에서 탐사선을 운용할 때는 단순히 원격 조종 장치만 문제가 되는 것이 아니다. 지구에서 화성까지 무선 신호가 도달하는 데 24분이나 걸려, 큐리오시티가 매순간 인간이 보내는 명령에 의지하는 건 비효율적이다. 대신 지구에 있는 사람은 이동 경로 및 주요 임무만 정해주고, 탐사선이 대부분의 시간을 반자율적으로 활동해야 한다. 한번 목표가 탐사선에 전달되면 큐리오시티에 탑재된 컴퓨터들이 이동 계획이나 로봇 팔의 배치, 레이저 타겟팅 등 세부사항을 결정한다.

탐사선의 카메라와 장비에서 수집한 데이터는 하루에 1회 혹은 2회 지구로 전송된다. 이는 학자들에게 화성과 그 역사를 알려주는 아주 소중한 정보다. 오는 2021년 2월 화성 '제제로 크레이터'에 착륙할 예정인 나사의 마르스 2020 로버는 총무게가 1,050kg으로 큐리오시티보다 더 크다.

로버의 '마스트(돛대)'로 불리는 부분이다. 주요 카메라들과 쳄캠 레이저가 있다.

이 로버(탐사선)는 방사성동위원소 열전발전기를 동력원으로 사용하는데, 방사성 플루토늄 알갱이에서 방출되는 열로 전기를 생산한다.

로봇 팔에는 MAHLI라는 이름의 특수 카메라와 알파입자 X선 분광기가 장착돼 있다.

현재 큐리오시티의 바퀴는 화성의 암석으로 인해 움푹 파이거나 구멍이 생기고 찢어진 부분이 많다.

사진쟁이

2012년 10월 31일 총 17개의 카메라가 장착된 나사의 큐리오시티 로버가 로봇 팔에 있는 카메라 1개를 사용해 **다른 행성에서 찍은 최초의 전신 셀피**를 남겼다. 사실 이 사진은 55장의 사진을 합쳐 만든 모자이크로, 이 과정에서 앞을 가린 팔은 지워버렸다.

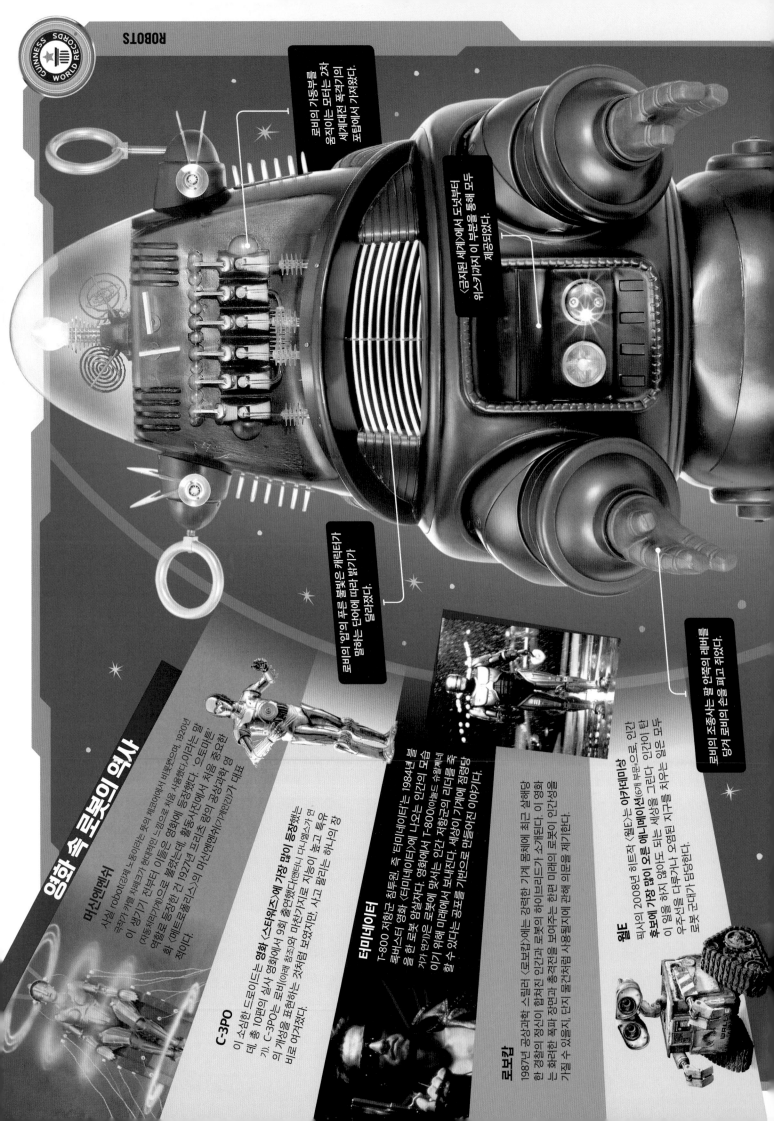

로비의 가동부를 움직이는 모터는 2천 개의 세계메전 폭격기의 포탑에서 가져왔다.

〈금지된 세계〉에서 도넛부터 위스키까지 이 부분을 통해서 모두 제공되었다.

로비의 '입'이 푸른 불빛은 캐터티가 말하는 단어에 따라 밝기가 달라졌다.

로비의 조종사는 팔 안쪽의 레버를 당겨 로비의 손을 펴고 쥐었다.

영화 속 로봇의 역사

머신맨서

사실 robot(강제) 노동이라는 뜻 자체에서 비롯됐으며, 1920년 국가가 카렐 차페크가 한마적인 느낌으로 처음 사용했다. 이 말이 생기기 전부터 이들은 영화에 등장했는데, 〈메트로폴리스〉의 '으로마튼 (자동처리기계)'으로 불렀다. 할동시간에서 처음 중요한 역할로 등장한 건 1927년 프리츠 랑의 공상과학 영화 〈메트로폴리스〉의 마신멘서(기계인간)가 대표작이다.

C-3PO

이 소심한 드로이드는 영화 〈스타워즈〉에 가장 많이 등장하는데, 총 10편의 실사 영화에서 9회 출연했다. 가. C-3PO는 로비(아래 참조)로 지음이 높고 묘사 의 개성을 표현하는 것처럼 사고 팔리는 하나의 장 비로 여겨졌다.

터미네이터

T-800 저항군 침투원 즉 '터미네이터'는 1984년 블 록버스터 영화 〈터미네이터〉에 나오는 인간의 모습 을 한 로봇 양상자다. 영화에서 T-800이늘도 슈윌케 저 거 연기는 로봇에 맞서는 인간 저항군의 리더를 죽 이기 위해 미래에서 보내진다. 세상이 기계에 점령당 할수 있다는 꿈포를 기반으로 만들어진 이야기다.

로보캅

1987년 공상과학 스릴러 〈로보캅〉에는 강력한 기계 몸체에 죄근 살해당 한 경찰의 정신이 합쳐진 인간과 로봇의 하이브리드가 소개된다. 이 영화 는 화려한 폭파 장면과 총격전을 보여주는 한편 미래에 로봇이 인간성을 가질 수 있을지, 단지 물건처럼 사용될지에 관해 의문을 제기한다.

월E

픽사의 2008년 히트작 〈월E〉는 애니메이션(6개 부문으로 인간 후보에 가장 많이 오른 애니메이션)으로, 인간이 탄 그리다 인간이 떠 이 일을 하지 않아도 되는 세상을 그리다 지구를 치우는 일은 모두 우주선을 다루거나 오염된 지구를 치우는 로봇 군데가 담당한다.

몸체는 ABS 플라스틱을 금속 포레임으로 진공 성형해 만들었다.

로봇 ROBOTS

로봇 로비 | ROBBY THE ROBOT

2017년 11월 21일 본햄 뉴욕 경매에서 익명의 입찰자가 이 상징적인 영화 속 로봇을 537만 5,000달러라는 놀라운 가격에 사들인 로비는 경매에서 팔린 가장 비싼 영화 소품으로 기록 됐다. 그런데 이 오래된 소품에는 어떤 중요한 의미가 있을까?

대부분 사람들은 공상과학 영화나 게임, TV 시리즈를 통해 처음 로봇을 접한다. 로봇 로비 는 영화 역사상 가장 유명하고도 잘 알려진 로 봇중 하나다. 1956년 블록버스터 〈금지된 세계〉를 위해 제작된 로비는 신비한 외계인 에 드워드 모비어스 박사와 그 딸이 하인이자 보 호자 역할을 한다.

어떻게 작동할까

로비는 〈지구 최후의 날〉(1951년 작) 같은 이전 영화 속 로봇들과 달리, 배우가 빛나는 금속

장비를 착용하는 데 그치지 않았다. 많은 가동 부와 조명이 장착된 로비는 현실의 기술이 영 화를 조금씩 따라잡는 모습을 보여주는 하나 의 예이다.

로봇을 작동시키는 데는 2명이 필요했다. 먼 저 배우가 길이 365m의 전선이 빛나는 형상로 된 로비 한 로봇 몸통에 들어가 '살아 움직이는' 로비의 '얼굴'을 통해 시야를 확보했다. 다른 1명은 화면 밖에서 로비의 머리와 '성장'을 이루고 있 는 비닐링이나 도는 안테나와 조명을 조종하는 장면마다 필요한 효과와 동작을 수행했다(위 노란 박스 참조).

지금 우리의 세상에는 로봇이 생활 속으로 들 어와 있다. 이 허구적 창조물도 로봇이란 무엇 이고, 무슨 일을 할 수 있으며, 세상에 어떤 영 향을 기칠지(좋다 나쁘드)에 관한 우리 생각의 틀을 형성해주었다.

최고가

1955년 제작 당시 로비는 역대 가장 비싼 영화용 로봇 중 하나였다. 알려진 제작비는 영화 소품 중 하나로, 현재의 화폐가치로 12만 5,000달러에 달한다. 〈금지된 세 계〉의 총제작비 중 약 7%를 차지했다. 로 비는 최대한 활용하기 위해 앤딜이 난 제 작사는 로봇을 영화의 홍보용 포스터 중앙에 넣 고 홍보 및 행사에도 참여시켰다.

로비에게 생명을

로비 안에 들어가는 사람은 가 축과 금속으로 된 54kg의 장비 를 착용해야 했다. (왼쪽 사진)를 줌이 키 160cm에 허 리가 76cm인 사람만 들어갈 수 내부 공간이 줌이 있었다. 다른 조작자는 조작판(아 래 사진)을 먼저 로비의 전자 장비 를 작동시켰다.

EAR LAMPS
LEFT EAR · ON
RIGHT EAR · ON
EARS RELAY · ON

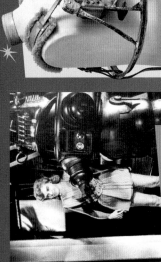

천사 혹은 악마?

로비는 20년 이상 영화에 등장하며 로봇이 다 양한 모습을 보여왔다. 〈금지된 세계〉(위 사진)에서는 선 량한 하인으로, 〈투명 소년〉(1957년 작)에서는 사악 중심한 하인으로, 1964년 방영된 한 슈퍼컴퓨터의 도구로 나온다. 1964년 방영된 일자리 드라마 〈환상 특급〉에서는 공장에서 인간의 일자리 를 뺏게 대체하는 로봇으로도 출현했다.

기술 & 공학 TECH & ENGINEERING

▶ 중앙 지지축이 없는 가장 큰 관람차

중국 산둥성 바이랑강에 142.5m 높이로 우뚝 솟은 미래적인 형태의 대관람차가 있다. 이 대관람차에 탑승하면 보하이해와 웨이팡시의 전경이 한눈에 보인다.

2018년 5월 16일 대중에 공개된 이 명소는 철을 격자 형태로 고정해 큰 '바퀴' 모양을 만들고, 이 바퀴를 따라 36개의 곤돌라가 돌게 한 구조다. 중국 제6 엔지니어링 디비전 건설사가 제작하고, 저장 주마놀이공원 장비사(社)가 웨이팡 바이랑강 명소 관리회사(모두 중국)에 설비했다.

이 관람차는 거대하지만 미국 라스베이거스에서 2014년 3월 31일 공개된 **가장 큰 대관람차**에 비하면 작은 편이다. '하이롤러'로 불리는 라스베이거스 대관람차는 높이가 무려 167.5m로 탑승자를 영국 런던의 넬슨 기념비보다 3배나 높은 곳으로 안내한다.

▶ guinnessworldrecords.com/2020에서 놀라운 공학 영상을 찾아보자.

커다란 바퀴는
제작까지 총 4년이
걸렸다. 지름 126.25m의
격자 지지대에만
약 4,600t의 철이
사용됐다.

목차 CONTENTS

가장 큰 우주정거장 LARGEST SPACE STATION

국제우주정거장(ISS)은 저(低)지구 궤도를 2만 7,540km/h 속도로 도는 최신 기술 연구소로 이곳에서는 중력을 거의 느낄 수 없다. **가장 큰 우주정거장**으로 무게는 41만 9,725kg이다. 이 이미지는 ISS가 런던의 유명한 랜드마크 트래펄가 광장에 착륙한 모습을 가정해 만들었다.

우주에 ISS를 건설하는 작업은 1998년 11월 20일 카자흐스탄 바이코누르 우주 기지에서 자리야 모듈의 발사로 시작됐다. 그 뒤 가압 모듈을 저지구 궤도로 올려 결합하는 방식으로 진행됐는데, 2011년 2월 '레오나르도 다목적 영구 모듈'이 결합되며 초기 단계가 마무리됐다. 오늘날 ISS의 여압 공간은 932m³로 보잉 **747기와 비슷하다. 하지만 인간의 접근이 가능한 공간은 반도 안 된다.**

ISS는 미국, 캐나다, 러시아, 일본과 유럽의 항공우주국들이 참여한 글로벌 사업이다. **최초로 ISS에 거주한 우주인**은 세르게이 크리칼레프, 유리 파블로비치 기젠코(둘 다 러시아)와 윌리엄 셰퍼드(미국)로 구성된 익스페디션1 팀으로, 2000년 11월 2일 도착해 136일긴 머물렀다. 그 후 힌재까지 최소 18개국에서 200명 이싱의 우주인이 ISS에 방문했다. 비록 우주에서는 동료들이 최대한 협조하는 게 기본 이지만, 모든 활동을 공유하지는 않는다. ISS 러시아 우주인은 300가지가 넘는 음식을 먹을 수 있어 **가장 많은 우주 음식 메뉴**를 즐길 수 있다. 이 중에는 으깬 감자, 브로콜리, 치즈, 말린 소고기, 복숭아, 견과류 등이 포함된다.

우주정거장과 그에 속한 16개의 여압 모듈에는 꾸준히 장비들이 추가되고 있다. **가장 큰 ISS 모듈**은 '키보'로, 일본 우주항공연구개발기구가 개발해 2008년 5월 31일 우주왕 복선 디스커버리호에 실어 발사했다. 길이 11.19m, 지름 4.39m, 무게 1만 4,800kg이다. '큐폴라 모듈'은 돔 형태로 용융 실리카와 붕규산유리로 만든 7개의 창문이 달려 있다. 중앙에 있는 창문은 지름 80cm로 **우주에 있는 가장 큰 창문**이다. 큐폴라는 지구를 향해 있으며, 우주인들에게 캐나담2 로봇 팔이 작동하는 모습 등의 외부 활동을 보여주는 훌륭한 전망을 제공한다.

현재 ISS는 최소 2028년까지는 사용할 것으로 예상된다. 지금까지 이 우주정거장에 들어간 돈은 약 1,500억 달러로 **인간이 만든 가장 비싼 물건**이다.

트래펄가 광장에 착륙한 ISS는 재미로 만들어본 이미지다. 실제로 이 우주정거장이 퇴역하면 12개월 정도에 걸쳐 궤도에서 천천히 벗어나도록 조종한 뒤 대양에 착륙시킬 예정이니, 여행객들이나 비둘기들은 걱정하지 않아도 된다!

사진의 ISS는 돔 형태의 큐폴라 모듈이 하늘을 향하도록 뒤집어져 있다. 트래펄가 광장은 폭이 약 110m로 트러스의 길이가 109m인 ISS의 '주차 공간'으로 꼭 맞는다.

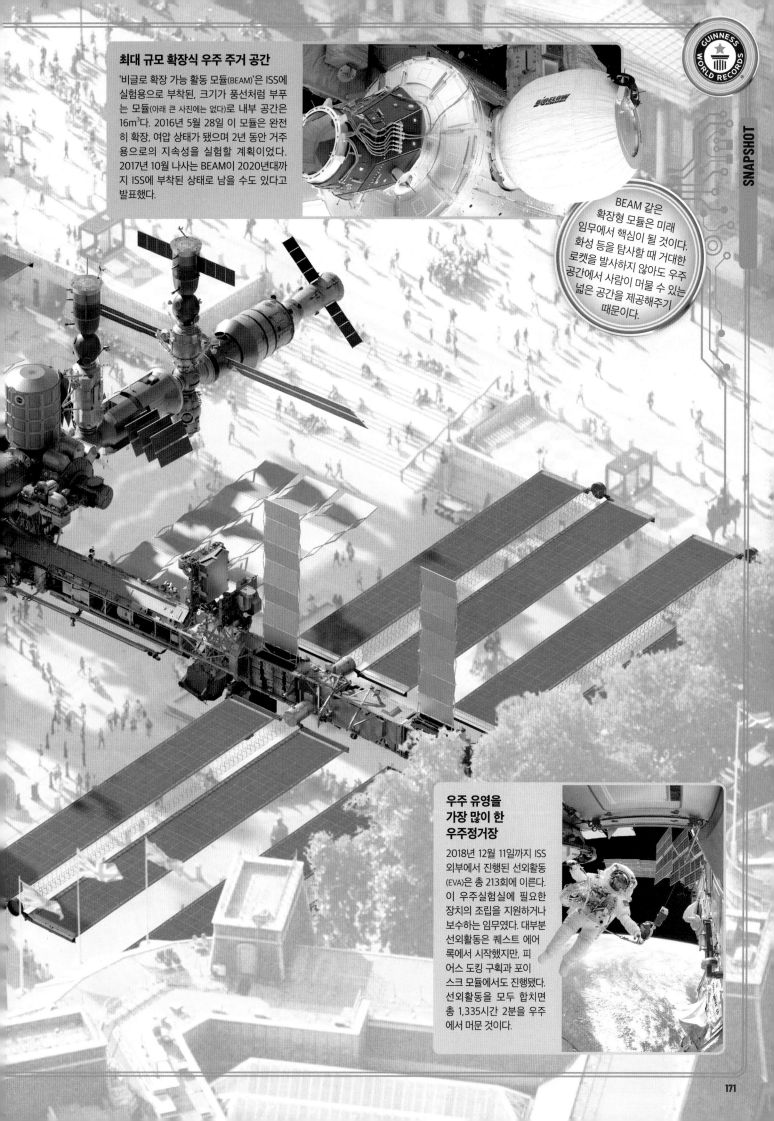

최대 규모 확장식 우주 주거 공간

'비글로 확장 가능 활동 모듈(BEAM)'은 ISS에
실험용으로 부착된, 크기가 풍선처럼 부푸
는 모듈(아래 큰 사진에는 없다)로 내부 공간은
16m³다. 2016년 5월 28일 이 모듈은 완전
히 확장, 여압 상태가 됐으며 2년 동안 거주
용으로의 지속성을 실험할 계획이었다.
2017년 10월 나사는 BEAM이 2020년대까
지 ISS에 부착된 상태로 남을 수도 있다고
발표했다.

BEAM 같은
확장형 모듈은 미래
임무에서 핵심이 될 것이다.
화성 등을 탐사할 때 거대한
로켓을 발사하지 않아도 우주
공간에서 사람이 머물 수 있는
넓은 공간을 제공해주기
때문이다.

**우주 유영을
가장 많이 한
우주정거장**

2018년 12월 11일까지 ISS
외부에서 진행된 선외활동
(EVA)은 총 213회에 이른다.
이 우주실험실에 필요한
장치의 조립을 지원하거나
보수하는 임무였다. 대부분
선외활동은 퀘스트 에어
록에서 시작했지만, 피
어스 도킹 구획과 포이
스크 모듈에서도 진행됐다.
선외활동을 모두 합치면
총 1,335시간 2분을 우주
에서 머문 것이다.

당신을 미치게 하는 것 DRIVING YOU CRAZY

가장 머리숱이 많은 자동차
2014년 3월 15일 마리아 L 무뇨와 발렌티노 스타사노(둘 다 이탈리아)가 사람 머리카락 120kg으로 피아트 500 차량을 뒤덮은 사실이 이탈리아 살레르노에서 검증됐다.

탑승 주행이 가능한 가장 높은 자전거
리치 트림블(미국)이 높이 6.15m의 스투피드톨러(Stoopidtaller)를 만든 게 2013년 12월 26일 미국 캘리포니아주 로스앤젤레스에서 확인됐다. 리치는 이전에는 스투피드톨(Stoopidtall)이라는 대형 자전거를 만들었다!

▶ 가장 무거운 리무진
마이클 마차도와 파멜라 바르톨로뮤(둘 다 미국)가 제작한 미드나이트 라이더는 무게 22.933t, 길이 21.3m, 높이 4.16m다.

전기차로 끈 가장 무거운 물체
2018년 5월 15일 테슬라 오스트레일리아의 모델 X 차량이 130t의 보잉 787-9기를 끌고 30.4m를 이동했다. 도전은 호주 빅토리아주 멜버른에서 진행됐다.

가장 빠른 자동차 회전경기
지아 치앙(중국)은 2018년 12월 16일 중국 광둥성 사오관시에서 쉐보레 카마로 RS를 몰고 50개의 표지물을 48초114 만에 회전하며 통과했다. 표지물 사이 거리는 최대 15.2m가 넘지 않았다.

최대 규모 견인트럭 행진
2018년 10월 13일 도로 복구 기업 피에 데트흐 데파너(프랑스)가 프랑스 물랭에서 491대의 트럭을 일렬로 몰고 행진했다.

최다 자동차 동시 타이어 번아웃
'번아웃'이란 운전자가 가속페달과 브레이크를 동시에 밟아 차량이 정지한 상태에서 바퀴가 회전하며 연기를 내뿜는 기술이다. 2019년 1월 4일 스트리트 머신 서머너츠 축제(호주)에서 126대의 차량이 번아웃 묘기를 선보였다. 이 무대는 레어 스페이스(호주)가 마련했다.

도넛(회전) 묘기를 하는 자동차 지붕에 오래 매달리기
나지 보우 하산(레바논)은 회전 묘기를 연속으로 선보이는 자동차의 지붕에 매달려 52바퀴를 함께 돌았다. 2018년 8월 26일 레바논 알레이에서 진행됐다.

최대 규모 자동차 합동 댄스
닛산 미들 이스트(UAE)가 2018년 10월 23일 UAE 두바이에 마련한 행사에서 총 180대의 닛산 패트롤 사파리 팔콘(매) 차량들이 사막의 모래 위에 매의 형상을 만들었다.

모터사이클 번아웃 최장거리 이동
2017년 5월 20일 스턴트맨 마치에이 '돕' 비엘리키(폴란드, 위 사진)는 폴란드 제슈프에서 할리 데이비슨 스트리트 로드 2017 오토바이를 타고 4.47km를 번아웃 상태로 이동했다. 이 기록은 폴란드 최대 할리 데이비슨 딜러십을 가진 게임 오버 사이클과 협업으로 작성됐다. **자동차 번아웃 최장거리 이동**은 487.07m로 2018년 10월 13일 론 벅홀츠(미국)가 쉐보레 말리부 1964년형을 타고 기록했다. 이 묘기를 미국 워싱턴주 켄트의 퍼시픽 레이스웨이에서 600명의 관객이 관람했다.

1대의 오토바이에 가장 많이 탑승
2017년 11월 19일 인도군 소속의 토네이도 모터사이클 팀 58명이 카르나타카주에서 500cc 로열엔필드 1대에 모두 탔다.

가장 빠른

잔디 깎는 기계
페르 크리스티안 룬데파레트(노르웨이)가 2015년 11월 5일 노르웨이 베스트폴주에서 개조된 잔디 깎는 기계 바이킹 T6를 타고 214.96km/h의 속도로 달렸다.

실내 차량
미코 히르보넨(핀란드)이 2013년 2월 25일 핀란드 헬싱키에서 스피드카 엑스트림 크로스카트로 140km/h의 속도를 기록했다.

기동성 스쿠터(3륜 및 4륜)
스벤 올러(독일)는 2017년 5월 25일 독일 클레트비츠의 'GRIP-다스 모터매거진' 행사에서 고령자, 장애인을 위한 스쿠터를 타고 180.26km/h의 속도로 달렸다.

모터가 장착된 쇼핑 카트
2013년 8월 18일 맷 맥커운(영국)은 영국 요크셔주 엘빙턴 비행장에서 150마력(111kW)의 치누크 헬리콥터 시동 발동기를 장착한 쇼핑 카트를 타고 113.298km/h로 질주했다. **가장 큰 모터 쇼핑 카트**는 길이 8.23m에 높이 4.57m로 2012년 프레드 레이프스텍(미국)이 제작했다.

> 1960년 미키 톰슨(대니의 아버지)은 챌린저로 속도 643km/h(400mph)의 벽을 깬 최초의 미국인이 됐다.

최대 규모 아이스크림 밴 행진
2018년 10월 16일 84대의 '아이스크림 밴 드림 팀'이 영국 체셔주 크루의 도로에서 행진을 펼쳤다. 휘트비 모리슨의 에드워드 휘트비(둘 다 영국)가 기획해 3.2km의 거리를 25분 동안 달렸다. 이 행진은 지역에 아이스크림 산업을 알리기 위해 열린 2일간의 공개 행사에서 진행됐다.

가장 빠른 피스톤 엔진 자동차
대니 톰슨(미국)이 운전한 챌린저 2호가 2018년 8월 11~12일 유타주 보너빌 사막에서 1마일을 2회 주행한 평균 속도는 722.204km/h(플라잉 스타트)였다. 하지만 **가장 빠른 자동차** 기록과는 거리가 멀다. 앤디 그린(영국)은 1997년 10월 15일 미국 네바다주 블랙록사막에서 스러스트 SSC를 타고 1마일 이상 거리를 1,227.985km/h로 주행했다.

 AUG 18 1984년 아르빈드 판디아(인도)가 **가장 빨리 뒤로 달려 미국 횡단하기** 도전을 시작했다. 그는 캘리포니아주 로스앤젤레스에서 뉴욕시까지 107일 동안 2,400km를 뒤로 달렸다.

 AUG 19 2015년 프랑스의 가수 겸 작곡가 제럴드 겐티는 벨기에 브뤼셀에서 **12시간 안에 콘서트 많이 하기** 기록을 세웠다(37회). 각 장소마다 최소 10명의 관중 앞에서 최소 5곡 이상 공연하는 게 규칙이다.

▶ 가장 큰 휴머노이드 자동차

'모노노푸'는 나구모 마사아키(일본, 아래 삽입 사진)가 설계하고 농업용 장비 제작업체 사카키바라-키카이가 제작했다. 이 기기의 크기는 높이 8.46m, 무게 약 7.3t으로 2018년 12월 7일 일본 군마현 키타군마에서 확인됐다. 조종석에는 1명이 탑승할 수 있는데, 레버를 이용해 팔과 손, 다리를 조종하며, 화면을 보면서 동작을 확인할 수 있다.

마사아키는 어린 시절에 거대 로봇을 조종하는 십 대 영웅이 등장하는 TV 애니메이션 〈기동전사 건담〉의 열렬한 팬이었다. 현재 40대인 그는 상상을 현실로 구현하는 데 성공했다!

가장 빠른 정원 창고

2017년 9월 16일 케빈 닉스(영국)가 영국 사우스요크셔주에서 정원 창고를 129.831km/h의 속도로 운전했다. 폭스바겐 파사트 차량을 합법적으로 도로 주행이 가능한 정원 창고 형태로 개조했는데 딸 소피와 함께 란즈엔드에서 존오그로츠까지 이 차량으로 이동하며 암 호스피스를 위한 모금활동을 했다.

가장 에너지 효율이 뛰어난 자동차(시제품)

듀크 일렉트릭 비히클(미국) 팀이 제작한 차가 휘발유 0.01614ℓ의 에너지와 동일한 양의 에너지로 100km를 주행했다. 리터당 5,158km를 이동한 셈이다! 수소 연료전지로 동력을 얻는 '맥스웰'이라는 이름의 이 차량은 2018년 7월 21일 미국 노스캐롤라이나주 벤슨의 GALOT 모터스포츠 파크에서 실험을 진행했다. 맥스웰은 젊은 설계자들이 만든 에너지 효율이 뛰어난 차량들이 기량을 겨루는 셀 에코 마라톤 대회에 참가하기 위해 제작됐다.

AUG 20 2009년 스위스 체르마트 인근 고르너그라트산에서 366명의 음악가가 모여 **최대 규모 알펜호른 앙상블**을 만들어냈다. 이 콘서트에서는 20분 동안 6곡이 연주됐다.

AUG 21 2008년 미국 캘리포니아주 로스앤젤레스에서 밴드 위저의 뮤직비디오 〈트러블메이커〉를 촬영하며 일반 크기의 스케이트보드 1개에 탄 가장 많은 인원이 기록됐다(22명).

거대과학 BIG SCIENCE

가장 강력한 레이저

2015년 8월 6일 일본 오사카 대학교의 레이저공학협회 과학자들이 고속점화 실험 레이저를 발사해 2,000조W의 출력을 기록했다.

빔은 겨우 1조분의 1초 동안 지속됐지만 전 세계에서 보통 1일 동안 사용하는 전력의 1,000배가 방출됐다. 고에너지 양자 빔을 만들기 위한 레이저로, 암 치료를 포함해 다양한 분야에서 활용될 수 있다.

가장 강력한 자기장

일본 도쿄 대학교의 타케야마 쇼지로(일본)와 그의 팀이 2018년 4월 연구실 실험으로 역사상 가장 큰 자기장을 만들어냈다.

1,200T(테슬라, 자속 밀도를 나타내는 국제단위)의 자기장이 생성되며 실험이 진행된 금속밀폐실의 문까지 날려버렸다. 그 자기장은 겨우 40μs(마이크로초) 동안 지속됐지만, MRI 기기를 사용할 때 생성되는 자기장의 약 400배, 지구의 자기장보다 약 5,000만 배 정도 강력했다.

강력한 자기장은 엄청나게 뜨거운 플라스마가 지금까지 알려진 모든 물질의 내성을 뛰어넘는 핵융합로(옆 페이지에 나오는 벤델슈타인 7-X 융합로 같은)를 만드는 데 사용될 가능성이 있다. 자기장은 플라스마를 가둬 원자로를 파괴하지 못하게 예방한다.

▶ 최대 규모 입자가속기

대형 강입자충돌기(LHC)는 지금까지 제작된 것 중 가장 복잡하고 큰 과학 장비다. 스위스의 제네바 지하에 설치된 이 가속기는 27km 길이의 원형 터널로, 무게가 총 3만 8,000t에 달한다.

2008년 9월 10일 가동된 LHC는 지금까지 많은 과학적 발견과 기록들을 남겼다. 2012년에는 **인공적으로 만든 가장 높은 온도**인 5조K(켈빈. 태양의 표면보다 8,000만 배 뜨겁다)을 생성했고, 2015년에는 **입자가속기 내 가장 높은 에너지의 이온 충돌** 실험을 실시해 1,045TeV(테라전자볼트)의 에너지를 만들었다.

이런 실험을 하려면 군대만큼 많은 연구원들이 필요하다. 2015년에는 힉스 입자 소립자의 질량을 정확하게 측정하는 실험을 했는데, 논문 저자로 5,145명이 이름을 올려 **가장 많은 사람이 저자로 기록된 논문**이 됐다.

가장 큰 기울어지는 선박

기계 설치용 부유 플랫폼(FLIP)은 108m 길이의 대양 연구 바지선으로 배를 수직으로 세워 17m는 수면 위에, 91m는 수면 아래에 있게 할 수 있다. 선박에 대형 밸러스트 탱크(안전한 항해를 하기 위해 배의 하단부에 평형수를 저장하는 물탱크)가 설치되어 있어 가능하다. 이 상태에서는 16명의 선원과 장비 중 4분의 1만 수면 위의 부분에 있다. 미국 샌디에이고의 캘리포니아 대학교 스크립스 해양연구소에서 운용한다.

가장 큰 비행 망원경

성층권 적외선천문학관측소(SOFIA)는 2.5m 구경 반사망원경이 장착된 보잉 747SP 비행기다. SOFIA는 미국 나사와 독일항공우주연구소(DLR)가 함께 제작했다. 2010년 5월 26일 처음으로 공중을 비행하며 관측을 시작했다.

가장 강력한 양자컴퓨터

2018년 3월 5일 열린 미국물리학협회 모임에서 구글(미국)의 연구원들이 브리슬콘이라는 명칭의 프로세서가 탑재된 72큐비트(양자컴퓨터 정보 저장의 최소 단위)의 컴퓨터를 발표했다. 현재 양자컴퓨터는 오류를 일으키는 경향이 있어 기존 핵심 모델보다 활용도가 떨어진다. 브리슬콘은 과학자들에게 양자컴퓨터를 더 발전시킬 지식을 제공할 전망이다.

인공적으로 만든 가장 낮은 온도

미국 매사추세츠주 케임브리지에 있는 매사추세츠 공과대학교의 아론 린하르트가 이끄는 팀이 450pK(피코켈빈. 가장 낮은 온도인 절대영도보다 0.00000000045K 높은 온도)의 온도를 만드는 데 성공했다.

이 연구와 관련된 자세한 사항은 2003년 9월 12일 발행된 〈사이언스〉에 나와 있다.

가장 큰 볼록거울

2017년 5월 독일 기업 쇼트가 2024년 유럽남방천문대에 완전히 설치되는 초대형 망원경(ELT)의 부경(M2)을 제작했다. 이 부경은 지름 4.2m에 무게는 3.5t이다. 제로뒤르라고 불리는 열팽창이 거의 없는 유리세라믹으로 제작됐는데, 이는 화질이 핵심인 망원경 렌즈에 매우 이상적인 소재다. 제작 후 열을 식히는 데만 1년이 걸렸으며, 현재는 잘 연마해 코팅된 채 ELT의 나머지 준비가 끝나기만 기다리고 있다.

최대 규모 3D 지진 진동판

E-디펜스는 건물이나 다른 구조물의 지진 탄성을 연구하는 데 사용되는 진동판이다. 일본 효고현 미키에 있으며, 크기 300m²에 1,200t 무게의 구조물을 올릴 수 있다. 이 진동판은 탑재된 물체를 이차원 수평으로 1g(중력 가속도), 수직으로 1.5g(중력 가속도)까지 흔들 수 있다.

FLIP은 구조상 과학자들이 기상, 지질, 수중음향학을 연구하기에 안정적인 플랫폼을 제공한다.

최대 규모 진공실

미국 오하이오주 샌더스키 플럼브룩 기지의 글렌 리서치 센터에 있는 스페이스 파워 시설은 지름 30.4m에 높이는 37m의 진공실이다. 이 시설은 우주선이나 우주장비들을 우주로 발사하기 전 시험해보는 곳이다. 4MW의 석영 적외선등이 있어 태양복사에너지 실험을 겸할 수 있고, 내부 온도를 영하 195.5도까지 낮출 수 있다.

AUG 22 1980년 푸아타이 솔로(피지)가 **코코넛나무에 빨리 오르기** 기록을 세웠다. 그는 피지의 수쿠나 공원에서 매년 열리는 코코넛나무 오르기 대회에서 9m 높이의 나무를 맨발로 4초88 만에 올라갔다.

AUG 23 2007년 암컷 말 JJS 서머 브리즈의 꼬리가 3.81m로 측정되며 **가장 긴 말의 꼬리**로 기록됐다. 이 암말의 주인은 미국 켄자스주 오거스타에 사는 크리스털과 케이시 소사다.

핵융합은 원자의 핵들이 충돌하며 일어난다. '스텔라레이터'에서 스텔라(Stellar)는 '항성'을 의미하는데, 항성은 핵융합 과정을 통해 빛난다.

가장 큰 스텔라레이터

스텔라레이터는 도넛 모양의 기계로 자기장 내 엄청나게 뜨거운 플라스마를 가두어 통제된 핵융합 반응을 일으킨다. 이 중 가장 큰 장치는 벤델슈타인 7-X로 지름 15m에 내부 플라스마 공간은 30m³로 사람이 걸어 다니기에 충분하다(오른쪽 사진). 초전도성 자성 코일을 사용해 온도 1억 3,000만K(1억 2,999만 9,727도)에 달하는 플라스마를 제어한다. 2014년 4월 제작된 벤델슈타인 7-X는 독일 그라이프스발트 막스플랑크플라스마물리학연구소에 있다.

가장 빠른 컴퓨터

미국 테네시주에 있는 미국에너지오크리지국립연구소가 2018년 6월 8일 슈퍼컴퓨터 '서밋'을 공개했다(IBM 제작). 이 컴퓨터는 검증시험에서 초당 14경 3,500조 부동 소수점 연산을 수행했다. 성능이 좋은 가정용 PC의 경우 3,000억 부동 소수점 연산을 할 수 있는데, 동일한 검증시험을 치를 경우 서밋의 속도에 겨우 0.0002%에만 미치는 수치다.

과일 배터리 최고 전압

교수 사이풀 이슬람(파키스탄/영국)과 그의 팀이 영국 런던왕립연구소에서 반쪽짜리 레몬 2,016개로 구성된 배터리로 1,275.4V의 전압을 생성했다. 이 실험은 2016년 12월 13일 BBC의 〈왕립연구소 크리스마스 강의〉로 촬영돼 12월 29일에 방영됐다. 국립물리학연구소에서 제공한 전압계로 이 배터리의 전압을 측정했다.

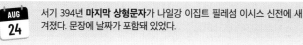

AUG 24 서기 394년 **마지막 상형문자**가 나일강 이집트 필레섬 이시스 신전에 새겨졌다. 문장에 날짜가 포함돼 있었다.

AUG 25 1989년 보이저 2호는 천왕성에서 3년을 더 간 끝에 **최초의 해왕성 근접 비행**에 성공했다. 이 탐사선은 행성의 북극 구름 위 4,800km까지 접근했다.

175

커다란 물건 BIG STUFF

가장 긴 레드카펫

2018년 10월 25일 보가리스 리테일(스페인)이 스페인 알메리아 토레카르데나스 쇼핑몰에서 레드카펫을 펼쳤는데 길이가 무려 6.35km에 달했다. 이는 중국 티베트 창두밤다공항에 있는 5.5km의 **가장 긴 런웨이**보다 길다. 이 레드카펫은 〈석양의 무법자〉(이탈리아, 1966년 작) 같은 고전 영화의 촬영지였던 알메리아에서 영화문화의 역사를 축하하기 위해 제작됐다.

가장 긴 러그

2018년 9월 16일 카자흐스탄 알마티에서 '아이들이 그려나가는 세상' 사회기금(카자흐스탄)과 시민들이 10.9km 길이의 러그를 제작했다.

가장 큰 파라솔

2018년 3월 24일 칼리파 학생 역량 증진 프로그램 아크다르(UAE) 팀이 UAE 아부다비의 코르니쉬 해안에 지름 24.5m, 높이 15.22m 크기의 파라솔을 펼쳤다. 덮개는 '에미레이츠 행복 어젠다'를 기념하기 위해 UAE 국기에 사용된 색을 넣어 만들었다.

인공 크리스마스트리에 설치된 가장 많은 조명

유니버설 스튜디오 일본은 일본 오사카 스튜디오에 설치된 거대한 인공 크리스마스트리에 58만 806개의 불빛을 매달며 꿈처럼 환한 크리스마스를 만들었다. 이 기록은 2018년 10월 23일 검증됐다.

최대 규모

드림캐처

2018년 7월 21일 블라디미르 파라닌(리투아니아)은 리투아니아 아스베야 지역 공원에서 열린 '고요의 주인' 축제에 10.14m(지름)의 드림캐처를 매달았다.

가장 큰 던들

마리아 아베러(오스트리아)는 2016년 9월 4일 오스트리아 도르프보이에른에서 열린 추수 감사제에서 8,000명의 관객들에게 7.03m 길이의 알프스 전통 드레스를 공개했다. 이 던들은 허리둘레가 4.20m, 가슴둘레가 5.28m다. 마리아는 2014년 게르하르트 리치(오스트리아)가 **가장 큰 레더호젠**(가죽 바지)을 만들었다는 이야기를 라디오에서 듣고 이 던들을 제작했다.

무게가 156kg인 이 드림캐처는 소나무와 1,250m의 인조 끈, 700개의 나무막대와 잔가지, 319개의 구슬과 5개의 깃털로 이루어져 있다.

▶ 체스 말

세계체스박물관(미국)은 2018년 4월 6일 미국 미주리주 세인트루이스에서 높이 6.09m, 지름 2.79m의 체스 킹을 공개했다. 표준 '챔피언 스톤튼' 킹보다 53배나 크다.

종이접기 꽃

2018년 9월 1일 아르브노라 페쟈 이드리지(코소보)는 코소보 스켄데라야에서 지름 8.7m의 종이꽃을 접었다. 그녀는 종이접기 예술을 10년 이상 해왔다.

잼 병

2018년 6월 4일 로스레이예스 공과대학교(멕시코)는 멕시코 미초아칸주 로스레이예스에서 무게 559.8kg의 잼 병을 공개했다. 병 안에는 현지에서 기른 600kg의 블랙베리로 만든 잼이 가득 차 있었다. 이 병을 열려면 **가장 큰 단백질파우더 통**으로 몸을 키워야 할지도 모른다. 트루 뉴트리션과 더글라스 스미스(둘 다 미국)가 만든 1,000kg의 단백질 파우더 통이 2018년 5월 2일 무게가 인증됐다.

스틸 스트링 어쿠스틱 기타

롱 윤치(중국)는 야마하 MG700MS 어쿠스틱 기타를 길이 4.22m, 폭 1.60m, 깊이 0.33m로 확대해 제작했다. 기록 인증은 2018년 9월 8일 이루어졌다. 기타의 무게는 130kg이며, 2명이 있어야 온전히 연주할 수 있다.

사용 가능한 전통 대패

길이 7.13m, 높이 4.37m, 폭 2.10m 크기의 대패를 가구 제작업체 푸스트(스위스)가 제작했다. 이 기록은 2017년 5월 6일 측정됐다.

피터의 다른 발명품으로는 패스트푸드 포장 용기를 프로펠러 날개로 쓴 모형 비행기가 있다.

▶ 가장 큰 오븐 라이터

유튜버인 피터 스리폴(위 사진)과 사무엘 포스쿨(둘 다 미국)은 2018년 10월 26일 미국 오하이오주 비버크리크에서 2.17m 길이의 거대 오븐 라이터로 불을 지펴 바비큐를 구웠다. 잡초 제거용 토치에 소형 발염 장치, 전기 점화기를 개조해 만들었다. 자, 고기 먹고 싶으신 분?

AUG 26 2013년 자전거 장애물경주 선수 토마스 윌러(오스트리아)가 올림픽 금메달을 2회나 획득한 펠릭스 산체스를 상대로 오스트리아 린츠에서 펼쳐진 경기에서 **자전거 400m 허들 최고 기록**을 달성했다(44초62).

AUG 27 1896년 영국과 잔지바르(현재 탄자니아 일부)가 오전 9시를 기점으로 전쟁에 돌입했다. 이 충돌은 45분 만에 끝나 **가장 짧은 전쟁**으로 기록됐는데, 잔지바르 군인 약 500명이 전사했다.

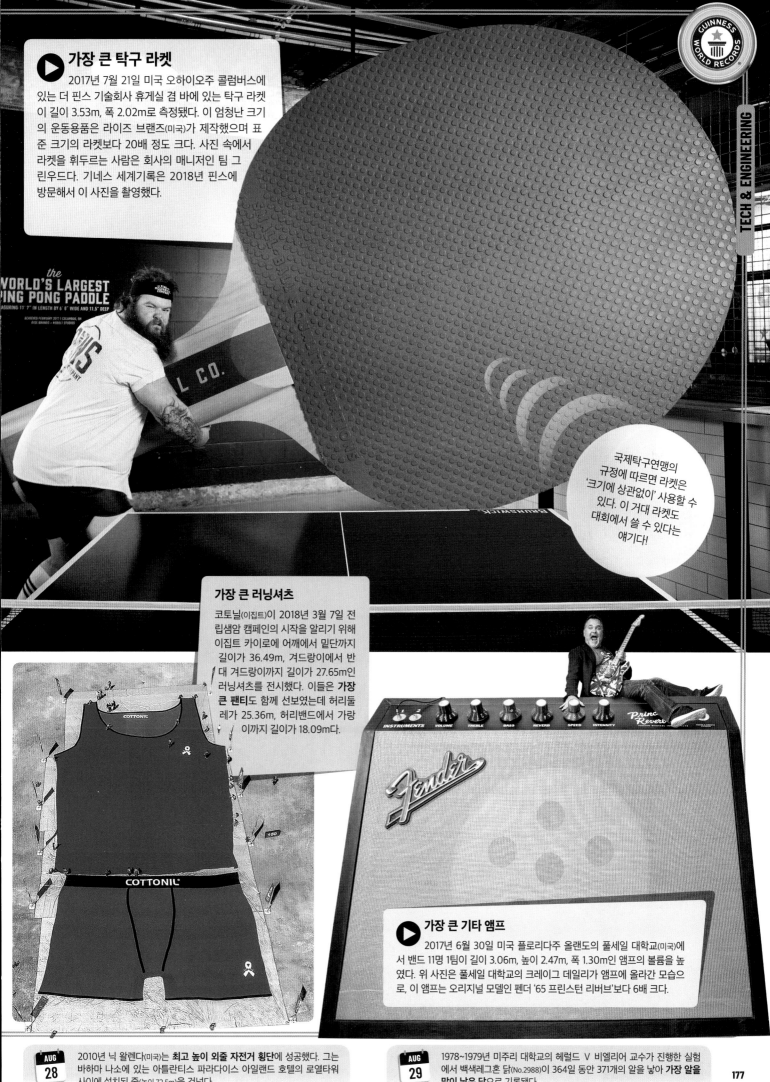

가장 큰 탁구 라켓

2017년 7월 21일 미국 오하이오주 콜럼버스에 있는 더 핀스 기술회사 휴게실 겸 바에 있는 탁구 라켓이 길이 3.53m, 폭 2.02m로 측정됐다. 이 엄청난 크기의 운동용품은 라이즈 브랜즈(미국)가 제작했으며 표준 크기의 라켓보다 20배 정도 크다. 사진 속에서 라켓을 휘두르는 사람은 회사의 매니저인 팀 그린우드다. 기네스 세계기록은 2018년 핀스에 방문해서 이 사진을 촬영했다.

국제탁구연맹의 규정에 따르면 라켓은 '크기에 상관없이' 사용할 수 있다. 이 거대 라켓도 대회에서 쓸 수 있다는 얘기다!

가장 큰 러닝셔츠

코토닐(이집트)이 2018년 3월 7일 전립샘암 캠페인의 시작을 알리기 위해 이집트 카이로에 어깨에서 밑단까지 길이가 36.49m, 겨드랑이에서 반대 겨드랑이까지 길이가 27.65m인 러닝셔츠를 전시했다. 이들은 **가장 큰 팬티**도 함께 선보였는데 허리둘레가 25.36m, 허리밴드에서 가랑이까지 길이가 18.09m다.

가장 큰 기타 앰프

2017년 6월 30일 미국 플로리다주 올랜도의 풀세일 대학교(미국)에서 밴드 11명 1팀이 길이 3.06m, 높이 2.47m, 폭 1.30m인 앰프의 볼륨을 높였다. 위 사진은 풀세일 대학교의 크레이그 데일리가 앰프에 올라간 모습으로, 이 앰프는 오리지널 모델인 펜더 '65 프린스턴 리버브'보다 6배 크다.

AUG 28 2010년 닉 왈렌다(미국)는 **최고 높이 외줄 자전거 횡단**에 성공했다. 그는 바하마 나소에 있는 아틀란티스 파라다이스 아일랜드 호텔의 로열타워 사이에 설치된 줄(높이 72.5m)을 건넜다.

AUG 29 1978~1979년 미주리 대학교의 헤럴드 V 비엘리어 교수가 진행한 실험에서 백색레그혼 닭(No.2988)이 364일 동안 371개의 알을 낳아 **가장 알을 많이 낳은 닭**으로 기록됐다.

거인의 장난감 상자 GIANT'S TOYBOX

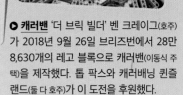

▶ **가장 긴 핫휠 트랙**
2018년 8월 25일 장난감 회사 마텔사의 러시아 지사가 정규 드래그 경기 코스보다 긴 560.3m 길이의 핫휠(장난감 미니카) 트랙을 모스크바에서 공개했다.

가장 큰 흔들 목마
2014년 7월 7일 가오 밍(중국)이 중국 산둥성 린이에서 높이 8.20m, 길이 12.72m의 흔들 목마를 공개했다. 이는 영국 2층 버스보다 3배나 높다.

가장 큰 직소 퍼즐
2018년 7월 7일 DMCC(UAE)가 두바이에서 셰이크 자이드(UAE의 아버지라 불린 정치인)를 추모하며 6,122m² 넓이의 퍼즐을 공개했다. 이는 미국 백악관 바닥보다 넓다!

가장 큰 〈모노폴리〉판
해즈브로와 케레스 학생회(둘 다 네덜란드)가 네덜란드 바헤닝언에서 크기 900m²(테니스 코트 3개 반 면적)의 게임판을 제작했다. 현지 대학에서 2016년 11월 30일 측정했다.

큰 체스 세트 빨리 정렬하기
누르자트 투르다(카자흐스탄)는 2018년 10월 28일 러시아 모스크바에서 커다란 체스 세트를 46초62 만에 정렬했다. 기네스 세계 기록의 규정에 따르면 가장 작은 체스 말(폰)이 20cm 이상이어야 '큰 체스'로 인정된다.

▶ **최대 규모 레고 블록 대관람차**
토마스 카스패릭(체코)이 지름 3.38m의 대관람차를 조립한 사실이 2017년 10월 22일 네덜란드 위트레흐트에서 확인됐다. 높이는 3.64m에 43개의 탑승 칸이 달렸다. 200시간에 걸쳐 3만 7,000개의 플라스틱 블록을 사용해 설계하고 제작했다.

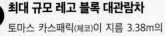

레고 테크닉 모터로 작동하는 가장 큰 모형 차
2018년 8월 레고 테크닉(덴마크)이 플라스틱 블록으로 만든, 실제 운전이 가능한 부가티 시론 차량을 체코 클라드노에서 공개했다. 이 모형 차는 높이 1.21m, 폭 2.03m, 길이 4.54m다. 레고 테크닉 부품이 100만 개 이상 사용됐으며, 제작에 1만 3,438시간이 걸렸다. 최고 속도는 28km/h로, 빠르진 않다.

가장 큰 장난감 총(너프 건)
엔지니어이자 발명가인 전 나사 연구원 마크 로버(미국)가 길이 1.82m의 장난감 총을 만든 사실이 2016년 6월 22일 미국 캘리포니아주에서 확인됐다. 그는 2017년에는 켄 글레이즈브룩, 밥 클라겟, 다니 유안(모두 미국)과 함께 **가장 큰 물총**도 만들었다. 길이가 2.22m, 높이는 1.22m나 된다.

레고 블록으로 만든 가장 큰 물건
▷ **배트모빌** 2017년 2월 28일 예술가 네이슨 사와야(미국)가 길이 5.51m의 실물 크기 레고 배트모빌을 공개했다. 영국 런던에서 DC 코믹스에 영향을 받아 열린 행사의 일환으로 제작됐으며, 50만 개가량의 블록이 사용됐다.

▷ **캐러밴** '더 브릭 빌더' 벤 크레이그(호주)가 2018년 9월 26일 브리즈번에서 28만 8,630개의 레고 블록으로 캐러밴(이동식 주택)을 제작했다. 톱 팍스와 캐러배닝 퀸즐랜드(둘 다 호주)가 이 도전을 후원했다.

▷ **벚꽃나무**(지지대 사용) 2018년 3월 28일 1주년을 맞은 레고랜드 재팬이 아이치현 나고야에서 88만 1,479개의 레고 블록으로 4.38m 높이의 벚꽃나무를 제작했다.

▷ **배**(지지대 사용) 2016년 8월 17일 해상 운송 기업 DFDS(덴마크)가 덴마크 코펜하겐에서 레고 블록으로 만든 길이 12m의 배, 주빌리 시웨이스를 공개했다. 이 배에는 플라스틱 블록이 120만 개 이상 사용됐다. 명명식에서 선체에 던지는 샴페인 병도 레고로 제작됐다.

▶ **가장 큰 피젯 스피너**
2018년 11월 21일 조반니 카탈라노(이탈리아)가 제작한 길이 74cm의 피젯 스피너가 이탈리아 밀라노 로자노에서 확인됐다. 1990년대 초에 등장한 피젯 스피너는 2017년 들어 갑지기 대중들에게 큰 인기를 얻었다.

AUG 30 2010년 미식축구선수이자 샴푸 회사의 대변인 트로이 폴라말루(미국)는 자신의 트레이드마크인 머리카락에 보험을 들었다. 이로써 **보험금이 가장 높은 머리카락을 가진 주인공**이 됐다(100만 달러).

AUG 31 2012년 미국 알래스카 파머에서 열린 주(州) 박람회에서 **가장 무거운 그린 캐비지**(양배추의 일종)가 62.71kg으로 기록됐다. 이 채소를 기른 스콧 A 롭(미국)은 "드디어 제가 정상을 밟았어요"라고 말했다.

▶ 가장 큰 훌라후프 돌리기(여자)

게티 케하요바(미국)는 2018년 11월 2일 미국 네바다주 라스베이거스에서 지름 5.18m의 훌라후프를 혼자 힘으로 돌렸다. 그녀는 이 도전을 위해 1년 동안 매일 훈련을 했는데 몸과 팔에 든 멍이 그 사실을 증명했다! 게티는 "무거운 후프가 내 몸을 돌 때마다 갈비뼈를 주먹으로 맞는 것 같았어요"라고 설명했다. 당일에 그녀는 첫 도전에 실패했지만(그리고 얼굴에 후프를 맞았다), 인내심을 갖고 다시 도전해 기네스 세계기록을 인정받는 데 성공했다!

가장 큰 훌라후프 돌리기 기록은 이보다 살짝 큰 지름 5.4m의 훌라후프로 이뤄졌는데, 야마다 유야(일본)가 2019년 2월 29일 일본 가나가와현 요코하마에서 성공했다.

후프에 대한 열정은 이 집안의 내력이다. 게티의 언니 데사이는 1987년 7월 **홀라후프 동시에 많이 돌리기** 기록을 작성했다(75개). 지금 이 기록은 마라와 이브라힘이 경신했다(102쪽 참조).

▶ 가장 큰 뽕뽕 쿠션

어포더블 문웍스의 리 버제스는 코빙턴 침례교회의 맷 펑크 목사가 기획한 행사를 위해 지름 7.62m의 거대한 장난감 쿠션을 제작했다(모두 미국). 2017년 8월 5일 미국 조지아주 코빙턴에서 이 쿠션을 눌러 소리를 내기 위해 교회의 청년부원 30명이 힘을 모았고 특유의 방귀 소리가 이어졌다.

▶ 가장 큰 루빅큐브

텔러스 스파크 과학박물관(캐나다)이 각 면의 넓이가 2.82m²인 초대형 큐브를 제작한 사실이 2018년 9월 24일 캐나다 앨버타주 캘거리에서 확인됐다. 직원들이 8주에 걸쳐 제작한 이 거대 큐브는 방문객들이 직접 맞춰 볼 수 있다.

SEP 1 2007년 독일 쾰른에서 무술가 케빈 셸리(미국)가 **1분 동안 머리로 변기시트 많이 격파하기** 기록을 세웠다. 그는 나무로 만든 변기시트를 46개나 박살냈다.

SEP 2 2017년 '에이버리&실비아'의 에이버리 친과 실비아 림(둘 다 말레이시아)이 말레이시아 페낭에서 **1분 동안 의상 많이 바꿔 입기** 마술을 선보였다. 이 날 실비아가 착용한 의상은 총 24벌이다.

건축 ARCHITECTURE

가장 큰 새 모양 건물

인도네시아 마겔랑 켐뱅리무스에 있는 '닭 모양 교회' 그레자 아얌은 부리부터 꼬리까지 길이가 약 56.41m다. 다니엘 아람스자가 1988~2000년에 건설한 기도원으로, 비둘기 모양으로 지어 머리에 왕관을 씌웠는데 왕관의 모양이 안타깝게도 볏을 닮아 '닭'이라는 별명이 붙었다.

외면이 가장 어두운 가건물

2018년 2월 9일 대한민국 평창에서 문을 연 현대차 브랜드 체험관 파빌리온은 동계 올림픽 기간에 사용된 10m 높이의 간이 구조물이다. 영국의 건축가 아시프 칸이 설계한 파빌리온은 외부가 빛의 99%를 흡수하는 반타블랙 Vbx2로 코팅돼 빈 공간처럼 보이는 착시를 일으킨다.

가운데로 고속도로가 통과하는 최초의 건물

일본 오사카에 있는 71.9m 높이의 게이트 타워는 5~7층을 한신고속도로 우메다 출구가 관통하는 독특한 구조로 돼 있다. 1992년 완공된 이 건물은 한신고속도로와 붙어 있지 않고, 관통 부분은 방음 벽으로 덮어 진동과 소음을 최소화했다.

가장 가파른 강삭철도(케이블철도)

강삭철도는 철로를 이동하는 차량들이 케이블로 연결돼 있어 균형을 맞춰 경사면을 서로 오르고 내리며 운행된다. 스위스 산악마을 슈토스의 알파인 리조트에 있는 강삭철도 슈비츠-슈토스는 가장 가파른 지점의 경사도가 47.7도에 이른다. 2017년 12월 5,300만 달러를 들여 완공했으며, 34명이 탑승할 수 있는 4개의 객차가 회전 실린더처럼 연결돼 슬로프의 각도에 맞춰 조정된다. 덕분에 승객들은 4분여의 탑승 시간 동안 곧은 자세로 있을 수 있다.

최대 규모 자동 주차시설

UAE 두바이 에미레이트 파이낸셜 타워에 2,314대의 자동차를 주차할 수 있는 자동 주차시설이 설비돼 있는 것이 2017년 10월 21일 확인됐다. 로보틱 파킹 시스템(미국)이 설계하고 모하메드 압둘모신 알카라피& 선스(쿠웨이트)가 건설한 시설로, 차량이 주차구역에 맡겨지면 컴퓨터 시스템으로 안전하게 보관된다. 그리고 운전자의 주차 내역을 저장해 출발 시간이 되면 미리 차를 내주기 쉬운 위치로 이동시킨다.

최대 규모 붓꽃 형태 개폐식 지붕

미국 조지아주 애틀랜타에 있는 메르세데스 벤츠 스타디움은 NFL 팀 애틀랜타 팰콘스의 홈 구장으로 천장이 동그란 개폐식 지붕으로 돼 있다. 넓이가 14.3ac(5.8ha)로, 지붕이 열렸을 때 가장 넓은 지점의 지름은 104.35m다. 이 스타디움의 지붕은 8개의 교차하는 '꽃잎'으로 돼 있는데 1개의 길이가 67m, 폭 23m, 무게 453.5t이다. 전체 지지대에 사용된 철의 무게는 1만 9,050t에 달하며 16개의 전기 모터가 장착돼 있다.

가장 큰 광고판

2018년 11월 5일 에미레이트 지적재산권 협회(UAE)가 UAE 두바이에 6,260m² 크기의 실외 광고를 내걸었다. 광고판에는 지적재산권에 관한 관심을 높이기 위해 협회의 로고가 게재됐다.

가장 높은 빌딩

2010년 1월 4일 UAE 두바이에 문을 연 부르즈 칼리파는 160층에 높이는 828m다. 이 건물은 에마르 사(社)가 15억 달러의 비용과 2,200만 인시(Man-hours, 1명이 1시간에 하는 일의 양)를 들여 건설했다.

가장 높은 타워는 일본의 도쿄 스카이트리로 바닥에서 꼭대기에 있는 안테나까지 높이가 634m다. 2012년 2월 완공된 이 건물은 방송 및 관측 타워 역할을 한다.

최초의 고층 자기부상 엘리베이터

2017년 티센크루프(독일)가 독일 로트바일에 있는 246m 높이의 테스트 타워에 설치한 3트랙 멀티 시스템 엘리베이터는 객차가 자력을 이용해 선사기 트랙 위를 이동한다. 케이블이 없지만 수직 및 수평 이동까지 가능하다. 객차는 트랙을 옮겨 다니며, 위아래는 물론 옆으로도 움직여 승객을 목적지로 이동시킨다.

플라스틱 병으로 만든 가장 큰 성

'플라스틱 왕' 로버트 베조(캐나다)는 2017년 파나마 보카스 델 토로에 4만 개의 플라스틱 병으로 높이 14m의 4층 성을 건설했다. 플라스틱 병 생태마을의 일부인 이 건물에는 4개의 객실과 1개의 연회장이 있고, 꼭대기에는 전망대가 마련돼 있다.

고층 건물이 가장 많은 도시

넓이 1,106.34km²인 동아시아 경제의 주요 동력원 홍콩은 세계에서 주거 밀도가 가장 높은 지역이다. 2019년 3월 기준 최소 100m가 넘는 고층 빌딩이 2,580개나 있어 700만 명의 시민과 인력이 머물 공간을 제공한다. 홍콩은 **150m가 넘는 빌딩이 가장 많은 도시**이기도 하다(385개).

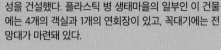

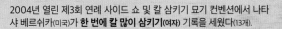
SEP 3 2004년 열린 제3회 연례 사이드 쇼 및 칼 삼키기 묘기 컨벤션에서 나타샤 베르쉬카(미국)가 **한 번에 칼 많이 삼키기(여자)** 기록을 세웠다(13개).

SEP 4 2015년 헌터 이웬(미국)은 미국 콜로라도주 앨런스파크의 와일드 베이스 로지 이벤트 센터에서 1시간 동안 풍선 가장 많이 불기 기록을 숨 가쁘게 완성했다(910개).

이 다리를 건너는 모든 사람은 유리 패널을 보호하기 위해 특별 제작된 '신발 씌우개'를 착용해야 한다.

바닥이 유리로 된 가장 긴 다리

중국 허베이성 홍야구 풍치 지구에 2017년 개통된 '붉은절벽계곡 유리 다리'는 길이가 488m다. 이스라엘 건축회사인 하임 도탄이 설계한 이 다리에는 40mm 두께의 유리 패널 1,077개가 사용됐다. 의도적으로 흔들리게 돼 있는 구조로 214m 높이에서 큰 스릴을 만끽할 수 있다. 2,000명의 무게도 견디지만 한 번에 최대 600명까지만 입장이 가능하다.

최대 규모 과학박물관

중국 광저우시에 있는 관둥과학센터(중국)는 넓이가 12만 6,513m²다. 케이폭 꽃 모양으로 생긴 이 센터는 내부에 510개 이상의 전시품이 진열된 10개의 별관이 주제별로 상설전시회를 한다. 2008년 9월에 개관했으며, 2018년 11월 7일 센터의 10주년을 기념해 기네스 세계 기록에 등재했다.

건물 외부에 설치된 가장 높은 미끄럼틀

미국 캘리포니아주 로스앤젤레스에 있는 US 뱅크 타워의 측면에 설치된 스카이슬라이드는 가장 높은 지점의 높이가 지상에서 280m에 이른다. 2016년 32mm 두께의 유리로 제작된 이 통유리 미끄럼틀은 초고층 건물의 70층부터 69층까지 14m 거리를 사선으로 내려온다. 관광객을 끌어들일 목적으로 제작됐다.

SEP 5 2008년 허버트 웨버(오스트리아)는 오스트리아 잘츠부르크에 있는 모저 목제산업사에서 근무 30주년을 기념했다. 그는 **평생 가장 많은 관을 제작한 사람**인데 70만 7,335개를 모두 손으로 만들었다.

SEP 6 2015년 스페인 코르디나도르 데 페냐 데 바야돌리드가 바야돌리드주에서 **어둠 속에서 선글라스를 쓴 가장 많은 사람들의 모임**을 주최했다(6,774개). 이 도전은 오후 10시 실외에서 진행됐다.

끈적거리는 물건 STICKY STUFF

최초의 우표

뒷면에 접착제가 발라져 있는 최초의 우표 '더 페니 블랙'은 1840년 5월 1일 영국 주요 우체국에서 판매를 시작했다(사용은 같은 해 5월 6일 이후 가능). 이 우표에는 영국 빅토리아 여왕의 15세 당시 얼굴이 그려져 있었으며, 1841년 2월까지 발행됐다.

스티커로 만든 가장 큰 공

존 피셔(미국)가 미국 콜로라도주 롱몬트에서 온전히 스티커로만 105.05kg 무게의 구체를 만든 사실이 2016년 1월 13일 확인됐다.

최대 규모 스티커 모자이크(이미지)

2018 피파 월드컵 결승전이 러시아에서 열리기에 앞서 캐피탈랜드 리테일(중국)이 스티커 15만 4,000장으로 만든 385.3m² 크기의 모자이크를 2018년 7월 15일에 중국 상하이에서 공개했다. 월드컵에 참가한 32개 축구팀의 스타 선수들이 묘사돼 있었다.

가장 비싼 포스트잇 노트

'렘브란트 모작'이라는 제목으로 파스텔과 목탄을 사용해 포스트잇 메모지에 그린 작품이 2000년 12월 20일 온라인 경매에서 939달러에 판매됐다. 이 작품을 만든 R B 키타이(미국)는 포스트잇 20주년을 기념해 작은 예술작품을 창작한 유명 작가들 중 1명이다. 경매에서 판매된 금액은 자선단체에 기부됐다.

1분 동안 얼굴에 포스트잇 많이 붙이기

테일러 마우러(미국)는 2014년 11월 16일 미국 아이오와주 수시티에서 자신의 얼굴에 1초에 1장 꼴로 총 60장의 포스트잇 메모지를 붙였다.

가장 큰 스티키 토피 푸딩

2012년 3월 17일 팜하우스 페어 리미티드가 영국 랭커셔에서 영국식 디저트인 스티키 토피 푸딩을 말 1마리의 무게와 비슷한 334kg이나 만들었다.

스티커가 가장 많이 붙은 버스

2017년 9월 10일 STL 스티커 스와프(미국)가 미국 미주리주 세인트루이스의 루페스트에 세워진 버스에 2만 9,083장의 스티커를 붙였다. 이 신기록 도전을 위해 전 세계 스티커 팬들이 우편으로 스티커를 보내왔고, 세인트루이스의 시장은 2017년 9월 10일을 'STL 함께 붙이기의 날'로 선언하며 행사를 기념했다.

최대 규모 타르갱(坑)

트리니다드에 있는 천연 아스팔트 호수(구덩이) 라 브레아는 넓이가 미식축구장 85개를 합친 것과 맞먹는 45만 7,294.8m²에 이른다. 이 호수에는 1,000t 이상의 천연 아스팔트가 있으며, 중앙의 깊이는 76m 정도로 영국 런던의 넬슨 기념비가 완전히 잠기고도 남는다.

가장 접착성이 강한 물고기

북부학치는 미국과 캐나다의 태평양 연안에 서식하는 작은 어종이다. 2013년에 발표된 한 연구에 따르면 이 물고기는 자기 무게의 80~230배를 버티는 접착력을 가졌다. 배에 있는, 미세 융모가 난 독특한 흡착판을 이용해 바위에 매달리는데 도마뱀붙이도 발에 같은 미세 기관이 있다.

먹이가 갇힌 가장 오래된 거미줄

곤충이 갇힌 가장 오래된 거미줄은 1억 1,000만 년 전 백악기 전기의 것으로 알려져 있다. 스페인 세인트저스트에서 발견돼 2006년 6월 보고됐다. 26가닥의 끈적거리는 줄로 이루어진 거미집이 고대 나무수액(호박 화석) 안에 보존돼 있었는데 딱정벌레, 진드기, 파리, 현재는 멸종된 기생말벌이 갇혀 있었다.

가장 강력한 천연 접착제

2006년 미국 인디애나 대학교의 연구자들은 카울로박터 크레센투스 박테리아가 사실상 어떤 물질에도 붙을 수 있는(심지어 물속에서도) 끈적거리는 물질을 생성한다는 사실을 발견했다.

당 분자를 기초로 한 긴 다당류 조합(바로 아래 사진)으로, 도마뱀붙이의 끈적이는 발보다 7배나 더 접착력이 강하다.

과학자들은 유리 같은 표면에 붙은 박테리아 14마리를 연구했는데, 이 미생물들을 표면에서 분리하려면 cm²당 7,000뉴턴의 힘이 필요했다. 이는 시중에서 판매하는 초강력 접착제(맨아래 왼쪽 작은 사진 참조)로 달라붙은 두 면을 분리하는 데 드는 힘과 비교해보면 3배나 더 드는 것이다.

가장 오래전 접착제를 사용한 기록

네안데르탈인들은 자작나무껍질로 만든 타르 풀로 부싯돌과 나무 막대기를 붙여 사용했다. 과학자들은 이 풀을 추출하는 게 네안데르탈인에게는 어려운 일이라고 여겨왔으나, 고고학자들이 중기 플라이스토세(약 20만 년 전)에 남겨진 증거를 발굴해내면서 그렇지만도 않다는 것을 알았다. 즉 2017년 네덜란드 레이던 대학교의 과학자들은 타르 풀은 자작나무껍질을 불에 직접 가열하면 쉽게 얻을 수 있다는 사실을 발견했다.

가장 오래전 장식용으로 풀을 사용한 기록

1983년 하버드 대학교(미국)와 이스라엘 문화제관리국 팀이 이스라엘 사해 인근의 나할 헤마르 동굴을 탐사했다. 이곳에서 십자모양이 장식된 두개골들이 발견됐는데, 탄소연대측정법으로 확인한 결과 8,310~8,110년 전 유물이었다. 이 문양을 그리는 데 동물의 지방과 조직에서 얻은 콜라겐 풀이 사용됐다.

가장 많은 인원이 덕트 테이프 패션쇼에 참가한 기록

2014년 6월 14일 미국 오하이오주 에이본에서 열린 제11회 연례 덕트 테이프(포장이나 수리에 쓰이는, 청 테이프의 원조격 테이프) 축제에 340명이 이 유명 접착테이프로 만든 옷을 입고 모델처럼 캣워크를 했다. 기네스 세계기록의 심사관 마이클 엠프릭(위 사진 오른쪽)도 덕트 테이프 재킷을 입고 심사에 임했다.

SEP 7 2001년 이안 닐(영국)은 영국 서머싯 셉턴 말렛에서 열린 전국 거대 채소 챔피언십 대회에서 **가장 무거운 비트**를 선보였다. 이 비트는 만 8세 아이의 몸무게와 비슷한 23.4kg이었다.

SEP 8 2013년 장순이라는 이름의 그물무늬 기린이 대한민국 용인시의 삼성에버랜드 사파리 공원에서 18번째 새끼를 출산했다. **사육된 기린 중 새끼를 가장 많이 낳은 기록**이다.

이 도전에 사용된 특수 접착제는 가열하면 녹고 식으면 굳는 성질이 있다. 2개의 원통이 각각 400도로 가열된 상태에서 접착제를 바르자 접착제가 녹아 2개의 원통을 감쌌고 이후 하나로 굳어졌다.

접착제로 연결해 들어올린 가장 무거운 물체

2013년 9월 22일 상상을 초월할 정도로 강력한 접착제가 16.09t 무게의 트럭을 지상 1m 높이로 들어올려 1시간 이상 버텨냈다. 이 실험은 독일 쾰른에 있는 독일항공우주센터(독일) 시설에서 진행됐다. 트럭과 그 트럭을 들어올리는 크레인 사이를 연결하는 2개의 스테인리스 스틸 원통이 열가소성 수지로 접착됐는데, 접착 넓이는 39.6cm²였다. 트럭은 서서히 공중으로 떠올랐고, 원통에 사용된 접착제가 온전히 그 무게를 버텨냈다.

동시에 슬라임을 만든 최다 인원

2018년 7월 1일 미국 캘리포니아주 카슨시가 기획한 행사에 933명이 참가해 슬라임을 만들었다. 이 도전은 카슨시의 독립기념일(7월 4일) 기념행사 중 하나인 '지역 친목의 날'에 열렸다. 참가자들은 풀 3분의 1컵과 액체 녹말 4분의 1컵에 빨간색과 하얀색, 파란색의 염료, 반짝이 등을 섞고 손으로 주물러 슬라임을 만들었다.

최단시간에 자동차 전체 랩핑하기

자동차 랩핑이란 차량의 표면을 얇은 비닐로 덮는 것으로, 간혹 차량의 색을 바꾸거나 특정 브랜드를 광고하는 디자인을 추가할 때 쓰인다. 2018년 7월 15일 폴리엔+추베호르 팀(독일)이 독일 훈세의 슈바르체 하이데 비행장에서 전문가용 비닐을 이용해 테슬라 모델 X 차량을 22분 56초25 만에 랩핑했다.

최대 규모 슈퍼요트 비닐 랩핑

2015년 2월 미국 마이애미에 있는 와일드 그룹 소유의 라이보비치 조선소에서 아베킹&라스무센 사(社)의 길이 68m 슈퍼요트 '아비바'호를 비닐로 랩핑하는 작업을 했다. 금속성 비닐 포장재가 800m 이상 사용됐는데 작업을 마치기까지 약 1개월이 걸렸다. 각 층을 5mm 두께로 조심스럽게 랩핑했다.

 SEP 9 1917년 존 '재키' 피셔 제독이 국방장관 윈스턴 처칠(둘 다 영국)에게 보낸 편지에 'O.M.G.'라는 약어가 포함돼 있었다. 'OMG(오 마이 갓)'가 인쇄된 최초의 사례다.

SEP 10 1977년 프랑스 마르세유 보메트 교도소에서 살인자 하미다 잔두비를 처형하며 마지막으로 단두대가 사용됐다. 프랑스는 1981년 사형 제도를 폐지했다.

183

최다 지구 궤도 진입

2019년 3월 19일까지 소련/러시아 연방은 지구 궤도 진입에 3,064회 성공했다. 이는 우주시대 이후 모든 국가에서 성공한 **궤도 진입 횟수의 반 이상**을 차지한다. 소련은 **지구 궤도에 가장 많이 진입한 해**인 1982년에만 101회를 성공시켰다.

하지만 Space-Track.org의 기록에 따르면 2019년 1월 4일 기준으로 우주쓰레기 1만 4,379개 중 5,075개가 소련과 러시아의 우주 활동으로 발생한 쓰레기로 밝혀져 소련과 러시아는 **가장 많은 우주쓰레기를 양산한 국가**에 이름을 올렸다. 우주쓰레기에는 활동이 정지된 인공위성, 로켓의 잔해, 잃어버린 장비나 페어링 같은 버려진 물체 등이 포함된다.

지구 궤도에 인공위성이 가장 많은 국가

2019년 1월 4일 기준으로 미국은 지구 궤도에 1,594개의 위성이 있다. 이는 미국 정부가 소유한 인공위성과 일반 단체의 상업용 위성을 합한 숫자다.

가장 많이 재사용된 우주선

나사의 우주왕복선 디스커버리호(미국)는 2011년 2월 24일 국제우주정거장(ISS)으로 향하는 마지막이자 39회째 비행을 위해 발사됐다. 디스커버리호는 1984년 8월 30일 STS-41D 임무를 위해 처음 비행했다.

외행성을 가장 많이 발견한 단일 망원경

2019년 3월 19일까지 케플러 우주망원경은 태양계 밖에 있는 외행성을 2,697개나 발견했다. 이는 지금까지 알려진 외행성 3,925개 중 3분의 2에 해당하는 숫자다.

우주 유영을 가장 오래 한 사람

1988~1998년 5회의 우주탐사에서 아나톨리 솔로비예프(소련/러시아)는 총 82시간 22분을 우주 공간에 머물렀다. 그는 우주 유영을 16회 수행했는데, 모두 미르 우주 정거장에서 했다.

가장 오래 우주 유영을 한 기록(여자)은 60시간 21분(임무 수행 시간 총합)을 기록한 페기 윗슨(미국)이다. 남녀 전체 중 3번째로 길다. 2017년 5월 23일 윗슨은 10회째 우주 유영을 마쳤는데, 2시간 46분 동안 ISS 외부에 머물며 고장 난 계전기함을 수리했다.

최초의 달 뒤편 착륙

2019년 1월 3일 02시 26분(협정세계시) 중국국가항천국의 창어 4호가 폰 카르만 충돌분지에 착륙했다(164~165쪽 참조). 달의 뒤편에 인간이 만든 물체가 처음 도달한 사례는 아니지만, 처음으로 달 뒷면으로 간 물체를 통신으로 조종한 사례다. 창어 4호는 천문 관측, 밀폐 공간 내 식물 및 곤충 재배 등 인류에게 도움이 될 몇 가지 새로운 연구 목적으로 발사됐다. 여기에는 소형 태양발전 탐사로봇 위투(옥토끼) 2호가 실려 있다.

화성에서 가장 오래 임무를 수행한 탐사로봇

2018년 6월 10일 나사의 오퍼튜니티 로버(탐사로봇)의 태양 전지판이 행성의 먼지 폭풍에 덮이며 긴급 저전력 모드에 돌입해 잠들었다. 그리고 2004년 화성에 착륙한 이후 처음으로 통신이 완전히 단절됐다. 오퍼튜니티와 그 쌍둥이 격인 스피릿 로버는 원래 90일 정도 작동하도록 설계됐지만 엄청난 내구성을 보여줬다(스피릿 로버는 2010년 운전 정지됨). 2019년 2월 13일 나사는 통신 복구를 위해 노력했지만 모두 실패했으며 로버의 임무는 15년 19일 만에 종료됐다고 선언했다.

가장 많이 탐사한 행성

2018년 11월 27일 기준으로 화성과 관련된 우주 임무의 성공 혹은 부분 성공 사례는 25회나 된다. 이 붉은 혹성의 궤도에 진입한 사례가 14회, 표면에 착륙한 일부 성공 사례가 9회 포함돼 있다. 가장 최근에는 2018년 11월 26일 나사의 인사이트호(위 참조)가 화성의 표면에 착륙했다.

최초의 명왕성 근접비행

뉴허라이즌스 우주선(미국)은 2006년 1월 로켓이 점화된 뒤 9년 만인 2015년 7월 14일 11시 49분(협정세계시)에 명왕성을 1만 2,472km 거리에서 근접비행했다. 이 우주선은 그 후 2019년 1월 1일 카이퍼 벨트의 천체 울티마 툴레에 도착했다(186~187쪽 참조).

최초로 태양계를 벗어난 탐사선

보이저 1호는 1977년 9월 목성, 토성, 천왕성, 해왕성을 연구하기 위해 발사됐다. 2012년 8월 이 탐사선은 우리 태양계의 경계를 넘는 여정을 시작했다. 보이저 1호는 현재 지구에서 209억km 이상 떨어진 거리에 있지만 아직도 신호를 보내고 있다. 하지만 다른 별에 도착하려면 최소 4만 년 이상 걸린다.

연속으로 가장 많이 발사에 성공한 로켓 모델

1997년 5월 5일~2018년 9월 15일에 유나이티드 론치 얼라이언스(미국)의 델타 II 로켓은 궤도 진입에 100회나 성공했다. 2018년 9월 15일 미국 캘리포니아주 반덴버그 공군기지에서 아이스샛-2 인공위성을 싣고 마지막으로 발사됐는데 이 로켓은 케플러와 스위프트 우주망원경을 싣고 나는 등 기념비적인 임무도 많이 수행했다.

우주정거장에서 우주로 배치된 가장 큰 인공위성

질량 88.47kg, 크기 79×60×60cm의 청소위성 리무브데브리스는 서리위성기술(영국)이 제작했다. 우주쓰레기를 모으기 위해 만든 위성으로, 2018년 6월 20일 ISS의 나노랙스 케이버 마이크로세틀라이트 디플로이어(삽입 사진)를 통해 우주에 배치됐다.

SEP 11 1978년 불가리아의 반체제 인사 게오르기 마르코프는 영국 런던에서 우산을 개조한 독 주입기를 다리에 맞고 사망했다. **최초로 리신을 이용한 독극물 암살 사건**이다.

SEP 12 2015년 겐나디 파달카(러시아)는 자신의 5회째 우주 임무를 마치고 지구로 돌아왔다. 그는 878일 11시간 29분 24초를 우주에서 보낸, **가장 오래 우주에 머문 사람**(합계)이다.

태양에 가장 가까이 접근한 우주선

2018년 11월 6일 03시 27분 52초(협정세계시)에 미국의 파커솔라 탐사선이 태양의 표면에서 2,412만 2,872km 거리까지 접근했다. 이 무인 우주선은 태양중심 속도 95.32km/s로 **가장 빠른 우주선 속도**를 기록했다. 파커솔라 탐사선은 임무를 계속 해나가며 2024년에는 태양의 610만km 거리까지 접근할 예정이다.

이 우주선은 지구에서 태양을 향해 발사된 지 52일 1시간 13분 뒤인 2018년 10월 3일 금성에 가까이 접근해 **최단시간 행성 간 이동** 기록을 작성했다.

이 탐사선의 최고 속도는 뉴욕에서 도쿄까지 1분 안에 갈 수 있는 69만 2,000km/h다!

가장 오래 작동하고 있는 우주 관측소

1990년 4월 24일 발사된 허블 우주망원경(미국)은 2019년 1월 22일 기준 28년 273일째 작동 중이다. 2018년 4월 2일 발간된 〈네이처 아스트로노미〉에 따르면, 허블 우주망원경이 발견한 지구에서 약 90억 광년 거리에 있는 B-타입의 초거성 '이카로스'는 **관측된 가장 먼 거리에 있는 별**이다.

ISS 최단시간 도달

2018년 7월 10일 우주화물선 프로그레스 MS-09호가 3시간 40분 만에 ISS에 도착했다. 이는 런던-뉴욕 비행 시간의 절반도 안 된다. 이 우주선은 7월 9일 21시 51분 카자흐스탄 바이코누르에서 발사돼 다음 날 01시 31분(둘 다 협정세계시)에 ISS의 피어스 도킹 모듈에 안착했다.

SEP 13 2016년 시카고 화이트삭스와 클리블랜드 인디언스(둘 다 미국)의 야구 경기를 1,122마리의 견공들이 지켜봤다. '바크 앳 더 파크' 행사의 일환이었으며, 이 경기는 **가장 많은 개들이 본 스포츠 경기**로 기록됐다.

SEP 14 2009년 아크로바틱 곡예사 레슬리 팁톤(미국)은 〈라이브 위드 리지스 앤드 켈리〉 쇼에서 **최단시간에 여행용 가방에 들어가기** 기록을 달성했다 (5초43).

185

기술&공학 전반 ROUND-UP

360도 곡예비행에 성공한 가장 무거운 비행기

2018년 7월 18일 영국 햄프셔에서 열린 판버러 국제 에어쇼에서 무게 3만 6,740kg의 록히드마틴 LM-100J기가 완전히 한 바퀴 도는 묘기를 선보였다. 이 비행기는 록히드의 테스트 조종사 웨인 로버츠와 부조종사 스티브 노블록(둘 다 미국)이 조종했다.

자기회복 능력이 있는 최초의 유리

2017년 12월 14일 일본 도쿄 대학교의 과학자들이 자기'회복' 능력이 있는 유리 폴리머를 개발했다. 폴리에테르-티오요소라 불리는 이 물질은 상온에서 다시 녹아 균열을 없앤다. 심지어 조각이 부서져나가도 다시 붙일 수 있다. 21도의 기온에서 손으로 30초만 누르고 있으면 조각이 다시 붙기 시작하고, 단 몇 시간 뒤면 단단해진다.

가졌다. 이전 모델 GE90-115B(가장 강력한 제트엔진)보다 10cm 크다. 보잉의 새로운 비행기 777-9에 사용하기 위해 인증됐다.

모든 색을 한 지점에 모을 수 있는 최초의 단일 렌즈

기존의 유리 렌즈나 플라스틱 렌즈는 빛의 다양한 색을 여러 갈래로 흩어지게 하는 문제점이 있다. 2018년 1월 1일 미국 하버드 대학교의 연구자들은 무지개의 모든 색(가시광선)을 한 지점으로 모으는 최초의 '메타렌즈'에 관한 논문을 〈네이처〉에 게재했다. 머지않아 기존의 어떤 렌즈보다 얇고 저렴하며 성능이 좋은 광학 렌즈가 나올 전망이다.

가장 큰 제트엔진

제너럴일렉트릭 GE9X 제트엔진은 다 자란 아프리카코끼리의 키와 비슷한 3.4m의 터빈 날개를

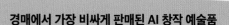

$$\min_{G} \max_{D} E_x[log(D(x))] + E_z[log(1-D(G(z)))]$$

경매에서 가장 비싸게 판매된 AI 창작 예술품

2018년 10월 25일 미국 뉴욕시에서 열린 크리스티 경매에서 에드몽 드 벨라미 초상화가 43만 2,000달러에 낙찰됐다. 상상 속의 인물을 묘사한 이 그림은 프랑스의 예술집단 오비어스 아트의 회원들이 구축한 인공지능 GAN(생성적 적대 신경망)이 창작했다. 이 시스템은 기존 예술품을 기반으로 새로운 이미지를 만드는데, 위 작품의 경우 14~20세기에 그려진 1만 5,000점의 초상화를 참고했다. 위에 삽입된 '서명'은 작품을 만드는 데 사용한 알고리즘이다.

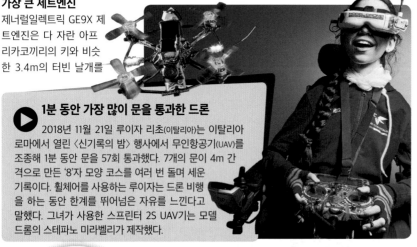

1분 동안 가장 많이 문을 통과한 드론

2018년 11월 21일 루이자 리초(이탈리아)는 이탈리아 로마에서 열린 〈신기록의 밤〉 행사에서 무인항공기(UAV)를 조종해 1분 동안 문을 57회 통과했다. 7개의 문이 4m 간격으로 만든 '8'자 모양 코스를 여러 번 돌며 세운 기록이다. 휠체어를 사용하는 루이자는 드론 비행을 하는 동안 한계를 뛰어넘은 자유를 느낀다고 말했다. 그녀가 사용한 스프린터 2S UAV기는 모델 드롬의 스테파노 미라벨리가 제작했다.

최초의 탄소 배출 제로 가스 발전소

2018년 5월 30일 에너지 기업 넷 파워(미국)가 탄소 배출 제로(탄소중립) 천연가스 발전소를 운영하는 신기원을 달성했다. 미국 텍사스주 라 포트에 있는 프로토타입 25-MW 전기 발전소가 그곳이다. 이 발전소는 뜨거운 가압 이산화탄소를 순환시켜 터빈을 가동한다. 이산화탄소는 천연가스와 산소의 혼합물(독립된 시설이 대기 중에서 추출한다)을 태운 열로 가열한다. 연소 과정에서 생기는 추가 이산화탄소는 관으로 빨아들여 시스템의 균형을 유지하는 데 쓰인다. 여분의 이산화탄소는 공기 중으로 배출하지 않고 따로 보관하기 때문에 대기오염을 피할 수 있다. 이 발전소의 운영비는 일반 천연가스 발전소만큼 저렴하다.

최고 높이에 도달한 발포정 로켓

2018년 12월 12일 BYU 로켓학(미국)과 브리검 영 대학교의 학생팀이 미국 플로리다주 케네디우주센터 전시관에서 발포정을 동력으로 하는 로켓을 269.13m 높이까지 쏘아올렸다. 이는 바이엘이 매년 개최하는 '알카-로켓 챌린지' 2회 대회에서 기록됐으며, 5개 팀이 참가해 3만 달러의 상금을 놓고 경쟁을 펼쳤다.

가장 많은 우주선이 선회하는 지구 이외의 행성

2018년 11월 14일까지 6대의 우주선이 화성을 선회했다. 가장 최근에는 2016년 10월 19일 엑소마스 가스 추적 화성궤도탐사선이 이 붉은 행성에 도달했다.

가장 먼 거리를 탐사한 태양계 물체

2019년 1월 1일 5시 33분(협정세계시) 뉴호라이즌 우주 탐사체가

이 거대한 구조물에는 시드니 하버 브리지의 8배에 달하는 42만t의 철이 사용됐다.

가장 긴 다리-터널

강주아오 대교-터널은 길이가 29.6km다. 중국의 주장(珠江) 어귀에서부터 홍콩, 마카오, 중국 주하이를 연결하는데, 4개의 인공 섬과 총 22.9km 길이의 사장교 3개, 그리고 2개의 섬(위 사진에서 환하게 빛나는 곳)을 잇는 6.7km 길이의 해저 터널로 구성돼 있다. 공사는 이곳으로 향하는 고속도로까지 포함해 총 55km에 걸쳐 진행됐다.

SEP 15
2012년 니켈로디언이 호주 시드니에 마련한 연례 니켈로디언 슬라임 축제에 3,026명이 참가했다. 가장 많은 사람이 동시에 슬라임을 뒤집어 쓴 기록이다.

SEP 16
2013년 가장 높은 곳에 있는 공항이 문을 열었다. 다오청 야딩 공항은 중국 쓰촨성 티베트자치지역의 해발 4,411m 지점에 있다.

카이퍼 벨트의 2014MU69(후에 투표로 '울티마 툴레'라는 이름을 얻었다)라 불리는 소행성을 지나갔다. 사진에는 2개의 구체가 맞닿아 31km 길이의 '접촉 쌍성'을 형성하고 있는 게 보였다.

최장시간 작동한 팽이(시제품)
2018년 6월 18~19일 이스라엘 텔아비브에서 모터가 장착된 팽이 '림보'가 27시간 9분 24초 동안 연속으로 회전했다. 피어리스 토이스의 님로드 백(둘 다 이스라엘)이 설계했으며, 브레이킹 토이(미국)와 공동 제작했다.

가장 먼 거리를 이동한 전기 헬리콥터(시제품)
2018년 12월 7일 실험용 배터리 출력 전기 헬리콥터가 미국 캘리포니아주 로스앨러미터스에서 56.82km를 비행했다. 마틴 로스블랫, 렁 바이오테크놀로지, 티어1 엔지니어링이 공동 제작했으며, 릭 웹(모두 미국)이 조종했다.

가장 오래된 선원용 아스트롤라베
선원들은 바다 위에서 아스트롤라베(고대부터 중세까지 사용한 천체 관

가장 무거운 케이블
레델리 테크나(이탈리아)는 2017년 10월 30일 이탈리아 트리에스테에서 국제우주정거장보다 무거운 488.366t의 고강도 플렉스팩 케이블을 제작했다. 총길이는 4,050m이고 전체 무게는 99.5cm 길이의 견본으로 추정했다(아래 삽입 사진).

이 엄청난 철선 케이블은 오일 및 가스 산업에서 파이프를 설치하거나 수리하는 데 활용된다.

측기구)를 사용해 특정 별의 위치를 확인하고 자기 배의 위도를 계산했다.
2019년 3월 〈해양 고고학 국제 저널〉에 따르면, 데이비드 L 먼스(영국)가 2014년 5월 8일 오만 해안의 난파선에서 1498년(±2년)에 사용된 아스트롤라베를 발견했다.

가장 작은 광고
2018년 9월 21일 네덜란드의 ASML 사(社)가 네덜란드 벨트호벤에서 258.19μm²의 광고를 공개했다. 실리콘웨이퍼(얇은 규소판)에 '크게 생각해야 정말 작아질 수 있다#가장 작은_광고 ASML'이라는 글을 아로새겼다.
반면, **가장 큰 광고 포스터**는 크기가 2만 8,922.10m²로, 차량 2,000대를 주차하기에 충분한 넓이이다. 미국의 패스트푸드 체인 아비스가 코카콜라와의 파트너십을 기념해 미국 네브래스카주 모노와이에서 공개했다. 이곳이 선택된 이유는 미국에서 가장 작은 마을이기 때문이다(인구 1명). 모노와이의 유일한 거주자는 엘시 에일러다.

가장 먼 거리를 항해한 장난감 배
플레이모빌 사(社)의 해적선 '어드벤처'가 2017년 5월 28일~2018년 5월 12일 사이에 총 6,072.47km를 항해했다. 올리와 해리 퍼거슨 형제(둘 다 영국)가 영국 애버딘셔주 피터헤드에서 출항시킨 이 장난감은 해류를 따라 스칸디나비아에 도착했다. 이곳에서 노르웨이 선박 크리스티앙 라디치가 주워 모리타니의 연안 160km 지점에서 다시 놔주었다. 어드벤처호는 바베이도스 인근 대서양 남부까지 까닥이며 항해했다. 이 장난감 배에는 평형추가 있어 긴 여행을 하면서도 뒤집어지지 않았고, 폴리스티렌 코팅으로 부력을 유지했다. 내부에 장착된 추적 장치가 위치를 알렸다.

소행성에 가장 가까이 선회한 기록
2018년 12월 31일 19시 44분(협정세계시)에 나사의 오시리스-렉스 탐사선이 소행성 101955 베누(삽입 사진)를 선회하기 시작했다. 이 우주선은 소행성의 중심에서 1,600m 이내까지 접근했다.
2018년 10월 3일 하야부사 2호(일본)는 소행성 162173 류구의 표면에 3번째로 4개의 탐사선을 착륙시켜 **소행성에 가장 많은 탐사선이 착륙**된 기록으로 남았다.

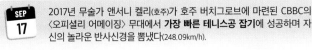

SEP 17
2017년 무술가 앤서니 켈리(호주)가 호주 버치그로브에 마련된 CBBC의 〈오피셜리 어메이징〉 무대에서 **가장 빠른 테니스공 잡기**에 성공하며 자신의 놀라운 반사신경을 뽐냈다(248.09km/h).

SEP 18
2014년 아흐메드 가브르(이집트)가 이집트 다합 연안 홍해에서 **최고 깊이 스쿠버 다이빙** 기록을 달성했다(332.35m). 그는 13시간 50분 동안 잠수했는데, 하강에 걸린 시간은 겨우 14분이었다.

187

아트 & 미디어 ARTS & MEDIA

기네스 세계기록 게임 에디션 2020

《포트나이트》가 그렇게 재미있을까? 우리는 이 온라인 현상에 관한 내용을 《기네스 세계기록 2020》의 자매 서적인 《게이머 에디션》에 14쪽이나 수록했다. 리처드 타일러 '닌자' 블레빈스 같은 이 게임에서 가장 잘 나가는 유튜버, 프로 게이머, 변화무쌍한 '전 시즌 맵'을 실었다. 《포트나이트》의 스킨과 무기에 대해 알아보고, 창의적인 독자 문제도 풀어보자. 물론, 《게이머 에디션》에는 세상의 모든 비디오게임에 관한 최신 기록들이 가득하다!

**소니, 마이크로소프트, 닌텐도 플랫폼에서
교차 플레이가 되는 최초의 게임**

2018년 9월 26일 소니가 큰 인기를 끌고 있는 3인칭 슈팅 게임 〈포트나이트 배틀로열〉(에픽, 2017년 작)과 관련된 정책을 바꾸며, 한 플랫폼의 유저가 다른 주요 게임 플랫폼의 유저들과 경쟁할 수 있는 최초의 게임이 됐다.

여기에는 소니의 PS4, 마이크로소프트의 X박스 원, 닌텐도 스위치와 PC는 물론 안드로이드와 iOS 모바일 기기도 포함된다. 소니는 앞서 〈포트나이트〉를 PS4로 교차 플레이하는 걸 반대했지만, 게이머들과 제작사 에픽의 요구에 결국 다른 하드웨어를 사용하는 유저들과 함께 게임할 수 있는 방법을 찾아냈다. 정책을 바꾼 2018년 9월 26일 처음 오픈베타가 실시됐다.

목차 CONTENTS

스냅샷 SNAPSHOT

가장 큰 조각상 TALLEST STATUE

4년 동안 3,000명 이상의 인력이 동원돼 제작된 통일의 조각상'은 다른 기념물이 가진 기록들에 그림자를 드리웠다. 이 182m 높이의 사르다르 발라바바이 파텔(인도 초대 부총리) 동상은 7km 밖에서도 보일 정도로 크다. 여기 텍사스강 옆 런던 아이 대회전식 관람차 앞에 동상을 옮겨놓은 모습을 확인해보자.

사 르다르 파텔을 인도를 하나로 만드는 데 힘썼던 영웅으로 기억된다. 젊은 시절 성 공한 변호사였던 그는 그 후 인도가 영국으로부터 독립하는 데 많은 힘을 보탰고, 자와할랄 네루 총리를 비롯 초대 부총리까지 역임했다.

많은 인도인은 인도가 독립을 이뤄낸 지 고작 3년 뒤인 1950년에 파텔이 사망했을 때 몹시 애통해했으며, 지난 수십 년간 그의 기념비를 만들어야 한다는 국민적 열망을 키워왔다. 마 침내 인도의 조각가 람 V 수타르가 이 마천루의 디자인을 맡아 파텔의 모습을 제대로 표현 하기 위해 사진을 2,000장이나 검토했고, 인도의 기업 L&T가 4억 3,000만 달러를 들여 그 의 구상을 실현했다. 이 어쩐한 조각상 공사는 2014년 10월 31일(파텔의 생일)에 시작 됐고, 정확히 4년 뒤 인도의 총리 나렌드라 모디가 완공을 선언했다.

통일의 조각상은 인도 아메다바드시에서 약 200km 떨어진 곳인, 사르바르님 인근 강의 섬 위에 있다. 이 조각상의 주변에는 이와 비교될 만한 구조물이 거의 없어, 그 압도적인 높이와 규모를 생생하게 느낄 수 있도록 옮겨왔다. 통일의 조각상은 거대한 크기로 런던의 다른 랜드마크들을 단 아이 인도으로 옮겨왔다. 마치 사르다르 파텔이 생전에 장난감처럼 함 보이게 할 뿐 아니라 마주하는 사람을 압도한다. 마치 사르다르 파텔이 생전에 그랬던 것처럼.

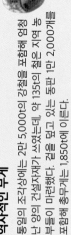

역사적인 무게

통일의 조각상에는 2만 5,000t의 강철을 포함해 엄청 난 양의 건설자재가 쓰였는데, 약 135t의 철이 지역 노 부들이 마련했다. 겉을 얇고 있는 동판 1만 2,000개를 포함해 총무게는 1,850t에 이른다.

이 거대한 조각상은 한때 세계에서 가장 큰 대회전식 관람차였던 135m 높이의 런던 아이보다 약 50m나 더 크다.

통일의 조각상은
튼튼하게 설계됐다. 풍속
130km/h의 바람을 견딜 수
있고, 진도 6.5의 지진에도
쓰러지지 않는다.

3명의 거인

통일의 조각상은 이전 세계기록 보유 조각상인 중국 허난성의 중원대불
보다 54m나 크다. 뉴욕에 있는 자유의 여신상보다 약 4배나 크며, 이 2개의 조각상을 합쳐도 통일의 조각상이 더 크다.

182m 128m 46m

박스오피스 AT THE BOX OFFICE

최고 수익

영화

총수익 27억 7,634만 5,279달러를 벌어들인 〈아바타〉(미국/영국, 2009년 작)는 역사상 가장 흥행한 작품이다. 제임스 캐머런이 감독한 영화로 2010년 1월 29~30일 주말에 수익 20억 달러를 넘긴 최초의 영화로도 기록됐다. 캐머런의 〈타이타닉〉(미국, 1997년 작)은 수익 10억 달러를 넘긴 최초의 영화다.

슈퍼히어로 '1편' 영화

라이언 쿠글러 감독의 〈블랙 팬서〉(미국, 2018년 작)는 수익이 영화 역사상 9번째로 높은 13억 4,825만 8,224달러를 기록했다. 이 영화는 상상 속 아프리카 국가 와칸다의 통치자 티찰라가 왕좌를 지키기 위해 노력하는 모습을 그리고 있다. 2019년 1월 22일 〈블랙 팬서〉는 슈퍼히어로 영화 최초로 오스카 작품상 후보에 올랐다. 비록 〈그린 북〉(미국, 2018년 작)에 밀려 수상에 실패했지만 음악상과 의상상, 미술상을 수상하며 슈퍼히어로 영화 중 최다 오스카 수상 작품이 됐다.

애니메이션 영화

〈겨울왕국〉(미국, 디즈니, 2013년 작)은 12억 7,246만 9,910달러의 수익을 기록했다. 〈겨울왕국 2〉는 2019년 11월 개봉 예정이다. 2019년 2월 13일 공개된 예고편은 하루 만에 1억 1,640만 뷰를 기록해 〈인크레더블 2〉(옆 페이지 참조)를 뛰어넘어 24시간 동안 가장 많은 뷰를 기록한 애니메이션 영화 예고편이 됐다.

전통 애니메이션 영화

〈라이온 킹〉(미국, 디즈니, 1994년 작)은 9억 8,621만 4,868달러의 수익을 올렸다. 모두 손으로 그린 작품으로, 로저 알러스와 롭 민코프가 감독을 맡았으며 1994년 최고 흥행을 기록한 영화다.
최고 수익을 올린 스톱모션 애니메이션 영화는 아드만 애니메이션즈의 〈치킨 런〉(미국/영국/프랑스, 2000년 작)으로 2억 2,780만 달러의 수익을 기록했다.

비디오게임 원작 영화

〈램페이지〉(미국, 2018년 작)는 드웨인 존슨(194쪽 참조)의 인기에 힘입어 4억 2,805만

최다 개봉관 기록 (단일 시장)

가족 영화 〈슈퍼배드 3〉(미국, 2017년 작)는 북미 개봉 첫 주말인 6월 30일 금요일부터 7월 2일 일요일까지 4,529개 극장에서 상영됐다. 2위와 3위는 2018년에 4,475개 극장에서 개봉된 〈쥐라기 공원: 폴른 킹덤〉(미국)과 4,474개 극장에서 개봉된 〈어벤져스: 인피니티 워〉(미국)다.

최고 수익을 기록한 리메이크 영화

월트 디즈니는 1991년 개봉한 애니메이션 고전 〈미녀와 야수〉를 2017년 실사로 리메이크해 총 12억 5,919만 9,706달러의 수익을 기록했다. 1740년 프랑스의 가브리엘 수잔 바르보 드 빌레느브가 쓴 동화 《미녀와 야수》를 원작으로 한 작품으로, 엠마 왓슨과 댄 스티븐스(둘 다 오른쪽 사진)가 주연을 맡았다.

최고 수익을 올린 시리즈 영화

2019년 4월 4일 기준 〈스타워즈〉 영화들은 전 세계에서 총 93억 718만 6,202달러를 벌어들였다. 이 블록버스티 공상과학 시리즈의 7번째 이야기 〈스타워즈: 깨어난 포스〉(미국, 2015년 작, 위 사진)는 홀로 20억 5,331만 1,220달러의 수익을 올려 전체 영화 중 역사상 3번째로 높은 수익을 기록했다. 이 영화의 상징적인 음악을 만든 존 윌리엄스(미국, 위 삽입 사진)는 할리우드에서 수익성이 가장 높은 작곡가다. 2019년 2월 28일 기준 영화 시장에서 그의 가치는 영화 1편당 1,070만 달러를 기록 중이다.

6,280달러를 벌어들였다. 1986년 출시된 볼리 미드웨이의 아케이드 게임 〈램페이지〉를 기반으로 만든 영화다. **최고 수익을 기록한 비디오게임에 영감을 받은 영화**는 〈레디 플레이어 원〉(미국, 2018년 작)으로 5억 7,929만 136달러의 수익을 기록했다.

공포 영화

스티븐 킹의 1986년 소설을 바탕으로 한 영화 〈그것〉(미국, 2017년 작)은 6억 9,745만 7,969달러의 수익을 올렸다. 〈그것: 챕터 2〉는 2019년 9월 관객을 만날 예정이다.

창작 영화 개봉 첫 주말 기록

다른 작품의 줄거리나 캐릭터를 차용하지 않은 순수 창작 영화 〈마이펫의 이중생활〉(미국, 2016년 작)은 2016년 7월 8~10일 미국에서 개봉해 1억 435만 2,905달러의 수익을 올렸다.

최고 수익을 기록한 아니메 (일본 만화 영화)

신카이 마코토가 집필 및 감독한 로맨틱 판타지 작품 〈너의 이름은〉(일본, 2016년 작, 위 사진)은 전 세계에서 3억 6,102만 4,012달러의 수익을 기록했다. 이 왕좌를 노리는 잠재적 라이벌은 〈스파이더맨: 뉴 유니버스 3D〉(미국, 2018년 작)로, 2019년 4월 4일 기준 3억 7,373만 5,455달러의 수익을 넘어섰다. 하지만 이 영화가 정통 아니메로 분류되는 것에 대해서는 논란의 여지가 있다.

모든 수익은 다른 표시가 없으면 Numbers.com의 기록을 따르며 2019년 3월 기준이다.

SEP 19 — 1893년 뉴질랜드는 여자의 참정권을 인정한 최초의 국가가 됐다. 국왕의 재가를 받아 총독 글래스고 경이 여자에게도 투표할 권리를 주었다.

SEP 20 — 2013년 〈그랜드 테프트 오토 V〉(락스타게임즈)가 판매로 최단시간에 10억 달러 수익을 올린 게임이 됐다. 대중에 공개된 지 3일 만에 이런 기념비적인 기록을 달성했다.

최고 수익을 기록한 오리지널 애니메이션

〈인크레더블 2〉(미국, 2018년 작)는 전 세계에서 12억 4,253만 2,436달러를 벌어들이며 창작영화 중 역사상 6번째로 많은 수익을 올렸다. 후속편은 애니메이션 영화 중 역사상 2번째로 높은 수익을 기록했는데, 첫 번째는 덴마크 작가 한스 안데르센의 1844년 동화 《눈의 여왕》을 바탕으로 만든 〈겨울왕국〉(미국, 2013년 작, 옆 페이지 참조)이다.

오스카상을 받은 가장 긴 영화

〈O.J.: 메이드 인 아메리카〉(미국, 2016년 작)를 만든 에즈라 에델만과 캐롤라인 워털로(둘 다 미국)는 2017년 2월 26일 제89회 아카데미 시상식에서 다큐멘터리상을 수상했다. 미국 풋볼 스타 O J 심슨의 굴곡진 삶을 복기하는 이 장편 영화는 상영 시간이 467분(7시간 47분)이다.

최단기간에 10억 달러 수익을 기록한 영화

디즈니-마블의 슈퍼히어로 블록버스터 〈어벤져스: 엔드게임〉(미국, 2019년 작)은 2019년 4월 25~29일 전 세계 개봉 5일 만에 수익이 10억 달러를 넘어섰다. 마블 시네마틱 유니버스의 22번째 작품으로 해당 기간 12억 900만 달러의 수익을 올렸다. 전 세계 개봉 주말 최고 수익도 기록했다.

최고 수익을 올린 전기 영화

라미 말렉이 영국 록밴드 퀸의 카리스마 넘치는 보컬인 프레디 머큐리 역(주인공)을 맡은 영화 〈보헤미안 랩소디〉(영국/미국, 2018년 작)가 7억 7,363만 3,838달러의 수익을 올렸다. 이 영화는 2019년 2월 24일 열린 제91회 아카데미 시상식에서 말렉이 남우주연상을 받은 것을 포함해 총 4개 부문에서 상을 받았다.

SEP 21 2008년 피터 페데르센(덴마크)은 덴마크 오덴세에서 열린 H C 안데르센 마라톤 대회에서 갑옷 입고 마라톤 가장 빨리 달리기 기록을 작성했다(6시간 46분 59초). 그는 헬멧과 장갑을 포함한 전쟁 갑옷을 완벽히 장착했다.

SEP 22 2015년 캘리포니아 대학교 어바인 캠퍼스(미국)가 마련한 최대 규모 깃발뺏기 게임에 2,888명이 참가했다. 이 학교 신입생들은 매년 기네스 세계 기록 경신에 도전한다.

영화 제작 MOVIE MAKING

오스카상(아카데미상) 후보에 가장 많이 오른 외국어 영화

〈로마〉(멕시코/미국, 2018년 작)는 2019년 제91회 아카데미 시상식의 10개 부문 후보에 올라 〈와호장룡〉(대만/미국, 2000년 작)과 동률을 기록했다. 이 영화는 알폰소 쿠아론(멕시코) 감독에게 외국어영화상, 촬영상, 감독상을 안겼다.

오스카상 여우주연상과 주제가상 후보에 동시에 오른 최초의 인물

영화 〈스타 이즈 본〉(미국, 2018년 작)에 출연한 가수 겸 작곡가, 배우인 레이디 가가(스테파니 저머노타, 미국)는 2019년 영화예술과학아카데미 시상식에서 그녀가 맡은 나이트클럽 가수 앨리 메인 역으로 여우주연상 후보에, 같은 영화를 위해 마크 론슨과 함께 만든 주제가 〈셀로〉로 주제가상 후보에 올랐다. 이 시상식에서 영화에 함께 출연한 브래들리 쿠퍼와 감동적인 무대를 선보인 가가는 오스카 주제가상을 수상했다.

오스카 후보에 가장 많이 오르고 한 번도 수상하지 못한 기록(여배우)

글렌 클로즈(미국)는 2019년 아카데미 시상식에서 빈손으로 돌아서며 7번째 무관을 기록했다. 그녀는 〈위험한 정사〉(미국, 1987년 작), 〈위험한 관계〉(미국/영국, 1988년 작), 〈앨버트 놉스〉(영국/아일랜드/프랑스/미국, 2011년 작), 〈더 와이프〉(영국/스웨덴/미국, 2018년 작)로 여우주연상 후보에 4회 올랐고, 〈가프〉(미국,

1982년 작), 〈새로운 탄생〉(미국, 1983년 작), 〈내추럴〉(미국, 1984년 작)로 여우조연상 후보에 3회 올랐다. 오스카 후보에 가장 많이 오르고 한 번도 수상하지 못한 배우 기록은 8회로 피터 오툴(아일랜드)이 주인공이다. 그는 2003년 아카데미 공로상을 수상했다.

최고령 오스카 후보

아녜스 바르다 감독(벨기에/프랑스, 1928년 5월 30일~2019년 3월 29일)은 2018년 3월 4일 89세 279일의 나이로 다큐멘터리상 후보에 올랐다. 바르다와 '포토그래퍼' JR(신원 미상)이 제작한 〈바르다가 사랑한 얼굴〉(프랑스, 2017년 작)은 둘이 프랑스 시골을 여행하며 마주한 사람들의 모습을 담고 있다.

가장 수익성이 높은 할리우드 감독

잭 스나이더(미국)는 2019년 2월 28일 기준 영화 시장에서의 가치가 1편당 1,573만 7,661달러로 평가됐다. 스나이더는 DC의 슈퍼히어로 영화 〈저스티스 리그〉(미국, 2017년 작), 〈배트맨 대 슈퍼맨: 저스티스의 시작〉(미국, 2013년 작), 〈왓치맨〉(미국, 2009년 작)을 포함해 모두 8편의 감독을 맡았고, 이 영화들로 총수익 31억 6,551만 1,174달

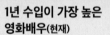

마블 슈퍼히어로 실사 영화 최장 기간 출연

휴 잭맨(호주, 오른쪽 삽입 사진)과 패트릭 스튜어트(영국, 왼쪽 삽입 사진)는 마블의 슈퍼히어로 〈엑스맨〉 시리즈에서 울버린과 찰스 자비에 교수 역을 총 16년 232일간 맡았다. 둘은 〈엑스맨〉(미국, 2000년 작)으로 시작해 가장 최근인 2017년 〈로건〉(미국, 위 사진)에서도 같은 역을 연기했다. 두 배우는 2019년 2월 기네스 세계기록 증서를 받았다.

러를 기록했다.

최고 수익을 기록한 영화 작곡가

한스 짐머(독일)는 2019년 1월 23일 기준 〈위도우즈〉(미국, 2018년 작), 〈인터스텔라〉(미국/영국, 2014년 작), 〈다크나이트 라이즈〉(영국/미국, 2012년 작)를 포함해 작곡을 맡은 100여 편의 영화로 전부 278억 788만 4,544달러의 수익을 기록 중이다.

1년 수입이 가장 높은 발리우드 배우(현재)

〈포브스〉에 따르면, 2017년 6월 1~2018년 6월 1일 사이 악쉐이 쿠마르(라지브 하리 옴 바티아, 캐나다, 인도 출생)는 4,050만 달러를 벌어 현재 발리우드(인도의 영화 산업)에서 가장 높은 1년 수입을 기록했다. 쿠마르는 그해 〈포브스〉가 선정한 수입이 가장 많은 100인의 유명인

명단에 유일하게 이름을 올린 발리우드 스타다.

1년 수입이 가장 높은 발리우드 여배우(현재)

는 디피카 파두콘(인도, 덴마크 출생)으로 〈포브스 인디아〉가 발행한 자료에 따르면 그녀는 2017년 10월 1일~2018년 9월 30일에 1,537만 달러를 벌어들였다.

영화 속에서 가장 많이 죽은 배우

고인이 된 크리스토퍼 리(영국, 1922~2015년)는 200편 이상의 영화에 출연해 적어도 61회 '사망'했다. 리가 맡은 캐릭터들은 목을 매거나, 뛰어내리거나, 번개에 맞거나, 화형에 처해지거나, 칼에 맞거나, 불에 타거나, 감전되거나, 액체에 빠지거나, 폭파되거나, 단두대에 오르거나, 달에서 사고를 당해 죽었다.

1년 수입이 가장 높은 영화배우(현재)

〈포브스〉에 따르면 조지 클루니(미국, 아래 사진)는 2017년 7월 1일~2018년 7월 1일에 2억 3,900만 달러를 벌었다. 이는 주로 그가 공동 창업한 카사미고스 테킬라 기업의 매출에서 비롯됐다. 다음으로 1년 수입이 높은 배우는 〈주만지: 새로운 세계〉(미국, 2017년 작)에 출연한 드웨인 존슨(미국, 왼쪽 사진)으로 1억 2,400만 달러의 수입을 올렸다.

최고 수익을 기록한 주연배우

영화 30편에서 주연, 공동 주연을 맡은 로버트 다우니 주니어(미국)의 수익을 합치면 113억 4,791만 7,823달러다. 2019년 4월 개봉한 〈어벤져스: 인피니티 워〉(미국, 2018년 작)가 20억 4,800만 달러로 가장 높다. 이 영화의 공동 주연 스칼렛 요한슨(미국)은 최고 수익을 기록한 여자 주연배우로, 25편 영화로 107억 86,89만 7,236달러를 기록했다.

뮤지컬 영화로 최고 수익을 기록한 여자 주연배우

메릴 스트립(미국, 왼쪽 사진 오른쪽)은 2019년 2월 7일 기준 4편의 뮤지컬 영화 주연으로 총수익 15억 5,048만 8,703달러를 기록했다. 〈맘마 미아!〉(미국, 2008년 작), 〈맘마 미아! 2〉(스웨덴/영국/미국, 2018년 작), 〈메리 포핀스 리턴즈〉(미국, 2018년 작), 〈숲속으로〉(미국, 2014년 작)다. 〈맘마 미아!〉의 공동 주연 아만다 사이프리드(미국, 왼쪽 사진에서 왼쪽)의 총수익 14억 달러를 뛰어넘었다.

194

SEP 23 · 2016년 영국 맬번에서 열린 전국 거대 채소 챔피언십 대회에서 조 애서턴(영국)이 가장 긴 당근을 선보였다. 길이가 6.245m로 기록됐다.

SEP 24 · 2011년 베트남의 호치민 경제대학교 학생들이 호치민의 푸토 실내 스타디움에서 최다 조각으로 이루어진 퍼즐을 완성했다(55만 1,232개).

톰 크루즈는 3개의 작품으로 오스카상 후보에 올랐다. 〈7월 4일생〉(미국, 1989년 작), 〈제리 맥과이어〉(미국, 1996년 작), 〈매그놀리아〉(미국, 1999년 작)다.

가장 영화 수익성이 높은 할리우드 배우

2019년 2월 28일 기준 더 넘버스의 '수익성 지수'에서 톰 크루즈(미국)는 1편당 2,093만 4,185달러의 가치를 지닌 것으로 평가됐다. 크루즈는 2018년 〈미션 임파서블: 폴아웃〉(미국, 오른쪽 사진)에서 다시 한 번 에단 헌트 역을 연기했다. 이 영화는 7억 8,745만 6,552달러의 수익을 기록해 그의 38년 연기 커리어에서 가장 수익성이 높은 장편 영화가 됐다.

가장 영화 수익성이 높은 할리우드 여자 주연배우는 산드라 블록(미국)으로, 영화 1편당 1,453만 3,088달러의 가치를 더하는 배우다. 2018년 그녀는 리부트 영화 〈오션스 8〉(미국, 삽입 사진, 사진 오른쪽은 리아나)에서 여자들로 구성된 도둑 팀을 이끄는 역을 맡았다.

가장 영화 수익성이 높은 할리우드 제작자

캐슬린 케네디(미국)는 2019년 2월 28일 기준 1편당 1,554만 1,558달러의 가치가 있다고 평가된다. 35편을 제작해 약 120억 달러의 수익을 올렸다. 대부분 〈스타워즈: 깨어난 포스〉(미국, 2015년 작, 192쪽 참조), 〈로그 원: 스타워즈 스토리〉(미국, 2016년 작)의 스타워즈 시리즈에서 비롯됐다.

최고령 오스카상 수상자

제임스 아이보리(미국, 1928년 6월 7일생, 왼쪽 사진)는 2018년 3월 4일 89세 271일의 나이로 아카데미 시상식에서 각색상을 수상했다. 안드레 애치먼의 소설을 각색한 그의 영화 〈콜 미 바이 유어 네임〉(이탈리아/프랑스/브라질/미국, 2017년 작)은 조숙한 17세 엘리오(티모시 샬라메, 위 사진 오른쪽)와 연구원 올리버(아이 해머, 위 사진 왼쪽)의 특별한 관계를 그리고 있다.

최초로 올림픽 메달과 오스카상을 모두 수상한 사람

올림픽 2회 챔피언 코비 브라이언트(미국)는 2018년 3월 4일 〈디어 바스켓볼〉(미국, 2017년 작)이 단편애니메이션 작품상을 수상하며 트로피 진열장에 오스카상을 추가했다. 그는 디즈니 애니메이터 글랜 킨과 상을 공유했다. 이 영화는 브라이언트가 2015년 은퇴를 선언하며 쓴 시를 바탕으로 제작됐다.

SEP 25 2016년 가수 겸 배우 셀레나 고메즈(미국)는 '#셀레나가 인터넷의 트렌드를 바꾸고 있다'라는 해시태그를 단 뒤 **최초로 인스타그램 팔로어 1억 명**을 돌파했다.

SEP 26 2016년 힐러리 클린턴과 도널드 트럼프(둘 다 미국)의 TV 토론회를 평균 8,400만 명이 시청해 **가장 많은 사람이 본 TV 대선 토론**으로 기록됐다.

레코딩 아티스트 RECORDING ARTISTS

US 컨트리 메인 차트 5개 부문 동시 정상을 차지한 최초의 가수

2017년 10월 28일 케인 브라운(미국)은 빌보드 메인 컨트리 차트 5개 부문 정상을 동시에 차지했다. 로렌 알라이나(미국)와 함께한 싱글 〈왓 이프스〉는 핫 컨트리 송, 컨트리 에어플레이(방송 시간), 컨트리 스트리밍 송 차트를 지배했고, 〈헤븐〉은 컨트리 디지털 송 판매에서 1위를 했다. 같은 주, 브라운은 첫 앨범으로 톱 컨트리 앨범 차트 1위를 기록했다.

그래미에서 올해의 노래로 선정된 최초의 랩 송

2019년 2월 10일 진행된 제61회 그래미 시상식에서 차일디시 감비노(도널드 글로버, 미국)의 〈디스 이즈 아메리카〉가 '올해의 노래'를 포함해 4개의 상을 받았다. 이 곡은 그래미 시상식에서 '올해의 레코드'로 선정된 최초의 랩 송이기도 하다.

US 싱글 톱 10에 오르기까지 가장 오래 걸린 기록

2019년 1월 5일 로버트 '바비' 헬름스(미국, 1933~1997년)는 〈징글벨 록〉이 8위에 올라 빌보드 핫 100 차트 10위 안에 처음 들어갔다. 1958년 8월 18일 〈바로우드 드림스〉로 데뷔한 지 60년 140일 만의 일이다.

US 핫 컨트리 송 차트 누적 최다 주간 1위

2018년 11월 17일 듀오 플로리다 조지아 라인(타일러 허버드와 브라이언 켈리, 둘 다 미국)은 빌보드 핫 컨트리 송 차트에서 누적 106주째 1위를 차지했다. 같은 날, 이들이 팝 보컬리스트 비비 렉사(미국)와 함께 부른 곡 〈민트

투 비〉는 US 핫 컨트리 송 차트 연속 1위 기록을 50주로 연장했다.

US 싱글 차트에 가장 많은 곡을 동시에 올린 그룹

2018년 2월 10일 랩 트리오 미고스(미국)는 빌보드 핫 100 차트에 14곡을 동시에 올리며 1964년 4월 11일 비틀즈가 세운 기록과 동률을 이뤘다.

스포티파이에서 가장 많이 스트리밍된 여자 가수 곡

쿠바 출신 미국 가수 카밀라 카베요가 영 서그(미국)와 함께 부른 2017년 1위 곡 〈하바나〉는 2019년 3월 27일 기준 스포티파이에서 11억 8,204만 1,228회 스트리밍됐다. 스포티파이에서 가장 많이 스트리밍된 곡은 에드 시런(영국)의 〈셰이프 오브 유〉로 2018년 12월 스트리밍 20억 회를 넘긴 1번째 곡이 됐다. 스포티파이에서 24시간 동안 가장 많이 스트리밍된 곡은 머라이어 캐리(미국, 오른쪽 앨범 사진)의 〈올 아이 원트 포 크리스마스 이즈 유〉로 2018년 12월 24일 1,081만 9,009회 재생됐다. 스포티파이에서 24시간 동안 가장 많이 스트리밍된 곡(남자)은 XXX텐타시온(미국, 본명 자세온 프로이, 1998~2018년)의 〈새드!〉로 2018년 6월 19일 1,041만 5,088회 스트리

US 싱글 차트 1위를 가장 많이 한 여자 래퍼

카디 B(미국, 본명 벨칼리스 알만사르)는 빌보드 핫 100 차트에 3곡이나 1위에 올렸다. 〈보닥 옐로(머니 무브스)〉가 2017년 10월 7일에, 〈아이 라이크 잇〉(피처링 배드 버니와 J 발빈)이 2018년 7월 7일에, 〈걸스 라이크 유〉(마룬 5, 피처링 카디 B)가 2018년 9월 29일에 1위에 올랐다. 〈걸스 라이크 유〉는 리믹스 버전에 객원 보컬로 참여했는데, 원곡은 2017년 〈레드 필 블루스〉 앨범에 실려 있다.

뮤직비디오 유튜브 공개 최다 동시 시청자

2018년 11월 30일 아리아나 그란데(미국)의 〈땡큐, 넥스트〉를 유튜브에 공개하자 82만 9,000명이 동시에 시청했다. 그란데는 스포티파이에서 1년 동안 가장 많이 스트리밍된 여자 뮤지션으로 2018년 30억 회를 기록했으며, 〈7 링스〉는 2019년 1월 18~24일 7,146만 7,874회 재생되며 스포티파이에서 일주일 동안 가장 많이 스트리밍된 곡에 올랐다. 또 2019년 2월 23일 US 싱글 차트 1~3위를 동시 장악한 최초의 솔로 가수가 됐는데 〈땡큐, 넥스트〉, 〈브레이크 업 위드 유어 걸프렌드, 아임 보어드〉, 〈7 링스〉로 기록했다. 영국 싱글 차트에서 2곡이 연속으로 1위를 차지한 최초의 여자 가수이기도 하다. 2019년 2월 21일 〈브레이크 업 위드 유어 걸프렌드, 아임 보어드〉가 〈7 링스〉를 밀어내며 연이어 1위를 차지했다.

밍됐다. 그가 총격으로 사망하고 하루 뒤 그의 음악은 큰 화제를 모았다.

빌보드 라틴 앨범 차트 최다 주간 1위(남자)

오즈나(푸에르토리코, 본명 후안 카를로스 오즈나 로사도)는 2017년 9월 16일~2018년 9월 1일 〈오디세아〉로 합계 46주 동안 1위를 했다.

핫 100 차트 최고 순위를 기록한 솔로 가수 시즌 송

1994년 처음 발매된 머라이어 캐리의 〈올 아이 원트 포 크리스마스 이즈 유〉는 2019년 1월 5일 빌보드 핫 100 차트에서 순위가 3위까지 치솟았다. 1958년 12월 22일 1위를 한 더 칩멍크스&데이비드 세빌(머라이어 캐리 앨범 아래 작은 사진 참조)의 〈더 칩멍크 송〉을 제외하면 거의 60년 만에 최고 기록이다.

빌보드 에어플레이 차트에 가장 많은 곡을 올린 가수

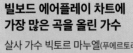

살사 가수 빅토르 마누엘(푸에르토리코, 미국 태생)은 2019년 3월 12일 기준 빌보드 트로피컬 송 차트에 총 72곡을 올렸다. '젊은이들의 가수'로 알려진 마누엘은 큰 인기를 누리는 '살사 로맨티카'의 선구자다.

그는 2019년 2월 16일 〈콘 미 살사 라 만텡고〉로 72번째 히트를 기록했다.

SEP 27 2016년 미국 플로리다주 포크시티의 그루호에서 열린 스키 플루이드 인터내셔널 대회에서 야신타 캐롤(호주)이 최장거리 워터스키 점프(여자)를 기록했다(60.3m).

SEP 28 2012년 사이드쇼(손님을 끌기 위해 따로 보여주는 작은 공연) 예능인 '조 라모레'(호주)는 영국 런던에서 1분 동안 혀에 쥐덫 많이 물리기(여자) 기록을 달성했다(24회).

일주일 만에 스트리밍 10억 회를 기록한 최초의 앨범

2018년 6월 29일 발매된 드레이크(캐나다, 본명 오브리 드레이크 그레이엄)의 앨범 〈스콜피온〉 전곡 (25곡)이 일주일간 전 세계에서 10억 회 이상 스트리밍됐다. 드레이크는 US 싱글 차트 에 가장 많은 곡을 동시에 올린 솔로 가수로, 2018년 7월 14일 빌보드 핫 100 차트 에 27곡을 올렸다. 10위 안에 가장 많은 곡이 동시에 오른 기록도 포함돼 있는데, 〈스콜피온〉 앨범의 7곡이 올랐고 〈나이스 포 왓〉이 1위를 차지했다.

〈스콜피온〉 앨범에 실린 25곡이 모두 US 핫 100 차트에 올랐다. 드레이크는 2019년 3월 9일 기준 총 193곡을 차트에 올려 US 핫 100 차트에 가장 많은 곡을 올린 솔로 가수가 됐다.

영국 앨범 차트 1위를 한 최연소 여자 가수

가수 겸 작곡가 빌리 아일리시(미국, 2001년 12월 18일생) 의 데뷔 앨범 〈웬 위 올 폴 어슬립, 웨어 두 위 고?〉가 2019년 4월 11일 영국 앨범 차트 1위에 올랐다. 당시 나이는 17세 114일이었다. 아일리시는 또 빌보드 핫 100에 가장 많은 곡을 동시에 올린 여자 가수인데, 2019년 4월 13일 14곡이 차트 에 올랐다.

영국에서 가장 많이 판매된 싱글

〈섬띵 어바웃 더 웨이 유 룩 투나이트〉/〈캔 들 인 더 윈드 1997〉이다. 이 중 후자는 엘 튼 존과 버니 토핀(둘 다 영국)이 1973년 쓴 곡을 다이애나 비가 사망한 뒤 다시 작업 해, 영국에서 490만 카피가 판매됐다. 엘 튼 존은 처음 영국 톱 10에 오른 〈유어 송〉 을 발표한 지 약 50년 뒤 300회 이상의 콘 서트를 하는 월드 투어를 시작했다. 이 빛 나는 스타의 전기를 담은 영화 〈로켓맨〉은 2019년 5월 개봉한다.

가장 오랜 기간 뒤 자신의 원곡을 재녹음한 기록

토니 베넷(미국)은 1949년 무대 이름 조 배리로 조지 거슈윈의 재즈를 커버한 데뷔 앨범 〈패시네 이팅 리듬〉을 녹음했다. 그리고 68년 342일 뒤 인 2018년 8월 3일, 이 전설적인 가수는 같은 곡 을 다이애나 크롤(캐나다)과 함께 새롭게 녹음한 버전을 공개했다.

SEP 29 2014년 캔자스시티 치프스(미국)의 팬들이 지른 함성이 **스포츠 스타디움** 에서 기록된 가장 큰 함성 소리로 확인됐다. 뉴잉글랜드 패트리어츠를 41 대 14로 꺾으며 터져 나온 함성으로 142.2dbA를 기록했다.

SEP 30 2010년 **가장 빠른 예식장**이 미국 일리노이주 셸비빌에서 99km/h의 속 도를 기록했다. 더 베스트 맨이라는 이름의 이 차량은 소방차를 개조해 스테인드글라스, 교회 좌석, 연단을 설치했다.

197

라이브 뮤직 LIVE MUSIC

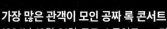

최초의 로큰롤 콘서트

1952년 3월 21일 미국 오하이오주 클리블랜드 아레나에서 열린 문도그 대관식 무도회는 '로큰롤의 빅뱅(탄생)'으로 묘사된다. DJ 앨런 프리드와 음반점 경영인 리오 민츠가 기획했고, 색소폰 연주자 폴 윌리엄스와 허클버커스(모두 미국)가 출연해 화제를 모았다. 초만원을 이룬 이 공연은 30분 만에 난장판이 됐다.

가장 많은 관객이 모인 공짜 록 콘서트

1994년 12월 31일 로드 스튜어트(영국)가 브라질 리우데자네이루 코파카바나에서 연 새해 전야제 쇼에 420만 명의 팬들이 모였다. 비록 일부 관중은 자정에 있을 불꽃놀이를 보기 위해 참석했지만, 스튜어트는 이 장소의 이전 최다 관객 기록을 2배나 경신했다.

최다 TV 시청 록 콘서트

1985년 7월 13일 비치 보이스, 데이비드 보위, 퀸 등이 2개 장소에서 공연한 라이브 에이드 자선 콘서트는 150개국의 19억 명이 시청했다. 뮤지션 밥 겔도프(아일랜드)와 밋지 유르(영국)가 기획한 행사로 영국 런던의 웸블리 스타디움과 미국 펜실베이니아주 필라델피아의 존 F 케네디 스타디움에서 열린 공연이 동시에 중계됐다.

가장 오래된 연례 팝뮤직 페스티벌

1961년 내셔널 재즈(&블루스) 페스티벌로 지역 순회를 시작한 레딩 페스티벌(영국)은 1971년 버크셔주 레딩에 정착했다. 장소를 마련하지 못한 1984년과 1985년을 제외하고는 매년 열렸다. 가장 오랜 기간 동안 지속해서 열린 팝뮤직 페스티벌은 핑크팝 페스티벌로 2019년 6월 50주년을 맞았다. 이 축제는 1970년부터 네덜란드 림뷔르흐주에 매년 무대를 연다.

수익이 가장 높은 뮤직 페스티벌(현재)

폴스타(미국 대중공연 매체)는 2018년 8월 10~12일 미국 캘리포니아주 샌프란시스코에서 열린 아웃사이드 랜드 뮤직 앤드 아트 페스티벌이 2,770만 달러의 수익을 올렸다고 발표했다. 3일 동안 열린 이 화려한 축제에는 위켄드, 플로런스 앤드 더 머신, 자넷 잭슨이 출연했다.

최고 수익을 올린 여자 가수 콘서트 투어(역사상)

마돈나(미국)는 2008~2009년 '스티키&스위트 투어'로 4억 770만 달러의 수익을 올렸다. 〈하드 캔디〉 앨범을 홍보하기 위해 85일간 열린 투어로, 2008년 8월 23일 영국 카디프 밀레니엄 스타디움에서 시작해 2009년 9월 2일 이스라엘 텔아비브의 야르콘 파크에서 마무리됐다. 354만 명의 팬이 관람한 이 투어는 공연 1회당 479만 달러의 수익을 기록했다.

콘서트 투어로 가장 큰 수익을 올린 듀오(현재)

비욘세와 제이지(둘 다 미국)는 '온 더 런 II 투어'로 2018년 48회의 공연을 열어 2억 5,350만 달러의 수익을 기록했다. 빌보드 박스스코어에서 공개한 수치다. 이 듀오(더 카터스)의 2회째 합동 공연으로, 투어는 미국 워싱턴주 시애틀의 센추리링크 필드에서 6월 6일 시작해 10월 4일 마무리됐다.

모든 대륙에서 콘서트를 연 최초의 뮤지션

메탈리카(미국)는 2013년 12월 8일 남극 칼리니 기지에서 120명의 과학자, 추첨 당첨자들 앞에서 공연을 펼쳐 7개 대륙에서 공연한 최초의 뮤지션이 됐다. 이 1시간짜리 공연의 이름은 '모두 얼려버려(Freeze'Em All)'였다.

우주로 방영된 최초의 라이브 콘서트

2005년 11월 12일 폴 매카트니(영국)가 국제우주정거장의 우주비행사들을 위해 미국 캘리포니아주 애너하임에서 라이브 콘서트를 열어 〈잉글리시 티〉와 〈굿 데이 선샤인〉을 불렀다.

24시간 동안 가장 많은 라이브 공연을 펼친 기록(여러 도시)

스콧 헬머(미국)가 '네버 기브 업 투어'의 일부로 2016년 11월 28~29일에 12회의 자선 콘서트를 열었다. 가수 겸 작곡가인 그는 미국 캘리포니아주 샌디에이고에서 마라톤 공연을 시작해 '나눔의 화요일'에 애리조나주 피닉스에서 마무리했다. 2012년부터 헬머는 미국을 돌며 200만 달러 이상의 자선기금을 모았다.

라이브 앨범 최다 출시

록 밴드 그레이트풀 데드(미국)는 1969년 이후 해적판 음반을 제외하고 167장의 라이브 실황 앨범을 발매했다. 이 중 150장은 밴드가 해체된 1995년 이후 나왔다. 회고적인 성격의 라이브 앨범으로 〈딕스 픽스〉(1993~2005년), 〈로드 트립〉(2007~2011년), 〈데이브스 픽스〉(2012~현재) 시리즈로 나뉘어 기록됐다.

최고 수익을 올린 콘서트 투어

아일랜드 록의 거인이 진행한 'U2 360도 투어'(왼쪽 사진)는 2009년 6월 30일~2011년 7월 30일 사이에 110회의 공연을 열어 7억 3,640만 달러의 수익을 냈다. U2는 2018년 5월 2일~10월 28일에 '익스피어리언스+이노센스 투어'로 건재함을 과시했는데, 55회 공연에서 1억 1,920만 달러를 벌어들여 최고 수익을 올린 밴드 콘서트 투어(현재)로 기록됐다.

매디슨 스퀘어 가든에서 가장 많이 공연한 뮤지션

빌리 조엘(미국)은 2018년 7월 18일 미국 뉴욕시 매디슨 스퀘어 가든에서 100회째 콘서트를 열었다. 브루스 스프링스틴(미국)과 〈텐스 에비뉴 프리즈 아웃〉, 〈본 투 런〉 무대를 함께 했다. 2014년 1월 27일부터 '빌리 조엘 인 콘서트' 투어의 일부로 한 달에 1회씩 무대를 선보이는 조엘은 2019년 2월 14일까지 이 상징적인 장소에서 총 107회의 쇼를 진행했다.

OCT 1 2016년 최대 규모 풍선 마을이 중국 샤먼 지메이 신도시에 생겼다. 국제 풍선 페스티벌에서 예술가 귀도 베르호프(네덜란드)가 36만 5,000개의 풍선으로 궁전과 판다 정원의 모습을 재현한 것이다.

OCT 2 2007년 팀 리(영국)가 가장 많은 소금과 후추 봉지를 모은 사람으로 기록됐다(172쌍). 이 양념 수집가가 이것들을 모으는 데는 9년이라는 세월이 걸렸다.

1년 동안 가장 큰 수익을 올린 콘서트 투어

에드 시런(영국)은 2018년 '÷[디바이드] 투어'로 99회 콘서트를 해 480만 441명의 관객을 동원하고 4억 2,950만 달러의 수익을 올렸다. 빌보드 박스스코어가 처음 발간된 1990년 이래 한 해 동안 가장 큰 수익을 올린 콘서트 투어로 기록됐다. 이전 기록은 2006년 롤링스톤스가 '비거뱅' 투어로 세운 4억 2,510만 달러다.

가장 큰 수익을 올린 여자 가수 콘서트 투어(현재)는 테일러 스위프트(미국, 오른쪽 사진)의 '레퓨테이션 스타디움 투어'다. 2018년 5회째 콘서트 투어로 3억 4,570만 달러의 수익을 기록했다.

1년 수입이 가장 높은 뮤지션(여자, 현재)

〈포브스〉가 추정한 수치에 따르면, 팝스타 케이티 페리(미국)는 2017년 6월 1일~2018년 6월 1일에 8,300만 달러를 벌어들였다. 그녀가 80일 동안 진행한 '위트니스: 더 투어'가 수입의 큰 비중을 차지했는데, 매일의 공연마다 100만 달러의 수익을 올렸다고 한다.
같은 기간 **남자 뮤지션** 기록은 에드 시런(영국, 위 참조)이 가지고 있는데, 〈포브스〉에 따르면 1억 1,000만 달러의 수입을 올렸다.

가장 많이 팔린 라이브 앨범

1992년 그래미상을 여럿 수상한 에릭 클랩튼(영국, 왼쪽 사진)의 〈언플러그드〉 앨범은 전 세계에서 2,600만 장이 판매됐다. 1992년 1월 16일 영국 버크셔 메이든헤드 인근 브레이 스튜디오에서 라이브로 녹음된 앨범으로 〈티어스 인 헤븐〉과 어쿠스틱 버전의 〈라일라〉가 수록돼 있다. 미국 레코드 산업협회에 따르면 〈언플러그드〉 앨범은 2019년 1월 25일 기준 1,000만 장이 출하돼 미국에서 3번째로 많이 판매된 앨범으로 기록됐다.

케이티 페리의 슈퍼볼 XLIX 하프타임 공연으로 유명세를 탄 레프트 샤크는 그녀의 투어에서도 무대를 함께 했다.

OCT 3 1967년 미국 공군의 테스트 조종사 윌리엄 '피트' 나이트는 미국 캘리포니아주 상공에서 **가장 빠른 로켓 추진 비행기** X-15A-2 실험기로 마하 6.7(7,274km/h)의 속도를 기록했다.

OCT 4 1997년 '수'라는 이름의 티라노사우르스 화석이 경매에서 830만 달러에 낙찰됐다. **가장 비싼 동물 화석**으로, 미국 일리노이주 시카고의 필드 박물관이 구입했다.

비디오게임 VIDEOGAMING

현재 구매 가능한 올해의 《기네스 세계기록 게이머 판 2020》은 역사상 가장 인기 있는 비디오게임 캐릭터들에 초점을 맞췄다. 이 페이지에는 게임 관련 통계, 숨겨진 이야기, 디자인이 맛보기로 들어가 있다. 더 많은 내용은 세계에서 가장 많이 팔린 게임 기록 책에서 알아보자.

가장 많이 팔린 리마스터 게임 컬렉션

〈언차티드: 더 네이선 드레이크 컬렉션〉(소니, 2015년 작)은 시리즈의 첫 3부작 게임을 모아 PS4로 재발매한 상품이다. 전 세계 게이머들의 사랑을 받은 컬렉션으로, 판매량 조사 사이트 VGChartz에 따르면 2019년 3월 21일 기준 570만 장이 판매됐다. 플레이스테이션의 독점작으로 PS3에서 펼쳐진 드레이크의 모험이 더 나은 그래픽과 새로운 트로피, 추가 장면 모드와 함께 PS4로 건너왔다.

소닉 시리즈 중 평점이 가장 높은 게임

2019년 3월 29일 기준 〈소닉 매니아〉(세가, 2017년 작)는 게임랭킹스에서 평균 점수 87.02%를 기록하고 있다. 오랫동안 이 기록을 가지고 있던 〈소닉 어드벤처〉(세가, 1999년 작)의 86.51%를 넘어선 점수다. 레트로 스타일의 게임인 〈소닉 매니아〉는 날쌘 고슴도치가 나온 지 25주년이 된 것을 기념해 시리즈의 계보를 잇는 2D로 출시됐다.

평점이 가장 높은 액션어드벤처 비디오게임

2019년 2월 5일 기준 〈젤다의 전설: 시간의 오카리나〉(닌텐도, 1998년 작)는 게임랭킹스에서 평점 97.54%를 기록하고 있다. 〈젤다의 전설: 시간의 오카리나〉를 최단시간에 끝까지 플레이한 기록은 17분 4초로, 토르예 아문센(노르웨이)이 2018년 9월 5일 작성했다. 이 게임은 '스피드런' 도전에 많이 사용되는데 5,000회 이상 기록이 경신됐다. 출시된 지 20년이 넘었지만 스피드러너들이 아직도 더 빠른 길을 찾기 위해 노력하고 있다.

게임을 좀 하는가? 캐릭터의 이름을 맞혀보자!

옆의 캐릭터들은 2019년 2월 5일 기준 게임랭킹스 프랜차이즈 작품들 중 가장 평점이 높은 게임의 주인공들이다. 이름을 알고 있는가?(정답 249쪽)

10. 철권 3

돌연변이와 좀비들과 맞서며, 새내기 경찰이 스페셜 에이전트로 변해 간다.

무술의 고수이자 안티 히어로. 악마 유전자가 그에게 괴물 같은 힘을 준다.

9. 레지던트 이블 4

8. ------ 아캄 시티

어린 시절의 비극이 그를 고담시의 다크 나이트로 만들었다.

7. 메트로이드 프라임

여자 현상금 사냥꾼, 그녀의 숙적은 우주 해적이다.

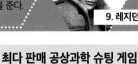

6. 언차티드 2

〈인디아나 존스〉의 영향을 받은 허당 끼 있는 악동.

최다 판매 공상과학 슈팅 게임 시리즈

VGChartz에 따르면 마이크로소프트의 〈헤일로〉 프랜차이즈는 스핀오프 격인 전략 시리즈 〈헤일로 워즈〉를 제외하고도 전 세계 총판매량이 2019년 3월 21일 기준 6,508만 장에 이른다.
시리즈 중 가장 많이 팔린 게임은 〈헤일로 3〉(2007년 작)으로, 같은 날 기준 전 세계 판매량이 1,213만 장이다. 헤일로 프랜차이즈 중 유일하게 1,000만 장 이상 판매된 게임이다.

평점이 가장 높은 게임(현재)

락스타 사(社)의 〈레드 데드 리뎀션 2〉는 2018년(리뷰 수집이 가능한 최근 해)에 출시된 게임 중 평가가 가장 좋다. 발매와 동시에 명작의 반열에 오른 이 서부 총잡이 게임은 게임랭킹스에 따르면 49개의 리뷰에서 평균 점수 96.45%를 기록하고 있다. 이 점수에 가장 근접한 경쟁 작품은 소니의 〈갓 오브 워〉로 63개 리뷰에서 94.10%를 기록 중이다.

OCT 5 1974년 데이비드 쿤스트(미국)는 **최초로 걸어서 세계 일주**(인증 기록)를 했다. 4년도 더 전에 출발한 그는 총 2만 3,250km를 걸어서 이동했다.

OCT 6 2007년 커트 헤스(스위스)는 **24시간 동안 계단 많이 올라가기**(수직 높이 기준) 기록을 세웠다(1만 8,585m). 그는 스위스의 에스털리 타워를 오르고 내리기를 413회나 반복했다.

가장 많은 작품에 나온 비디오게임 캐릭터

〈동키 콩〉(1981년 작)에서 이름이 '점프맨'인 목수로 처음 등장한 마리오는 2019년 2월 5일 기준 217개의 게임에 출연했다(리메이크, 재발매 제외). 2019년에 최소 〈닥터 마리오 월드〉와 〈마리오 카트 투어〉(둘 다 닌텐도)가 더 출시된다. 가장 많이 판매된 마리오 게임은 NES로 출시된 〈슈퍼마리오 브라더스〉(닌텐도, 1985년 작)다. VGChartz에 따르면 2019년 2월 5일 기준 4,024만 장이 판매됐다. 가장 많이 팔린 플랫폼 게임이기도 하다.

갱단의 무자비한 폭력배이지만, 양심이 깨어나고 있다.

4. 소울칼리버

전쟁 베테랑 이민자가 아메리칸 드림의 정신을 잃다.

2. 젤다의 전설: 시간의 오카리나

맘마미아! 버섯 왕국이 가장 사랑하는 배관공이다!

'공포의 해적', '불멸의 해적'으로 알려진 그의 진짜 이름은?

5. 레드 데드 리뎀션 2

숙적은 가논돌프, 가장 중요한 협력자는 젤다 공주다.

3. 그랜드 테프트 오토 IV

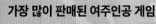

1. ----- ----- 갤럭시

가장 많이 판매된 여주인공 게임

VGChartz에 따르면 라라 크로프트가 주인공인 스퀘어 에닉스 사(社)의 〈툼레이더〉 시리즈는 2019년 3월 21일 기준 총 4,450만 장이 판매돼 여자가 주인공인 다른 어떤 프랜차이즈 게임보다 판매량이 높다. 소설과 만화, 영화로도 출시된 이 작품은 2018년 배우 알리시아 비칸데르가 주인공을 맡은 리부트 영화가 출시되기도 했다. 시리즈의 첫 게임은 1996년 10월 25일 에이도스 인터랙티브가 출시했다.

가장 많이 플래티넘 트로피를 달성한 플레이스테이션 게임

플래티넘 트로피는 플레이스테이션 게임에서 가장 달성하기 어려운 목표로, 유저가 1개의 게임에서 모든 트로피를 획득해야 얻을 수 있다. 2018년 2월 13일 기준 〈어쌔신 크리드 II〉(유비소프트, 2009년 작)는 플래티넘 트로피가 15만 6,569회 달성됐다. 이는 PSN프로파일스에 등록된 수백만 개의 계정을 통해 알아냈다.

OCT 7 1990년 슬로베니아의 등산가 안드레이와 마리아 스트렘펠은 **최초로 에베레스트를 정복한 부부**가 됐다. 둘은 에베레스트의 사우스콜을 공략했다.

OCT 8 2001년 데이비드 미난(미국)은 **탭댄스로 가장 멀리 이동하기** 기록을 달성했다. 그는 미국 뉴저지의 카운트 베이시 육상경기장에서 7시간 35분 동안 51.49km를 이동했다.

포트나이트 FORTNITE

2억 5,000만 명이 등록한 최초의 배틀로열 비디오게임

배틀로열 게임을 논한다면 〈포트나이트〉가 빠질 수 없다. 2019년 3월 29일, 에픽게임스(미국)는 영국 인구의 3.25배에 달하는 2억 5,000만 명이 이 게임에 등록했다고 발표했다. 2018년 11월 27일에 이미 등록자 수가 2억 명을 돌파했는데, 이는 2018년 6월 1억 2,500만 명에서 60%가 증가한 수치였다.

동시 접속자가 가장 많은 비디오게임

2019년 3월 〈포트나이트〉는 1,080만 명의 동시 접속자를 기록했다. 이 게임의 성공 요소는 다양한데 콘솔, PC, 모바일 기기로 게임을 할 수 있으며 무엇보다 무료다(188쪽 참조).

10만 킬을 달성한 최초의 〈포트나이트〉 플레이어

게이머 '하이디스토션' 지미 모레노(미국)는 2019년 1월 21일 하나의 이정표를 만들었다. 2019년 1월 28일 기준 〈포트나이트〉 최다 누적 킬을 기록한 것이다(10만 1,017회).

가장 많이 시청한 〈포트나이트〉 주제

〈포트나이트〉에서 가장 강력한 무기(DPS)

〈포트나이트〉 배틀로열(에픽, 2017년작)의 끝판왕 무기가 궁금한가? 전설 2연발 산탄총(1), 전설 미니건(2), 희귀 기관단총(3) 모두 타의 추종을 불허하는 초당 데미지(DPS) 228을 자랑한다.

〈포트나이트〉에서 가장 강력한 무기(1발 기준)는 전설의 중(重) 저격용 소총(4)이다. 이 초희귀 무기는 1발당 데미지가 157이다. 하지만 장전 속도가 느려 첫 발을 반드시 맞춰야 한다!

유튜브 영상

'너드아웃!'의 '포트나이트 랩 배틀 | #NerdOut ft Ninja, CDNThe3rd, Dakotaz, H2O Delirious&More' 영상이 2019년 4월 29일 9,609만 7,735뷰를 기록했다. 2018년 3월 10일 처음 업로드됐으며, 〈포트나이트〉 영상에 코미디 랩을 피처링했다.

최초의 콘솔 전용 〈포트나이트〉 스킨

플레이스테이션 4가 있고, 플레이스테이션 플러스의 회원인 경우에만 블루 팀 리더 스킨을 얻을 수 있다. 이 스킨은 소니의 콘솔 유저를 위해 2018년 2월 14일 블루 스트라이크 글라이더와 함께 배포됐다. 마이크로소프트는 몇 달 뒤 X박스 원 S를 보유한 사람들을 위해 이온 스킨을, 닌텐도는 더블 헬릭스 의상을 배포했다.

〈포트나이트〉 속 최초의 마블 캐릭터

2018년 5월 8일 마블 스튜디오 영화 〈어벤져스: 인피니티 워〉(미국)의 개봉을 기념하기 위해 매드 타이탄, 타노스가 〈포트나이트〉에 강림했다. '인피니티 건틀렛' 모드로 불린 기간 한정 크로스오버 행사였다. 게임 시작과 함께 무작위 장소에 착륙한 플레이어 중 1명이 인피니티 건틀렛을 찾으면 타노스로 변신한다. 타노스가 제거되면 건틀렛은 땅에 떨어지고 다른 플레이어가 가질 수 있다. 이 크로스오버 행사는 2018년 5월 15일 종료됐다.

비디오게임 최다 트위치 채널

〈포트나이트〉는 2019년 4월 29일 기준으로 6만 6,600개의 트위치 채널에서 스트리밍됐다. 경쟁작은 리스폰 사(社)의 〈에이펙스 레전드〉(2019년 작)로 최대 1만 8,919개의 채널에서 스트리밍됐다.

가장 많은 팔로어를 기록한 트위치 채널

통계 사이트 소셜 블레이드에 따르면 〈포트나이트〉 플레이어이자 방송인 '닌자' 리처드 타일러 블레빈스(미국)는 2018년 4월 29일 기준 트위치에 1,406만 4,046팔로어를 보유했다. 2018년 3월 14일 그의 올스타 트위치 방송에 뮤지션 드레이크와 트래비스 스콧, 미식축구의 아이콘 '쥬주' 스미스 슈스터가 출연하면서 몇 주 만에 갑자기 200만 명이 늘어났다.

가장 큰 레고 블록 〈포트나이트〉 총

레고 설계자이자 유튜버 '재지놈비스 레고 크리에이션스' 카일 L 네빌(캐나다)이 〈포트나이트〉의 이비서레이팅 미니건을 비율에 맞춰 길이 140cm로 제작했다. 5,000개 이상의 레고 블록이 사용됐고 무게는 8kg이다. 일주일 동안 60시간에 걸쳐 만든 이 총은 2018년 2월 22일 유튜브에서 공개됐다.

최다 인원 비디오게임 이모트 동작 따라 하기

'이모트'란 게임 속 캐릭터가 취하는 동작이나 춤을 말한다. 2018년 10월 28일 383명의 〈포트나이트〉 팬들이 파리의 수노에서 열린 파리 게임 위크에서 커들 팀 리더 후드를 입고 모여 이모트 동작을 따라했다. 이 모자 달린 옷을 입은 무리들은 에픽게임스가 마련한 행사에서 '부기 다운', '오렌지 저스티스', '그루브 잼' 이모트 동작을 했다.

이 기록적인 미니건을 공개한 유튜브 영상은 2019년 4월 1일 기준 81만 2,255뷰를 기록했다.

OCT 9 2014년 쿠리하라 시코(일본)는 일본 도쿄의 디퍼 아리아케 스포팅 아레나에서 1분 동안 키스 많이 받기 기록을 달성했다(131회).

OCT 10 1477년 제작된 프톨레마이오스의 〈코스모그라피아(우주형상지)〉 한 버전이 2006년 영국 런던의 소더비 경매에서 399만 930달러에 판매되며 가장 비싼 지도책으로 기록됐다.

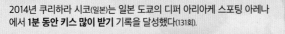

〈포트나이트〉 최다 승

최후의 1인을 가리는 이 게임은 2017년 9월 26일 출시 후 모든 도전자를 물리치고 있다. 100명의 플레이어가 스카이다이빙해 섬에 내려가 혼자 혹은 둘이, 최대 4명이 팀을 이뤄 전투를 벌이는데 2018년 10월 30일 기준 솔로 또는 팀 모드에서 **최다 승**은 1만 1,746게임에서 5,567승을 올린 'Vinicius∆mazingツ'(브라질)이다. 같은 날 기준 솔로 모드 **최다 연승**은 'COOLER eXzacT'(크로아티아)의 36연승, 스쿼드(4인) 모드 최다 연승은 'FeroX M33P_'의 66연승이다. 2018년 12월 13일 기준 솔로 모드 **최다 1위**는 4,351회로 'SoaR PierXBL'(미국)이 기록했다.

2018년 하반기 〈포트나이트〉 시즌 6의 새로운 패치 '큐브 몬스터(《포트나이트》의 악몽)'(좀비 모드)가 적용됐다. 플레이어들은 이들에 맞서려면 무기를 따로 구해야 하는데, 바로 악령사냥꾼 석궁이다.

▶ 최다 〈포트나이트〉 빅토리로얄 기록
(쿼드스틱 사용)

심각한 사고를 당해 사지가 마비된 'RockyNoHands' 로키 스타우튼버그(미국)는 입으로 조종하는 조이스틱으로 게임을 해 2019년 3월 26일 기준 〈포트나이트〉 빅토리로얄을 509회나 기록했다. 그는 2018년 10월 3일 쿼드스틱을 사용해 〈포트나이트〉 배틀로얄 1경기 최다 킬도 달성했다(11회).

가장 희귀한 스킨

게임을 하다 'Recon Expert(리콘 엑스퍼트)'를 발견하면 스크린샷을 찍자. 2017년 10월 27일~11월 12일, 시즌 1에서 단 2주 동안 판매했는데, 다소 평범한 외형의 스킨이지만 1,200V-벅스라는 거금에 팔렸다. 2018년 11월 12일까지 이 옷은 〈포트나이트〉 상점에서 1년 이상 모습을 감추었다.

출시 요청이 가장 많은 최고의 인기 스킨

〈포트나이트〉 마니아들이 수백 가지 스킨을 상상했지만 치킨 트루퍼(텐더 디펜더)에 맞설 만큼 우뚝 선 스킨은 없다. 레딧 유저 'tfoust10'의 아들 코너가 만든 스킨으로 달걀 거품기 도끼를 휘두르고, 깨진 달걀 가방을 메고 다니며, 동료 닭들과 함께 날아서 전장에 뛰어든다. 2018년 9월 12일 업로드되었으며 2018년 10월 31일 기준 4만 4,700회의 업보트(좋아요)를 받았다.

 OCT 11 1919년 항공사 핸들리 페이지 트랜스포트(영국)가 영국 런던에서 프랑스 파리로 가는 항공기에서 **최초의 기내식**을 제공했다. 포장된 샌드위치와 과일이었다.

 OCT 12 2016년 **최장시간 라디오 DJ 마라톤 방송**이 이탈리아 알레산드리아의 라디오 B.B.S.I.에서 205시간 2분 54초 만에 종료됐다. 스테파노 베네리(이탈리아)가 10월 4일 방송을 시작해 9일 가까이 이어갔다.

203

TV: 가장 수요가 많은 TV: MOST IN-DEMAND

다양한 플랫폼에서 방영되는 TV 시리즈의 고객 수요를 평가하고 비교하기 위해 기네스 세계기록은 데이터 분석 업체 패럿 애널리틱스와 함께 다양하게 기록을 검토했다. 이 기업에서 고안한 'TV 콘텐츠 수요 평가' 시스템은 TV 프로그램에 관한 시청자들의 관심을 수치화해 나타낸다. 이를 위해 전 세계의 '수요 표현'을 분석하는데, 여기에는 영상 소비(스트리밍/다운로드)부터 소셜 미디어에의 노출(해시태그, 링크, 공유), 리서치 및 논평(프로그램에 관한 논평과 자료)까지 모든 것이 포함돼 있다. 관심을 가지고 하는 노력이 클수록, 즉 시청자들이 해당 프로그램에 시간을 많이 투자할수록 가중치가 커진다.

프로그램에 대한 관심은 '1인당 수요 표현(DEx/c)'으로 합산되는데 1개의 프로그램에 전 세계 시청자 100명당 얼마나 많은 사람이 관여하는지를 정해진 기간 내 매일 평가해 평점을 매긴다.

이 페이지의 소제목 옆에 기록된 '수요 표현'은 2019년 1월 14일까지 12개월 동안 평가된 수치다.

책을 원작으로 한 가장 수요가 많은 TV 시리즈: 6.271DEx/c

조지 R R 마틴의 판타지 소설 《얼음과 불의 노래》를 원작으로 한 〈왕좌의 게임〉(HBO, 미국)은 2011년 처음 방송됐다. 8시즌(2019년 4월 14일 마지막 시즌 시작)을 이어온 이 시리즈는 웨스테로스 대륙의 7개 왕국과 에소스 대륙의 왕좌를 차지하기 위한 싸움을 담고 있다. 오른쪽 사진은 존 스노우 역을 맡은 배우 키트 해링턴이 나이트 킹과 그의 언데드 군대, 화이트 워커들을 상대하는 모습이다.

액션 및 어드벤처: 5.235DEx/c
중세 드라마 〈바이킹스〉(역사, 캐나다, 2013년~현재)는 전사들의 성쇠와 그들이 바다로 인접 국가를 급습하는 모습을 그린다.

아니메: 2.368DEx/c
일본의 오래된 프랜차이즈 중 하나인 〈드래곤 볼 슈퍼〉(후지TV, 일본, 2015~2018년)는 손오공과 친구들의 모험을 담고 있다.

어린이 쇼: 2.561DEx/c
사랑스러운 노란 스펀지가 나오는 〈스펀지밥 네모바지〉(니켈로디언, 미국, 1999년~현재)는 여전히 팬들의 사랑을 빨아들인다.

다큐멘터리: 1.246DEx/c
데이비드 아텐버러의 〈살아 있는 지구〉(BBC, 영국, 2006년)는 BBC가 가장 많은 제작비를 들인 자연 다큐멘터리다. 이 장수 TV 진행자에 대해서는 211쪽에 더 나온다.

호러: 3.016DEx/c
〈아메리칸 호러 스토리〉(FX, 미국, 2011년~현재)의 모든 시즌은 별개의 작은 시리즈로 구성돼 있다. 슈퍼모델 나오미 캠벨, 팝스타 레이디 가가, 키가 가장 작은 여자 조티 암지가 출연한다(69쪽 참조).

메디컬 드라마: 3.850DEx/c
〈그레이 아나토미〉(ABC, 미국, 2005년~현재)의 메레디스 그레이와 동료들은 매일 삶과 죽음의 기로에 서 있다.

전작 시리즈 리메이크: 3.241DEx/c
영국 코미디 드라마가 원작인 〈쉐임리스〉(쇼타임, 미국, 2011년~현재)는 배경을 영국에서 미국 시카고의 사우스사이드로 옮겨갔다.

로맨틱 드라마: 1.815DEx/c
〈아웃랜더〉(스타즈, 미국, 2014년~현재)에서 클레어 랜들이 1945년에서 1743년으로 타임슬립해 하이랜드 전사와 사랑에 빠진다.

공상과학 드라마: 3.680DEx/c
1973년 영화에서 영감을 받은 〈웨스트월드〉(HBO, 미국, 2016년~현재)는 초현대 서부 드라마로, 영화를 기반으로 만든 것 중 가장 수요가 많은 TV 시리즈다.

연속극: 1.311DEx/c
〈다이너스티〉(The CW, 미국, 2017년~현재)는 1980년대 부유층 배경인 것을 요즘 세대를 위해 리부트했다.

가장 수요가 많은 리얼리티 TV 시리즈: 2.319DEx/c

'눈을 가리고' 음악 재능만 판정하는 〈더 보이스〉는 2010년 네덜란드에서 〈더 보이스 오브 홀랜드〉로 처음 방송됐다. 그 후 여러 나라에 빠르게 퍼졌고 〈더 보이스 키드〉, 〈더 보이스 틴스〉, 〈더 보이스 시니어〉가 뒤를 이었다. 위 사진은 현재 미국 쇼의 패널들로 왼쪽부터 애덤 리바인, 존 레전드, 켈리 클락슨, 블레이크 쉘튼이다.

슈퍼히어로 쇼: 4.605DEx/c
번개무늬 옷을 입고 초인적인 스피드를 내는 배리 앨런이 주인공인 〈더 플래시〉(The CW, 미국, 2014년~현재)다.

TV 시리즈 데뷔: 2.956DEx/c
〈DC 타이탄〉(DC 유니버스, 미국, 2018년~현재)은 딕 그레이슨(배트맨의 첫 번째 로빈)이 젊은 슈퍼히어로 팀을 이끌고 악당과 싸운다.

버라이어티 쇼: 1.640DEx/c
〈데일리 쇼 위드 트레버 노아〉(코미디 센트럴, 미국, 2015년~현재)는 유명인을 초대해 이야기를 나누고 세태를 풍자하기도 한다.

가장 수요가 많은 법정 드라마 TV 시리즈: 2.927DEx/c

2011년 방영을 시작한, 아론 코쉬 제작의 〈슈츠〉는 USA 네트워크의 최장기간 방영 프로그램이다. 주인공 마이크 로스(패트릭 J 애덤스, 왼쪽 사진 맨 오른쪽)는 대학을 자퇴했지만 뉴욕의 법률회사에 합류하게 된다. 배우 메건 마클은 그의 여자 친구 레이첼(사진 오른쪽에서 2번째) 역을 맡았지만 2017년 해리 왕자와 약혼하며 영국으로 넘어왔다.

가장 수요가 많은 십 대 드라마 TV 시리즈: 3.817DEx/c

《아치 코믹스》에 처음 나온 캐릭터들을 기반으로 만든 넷플릭스 드라마 〈리버데일〉(The CW, 미국)은 K J 아파(아래 사진 가운데)가 주인공 아치 앤드루스 역을 연기한다. 이 시리즈는 원작 만화처럼 작은 마을의 비현실적이고 어두운 면을 보여준다. 그래서 1990년대 TV 시리즈 〈트윈픽스〉와 비교되고는 한다.

가장 수요가 많은 TV 시리즈: 6.999DEx/c

〈워킹 데드〉(AMC, 미국)는 혼수상태에서 깨어나 좀비로 파멸된 세상을 헤쳐나가는 보안관 릭 그라임스(배우 앤드루 링컨, 사진)의 모험을 담은 드라마다. 그라임스는 다른 생존자들과 합류하며 좀비들뿐만 아니라 새로운 도덕적 관점을 가진 사람들과도 맞서게 된다. 이 시리즈의 10시즌은 2019년 10월 방영될 예정이다. 만화를 기반으로 만든 TV 시리즈 중에서 가장 수요가 많은 작품이다.

〈워킹 데드〉는 로버트 커크맨과 토니 무어의 동명 만화책을 기반으로 제작됐다. 2003년 출간 이래 아이스너상을 2회나 수상했다.

가장 수요가 많은 디지털 오리지널 시리즈: 3.484DEx/c

'디지털 오리지널 시리즈'란 스트리밍 플랫폼을 통해 처음 공개된 작품이다. 1980년대 배경의 공상과학 호러 〈기묘한 이야기〉(넷플릭스, 미국)는 2016년 첫 회가 시작됐다. 아래 사진은 왼쪽부터 케일럽 맥러플린, 게이튼 마타라조(둘 다 미국), 핀 울프하드(캐나다), 세이디 싱크(미국)다.

가장 수요가 많은 애니메이션 TV 시리즈: 2.794DEx/c

저스틴 로일랜드와 댄 하먼의 〈릭 앤드 모티〉(미국)는 2013년 12월 카툰네트워크의 심야 프로그램 시간대인 어덜트 스윔(오후 8시~새벽 6시)에 처음 방송됐다. 스미스 가족의 이야기로 제리와 베스 부부, 자녀 섬머와 모티가 나온다. 베스의 아버지 릭은 함께 사는 별난 과학자로 종종 손자 모티를 꼬드겨 함께 온 우주를 여행한다.

가장 수요가 많은 코미디 TV 시리즈: 4.793DEx/c

〈빅뱅이론〉(CBS, 미국)은 사회성이 부족한 2명의 물리학자 이야기를 담고 있다. 주연 짐 파슨스(미국, 위 사진 속 소파 가운데)는 2017년 6월 1일~2018년 6월 1일 수입이 2,650만 달러로 추정돼 〈포브스〉에 4년 연속 **1년 수입이 가장 많은 TV 배우**로 이름을 올렸다. 〈빅뱅이론〉은 **수요가 가장 많은 시트콤**이기도 하다.

OCT 15 1969년 데이비드 스미더스(영국)가 이끈 브리티시 호버크라프트 아프리카 횡단 탐험대가 출발했다. 이들은 서아프리카 8개 국가 약 8,000km 거리를 지나며 **호버크라프트 최장거리 여행**을 기록했다.

OCT 16 2013년 와인 로마네 콩티 버건디 400병 이상을 사기 친 이탈리아 와인 상들이 체포됐다. 이 사건은 **가장 금액이 큰 와인 사기**로 기록됐다(270만 달러).

만화 COMICS

최초의 만화

대부분의 전문가들은 스위스 만화가 로돌프 토페르가 1827년에 집필하고 약 10년 뒤 출간한 〈얼간이 씨의 모험〉이 최초의 만화라는 데 동의한다. 약 30쪽 분량으로 페이지마다 6개의 네모난 틀에 그림이 그려져 있고 그림 아래에 글이 쓰여 있는 형식이다.

최초의 여자 주인공 만화

정글의 여왕 시나 캐릭터는 1937년 영국에서 발행된 〈왝스〉에 처음 모습을 드러냈다. 그녀는 1년 뒤 1938년 9월 〈점보 코믹스〉를 통해 미국에서 데뷔했다. 시나가 주인공인 만화 〈시나, 정글의 여왕〉은 1942년 봄에 출간됐다. 원더우먼도 1942년 처음 등장했으나 여름이 되어서야 출간됐다.

만화 단행본 최다 판매

크리스 클레어몬트(영국)와 짐 리(미국)가 제작한 〈엑스맨〉 1편(마블 코믹스, 1991년 작)은 810만 권이 판매됐다. 1991년 10월 4가지

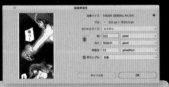

가장 긴 싱글 패널 디지털 만화

2018년 4월 19일 파피레스(일본) 출판사는 단일 패널의 만화 〈앨리스의 '원'더랜드 모험〉을 공개했다. 폭 320dp에 길이는 16만 3,631dp다. 여기서 'dp'란 이미지의 크기를 말하는 단위로, 어떤 장치로 이 패널을 보든 스크롤로 25.56m를 내려가며 봐야 전체를 읽을 수 있다.

이 패널은 사용자가 화면을 아래로 내리며 페이지 구분 없이 디지털 만화를 읽게 하는 서비스 '타테코미'를 알리기 위해 만들어진 것이었다.

버전의 표지(1A, 1B, 1C, 1D)가 동시에 발매된 점이 판매를 거들었다. 4가지 표지를 합치면 하나의 커다란 그림이 되는데, 그다음 달 출간된 책의 접는 표지(1E)로 나왔다.

표지가 가장 많은 슈퍼히어로 만화 단행본

댄 슬롯의 '스파이더 아일랜드' 이야기의 프롤로그가 담긴 마블의 〈어메이징 스파이더맨〉 666편은 145가지 표지로 판매됐다. 이 중 대부분은 개인 만화 소매상에 헌정하는 의미로 만들었다.

간행물에 가장 많이 연재된 만화

멕시코 만화 〈피핀〉의 1화는 1936년 3월 4일 주간 만화로 발행됐다. 그 후 일간으로 바뀌어 1956년 10월 23일까지 총 7,561편이 발행됐다.

가장 많은 편이 나온 만화

데이브 심(캐나다)이 땅돼지 세레버스의 모험을 그린 인디 작품 《세레버스》는 1977년 12월~2004년 3월에 총 300편까지 이어졌다. **가장 많은 만화를 출판한 작가**는 이시노모리 쇼타로(일본, 1938~1998년)로 770편(500권)의 작품을 출판했다.

가장 규모가 큰 만화 출판사

1925년 도쿄에 창립된 슈에이샤(일본)가 세계에서 가장 큰 만화 출판사로 2016/2017 회계연도 기준 수익이 11억 달러다. 대표작은 〈소년 점프〉로, 1968년 처음 발행됐다.

출판된 가장 큰 만화책

마우리시우 지 소우자가 그리고 파니니 브라질(둘 다 브라질)이 출판한 〈골목대장 모니카〉는 책을 덮었을 때 길이가 가로 69.9cm, 세로 99.8cm로 전체 크기가 6,976cm²나 된다. 기록은 2010년 0월 5일 브라질 상파울루에서 측정됐다. 18쪽 분량으로 120부가 인쇄됐다.

가장 오래 연재된 주간 만화

1938년 7월 30일 DC 톰슨이 출간한 영국 만화 잡지 〈더 비노〉(현재는 간단히 '비노'라고 한다, 위 왼쪽 사진)는 2차 세계대전 기간에 종이가 부족해 출판 간격이 길었던 것을 제외하면 매주 발행됐다. 제목과 횟수를 가장 오래 유지해온 주간 만화. 위 오른쪽 사진은 2018년 9월 1일 발행된 3,950화다.

가장 비싼 만화

노스토마니아 코믹북 가격 정보에 따르면 2019년 1월 21일 기준 DC 코믹스(미국)가 제작한 잡지 〈액션 코믹스〉 1편(1938년 6월 작)의 가치는 462만 달러로 평가됐다. 초인적인 능력을 가진 최초의 슈퍼히어로로 슈퍼맨의 데뷔 작품이다.

슈퍼맨은 2018년 4월 출간된 〈액션 코믹스〉 1,000호 커버에도 등장했다. **최장기간 발행 중인 슈퍼히어로 만화책 시리즈**로 80주년을 기념해 디럭스 판으로 출시되었다.

최장기간 연재된 요코마 만화 시리즈

'요코마'란 네모난 컷 4개가 세로로 이어지는 만화다. 이즈미 쇼지(일본)가 1969년 9월 30일부터 〈가위바위보〉 시리즈를 1만 5,770편이나 그려온 사실이 2019년 1월 23일 확인됐다. 이 만화는 〈아사히 초등학생 신문〉에 매일 연재된다.

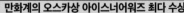

만화계의 오스카상 아이스너어워즈 최다 수상*		
최우수 작품집	5	다크호스 코믹스 〈다크호스 프리젠츠〉 (미국, 위 왼쪽 사진)
최우수 작화가	4	P 크레이그 러셀과 스티브 루드(둘 다 미국)
최우수 채색가/채색	9	데이브 스튜어트(미국)
최우수 표지 작가	6	제임스 진(미국)
최우수 신작	4	브라이언 K 본 〈사가〉 (미국, 위 오른쪽 사진)
최우수 작가	9	앨런 무어(영국)
한 분야	17	토드 클라인(미국) 최우수 레터러(Letterer)

*2019년 4월 8일 기준

OCT **17** 2011년 대한민국 울산시 현대조선소에서 무게 2만 3,178t의 연안 가스 플랫폼 일부가 높이 26.5m까지 들어올려졌다. **지상에서 들어올린 가장 무거운 물체.**

OCT **18** 1998년 켄 톰슨(영국)은 **가장 넓은 거미집**(실외)을 발견했다. 수천 마리의 돈거미가 만든 집으로, 영국 웨스트미들랜즈주 키너턴에 있는 경기장의 4.54ha 면적을 덮고 있었다.

이 맞춤 그림은 1998년부터 〈비노〉의 〈개구쟁이 데니스〉를 그려온 니겔 파킨슨이 기네스 세계기록을 위해 그린 작품이다.

최대 규모 '만화 완성하기' 콘테스트

〈비노〉 만화의 마지막 컷을 완성하는 콘테스트가 2018년 9월 14~15일 영국 V&A 던디에서 열린 3D 페스티벌에서 진행돼 723명이 참가했다. 3개월 뒤 루이스 앤더슨의 출품작(오른쪽 그림)이 최우수작으로 선정됐다. 이 멀티미디어 행사는 빅토리아&앨버트 박물관의 지점 개관식을 축하하기 위해 마련됐다. 박물관 본점은 영국 런던에 있다. 〈비노〉의 제작자들은 위의 뛰어난 일러스트 작품으로 신기록 달성을 기념했다.

NIGEL PARKINSON

스탠 '더 맨' 리에게 보내는 애도의 작별인사

마블 코믹스의 상징 스탠 리(미국, 1922~2018년)는 몇 개의 기네스 세계기록을 보유하고 있다. 2019년 5월 9일 기준 영화로 가장 많이 제작된 만화의 원작자(36편)이며, 최고 수익을 기록한 영화 카메오 배우(300억 달러), 최고 수익을 기록한 책임 프로듀서다(303억 달러). 위 사진은 할리우드 명예의 거리에 있는 스탠의 별에 팬들이 고인의 명복을 기리는 모습이다. 엑셀시어(더 높은 곳으로)!

개인이 제작한 가장 긴 만화

2018년 11월 1~3일 클라우디오 샤로네(이탈리아)는 이탈리아 루카에서 월트디즈니컴퍼니 이탈리아를 대표해 297.5m 길이의 만화를 그렸다. 디즈니의 아티스트인 클라우디오는 미키 마우스 캐릭터의 90주년을 기념해 루카 만화&게임 축제에서 이 작품(제목: 일어나, 미키 마우스)을 만들었다.

〈드래곤볼〉 상품 최다 수집

마이클 닐센(미국)이 2012년 10월 1일까지 〈드래곤볼〉 만화와 애니메이션 시리즈 기념 상품을 6,148개 모은 사실이 미국 미네소타주 덜루스에서 확인됐다. 그가 1996년부터 모아온 수집품에는 장난감, 포스터, DVD, 액션 피겨, 마우스패드, 애니메이션 원화, 무천도사 모양의 휴지 케이스 등이 포함돼 있다.

OCT 19 1972년 최초의 비디오게임 대회인 '은하 우주전쟁 올림픽'이 미국 캘리포니아주 스탠퍼드 대학교 인공지능 연구소에서 열렸다.

OCT 20 2012년 페터 베흐만(독일)은 독일 베를린 베스트웨스턴 프리미어 호텔 MOA에서 최장시간 인간 비트박스에 성공했다. 그는 25시간 30분 동안 비트박스를 했다.

207

소셜 네트워크 SOCIAL NETWORKS

최대 규모 온라인 소셜 네트워크

페이스북은 월간 실사용자(30일 내에 사이트에 로그인한 사람)가 23억 7,000만 명이다. 이 소셜 미디어 플랫폼은 2017년 6월 30일 기준 월간 사용자 20억 명을 기록했다.

페이스북에서 '좋아요'를 가장 많이 받은 사람은 1억 2,230만 8,950회를 기록한 축구선수 크리스티아누 호날두(포르투갈)다. **여자 기록**은 콜롬비아 가수 샤키라(본명 샤키라 메바락 리폴)의 1억 123만 4,534회다. 샤키라는 2014년 7월 18일 **페이스북에서 '좋아요' 1억 회를 받은 최초의 인물**이다.

최대 규모 온라인 직업 네트워크 사이트

링크드인(미국)은 월간 실사용자가 3억 300만 명이다. **팔로어가 가장 많은 링크드인 유저**는 버진의 설립자 리처드 브랜슨 경(영국)으로 1,573만 2,651팔로어.

트위터에 팔로어가 가장 많은 인물

팝가수 케이티 페리(미국, 본명 캐서린 허드슨)는 트위터 팔로어가 1억 727만 9,315회다. 전 미국 대통령 버락 오바마(@barackobama)는 **트위터 팔로어가 가장 많은 남자**다(1억 594만 6,443팔로어).

트위터 주제별 최다 팔로어

장소 뉴욕 현대미술관(@MuseumModernArt)의 팔로어는 540만 4,072다.
스포츠 계정 축구 팀 레알 마드리드(스페인, @realmadrid)는 3,189만 2,268의 팬이 있다.

최단기간 트위터 100만 팔로어 달성

케이틀린 제너(미국)는 2015년 6월 1일 4시

간 3분 만에 100만 팔로어를 달성했다.

24시간 동안 가장 많이 사용된 트위터 해시태그

2019년 3월 16~17일 해시태그 #TwitterBestFandom(트위터베스트팬덤)이 6,005만 5,339트윗을 기록했다. 이는 14회 숨피 어워즈에서 일반 투표 용도로 사용됐다(숨피 어워즈는 매년 대한민국의 최고 K팝과 K드라마를 선정하는 온라인 시상식이다).

가장 많은 '비공감'을 받은 레딧 포스트

게임 〈스타워즈 배틀프론트 II〉(2017년 작)의 다스 베이더나 루크 스카이워커 같은 캐릭터를 '루트박스'로 열어야 한다고 발표한 일렉트로닉 아츠 사의 공식 포스트가 비공감 68만 3,000회를 받았다.

웨이보 최다 팔로어(여자)

TV 진행자, 가수, 배우인 셰나(중국)는 웨이보에 1억 2,381만 773팔로어의 팬이 있다. 2018년 4월 7일에는 **웨이보에서 1억 팔로어를 넘긴 최초의 인물**이 됐다.
남자는 TV 진행자이자 인기스타 허지웅(중국)으로 1억 1,175만 9,484팔로어를 보유하고 있다.

구독자가 가장 많은 유튜브 동물 채널

코요테 피터슨(미국, 본명 나다니엘 피터슨)이 2014년 9월 8일부터 운영하는 'Brave Wilderness(브레이브 와일더니스)'는 구독자가 1,426만 4,941명이다.
이곳은 유튜브에서 가장 많은 뷰를 기록한 동물 채널로, 26억 뷰를 기록 중이다. 피터슨은 위험한 동물들과 교감하고 일부러 쏘이거나 물리는 영상을 많이 공유한다.

인스타그램에서 '좋아요'를 가장 많이 받은 이미지

달걀 하나만 있는 이미지가 '좋아요' 5,342만 7,655회를 올렸다. '에그 갱'이 2019년 1월 4일 @world_record_egg 계정에 포스트했다. 나중에 에그 갱은 이 신기록 인스타그램 이미지를 플랫폼으로 사용해 소셜 미디어의 압박으로 생긴 스트레스나 걱정으로 고통받는 사람들을 지원했다.

유튜브에서 24시간 동안 최다 뷰를 기록한 솔로 아티스트의 뮤직비디오

2019년 4월 26~27일 테일러 스위프트(미국)가 부른 〈미!〉(피처링 브랜든 유리)의 영상이 6,520만 뷰를 기록했다.

유튜브에 가장 연이어 많이 올린 개인 일상 영상

2009년 5월 1일~2019년 5월 1일 사이 찰스 트리피(미국)는 총 3,653편의 영상을 올렸다. 10년 동안 이어진 기록 수립이다. 그는 이 기록을 수립한 뒤 가족들과 더 많은 시간을 함께 보내고 있다. 이 채널에 올라온 첫 브이로그는 '인터넷이 텔레비전을 죽인다(CTFxC로 알려져 있다)'이다. 그는 'Charles and Allie(찰스와 앨리)'라는 영상 저널을 운영하고 있다.

인스타그램에 팔로어가 가장 많은 TV 동식물 연구가

빈디 어윈(호주, @bindisueirwin)의 인스타그램은 팔로어가 233만 4,912다. 야생 사진작가로 아버지 스티브 어윈(1962~2006년), 어머니 테리, 남매로 버트까지 모두 환경 보호 활동가다. 어윈 가족은 호주 퀸즐랜드에 오스트레일리아 동물원을 소유하고 있다.

모든 기록은 별도 표기가 없으면 2019년 4월 29일 기준

인스타그램 최다 팔로어

크리스티아누 호날두(@cristiano)가 1억 6,365만 8,939팔로어를 보유하고 있다. 이 축구 스타보다 팬이 많은 계정은 2억 9,626만 9,356팔로어의 인스타그램 본 계정뿐이다. **인스타그램 팔로어가 가장 많은 여자**는 가수 아리아나 그란데(미국, @arianagrande)로 1억 5,288만 2,321팔로어를 달성했다. 2위는 이전 기록 보유자로 미국의 가수/배우 셀레나 고메즈. 그란데는 **유튜브에서 구독자가 가장 많은 여자 뮤지션**이기도 하다(3,524만 2,046명).

유튜브 최다 구독자

음악 기업 T-시리즈(인도)는 영상 공유 사이트 유튜브에 9,632만 1,836명이라는 놀라운 숫자의 구독자를 모았다. 이 과정에서 2013년부터 이 기록을 보유하고 있던 코미디언이자 게이머 '퓨디파이' 펠릭스 아르비드 울프 셸베리(스웨덴, 위 오른쪽 사진)가 2위로 물러났다. 두 채널의 팬들 간 경쟁이 과열되면서 좋아하는 채널의 구독자 수를 늘리기 위해 해킹을 하거나 디스 곡을 발매하는 등 문제가 불거지기도 했다.

OCT 21 2001년 투오모 코스티안(핀란드)이 핀란드 헬싱키에서 **거꾸로 매달려 로프 5m 빨리 올라가기** 기록을 달성했습니다(13초7). 다리를 위로 향해 거꾸로 로프에 매달려 몸 전체가 정해진 거리를 모두 통과한 시간을 측정했다.

OCT 22 1911년 이탈리아투르크전쟁에서 카를로 피아차 대위(이탈리아)가 블레리오 단엽기로 리비아의 트리폴리에서 엘 아지지아까지 비행하며 투르크 군대를 정찰한 일이 **전쟁에서 최초로 비행기를 사용한** 기록으로 남았다.

유튜브에서 24시간 동안 가장 많이 본 뮤직비디오

BTS(대한민국)의 〈보이 위드 러브〉 공식 영상이 기록을 달성했다. 할시(미국)도 출연한 이 영상은 2019년 4월 12~13일 7,460만 뷰를 기록했다. BTS는 같은 대한민국의 스타 블랙핑크(오른쪽 사진)가 4월 4~5일 〈킬 디스 러브〉의 영상으로 작성한 5,670만 뷰의 신기록을 일주일 만에 경신했다.

BTS(@BTS_twt)는 유튜브 신기록 외에도 **트위터 최다 인게이지먼트**(평균 리트윗)도 기록했다(42만 2,228회).

최다 뷰를 기록한 온라인 영상

루이스 폰시의 〈데스파시토〉(피처링 대디 양키) 뮤직비디오가 61억 5,989만 7,341뷰를 기록했다. 아래 사진은 폰시가 이 노래와 영상으로 받은 기네스 세계기록 증서를 들고 있는 모습이다. 여기에는 **유튜브 최초의 50억 뷰 달성** 기록도 포함돼 있다(2018년 4월 4일).

최단시간 인스타그램 100만 팔로어 달성

2019년 4월 2일 듀크&더체스 서섹스로 불리는 해리 왕자(영국)와 메건 마클(미국)은 인스타그램 100만 팔로어를 겨우 5시간 45분 만에 달성했다.

이들의 통합 계정(@sussexroyal)은 2019년 1월 2일 대한민국의 가수 강다니엘이 기록한 11시간 36분의 기록을 절반으로 줄이며 경신했다.

▶ 인스타그램 팔로어가 가장 많은 개

미국 캘리포니아주에 사는 지프폼(@jiffpom)이라는 이름의 포메라니안은 인스타그램 팔로어가 901만 8,251이다. 지프폼은 다양한 옷을 입고 찍은 사진이나 집에서 쉬는 모습, 영화 시사회나 시상식에 참가한 모습, TV 촬영 및 패션쇼에 등장한 모습 등을 공유한다.

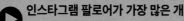
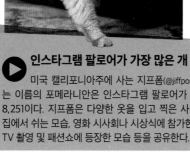

OCT 23 2010년 노스웨스트 퍼지 팩토리(캐나다)가 캐나다 온타리오주 르벅에서 **가장 큰 퍼지**를 만들었다. 바닐라, 초콜릿, 메이플 시럽을 넣어 만든 이 거대 간식은 무게가 2.61t에 달했다.

OCT 24 2013년 영국 링컨셔주 클리소프스에서 **최다 백파이프 수집** 개수가 105개로 확인됐다. 모두 연주가 가능한 상태다. 대니얼 플레밍(영국)의 소유로, 그는 10세 때부터 백파이프를 수집하기 시작했다.

아트 & 미디어 전반 ROUND-UP

£500,000

가장 많이 팔린 TV 포맷

정보 분석 기업 K7 미디어의 '거인들을 추적하다: 2017~2018 가장 널리 퍼진 TV 포맷 100위'에 따르면 퀴즈 쇼 〈누가 백만장자가 되고 싶은가?〉(소니 픽처스 텔레비전)는 2017년 기준 전 세계에서 100가지 버전이 만들어졌다. 1998년 9월 4일 영국 ITV 네트워크에서 처음 방송된 이 프로그램은 80개 이상의 언어, 최소 142개의 형식으로 방영됐다.

브로드웨이 최고 수익 솔로 공연

미국 뉴욕시에서 2017년 10월 3일 공연을 시작한 〈스프링스틴 온 브로드웨이〉는 2018년 12월 15일 마지막 밤까지 1억 1,305만 8,952달러를 벌어들였다. E 스트리트 밴드의 보컬 '더 보스'가 펼친 공연으로, 피아노나 기타를 치면서 홀로 노래하며 공연 가로서의 삶을 회상했다. 236회의 공연에서 22만 3,585석이 판매됐다.

브로드웨이 일주일 최고 수익

린-마누엘 미란다(미국)가 작사, 작곡, 극본을 맡은 〈해밀턴〉이 2018년 12월 24일~30일 일주일 동안 404만 1,493달러의 수익을 올렸다. 이 기간에 1만 766명이 공연을 관람했고 한 좌석 평균 가격은 375.39달러였다.

〈해밀턴〉의 성공은 브로드웨이 모든 공연 일주일 최고 수익 기록에도 기여했는데, 같은 기간 총 5,780만 달러를 벌었다.

출판 서적을 집필한 최연소 인물(남자)

꼬마 문인 타누와나 세르싱헤(스리랑카)는 2017년 1월 5일 그의 책 《정크 푸드》가 출간될 당시 나이가 겨우 4세 356일이었다. 그의 두꺼운 책은 건강하지 않은 식습관의 위험성에 대해 경고하고 있다.

1년 수입이 가장 많은 작가(여자, 현재)

《포브스》의 추정에 따르면 J K 롤링(영국)은 2018년 7월 1일까지 12개월간 5,400만 달러를 벌었다. 《해리포터》의 신작이 나오지는 않았지만 롤링은 전집 판매, 연극 제작, 테마 파크 건립 등으로 그린고트(《해리포터》 시리즈에서 고블린이 운영하는 마법사 은행)에 입금할 많은 돈을 벌어들였다.

1년 수입이 가장 많은 작가(현재)

기록은 132쪽에 나와 있다.

돈을 가장 많이 버는 TV 진행자

《포브스》의 2018년 7월 16일 발표에 따르면 토크쇼 진행자 엘런 드제너러스(미국)는 2018년 7월 1일까지 1년간 8,750만 달러를 벌었다.

돈을 가장 많이 버는 TV 진행자(남자)는 같은 기간 7,750만 달러를 번 닥터 필 맥그로(미국)다.

가장 오래 방영되고 있는 어린이 TV 프로그램

〈블루 피터〉(BBC, 영국)는 2018년 10월 16일 라이브 스페셜로 〈빅 버스데이〉를 진행하며 60주년을 축하했다. 이 상징적인 어린이 쇼는 1958년 10월 16일 처음 전파를 탔다.

프라임타임 에미상을 가장 많이 수상한 TV 시리즈

NBC의 〈세터데이 나이트 라이브〉는 1975년 첫 방송 이후 프라임타임 에미상을 62회나 받았다. 이 심야 코미디 프로그램은 2018년 TV 버라이어티 시리즈 부문 최우수작품상을 포함, 3개의 상을 들어올렸다.

2018년 〈심슨네 가족들〉(폭스)은 TV 만화영화 부문 최우수작품 심사위원장상을 받았다. 이 작품은 TV 애니메이션 에미상 최다 수상 기록을 33회로 늘렸다.

그래미 후보에 가장 많이 오른 여자 아티스트

비욘세(미국)는 2000~2018년 그래미에 66회나 후보로 올랐다. 그녀는 2019년 2월 10일 열린 제61회 그래미상 시상식에서 남편 제이 지와 프로젝트로 구성한 '더 카터스'로 3개 부문에 후보로 올랐다(198쪽에 더 많은 기록

대왕고래의 무게와 맞먹는 약 136t의 플라스틱 쓰레기가 9분마다 대양에 버려지고 있다.

Monterey Bay Aquarium

OCT 25 2009년 사카베 미키(일본)가 엉덩이로 100m 빨리 가기 기록을 세웠다(11분 59초). 그는 일본 홋카이도에서 자신의 '대둔근'에 의지해 코스를 완주했다.

OCT 26 2002년 독일의 에델바이스 치즈 공장이 성인 3명의 무게와 비슷한 180kg의 가장 큰 연질치즈를 만들었다. 독일 켐프텐에서 기록됐다.

빌에서 킹사이즈 침대 45개와 맞먹는 179.36㎡ 크기의 힙합 그룹 비스티 보이즈의 입체 3D 벽화를 공개했다.

태피스트리
2018년 11월 15일, 페루 도시 에스피나르의 100주년을 기념해 플란타 데 피브라 y 라나 콘베니오 마르코 데 에스피나르(페루)가 288.55㎡의 태피스트리를 공개했다. 12명의 장인들이 3개월 동안 작업해 테니스 코트를 덮을 정도로 큰 작품을 완성했다. 전통 쿠스코 화파 양식으로, 현지

'가나' 무용수들의 모습을 담고 있다.

*태피스트리-여러 색실로 그림을 짜 넣은 직물

▶ 개인이 그린 가장 큰 그림
키프로스의 알렉스 자그히기안이 플라스틱 쓰레기 속에서 1마리 거북이가 헤엄치는 모습을 323.90㎡ 크기의 목탄화로 그린 사실이 2018년 12월 29일 키프로스 니코시아에서 확인됐다.

가장 비싼 현존 작가 작품(경매)
데이비드 호크니(영국)가 1972년 아크릴 물감으로 캔버스에 그린 〈예술가의 초상(풀장의 두 사람)〉이 2018년 11월 15일 미국 뉴욕시 크리스티 경매에서 수수료 포함 9,031만 2,500달러에 판매됐다. 호크니는 작품 활동이 왕성하던 시기에 이 그림을 완성했는데, 2주 동안 18시간씩 몰두해 그리기도 했다.

지하고 있는데, 모두 영국 노스요크셔 소너비 벡티스 경매장에서 판매됐다.

가장 큰

입체 3D 벽화
입체 3D 예술작품은 필터가 다른 색 이미지 2개로 구성돼 있는데, 특수 안경을 쓰면 하나의 입체 이미지로 보인다.
제이슨 테트락(미국)은 2018년 3월 14일 미국 플로리다주 잭슨

이 나온다).

영화관 최다 관람(같은 영화)
안소니 '넴' 미첼(미국)은 2018년 7월 19일까지 〈어벤져스: 인피니티 워〉(미국, 2018년 작)를 총 103회 관람했다. 이 슈퍼히어로의 슈퍼 팬은 그의 헌신을 인정받아 2019년에 〈어벤져스: 엔드게임〉(미국, 193쪽 참조) 시사회의 공짜 표를 받았다.

경매에서 팔린 가장 비싼 〈스타워즈〉 피겨
〈스타워즈 에피소드 6-제다이의 귀환〉(미국, 1983년 작)의 파생상품, 빕 포추나 모델을 만드는 데 사용된 합성수지 시제품이 2019년 4월 30일에 수수료 포함 4만 6,540달러에 판매됐다. 이 경매 기록은 2위와 3위까지 〈스타워즈〉의 희귀 아이템인 이웍 '로그레이'와 제국의 로열 가드가 차

경력이 가장 긴 TV 진행자
동식물 연구가 데이비드 아텐버러 경(영국)이 내레이션을 맡은 가장 최근의 〈우리 행성〉 시리즈가 2019년 4월 5일 넷플릭스에서 공개됐다. 1953년 9월 2일 BBC 어린이 TV 〈동물의 위장〉(영국) 프로그램으로 데뷔해 65년 215일 동안 경력을 이어왔다. 그는 영국 아카데미 시상식(BAFTA)에서 흑백, HD, 3D 방송 포맷으로 모두 수상한 유일한 인물이다.
이 기록은 2019년의 〈우리 행성, 일곱 개의 세상〉(BBC) 시리즈로 더 연장될 예정이다.

〈우리 행성〉은 50개국에서 4년 이상 촬영했으며 600명 이상의 스태프가 동원됐다.

▶ 최대 규모 재활용 플라스틱 조각상(지지대 사용)
2018년 플라스틱 오염에 대한 경각심을 심어주기 위해 몬테레이만 아쿠아리움(미국)이 샌프란시스코만에서 수거한 플라스틱 쓰레기(우유, 세제 통, 장난감 등)를 이용해 실물 크기의 대왕고래 조각상을 만들었다. 이 고래의 길이는 25.89m로 2018년 11월 26일 미국 캘리포니아주 샌프란시스코에서 측정됐다.
애완동물 태그로 만든 가장 큰 조각상은 '선 스폿'(오른쪽 사진)으로 2011년 예술가 로라 하다드와 톰 드루건(둘 다 미국)이 9만 개의 스테인리스 철로 된 애완견 ID 태그로 제작했다. 이 작품은 미국 콜로라도 덴버 동물 보호소에 있다.
쭌이 문화&관광 개발 그룹(중국)이 2018년 9월 22일 중국 구이저우성 츠수이에 10가지의 채소(오른쪽 끝 사진)로 만든 트리케라톱스 공룡을 공개했다. 길이 14.31m, 높이 5.4m의 '채소사우르스'는 **가장 큰 채소(여러 종류) 조각상**이다.

OCT 27 2004년 스티브 포셋(미국)과 부조종사 한스 폴 스트리흘(독일)은 독일 상공에서 체펠린 루프쉬페르닉 LZ N07-100호로 **비행선 최고 속도**인 115km/h를 기록했다.

OCT 28 2017년 멕시코 이달고주 정부가 파추카에서 **최대 규모 '죽은 자들의 날'** 제단을 선보였다. 846.48㎡ 크기의 이 제단은 9,200송이의 멕시코 마리골드 꽃으로 장식됐다.

211

人포大 SPORTS

마라톤 최고 기록

엘리우드 키포초게(케냐)는 2018년 9월 16일 독일 베를린 마라톤에서 2시간 1분 39초 만에 코스를 완주했다. 그는 같은 나라 출신 데니스 키메토가 2014년 베를린에서 세운 세계기록을 1분 18초 차이로 박살내버렸다. 이는 1967년 이후 가장 큰 격차로 기록을 경신한 사례다. 선수들이 기량이 향상되며 마라톤 기록 2시간의 벽이 무너질 날이 멀지 않아 보인다.

키포초게는 2017년 5월 6일 나이키의 '브레이킹2' 마라톤 대회에 참가해 2시간 25초를 기록했다. 하지만 이 대회는 페이스메이커가 있어 국제육상경기연맹(IAAF)에서 공식 기록으로 인정하지 않는다.

목차 CONTENTS

키포조게는 자신의 베를린 마라톤 3번째 우승과 함께 신기록을 세웠다. 그는 2013년 대회때 신기록을 세운 윌슨 킵상(2시간 3분 23초, 케냐)에 이어 2위를 했느데, 지금까지 총 12회의 경기 중 유일한 패배로 기록됐다.

올림픽 미리 보기 OLYMPIC PREVIEW

2020년 7월 24일 성화가 일본 도쿄의 뉴 내셔널 스타디움으로 들어오고 성화대에 불이 붙으면 32회 올림픽 대회가 시작된다. 세계 최고의 선수들이 양궁에서 레슬링까지 다양한 종목에서 고국에 금메달을 선사하기 위해 경쟁한다. 일본은 이어 8월 25일~9월 6일에 열리는 패럴림픽까지 2가지 스포츠 축제를 성대하게 치르기 위해 준비하고 있다.

1964년 올림픽 이후 56년 만에 도쿄에서 2번째로 열리는 하계 올림픽이다(사실 1940년에도 하계 올림픽이 도쿄에서 열릴 예정이었으나, 2차 세계대전의 발발로 취소됐다).

2020년 대회는 도쿄 주변, 즉 '문화유산 지역'과 '도쿄만 지역'을 둘러싼 42곳에서 펼쳐지는데, 올림픽 선수촌은 이 두 지역의 경계에 위치한다. 1964년에 올림픽이 열렸던 일본 부도칸(유도)과 요요기 국립경기장(핸드볼)을 포함한 몇몇 경기장들도 2번째로 대회를 치른다.

마스코트들은 이미 공개가 됐는데, 이 한 쌍의 슈퍼히어로들은 예술가인 타니구치 료가 디자인하고 일본 초등학생들이 선정했다. 올림픽 마스코트의 이름은 미라이토와(위 왼쪽 파란 캐릭터)인데, 일본어로 '미래'와 '영원'을 합친 말이다. 패럴림픽 마스코트는 소메이티(오른쪽 분홍색 캐릭터)로 벚꽃의 한 종류에서 이름을 따왔다.

올림픽의 역사

최초의 올림픽 대회는 기원전 776년 7월 그리스 올림피아 지역에서 열렸다고 기록돼 있다. 인근 엘리스시에서 온 요리사 코로이보스가 스타디온 도보 경주에서 우승했고, 승리를 기념하는 올리브 관을 받았다. 로마제국 후기에 대회가 점점 축소되다가 서기 393년 황제 테오도시우스 1세가 '이교도 축제'라는 명목으로 공식적으로 금지했다.

그 후 1896년 피에르 드 쿠베르탱 남작(프랑스)이 국제올림픽위원회를 창립하여 이 대회를 부활시켰다.

최초의 근대 올림픽은 1896년 4월 6일 그리스 아테네에서 펼쳐졌다. 총 14개국에서 241명이 참가한, 요즘의 규모와 비교하면 크지 않은 대회였다. 그때부터 4년마다 올림픽이 열리게 되었다(세계대전 등으로 열리지 못한 적도 있다). 그리고 다가오는 2020 대회에는 1만 1,000명 이상의 선수들이 33개 종목에 참가할 예정이다. 이번 대회에서는 가라데, 스케이트보딩, 스포츠 클라이밍, 소프트볼/야구가 올림픽 종목으로 첫선을 보인다(소프트볼과 야구는 시행된 적이 있지만, 한 종목으로 분류되지는 않았었다). 또한 코트의 반인

한쪽 골대만 사용하는 3 대 3 농구, X게임의 일종인 BMX 프리스타일 파크도 새로운 종목으로 선정됐다. 젊은 관중들이 올림픽에 관심을 갖게 하려는 목적이다. 사격, 수영 트라이애슬론 등에서는 혼성 종목이 신설될 예정이다.

최다 올림픽 메달

도쿄 올림픽에서 깨지지 않을 기록 하나는 마이클 펠프스(미국)의 최다 메달 기록이다(2004~2016년, 금메달 23개, 은메달 3개, 동메달 2개로 총 28개). 2008년 한 대회 **최다 금메달**(8개), 7개의 세계신기록도 수립했는데, 여기에는 **남자 400m 개인혼영 최고 기록**도 포함돼 있다(4분 3초84).

올림픽 전설들 OLYMPIC GREATS

최초의 현대 챔피언

1896년 4월 6일 제임스 코널리(미국)는 그리스 아테네에서 열린 1896 올림픽 대회 홉-스킵-점프 종목(현재 세단뛰기)에서 우승을 거뒀다. 그는 13.71m를 뛰었고, 1,527년 전인 369년 아르메니아의 복서인 프린스 바레즈데이츠 이후 최초의 올림픽 챔피언으로 기록됐다.

최고령 메달리스트

1920년 7월 27일, 오스카 스완(스웨덴, 1847년 10월 20일생)은 벨기에 앤트워프 올림픽에서 72세 281일의 나이로 남자 100m 러닝 디어 더블샷 단체전에서 은메달을 획득했다. 스완은 앞서 1912년 올림픽에서 64세 258일의 나이로 100m 러닝 디어 싱글샷 종목의 금메달을 획득해 **올림픽 최고령 금메달리스트 기록**을 세우기도 했다.

한 대회 육상경기 최다 메달

1924년 프랑스 파리에서 열린 대회에서 파보 누르미(핀란드)는 1,500m, 5,000m, 3,000m 단체전 및 개인전, 크로스컨트리 단체전까지 총 5개의 금메달을 획득했다. 1,500m와 5,000m 결승전이 42분 간격으로 펼쳐졌지만 모두 우승했다. 1m1m 종목에서 메달을 더 딸 수도 있었지만 안타깝게도 핀란드 대표로 선발되지 않았다.

최연소 금메달리스트

1936년 8월 12일 마조리 게스트링(미국, 1922년 11월 18일생)은 독일 베를린 대회에 나가서 13세 268일의 어린 나이로 여자 3m 스프링보드 타이틀을 획득했다. 그녀는 2차세계대전으로 올림픽 경력을 이어갈 수 없었고, 1948년에는 미국 예선에서 4위로 탈락하며 자신의 타이틀 방어에 실패했다.

올림픽 최다 메달(여자)

소련의 체조선수 라리사 라티니나는 1956~1964년 사이에 펼쳐진 3회의 올림픽에서 18개의 메달을 획득했다. 라티니나는 금메달 9개를 딴 **올림픽 최다 금메달리스트(여자)**다. 은메달은 5개, 동메달은 4개다. 그녀의 최다 메달 기록은 2012년 마이클 펠프스가 경신하기 전까지 48년 동안 어떤 선수도 깨지 못했다.

OCT 29 2001년 프란시스코 하비에르 갈란 마란(스페인)은 스페인 수도 마드리드에 있는 〈엘 쇼 데 로스 레코드〉 스튜디오에서 **풋볼 킥 최고 속도**를 기록했다(129km/h).

OCT 30 2006년 **좌석 수 기준 가장 작은 영화관**이 독일 라데보일에서 상업용 정기 상영관으로 문을 열었다. 기차역 안에 있었으며 팔라스트키노라는 이름의 이 영화관은 좌석이 겨우 9개였다.

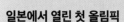

금빛 야망

유도선수 아베 유타(위 사진 흰 도복, 2000년 7월 14일생)는 2020 올림픽에서 기대되는 스타다. 세계 챔피언인 그녀는 2017년 2월 24일 16세 225일의 나이로 국제유도연맹(IJF) 독일 뒤셀도르프 그랑프리 52kg급에서 우승하며 **IJF 세계대회의 최연소 우승자**에 올랐다. 그녀의 오빠인 히후미는 66kg급에서 2차례 세계 챔피언에 올라 역시 확실한 금메달 후보로 손꼽힌다.

일본에서 열린 첫 올림픽

도쿄에서 열린 1964 하계 올림픽은 아시아에서 열린 첫 번째 올림픽이다. 아베베 비킬라(에티오피아)가 자신의 마라톤 타이틀을 지키며 세계신기록을 세웠고, 라리사 라티니나(소련)가 그녀의 18번째 올림픽 메달을 목에 걸었다(옆 페이지 오른쪽 아래 참조). 그리고 일본 여자 배구팀은 가장 열망하던 승리를 거머쥐었다. 그들은 **최초의 올림픽 여자 단체 종목**에서 겨루기 위해 매일 일과를 마치고 자정까지 피나는 훈련을 거듭했다. 센터 카사이 마사에가 이끈 일본 대표팀은 결승에서 소련을 3 대 0으로 꺾으며 자국 국민에게서 열렬한 환호를 받았다.

값진 메달

'도쿄 2020 메달 프로젝트'는 다가오는 올림픽의 또 다른 개혁 포인트인데 5,000개의 메달(금·은·동 메달 모두 포함)을 일본 시민들이 기부하는 금속을 재활용해 만들 예정이다. 초기 근대 올림픽에서는 금이 너무 비싸 우승자에게 은메달을 수여했다. **최초의 올림픽 금메달**은 1904년 미국 미주리주에서 열린 세인트루이스 올림픽에서 수여됐다. 메달이 순금으로 만들어진 마지막 올림픽은 1912년 대회였다.

미국은 도쿄 대회에서 그들의 **하계 올림픽 최다 금메달 기록**(국가, 1,022개)과 **최다 메달 기록**(국가, 2,520개)을 경신할 예정이다.

홈팬들은 물론 일본의 승리를 열렬히 응원한다. 수영 종목에서는 2017년 1월 29일 도쿄에서 **남자 평영 200m 롱코스 최고 기록**(2분 6초67)을 세운 와타나베 잇페이가 기대를 모으고 있다. 체조 선수인 시라이 겐조(231쪽 참조)와 올림픽 메달을 7회 획득한 우치무라 코헤이도 시상대에 오르기를 목표로 하고 있다.

한편 레슬링 선수 이초 카오리는 자신의 **개인 최다 연속 올림픽 금메달 기록**(여자)을 경신하기 위해 도전한다. 이초는 2004년 아테네 올림픽부터 2016년 리우 올림픽까지 63kg 자유형 종목에서 3개, 58kg 자유형 종목에서 1개의 금메달을 획득했다.

패럴림픽에는 4,400명의 선수들이 22개 종목에서 537개의 메달을 놓고 경쟁할 예정으로, **최다 참가자 하계 패럴림픽**이 될 전망이다. 현재 기록은 2016년 리우 대회의 4,328명이다. 배드민턴과 태권도가 패럴림픽에서 첫선을 보이는 반면 보치아, 좌식 배구, 그리고 시각이 불완전한 선수들이 방울이 든 공으로 시합을 펼치는 골볼이 다시 종목으로 채택됐다.

2020년 9월 6일 패럴림픽의 성화가 꺼지는 것과 함께 대회가 종료되고 나면 2024년 프랑스 파리에서 열릴 새로운 올림픽으로 이목이 집중될 것이다.

가장 오래 지속된 올림픽 기록

밥 비몬(미국)이 1968년 10월 18일 멕시코 멕시코시티에서 세운 멀리뛰기 8.90m의 기록은 영원히 깨지지 않을 것으로 보인다. 비몬이 기록을 세운 지 47년 300일 뒤인 2016년 올림픽 남자 멀리뛰기에서 제프 헨더슨(미국)은 비몬의 비범한 기록보다 50cm나 모자란 성적으로 금메달을 획득했다.

패럴림픽 수영 최다 메달

1980~2004년 열린 7회의 패럴림픽에서 트리스카 소른(미국)은 55개의 메달을 획득했다. 그녀는 13가지 수영 종목에서 금메달 41개, 은메달 9개, 그리고 동메달 5개를 목에 걸었다. 맹인으로 태어난 소른은 1992년 바르셀로나에서 10개의 금메달과 2개의 은메달로 개인 최다 메달을 기록했다.

하계 패럴림픽 최다 메달(남자)

요나스 야콥슨(스웨덴, 위 사진)은 1980~2012년에 사격 종목에 출전해 금메달 17개, 은메달 4개, 동메달 9개로 총 30개의 메달을 획득했다. **패럴림픽 최다 메달(남자)** 기록은 휠체어 운동선수인 하인츠 프라이(스위스)가 보유하고 있는데(34개), 이 중 8개의 메달은 동계 패럴림픽에서 획득했다.

최다 출전

2012년 런던 올림픽까지 승마선수 이안 밀러(캐나다)는 총 10회 출전했다. 1972년 데뷔했고 1984년부터 2012년까지는 연속으로 8회나 올림픽에 모습을 드러냈다. 밀러는 1980년 모스크바 대회에도 캐나다 대표로 이름을 올렸으나 캐나다가 대회를 보이콧했다. 2008년 획득한 은메달이 그의 유일한 메달이다.

100m 달리기 최다 우승

2008~2016년에 열린 올림픽 남자 100m 달리기 종목에서 우사인 볼트(자메이카)는 3회나 우승했다. 또 **200m 달리기 최다 우승**도 기록했고(3회), 4×100m 계주도 2회나 제패했다. 금빛 유산을 남기고 2017년 은퇴했는데, **최단시간 100m 기록**(9초58), **최단시간 200m 기록**(19초19)은 아직 깨지지 않고 있다.

OCT 31 2005년 호주 뉴사우스웨일스주 도리고 인근 목장에 번개가 쳐 68마리의 젖소가 사망했다. **한 번의 번개로 가장 많은 가축이 죽은 기록**이다.

NOV 1 2014년 워릭 제일브레이크 소사이어티 대학(영국)이 영국 웨스트미들랜즈주 코번트리에서 고무줄 허리 속옷 한 벌에 들어간 **최다 인원 기록**을 세웠다(314명). 이 행사는 기부금 모금 활동으로 진행됐다.

미식축구 AMERICAN FOOTBALL

슈퍼볼 최다 우승 팀

2019년 2월 3일 뉴잉글랜드 패트리어츠는 로스앤젤레스 램스를 13 대 3으로 꺾고 **최저 득점 슈퍼볼 경기**에서 우승을 거뒀다. 매년 열리는 이 챔피언십 경기에서 패트리어츠가 6회째 승리를 거둔 것이다. 이들은 피츠버그 스틸러스와 우승 횟수에서 동률을 이뤘고, **최다 슈퍼볼 진출 기록**을 11회로 늘렸다. 쿼터백 톰 브래디(왼쪽 사진 유니폼 번호 12)는 톰 헤일리를 넘어 **슈퍼볼 최다 우승 선수**로 등극했다(6회). 그는 **슈퍼볼 최다 패스 성공**(256회)과 **최다 야드 전진 패스**(2,838야드)도 기록했다.

한 경기 평균 최장거리 런(개인)

2018년 10월 7일 뉴욕 제츠의 이사야 크로웰은 덴버 브롱코스에 34 대 16으로 승리를 거뒀다. 이때 15회의 런으로 219야드를 질주해 평균 14.6야드를 기록했다.

커리어 최다 득점

키커 아담 비나티에리는 뉴잉글랜드 패트리어츠(1996~2005년)와 인디애나폴리스 콜츠(2006~2018년) 소속으로 2,600점을 득점했다. 2018년 10월 28일에는 오클랜드 레이더스를 상대로 25야드 필드골을 성공시켜 모르텐 안데르센(덴마크)의 2,544점 기록을 깼다. 또 2018 시즌까지 **포스트시즌 최다 필드 골**도 기록하고 있다(56회).

가장 높은 패스 성공률

로스앤젤레스 차저스의 쿼터백 필립 리버스는 2018년 11월 25일 애리조나 카디널스를 45 대 10으로 꺾은 경기에서 96.6%의 패스 성공률을 기록했다. 2009년 9월 20일 카디널스의 커트 워너가 잭슨빌 재규어스를 상대로 기록한 92.3%를 경신한 기록이다.

리버스는 패스를 29회 시도해 28회 성공시켜 **경기 시작부터 최다 연속 패스 성공을 기록한 쿼터백**이 됐다(25회). 이는 또 **최다 연속 패스 성공**으로 2018년 12월 30일 필라델피아 이글스의 닉 폴스가 세운 기록과 동률이다.

최다 연속 경기 쿼터백 태클(색) 성공

2018년 10월 7일~12월 23일 캔자스시티 치프스의 크리스 존스는 11경기 연속 쿼터백 태클에 성공했다. 이 디펜시브 엔드는 시애틀 시호크스의 러셀 윌슨을 태클하며 기록을 달성했다. 크리스는 기록 도전을 위한 징크스로 매번 같은 장갑을 빨지도 않고 사용했는데, 팀 동료들은 그의 기록이 마감될 때 안도의 한숨을 내쉬었을지도 모른다!

모든 팀과 선수는 별도 표기가 없으면 미국 프로풋볼리그(NFL) 소속, 국적은 미국이다.

패배 팀 최고 득점

2018년 11월 19일 먼데이 나이트 풋볼 최다 득점 경기가 나왔다. 캔자스시티 치프스는 로스앤젤레스 램스를 상대로 51점이나 넣었지만 54 대 51로 패했다. 두 팀 합계 105점이었으나 **최다 득점 경기**는 이보다 많은 113점으로, 1966년 11월 27일 워싱턴 레드스킨스기 뉴욕 지이언츠를 상대로 72 대 41로 승리를 거두며 기록했다.

한 시즌 내 최다 연속 100야드 리시브 게임(개인)

미네소타 바이킹스의 와이드 리시버 애덤 틸렌은 2018년 9월 9일~10월 28일에 열린 시즌 첫 8경기에서 100야드 리시브에 성공했다. 디트로이트 라이온스의 캘빈 존슨이 2012년에 세운 기록과 동률이다.

인터셉트를 당하지 않은 최다 패스 기록

2018년 9월 30일~12월 16일 그린베이 패커스의 아론 로저스는 단 한 번도 인터셉트를 당하지 않고 패스를 402회 던졌다.

최연소 슈퍼볼 감독

로스앤젤레스 램스의 감독으로 활약한 션 맥베이(1986년 1월 24일생)는 33세 10일의 나이로 소속 팀을 슈퍼볼LIII로 이끌었다. 이에 맞선 뉴잉글랜드 패트리어츠의 빌 벨리칙(1952년 4월 16일생)은 66세 293일의 니이로 승리를 기두며 **슈피볼 최고령 우승 감독**이 됐다.

스크리미지부터 최장거리 런

테네시 타이탄스의 데릭 헨리는 2018년 12월 6일 잭슨빌 재규어스를 상대로 99야드를 질주한 뒤 터치다운 득점에 성공했다. 35년 전인 1983년 1월 3일 댈러스 카우보이스의 토니 도르셋이 미네소타 바이킹스를 상대로 기록한 99야드 터치다운과 같은 기록 달성이다.

신인 러닝백 한 시즌 최다 리시브

뉴욕 자이언츠의 세이콴 바클리는 2018 루키 시즌에 91회의 캐치를 기록하며 레지 부시가 2006년 뉴올리언스에서 기록한 88회를 경신했다. 2018년에는 **러닝백 한 시즌 최다 리시브 기록**도 경신됐는데, 캐롤라이나 팬서스의 크리스챤 맥카프리가 107회를 기록했다.

커리어 최다 야드 전진 패스

2001년부터 2018년 시즌까지 드류 브리스는 7만 4,437패싱야드를 기록했다. 2018년 10월 8일 뉴올리언스 세인츠 소속으로 출전해 워싱턴 레드스킨스를 43 대 19로 물리치며 페이튼 매닝의 7만 1,940야드 기록을 넘어섰고 2018 시즌에 489회의 패스 중 364회를 성공시켜 **한 시즌 최고 패스 성공률**도 기록했다(74.4%).

NOV 2 1996년 태즈메이니아의 로스트럼 클럽이 **가장 긴 마라톤 토론**을 시작해 12월 1일까지 이어갔다. 이들은 '태즈메이니아의 가장 큰 자산은 국민이다'라는 주제로 29일 4시간 3분 20초 동안 토론을 나눴다.

NOV 3 2014년 할렘 글로브트로터스의 '썬더' 로(미국)가 미국 애리조나주 피닉스의 US 에어웨이 센터에서 농구 **최장거리 뒤로 던져 슛 넣기**에 성공했다 (25m).

야구 BASEBALL

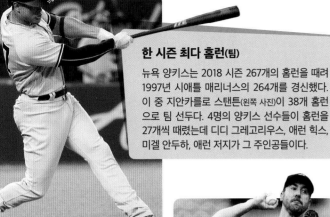

한 시즌 최다 홈런(팀)

뉴욕 양키스는 2018 시즌 267개의 홈런을 때려 1997년 시애틀 매리너스의 264개를 경신했다. 이 중 지안카를로 스탠튼(왼쪽 사진)이 38개 홈런으로 팀 선두다. 4명의 양키스 선수들이 홈런을 27개씩 때렸는데 디디 그레고리우스, 애런 힉스, 미겔 안두하, 애런 저지가 그 주인공들이다.

한 시즌 가장 많은 삼진을 잡은 투수진

휴스턴 애스트로스의 투수들은 2018 시즌에 삼진 1,687개를 잡아냈다. 9이닝 평균 10.4회의 삼진을 기록한 것으로 MLB 역사상 최고 기록이다. 애스트로스의 저스틴 벌렌더(오른쪽 사진)와 게릿 콜이 동일 시즌에 총 290개와 276개를 잡아 리그 2위와 3위를 기록했다. 1위는 워싱턴 내셔널스의 맥스 슈어저다(300개).

모든 팀과 선수는 별도 표기가 없으면 미국 메이저리그(MLB) 소속, 국적은 미국이다.

MLB 최대 규모 계약

2019년 3월 20일 로스앤젤레스 에인절스와 마이크 트라웃이 12년간 4억 2,650만 달러 계약에 합의했다. 이는 같은 달 앞서 계약한 필라델피아 필리스와 브라이스 하퍼의 13년간 3억 3,000만 달러를 뛰어넘는 규모다. 중견수 트라웃은 MLB 올스타에 7회 선정됐고, 실버슬러거상을 6회나 수상했다.

커리어 최다 베이스 히트(안타)

2019년 3월 21일 시애틀 매리너스의 스즈키 이치로(일본)는 일본 도쿄에서 오클랜드 어슬레틱스를 상대로 자신의 마지막 MLB 경기에 출장하며 작별을 고했다. 1992년부터 일본 프로야구 및 MLB에서 선수생활을 한 스즈키는 커리어 통산 4,367베이스히트를 기록했다.

커리어 300세이브 최소 경기 출장 달성

보스턴 레드삭스의 크레이그 킴브렐은 2018년 5월 5일 텍사스 레인저스를 상대로 6 대 5 승리에 기여하며 자신의 494회째 출장 경기에서 300회째 세이브를 기록했다. 그는 세이브 상황에서 330회 등판해 300회 성공하며 90.9%라는 놀라운 성공률을 기록했다.

경기 시작 최다 연속 삼진 아웃을 잡은 투수(현대 야구)

콜로라도 로키스의 헤르만 마르케즈(베네수엘라)는 2018년 9월 26일 필라델피아 필리스를 상대로 등판해 첫 8타자를 연속 삼진으로 돌려세웠다. 이로써 휴스턴 애스트로스의 짐 데샤이스가 1986년 9월 23일에, 뉴욕 메츠의 제이콥 디그롬이 2014년 9월 15일에 세운 기록과 동률을 이뤘다.

더블헤더 경기 개인 최다 피삼진

2018년 6월 4일 뉴욕 양키스의 슬러거 애런 저지가 디트로이트 타이거즈와의 2경기에서 삼진 아웃을 8회나 당했다.

한 시즌 최다 피삼진을 기록한 팀은 시카고 화이트삭스로 2018 시즌에 1,594회의 삼진을 당하며 2017년 밀워키 브루어스가 기록한 이전 기록 1,571회를 경신했다. 2018년 정규시즌은 **가장 많은 삼진이 나온 시즌(모든 팀)**으로 총 4만 1,207회를 기록했다.

포스트시즌 최다 연속 경기 홈런을 기록한 팀

휴스턴 애스트로스는 2017 아메리칸 리그 챔피언십 시리즈(ALCS) 6경기부터 2018 ALCS 2경기까지 포스트시즌 14경기 연속 홈런을 기록했다. 애스트로스는 14경기에서 29개의 홈런을 때렸다.

포스트시즌 최다 연속 경기 홈런을 기록한 선수는 다니엘 머피로, 2015년 뉴욕 메츠 소속으로 6경기 연속 홈런을 쳤다.

야구 명예의 전당 최고 득표율 입성

마리아노 리베라(파나마)는 2019년 총 425표 중 425표를 얻어 만장일치로 야구 명예의 전당에 헌액됐다. 뉴욕 양키스 소속으로 19시즌을 활약한 이 투수는 **한 팀 소속 최다 출장**(1,115경기) 및 **가장 많은 경기를 끝낸 투수**(952회) 기록도 가지고 있다. 또 **커리어 최다 세이브 기록**도 보유하고 있다(652회).

가장 많은 팀에서 뛴 선수

투수 에드윈 잭슨(독일 출생)은 2018년 6월 25일 13회째 MLB 팀인 오클랜드 어슬레틱스 소속으로 마운드에 올랐다. 2003년 MLB에 데뷔한 그는 투수 옥타비오 도텔(도미니카공화국)이 1999~2013년에 기록한 13개 팀과 동률을 이뤘다.

월드시리즈 최장시간 경기

2018년 10월 27일 로스앤젤레스 다저스는 보스턴 레드삭스와 총 18이닝, 7시간 20분 동안 마라톤 대결을 펼친 끝에 3 대 2로 승리했다. 양 팀은 46명의 선수를 출전시켜 **가장 많은 선수가 출전한 월드시리즈 게임(양 팀)**으로 기록됐다. 다저스는 맥스 먼시(사진 가운데)의 끝내기 홈런 덕에 승리했다. 하지만 마지막에 웃은 팀은 레드삭스로, 월드시리즈에서 게임 스코어 4 대 1로 이겼다.

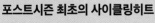

포스트시즌 최초의 사이클링히트

사이클링히트란 한 경기에서 한 타자가 안타, 2루타, 3루타, 홈런을 기록한 경우를 말한다. 보스턴 레드삭스의 브룩 홀트는 2018년 10월 8일 미국 뉴욕시 브롱스의 양키 스타디움에서 열린 아메리칸 리그 디비전 시리즈 3경기에서 대업을 달성했다. 그는 레드삭스가 숙적 뉴욕 양키스를 16 대 1로 대파할 수 있도록 힘을 보탰다.

NOV 4 2010년 **가장 빠른 롤러코스터**가 UAE 아부다비의 페라리 월드에서 운행을 시작했다. 240km/h의 속도를 내는 '포뮬러 로사'는 4초9 만에 52m 높이까지 올라간다.

NOV 5 2013년 '헤라클레스자리-북쪽왕관자리 장성'의 존재가 발표됐다. 은하로 구성되었으며 지름이 약 100억 광년 이상인 우주에서 가장 거대한 구조다.

농구 BASKETBALL

모두 미국 프로농구협회(NBA) 기록, 팀과 선수 국적은 표기가 없으면 미국.

최다 연속 트리플더블

오클라호마시티 선더의 러셀 웨스트브룩은 2019년 1월 22일~2월 14일에 11경기 연속 트리플더블을 기록했다. 이전 기록은 9경기로 필라델피아 세븐티식서스의 윌트 체임벌린이 1968년 3월 8~20일에 작성해 51년 동안 유지됐다. 웨스트브룩은 기록을 세우는 동안 평균 21.9득점, 13.3리바운드, 13.5어시스트를 기록했다.

최단시간 트리플더블

덴버 너게츠의 니콜라 요키치(세르비아)는 2018년 2월 15일 밀워키 벅스와의 경기에서 출전 14분 33초 만에 2자릿수 득점, 어시스트, 리바운드를 기록했다. 요키치는 이 경기를 30득점, 17어시스트, 15리바운드로 마무리했다.

단일 경기 최다 3점 슛 성공(팀)

휴스턴 로키츠는 2019년 4월 7일 피닉스 선즈와의 경기에서 27개의 3점 슛을 성공시키며 149 대 113으로 승리했다. 2018년 12월 19일 워싱턴 위저즈를 상대로 자신들이 세운 기록 26개를 경신했다(136 대 118로 승리). 이전 시즌 휴스턴은 **단일 시즌 최다 3점 슛 성공(팀)** 기록도 작성했다(1,256개).

파이널 단일 경기 최다 3점 슛 성공

골든스테이트 워리어스의 스테판 커리는

포스트시즌 최다 30득점 경기

2018년 6월 6일의 NBA 파이널 3차전에서 클리블랜드 캐벌리어스의 르브론 제임스가 골든스테이트 워리어스를 상대로 33점을 기록했다. 포스트시즌에서 그가 30점 이상 득점한 110회째 경기로 마이클 조던의 기록을 경신했다. **플레이오프 합계 최다 득점**(6,911점, 2006년 이후), 플레이오프 **최다 필드골 성공**(2,457개), **자유투 성공**(1,627개), **최다 스틸**(419개)도 기록하고 있다.

단일 경기 최다 3점 슛 성공

2018년 10월 29일 미국 일리노이주에서 열린 시카고 불스와의 경기에서 클레이 톰슨(골든스테이트 팀)은 14개의 3점 슛을 성공시켜 팀 동료 스테판 커리가 2016년 세운 13개의 기록을 경신했다. 톰슨은 전반전에만 10개의 3점 슛을 성공시켜 2014년 1월 24일 챈들러 파슨스가 기록한 **하프타임 최다 3점 슛 성공** 기록과 동률을 이뤘다.

2018년 6월 3일 캘리포니아주의 오라클 아레나에서 열린 2018 NBA 파이널 2경기에서 클리블랜드 캐벌리어스를 상대로 9개의 3점 슛을 성공시켰다. 총 33점을 넣어 팀의 승리를 도왔다(122 대 103).

파이널 1경기에서 캐벌리어스의 르브론 제임스(아래 왼쪽 사진)는 51점을 넣고도 팀이 124 대 114로 패하는 모습을 지켜봐야 했는데, **NBA 파이널 역사상 패배 팀 개인 최다 득점**이다. 이 시리즈는 골든스테이트가 4 대 0으로 승리했다.

WNBA 커리어 최다 출장

시애틀 스톰의 수 버드는 2002

같은 팀에서 가장 오래 뛴 선수

2018년 12월 13일 발목 수술에서 회복한 덕 노비츠키(독일)가 댈러스 매버릭스 소속으로 21회째 시즌을 맞았다. 그는 1998년부터 같은 팀에서 1,400경기 이상 출장했으며 2011년에는 챔피언에 오르기도 했다. LA 레이커스에서 20시즌 경기에 나선 코비 브라이언트의 기록을 넘어섰다.

미국여자프로농구(WNBA) 단일 경기 최다 득점

2018년 7월 17일 댈러스 윙스의 리즈 캠베이지(호주)는 미국 텍사스주 알링턴에서 열린 뉴욕 리버티와의 경기에서 53득점을 기록했다. 그녀는 키 203cm의 센터로, 필드골랫 22개 던져 17개 성공시켰고, 자유투는 16개 중 15개, 또 정확한 3점 슛으로 기록을 완성했다.

WNBA 단일 시즌 최다 리바운드

2018 시즌 미네소타 링스의 실비아 파울즈는 404개의 리바운드를 잡아내며 존쿠엘 존스의 이전 단일 시즌 최고 기록을 1개 차이로 경신했다. 또 **WNBA 단일 시즌 최다 수비 리바운드**도 기록 중이다(282개). **WNBA 커리어 최다 리바운드 기록**은 3,356개로 2004~2018년 새크라멘토 모나크스와 미네소타 링스 소속으로 뛰었던 레베카 브런슨이 달성했다.

WNBA 단일 시즌 최다 어시스트

코트니 벤더슬루트는 시카고 스카이 소속으로 2018 시즌 258개의 어시스트를 기록했다. 그녀는 2000년 이후 깨지지 않던 티차 페니체이로의 236개 기록을 박살내 버렸다. **WNBA 커리어 최다 어시스트**는 수 버드의 2,831개로 2002년부터 2018년까지의 기록이다.

~2018년 시즌 마지막까지 508경기에 출장했다. 그녀는 2018년 7월 22일 애틀랜타 드림과의 경기에 500회째로 출장하며 델리샤 밀튼 존스의 499경기 출장 기록을 경신했다.

WNBA 커리어 최다 필드골 득점

WNBA 올스타에 9회나 선정된 다이애나 터라시는 2004년부터 피닉스 머큐리 소속으로 뛰며 필드골 2,721개를 넣었다.

최다 득점 트리플더블

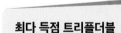

휴스턴 로키츠의 제임스 하든은 2018년 1월 30일 올랜도 매직을 상대로 60득점, 10리바운드, 11어시스트로 트리플더블을 기록했다. 하든은 2019년 1월 13~27일 8경기에서 **어시스티드 없이 연속 득점 기록**도 작성했다(304점). 이 엄청난 득점을 팀 동료의 어시스트 없이 만들어낸 것이다.

NOV 6 2015년 이토 켄이치(일본)는 일본 도쿄의 고마자와 올림픽공원 운동장에서 네 발로 100m 달리기 최고 기록을 작성했다(15초71).

NOV 7 2006년 미국 오하이오주에서 **가장 작은 경찰견**이 탄생했다. 치와와/랫 테리어 믹스견인 밋지는 키 28cm, 길이 58cm의 체격으로 마약탐지견 시험에 통과했다.

스포츠 SPORTS
아이스하키 ICE HOCKEY

클 퍼랜드(캐나다)의 득점을 도우며, 에드먼턴 오일러스의 웨인 그레츠키(둘 다 캐나다)가 1982/1983 시즌에, 보스턴 브루인스의 켄 린스먼(캐나다)이 1985/1986 시즌에 세운 기록과 동률을 이뤘다.

커리어 최다 슛아웃 골 성공
디트로이트 레드 윙스의 프란스 닐슨(덴마크)은 2018년 11월 10일 49회째 슛아웃 골을 성공시키며 캐롤라이나 허리케인스를 상대로 4 대 3 승리를 견인했다. 그의 23회째 결승 슛아웃으로 커리어 최다 슛아웃 결승 골을 기록했다.

단일 피리어드 최다 샷 온 골(팀)
2018년 10월 21일 미국 일리노이주 시카고의 유나이티드 센터에서 열린 시카고 블랙호크스와의 경기 2회째 피리어드에서 탬파베이 라이트닝의 33개 슛이 정확히 골대로 향했다.
이는 1997/1998 시즌 이후 최다 '단일 피리어드 슛' 기록이다.

최단시간 연속 골(단일 팀)
2018년 11월 1일 몬트리올 캐나디언스(캐나다)는 워싱턴 캐피털스와의 경기에서 2초 만에 2골을 성공시켰다. 맥스 도미(캐나다)와 조엘 아르미아(핀란드)가 성공시킨 골로 1935년 3월 12일 세

최다 슛아웃 선방 골텐더
뉴욕 레인저스의 골키퍼 헨릭 룬드크비스트(스웨덴)는 2018년 10월 30일 미국 캘리포니아주 SAP 센터에서 열린 새너제이 샤크스와의 경기에서 슛아웃 선방 2회로 NHL 경기 60회 선방 기록 달성과 함께 팀의 승리를 이끌었다(4 대 3). 2018년 1월 16일에는 골텐더 최다 연속 시즌 20승 기록(13시즌)도 달성했다.

모두 미국과 캐나다 북아메리카 프로아이스하키 리그(NHL) 기록. 팀과 선수 국적은 표기가 없으면 미국.

시즌 첫 경기부터 연속 경기 어시스트 기록
캐롤라이나 허리케인스의 세바스티안 아호(핀란드)는 2018/2019 시즌 첫 경기부터 12경기 연속 어시스트를 했다. 2018년 10월 30일 보스턴 브루인스와의 경기에서 마이

신생 팀 최다 승(단일 시즌)
베이거스 골든나이츠는 NHL에 처음 참가한 2017/2018 시즌에 51승을 올렸다. 이로써 베이거스는 애너하임 덕스와 플로리다 팬서스가 1993/1994 시즌 기록한 33승을 뛰어넘었다.
이 팀은 첫 시즌에 스탠리컵 결승에 진출한 3번째 팀으로, 워싱턴 캐피털스에 4 대 1로 패했다.

최다 페이스오프 획득 (단일 시즌)
2017/2018 시즌 라이언 오라일리(캐나다, 버펄로 세이버스)가 페이스오프 서클 안에서 1,274회나 퍽을 따내 로드 브랜다무르(캐나다, 캐롤라이나 허리케인스)의 2005/2006 시즌 기록(1,268회)을 뛰어넘었다. NHL은 1997년부터 심판이 퍽을 떨어뜨릴 때 채가는 페이스오프 수치를 기록했다.

인트루이스 이글스의 3초 기록을 경신했으며, 2004년 미네소타 와일드, 2016년 뉴욕 아일랜더스 기록과 동률이다.

최다 연속 경기 출장
2018년 1월 13일 NHL 830경기에 연속 출장한 앤드루 코글리아노(캐나다)가 2경기 출장 정지를 받으며 기록을 4위에서 마감했다. 최다 기록은 더그 저비스

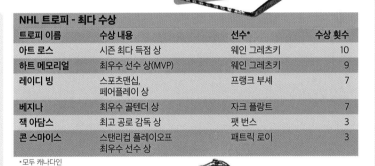

(캐나다)가 몬트리올 캐나디언스(캐나다), 워싱턴 캐피털스, 하트퍼드 훼일러스에서 1975년 10월 8일~1987년 10월 10일에 기록한 964경기다.

커리어 정규 시즌 최다 연장(OT) 득점
워싱턴 캐피털스의 알렉스 오베치킨(러시아, 아래 사진)은 2018년 1월 2일 캐롤라이나 허리케인스와의 경기에서 개인 통산 22회째 연장 득점에 성공하며 팀의 승리를 이끌었다(5 대 4).

커리어 최다 블록슛
2019년 1월 8일 기준 댄 지라르디(캐나다)는 2006/2007 시즌부터 뉴욕 레인저스와 탬파베이 라이트닝스의 선수로 출전해 1,873개의 슛을 막거나 쳐냈다. 커리어 내내 몸을 아끼지 않고 플레이한 이 수비수는 2010/2011 시즌 최다인 236개의 블록에 성공했다. NHL은 1998년부터 이 통계를 기록했다.

NHL 트로피 - 최다 수상

트로피 이름	수상 내용	선수*	수상 횟수
아트 로스	시즌 최다 득점 상	웨인 그레츠키	10
하트 메모리얼	최우수 선수 상(MVP)	웨인 그레츠키	9
레이디 빙	스포츠맨십, 페어플레이 상	프랑크 부셰	7
베지나	최우수 골텐더 상	자크 플랑트	7
잭 아담스	최고 공로 감독 상	팻 번스	3
콘 스마이스	스탠리컵 플레이오프 최우수 선수 상	패트릭 로이	3

*모두 캐나다인

모리스 리처드 트로피 최다 수상
1999년 베일을 벗은 모리스 리처드 트로피는 매년 NHL 최다 득점 선수에게 주어진다. 2018년 워싱턴 캐피털스의 알렉스 오베치킨(러시아, 오른쪽 사진 맨 오른쪽)은 시즌 49골로 7회째 수상했다. 6시즌 동안 5회 수상하며, 바비 헐의 HNL 최다 시즌 득점왕 기록과 동률을 이뤘다.

NOV 8 2017년 가장 키가 큰 장미 덤불 기록이 인증됐다. 크리스토퍼 로즈(미국)가 미국 캘리포니아주 라푸엔테에서 기른 장미 덤불의 높이가 5.68m에 달했다.

NOV 9 2007년 트레버 맥기(캐나다)는 최장거리 불 속 걷기에 성공했다. 캐나다 앨버타주 캘거리에서 853.3도에 이르는 잉걸불(장작, 숯이 타다 남은 것) 속을 181.9m나 지나갔다.

잉글리시 프리미어(EPL) 리그 시즌 최다 어시스트를 기록한 수비수

리버풀의 풀백 트렌트 알렉산더-아놀드는 EPL 2018/2019 시즌 12어시스트를 올렸다. 2019년 5월 12일 경기에서 도움을 추가하며 팀 동료 앤디 로버트슨(같은 2018/2019 시즌)과 에버턴의 레이턴 베인스(2010/2011 시즌), 앤디 힌치클리프(1994/1995, 모두 영국)의 기록을 경신했다.

미국 여자 프로축구 정규 시즌 최다 골

사만다 커(호주)는 미국 여자 축구 리그에서 2013년 4월 20일~2019년 5월 12일에 3개 클럽 소속으로 총 63골을 넣었다. 커는 호주에서 W-리그 최다 골도 기록했는데, 2008년 12월 7일~2019년 2월 16일에 퍼스 글로리와 시드니 FC 소속으로 70골을 넣었다.

메이저 리그 사커(MLS) 시즌 최다 골

애틀랜타 유나이티드의 조세프 마르티네스(베네수엘라)가 2018 MLS 시즌에 28골을 기록했다. 또 6월 30일~8월 24일에 MLS 최다 연속 경기 골도 기록했는데(9골), 디에고 발레리(아르헨티나)가 2017년 7월 29일~9월 24일에 세운 기록과 동률이다.

최연소 발롱도르상 후보

킬리안 음바페(프랑스, 1998년 12월 20일생)는 2017년 10월 9일 18세 293일의 나이로 〈프랑스 풋볼〉의 발롱도르상 후보에 올랐다. 음바페는 2018 월드컵 우승 팀 프랑스의 스타로, 1958년 6월 19일 17세 249일의 나이로 FIFA 월드컵 최연소 득점 선수에 등극한 펠레(브라질)에 이어 결승전에서 득점한 2번째 십 대 선수가 됐다.

EPL 최연소 우승 선수

맨체스터시티의 필 포든(영국, 2000년 5월 28일생)은 2017/2018 시즌 후 17세 350일의 나이로 EPL 우승 메달을 받았다. 그는 5월 13일 사우샘프턴의 경기에 시즌 5회째 출장하며 우승 메달을 받을 자격을 얻었다. 풀럼의 하비 엘리엇(영국, 2003년 4월 4일생)은 2019년 5월 4일 16세 30일의 나이로 울버햄튼 원더러스와의 경기에 출장하며 최연소 EPL 선수에 올랐다.

EPL 최단시간 골

2019년 4월 23일 사우샘프턴의 아일랜드 스트라이커 셰인 롱이 영국 왓포드 비커리지 로드에서 열린 왓포드와의 경기에서 겨우 7초69 만에 골망을 흔들었다. 프리미어 리그 시대 최단시간 골로 2000년 12월 9일 토트넘의 레들리 킹이 기록한 9초82를 간발의 차이로 경신했다.

세리에A 최다 연속 경기 골(단일 시즌)

삼프도리아의 파비오 콸리아렐라(이탈리아)는 2019년 1월 26일 우디네세와의 경기에서 2골을 득점하며 세리에A 11경기 연속 골을 기록했다. 가브리엘 바티스투타(아르헨티나)가 1994년 9월 4일~11월 27일 피오렌티나 소속으로 세운 기록과 동률이다.

UEFA 유로파 리그 최연소 해트트릭

벤피카의 주앙 펠릭스(포르투갈, 1999년 11월 10일생)는 2019년 4월 11일 포르투갈 리스본에서 열린 아인트라흐트 프랑크푸르트와의 경기에서 19세 152일의 나이로 3골을 넣었다. UEFA 유로파 리그 최연소 득점 기록(예선전 포함)은 로멜루 루카쿠(벨기에, 1993년 5월 13일생)가 2009년 12월 17일 16세 218일의 나이에 안더레흐트 소속으로 넣은 골이다.

유로피언 컵/UEFA 챔피언스 리그 최다 우승

2018년 5월 26일 레알 마드리드(스페인)는 우크라이나 키예프의 올림피스키 스타디움에서 리버풀을 3 대 1로 꺾고 유럽 최고 대회에서 3연속, 13회째 우승을 차지했다. 이 스페인 거인들은 유로피언 컵 대회에서 1956~1966년 사이에 5회 연속 우승을 포함해 총 6회, 1998년 이후 챔피언스 리그에서 7회 우승했다.

EPL 최다 해트트릭

맨체스터 시티의 세르히오 아궤로(아르헨티나)는 2019년 2월 10일 첼시를 6 대 0으로 꺾으며 개인 11회째 EPL 해트트릭을 기록했다. 1993년 11월 23일~1999년 9월 19일 블랙번 로버스와 뉴캐슬 유나이티드 소속으로 해트트릭 11회를 이끌어낸 앨런 시어러(영국)와 동률이다. 아궤로는 EPL 한 팀 소속 최다 해트트릭 기록을 보유하고 있다.

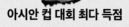

아시안 컵 대회 최다 득점

이변의 팀 카타르의 알모에즈 알리는 2019 아시안 컵에서 9골을 득점했다. 수단 출생 스트라이커로 일본 팀을 상대해 결승에서 엄청난 오버헤드 킥(사진 참조)을 성공시키며 알리 다에이가 1996년에 세운 8골의 기록을 경신했다. 이 경기는 카타르 팀이 3 대 1로 승리했다. 알리는 1월 13일 북한 팀을 상대로 4골을 넣어 아시안 컵 1경기 최다 골 기록(개인)을 다른 4명의 선수들과 공유했다.

NOV 10 2000년 롭 윌리엄스(미국)는 **발로 샌드위치 빨리 만들기** 기록을 부산하게 달성했다. 그는 볼로냐소시지, 치즈, 상추를 조합하고 올리브와 칵테일 꼬치를 꽂아 완성했다(1분 57초).

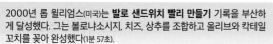

NOV 11 2009년 기네스 세계기록의 날을 기념해 토픽 다허(레바논)가 **가장 높은 성냥개비 모형**을 만들었다. 에펠탑을 본 따 6.53m 높이로 만든 모형으로, 레바논 베이루트의 시티몰에서 공개됐다.

라리가 최다 골

FC 바르셀로나의 스트라이커 리오넬 메시(아르헨티나)는 2019년 5월 12일 기준 스페인 최고 리그에서 451경기에 출장해 417골을 넣었다 (라리가 1경기당 0.92골).

2018년 9월 18일 메시는 **UEFA 챔피언스 리그 최다 해트트릭** 기록을 8회로 늘려 크리스티아누 호날두가 2019년 3월 12일 세운 기록을 동률로 따라잡았다.

독일 분데스리가 외국선수 최다 골

분데스리가에서 외국선수 최다 득점은 202골로, 로베르트 레반도프스키(폴란드)가 2010년 9월 19일~2019년 5월 4일에 보루시아 도르트문트와 바이에른 뮌헨 소속으로 기록했다. 레반도프스키는 2019년 3월 9일 전 팀 동료 클라우디오 피사로(페루)의 기록을 뛰어넘었다. 피사로(1978년 10월 3일생)는 2019년 5월 4일 40세 213일의 나이로 196회째 리그 골을 넣으며 **최고령 분데스리가 득점 선수**가 됐다.

최연소 UEFA 챔피언스 리그 감독

TSG 1899 호펜하임의 감독 율리안 나겔스만(독일, 1987년 7월 23일생)은 2018년 9월 19일 31세 58일의 나이로 챔피언스 리그 샤흐타르 도네츠크와의 경기에서 무승부를 기록했다.

UEFA 여자 챔피언스 리그 최다 승

올림피크 리옹 여자팀(프랑스)은 UEFA 여자 챔피언스 리그에서 5회 우승했다(2011년, 2012년, 2016~2018년). 2018년 5월 24일 우크라이나 키예프에서 VfL 볼프스부르크와의 연장전 끝에 4 대 1로 승리하며 5회째 트로피를 품에 안았다.

챔피언스 리그 총 41골의 헤게르베르그는 안자 미타크(독일)가 기록한 **UEFA 여자 챔피언스 리그 최다 골**에 근접하고 있다(51골).

여자 발롱도르상 최초 수상자

그 해 최고의 축구선수에게 주어지는 〈프랑스 풋볼〉의 발롱도르상은 1956년부터 수여됐다. 그러나 여자선수는 2018년 12월 3일 아다 헤게르베르그(노르웨이, 위 사진 오른쪽) 수상이 최초다. 올림피크 리옹의 스트라이커인 그녀는 2017/2018 시즌에 **UEFA 여자 챔피언스 리그 단일 시즌 최다 골**을 기록했다(15골).

FIFA 월드컵 2018

6월 14일~7월 15일에 열린 러시아 2018 피파 월드컵은 결승에서 프랑스 팀이 크로아티아 팀을 4 대 2로 꺾으며 2회째 우승했다. 하지만 이 대회를 자랑스러워할 선수들은 이들만이 아니다.

경기 시작도 전에 아이슬란드는 **월드컵에 출전한 가장 작은 국가(인구)**라는 역사를 썼다. 33만 7,669명 인구로 2006년 이전 기록 보유국 트리니다드토바고보다 거의 100만 명이나 인구가 적다.

터치라인 옆에서는, 우루과이 팀의 오스카르 타바레스가 **한 국가 팀 감독으로 최다 출장**한 기록을 세웠다(4회). 잉글랜드 팀의 월터 윈터바텀(영국) 감독이 1950~1962년, 서독 팀의 헬무트 쇤(독일) 감독이 1966~1978년 세운 기록과 동률이다. 경기장 가운데에서는 라브샨 이르마토프(우즈베키스탄)가 **월드컵 최다 경기 심판** 기록을 달성했다. 6월 21일 크로아티아 팀이 아르헨티나 팀을 3 대 0으로 꺾은 경기가 10회째 심판 경기였다.

선수들도 특출난 경기력으로 기록집에 이름을 남겼다. 6월 17일 라파엘 마르케스는

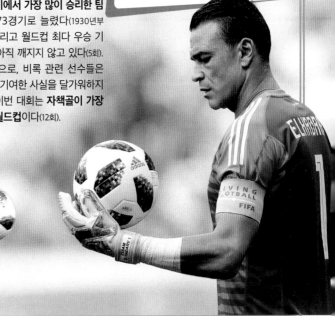

월드컵 본선에 주장으로 가장 많이 출전한 선수로 기록됐는데, 그는 2002년부터 멕시코 팀의 주장 완장을 차고 이 대회를 5회나 치렀다. 파나마 팀의 펠리페 발로이는 6월 24일 **월드컵 데뷔전에서 골을 넣은 최고령 선수**가 됐는데, 잉글랜드 팀에 6 대 1로 패한 경기에서 37세 120일의 나이로 득점했다.(**월드컵 최고령 득점 선수**는 카메룬 팀의 로제 밀라가 1994년 6월 28일 42세 39일의 나이로 러시아 팀과의 경기에서 골을 기록했다.)

기대가 높았던 브라질 팀은 8강에서 벨기에 팀에 2 대 1로 패했다. 하지만 브라질 팀은 그들이 세운 **월드컵 경기에서 가장 많이 승리한 팀** 기록을 73경기로 늘렸다(1930년부터). 그리고 월드컵 최다 우승 기록도 아직 깨지지 않고 있다(5회). 마지막으로, 비록 관련 선수들은 이 기록에 기여한 사실을 달가워하지 않겠지만, 이번 대회는 **자책골이 가장 많이 나온 월드컵**이다(12회).

FIFA 월드컵 최고령 선수

이집트 팀의 골키퍼 에삼 엘-하다리(1973년 1월 15일생)는 2018년 6월 25일 45세 161일의 나이로 사우디아라비아 팀과의 경기에서 필드를 밟았다. 비록 이집트 팀은 이미 다음 라운드 진출에 실패한 상태였지만 엘-하다리는 전반 페널티킥을 선방하며 자신의 기록 달성을 기념했다.

최다 FIFA 월드컵 대회 득점

크리스티아누 호날두(포르투갈)는 2018 대회에서 골 망을 가르며 출전한 4회의 월드컵에서 모두 골을 넣게 됐다. 그는 미로슬라프 클로제(독일), 우베 젤러(서독), 펠레(브라질)와 함께 선두 그룹을 형성했다. 호날두(1985년 2월 5일생)는 6월 15일 **월드컵에서 해트트릭을 기록한 최고령 선수**가 됐다. 스페인 팀에 3 대 3으로 비긴 경기에서 33세 130일의 나이로 3골을 득점했다.

 NOV 12 2002년 라스 클라우센(미국)은 미국 캘리포니아주 로스앤젤레스에서 **최장거리 외발자전거 여행**을 마쳤다. 그는 미국을 2회 횡단하며 1만 4,686.82km를 이동했다.

 NOV 13 2010년 도미니크 커자크레아(미국)는 미국 뉴욕주 칙토와가에 있는 월든 갤러리아 쇼핑몰에서 **팬케이크 가장 높이 던지고 받기**에 성공했다 (9.47m).

럭비 RUGBY

스내이션스 타이틀과 함께 9회째 그랜드 슬램을 기록했다. 이들은 이 과정에서 45트라이와 278점을 기록했다.

톱 14 리그 커리어 최다 트라이 득점(개인)

빈센트 클럭(프랑스)은 프랑스 럭비 리그에서 프로 마지막 시즌을 보내며 로랑 아르보의 오래된 100트라이 기록을 경신했다. 클럭은 2018년 5월 5일 RC 툴롱 소속으로 치른 자신의 마지막 경기에서 톱 14 리그 101회째 트라이를 기록했고, 포를 상대로 38 대 26으로 승리하도록 도왔다.

톱 14 시즌 최다 트라이는 24회로, RC 툴롱의 크리스 애슈턴(영국)이 2017/2018 시즌에 기록했다.

슈퍼럭비 시즌 최다 트라이 득점(개인)

허리케인스의 벤 램(뉴질랜드)은 슈퍼럭비 2018 시즌에 16트라이를 기록했다. 그는 7월 28일 허리케인스와 크루세이더스의 준결승 경기에서 80분 경기 마지막 순간에 터치다운에 성공하며 기록을 달성했다.

슈퍼럭비 최다 출장

프롭 포지션인 와이어트 크로켓(뉴질랜드)은 2006~2018년에 크루세이더스 소속으로 슈퍼럭비 202경기에 출장했다. 그는 2018년 7월 21일 샤크스와의 경기에서 마지막 인사를 전했다.

파이브/식스내이션스챔피언십 최다 출장

2004년 2월 15일~2019년 3월 16일 사이에 세르지오 패리스는 파이브/식스내이션스 대회에 이탈리아 대표로 69회 출장했다. 2019년 2월 2일 스코틀랜드 팀과의 경기에서 66회 출장을 기록하며 브라이언 오드리스콜(아일랜드)이 세운 이전 기록을 경신했다. 패리스는 겨우 9경기 승리지만, 오드리스콜은 45승을 기록했다.

식스내이션스챔피언십 최다 그랜드슬램

2000년 파이브내이션스에 이탈리아 팀이 합류하며 잉글랜드, 아일랜드, 스코틀랜드, 웨일스, 프랑스 팀과 함께 1회 식스내이션스챔피언십이 개최됐다. 2019년 3월 16일 웨일스는 영국 카디프의 프린시팰리티 스타디움에서 아일랜드 팀을 상대로 25 대 7로 완승하며 4회째 우승을 기록했다.

여자 식스내이션스 최다 타이틀

2019년 3월 16일 영국 트위크넘 경기장에서 잉글랜드 팀이 스코틀랜드 팀을 80 대 0으로 이겨 10회째 여자 식

하이네켄 컵/유러피언 럭비 챔피언스 컵 최다 우승(팀)

아일랜드의 렌스터가 2018년 5월 12일 레이싱 92와의 치열한 경기에서 15 대 12로 승리하며 2009년, 2011년, 2012년에 이어 4회째 유러피언 타이틀을 확보했다. 이 기록은 1996년, 2003년, 2005년, 2010년에 우승을 기록한 툴루즈(프랑스)와 동률이다. 이 프랑스 팀은 2004년과 2008년에는 준우승을 거뒀다.

2주 뒤 크루세이더스는 그들의 9회째 챔피언십 우승을 확정하며 **슈퍼럭비 최다 타이틀 획득**을 기록했다. 크라이스트처치를 연고로 한 이 팀은 2018년 8월 4일 라이온스를 37 대 18로 물리쳤다.

럭비 챔피언십 최다 승

뉴질랜드는 2012년 8월 18일~2018년 10월 6일 사이에 열린 남반구 국제대회 39경기 중 35경기에서 승리를 거뒀다.

내셔널 럭비 리그(NRL) 커리어 최다 득점(개인)

2019년 4월 12일 멜버른 스톰이 노스 퀸즐랜드 카우보이스를 18 대 12로 꺾는 과정에서 캐머런 스미스(호주)가 커리어 총점 2,422점을 기록하며 하짐 엘 마스리(레바논)를 뛰어넘고 NRL 역사상 최고 득점원에 올랐다. 스미스는 자신이 세운 **NRL 최다 출장** 기록을 389회로 늘렸다.

월드클럽챌린지 최다 타이틀

2019년 2월 17일 시드니 루스터스(호주)가 위건 워리어스(영국)를 20 대 8로 꺾어 위건의 월드클럽챌린지 4회 우승과 동률을 이뤘다. 브렛 모리스(호주, 위 사진)는 시드니 선수로 데뷔해 **월드클럽챌린지 경기 최다 트라이**를 기록했다(3회). 이는 마이클 제닝스(호주, 루스터스)가 2014년에, 조 버지스(영국, 위건)가 2017년에 세운 기록과 동률이다.

월드럭비세븐스 시리즈 최다 클린 브레이크

페리 베이커(미국)는 2019년 4월 16일 기준 월드럭비세븐스 시리즈에서 상대 팀의 수비 라인을 235회나 깔끔하게 돌파했다. 발에 모터가 달린 듯한 이 윙어는 202경기에서 179트라이를 성공시킨, 럭비에서 가장 위험한 공격수 중 1명이다. 베이커는 2018년 월드럭비세븐스 올해의 선수상을 2회 수상한 최초의 선수가 됐다.

월드세븐스 시리즈

최다	선수	국적	기록
경기(남자)	D J 포브스	뉴질랜드	512
트라이(남자)	댄 노턴	잉글랜드	332
득점(남자)	벤 골링스	잉글랜드	2,652
경기(여자)	사라 히리니	뉴질랜드	183
트라이(여자)	포셔 우드먼	뉴질랜드	195
득점(여자)	지슬랜 랜드리	캐나다	1,090

2019년 4월 16일 기준

잉글리시 프리미어십 결승 최다 승(개인)

2018년 5월 26일 사라센이 엑세터 치프스에 27 대 10으로 승리하며 스크럼 하프 포지션의 리처드 위글즈워스(영국)는 개인 5회째 프리미어십 결승전 승리를 확정지었다. 2011년과 2015년, 2016년에 우승했고, 2006년에는 세일 샤크스로 출전해 이겼다. 2018년 9월 23일 잉글리시 프리미어십 **최다 출장** 기록도 달성했다. 2019년 3월 7일 기준 273경기에 나섰다.

NOV 14 1952년 크룬 창법의 알 마르티노(본명 재스퍼 시니, 미국)가 부른 〈히어 인 마이 하트〉가 **영국 싱글 차트 최초의 1위** 곡이 됐다. 1953년 1월 9일까지 9주 연속 차트의 정상에 머물렀다.

NOV 15 2012년 TV 기상예보관 스티브 제이콥스(호주)는 호주 뉴사우스웨일스주 시드니에서 한파를 대비해 **속옷 많이 입기 기록**을 달성했다(266장).

스포츠 SPORTS
테니스 TENNIS

지나기 전에 다음 서브를 넣어야 한다.

그랜드슬램 단식 대회 최다 우승(오픈 시대)

클레이코트의 마에스트로 라파엘 나달(스페인)은 2019년 6월 9일, 도미니크 팀(오스트리아)을 6-3, 5-7, 6-1, 6-1로 프랑스 파리 롤랑 가로 경기장에서 이겨 프랑스오픈에서 12회째 우승했다. 나달은 이미 2005~2008, 2010~2014, 그리고 2017~2018년에도 이겼다. 이번 우승으로 나달은 그랜드슬램 18회 우승과 함께 오픈 시대 가장 많은 단식 클레이코트 우승 기록을 59회로 늘렸다.

그랜드슬램 단식 최다 연속 출장

2002~2019년 호주 오픈까지 펠리치아노 로페스(스페인)는 68회 연속으로 그랜드슬램 대회에 출장했다. 그랜드슬램 준결승에 4회 올랐는데 2005년, 2008년, 2011년 윔블던과 2015년 US 오픈에서 기록했다.

그랜드슬램 메인 경기 최초의 샷 클락 제도 도입

뉴욕에서 열린 2018 US 오픈(8월 27일~9월 9일)에서 처음으로 그랜드슬램 메인 경기에 25초 샷 클락 제도가 적용됐다. 이 제도에 따라 선수들은 한 포인트가 끝나고 25초가

최장시간 그랜드슬램 준결승 경기

케빈 앤더슨(남아공)과 존 이스너(미국)는 2018년 7월 13일 영국 런던에서 열린 윔블던 챔피언십 준결승 경기에서 6시간 36분 동안이나 센터 코트를 뜨겁게 달궜다. 앤더슨이 7 대 6, 6 대 7, 6 대 7, 6 대 4, 25 대 24로 승리를 거뒀는데, 마지막 세트만 2시간 54분 동안 진행됐다.

그랜드슬램 단식 최다 경기 승리

2019년 1월 18일 기준 로저 페더러(스위스)는 윔블던과 호주, 프랑스, US 오픈에서 342경기 승리를 기록했다. 세레나 윌리엄스(미국)는 2019년 1월 21일까지 4개의 그랜드슬램 대회에서 335경기 승리를 기록해 여자 기록을 보유하고 있다.

'커리어 골든 마스터'를 달성한 최초의 단식 선수

2018년 8월 19일 노박 조코비치(세

여자테니스연맹(WTA) 최초 포스트 밀레니엄 세대 우승

올가 다닐로비치(세르비아, 2001년 1월 23일생)는 2018년 7월 29일 17세 187일의 나이로 러시아 모스크바 리버 컵에서 아나스타샤 포타포바(러시아)를 꺾고 우승했다. WTA 대회에서 우승한 최초의 21세기 출생 선수이자 WTA 최초의 '행운의 패자'로, 예선에서 졌지만 대타로 본선에 진출해 타이틀을 차지했다.

르비아, 아래 사진)가 신시내티 마스터스에서 우승하며 커리어 중 9개의 세계남자프로테니스협회(ATP) 마스터스 1000 대회에서 모두 우승하는 기록을 달성했다. 나머지 8개는 인디언 웰스, 마이애미, 몬테카를로, 마드리드, 로마, 몬트리올/토론토, 상하이, 파리 대회다. 조코비치는 2003년 이후 커리어 상금이 1억 2,900만 709달러로 가장 많은 상금을 받은 테니스 선수(남자)다. ATP 마스터스 1000 단식 커리어 최다 타이틀은 34회로 조코비치의 가장 강력한 라이벌인 라파엘 나달(왼쪽 위 사진)이 기록했다.

그랜드슬램 휠체어 단식 최다 우승(남자)

쿠니에다 신고(일본)는 휠체어 단식 타이틀을 22회 획득했다. 호주 오픈 9회(2007~2011년, 2013~2015년, 2018년), 프랑스 오픈 7회(2007~2010년, 2014~2015년, 2018년), US 오픈 6회(2007년, 2009~2011년, 2014~2015년)다. 복식 타이틀도 20회 이겼는데, 호주 오픈만 8회 우승(2007~2011년, 2013~2015년)했다.

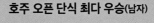

호주 오픈 단식 최다 우승(남자)

2019년 1월 27일 세르비아의 노박 조코비치는 나달을 상대로 6 대 3, 6 대 2, 6 대 3으로 승리를 거두며 멜버른의 하드코트에서 개인통산 7회째 우승을 차지했다. 이 대회의 114년 역사상 가장 뛰어난 기록이다. 조코비치는 이전 호주 오픈에서 2008년, 2011~2013년, 2015~2016년에 우승을 거뒀다.

세계 랭킹 10위 진입 후 최단기간 1위 등극

오사카 나오미(일본)는 2018년 9월 10일 톱 10위 랭킹에 진입한 뒤 겨우 138일 만에 WTA 최고 랭킹에 등극했다. 그랜드슬램 대회에서 연속 우승을 차지했기 때문인데 2018년 9월 8일 US 오픈과 2019년 호주 오픈에서 이겨 2019년 1월 26일 랭킹 1위에 올랐다.

조코비치는 2012년 호주 오픈에서 나달과 5시간 53분 동안 최장시간 그랜드슬램 결승을 치르고 우승을 차지했다.

NOV 16 2010년 스웨덴의 마그누스 안데르손이 교황이 인쇄된 우표를 가장 많이 수집한 사실이 스웨덴 팔룬의 공공도서관에서 확인됐다(1,580장).

NOV 17 1966년 아트 아폰스(미국)는 미국 유타주 보너빌 소금사막에서 제트엔진 차량을 981km/h의 속도로 운전하다 사고가 났지만 현장에서 걸어나왔다. 이는 주행 속도가 가장 빠른 사고 차량에서 생존한 기록이다.

223

구기 종목 BALL SPORTS

여자 소프트볼 세계선수권대회 결승 양 팀 최다 득점

2018년 8월 12일 일본 지바현 조조마린 스타디움에서 열린 여자 소프트볼 세계선수권대회 결승에서 미국 팀이 일본 팀을 7 대 6으로 제압했다. 미국 팀은 6 대 4에서 10회 동점을 허용했으나 결정적인 안타로 승리를 낚아챘다. 두 팀은 대회 결승에서 7회 연속으로 대결을 펼쳤다. 총 11회나 트로피를 들어올린 미국 팀은 **여자 소프트볼 세계선수권대회 최다 우승 팀**이다.

국제탁구연맹(ITTF) 월드투어 최초의 3관왕

장우진(한국)은 2018년 7월 19~22일 대한민국 대전에서 열린 ITTF 월드투어 플래티넘 코리아 오픈 대회에서 남자 단식, 남자 복식, 혼합 복식에 출전해 모두 우승했다. 그는 혼합 복식에서는 북한의 차효심과 한 팀을 이뤘는데, 남북 단일팀 최초 ITTF 월드투어 타이틀을 차지했다.

세계라크로스연맹(FIL) 라크로스 세계선수권대회 최다 우승

미국 팀은 라크로스 세계선수권대회에서 총 10회 챔피언에 올랐다(1967년, 1974년, 1982년, 1986년, 1990년, 1994년, 1998년, 2002년, 2010년, 2018년). 가장 최근은 2018년 7월 21일로, 이스라엘 네타니아에서 캐나다 팀을 상대해 경기 마지막 순간 득점, 9 대 8로 우승했다.

FIL 실내 라크로스 세계선수권대회 최다 우승은 캐나다 팀으로 2003년, 2007년, 2011년, 2015년에 제패했다. 이들은 토너먼트의 모든 라운드에서 아직 단 한 경기도 패하지 않았다.

슈퍼네트볼 단일 시즌 최다 득점

자닐 파울러(자메이카)는 2018년 웨스트코스트 피버(호주) 소속으로 슈퍼네트볼에 데뷔해 783골을 기록했다. 숏 시도도 846회로 가장 많았고, 성공률은 92%였다. 파울러는 시즌 1라운드와 8라운드에서 **슈퍼네트볼 한 경기 최다 득점**도 달성했다(66점). 모두 애들레이드 선더버드를 상대로 기록했다.

슈퍼네트볼 정규 시즌 최다 선방(개인)

골키퍼 게바 멘토르(영국)는 2018년 슈퍼네트볼 리그에서 선샤인코스트 라이트닝(호주) 소속으로 뛰며 102개의 선방을 기록했다. 이는 2017년 자신이 세운 선방 기록 90개를 경신한 것이다. 그녀는 라이트닝의 주장으로 뛰며 2회 연속 우승을 차지했고, 2018년 9월 콜링우드 맥파이스로 이적했다.

세계탁구선수권대회 남자 단체전 최다 타이틀

2018년 5월 6일 중국 팀은 세계탁구선수권대회 남자 단체전 경기에서 우승하며 21회째 스웨이들링컵을 들어올렸다. 중국 팀은 스웨덴 할름스타드에서 열린 결승전에서 독일 팀을 3 대 0으로 꺾었다.

하루 앞서 중국 팀은 여자 단체전에서도 21회째 우승을 거뒀다. 일본 팀을 3 대 1로 제압하고 코르비용컵을 들어올렸다.

국제배구연맹(FIVB) 비치발리볼 월드투어 파이널 최연소 금메달리스트

2018년 8월 19일 에두아르다 '두다' 산토스 리스보아(브라질, 1998년 8월 1일생, 위 사진 오른쪽)는 20세 18일의 나이로 FIVB 비치발리볼 월드투어 파이널에서 금메달을 획득했다. 독일 함부르크에서 아가사 베드나르척(사진 왼쪽)과 함께 체코 팀을 21 대 15, 21 대 19로 물리쳤다.

국제핸드볼연맹(FIH) 여자 하키월드컵 최다 우승

네덜란드 팀은 2018년 8월 5일 FIH에서 아일랜드 팀을 6 대 0으로 꺾으며 1974년 이후 8회째 우승을 확정지었다. 7분 동안 4골을 퍼부은 네덜란드 팀은 **여자 하키 월드컵 결승전 최다 득점차로 승리를** 거뒀다.

2018년 7월 29일 네덜란드 팀은 이탈리아 팀을 12 대 1로 꺾으며 FIH 여자 하키월드컵 최다 득점차 승리를 거뒀다.

유럽핸드볼연맹(EHF) 챔피언스리그 파이널4 최다 득점

독일 쾰른 랑세스 아레나에서 펼쳐진 EHF 챔피언스리그는 준결승과 결승만 있는 대회이다. HBC 낭트(프랑스) 소속 키릴 라자로프(마케도니아)는 2017/2018 시즌 2경기에서 14골을 넣어 2011년 이후 개인 통산 65득점을 기록했다. 라이트백으로 EHF 챔피언스리그 최다 골도 기록하고 있는데, 2019년 3월 26일까지 1,299득점을 올렸다. 그는 이 대회에 1998년에 데뷔해 총 7개 팀 소속으로 참가했다.

EHF 여자 챔피언스리그 최다 득점

2019년 3월 26일까지 아니타 고르비츠(헝가리)는 EHF 여자 챔피언스리그에서 939골을 넣었다. 그녀는 2017/2018 시즌 교리 아우디 ETO KC(헝가리) 소속으로 4회째 리그 타이틀을 차지하며 70회나 골 망을 흔들었다.

 NOV 18 2010년 크리스티안 셰퍼(독일)는 독일 네트펜에서 1시간 57분 38초 만에 입으로 우표를 불어 1마일 빨리 날리기 기록을 세우며 '항공 우편(airmail)'의 의미를 새로 정의했다.

 NOV 19 2011년 외발자전거 전문 라이더인 사카이노 사토미(일본)가 일본 도쿄의 〈킨스마〉 무대에서 외발자전거로 1분 동안 많이 회전하기 기록을 세웠다. 총 131회로 매초 2회 이상 회전한 셈이다.

크리켓 CRICKET

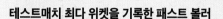

인도 프리미어리그(IPL) 최다 우승

첸나이 슈퍼킹스 팀(인도)은 2018년 5월 27일 뭄바이 완케데 스타디움에서 선라이저스 하이데라바드 팀(인도)을 상대로 위켓 8개를 잡으며 3회째(2010년, 2011년에 이어) IPL 타이틀을 땄다. 2013년, 2015년, 2017년 우승한 뭄바이 인디언스 팀과 동률이다. 첸나이는 준우승도 4회 했다(2008년, 2012~2013년, 2015년).

테스트매치 최다 위켓을 기록한 패스트 볼러

제임스 앤더슨(잉글랜드)은 2018년 9월 11일 런던 디 오벌 경기장에서 564회째 위켓으로 인도와의 경기를 마무리지으며 패스트 볼러 글렌 맥그레이스(호주)를 뛰어넘었다. 테스트매치 역사상 4번째로 위켓을 많이 잡은 패스트 볼러로, 앞선 3명은 모두 스핀 볼러다. 그는 2019년 2월 26일 575개로 기록을 늘렸다.

테스트매치 최다 출장

알레스터 쿡(잉글랜드)은 2006년 5월 11일~2018년 9월 7일 연속으로 테스트매치 159경기에 출장했다. 모든 국제경기를 포함하면 161경기로, 복통으로 빠진 2006년 3월 인도와의 경기를 제외하고 전부 출전했다. 2018년 은퇴를 선언한 쿡은 1만 2,472런으로 테스트매치 왼손 타자 최다 득점을 기록했다. 1번 혹은 2번 타순으로 1만 1,845런을 거둬 테스트매치 선두 타자 최다 런도 기록했다.

테스트매치에서 노볼 없이 가장 공을 많이 던진 기록

2019년 2월 15일까지 라비찬드란 애쉬윈(인도)은 테스트매치에서 노볼(부정투구) 없이 투구 수 1만 8,372회를 기록했다. 이 선수는 65경기에서 342개의 위켓을 잡아 평균 25.43런당 1위켓을 기록했다.

원데이인터내셔널(ODI) 팀 최다 득점

뉴질랜드 여자팀은 2018년 6월 8일 아일랜드 더블린의 YMCA 크리켓 클럽에서 아일랜드 팀을 상대로 491점을 기록했다. 잉글랜드 팀이 호주 팀을 상대로 2018년 6월 19일 기록한 ODI 팀 최다 득점(남자)인 481점을 10점이나 경신했다.

최단시간 ODI 1만 런 달성

비랏 콜리(인도)는 ODI 경기에서 205이닝 만에 1만 런을 달성했다. 2018년 10월 24일 서인도제도를 상대로 37회째 헌드레드와 함께 이 기록을 작성했다. 콜리는 국제크리켓협회(ICC)가 선정한 테스트매치 및 ODI 올해의 선수, 그리고 '올해의 크리켓 선수 가필스 소버스경트로피'까지 획득하며 전례 없는 3관왕에 올랐다.

ODI 경기에서 위켓 5개를 기록한 최연소 선수

2018년 2월 16일 무지브 우르 라만(아프가니스탄, 2001년 3월 28일생)은 UAE 샤르자에서 열린 짐바브웨와의 ODI 경기에서 16세 325일의 나이로 위켓 5개를 잡아냈다.

ODI 커리어 최다 헌드레드 기록(여자)

메그 래닝(호주)은 2011년 1월 5일~2018년 10월 22일에 열린 69경기에서 12회의 ODI 센추리를 기록했다. 그녀의 ODI 최고 득점은 152점이다.

ICC 여자 월드트웬티20(T20) 토너먼트 최다 승

호주 팀은 ICC 여자 T20 대회에서 4회 우승했다(2010년, 2012년, 2014년, 2018년). 이들은 2018년 11월 24일 앤티가에서 잉글랜드 팀을 결승에서 꺾으며 가장 최근 타이틀을 차지했다.

T20 인터내셔널 경기 커리어 최다 런(남자)

로힛 샤르마(인도)는 2019년 2월 8일 뉴질랜드 오클랜드 에덴파크에서 열린 뉴질랜드 팀과의 T20 인터내셔널 경기에서 50득점을 올리며 역대 최다 득점을 거둔 남자 선수가 됐다. 2019년 2월 26일 샤르마는 자신의 기록을 2,331런으로 늘렸다.

T20 인터내셔널 한 경기 최다 런(남자)

은 아론 핀치(호주)가 2018년 7월 3일 짐바브웨 하라레 스포츠 클럽에서 짐바브웨 팀을 상대로 올린 172점이다. 그는 포 16개와 식스 10개를 쳤다.

T20 인터내셔널 팀 최다 득점(여자)

잉글랜드 여자팀은 2018년 6월 20일 영국 서머싯 톤턴에서 열린 3국국 시리즈에서 남아프리카 팀을 상대로 250점을 기록했다. 이들은 뉴질랜드 팀이 같은 날 남아프리카 팀을 상대로 먼저 세운 216점 기록을 갈아치웠다.

T20 인터내셔널 팀 최다 득점

은 아프가니스탄 남자팀이 2019년 2월 23일 아일랜드 팀을 상대로 기록한 278점이다.

T20 인터내셔널 팀 최저 득점

멕시코 여자팀은 2018년 8월 24일 콜롬비아 보고타의 로스 피뇨스 폴로 클럽 2에서 열린 브라질 여자팀과의 경기에서 겨우 18런만 기록했다. 이 남아메리카 여자 챔피언십 경기에서 고작 2명의 멕시코 선수만 '덕(duck, 무득점)'을 면했다.

국제경기에서 위켓을 가장 많이 잡은 십 대

스핀 볼러 라시드 칸(아프가니스탄, 1998년 9월 20일생)은 20세 생일 전에 국제대회에서 176개의 위켓을 잡았다. ODI에서 110개, T20 인터내셔널에서 64개, 테스트매치에서 2개다. 칸 외에 십 대로 국제경기에서 100개 이상의 위켓을 잡은 선수는 와카르 유니스(파키스탄)가 유일하다(125개).

*식스-야구의 홈런으로 6점을 준다 *포-4점을 준다

국제경기에서 더블 센추리를 한 최연소 선수

2018년 6월 13일 아멜리아 커(뉴질랜드, 2000년 10월 13일생)는 더블린 YMCA 크리켓 클럽에서 아일랜드 팀을 상대로 17세 243일의 나이로 232점을 기록했다. 이는 여자 크리켓선수 ODI 최다 득점이다. 커는 자기 이닝에서 2회의 식스와 31회의 포를 기록했다.

NOV 20 2011년 가장 많은 회색 외계인 상품 수집 부문에서 547개의 기록이 미국 플로리다주에서 검증됐다. 리사 반더페리 허시(미국)가 피겨, 마스크, 회색 외계인이 그려진 화장지 등을 수집했다.

NOV 21 1783년 프랑수아 필라트르 드 로지에와 마르키스 다를랑드(둘 다 프랑스)가 최초의 유인 열기구 비행을 했다. 그들은 프랑스 파리 상공에서 25분 동안 머물렀다.

225

SPORTS

격투기 COMBAT SPORTS

WBO, WBC, WBA, IBF 여자 웰터급 타이틀을 4년 201일째 유지해 벨트 4개를 최장기간 유지한 통합 세계챔피언으로 기록됐다.

국제브라질리언 주짓수 연맹(IBJJF) 세계선수권대회 개인 최다 금메달

마커스 알메이다(브라질)는 IBJJF 세계선수권대회('문디알스'로도 부름)에서 11개의 금메달을 획득했다. 그는 2018년 5월 31일~6월 3일 미국 캘리포니아주 롱비피에서 열린 2018 문디알스 100kg 울트라 헤비급에 출전해 11번째 메달을 손에 넣었다. 알메이다는 12번째 금메달을 획득할 기회도 있었지만 친구 레안드로 로(브라질)가 어깨 탈구 부상으로 앱솔루트 결승에 참가할 수 없게 되자 메달을 양보했다.

국제유도연맹(IJF) 월드 투어 대회 최고령 우승자

2018년 8월 11일 미클로쉬 웅그바르(헝가리, 1980년 10월 15일생)는 37세 300일의 나이로 헝가리에서 열린 IJF 부다페스트 그랑프리 남자 -73kg급에서 우승을 차지했다. 그는 결승에서 세계챔피언에 3회나 오른 에비누마 마사시(일본)를 꺾었다.

커리어 최다 무패를 기록한 세계챔피언(여자)

세실리아 브라흐후스(노르웨이)는 2018년 12월 8일 미국 캘리포니아주 카슨시티의 스텁허브 센터에서 알렉산드라 매그시악 로페스(미국)를 만장일치 판정승으로 꺾으며 35연승을 달성했다. 복싱의 '퍼스트레이디'로 불리는데 2019년 4월 2일 기준

IJF 월드 투어 최다 메달

2010년 12월 17일부터 2019년 4월 2일까지 문크바트 우란체체그(몽골)는 IJF 월드 투어에서 34개의 메달을 획득했다. 그녀는 여자 -48kg, -52kg급에 출전해 금메달 11개, 은메달 10개, 동메달 13개를 목에 걸었다.

얼티메이트 파이팅 챔피언십(UFC) 최다 출전

2018년 12월 15일 짐 밀러(미국)는 UFC에서 31회째 대결을 펼쳤다. 그는 찰스 올리베이라(브라질, 옆 페이지

국제아마추어복싱연맹(AIBA) 세계선수권대회 최다 금메달

마리 콤(인도)은 2002년 이후 AIBA 세계선수권대회에서 금메달 6개를 따 펠릭스 사본(쿠바)이 1986~1997년 세운 기록과 동률을 이뤘다. 콤은 2018년 11월 24일 인도 뉴델리에서 열린 라이트 플라이급 결승에서 오코타 한나(우크라이나)를 꺾고(위 사진) 6번째 타이틀을 획득했다.

유도 최연소 챔피언

아제르바이잔 바쿠에서 열린 2018 유도 세계선수권대회에서 다리아 빌로디드(우크라이나, 2000년 10월 10일생, 위 사진 파란색 도복)가 17세 345일의 나이로 유도 세계챔피언이 됐다. 여자 -48kg급 결승에서 토나키 푸나(일본)를 상대로 한판승을 거뒀다.

참조)에게 1라운드에서 패하며, 총전적 18승 12패 1무효 경기를 기록했다. 밀러는 라이트급에서 17승을 올려 해당 체급 최다 승을 기록 중이다.

UFC 최다 승은 도널드 '카우보이' 세로니(미국)가 2011년 2월 5일~2019년 1월 19일 사이 기록한 22승이다.

UFC 최초 여자 2체급 동시 챔피언

2018년 12월 29일에 열린 UFC 232 대회에서 밴텀급 챔피언 아만다 누네스(브라질)가 여자 페더급 챔피언 결정전에 출전해 크리스 사이보그(브라질)를 51초 만에 꺾었다.

UFC 최다 유료 시청

2018년 10월 6일 미국 네바다주 라스베이거스의 T-모바일 아레나에서 열린 UFC 229 하빕 대 맥그리거 경기를 약 240만 명이 페이 퍼 뷰(유료 시청)로 시청했다. 엄청난 기대를 모은 코너 맥그리거(아일랜드, 사진 왼쪽)와 하빕 누르마고메도프(러시아, 사진 오른쪽)의 UFC 라이트급 챔피언전은 누르마고메도프의 4라운드 서브미션 승리로 마무리됐다. 하지만 경기가 끝나고 한차례 난동이 펼쳐지며 장내가 아수라장이 됐다.

NOV 22 2015년 미국 펜실베이니아주에서 열린 필라델피아 마라톤 대회에서 브라이언 랭(미국)이 산타클로스 복장으로 마라톤 최단시간 완주 기록(2시간 54분 2초)을 세우며 때 이른 크리스마스를 즐겼다.

NOV 23 2007년 독일 쾰른에서 토마스 블랙손(영국)이 **가장 무거운 물체의 날 삼키기**에 성공했다. 그가 삼킨 디월트 D25980 데몰리션 해머(전동 드릴)의 무게는 38kg이었다.

(브라질)는 UFC 대결에서 서브미션 승리를 13회 기록했다. 그는 UFC 파이트 나이트 137에서 크리스토스 기아고스(미국)를 '리어네이키드 초크' 기술로 제압하며 호이스 그레이시의 10승 기록을 뛰어넘었다.

ONE 챔피언십 최다 방어(여자)

안젤라 리(싱가포르, 캐나다 출생)는 2018년 5월 18일 여자 아톰급 타이틀 3차 방어전에서 승리했다. 그녀는 라이벌 야마구치 메이(일본)를 만장일치 판정승으로 이겼다.

세계 펜싱 선수권대회 최다 금메달 국가

이탈리아는 FEI 세계 펜싱 선수권대회에서 총 116개의 금메달을 획득했다. 개인전 54개, 단체전 62개다. 중국 장쑤성 우시에서 열린 2018 세계 펜싱 선수권대회에서 이탈리아는 플뢰레 남녀 개인전, 에페 여자 개인전, 플뢰레 남자 단체전에서 4개의 금메달을 추가했다.

남자 세계 태권도 팀 챔피언십 최다 승리

2018년 9월 25일 이란은 UAE 푸자이라에서 열린 세계 태권도 팀 챔피언십에서 러시아를 1점 차이로 꺾고 3번째 타이틀을 차지했다. 2006년 시작한 이 대회의 이전 명칭은 '태권도월드컵 팀 챔피언십'이다. 가장 많이 우승한 여자팀은 대한민국과 2018년도 챔피언 중국으로 총 5회를 기록했다.

스모 최고 계급 최다 승

하쿠호 쇼(몽골)는 2019년 3월 25일 기준 스모 최고 계급 마쿠우치에서 1,026승을 거뒀다. 그는 2018년 9월 22일 열린 가을 스모 대회에서 고에이도를 꺾고 1,000회째 승리를 기록했다. 또 2019년 봄 대회에서 15전 15승으로 완벽한 우승을 거두며 자신이 가지고 있는 **스모 최고 계급 대회 최다 우승 기록**(42회)과 **스모 최고 계급 대회 최다 무패 우승**(15회) 기록의 숫자를 늘렸다.

누네스는 코너 맥그리거(페더급, 라이트급), 다니엘 코미어(미국, 라이트헤비급, 헤비급)에 이어 단 3명뿐인 UFC 2체급 동시 챔피언에 등극했다. 이는 **UFC 세계 타이틀 최다 체급 동시 석권** 기록이다. 누네스는 사이보그를 꺾으며 10승을 기록했는데, **UFC 여자 파이터 최다 승**이다.

UFC 최다 서브미션 승리

2010년 8월 1일~2019년 2월 2일 사이 찰스 올리베이라

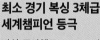

최소 경기 복싱 3체급 세계챔피언 등극

바실 로마첸코(우크라이나)는 2018년 5월 12일 프로 경기 12번째 무대에서 WBA 라이트급 세계챔피언에 등극했다. 그는 이미 페더급, 주니어 라이트급 타이틀을 손에 쥔 상태였다. 로마첸코는 앞서 2016년 6월 11일, 단 7전 만에 **최소 경기 복싱 2체급 세계챔피언 등극** 기록도 세웠다.

헨리 세주도는 마크 슐츠, 케빈 잭슨(둘 다 미국)에 이어 3번째로 UFC에 진출한 올림픽 금메달리스트다.

올림픽과 UFC를 모두 석권한 최초의 운동선수

2008 베이징 올림픽 프리스타일 레슬링 55kg급 금메달리스트 헨리 세주도(미국, 왼쪽 작은 사진)가 2018년 8월 4일 열린 UFC 227 플라이급 타이틀매치에서 드미트리우스 존슨(미국)에게 승리를 거뒀다. 그는 로스앤젤레스의 스테이플스 센터에서 2013년 1월 26일~2017년 10월 7일 사이 UFC 타이틀 방어전 최다 연속 성공(11회) 기록을 보유한 존슨을 다수결 판정승으로 꺾었다.

 NOV 24 1963년 TV 시청자들은 미국 대통령 존 F 케네디의 암살범으로 지목된 리 하비 오스월드가 나이트클럽 소유자 잭 루디(모두 미국)의 총에 맞는 모습을 목격했다. **TV에 최초로 생방송된 살인 장면이다.**

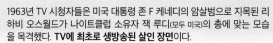 **NOV 25** 2012년 호주 스카우트 협회가 호주 빅토리아주 파스코베일사우스에서 **가장 큰 규모의 업고 달리기 경주를** 기획했다. 총 1,274명이 즐겁게 참가했다.

사이클링 CYCLING

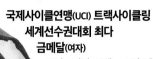

국제사이클연맹(UCI) 트랙사이클링 세계선수권대회 최다 금메달(여자)

크리스티나 보겔(독일)이 네덜란드 아펠도른에서 열린 2018 UCI 세계선수권대회 여자 스프린트 단체전과 개인전에서 우승하며 금메달 총 개수에서 안나 미어스(호주)와 동률을 이뤘다(11개). 그러나 보겔은 훈련 중 다른 선수와 충돌하며 하반신 마비가 와 비극적으로 사이클 경력을 마감하게 됐다.

1시간 언페이스드 스탠딩 스타트 최장 거리 기록(여자)

2018년 9월 13일 비토리아 부시(이탈리아)는 멕시코 아과스칼리엔테스주에서 1시간 만에 48.007km를 주행했다. 그녀는 전날 44분 만에 경기를 포기했지만, 바로 다음 날 여자 1시간 신기록을 수립했다.

개인추발 3km 최고 기록(C4, 여자)*

장애가 있지만 정식 사이클로 경기하는 선수들을 C1~C5 등급으로 분류한다. C1 선수는 신체활동에 심각한 제한이 따르지만 C5 선수는 큰 장애는 없다. 에밀리 페트리콜라(호주)는 2019년 3월 16일 장애인 트랙 사이클링 세계선수권대회 C4 개인추발 결선에서 3분 43초620을 기록해 자신의 세계기록을 10초 차이로 경신했다. 교사인 그녀는 2007년 다발

*UCI 비준 대기 중인 기록

개인추발 3km 최고 기록(여자)

클로에 다이거트(미국)는 2018년 3월 3일 네덜란드 아펠도른에서 열린 UCI 트랙사이클링 세계선수권대회 여자 개인추발에서 3분 20초060으로 우승했다. 그녀는 이날 사라 해머(미국)의 기록을 2회나 깼는데, 예선에서 3분 20초072를 기록했고 결선에선 더 빠른 기록을 냈다. 다이거트는 지금까지 세계선수권대회에서 금메달을 5회나 획득했다.

여자 플라잉 200m 타임 트라이얼 최고 기록(B)

시각장애가 있는 사이클선수 소피 손힐과 파일럿 헬렌 스콧(둘 다 영국)은 2018년 3월 25일 장애인 사이클링 트랙 세계선수권대회에서 10초891로 금메달을 땄다. 또 2018년 4월 5일 영연방 대회에서는 10초609를 기록했다(위 사진).

성경화증을 진단받았다.

개인추발 4km 최고 기록(남자)

그래블 레이스에서 전향한 트랙사이클링 선수 애쉬턴 램비(미국)는 2018년 8월 31일 멕시코 아과스칼리엔테스주에서 열린 팬아메리칸챔피언십 남자 개인추발 종목에서 4분 7초251을 기록했다.

단체추발 4km 최고 기록(남자)

샘 웰스포드, 컬랜드 오브라이언, 리 하워드, 알렉스 포터(모두 호주)는 2019년 2월 28일 UCI 트랙사이클링 세계선수권대회에서 3분 48초012의 기록으로 우승을 거뒀다.

투르드프랑스 최다 출전

실뱅 샤바넬(프랑스)은 2018년 39세의 나이로 투르드프랑스에 18회째 출전해 종합 순위 39위로 경기를

마쳤다. 이 대회에 2001년 데뷔한 샤바넬은 2007년, 2012년을 빼고 모두 완주해 1970~1973년, 1975~1986년 총 16회 완주한 헨드릭 '욥' 주테멜크(네덜란드)와 투르드프랑스 최다 완주 기록을 공유했다.

UCI 산악자전거월드컵 다운힐 최다 우승(여자)

레이첼 애서튼(영국)은 UCI 산악자전거월드컵(다운힐 코스)에서 총 6회 우승했다(2008년, 2012~2013년, 2015~2016년, 2018년).

UCI 사이클로크로스월드컵 최다 우승(여자)

제네 칸트(벨기에)는 2018년 1월 28일 네덜란드 후게르하이데에서 3회째 사이클로크로스 타이틀을 차지했다. 2005/2006년, 2009/2010년, 2011/2012년 우승한 다프니 밴 덴 브랜드(네덜란드)와 동률이다.

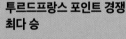

투르드프랑스 포인트 경쟁 최다 승

피터 사간(슬로바키아)은 2018 투르드프랑스의 포인트 경쟁 부문에서 6회째 승리하며, 1996~2001년 승리한 에릭 자벨(독일)과 동률을 이뤘다. 이는 1953년 도입된 채점 방식으로, 투어의 매 구간이 끝나면 중간 스프린트의 순위에 따라 점수가 주어진다. 포인트 경쟁에서 선두인 선수는 전통적으로 녹색 저지를 입게 돼 있다.

> 피터 사간은 **투르드스위스 최다 구간 승리 기록**도 보유하고 있다. 2011~2018년 16회를 기록 중이다.

그랜드 투어 최다 연속 완주

아담 한센(호주, 사진 가운데, 오른쪽은 동료 선수 알베르토 콘타도르, 왼쪽은 지로디탈리아 대회 디렉터 마우로 베그니)은 2011년 9월 11일~2018년 5월 27일 그랜드 투어 경기, 즉 투르드프랑스, 지로디탈리아, 부엘타아에스파냐 대회를 20회 연속 완주했다. 그가 보여준 엄청난 지구력은 2018년 지로디탈리아에서 끝났는데, 그는 같은 해 투르드프랑스에 출전하지 않겠다고 선언했다.

NOV 26 2005년 비자이팟 싱하니아(인도)는 인도 뭄바이에서 캐머런 Z-1600 열기구를 타고 2만 1,027m를 날아올라 **열기구 최고 고도 비행**에 성공했다.

NOV 27 2014년 노베르토 로코로 알려진 노버트 셀마(폴란드)는 아일랜드 더블린에 있는 디 언더그라운드 템플 바에서 음향기기의 덱을 200시간이나 돌려가며 **최장시간 마라톤 클럽 디제잉**에 성공했다.

오토 스포츠 AUTO SPORTS

최초의 여자 모터사이클 월드 챔피언

아나 카라스코(스페인)는 2018년 9월 30일 국제모터사이클연맹(FIM) 월드슈퍼스포츠 300 챔피언십 시즌 마지막 경주에서 13위를 해 1점 차이로 아슬아슬하게 타이틀을 땄다. 그녀는 이몰라(이탈리아), 레스터셔(영국)에서 승리해 93점으로 시즌을 마쳤다.

슈퍼바이크 월드챔피언십 레이스 최다 승리

조나단 레이(영국)는 2018년 10월 26일 카타르에서 71회째 승리를 거두며 기록적인 시즌을 보냈다. 그는 지난 2018년 6월 9일 체코 오토모토드롬 브르노에서 1999년 이후 깨지지 않던 칼 포가티(영국)의 59승을 뛰어넘었다.

또 2018 챔피언십에서 전대미문의 11연승을 거뒀다. 이 과정에서 포가티의 **슈퍼바이크 월드챔피언십 최다 우승** 기록과 동률을 이뤘는데(4회), 레이는 연속 우승이라는 점이 다르다(2015~2018년).

모터사이클 그랑프리에서 승리를 따낸 최연소 라이더

2018년 11월 18일 모토3 레이스의 라이더 잔 윈쥐(터키, 2003년 7월 26일생)는 스페인 발렌시아 그랑프리에서 15세 115일의 나이로 체커 깃발을 받았다. 그랑프리 데뷔전에서 4위로 예선을 통과한 그는 도로가 젖어 몇몇 선수가 사고를 일으키는 극적인 상황에서도 승리를 거뒀다.

미국 핫로드협회(HNRA) 드래그 레이싱 프로스톡모터사이클 레이스 최고 속도

2018년 11월 11일 맷 스미스(미국)는 캘리포니아주 포모나에서 열린 오토 클럽 HNRA 파이널에서 323.83km/h의 속도를 기록했다. 스미스는 대회 결승에서 에디 크라비에츠(미국)를 꺾고 프로스톡모터사이클 월드챔피언십 3회째 우승을 결정지었다.

HNRA 드래그레이싱 톱 퓨엘 레이스 최고 속도(1,000ft)

토니 슈마허(미국)는 2018년 2월 23일 애리조나주 챈들러에서 열린 NHRA 애리조나 내셔널스 대회에서 541.65km/h의 속도를 기록했다.

NASCAR 트럭 시리즈 최다 승리

카일 부시(미국)는 2019년 3월 26일 기준 NASCAR 트럭 시리즈 경주에서 총 54승을 거뒀다. 그는 2019년 2월 23일 미국 조지아주 애틀랜타에서 열린 얼티메이트 테일게이팅 200 대회에서 승리하며 론 호나데이 주니어(미국)의 51승을 뛰어넘었다.

F1 그랑프리 랩 평균 최고 속도

페라리의 키미 라이쾨넨(핀란드)은 2018년 9월 1일 국립몬차자동차경주장에서 열린 이탈리아 그랑프리 예선에서 1바퀴 평균 속도 263.587km/h를 기록했다. 5.7km 코스에서 1분 19초119를 기록해 폴 포지션을 차지했다.

월드랠리챔피언십(WRC) 최다 승리

세바스티앙 뢰브(프랑스)는 2018년 10월 25~28일 열린 카탈루냐 랠리에서 WRC 레이스 79회째 승리를 차지했다. 2012년 풀타임 랠리에서 은퇴한 뢰브는 5년도 더 지난 뒤 시트로엥 레이싱 팀에 초청 선수로 출전한 경기에서 승리를 기록했다.

포뮬러1(F1) 최다 연속 포인트 획득

2016년 10월 9일~2018년 6월 24일 루이스 해밀턴(영국)은 메르세데스 팀 소속으로 33경기 연속 포인트 획득에 성공했다. 이 기록은 2018년 7월 1일 호주 그랑프리에서 중단됐다. 2018년 해밀턴은 5회째 세계 타이틀 획득과 함께 F1 폴 포지션 최다 획득을 83회로 늘렸다.

2019년 1월 27일 시트로엥은 몬테카를로 랠리에서 WRC 100회째 승리를 자축했다. **WRC 레이스 최다 승을 기록한 제조사**다.

FIA 월드랠리크로스챔피언십 최다 승

PSRX 폭스바겐의 요한 크리스토퍼슨(스웨덴)은 2018년에 열린 12개 대회 중 11개에서 승리하며 개인 통산 2회째로 연속 랠리크로스 월드 타이틀을 확정했다. 2014~2015년 챔피언에 오른 피터 솔베르그(노르웨이)와 동률이다.

TT 레이스 최고 속도

피터 히크먼(영국)은 2018년 6월 8일 시니어 TT레이스에서 1바퀴 평균 속도 217.989km/h를 기록했다. 레이싱 여건이 좋아 다른 종목에서도 역사상 최고 기록이 많이 나왔다(표 참조).

TT 레이스 랩 최고 기록

종목	날짜	선수	시간
슈퍼바이크 TT	2018년 6월 2일	딘 해리슨	16분 50분384
슈퍼스톡 TT	2018년 6월 4일	피터 히크먼	16분 50초501
슈퍼스포트 TT	2018년 6월 4일	마이클 던롭	17분 31초328
라이트웨이트 TT	2018년 6월 6일	마이클 던롭	18분 26초543
TT 제로	2018년 6월 6일	마이클 루터	18분 34초956
사이드카 TT	2018년 6월 8일	벤과 톰 버챌	18분 59초018

*모두 영국 선수

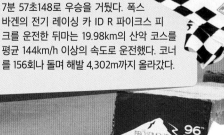

브로드무어 파이크스 피크 인터내셔널 힐 클라임 최단시간 완주

2018년 6월 27일 로망 뒤마(프랑스)는 '구름으로 향하는 레이스'에서 7분 57초148로 우승을 거뒀다. 폭스바겐의 전기 레이싱 카 ID R 파이크스 피크를 운전한 뒤마는 19.98km의 산악 코스를 평균 144km/h 이상의 속도로 운전했다. 코너를 156회나 돌며 해발 4,302m까지 올라갔다.

 NOV 28 1996년 블루워터 리커버리스(영국)가 가장 깊은 곳에 있는 난파선에 도달했다. 2차 세계대전 때의 밀항선 SS 리오그란데는 대서양 남쪽 해저 5,762m 지점에 난파해 있었다.

NOV 29 1976년 개로 인한 비행기 사고가 최초로 발생했다. 미국 애리조나주 상공을 날던 그랜드캐니언 에어파이퍼 32-300기에 목줄 없이 타고 있던 독일 셰퍼드가 조종석을 건드리며 문제가 일어났다.

229

역도 WEIGHTLIFTING

장애인 파워리프팅 -55kg급 최고 기록(여자)

2019년 2월 9일 우크라이나의 마리아나 셰브추크는 UAE 두바이에서 열린 제10회 파자 월드 패러 파워리프팅 월드컵에서 131kg을 기록했다.

역도 55kg급 용상 최고 기록(남자)

엄윤철(북한)은 2018년 11월 2일 투르크메니스탄 아슈하바트에서 열린 IWF 세계선수권대회에서 용상 162kg을 기록했다. 그는 합계 282kg으로 타이틀을 차지했다.

역도 59kg급 용상 최고 기록(여자)

2019년 2월 24일 첸 구이밍(중국)은

역도 59kg급 최고 기록(여자)

2018년 11월 4일 투르크메니스탄 아슈하바트에서 열린 국제역도연맹(IWF) 세계선수권대회에서 싱 춘 쿠오(대만)가 합계 237kg으로 금메달을 획득했다. 그녀는 **59kg급 인상 최고 기록(여자)**인 105kg을 드는 데 성공했고, 용상에서는 132kg을 기록했다. IWF는 2018년 체급을 완전히 새롭게 분류해 11월 1일 이후 세계신기록들이 다시 작성되고 있다.

가장 무거운

장애인 파워리프트 -107kg급 최고 기록(남자)

2018년 10월 12일 소드놈필리 엥흐바야르(몽골)는 인도네시아 자카르타에서 열린 아시안패러게임에서 벤치프레스로 244kg을 들어올렸다. 이 대회에서 세워진 5개의 세계신기록 중 미지막 기록이다. 유지이오 탄(중국)은 2018년 10월 9일 **장애인 파워리프팅 -67kg급(여자) 최고 기록**을 작성했다(140.5kg). 4회째 추가 기회에서 기록을 달성했다. 같은 날, 루할라 로스타미(이란)는 229kg을 들어올려 **장애인 파워리프팅 -72kg급(남자) 최고 기록**을 작성했다. 2018년 10월 10일 릴리 수(중국)는 **장애인 파워리프팅 -79kg급(여자) 최고 기록**인 141kg을 들어올리는 데 성공했다. 2018년 10월 11일 지숑 예(중국)는 **장애인 파워리프팅 -88kg급(남자) 최고 기록**인 234kg을 들어올리며 금메달을 획득했다. 그는 한 달 전 일본에서 자신이 세운 233.5kg의 기록을 경신했다.

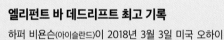

역도 96kg급 합계 최고 기록(남자)

소흐랍 무하디(이란)는 2018년 11월 7일 아슈하바트에서 최종 합계 416kg로 3개의 신기록을 세웠다. **96kg급 인상 최고 기록(남자)** 186kg, **96kg급 용상 최고 기록(남자)** 230kg을 들어올렸다. 또 체급 분류가 바뀌기 3개월 전 IWF 94kg급 인상 마지막 신기록도 작성했다.

중국 푸젠성에서 열린 IWF 월드컵에서 용상으로 136kg을 들어올렸다.

역도 64kg급 합계 최고 기록(여자)

덩 웨이(중국)는 2019년 2월 25일 푸저우에서 합계 254kg을 기록했다. **64kg급 인상 최고 기록(여자)** 113kg, **64kg급 용상 최고 기록(여자)** 141kg을 함께 세웠다.

역도 71kg급 합계 최고 기록(여자)

왕리 장(중국)은 2018년 11월 6일 아슈하바트에서 열린 세계선수권대회에서 합계 267kg으로 타이틀을 차지했다. **71kg급 용상 최고 기록(여자, 152kg)**도 함께 세웠다.

역도 +109kg급 합계 최고 기록(남자)

라쇼 탈라카제(조지아)는 2018년 11월 10일 아슈하바트에서 열린 IWF 세계선수권대회 슈퍼헤비급에 출전해 합계 474kg을 기록했다. 그는 하루 동안 세계신기록을 7회나 세웠는데, **+109kg급 인상 최고 기록(남자)** 217kg과 **+109kg급 용상 최고 기록(남자)** 257kg이 포함돼 있다. 탈라카제는 IWF의 체급 분류가 바뀌기 전에는 +105kg급으로 출전해 3가지 기록을 모두 세웠다.

장애인 파워리프트 -50kg급 최고 기록(여자)

에스더 오예마(나이지리아)는 2018년 4월 10일 호주 퀸즐랜드주 골드코스트에서 열린 커먼웰스 게임 여자 라이트급에 출전해 131kg을 기록하며 타이틀을 차지했다. 이 나이지리아인은 패러 파워리프트 타이틀 4개를 모두 휩쓸었다.

엘리펀트 바 데드리프트 최고 기록

하퍼 비욘슨(아이슬란드)이 2018년 3월 3일 미국 오하이오주 콜럼버스에서 열린 아놀드 스트롱맨 클래식에서 472.1kg의 엘리펀트 바를 데드리프트로 들어올려 제리 프리챗(미국)의 이전 기록(467.65kg)을 경신했다. 배우로서 HBO의 〈왕좌의 게임〉에 출연한 비욘슨은 아놀드 스트롱맨 클래식, 유럽 스트롱기스트 맨, 월드 스트롱기스트 맨에서 우승하며 놀라운 나날을 보내고 있다.

올림픽 역도선수들은 인상과 용상으로 힘을 겨루지만 파워리프트선수들은 벤치프레스, 인상, 데드리프트로 자웅을 겨룬다.

*모든 기록은 관련 연맹에서 규정하는 체급으로 정리했다.

NOV 30 1954년 미국 앨라배마주 실러코가에 살던 앤 호지스(미국)는 5.5kg 무게의 콘드라이트 파편이 집 지붕을 뚫고 들어와 운석에 다친 최초의 사람이 됐다.

DEC 1 2017년 요나스 리베(프랑스)는 **가장 많은 동물원에 방문한 사람(개인)**으로 기록됐다(1,068곳). 그는 1987년 이후 50개국의 야생 공원과 동물보호구역을 여행했다.

예술 종목 ARTISTIC SPORTS

국제빙상경기연맹(ISU) 세계 싱크로나이즈드 스케이팅 선수권대회 최다 메달(팀)

2018년 4월 7일 팀 서프라이즈(스웨덴)가 세계 싱크로나이즈드스케이팅 선수권대회에서 은메달을 획득, 12번째 메달을 차지했다. 팀 마리골드 아이스유너터(핀란드)도 총 12개의 메달을 땄지만, 팀 서프라이즈는 최다 금메달이 포함된 기록이다(6개). 1950년대 프리시전 스케이팅이라는 명칭으로 시작된 싱크로나이즈드스케이팅은 2000년 처음 세계선수권대회가 열렸다.

피겨스케이팅 쇼트 프로그램 최고 점수(여자)

키히라 리카(일본)는 2019년 4월 11일 일본 후쿠오카에서 열린 ISU 월드 팀 트로피 대회에서 쇼트 프로그램 연기로 83.97점을 기록했다. 아이스스케이팅에 관한 기록은 240~241쪽에 더 나온다.

리듬체조 곤봉 개인 최고 점수

2018년 8월 18일 리노이 아쉬람(이스라엘)은 벨라루스 민스크에서 열린 국제체조연맹(FIG) 월드챌린지컵에서 곤봉 연기로 20.65점을 획득했다. 리듬체조의 종목은 리본, 후프, 공, 줄, 곤봉으로 구성된다.

FIG의 채점규칙에 등록된, 자신의 이름을 딴 기술이 가장 많은 체조선수(남자)

시라이 겐조(일본)는 FIG 2017~2020년 채점규칙에 자신의 이름을 딴 기술이 6가지나 등록돼 있다. 3가지는 마루, 3가지는 도마 기술이다. 그의 이름을 딴 6번째 기술인 도마의 '시라이 3'은 2017년 2월 25일 시라이가 대회에서 처음 수행하며 정식 기술로 인정됐다.

국제사이클연맹(UCI) 아티스틱사이클링 최고 점수(여자, 싱글)

아이스스케이트선수나 체조선수들과 달리 UCI 아티스틱사이클링선수들은 고정기어 자전거를 타고 5분 동안 음악에 맞춰 프로그램을 선보인다. 이리스 슈바르츠헙트(독일)는 2018년 9월 8일 독일 벤들링엔에서 열린 독일 마스터스 #1 대회에서 191.86점으로 여자 솔로 최고점을 달성했다.

UCI 아티스틱사이클링 최고 점수

종목	선수	점수	날짜
남자, 싱글	다비드 슈나벨(독일)	208.91	2011년 11월 6일
여자, 페어	카트린 슐테이스, 산드라 스프린크메이어(둘 다 독일)	165.12	2013년 9월 21일
오픈, 페어	안드레 버그너, 베네딕트 버그너(둘 다 독일)	168.68	2015년 8월 28일
여자, ACT-4	셀린 버렛, 제니퍼 슈미드, 멜라니 슈미드, 플라비아 쥐베르(모두 스위스)	234.44	2017년 9월 30일

모든 정보는 2019년 2월 1일 기준

여자 기록은 7개로, 소련의 체조선수 넬리 킴이 보유하고 있다. 그녀의 이름을 딴 기술이 도마에 3개, 평균대에 2개, 마루에 2개 있다.

세계 기계체조 선수권대회 단일 종목 최다 메달

옥사나 추소비티나(우즈베키스탄)는 세계 기계체조 선수권대회 도마 종목에서 1991~2011년 사이 9개의 메달을 획득했다. 금메달 1개, 은메달 4개, 동메달 4개다. 2018년 세계선수권대회에서 43세의 나이로 도마 4위에 올랐다.

추소비티나는 2020년 도쿄 올림픽에도 출전할 계획이다. 그녀는 2016년 브라질 리우데자네이루 올림픽에 41세 56일의 나이로 출전해 이미 최고령 올림픽 체조선수(여자)로 이름을 올렸다.

아티스틱스케이팅 세계선수권대회 시니어 남자 인라인 최다 타이틀

이판 첸(대만)은 2018년 10월 4일 프랑스 무이롱 르 캐프티후에서 열린 아티스틱스케이팅 세계선수권대회에서 자신의 4회 연속 인라인 타이틀을 확정지었다.

시니어 여자 인라인 최다 타이틀은 11회로 실비아 마란고니(이탈리아)가 2002년, 2004년, 2006~2013년, 2015년에 달성했다. 그녀는 2003년, 2005년, 2014년에는 은메달을 획득했다.

FINA 아티스틱스위밍 월드 시리즈 최고 점수(여자, 솔로 프리)

스베틀라나 콜레스니첸코(러시아)는 2018년 3월 11일 프랑스 파리 FINA 아티스틱스위밍 월드 시리즈에서 95.500점을 기록했다. 그녀는 세계선수권대회에서 13개의 금메달을 땄지만, FINA 싱크로나이즈드스위밍 최다 금메달(19개)의 나탈리야 이셴코(러시아)가 6개나 더 많다.

트램펄린 체조 세계선수권대회 개인 최다 연속 타이틀

가오 레이(중국)는 2018년 11월 10일 러시아 상트페테르부르크에서 자신의 3회 연속 세계 타이틀을 확정지었다. 1990년, 1992년, 1994년 우승한 알렉산더 모스칼렌코(러시아)와 동률이다. 여자 최다 연속 개인 타이틀은 5회로 주디 윌스 클라인(미국)이 1964~1968년에 달성했다.

세계 기계체조 선수권대회 최다 금메달

카타르 도하에서 열린 2018 세계 기계체조 선수권대회에서 시몬 바일스(미국)가 금메달 4개를 획득해 커리어 통산 금메달을 14개로 늘리며 비탈리 셰르보(러시아)의 12개 기록을 뛰어넘었다. 그녀의 기록에는 개인 최다 세계선수권 올 어라운드 타이틀(4회)도 포함돼 있는데, 2013~2015년, 2018년에 달성했다. 바일스는 스베틀라나 호르키나(러시아, 1994~2003년 기록)와 함께 세계 기계체조 선수권대회 최다 메달 기록(여자)도 가지고 있다(20개).

DEC 2 2009년 가장 키가 큰 불상 기록이 측정됐다. 중국 허난성 루산현에 있는 중위안 불상의 높이는 자유의 여신상보다 3배 가까이 높은 127.64m다.

DEC 3 1973년 나사의 우주선 파이오니어 10호가 최초로 목성을 근접 비행했다. 이 우주선은 거대 가스 행성의 구름 위 13만km 거리까지 접근했다.

231

과녁 스포츠 TARGET SPORTS

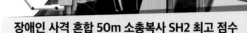

미국 프로볼링협회(PBA) 메이저 챔피언십 최다 우승

2019년 3월 21일 제이슨 벨몬트는 미국 미시간주 앨런 파크의 선더볼 레인스에서 열린 PBA 세계선수권대회에서 제이콥 버터프를 236 대 227로 꺾었다. 이 대회 2회째 우승과 함께 메이저 타이틀을 11회 획득했다. '양손' 투구 자세로 유명한 벨몬트는 플레이어스 챔피언십 2회, USBC 마스터스 4회, 챔피언스 대회 3회 우승을 기록했다. 2019년 4월 기준 5개의 PBA 메이저 대회 중 US 오픈에서만 우승하지 못했다.

프리미어 리그 다트 결승 평균 최고 점수

2018년 5월 17일 마이클 반 거윈(네덜란드)은 프리미어 리그 다트 대회 결승에서 마이클 스미스를 11 대 4로 꺾으며 3회 평균 112.37점을 기록했다. 이 점수는 그가 2015년 2월 1일 더 마스터스에서 기록한, **TV로 방송된 다트 결승 평균 최고 점수**에 약간 못 미친다(112.49).

리커브 양궁 실외 30m, 36발 최고 점수(남자)

2018년 6월 15일 김현종(대한민국)은 대한민국 광주에서 열린 36회 대통령기 전국남녀양궁대회에서 360점/27x로 세계신기록을 수립했다. 36발을 모두 10점 과녁에 맞췄고, 그중 27발이 X링(10점 안의 더 작은 링) 안에 들어갔다. 김현종은 18세의 나이로 김우진(대한민국)이 기록한 360점/26x를 경신했다.

리커브 양궁 실외 70m, 72발 최고 점수(여자)

강채영(대한민국)이 2018년 5월 21일 터키 안탈리아에서 열린 월드컵대회 예선에서 72발을 쏴 691점을 기록했다.

컴파운드 양궁 실외 60m, 36발 최고 점수(여자)

2018년 3월 31일 다넬 벤첼(남아공)은 요하네스버그의 마크스 파크 양궁 클럽에서 열린 남아프리카 전국 양궁 선수권대회에 출전해 60m 경기에서 36발을 쏴 357점을 기록했다. 벤첼은 10년 이상 깨지지 않던 글래디스 빌럼의 356점 기록을 1점 차이로 경신했다.

컴파운드 양궁 실외 15발 최고 점수(여자)

2018년 5월 12일 린다 오초아 안데르손(멕시코)은 미국 플로리다주의 뉴베리에서 열린 이스턴 파운데이션 게이터 컵 본선에서 15발을 쏴 150점/11x를 기록했다. 모든 화살을 10점에 적중시켰고, 11발은 X링 안에 들어갔다. 이 종목 **남자** 기록은 150점/12x

로 세계 챔피언에 6회나 오른 리오 와일드(미국)가 2015년 5월 7일 중국 상하이에서 열린 양궁 월드컵에서 기록했다.

국제사격연맹(ISSF) 10m 공기권총 최고 점수(남자)

차우다리 소럽(인도)은 2019년 2월 24일 인도 뉴델리에서 열린 ISSF 월드컵대회에서 245점을 기록했다. 16세가 된 후 처음 참가한 성인 대회에서 기록한 점수다. 다음 날, 커먼웰스 게임스 금메달리스트인 아푸르비 찬델라(인도)는 역시 뉴델리에서 **ISSF 10m 공기소총 최고 점수(여자)**를 달성했다. 베로니카 마요르(헝가리)는 2019년 2월 24일 결승에서 최대 50개의 표적 중 40개를 맞혀 **ISSF 25m 권총 최고 점수(여자)**를 기록하며 대회의 신기록 행진을 이어갔다(252.9점).

ISSF 트랩 최고 점수(여자)

애슐리 캐롤(미국)은 2018년 3월 5일 멕시

장애인 사격 혼합 50m 소총복사 SH2 최고 점수

대한민국 청주에서 열린 2018 IPC(국제패럴림픽위원회) 세계사격선수권대회에서 5월 11일 16세의 크리스티나 훈코바(슬로바키아)가 혼합 50m 소총복사 SH2 종목에서 205.7점을 기록했다. 이 종목은 2020년 도쿄 패럴림픽에서 처음으로 도입될 예정이다. 참가자는 사격에 사용할 화기를 소지해야 한다.

코 과달라하라에서 열린 ISSF 월드컵대회에서 50개의 표적 중 48개를 적중시켰다. 트랩은 클레이 피전의 한 종목으로 표적이 하나의 기기에서 발사된다.

말발굽던지기 세계선수권대회 최다 우승(남자)

앨런 프란시스(미국)는 2018년 NHPA 세계 말발굽던지기 대회에서 23회째 남자 타이틀을 차지했다. 그는 15경기에서 14경기를 승리로 장식했다.

세계 크로케 선수권대회 개인 최다 참가

스티븐 뮬리너(영국)는 1989년 이후 세계 크로케 선수권대회에 15회 참가했다. 그는 2018년 2월 3~11일 뉴질랜드에서 열린 2018 웰링턴 세계선수권대회에 참가하며 데이비드 오픈쇼와 로버트 풀포드의 기록을 앞질렀다. 뮬리너는 2016년 딱 1회 타이틀을 차지했다.

1,000센추리를 기록한 최초의 스누커 선수

로니 오설리반(영국)은 2019년 3월 10일 프로 스누커에서 1,000회째 센추리(한 번 공격에 100점 이상 득점)를 기록했다. 영국 랭커셔에서 열린 코럴 플레이어스 챔피언십에서 닐 로버트슨을 상대로 마지막 프레임에 134브레이크와 함께 대기록을 작성하며 10 대 4로 승리를 거머쥐었다. 오설리반의 센추리 기록에는 1997년 월드 스누커 챔피언십에서 작성한 **최다 147브레이크**(15회), **최단시간 147브레이크** 기록(5분 8초)도 포함돼 있다. 최단시간 기록은 영상 분석을 통해 이전보다 단축된 시간으로 공식 수정됐다.

여자 컬링 세계선수권대회 최다 우승

캐나다 팀은 1980년 이후 여자 컬링 세계선수권대회에서 17회 우승했다. 가장 최근 캐나다 온타리오주 노스베이의 '홈 아이스'에서 세니어 존스가 스킵을 맡아 팀을 이끌어, 결승에서 스웨덴 팀을 7 대 6으로 꺾으며 우승했다. **남자 최다 우승**은 36회로, 역시 캐나다 팀이 1959~2017년 사이에 기록했다.

2018/2019 놀라운 시즌을 보낸 오설리반은 2019년 3월 28일 기준 스누커 커리어 **최다 랭킹 타이틀**을 36회로 늘리며 스티븐 헨드리(영국)와 동률을 이뤘다.

DEC 4 2013년 찰리 빅햄의 '스위시 파이'가 영국에서 514.73달러에 출시돼 **가장 비싼 간편식**으로 기록됐다. 여기에는 돔 페리뇽 소스에 데친 로브스터, 가자미, 굴이 들어가 있다.

DEC 5 2015년 라트네쉬 판데이(인도)가 인도 마디아 프라데시주 인도르에서 **모터사이클 시트 위에 서서 가장 멀리 가기** 기록을 달성했다. 그는 혼다 유니콘 오토바이로 32.3km를 주행했다.

골프 GOLF

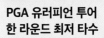

미국프로골프협회(PGA) 투어 커리어 최다 상금

타이거 우즈(미국)는 2019년 4월 15일 PGA 투어에서 1억 1,830만 9,570달러의 상금을 기록했다. 2018년 9월 23일 5년 만에 우승을 거뒀고, 2019년 4월 14일에는 더 마스터스에서 커리어 통산 15회째 메이저 타이틀을 거머쥐었다 (위 사진). 우즈는 허리 부상으로 선수로서의 위기를 맞아 2017년 남자 골프 세계랭킹에서 1,000위 밖으로 밀려났지만 재기에 성공했다. 현재 우즈는 샘 스니드(미국)가 가진 PGA 투어 최다 우승(82회) 기록을 뛰어넘기까지 단 1승만 남겨두고 있다.

PGA 투어 최다 승 왼손잡이 선수

2019년 2월 11일, 필 '레프티(왼손)' 미켈슨 (미국)은 미국 캘리포니아주 AT&T 페블 비치 프로암 대회에서 우승하며 44회째 PGA 투어 타이틀을 차지했다. 1년 안에 차지한 2회째 투어 우승이다. 미켈슨은 골프를 뺀 모든 일상에서 오른손을 쓰지만, 아버지의 동작을 따라 하며 골프를 배워 왼손으로 스윙을 한다. 그는 라이더 컵 대회 최다 출전 기록을 세우며 2018년을 마무리했는데 1995년부터 12회 연속 출전이다. 프랑스 기앙쿠르에서 열린 2018 르 골프 내셔널대회에 단장 추천 선수로 출장했지만 2경기 모두 졌다.

프로 골프 대회 최다 연속 버디

제임스 니티스(호주)는 2019년 2월 7일 호주 빅토리아주 질롱에서 열린 ISPS 한다 빅 오픈에서 연속 9회 버디를 했다. 마크 캘커베키아(미국)가 2009년 7월 25일 캐내디언 오픈에서 세운 기록과 동률이다. 양아미(대한민국), 베스 다니엘, 오마르 우레스티(둘다 미국), 레이한 토마스(인도), 브론테 로(영국)도 같은 기록을 가지고 있다.

미국여자프로골프(LPGA) 투어 한 대회 최저 타수

김세영(대한민국)은 2018년 7월 5~8일 미국 위스콘신주에서 열린 손베리 크릭 LPGA 클래식 대회에서 각 라운드를 63타, 65타, 64타, 65타로 끝내 역사상 가장 낮은 합계 257타를 기록했다. 이는 31언더파로 LPGA 72홀 경기 최다 언더파이기도 하다. 또 LPGA 72홀 대회 최다 버디도 기록했다(31회).

브는 476야드(약 435m)로 데이비스 러브 3세(미국)가 2004년 1월 11일 미국 하와이에서 열린 메르세데스 챔피언십에서 기록했다. 샷링크는 2003년 이후 골프 샷의 거리를 측정하는 레이저 기반 시스템이다. 더스틴 존슨은 2018년 3월 23일 미국 텍사스주에서 열린 WGC-델 테크놀로지 매치 플레이에서 489야드(약 447m)를 때려냈다. 하지만 매치 플레이는 스트로크 플레이와 경기 방식이 달라 정식 기록으로 인정되지 않았다.

US 오픈 한 라운드 최저 타수

2018년 6월 17일 토미 플릿우드(영국)

PGA 유러피언 투어 한 라운드 최저 타수

2018년 9월 21일 올리버 피셔(영국)가 포르투갈 마스터스에서 59타를 쳐 유러피언 투어 최초로 60타 미만의 기록을 세웠다. 피셔는 2라운드에서 10개의 버디와 1개의 이글을 했다. 이는 약 70만 라운드가 치러진 유러피언 투어 역사상 최저 타수 기록이다.

PGA 유러피언 투어 커리어 최다 상금

리 웨스트우드(영국)는 2019년 4월 15일까지 유러피언 투어에서 4,123만 6,600달러를 상금으로 받았다. 2018년 11월 11일 남아공 선시티에서 열린 네드뱅크 골프 챌린지에서 4년 만에 첫 유러피언 투어 우승을 추가했다. 당시 캐디는 여자 친구 헬렌 스토리가 맡았다. 1994년 처음 투어에 참가한 웨스트우드는 우승 24회에 451회 상금을 받았다.

PGA 투어 드라이브 최장거리

'샷링크' 시대 PGA 공식 최장거리 드라이

미국 PGA 챔피언십 최저 타수

브룩스 켑카(미국)는 미국 미주리주 벨레리브 컨트리클럽에서 열린 2018 US PGA 챔피언십에서 4라운드 합계 264타(69타, 63타, 66타, 66타, 16언더파)를 쳤다. 이 중 63타를 기록한 라운드는 PGA 챔피언십 한 라운드 최저 타수로 현재 15명의 골퍼들과 기록을 공유하고 있다.

는 미국 뉴욕에서 열린 US 오픈 마지막 라운드에서 63타를 기록했다. 이는 조니 밀러가 1973년에, 잭 니클라우스와 톰 웨이스코프(모두 미국)가 1980년에, 비제이 싱(피지)이 2003년에, 저스틴 토마스(미국)가 2017년에 기록한 타수와 동률이다. 플릿우드는 마지막 그린에서 9피트(약 2.75m) 거리의 퍼팅을 놓치는 바람에 신기록 수립에 실패했다.

메이저 대회 우승까지 가장 많이 출전한 기록

안젤라 스탠퍼드(미국)는 2018년 9월 13~16일 열린 에비앙 챔피언십에서 첫 메이저 대회 우승을 했다. 출전 경기 76회로 이전 최고 순위는 2003년 US 여자 오픈에서 기록한 공동 2위다. 그녀는 2017년 세르히오 가르시아가 74회째 대회에서 첫 우승을 거둔 기록을 경신했다.

라이더 컵에서 가장 많은 점수를 기록한 선수

유럽의 세르히오 가르시아(스페인)는 1999~2018년 라이더 컵에 9회 출전해 22승 12패 7무로 25.5점을 획득했다. 2018년 와일드카드로 선발된 가르시아는 3경기에서 승리를 거두며 닉 팔도의 이전 기록인 25점을 경신했다.

DEC 6
2002년 미국 미네소타주 미니애폴리스의 한 병원에서 가장 작은 아기가 퇴원했다. 니사 후아레스(미국)는 7월 20일, 108일의 미성숙한 상태로 태어날 당시 키가 24cm였다.

DEC 7
1995년 우주선 갈릴레오호에서 보낸 탐사선 1기가 17만km/h의 속도를 내며 목성 대기로 불을 뿜듯 하강해 대기권 진입 최고 속도를 기록했다.

233

10종 경기 최고점

케빈 마이어(프랑스)는 2018년 9월 15~16일 프랑스 탈렌스에서 열린 데카스타 국제육상경기연맹(IAAF) 혼성 경기 대회에서 총 9,126점을 기록했다. 마이어는 유럽 육상 선수권대회의 10종 경기 종목에서 파울 아웃을 한 뒤 겨우 한 달 뒤에 최초로 9,100점 이상을 득점한 선수가 됐다.

가장 빠른

실내 1마일(남자)*

2019년 3월 3일 요미프 케젤차(에티오피아)는 미국 보스턴에서 열린 브루스 르헤인 인비테이셔널 마일 대회에서 22세의 나이로 3분 47초01을 기록했다. 1997년 2월 12일 히샴 엘 게루즈(모로코)가 세운 이전 최고 기록을 1초44 앞당긴 것이다. 엘 게루즈의 **실내 1,500m 최고 기록**

(남자)*도 경신되었는데, 2019년 2월 16일 사무엘 테페라(에티오피아)가 영국 버밍엄에서 열린 IAAF 세계 실내육상 투어에서 3분 31초04로 신기록을 수립했다.

실내 400m(남자)*

마이클 노먼(미국)은 2018년 3월 10일 미국 텍사스주 컬리지 스테이션에서 열린 NCAA 남자 디비전 I 실내트랙&필드 챔피언

*IAAF에서 인증 대기 중인 기록

십에서 남자 400m 종목에 출전해 44초52로 우승했다. 이 서던 캘리포니아 대학(USC) 소속의 20세 선수는 약 13년간 깨지지 않던 케론 클레멘트(미국)의 44초57 기록을 경신했다.

같은 날 노먼은 4×400m 계주에서 USC의 앵커레그(보통 마지막 구간을 책임지는 가장 빠른 선수)로 출전해 3분 0초77로 세계신기록을 수립했다. 하지만 IAAF의 규정에 따라 공식 기록으로 인정받으려면 팀원 모두 국적이 같아야 하는데, 팀원 중 라이 벤자민은 안티구아 유소년대표 경력이 있어 2018년 10월 3일까지 미국 선수로 인정받지 못했다. 대신 3분 1초39로 결승선을 통과해 2위를 한 텍사스 A&M 팀(일로로 이즈, 로버트 그랜트, 데빈 딕슨, 마일릭 켈리, 모두 미국)의 기록이 **가장 빠른 실내 4×400m(남자)*** 기록으로 인정됐다.

실내 4×800m(남자)

조 매카시, 카일 멀버, 크리스 기스팅, 제시 건(모두 미국)으로 구성된 호카 NJ/NY 트랙 클럽 팀은 2018년 2월 25일 미국 매사추세츠주에서 열린 2018 보스턴 대학교 라스트 찬스 미트 대회에서 남자 4×800m 종목에 출전해 7분 11초30로 우승했다.

휠체어 100m(T34, 여자)

카리 아덴간(영국)은 2018년 7월

다이아몬드 리그 최다 타이틀(여자)

케터린 이바구앤(콜롬비아)은 2018년 8월 30~31일 다이아몬드 리그 세단뛰기와 멀리뛰기에서 이겨 총 6회 우승했다. 그녀는 2012~2017년 원반던지기에서 같은 횟수를 이긴 산드라 퍼코비치(크로아티아)와 동률을 이뤘다(옆 페이지 참조). 또 2018년 12월 4일 IAAF 올해의 여자 선수로 선정되며 놀라운 한 해를 마무리했다.

22일 영국 런던에서 열린 애니버서리 게임스 대회 여자 T34 100m 종목에서 16초80으로 우승을 거뒀다. 겨우 17세의 나이에 이 종목에서 17초의 벽을 넘은 최초의 여자 T34 운동선수가 됐다.

가장 빠른 휠체어 100m(T34, 남자) 기록은 리드 맥크레켄(호주)이 2018년 5월 26일 스위스에서 열린 세계 장애인선수 그랑프리에서 세운 14초80이다. 작년에 자신이 같은 대회에서 세운 14초92의 기록을 경신했다.

400m(T11, 여자)

쿠이킹 리우(중국)는 2018년 5월 13일 중국 베이징에서 열린 세계 장애인선수 그랑프리 400m 종목에서 정확하게 56초를 기록했다. 그녀는 테레지나 기예르미나(브라질)가 2007년에 세운 56초14 기록을 경신했다. T11은 시각 장애가 있는 운동선수 등급이다.

가장 멀리

멀리뛰기(T64, 여자)

2018년 8월 26일 독일 베를린에서 열린 세계 장애인 유럽 선수권대회에서 마리 아멜리 르 퓌르(프랑스)는 멀리뛰기 종목에 출전해 6.01m를 기록했다. 르 퓌르는 2004년 교통사고를 당해 왼쪽 무릎 아래가 절단됐지만 2016년 패럴림픽에서는 59초27로 **가장 빠른 400m(T64, 여자)** 기록도 달성했다.

3,000m 장애물경주 최고 기록(여자)

베아트리체 체코엑(케냐)은 2018년 7월 20일 모나코에서 열린 IAAF 다이아몬드 리그 3,000m 장애물경주에 출전해 8분 44초32를 기록했다. 이전 최고 기록을 8초 이상 앞당기며 대회에서 케냐 여자로선 최초로 세계기록을 작성했다.

1마일 4분의 벽을 넘은 최연소 선수

2017년 5월 27일 중거리달리기 선수 야곱 잉게브리크트센(2000년 9월 19일생, 노르웨이)은 미국 오리건주에서 1마일을 3분 58초07에 주파했다. 그는 2018년 겨우 17세의 나이로 유럽 육상 선수권대회에서 1,500m와 5,000m를 모두 석권했다.

DEC 8 2018년 프록터앤드갬블(브라질)이 **가장 긴 TV 광고**를 방송했다. 데오도란트 '올드 스파이스'를 홍보한 광고로 상파울루의 TV 채널 오후에서 오전 6시부터 오후 8시까지 14시간 동안 방송됐다.

DEC 9 1989년 '1487년의 거장(이탈리아의 피에트로 델 돈젤로로 추정)'이 그린 〈아르고선 선원들의 출정〉이 영국 소더비에서 660만 달러에 팔리며, **가장 비싸게 팔린 작자미상의 그림**으로 기록됐다.

실내 4×800m 최고 기록(여자)

크리슈나 윌리엄스, 레이빈 로저스, 샬린 립시, 아지 윌슨의 미국 팀이 2018년 2월 3일 뉴욕 로드러너 밀로즈 게임스에서 여자 4×800m 종목에 출전해 8분 5초89의 기록을 세웠다. 2011년 작성된 이전 기록을 경신했다. 윌슨(오른쪽 2번째)은 구간 최고 기록인 1분 58초37로 결승선을 통과하며 팀을 승리로 이끌었다.

원반던지기(F53, 여자)

라나 레비에디에바(우크라이나)는 2018년 8월 20일 세계 장애인 유럽 선수권대회에서 14.93m를 던져 금메달을 획득했다. 그녀는 23년 동안 깨지지 않던 크리스틴 스미스(뉴질랜드)의 14.46m 기록을 같은 대회에서 2회나 경신했는데, 5차와 6차 시기에 연달아 세계기록을 갈아치웠다.

원반던지기(F11, 남자)

쿠바 출생 이탈리아 선수 오네이 타피아는 2018년 8월 22일 세계 장애인 유럽 선수권대회에서 46.07m를 기록했다. 그는 자신이 2018년 4월 28일 작성한 이전 기록(45.65m)을 경신했다. 타피아는 수목 재배가로 일하던 중 2011년 떨어지는 나뭇가지에 맞아 시력을 잃었지만 2017년 TV 프로그램 〈댄싱 위드 더 스타〉에 출연하며 이탈리아에서 누구나 아는 유명인이 됐다.

곤봉던지기(F51, 남자)

패럴림픽에서 2회나 금메달을 획득한 젤리코 드미트리예비치(세르비아)는 2018년 5월 13일 크로아티아에서 32.90m의 곤봉던지기 기록을 작성했다.
앉은 자세로 경기에 참가하는 선수들은 F51~57 등급으로 분류한다.

최다

IAAF 세계 실내육상경기 최다 메달(국가)

미국은 1985년 이후 세계 실내육상 종목에서 금메달 114개, 은메달 77개, 동메달 66개로 총 257개의 메달을 획득했다. 2018년 3월 1~4일 IAAF 세계 실내육상경기에서 18개의 메달을 수확한 미국은 대회 기록도 4개나 작성했다.
IAAF 세계 실내육상경기 최다 메달(개인)은 9개로 마리아 무톨라(모잠비크)가 1993~2008년 800m 종목에서 달성했다. 나탈리야 나자로바(러시아)도 400m와 4×400m 계주에서 1999~2010년 같은 기록을 작성했다.

다이아몬드 리그 우승

원반던지기 선수 산드라 퍼코비치(크로아티아)는 2010년 6월 12일~2018년 7월 22일 다이아몬드 리그에서 42회 우승을 거둬 남녀 통틀어 가장 많이 승리했다. 그녀는 2018년 4회의 대회에서 모두 이겼으나, 시리즈 결승에서는 충격적인 패배를 당했다.

다이아몬드 리그 최연소 우승자(여자)

야로슬라바 마후치크(우크라이나, 2001년 9월 19일생)는 2019년 5월 3일 17세 226일의 나이로 IAAF 다이아몬드 리그 대회 여자 높이뛰기 종목에서 우승을 거뒀다. 2018 하계 청소년 올림픽 금메달리스트인 그녀는 실외 점프 평생 최고 기록인 1.96m를 기록하며 영광을 차지했다.

다이아몬드 리그 출전

블레싱 오카그바레(나이지리아)는 2018년 8월 30일 다이아몬드 리그에 67번째로 참가했다. 첫 출전은 2010년 7월 3일이었다.

그녀는 100m, 200m, 멀리뛰기에 출전해 결선에 10회 올랐다.

IAAF 해머던지기 대회 최다 우승

2013~2018년에 안니타 보다르치크(폴란드)는 IAAF 해머던지기 대회에서 6회 연속 우승했다. 6번째 우승에서는 228.12점을 기록했다. **IAAF 해머던지기 대회 최다 우승**(남자)은 4회로 파벨 파즈덱(폴란드)이다. 2013년, 2015년, 2016년, 2017년에 우승했다.

멀리뛰기 최고 기록(T64, 남자)

'칼날의 점퍼' 마르쿠스 렘(독일)은 2018년 8월 25일 독일 베를린에서 열린 세계 장애인 유럽 선수권대회에서 8.48m를 뛰어 금메달을 목에 걸었다. 그는 자신의 세계기록을 1cm 차이로 경신했다. 렘의 기록은 1년 전 IAAF 세계 선수권대회에서 비장애인 선수 루보 마눙가(남아공)가 우승하며 세운 기록과 동일하다.

DEC 11 2004년 500만 명 이상이 서로 손을 잡아 **가장 긴 인간 사슬**을 만들었다. 방글라데시 남서쪽 테크나프에서 북서쪽 텐투리아까지 1,050km에 이르는 거리였다.

235

마라톤 MARATHONS

월드 마라톤 메이저스 시리즈 최다 우승(남자)

2006년 시작한 월드 마라톤 메이저스는 보스턴, 도쿄(2013년 추가), 베를린, 시카고, 런던, 뉴욕 연례 마라톤 대회의 순위를 기반으로 점수를 매기며, IAAF 세계선수권대회와 올림픽 마라톤도 포함한다. 출전선수는 각 대회에서 5위 안에 들어야 점수를 얻는다. 2018년 엘리우드 키프초게(케냐)는 3연속으로 시리즈 타이틀을 거머쥐며 자신의 시대가 끝나지 않았음을 입증했다.

여자 최다 우승도 3회. 이리나 미키텐코(독일, 카자흐스탄 출생)가 2007/2008~2009/2010 시즌에, 마리 케이타니(케냐)가 2011/2012, 2015/2016, 2017/2018 시즌에 기록했다.

런던 마라톤 최다 우승(남자)

엘리우드 키프초게는 2019년 4월 28일 런던 마라톤에서 4회째 우승했다(2015~2016년, 2018년에도 우승). 당시 기록한 2시간 2분 37초는 런던 마라톤 최고 기록(남자)이며 동시에 마라톤 역사상 2번째로 빠른 기록으로, 자신이 가지고 있는 세계신기록에 겨우 58초 뒤져 있다(213쪽 참조).

런던 마라톤 최다 우승(여자) 기록은 4회로, 잉그리드 크리스티안센(노르웨이)이 1984~1985년, 1987~1988년 기록했다.

그레이트 노스 런 최다 우승

모하메드 파라(영국, 소말리아 출생)는 2018년 9월 9일 영국 타인강 북부 뉴캐슬에서 열린 그레이트 노스 런 하프마라톤 대회에서 개인 통산 5연속 우승을 했다. 이로써 이 대회 4회 우승자 벤슨 마샤(케냐)의 기록을 앞질렀다. 전 트랙 경기 스타 파라는 한 달 전 시카고 대회에서 2시간 5분 11초의 기록으로 우승을 거뒀는데, 마라톤(도로 경기)으로는 첫 우승이었다.

아이언맨 세계선수권대회 최단시간 완주(여자)

다니엘라 리프(스위스)는 2018년 10월 13일 미국 하와이에서 열린 아이언맨 세계선수권대회에서 8시간 26분 18초를 기록했다. 그녀는 해파리에 쏘여 고통스러워했으나 경기 직전에 회복해 자신이 2016년 세운 기록을 20분 28초 차이로 경신했다. 리프는 3.8km 수영을 57분 27초에, 180km 자전거 타기를 4시간 26분 7초에(삽입 사진), 42.1km 마라톤을 2시간 57분 5초에 완주했다. 아이언맨 세계선수권대회에서 4회째 연속 우승이다.

울트라 트레일 몽블랑 최다 우승(남자)

2003년 시작한 울트라 트레일 몽블랑은 매년 프랑스, 스위스, 이탈리아를 가로지르는 알프스산맥에서 열리는 167km 달리기 대회다. 킬리안 조넷(스페인)이 2008~2009년과 2011년에, 프랑소와 드헤네(프랑스)가 2012년, 2014년, 2017년에, 자비에 테베나드(프랑스)가 2013년, 2015년, 2018년에 3회씩 우승을 기록했다.

최초

아이언맨 세계선수권대회(남자)

패트릭 랑게(독일)는 2018년 10월 13일 아이언맨 세계선수권대회에서 7시간 52분 39초의 기록을 올려 8시간의 벽을 깬 최초의 선수가 됐다. 랑게는 미국 하와이에서 대회 2연속 우승을 거뒀다.

마라톤 첫 출전

2019년 1월 25일 게타네 물라(에티오피아)는 UAE에서 열린 두바이 마라톤에 처음 출전해 2시간 3분 34초로 결승선을 통과하며 우승했다. 두바이 마라톤 최고 기록(남자)을 26초 차이로 경신했을 뿐만 아니라, 정식으로 인정되는 마라톤 코스에서 작성된 역사상 9번째로 빠른 기록이다.

여자 경기에서 루스 첩게티치(케냐)는 2시간 17분 8초로 두바이 마라톤 최고 기록(여자)을 달성했다. 이 기록은 여자 마라톤 역

2019년 4월 28일 영국에서 열린 제39회 런던 마라톤 대회의 출발선에 4만 3,000명의 주자가 섰다. 기네스 세계기록이 함께하는 12년째 대회로, 발 빠른 선수들이 멋진 옷을 입고 기록을 세웠다(별도 표시가 없으면 국적은 영국).

기원(씨 씨) 리프(남자) 올리버 웰링스 · 2시간 36분 52초	스카우트(남자) 올리버 존스 · 2시간 41분 45초	좀비(남자) 매튜 존스 · 2시간 43분 54초	신부(남자) 리 구딘 · 2시간 49분 17초	의사(남자) 그레고 켈리 · 2시간 50분 17초	골퍼(남자) 조나 시블링 · 2시간 59분 35초	사향 쥐트(여자) 토마스 뇌물랭 · 3시간 05분 32초	간호사(여자) 제시카 엔더슨 · 3시간 08분 22초	빨대(남자) 데이비드 코스 · 3시간 08분 59초	수녀(남자) 폴 넬리스 · 3시간 12분 19초	우체통(남자) 매튜 콜리스 · 3시간 14분 32초	비경주용 휠체어(남자) 조수아 랜드미드 · 3시간 18분 59초	마왕(여자) 앙겔로스 마이클라이즈 · 3시간 22분 51초	비타우니타(여자) 엘리스 랜도 · 3시간 26분 51초	동화 왕자(남자) 엘리슨 스튜어드, 백설공주 · 3시간 29분 58초	신랑(남자) 헨리 필드 · 3시간 35분 19초	헐거인(여자) 니키 데렌지 · 3시간 35분 20초	병원 환자(여자) 에밀리 노트 · 3시간 40분 16초	참고 인에서사(여자) 벤 베로 · 3시간 41분 59초	축구선수(남자) 다니엘 뉴턴 · 3시간 42분 32초	2명이 수갑을 차고(혼성 2인) 라베리구앵웨어 누누 세계리모 테 사포드루알 · 3시간 43분 17초

DEC 12 2011년 리처드 글로버는 작가 피터 피츠시몬스(둘 다 호주)와 정확히 24시간 만에 인터뷰를 마치며 최장시간 라디오 인터뷰 기록을 세웠다. 둘은 시드니의 가게 내 상품 진열장에 마련된 팝업 스튜디오에서 이야기를 나눴다.

DEC 13 1972년 유진 서난과 해리슨 슈미트(둘 다 미국)는 아폴로 17 월면차를 자신들이 달에 착륙한 지점에서 동쪽으로 운전하며 달 표면 최고 주행 속도를 기록했다(18km/h).

로드 런 100km 최고 기록

카자미 나오(일본)는 2018년 6월 24일 일본 홋카이도현 기타미시에서 열린 사로마호 100km 울트라 마라톤 대회에서 6시간 9분 14초로 우승을 거뒀다. 그는 20년 전 같은 국적의 스나다 타카히로가 세운 기록을 4분 차이로 경신했다. 이는 국제 울트라러너 협회(IAU)에서 인정하는 **울트라 100km 마라톤 최고 기록**이다.

카자미는 1978년 10월 28일 돈 리치(영국, 1944~2018년)가 세운 6시간 10분 20초의 기록을 경신했다.

사상 3위로, 루스의 앞에는 마리 케이타니(2시간 17분 1초, 2017 런던 마라톤)와 폴라 래드클리프(영국)만 있다. 폴라가 2003년 4월 13일 런던에서 세운 2시간 15분 25초 기록은 **여자 마라톤 최고 기록**으로 아직까지 깨지지 않고 있다.

하프마라톤(여자, 여자만 출전한 경기)

2018년 3월 24일 스페인 발렌시아 지방에서 열린 IAAF 하프마라톤 세계선수권대회에서 네차네트 구데타(에티오피아)가 1시간 6분 11초의 기록으로 우승했다. 구데타는 2007년 월드 로드 러닝 챔피언십에서 로르나 키플라가트가 기록한 1시간 6분 25초를 경신했다. 여자만 출전한 경기 최초로 IAAF에서 인정받았다.

하프마라톤 최고 기록(여자)은 조이실린 젭코스게이(케냐)가 세운 1시간 4분 51초로, 2017년 10월 22일 스페인 발렌시아에서 열린 혼성 경기에서 기록했다.

베를린 마라톤(여자)

2018년 9월 16일에 열린 베를린 마라톤에서 글래디스 케로노(케냐)는 2시간 18분 11초의 기록으로 여자부 타이틀을 차지했다. 케로노의 베를린 마라톤 3회째 우승으로 여자 마라톤에서 8번째로 빠른 기록이다.

로테르담 마라톤(남자)

마리우스 킵세럼(케냐)은 2019년 4월 7일 네덜란드 로테르담에서 2시간 4분 11초 만에 결승선을 통과했다. 그는 같은 국적의 던컨 키벳이 기록한, 10년 동안 깨지지 않았던 2시간 4분 27초의 기록을 넘어섰다.

100마일(여자)

카멜 헤론(미국)은 이 울트라 경기의 기록을 꾸준히 새롭게 쓰고 있다. 그녀가 2017년 11월 11일 미국 일리노이주 비엔나에서 달성한 12시간 42분 40초의 기록이 2018년 11월 IAU에서 인증됐다. 그녀는 **24시간 동안 최장거리 달리기(여자)** 기록도 추가했는데, 2018년 12월 8~9일 미국 애리조나주 피닉스에서 열린 데저트 솔스티스 트랙 인비테이셔널 대회에서 262.193km를 기록했다.

헤론은 **슈퍼히어로 복장 마라톤 최고 기록(여자)**도 가지고 있다. 2012년 11월 18일 미국 오클라호마주 털사에서 열린 루트 66 마라톤에 밝은 분홍색의 스파이더맨 복장을 입고 참가해 2시간 48분 51초를 기록, 여자부에서 우승을 거뒀다.

런던 마라톤 여자부 최연소 우승

2019년 4월 28일 브리지드 코스게이(케냐, 1994년 2월 20일생)는 런던 마라톤에서 25세 67일의 나이로 우승했다. 여자 마라톤 역사상 9번째로 빠른 2시간 18분 20초로 결승선을 통과했는데, 후반부 코스를 1시간 6분 42초로 달린 건 역대 여자 마라톤 선수 중 가장 빠른 기록이다.

T54 휠체어 마라톤 최고 기록(여자)

2018년 9월 16일 마누엘라 셰르(스위스)는 정식 기록으로 인정받는 독일 베를린 마라톤 대회에서 1시간 36분 53초로 여자 휠체어 마라톤 최고 기록을 달성했다. 셰르는 이전 기록을 1분 이상 차이로 경신했다.

남자 기록은 1시간 20분 14초로 셰르와 같은 국적의 하인츠 프라이가 1999년 10월 31일 일본 오이타에서 달성했다.

크리스마스트리(남자) 로렌스 엠퍼드 - 3시간 43분 41초	나무(남자) 엘런 던 - 3시간 48분 17초	전신 동물 복장(남자) 케이트 카터, 판다 - 3시간 48분 32초	엘비스(여자) 앤디제베스 샌즈 - 3시간 49분 53초	화장실 용품(여자) 케이티 심슨, 치약 - 3시간 51분 17초	차(여자) 피오나 헨더슨 - 3시간 51분 17초	천체(여자) 필립 로즈, 태양 - 3시간 52분 40초	만국기 용품(여자) 벨린다 넬로, 크레페스 - 3시간 54분 25초	바디오케임 캐릭터(여자) 사를렛 로즈 춘리 - 3시간 56분 18초	텐트 인에서(남자) 오스카 화이트 - 3시간 57분 05초	신화 속 동물(남자) 앤디 테일러, 유니콘 - 3시간 58분 05초	담요(여자) 케이티 간헴-리 - 3시간 58분 43초	마더(남자) 파트남 성민하스 - 3시간 59분 04초	평풍(여자) 셀리 오렌지 - 4시간 09분 51초	DNA 이중나선(여자) 마리 에바스 - 4시간 20분 07초	용(남자) 제임스 쿡 - 4시간 46분 50초	스노보더(남자) 제임스 윌림슨 - 5시간 21분 50초	스키 부츠를 신고(남자) 폴 헤네트 - 5시간 30분 27초	6인 코스튬 상빈 파지, 셰이 우즈 등 존스, 웰런 스미스, 앤드 멀린, 데이비드 브래든 선더버드 (미국 국제레슨(영국) - 5시간 59분 33초

DEC 14 1952년 작 겔러 박사는 미국 오하이오주 클리블랜드의 마운트 시나이 병원에서 검상돌기결합쌍생아(앞가슴 아래쪽에 툭 불거진 돌기가 붙은 채 태어난 쌍둥이)를 대상으로 **최초의 접착 쌍둥이 분리 수술**에 성공했다.

DEC 15 1907년 돛대가 7개인 스쿠너(범선) 토마스W로슨호가 영국 실리제도 연안에서 난파됐다. 1902년 미국 매사추세츠주 퀸시에서 제작된 로슨호는 돛대가 가장 많은 범선이다.

수영 SWIMMING

국제수영연맹(FINA) 마라톤 수영 월드시리즈 최다 승(여자)

안나 마르셀라 쿤하(브라질)는 FINA 마라톤 수영 월드시리즈에서 4회 우승했다(2010년, 2012년, 2014년, 2018년). 그녀는 2018년 열린 8회의 경기 중 헝가리 발라톤퓨레드와 캐나다 퀘벡주 락 생장에서 2회 승리하며, 개인 통산 월드시리즈 경기 최다 승 기록(여자)을 20회로 늘렸다.

가장 빠른

롱 코스 1,500m 자유형(여자)

케이티 레데키(미국)는 2018년 5월 16일 미국 인디애나주 인디애나폴리스에서 15분 20초48 만에 터치패드를 찍으며 자신이 세운 1,500m 자유형 기록을 5초 차이로 분쇄했다.

롱 코스 50m 접영(남자)

안드리 고보로프(우크라이나)는 2018년 7월 1일 이탈리아 로마에서 열린 세트 콜리 트로피 대회 접영 50m 종목에서 22초27을 기록하며 2009년부터 깨지지 않았던 '슈퍼슈트 시대(오른쪽 위 상자 글 참조)'의 기록을 경신했다.

롱 코스 50m 배영(여자)

류 시안(중국)은 2018년 8월 21일 인도네시아 자카르타에서 열린 제18회 아시안게임 여자 50m 배영에서 26초98로 이겼다.

롱 코스 100m 배영(남자)

2018년 8월 4일 애덤 피티(영국)는 영국 글래스고에서 열린 유럽 수영 선수권대회 남자 100m 배영에서 57초10을 기록했다. 그는 현재 대회 최고 기록을 14개나 보유하고 있다.

롱 코스 계영 4×100m 자유형(여자)

케이트 캠벨, 엠마 매키언, 브론테 캠벨, 샤이나 잭의 호주 팀은 2018년 4월 5일에 열린 커먼웰스 게임스 4×100m 계영에서 3분 30초05로 우승하며 홈 관중들에게 기쁨을 선사했다.

쇼트 코스 50m 평영(여자)

헝가리 부다페스트에서 10월 6일에 열린 2018 국제수영연맹(FINA) 수영 월드컵 여자 50m 배영에서 알리아 앳킨슨(자메이카)이 28초56의 기록으로 1위를 차지했다. 자신의 이전 기록을 0.08초 차이로 경신했다. 같은 날, 니콜라스 산토스(브라질)는 쇼트 코스 50m 접영 최고 기록(남자)을 세우며(21초75) '슈퍼슈트 시대'의 또 다른 기록을 경신했다. 2018년 11월 11일 일본 도쿄에서 열린 월드컵에서 쉬 지아위(중국)는 쇼트 코스 100m 배영 최고 기록(남자)을

롱 코스 50m 배영 최고 기록(남자)

클리멘트 콜레스니코프(러시아)는 2018년 8월 4일 영국 글래스고에서 열린 유럽 수영 선수권대회에서 24초00의 기록으로 금메달을 목에 걸었다. 이 18세 선수는 2009년 '슈퍼슈트 시대'에 리엄 탄콕이 작성한 24초04의 기록을 경신했다. '슈퍼슈트 시대'란 선수들이 고기능 수영복(현재는 금지)을 입고 깨지기 힘든 기록들을 쏟아내던 시절을 말한다.

FINA 세계선수권대회 최다 금메달(개인)

올리비아 스몰리가(미국)는 2018년 12월 11~16일 중국 항저우에서 열린 제14회 FINA 세계 수영 선수권대회(25m)에서 8개의 금메달을 차지했다. 여자 50m, 100m 배영과 6개의 계영 종목에서 우승했다(여자 4종목, 혼성 2종목). 이전 FINA 선수권대회 최다 메달 기록은 7개로 2017년 카엘렙 드레셀(미국)이, 2007년 마이클 펠프스(미국)가 기록했다.

쇼트 코스 100m 개인혼영 최고 기록(남자)

블라디미르 모로조프(러시아)가 2018 FINA 수영 월드컵 100m 개인혼영에서 50초26의 기록을 2회나 작성했다(9월 28일 네덜란드 에인트호번 대회, 11월 9일 일본 도쿄 대회). 모로조프는 월드컵대회에서 88회나 1위를 했는데, 그보다 앞선 선수는 FINA 수영 월드컵 최다 금메달(남자)을 기록한 채드 르 클로스(남아공)가 유일하다(143회).

달성했다(48초88).

S11 400m 자유형(여자)

2018년 8월 15일 리제트 브륀스마(네덜란드)는 아일랜드 더블린에서 열린 월드 파라 유럽 수영 선수권대회 400m 자유형에서 5분 4초74를 기록하며 8년 묵은 기록을 거의 6초 차이로 경신했다. S11은 시각이 온전하지 않은 수영선수들이 출전한다. 브륀스마는 S11 100m 자유형 최고 기록(여자, 1분 5초14)과 SM11 200m 개인혼영 최고 기록(여자, 2분 46초58)도 작성했다.

SB14 100m 평영(남자)

스콧 퀸(영국)은 2019년 4월 27일 영국 글래스고에서 열린 영국 파라 수영 인터내셔널 대회 100m 평영 종목에서 1분 5초28을 기록했다. SB14 등급은 발달장애가 있는 수영선수들이 출전한다.

SM6 200m 개인 혼영 최고 기록(여자)

메이지 서머스 뉴턴(영국)은 2019년 4월 25일 영국 글래스고에서 열린 영국 파라 수영 인터내셔널 대회 200m 혼영 종목에서 2분 57초99의 기록을 작성했다. 16세인 그녀는 자신이 2018년 8월 14일 세운 기록을 2분 59초60의 차이로 경신했다(위 사진). 서머스 뉴턴은 2018년 8월 15일 단신의 불리함을 극복하고 SB6 100m 평영 최고 기록(여자, 1분 33초63)도 달성했다.

 DEC 16 2016년 토드 심프슨(캐나다)이 캐나다 온타리오주 웨스턴 대학교 나노공정 시설에서 3μm(마이크로미터) 높이의 **가장 작은 눈사람**을 만들었다.

 DEC 17 2006년 A J 해켓(뉴질랜드)은 중국 마카오의 마카오타워에서 아래로 점프해 빌딩에서 뛰어내린 최고 높이의 번지점프 기록을 수립했다(199m).

수상 스포츠 WATER SPORTS

워터스키 슬라럼 최고 점수(여자)

라자이나 자케스(미국)는 2018년 7월 16일 미국 플로리다주에서 열린 줄라이 히트 대회에서 10.25m 라인으로 55km/h의 속도로 질주하며 부표 4개를 통과했다. 개인 통산 8회째 슬라럼(회전) 기록으로 국제 워터스키&웨이크보드 협회가 인증했다. 슬라럼은 6개의 부표 사이를 지그재그로 지나는데, 성공할 때마다 보트의 속도는 최대치를 향하고 로프는 단계적으로 짧아진다.

워터스키 최고 점수(남자)

2018년 7월 16일 아담 세들메이어(체코)가 줄라이 히트 대회에서 2,819.76점을 획득했다. 10.25m 라인으로 58km/h 속도로 질주하며 부표 3개를 지났고, 기술(묘기)에서 1만 750점, 점프 66.3m를 기록했다. 국제 워터스키&웨이크보드 협회에서 인증했다. 에리카 랭(미국)은 2018년 10월 6일 미국 플로리다주 그로브랜드에서 열린 선셋 폴 클래식 대회에서 워터스키 기술 최고점(여자)을 기록했다(1만 850점).

월드 서핑 리그챔피언십 투어 예선을 통과한 최연소 서퍼

캐롤라인 마크스(미국, 2002년 2월 14일생)는 2017년 11월 5일 여자부 예선을 15세 264일의 나이로 통과하며 2018 월드 서핑 리그챔피언십 투어의 출전 자격을 획득했다. 그녀는 데뷔 시즌을 7위로 마무리하며 올해의 신인상을 받았다.

가장 큰 파도에서 서핑한 기록(여자)

마야 가베이라(브라질)는 2018년 1월 18일 포르투갈 나자레의 프라이아 두 노르치에서 20.72m 높이의 파도를 서핑했다. 건물 7층 높이의 파도로 월드서프리그의 빅 웨이브 어워즈 패널들이 확인했다.

남자 카이트서핑 최고 속도(해리)

크리스토프 발루아(프랑스)는 2018년 7월 21일 프랑스 라 팔메에서 열린 스피드 세일링 대회에서 1해리(1.8km)를 35.78kn(노트, 66.26km/h)의 속도로 질주했다. 기록은 세계세일링속도위원회(WSSRC)에서 인증했다. 태어날 때부터 왼팔이 없었던 발루아는 한 손으로 서핑하는 법을 습득했지만, 이 도전에서는 의수를 사용했다.

여자 세일링 최고 속도 기록(해리)

2018년 7월 21일 라 팔메에서 열린 같은 대회에서 윈드서퍼 자라 데이비스(영국)가 37.29kn(69.06km/h)의 속도로 질주한 사실을 WSSRC가 인증했다.

조정 경량급 싱글스컬 2,000m 최고 기록(남자)

제이슨 오스본(독일)은 2018년 9월 9일

장애인 조정 싱글스컬 2,000m 최고 기록(여자)

비르지트 스카르스테인(노르웨이)은 2018년 9월 16일 불가리아 플로브디브에서 열린 세계 조정 선수권대회 PR1 여자 싱글스컬에서 10분 13초630의 기록으로 우승했다. 그녀는 자신이 가지고 있던 세계신기록을 10초 이상 경신했다. 스카르스테인은 2014년과 2018년 동계 패럴림픽 대회 크로스컨트리 스키 종목에도 노르웨이 대표로 출전했다.

불가리아 플로브디브에서 열린 세계 조정 선수권대회 남자 경량급 싱글스컬 종목에서 6분 41초030을 기록했다.

최장거리 프리다이빙 다이내믹 무호흡 핀 잠영(여자)

2018년 6월 29일 마그달레나 솔리치 탈란다(폴란드)는 세르비아 베오그라드에서 발에 핀(오리발)을 착용하고, 한 번의 호흡으로 243m 깊이까지 헤엄쳐 내려갔다. 그녀는 4년 동안 아무도 깨지 못했던 나탈리아 몰차노바(러시아)의 237m 기록을 박살냈다.

국제카누연맹(ICF) C1 1,000m 최고 기록(남자)

2018년 5월 26일 마틴 푸크사(체코)는 독일 뒤스부르크에서 열린 ICF 카누 스프린트 월드컵에서 C1 (솔로 카누) 1,000m 종목에 참가해 3분 42초385의 기록으로 우승을 거뒀다. 푸크사는 이보다 6일 앞서 헝가리 세게드에서 열린 카누 스프린트 월드컵대회에서 ICF C1 500m 종목 최고 기록(남자, 1분 43초669)도 작성했다.

컨스턴트 웨이트 프리다이빙 최고 깊이(남자)

2018년 7월 18일 알렉세이 몰차노프(러시아)는 바하마 롱아일랜드의 딘스 블루홀에서 열린 버티컬 블루 프리다이빙 대회에서 130m 깊이를 잠수해 내려갔다. 이는 자기 힘으로만 내려간 역사상 최고 깊이이다. 이 대회에서 몰차노프는 24일 프리 이머전 프리다이빙 최고 깊이(남자, 125m)도 기록했다.

ASP/월드 서핑 리그 세계선수권대회 최다 우승(여자)

스테파니 길모어(호주)는 2018년 월드 서핑 리그에서 우승하며 7회째 세계선수권 우승을 확정지었다. 1998~2003년, 2006년에 우승한 레인 비칠리(호주)와 동률이다. 길모어는 2007년 서핑프로페셔널협회(ASP) 월드 투어에 처음으로 참가해 신인 시즌에서 우승을 거뒀고, 2008~2010년, 2012년, 2014년에도 우승했다. 월드 서핑 리그는 2015년 ASP 월드 투어로 대체됐다.

길모어는 호주, 브라질, 남아프리카 대회에서 승리하며 2018 월드 서핑 리그 타이틀을 차지했다.

DEC 18 1898년 가스턴 드 샤스루-로바(프랑스)는 프랑스 이블린 아세르에서 최초의 자동차 속도 인증 기록을 작성했다. 그는 전기를 연료로 사용한 장토 듀크 차량으로 63.15km/h의 속도를 기록했다.

DEC 19 2014년 푸스카르 네팔(네팔)은 네팔 카트만두에서 1분 동안 자기 머리 많이 차기 기록을 세웠다(134회). 그는 손님들을 초대해 그 앞에서 기록을 달성했다.

239

스포츠 SPORTS
동계 스포츠 WINTER SPORTS

국제빙상연맹(ISU) 스피드 스케이팅 3,000m 최고 기록(여자)

마르티나 사블리코바(체코)는 2019년 3월 9일 미국 유타주 솔트레이크시티에서 열린 ISU 월드컵 스피드 스케이팅 결승에서 3분 52초02의 기록으로 이겼다. 일주일 전 세계 올라운드 스피드 스케이팅 선수권대회에서 자신이 세운 3분 53초31을 경신했고, 5,000m 최고 기록(여자)도 달성했다(6분 42초01).

쇼트트랙 스피드 스케이팅 500m 최고 기록(남자)

우 다징(중국)은 2018년 11월 11일 미국 유타주 솔트레이크시티에서 열린 ISU 쇼트트랙 스피드 스케이팅 월드컵 남자 500m 종목에서 39초505의 기록으로 우승했다. 이 기록은 오벌 경기장이 높은 고도에 위치한 것이 큰 이점으로 작용했는데, 스케이터가 주행 시 받는 공기의 저항이 적고 얼음 속의 산소도 적어 트랙이 더 단단하고 속도가 잘 난다.

스피드 스케이팅 500m 최고 기록(남자)

2019년 3월 9~10일 미국 솔트레이크시티에서 열린 ISU 월드컵 스피드 스케이팅 결승에서 엄청난 기록들이 쏟아졌다. 파벨 쿨리츠니코프(러시아)는 3월 9일 500m 경기에서 33초61을 기록했고, 같은 날 브리트니 보(미국)는 1,000m 최고 기록(여자, 1분 11초61)을 세웠다. 3월 10일 다카기 미호(일본)는 1,500m 최고 기록(여자, 1분 49초83)을, 키엘트 누이스(네덜란드)는 1,500m 최고 기록(남자, 1분 40초17)을 달성했다.

스피드 스케이팅 롱 트랙 미니 콤비네이션 최저 점수(여자)

미니 콤비네이션 종목은 500m, 1,000m, 1,500m, 3,000m로 구성돼 있다. 사마로그 시스템을 이용해 각 경기마다 초과 시간이 점수로 전환되고 합계 점수가 가장 낮은 사람이 승리한다. 2018년 3월 9~10일 미국 유타주 솔트레이크시티에서 열린 스피드 스케이팅 주니어 세계선수권대회에서 조이 뵈느(네덜란드)가 총점 153.776점을 기록했다. 그녀는 4개 경기 중 3개에서 주니어 세계신기록을 세웠다.

쇼트트랙 스피드 스케이팅 5,000m 계주 최고 기록(남자)

헝가리 쇼트트랙 팀원 처버 부리안, 전 미국 스케이터 콜 크루거, 리우 샤오앙과 샤오린 산도르 형제가 2018년 11월 4일 남자 5,000m 45바퀴를 6분 28초625에 주파했다. 캐나다 앨버타주 캘거리에서 열린 ISU 쇼트트랙 월드컵에서 기록되었다.

루지 세계선수권대회 최다 타이틀(여자)

독일 빈터베르크에서 열린 2019 루지 세계선수권대회에서 나탈리 가이젠베르거(독일)가 자신의 8회, 9회째 세계 타이틀을 획득했다. 지금까지 계주에서 4회, 싱글 중 3회 우승을 한 그녀는 여자 싱글과 여자 스프린트 종목에서 우승하며 1회씩을 추가했다.
빈터베르크는 여자 루지 월드컵 최다 타이틀 기록도 보유하고 있는데 2012/2013 시즌부터 2018/2019 시즌까지 연속 7회 우승했다.

체이 세계선수권대회에서 선보인 쿼드러플 러츠는 역사상 가장 높은 점프 수행점수를 기록했다(4.76점).

피겨 스케이팅: 새로운 시대

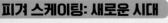

ISU는 2018/2019 시즌을 시작하며 수행점수의 채점 시스템을 -3/+3에서 -5/+5로 늘리고 피겨 스케이팅 최고 점수를 모두 초기화했다. 덕분에 이 시즌에 4개 종목에서 세계신기록이 쏟아져 나왔는데, 일본 사이타마현에서 열린 2019 세계선수권대회는 놀라운 퍼포먼스로 볼거리가 풍성했다.

피겨스케이팅 최고 점수

남자	선수	점수	장소	날짜
쇼트 프로그램	하뉴 유즈루(일본)	110.53	러시아, 모스크바	2018년 11월 16일
프리 스케이팅	네이션 첸(미국, 오른쪽 사진)	216.02	일본, 사이타마	2019년 3월 23일
총점	네이션 첸	323.42	일본, 사이타마	2019년 3월 23일
여자				
쇼트 프로그램	키히라 리카(일본)	83.97	일본, 후쿠오카	2019년 4월 11일
프리 스케이팅	알리나 자기토바(러시아)	158.50	독일, 오버스트도르프	2018년 9월 28일
총점	알리나 자기토바	238.43	독일, 오버스트도르프	2018년 9월 28일
페어				
쇼트 프로그램	예브게니아 타라소바 & 블라디미르 모로조프(러시아)	81.21	일본, 사이타마	2019년 3월 20일
프리 스케이팅	수이 웬징 & 한 콩(중국, 왼쪽 사진)	155.60	일본, 사이타마	2019년 3월 21일
총점	수이 웬징 & 한 콩	234.84	일본, 사이타마	2019년 3월 21일
아이스 댄스				
리듬 댄스	가브리엘라 파파다키스 & 기욤 시즈롱(프랑스)	88.42	일본, 사이타마	2019년 3월 22일
프리 댄스	가브리엘라 파파다키스 & 기욤 시즈롱	135.82	일본, 후쿠오카	2019년 4월 12일
총점	가브리엘라 파파다키스 & 기욤 시즈롱	223.13	일본, 후쿠오카	2019년 4월 12일

모든 기록은 2019년 4월 12일 기준

DEC 20 2001년 영국 버킹엄셔 체셤에 있는 레이 힐 학교와 유치원의 학부모들이 길이 63.1m의 **가장 긴 크리스마스 크래커**를 만들었다. 여기에는 풍선, 장난감, 재미있는 물건 등이 포함돼 있다.

DEC 21 2012년 대한민국의 가요/랩 슈퍼스타 싸이의 〈강남스타일〉이 **유튜브에서 10억 뷰를 기록한 최초의 영상**이 됐다. 7월에 업로드된 이후 단 159일 만에 달성한 기록이다.

국제스키연맹(FIS) 월드컵 개인 최다 승

그 어떤 스키선수도 FIS 월드컵에서 아멜리에 벵거-레이몽(스위스)보다 많이 승리하지 못했다. 그녀는 2019년 2월 17일 텔레마크 스키에서 개인 통산 141회째 승리를 차지했다. 월드컵에서 100회 이상 승리한 선수는 그녀 외 단 2명뿐이다. 마리트 비르겐(114회, 크로스컨트리)과 코니 키슬링(106회, 프리스타일)이다.

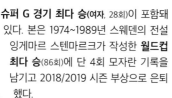

슈퍼 G 경기 최다 승(여자, 28회)이 포함돼 있다. 본은 1974~1989년 스웨덴의 전설 잉게마르 스텐마르크가 작성한 **월드컵 최다 승**(86회)에 단 4회 모자란 기록을 남기고 2018/2019 시즌 부상으로 은퇴했다.

FIS 알파인 스키 세계선수권대회 최고령 메달리스트

2019년 2월 6일 요한 클레리(프랑스, 1981년 1월 8일생)는 스웨덴 오레에서 38세 29일의 나이로 슈퍼 G 경기 은메달을 획득했다. 클레리는 선수생활 대부분 동안 활강에 집중했는데, 2013년 1월 19일 스위스 벵겐에서는 월드컵 **활강 스키 최고 속도**를 달성했다(161.9km/h). 대회에서 시속 100마일(160.93km/h)의 벽을 깬 최초의 선수다.

스키점프 월드컵 개인 최다 승(여자)

2012년 3월 3일~2019년 2월 10일에 다카나시 사라(일본)는 스키점프 월드컵 56개 대회에서 승리를 거뒀다.

FIS 알파인 스키 월드컵 시즌 최다 승

미카엘라 쉬프린(미국)은 알파인 스키 월드컵 2018/2019 시즌 17회의 경기를 승리로 장식했다. 이는 1988/1989 시즌 브레니 슈나이더가 기록한 이전 최고 기록을 3회 차이로 경신한 것이다. 그녀는 한 시즌에 회전, 대회전, 슈퍼 G에서 모두 승리한 최초의 스키선수다. 월드컵에서 커리어 60승을 기록했는데, 여기에는 **활강 최다 승**(여자) 기록이 포함돼 있다(40회).

ISU 월드 싱글 디스턴스 스피드 스케이팅 챔피언십 최다 우승(남자)

스벤 크라머(네덜란드)는 2019 월드 싱글 디스턴스 스피드 스케이팅 챔피언십에서 개인 통산 20회째 타이틀을 거머쥐었다. 그는 5,000m에서 8회, 1만m에서 5회, 팀 추월에서 7회 우승했다. 여자 최다 우승은 15회로, 마르티나 사블리코바(옆 페이지 위 왼쪽 사진)가 2007~2019년 기록했다. 3,000m에서 금메달 5개, 5,000m에서 10개를 땄다.

FIS 알파인 스키 월드컵 최다 승(여자)

2004년 12월 3일~ 2018년 3월 14일에 린지 본(미국)은 FIS 알파인 스키 월드컵 경기에서 82회 승리했다. 이 기록에는 **활강 최다 승**(여자, 43회)과

FIS 프리스타일 스키 월드컵(남자)

월드컵 2011/2012 시즌부터 미카엘 킹즈버리(캐나다)는 프리스타일 종목에서 타이틀을 8회 연속 차지했다. 그는 2018/2019 월드컵 9개 대회 중 모굴 종목에서 7승을 달성해 8년 연속 통합 프리스타일 크리스털 글로브를 획득했다. 킹즈버리는 총 56승으로 **스키 월드컵 프리스타일 최다 승**을 기록하고 있다.

국제 봅슬레이 스켈레톤 연맹(IBSF) 월드컵 스켈레톤 최다 승(남자)

라트비아의 마르틴스 두쿠르스는 2019년 1월 18일 오스트리아 인스브루크에서 열린 IBSF 월드컵 스켈레톤 종목에서 개인 통산 51회째 승리를 기록했다.

가장 많은 국가가 참가한 밴디 세계선수권대회

아이스하키와 비슷한 밴디는 축구장 크기의 링크에서 각 팀 11명의 선수가 퍽 대신

공을 사용해 경기를 한다. 2019년 1월 21일~2월 2일에 스웨덴 베네르스보리에서 열린 국제밴디연맹 세계선수권대회에 중국, 영국, 소말리아를 포함한 20개국이 참가했다.

밴디 세계선수권대회 최다 우승(남자) 기록은 14회로 1957~1991년 사이 소련이 기록했다. 스웨덴 팀과 러시아 팀은 각각 12회다. 여자 기록은 8회로, 2004~2018년 스웨덴 팀이 달성했다. 이 기간 스웨덴 팀은 2014년 대회를 제외하고 모두 승리했다.

캐나다 컬링 챔피언십 최다 우승

'브라이어(찔레)'로 알려진 캐나다의 주(州)단위 컬링 대회가 1927년 처음 개최됐다. 2019년 3월 10일 앨버타는 캐나다 매니토바주 브랜던에서 와일드카드 팀을 꺾고 28회째 우승을 차지했다.

FIS 알파인 스키 월드컵 최다 통합 우승(남자)

마르셀 히르셔(오스트리아)는 FIS 알파인 스키 월드컵 2011/2012~2018/2019 시즌에 8회 연속 통합 우승을 했다. 67회 경기에서 승리했는데 회전 32회, 대회전 31회, 회전평행 3회, 슈퍼 G 1회다. 2017/2018 시즌에만 13회 경기에서 승리했는데, **알파인 스키 월드컵 시즌 최다 승**(남자)이다. 잉게마르 스텐마크(스웨덴, 1978/1979 시즌), 헤르만 마이어(오스트리아, 2000/2001 시즌)와 동률이다.

DEC 22 1895년 빌헬름 뢴트겐(독일)은 독일 뷔르츠부르크 대학교에서 아내 안나의 손을 촬영한 **최초의 엑스레이 사진**을 공개했다. 자신의 뼈를 본 그녀는 '나의 죽음을 보았어요!'라고 말했다.

DEC 23 2013년 파바 수잔야(인도)는 인도 안드라프라데시주에서 **한 손 박수 연속으로 많이 치기**(개인) 기록을 세웠다(1,233회). 그녀는 겨우 3분 59초 만에 이전 기록을 경신했다.

241

익스트림 스포츠 EXTREME SPORTS

> 켈리 실다루는 2019년 1월 25일 동계 X게임 스키 슬로프스타일 최고 점수로 금메달을 목에 걸었다(99.00점).

실내 스카이다이빙 4인 최다 연속 대형(여자)

2018년 4월 13일 클레멘타인 르 보헥, 파멜라 리사쥬, 크리스틴 말니스와 소피아 페코트(모두 프랑스)로 구성된 에어로다인 웜비 걸스 팀이 노르웨이 보스에서 열린 FAI 유러피언 실내 스카이다이빙 선수권대회에서 연속으로 45개 대형을 선보였다.

패러스키 합계 최저 점수

패러스키는 2가지 스포츠가 합쳐져 있다. 대회전 스키와 낙하산 정밀 착륙이다. 스키 2회와 점프 6회를 합쳐 가장 낮은 **남자** 점수 기록은 7점으로 2019년 2월 16일 세바스찬 그라저(오스트리아)가 오스트리아 바드 레온펠덴에서 기록했다. **여자** 기록은 10점으로, 같은 대회에서 마그달레나 슈월트(오스트리아)가 기록했다.

최장거리 자전거 계단 활강 경기

콜롬비아 보고타가 내려다보이는 언덕의 정상에서 시작되는 데보토스 데 몬세라트는 1,060개의 계단으로 이루어진 2.40km의 좁은 길을 자전거로 내려와야 하는 대회다. 2019년 2월 16일 레드불 콜롬비아가 후원한 가장 최근 대회에서 마르셀로 구티에레스가 4분 42초48의 기록으로 우승했다.

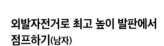

패러 슈팅 캐노피 파일럿 최고 속도(여자)

코넬리아 미하이(UAE, 루마니아 출생)는 2018년 7월 4일 폴란드 브로츠와프에서 열린 캐노피 파일럿 세계선수권대회에서 70m 캐노피 파일럿 코스를 2초273에 통과했다. 구간 평균 속도는 110.86km/h다. **남자** 기록은 2초019로 모하메드 바커(UAE)가 2015년 4월 24일 UAE 두바이에서 기록했다. 구간 평균 속도는 124.81km/h다. 두 기록은 국제항공연맹(FAI)에서 인정했다.

외발자전거로 최고 높이 발판에서 점프하기(남자)

외발자전거선수로 세계 챔피언에 3회나 오른 마이크 테일러(영국)가 대한민국 안산에서 2018년 8월 3일 열린 유니콘 XIX에 참가해 148.5cm 높이의 발판에서 뛰어올랐다. 또 리사-마리아 하니(독일)는 2018년 6월 16일 독일 바렌도르프에서 **외발자전거 최장거리 점프(여자)**에 성공했다(3.35m). 두 기록은 국제외발자전거연맹(IUF)에서 인증했다.

동계 X게임 단일 대회 최다 메달(여자)

프리스타일 스키선수 켈리 실다루(에스토니아)는 미국 애스펀의 버터밀크 산에서 열린 2019 동계 X게임에서 25시간 만에 3개의 메달을 땄다. 슬로프스타일 금메달, 슈퍼파이프 은메달, 빅에어 동메달이다. 스노보더 제니 와라(스웨덴)가 1997년 미국 빅베어호에서 열린 대회에 참가해 보더크로스 금메달, 하프파이프 은메달, 슬로프스타일 동메달을 딴 기록과 동률이다.

동계 X게임 최연소 금메달리스트(여자)

무라세 코코모(일본, 2004년 11월 7일생)는 2018년 5월 19일 노르웨이에서 열린 X게임 스노보드 빅에어 여자부 종목에서 13세 193일의 나이로 우승을 차지했다. 그녀는 대회에서 더블콕 1260을 구사하고 뒤로 착지한 최초의 여자로, 50점 만점에 49.66점을 획득했다.

하계 X게임 대회, 모터 X 베스트 트릭 최다 승

잭슨 스트롱(호주)은 X게임 모터 X 베스트 트릭에서 4회 우승했다(2011~2012년, 2016년, 2018년). 2018년 7월 21일 첫 시도에서 손 놓고 앞돌기를 성공시키며 93.00점을 획득해 개인 통산 4회째 금메달을 목에 걸었다. 2018년 동계 X게임에서는 스노바이크 베스트 트릭에 출전, 은메달을 땄다.

X게임 최다 메달 획득(여자)

2006~2019년 동계 X게임에서 스노보더 제이미 앤더슨(미국)은 16개의 메달을 땄다. 여자 슬로프스타일 14개(금메달 5개, 은메달 7개, 동메달 2개), 빅에어 2개(동메달 2개)다.

동계 X게임 최다 출전

금메달을 7회나 획득한 켈리 클라크(미국)는 2019년 1월 26일 개인 통산 22회째이자 마지막 동계 X게임에 출전해 최다 출전 기록을 세웠다.

레드불 암벽 다이빙 월드 시리즈 최다 우승(남자)

개리 헌트(영국)는 레드불 암벽 다이빙 월드 시리즈에서 7회 우승했다(2010~2013년, 2014~2016년, 2018년). 2018년 이탈리아 폴리냐노 아 마레에서 개인 72회 대회 중 9월 23일 34회째 승리하며 가장 최근 우승을 확정지었다. **최다 우승(여자)**은 3회로 리아난 이플란트(호주)가 2016~2018년 달성했다.

X게임 최연소 금메달 2회 획득 선수

미국 미네소타 미니애폴리스에서 열린 2018 X게임 대회에서 브라이턴 조이너(미국, 2004년 7월 14일생)가 14세 8일의 나이로 스케이트보드 파크 종목에서 타이틀 방어에 성공했다. 점수는 90.33점으로 2번째 금메달을 획득하기에 충분했다. 그녀는 2017년 7월 15일 13세 1일의 나이로 첫 금메달을 목에 걸며 **최연소 X게임 금메달리스트(여자)**로 기록됐다.

 DEC 24 1968년 아폴로 8호의 대원들인 프랭크 보먼, 빌 앤더스, 제임스 로벨(모두 미국)은 달 궤도를 돌며 지구돋이를 본 최초의 인류가 됐다.

 DEC 25 2017년 베이징 현대와 모허 관광국(둘 다 중국)이 중국 헤이룽장성 모허에 산타에게 보내는 가장 긴 소원 목록을 준비했다. 여기에 포함된 소원의 수는 총 12만 4,969개다.

스포츠 세계 WORLD OF SPORT

아시안게임 세팍타크로 최다 우승(남자 팀)

세팍타크로는 선수들이 머리, 가슴, 발을 이용해 작은 등나무 공을 배구 네트 위로 주고받는 경기다. 태국은 아시안게임 남자팀 레구 종목(3인)에서 6회 우승했다(1998년, 2002년, 2006년, 2010년, 2014년, 2018년). 2018년 8월 22일에도 인도네시아 팔렘방 라나우 홀에서 말레이시아를 2세트 만에 꺾었다.

그레이비 레슬링 세계선수권대회 최다 우승

그레이비 소스 육탄전이 2007년부터 영국 랭커셔 스택스테즈의 로즈 '엔' 보울 펍 바깥에서 매년 열린다. 참가자들은 2분간의 격투 후 멋진 의상, 오락성, 레슬링 능력 등으로 평가받는다. 조엘 힉스(위 사진)는 총 5회 우승해 남자 기록을 보유하고 있다. 여자 기록은 2회로, '더 옥소폭스' 혹은 '폭시 록시'로 불리는 록시 아프잘(삽입 사진)과 엠마 슬레이터(모두 영국)가 공유하고 있다.

가장 오래 열리고 있는 손가락 레슬링 대회

핑거하켈른(손가락 씨름)으로 알려진 손가락 레슬링 대회가 14세기부터 독일 바이에른주에서 열렸다. 참가자는 상대방과 책상을 사이에 두고 앉아 손가락 하나(주로 중지)로 가죽 끈을 맞잡아 당겨 승부를 겨룬다.

발가락 레슬링 세계선수권대회 최다 우승

'고약한' 앨런 내시(영국)가 2018년 6월 22일 영국 더비셔에서 열린 2018 대회 결승에서 벤 우드로프를 꺾으며 15회째이자 연속 7회 남자 발가락 레슬링 타이틀을 차지했다.

보그 스노클링 세계선수권대회 최고 기록(남자)

닐 루터(영국)는 2018년 8월 26일 영국 포이스에서 1분 18초81의 기록으로 코스를 완주하며 우승을 차지했다. 출전자는 길이 55m의 습지 도랑을 왕복해야 한다. 여자 최고 기록은 1분 22초56으로, 2014년 8월 24일 크리스티 존슨(영국)이 기록했다.

퀴디치 월드컵 최다 우승 팀

베트남, 슬로베니아, 카탈로니아를 포함해 29개 팀이 참가한 2018 국제퀴디치협회 월드컵이 이탈리아 플로렌스에서 6월 27일~7월 2일 열렸다. 미국 팀은 결승에서 벨기에 팀에 120 대 70으로 승리하며 3회째 우승과 함께 퀴디치 월드컵 최다 우승 기록을 달성했다. 미국의 시커 해리 그린하우스가 상대방 스니치를 잡아 경기를 끝냈다. 미국 외 유일한 우승 팀은 2016년 호주 팀이다.

최장거리 수로 점프(남자)

알루미늄 장대를 이용해 멀리 뛰어 수로를 건너는 서프리지아(네덜란드)의 스포츠 '피어젭펜(멀리뛰기)'의 최고 기록은 22.21m로 2017년 8월 12일 네덜란드 제흐발트에서 자코 데 구르트(네덜란드)가 달성했다.
여자 최고 기록은 17.58m로 2016년 7월 16일 마리트 반 더 발(네덜란드)이 네덜란드 버컴에서 작성했다.

360도 회전에 성공한 가장 긴 키킹 그네(남자)
에스토니아 스포츠 킹은 참가자들이 거대한 그네에 타 360도 회전에 도전한다. 스벤 사아르페레(에스토니아)는 2018년 8월 25일 에스토니아 탈린에서 7.38m 길이의 그네를 타고 완전히 회전하는 데 성공했다.

풋골프 월드컵 초대 우승자(여자)

소피 브라운(영국)은 2018년 12월 9~16일 모로코 마라케시에서 열린 국제풋골프연맹(FIFG) 월드컵에서 첫 여자 타이틀을 거머쥐었다. 브라운은 4라운드를 280킥으로 마쳤으며 6개의 숏이 필드에 적중했다. 풋골프는 축구공을 발로 차며 골프 라운드를 도는 경기로 53cm의 컵을 맞춰야 한다.

올-아일랜드 시니어 카모지 챔피언십 최다 우승

카모지는 스틱과 공으로 펼치는 여자들의 팀 경기로 하키와 비슷하다. 코크 지방의 '레벨렛츠'는 2018년 9월 9일 아일랜드 더블린 크로크 파크에서 열린 킬케니와의 경기를 0 대 14, 0 대 13으로 이겨 1934년 이후 28회째 타이틀을 가지고 갔다.

로데오 세계선수권대회 최다 우승

2018년 12월 15일 트레버 브레자일(미국)은 프로로데오카우보이협회 로데오 세계선수권대회에서 24회째 금빛 허리띠를 차지했다. 그의 기록에는 최다 올라운드 세계 타이틀이 포함돼 있다(14회). 올라운드 타이틀은 매 시즌 2개 이상의 대회에서 가장 많은 상금을 차지한 선수에게 주어진다.

NATwA 전미 선수권대회 최다 타이틀

전설적인 티들리윙크스 선수 래리 칸(미국)은 1976~2018년 사이 북아메리카 티들리윙크스협회(NATwA) 전미 선수권대회에서 싱글 30회, 페어 25회 우승했다. (티들리윙크스는 작은 원반을 튕겨 컵에 넣는 게임이다.)

여자 피스트볼 세계선수권대회 최다 우승

2018년 7월 28일 독일 팀은 오스트리아 린츠에서 열린 여자 피스트볼 세계선수권대회에서 스위스 팀을 4 대 1로 꺾고 그들의 6회째이자 3회 연속 타이틀을 확보했다. 독일 팀은 1994년, 1998년 2006년, 2014년 2016년에 앞서 우승을 거뒀다.

케이버 던지기 3분 최고 기록

대니얼 프레임(캐나다)은 2018년 7월 20일 캐나다 노바스코샤에서 열린 미들턴 하트 오브 벨리 페스티벌에서 3분 동안 케이버(길이 5.1m, 무게 40kg의 막대)를 16회나 던졌다. 첫 시도에서 케이버가 두 동강 나 2회째에 기록을 달성했다. 여자 기록은 15회로, 헤더 바운디(캐나다)가 2016년 9월 10일 캐나다 온타리오주에서 작성했다.

DEC 26
2005년 크랜스턴 치퍼필드(영국)는 3세의 나이로 영국 래녁셔 스트라스 클라이드 카운티 파크에서 열린 서커스 로열 공연에서 최연소 곡마단장이 됐다.

DEC 27
2013년 마리아 레이저스탐(영국)은 남극대륙 로스빙붕 끝에서 세발안락 의자자전거로 여행을 시작해 남극에 도달했다. 남극에 자전거를 타고 간 최초의 인물이다.

243

스포츠 전반 ROUND-UP

세계 오리엔티어링 선수권대회는 1966년 처음 열렸다. 현재 매년 열리고 있다.

여자 야구 월드컵 최다 우승

일본 팀은 2018년 8월 31일 미국 플로리다주 비에라에서 열린 여자 야구 월드컵에서 대만 팀을 상대로 6 대 0 완승을 거두며 6회 연속 우승했다. 일본 팀은 이 대회 9경기에서 전승했는데 4개의 진루만 허용했고, 63점을 올렸다. 2년마다 열리는 월드컵에서 2012년 이후 30연승을 기록 중이다.

가장 빠른

15m 스피드 클라이밍(여자)

송이링(중국)은 2019년 4월 26일 중국 충칭에서 열린 국제스포츠 클라이밍연맹 월드컵 대회 스피드 클라이밍 준준결승에서 7초 101의 기록을 달성했다. 2명의 클라이머가 공유하고 있던 이전 여자 기록을 0.219초 차이로 경신했다.

15m 스피드 클라이밍 최고 기록(남자)은 2017년 4월 30일에 레자 알리포어(이란)가 기록한 5초 48이다.

조정 2,000m 실내 로잉머신 콘셉트2 기록(남자)

2018년 3월 10일 조시 던클리 스미스(호주)는 호주 시니어 조정 팀 선발대회에서 콘셉트2 실내 로잉머신으로 2km 거리를 5분 35초8에 주파했다. 그는 10년 동안 깨지지 않던 롭 와델(뉴질랜드)의 5분 36초6의 기록을 경신했다.

또 2018년 7월 10일에는 제니퍼 카슨(캐나다)이 콘셉트2 2,000m 최고 기록(여자, 경량급)을 달성했다(6분 53초8). 이 기록은 캐나다 브리티시컬럼비아 빅토리아에 있는 로잉 캐나다 애비론 내셔널 트레이닝 센터에서 작성됐다.

핀수영 400m 바이 핀(여자)

2018년 7월 18일 마리아 패트라소바(러시아)는 세르비아 베오그라드에서 열린 핀수영 세계선수권대회에서 3분 44초92의 기록으로 금메달을 획득했다. 그녀가 3일간 세운 2회째 세계기록으로, 7월 16일에는 러시아 팀으로 출전해 핀수영 4×100m 바이 핀 계영 최고 기록(혼성)도 달성했다(2분 58초04). 레프 시트라이크, 알렉세이 페드킨, 비탈리나 시모노바와 팀을 이뤘다.

7월 16일에는 이 팅선(중국)이 핀수영 수면 400m 최고 기록(여자)을 달성했다(3분 12초10).

국제구명연맹(ILSF) 100m 핀 착용하고 마네킹 나르기(남자)

ILSF의 대회로, 참가자는 물속으로 50m를 헤엄쳐 가 마네킹을 꺼내 수면으로 올라와 헤엄쳐 돌아오는 시간을 겨룬다. 얀 말코프스키(독일)는 2018년 9월 23일 독일 바렌도르프에서 열린 DLRG 컵 풀 2018 대회에서 44초21의 기록으로 결승선을 통과했다.

여자 최고 기록은 50초43으로 루크레치아 파브레티(이탈리아)가 2018년 12월 16일 이탈리아 밀라노에서 열린 이탈리아 오픈 선수권대회에서 작성했다. 그녀는 자신이 2018년 9월 12일 유럽 청소년 선수권대회에서 작성한 50초78의 기록을 경신했다.

최다

수구 월드리그 우승(여자)

미국은 FINA 여자 수구 월드리그에서 12회 우승했다. 2004년, 2006~2007년, 2009~2012년, 2014~2018년이다. 2004년 이후 매년 열리는 대회로 국가대표 팀들이 리그전 형태로 경쟁을 펼친다.

남자 기록은 11회로, 세르비아가 2005~2008년, 2010~2011년, 2013~2017년 달성했다.

세계 오리엔티어링 선수권대회 장거리 최다 승(남자)

올라프 룬다네스(노르웨이)는 2018 세계 오리엔티어링 선수권대회(지도와 나침반만 가지고 목적지를 찾아가는 대회) 장거리 종목에서 5회째 승리했다. 8월 11일 라트비아 리가에서 1시간 37분 43초 만에 1위로 결승선을 통과했는데 2010년과 2012년에 이어 3회 연속 우승이다.

모터사이클 트라이얼 실내/실외 세계선수권 최다 우승

압도적인 기량을 선보이는 안토니 바우(스페인)는 2007년부터 2019년 3월 9일 사이에 열린 FIM 트라이얼 세계선수권대회(왼쪽 큰 사진)와 FIM X-트라이얼(왼쪽 끝 삽입 사진) 대회에서 모두 25개의 타이틀을 차지했다. 모터사이클 트라이얼은 선수들이 속도가 아닌, 장애물이나 위험한 지형을 땅에 발을 대지 않고 지나는 기술을 겨루는 대회다.

DEC 28 2010년 토마스 뮐러와 하이코 베허(둘 다 독일)는 독일 그라펜바르트와 잘부르크 사이를 걸어 눈신발 신고 24시간 동안 가장 멀리 이동하기 기록을 달성했다(94.41km).

DEC 29 2016년 가장 높은 다리인 베이판장 대교가 중국 구이저우성 두거진에서 개통됐다. 베이판강(북반강) 수면에서 565m 높이에 설치된 다리다.

클래스에서 승리하며 1979년 이후 149승을 기록했다. 69세의 포스는 개인 통산 NHRA 결선 최다 진출 기록을 251회로 늘렸다.

하키 챔피언스 트로피 우승(남자)
호주 팀은 2018년 7월 1일 챔피언스 트로피 최종전에서 승리하며 15회 우승을 달성했다. 인도 팀을 승부치기에서 3 대 1로 물리쳤다.

챔피언스 트로피 최다 우승
(여자)은 7회로, 아르헨티나 팀과 2018년 챔피언 네덜란드 팀이 함께 기록을 갖고 있다. 하키에 관한 더 많은 기록은 224쪽에 있다.

개선문상 경마대회 우승 기수
2018년 프랭키 데토리(이탈리아)는 유럽에서 가장 명망 높은 경마대회에서 경주마 인에이블을 타고 6회째 우승이자 2년 연속 우승을 달성했다. 그는 람타라(1995년), 샤키(2001년), 마리엔바드(2002년), 골든 혼(2015년)을 타고 우승을 거뒀다.

월드 세일링 월드컵 금메달(남자)
2019년 3월 1일 기준 호주 팀은 월드 세일링 월드컵 남자 대회에서 2008년 이후 53개의 금메달을 획득했다.

여자 최다 금메달 획득은 26회로 영국 팀이 기록했다. 이는 중국 팀에 1개, 네덜란드 팀에 2개 앞선 기록이다.

배드민턴 세계선수권대회 개인 최다 우승(여자)
카롤리나 마린(스페인)은 2018년 8월 5일 중국 난징에서 열린 세계배드민턴연맹 세계선수권대회에서 개인 3회째 타이틀을 획득했다. 마린은 2016년 올림픽 결승에서 만났던 인도의 P V 신두를 다시 상대해 21 대 19, 21 대 10으로 꺾고 우승을 차지했다. 그녀는 2014년과 2015년에도 우승을 거뒀다.

스쿼시 세계선수권대회 타이틀(여자)
니콜 데이비드(말레이시아)는 눈부신 커리어를 뒤로하고 2019년 은퇴를 선언했다.

전례 없는 9년 연속(2006~2015년) 세계 랭킹 1위뿐 아니라 81회 투어 타이틀, 세계선수권대회 여자 개인 8회 우승(2005~2006년, 2008~2012년, 2014년)을 기록했다.

최고

워터스키 베어풋 기술 점수(남자)
2018년 8월 14일 데이비드 스몰(영국)은 캐나다 온타리오주 드림호에서 열린 2018 월드 베어풋 선수권대회에서 '맨발' 기술로 1만 3,350점을 획득했다.

또 최장거리 워터스키 베어풋 점프 기록(남자)도 가지고 있는데(29.9m), 2010년 8월 11일 독일 브란덴부르크에서 달성했다.

그룹1 경마 최다 승 경주마
2019년 4월 13일 호주 뉴사우스웨일스 시드니에서 열린 엘리자베스여왕 경마대회에서 경주마 윈스가 그룹1 경주에서 25회째 우승을 기록했다. 2019년 3월 2일 치핑노튼 경마대회에서는 허리케인 플라이가 세운 22승을 경신했다. 윈스는 엘리자베스여왕 대회에서 33연승(모든 경주 포함)을 끝으로 은퇴했다.

다카르 랠리 경주(연속)
2019년 스가와라 요시마사(일본)는 다카르 랠리에 36회 연속 출전 기록을 달성했다. 이 기록에는 2008년 경주가 제외됐는데, 그는 출전 등록을 했지만 대회 자체가 취소됐다.

내셔널 핫 로드 협회(NHRA) 커리어 승
2018년 7월 22일 존 포스(미국)는 미국 콜로라도주 밴디미어 스피드웨이에서 열린 닷지 마일 하이 NHRA 내셔널스 대회 퍼니 카

몬테인 스파인 경기 최단시간 우승
2019년 1월 16일에 재스민 파리스(영국)는 83시간 12분 23초의 기록으로 결승선을 끊으며 몬테인 스파인 경기에서 최초의 여자 우승자가 됐다. 이 경기는 영국 더비셔에서 스코티시보더스까지 431km를 쉬지 않고 가는 겨울 울트라마라톤 대회로 1만 3,106m의 등산 코스가 포함돼 있다.

로세바 페르난데스는 2012년 12월 9일 인라인 스피드 스케이팅 로드 200m 최고 기록(남자)도 달성했다(15초879).

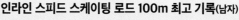

인라인 스피드 스케이팅 로드 100m 최고 기록(남자)
2018년 네덜란드 아른헴에서 열린 인라인 스피드 스케이팅 세계선수권대회에서 로세바 페르난데스(스페인, 사진 오른쪽)가 7월 7일 남자 로드 100m 준결승에서 9초684의 세계신기록으로 승리했다. 결승에서 에드윈 에스트라다(콜롬비아, 사진 왼쪽)를 아슬하게 이겨 금메달을 낚아챘다.

DEC 30 2010년 폴란드에서 열린 콘서트에서 **가장 큰 피아노**가 연주됐다. 다니엘 카피에프스키(폴란드)가 제작했으며 폭 2.49m, 길이 6.07m, 높이 1.9m, 건반은 156개다.

DEC 31 2008년 미국 텍사스주에서 선볼협회(Sun Bowl Association)가 새해를 기념해 **최대 규모 〈YMCA〉 댄스** 행사를 기획했다. 총 4만 148명이 참여해 빌리지 피플의 이 유명한 곡에 몸을 맡겼다.

245

《기네스 세계기록 2020》은 일반 대중의 기록 도전과 함께 전 세계에 네트워크를 형성하고 있는 전문가와 기고자들의 도움을 받아 편찬된다. 여기에 소개하는 것으로 감사의 말을 전한다.

개미 학교
개미 생태학자이자 과학기술 소통전문가 키르스티 애보트 박사는 호주에서 개미 학교를 운영한다. 도시 환경 속 개미들의 다양성과 분포를 연구하는 시민 참여형 과학 프로젝트다. 그녀는 어린 세대들이 개미를 사랑하는 마음을 키워가기를 바란다. www.schoolofants.net.au

산 연구 센터
마틴 프라이스 교수는 영국 하이랜드 앤드 아일랜드 대학교 퍼스 칼리지의 산 연구 센터 책임자다. 센터는 스코틀랜드는 물론 전 세계의 다양한 연구 지원 및 자문을 하며, 컨퍼런스도 기획한다. 프라이스 교수는 현재 유네스코 '지속 가능한 산 개발' 소속이기도 하다.
www.perth.uhi.ac.uk/mountainstudies

리버풀 대학교
조앙 페드로 데 마젤란 박사는 영국 리버풀 대학교에서 노화에 대한 통합유전체 연구 그룹을 이끌고 있다. 이 그룹은 노화의 유전, 세포, 분자 메커니즘을 이해하기 위한 연구를 한다. 'AnAge'도 제작했는데 동물의 노화와 생활사, 특별한 장수 기록들이 수록된 데이터베이스다.
pcwww.liv.ac.uk/~aging/

버클리 지진학 연구소
마이클 망가 교수는 미국 캘리포니아주 UC 버클리의 지구 및 행성과학 학과장이다. 이 연구소는 지구 및 다른 행성의 화산 분출과 간헐천 분야에 특화돼 있다. 그는 맥아더상을 수상했고, 미국 국립 아카데미의 회원으로 추대됐다.
seismo.berkeley.edu/~manga

미국 어류 및 파충류학 협회(ASIH)
1913년 창립된 ASIH는 어류, 양서류, 파충류 연구에 집중하고 있다. 협회의 기본 목적은 이 동물들에 관한 지식을 늘리고, 전파하며, 젊은 과학자들이 미래에 이 분야를 더 발전시키도록 독려하는 데 있다. www.asih.org

미국 국립 동굴학 협회(NSS)
스콧 엥겔이 부대표로 있는 NSS는 비영리 단체로 동굴 및 카르스트의 과학적 연구, 탐사, 보호 및 보전에 힘쓰며, 동굴 탐사 및 관리에 관한 책임감을 증진시키려 노력한다. 1941년 미국에서 창립되었으며, 동굴학 분야에서는 전 세계에서 가장 큰 조직이다. caves.org

제인 구달 리서치 센터, USC
영장류학자 크레이그 스탠퍼드 박사는 서던캘리포니아 대학교(USC)의 인류학 및 생물학 교수이자 제인 구달 리서치 센터의 공동 대표다. 그는 동아프리카, 아시아, 중앙 및 남아메리카에서 야생 영장류, 원숭이 및 다른 동물들에 관한 폭넓은 현지 조사를 수행했다. 스탠퍼드 박사는 12권 이상의 책과 100편 이상의 학술 기사도 썼다. dornsife.usc.edu/labs/janegoodall

세계 하천·호수·습지 학회(SIL)
타마르 조하리 박사는 이스라엘 해양학&호소학 연구기관 산하의 키네렛 호소학 연구소의 선임 연구원이다. 그녀는 식물성 플랑크톤 생태학과 호수의 수위 변화가 생태계에 미치는 영향을 연구하고 있다. 2013년부터 내수면(內水面) 연구에 힘쓰는 국제기구인 SIL의 서기장 및 회계 담당도 맡고 있다. limnology.org

사막 연구소(DRI)
닉 랭커스터 박사는 미국 네바다주 DRI의 명예 연구교수로 사막 지형학 및 기후 변화가 사막 지역에 미치는 효과를 주로 연구한다. 그는 왕립지리학회와 미국지질학회의 회원이다. DRI는 기본 학제 간 연구와 응용에 있어 세계 최고 수준의 연구소다. www.dri.edu

MonumentalTrees.com(기념비적인 나무)
팀 베카르트는 아직 보고되지 않은 놀라운 수종들의 사진과 이들의 둘레, 높이 등을 기록하고 나무가 있는 장소를 공유하는 커뮤니티 웹사이트 MonumentalTrees.com의 관리자다.
www.monumentaltrees.com

UltimateUngulate.com(최후의 유제류)
브렌트 허프먼은 캐나다 온타리오주 토론토의 동물원 전문가로 유제류(발굽동물) 생물학을 전공했다. 브렌트는 다양한 분야의 학술 및 일반 저서 집필에 기여해왔지만, 1996년 개설한 사이트 UltimateUngulate.com으로 잘 알려져 있다. 이는 다양한 유제류의 정보를 제공하는 최초의 온라인 사이트다. ultimateungulate.com

국제 조류학자 연합(IOU)
도미니크 홈버거 박사는 미국 루이지애나 대학교의 교수(동대학 출신)이자 IOU의 대표다. 비교해부학 연구를 활용해 동물의 진화 및 기능에 관한 의문에 답해왔으며, 특히 앵무목에 관심이 크다. IOU는 약 200명의 조류 전문가로 구성돼 있으며, 국제 조류학 회의를 1884년 처음 개최한 이래 4년마다 열고 있다.
www.internationalornithology.org

왕립곤충학회(RES)
루크 틸리 박사는 1833년 곤충과학의 발전과 진흥을 위해 설립된 왕립곤충학회의 지원 및 개발이사로 활동 중이다. 이 협회는 국제적 합동 연구 및 출판을 지원한다. 곤충학을 발달시키고, 곤충 연구의 중요성을 알리는 것이 목적이다. www.royensoc.co.uk

세계 기상 기구(WMO)
랜드 커베니 박사는 미국 애리조나 주립대학교의 지질학 및 도시계획 학과에서 날씨와 기후를 주로 연구하는 지질학 대표교수다. 그는 또 2007년 이후 WMO의 기후 및 기후극한지수 조사위원으로 활동하고 있다.
wmo.asu.edu

빈 자연사 박물관
지질학자인 루도빅 페리어 박사는 운석 및 충돌 분화구 분야의 전문가다. 오스트리아 빈 자연사박물관의 1급 운석 및 바위 수집 큐레이터장이기도 하다. 그는 동료들과 함께 지금까지 4개의 충돌 분화구를 확인했다. 핀란드의 케우루호, 콩고민주공화국의 루이지, 스웨덴의 훔멜, 호주의 얄라라이다. www.nhm-wien.ac.at

영국 생태 학회
영국 맨체스터 대학교의 생태학 교수 리처드 버드겟 교수가 이 학회의 대표를 맡고 있다. 그는 식물 토양 상호작용과 목초지 생태계에도 전문가다. 〈생태학지〉의 상임 에디터이기도 하며 260편 이상의 과학 논문을 발표했고, 《지구의 문제: 토양은 어떻게 문명을 뒷받침했나》(2016년 작) 외 여러 권의 책을 집필했다.
www.britishecologicalsociety.org

큐 왕립식물원
세계적으로 유명한 식물 연구 기관으로 빼어난 수집품과 다양한 식물종으로 이름이 높다. 또 영국 및 전 세계의 자연보호 및 지속 가능성 연구에 있어 세계적으로 인정받는 기구다. 식물학 및 균류를 연구하며, 종의 분류, 생물 다양성, 정보학, 식물과 균류의 비교생물학 외 기타 다른 분야를 다루는 부서들이 있다. 영국 런던에 있는 큐 왕립식물원은 전 세계 관광객들이 많이 찾는 명소로, 2003년에 유네스코 세계유산으로 지정됐다. www.kew.org

코넬 연구소
홀거 클링크 박사가 이끄는 미국 뉴욕의 코넬 대학교 조류학 연구소의 생물음향학 연구 프로그램(BRP)은 과학자, 기술자, 학생, 연구 지원 직원들이 학제 간 팀을 이뤄 육생, 수생 및 바다 생체음향 연구 프로젝트를 폭넓게 다룬다. BRP는 자연의 소리를 수집하고 이해하며, 여러 생태계에 적용할 수 있는 획기적인 보전 기술을 개발하고 활용해 야생 및 서식지 보전의 필요성을 알리고 독려하는 것이 목적이다.
brp.cornell.edu

메릴랜드 대학교
앤드루 볼드윈 박사는 미국 메릴랜드 대학교의 환경과학&기술 학부의 교수다. 습지 생태학과 복원 과정도 가르치는 그는 전 세계 생태계 변화 및 습지의 복원에 관한 연구도 수행하고 있다. 또 습지 과학자 협회의 전 대표이자 회원이다. www.enst.umd.edu

국제 곰 연구 및 관리 협회(IBA)
비영리·비과세 단체로 생물학자, 야생생물 관리자 및 곰 종의 보전에 종사하는 사람이라면 누구나 회원이 될 수 있다. 60여 개국 이상에 지부가 있으며, 회원 수는 550명 이상이다. 이곳은 연구를 통해 곰의 과학적 관리와 정보 공유를 지원한다. www.bearbiology.org

스콧 북극 연구소(SPRI)
영국 캠브리지 대학교 소속으로, 스콧 선장이 1910~1913년 북극을 탐험할 당시 사망한 사람들을 기리기 위해 1920년에 설립됐다. 북극 및 남극 관련 도서 및 기록 보관소, 극지방 전문가들로 구성된 연구소, 소규모 공공 박물관도 운영하고 있다. SPRI는 역사, 지리, 연구의 중심으로 현장 및 연구소 분야에서 모두 인정받고 있다. www.spri.cam.ac.uk

왕립수의대학
알란 윌슨은 이동 생물역학 교수이자 런던 대학교 왕립수의대학에 있는 구조 및 동작 연구소의 수장이다. 그는 글래스고 대학교에서 동물학 외과의사 및 생리학자 자격을 얻었으며, 브리스틀 대학교에서 힘줄 부상의 역학을 연구해 박사학위를 받았다. 그의 연구는 경주용 비둘기에서 치타에 이르는 다양한 종의 이동 역학 및 생리적 한계에 집중되어 있다. 현재 그는 보츠와나에서 사자나 누 같은 아프리카의 상징적인 포유동물을 GPS와 위치추적 장치를 활용해 연구하고 있다. www.rvc.ac.uk

국제 보석 협회(IGS)
도널드 클라크, CSM이 1998년에 창설했다. IGS의 목표는 모두가 보석학의 정보를 활용하는 것이다. IGS의 회원들은 남극을 제외한 모든 대륙에 분포돼 있는데, 노련한 전문가부터 취미 생활로 하는 사람까지 다양하다. 이곳은 회원들에게 다양한 정보를 제공하는데, 매주 업데이트되는 열람 전용 총서와 보석학 자격증 코스도 포함돼 있다. www.gemsociety.org

미국 국립 해양 대기국(NOAA)
태양의 표면부터 대양의 바닥까지 환경의 변화를 대중에게 알리는 일을 한다. 1일 기상 예보부터 주요 태풍 경보, 어업 관리 및 해역 복원, 해상 운송을 위한 기후 모니터링 등 그 범위가 방대하다. www.noaa.gov

에식스 대학교 산호초 연구부서
영국 에식스 대학교의 해양생물학과 교수이자 산호초 연구부의 부서장인 데이비드 스미스는

20년 동안 산호초 생태계 연구와 그 보존에 집중해왔다. 또 〈글로벌 체인지 바이올로지〉의 부편집장이며, 정부나 기관의 조사 전략 및 자연보존 방법에 대해 조언도 한다. www.essex.ac.uk/departments/biological-sciences/research/coral-reef-research-unit

국제 광물 학회(IMA)
1958년 첫 모임을 가진 이 학회는 현재 6개 대륙을 대표하는 39개 협회가 회원으로 있다. 컨퍼런스를 후원하거나 직접 개최하고, 위원회 및 그룹 활동을 통해 전 세계 광물 단체들의 교류를 용이하게 한다. 학회는 명명법 및 광물 분류의 간소화부터 광물학적 유산의 보호, 지원에까지 관여하고 있다. www.ima-mineralogy.org

고래&돌고래 보호단체(WDC)
고래와 돌고래의 보호를 위한 국제 자선 활동을 이끄는 단체다. 캠페인, 로비 활동, 정부 자문, 보존 프로젝트, 현지 연구 및 구조 활동을 통해 고래목 동물을 직면한 위협으로부터 보호하고 있다. WDC는 고래나 돌고래가 인간의 유흥을 위한 사냥이나 억류로부터 보호받을 권리가 있다며, 모든 사람이 그 의견에 동의하기를 바란다. whales.org

세계 바다수영 협회(WOWSA)
바다수영 스포츠의 국제 이사회다. 멤버십 및 자격증 프로그램을 제공하며, 해당 스포츠의 발전을 위해 커뮤니티 소식이나 기록 달성 축하, 규정 및 기록, 전문 용어를 실은 간행물 및 온라인 자료를 제공한다. www.worldopenwaterswimmingassociation.com

해협수영 협회(CSA)
1927년 구성되었으며, 해협수영 및 수영선수들을 돕는 이사회다. 이 협회는 오직 그들이 지정한 감독관의 동행하에, 규정에 따라 실행한 기록만 인정한다. www.channelswimmingassociation.com

세계 세일링 속도 위원회(WSSRC)
WSSRC는 1972년 국제요트연맹(현재 세계세일링)이 공인했다. 초기에는 편도 500m에 기반한 속도에 근거해 비준했다(해리를 기준으로 한 속도는 나중에 도입됐다). 이 전문 위원회는 호주, 프랑스, 영국, 미국의 회원들로 구성돼 있다. www.sailspeedrecords.com

월드 서프 리그(WSL)
세계 최고의 파도에서 세계 최고의 서핑 기술을 겨루는, 최고의 관중들이 모이는 리그다. 1976년부터 세계 최고의 서핑 선수권대회로 자리잡은 WSL은 매년 여자와 남자 챔피언십 투어, 빅 웨이브 투어, 롱보드 투어, 예선 시리즈, 주니어 챔피언십, WSL 빅 웨이브 어워즈를 포함해 전 세계에서 180개 이상의 대회를 개최하고 있다. 최고 수준의 진행, 혁신, 수행 능력을 갖춘 리그로서 서핑의 진정한 가치를 알아볼 수 있다. www.worldsurfleague.com

더 넘버스
더 넘버스 닷컴은 영화의 재정 정보에 관한 최대 규모 웹 데이터베이스로 3만 8,000편의 영화와 영화계 인사 16만 명에 관한 수치를 제공한다. 1997년 브루스 내시가 설립했으며, 매년 800만 명 이상이 방문한다. 영화 팬, 주요 스튜디오, 독립 제작사, 투자자들이 이 사이트를 이용해 영화 제작 및 개봉일 등을 결정한다. 이 사이트는 영화 스튜디오, 가맹점, 뉴스 및 다른 정보원을 통해 정보를 수집해 오푸스데이터라고 알려진 통합 데이터베이스에 저장한다. www.the-numbers.com

세계 초고층 도시건축 학회(CTBUH)
미국 일리노이주 시카고에 있는 이 학회는 전문가들에게 미래 도시와 고층 건물의 건축 및 시공, 설계, 착수에 관한 세계 최고의 정보를 제공한다. 또한 출판, 연구, 행사, 국제적 발표를 통해 고층 건물에 관한 최신 정보를 교류한다. www.ctbuh.org

8000ers.com
어린 시절부터 산에 관심이 많았던 에버하르트 주르갈스키는 1981년 아시아의 높은 산들에 관한 연대별 정보를 공식적으로 정리하기 시작했다. 그는 '해발고도 등식' 시스템을 개발해 산맥과 봉우리들을 분류했다. 웹사이트 8000ers.com은 히말라야와 카라코룸 산맥의 고도를 통계화한 주요 정보처가 됐다. 그는 해발 8,000m가 넘는 세계 14좌를 정확히 안내하는 《도전 8,000급》의 공동 저자이기도 하다.

대양 조정 협회(ORS)
1983년 케니스 F 크러치로와 피터 버드가 설립하고, 후에 톰 린치와 타티아나 레즈바야 크러치로가 합류했다. 이 협회는 대양 조정 횡단 및 태즈먼해와 카리브해 등 주요 수역의 횡단, 영국 주변의 조정 탐사 도전 기록을 관리한다. 대양 조정 기록의 분류, 검증, 판결도 담당한다.

그레이트 펌프킨 커먼웰스(GPC)
GPC의 목적은 거대 호박 및 초대형 채소를 기르는 취미를 증진하고 열매의 품질을 보장하는 기준과 규정을 설립하는 것이다. 또 대회의 공정성, 기록 인증, 참여 사육자의 친목과 교육, 처벌에 관한 정보를 제공한다. gpc1.org

칸나 UK 전국 거대 채소 챔피언십
매년 9월 영국 우스터셔주 맬번에서 열리는 스리 카운티 전시 마당에서 웨스턴스 사이다 밀과 공동으로 개최하는 대회로 영국 채소 협회 심판 마틴 데이비스가 전문 사육자들을 맞이한다. 마

탄은 채소들이 엄격한 대회 규정을 준수해 키워졌는지, 무게 측정 및 기록 정확하게 했는지를 확인한다. www.malvernautumn.co.uk

세계 울트라사이클링 협회(WUCA)
WUCA(전 울트라마라톤 사이클링 협회)는 전 세계 울트라사이클링을 지원하는 비영리 기구다. 모든 종류의 자전거 관련 기록을 보유한 최대 규모의 기록 협회로서 회원들의 기록을 지속적으로 검증하고 있다. WUCA의 회원들은 매년 대회에 참가하기도 하고, 타 대회를 지원하기도 한다. worldultracycling.com

바틀렛 건축 학교
이언 보든은 영국 더 바틀렛 유니버시티 칼리지 런던의 건축 및 도시문화학 교수이자 부학장이다. 스케이트보더이자 사진가, 영화 감상자이자 도시 방랑자이기도 한 그는 건축, 건물, 도시 주제들로 100편 이상의 책과 논문을 발표했다. www.ucl.ac.uk/bartlett/architecture

더 펭귄 레이디
다이안 디나폴리는 TED 강연자이자 2000년 남아프리카 트레저 기름 유출 사고에서 4만 마리의 펭귄을 극적으로 구출한 이야기를 담은 《위대한 펭귄 구조》(2011년 작)로 상을 받은 작가다. 남극에서 내셔널지오그래픽 강연도 했다. 소셜 미디어에서 '더 펭귄 레이디'로 검색하면 만날 수 있다. thepenguinlady.com

마크 오셔
마크는 영국 울버햄프턴 대학교의 파충류학 교수이자 영국 웨스트 미들랜드 사파리 공원의 파충류 자문 큐레이터다. 6개 대륙 40개국에서 50년 이상 야생 및 사육 중인 파충류와 지내며 커리어를 쌓았다. 지금까지 마크는 3,700종이 넘는 뱀 종 중 600종이 수록된 《더 북 오브 스네이크》와 다른 5권의 책을 집필했다. 40여 편 이상의 다큐멘터리에 출연한 야생 TV 진행자로 〈오셔의 빅 어드벤처〉는 애니멀 플래닛과 채널 4(영국)에서 시즌 4까지 방영됐다. www.markoshea.info

마크 애스턴 2010년부터 기네스 세계기록의 과학&기술 자문가로 일하고 있다. 30년 가까이 하이테크놀로지 과학 및 공학 분야에서 경력을 쌓았고 기네스 세계기록의 과학&기술 기록의 정확성과 유용성을 책임지고 있다. 마크는 지금도 광학 개발 분야에서 커리어를 이어가고 있다.

톰 베커리지 전 세계로 번역된 책을 집필한, 수상 경력이 있는 작가다. 기네스 세계기록의 스포츠 자문가인 톰은 모든 종류의 뛰어난 경기들을 보고 읽는 데 수년을 투자했다. 그는 다양한 종목의 스포츠에서 수백 가지 기록들을 조사함으로써 5편의 《기네스 세계기록》을 출간하는 데 큰 도움을 주었다.

데이비드 피셔 2006년부터 기네스 세계기록의 미국 스포츠 상임자문가로 활동 중이다. 〈뉴욕 타임스〉와 〈스포츠 일러스트레이티드 키즈〉에 글을 썼고 스포츠 일러스트레이티드, 더 내셔널 스포츠 데일리, NBC 스포츠에서 일했다. 《슈퍼볼: 미국의 가장 위대한 스포츠 첫 50년》(2015년 작), 《데릭 지터 #2:감사한 기억들》(2014년 작) 등 몇 권의 책을 집필했으며 《마리아노 리베라를 마주하다》(2014년 작)의 편집도 맡았다.

로리 플러드 지리학 학사, 환경과학 석사, 자연지리학 박사이며, 영국 북아일랜드 퀸스 대학교 벨파스트에서 자연지리학을 강의하고 있다. 그는 해양 및 육상 환경을 집중적으로 다룬 지형학, 퇴적학 및 지구화학 논문을 발표했다. 로리는 특히 해안 경치와 지형이 바다, 기후, 인간의 영향 아래 어떤 형태로 변하는지에 관심이 있다.

조나단 맥도웰 하버드 스미스소니언 천체물리학 연구소의 천체과학자로 찬드라 엑스선 관측소를 운영하는 팀의 일원이다. 그는 우주 탐험의 역사를 기록하는 웹사이트(planet4589.org)를 운영하며, 1998년부터 〈조나단의 스페이스 리포트〉라는 소식지를 매달 발행하고 있다.

제임스 프라우드 작가이자 탐색자로 전 세계의 희귀한 사실이나 이야기 전문가다. 특히 기계나 극한의 기술을 집중적으로 파고든다. 그는 넓고 다양한 주제의 책을 몇 권 출간했는데, 역사적으로 괴이한 이야기, 도시 전설, 팝 문화 등에 관한 내용을 담고 있다.

칼 P N 슈커 버밍엄 대학교에서 비교생리학과 동물학 박사학위를 취득했고, 런던 동물학 협회의 과학 회원이자, 왕립곤충학회 회원, 작가 협회 회원이다. 그가 집필한 25권의 책과 수백 편의 기사문은 자연사의 모든 분야를 아우른다. 칼은 새로운, 재발견된, 처음 발견된 종을 포함한 이례적인 동물들에 집중한다.

매튜 화이트 기네스 세계기록의 음악, 크리켓, 테니스 자문가다. 그는 2009~2019년에 출판된 **세계에서 가장 많이 팔린 연간 발매 서적** 12권에서, 4만 건 이상의 기록을 살펴본 교정자다.

로버트 D 영 기네스 세계기록 중 노화학의 책임 자문가로 노화의 다양한 면을 다뤘다. 1999년부터 노인학 연구 그룹(GRG: grg.org)에서 세계 최고령자 목록을 작성해왔고, 막스플랑크협회와 함께 장수에 관한 현지 통계조사 및 국제 데이터베이스를 만들어왔다. 로버트는 2015년 GRG의 슈퍼센티네리언 연구 데이터베이스 부서의 중역을 맡았다. 《아프리카 출신 미국인의 장수 비결: 미신일까 사실일까?》(2009년 작)도 집필했다.

도움을 준 사람들

편집장
크레이그 글렌데이

레이아웃 에디터
톰 베커리지, 롭 디메리

선임 에디터
아담 밀워드

에디터
벤 홀링엄

게이밍 에디터
마이크 플랜트

교열/사실 확인
매튜 화이트

출판&도서 제작 책임
제인 보트필드

사진&디자인 책임
프란 모랄레스

사진 조사
앨리스 제숍

삽화
빌리 워커르

디자인
폴 윌리-디콘, 롭 윌슨(55design.co.uk)

표지 디자인
폴 윌리-디콘, 에드워드 딜런

3D 디자인
조셉 오닐

제작 매니저
루시 액필드

비주얼 콘텐츠 책임
마이클 휘티

제작 책임
패트리셔 맥길

제작 코디네이터
토마스 맥커디

제작 컨설턴트
로저 호킨스, 플로리언 세이퍼트, 토비아스 로나

그래픽 복사
레스 카흐라만, 아너 플로어데이(본 그룹)

원본 사진
제임스 엘러커, 존, 에노크, 폴 마이클 휴스, 프라카시 매테마, 케빈 스콧 라모스, 알렉스 럼퍼드, 라이언 슈드, 트레버 트레이너

색인 작업
마리 로리머

조사
벤 웨이

인쇄·제본 독일 귀터슬러 소재 몬 미디어 몬두르크 GmbH

퍼낸이 이범상
퍼낸곳 이덴슬리벨
번역 신용우
기획 이경원
편집 심은정 유지현 김승희 조은아 박주은
디자인 김은주 이상재
마케팅 한상철 이성호 최은석
전자책 김성화 김희정 이병준
관리 이다정

Guinness World Records 2019
Copyright © Guinness World Records Limited All rights reserved.
Korean Translation Copyright © Korean language translation Guinness World Records limited 2019
This edition is published by arrangement with Guinness World Records Limited through BC Agency, Seoul.

이 책의 한국어판 저작권은 BC에이전시를 통한 저작권자와의 독점 계약으로 (주)비전B&P에 있습니다. 저작권법에 의해 한국 내에서 보호를 받는 저작물이므로 무단전재와 무단복제를 금합니다.

© 2019 기네스 세계기록 Ltd.

라이센스 계약이나 판권 소유권자들로부터의 서면상 허락 없이는 이 책의 어떤 부분도 그 어떤 형태(사진 포함)로도 또 전자적, 화학적, 기계적 수단 등 그 어떤 수단으로도 복제하거나 전송할 수 없으며, 그 어떤 정보 저장 또는 검색 시스템에 사용할 수도 없다.

초판 1쇄 발행 2019년 11월 12일
주소 우)04034 서울 마포구 잔다리로7길 12 (서교동)
전화 02)338-2411 **팩스** 02)338-2413
홈페이지 www.visionbp.co.kr
이메일 editor@visionbp.co.kr
등록번호 제2009-000096호
한국 979-11-88053-57-5 04030
979-11-88053-54-4 (SET)

영국도서관 출판 데이터 카탈로그: 이 책의 기록에 관한 카탈로그는 영국도서관에서 볼 수 있습니다.

영국 978-1-912286-81-2
미국/캐나다 978-1-912286-83-6
미국 978-1-912286-87-4
미국 PB 978-1-912286-93-5
중동 978-1-912286-86-7

기록은 언제든 경신 가능한 것입니다. 사실 이 책의 중요한 목적 중의 하나입니다. 당신이 새롭게 세울 만한 기록이 있으면, 도전하기 전에 우리에게 연락을 주시기 바랍니다.

www.guinnessworldrecords.com을 방문해 기록 경신 소식과 기록 도전 비디오 영상을 살펴보십시오. 기네스 세계기록 온라인 커뮤니티의 회원이 되면 모든 정보를 제공받으실 수 있습니다.

지속 가능성
《기네스 세계기록 2020》을 인쇄하기 위한 나무는 풍경을 해치지 않는 선에서 신중히 선별된 나무를 사용했습니다. 이번 에디션의 종이는 핀란드 베이칠루오토의 스토라엔소사(社)가 제작했습니다. 제작 지역은 CoC(이력 추적) 인증이 가능하며 지속가능한 생산을 위해 환경경영체제 ISO 14001을 인증했습니다.

기네스 세계기록협회는 정확한 기록 검증을 위해 철저한 평가 인증 시스템을 가지고 있습니다. 그러나 많은 노력에도 불구하고 실수는 생기기 마련입니다. 따라서 독자들의 피드백을 늘 환영하는 바입니다.

기네스 세계기록협회는 전통적인 도량법과 미터법을 모두 사용하고 있습니다. 그러나 미터법만 인정되는 까닭에 데이터나 일부 스포츠 데이터의 경우에는 미터법만 사용합니다. 또한 특정 데이터 기록은 그 시기에 맞는 현행가치에 따라 교환율로 계산하였고, 단 한 해의 데이터만 주어진 경우 교환율은 그해의 12월 31일을 기준으로 계산했습니다.

새로운 기록 수립에 도전할 때에는 언제나 주의사항에 따라야 합니다. 기록 도전에 따르는 위험 부담과 그 책임은 모두 도전자에게 있습니다. 기네스 세계기록은 많은 기록 중 담을 판단하는 데 신중을 다하고 있습니다. 기네스 세계기록 보유자가 된다 하더라도 반드시 기네스 세계기록에 이름이 실리는 것은 아닙니다.

본사
글로벌 회장 알리스테어 리처즈
프로페셔널 서비스 앨리슨 오잔느
카테고리 관리: 벤저민 백하우스, 제이슨 페르난데스, 세실라 멜라 수아레즈, 윌 먼퍼드, 셰인 머피, 루크 웨이크햄
재무: 토비 아무산, 유스나 베굼, 엘리자베스 비숍, 제스 블레이크, 유수프 가파르, 리사 깁스, 킴벌리 존스, 난 응우옌, 수타르산 라마찬드란, 제이미 셰퍼드, 스콧 소어, 앤드루 우드
HR & 사무 관리: 재키 앤구스, 알렉산드라 레딘, 파렐라 리안-코커, 모니카 틸라니
IT: 셀린느 베이컨, 애슐리 베어, 존 크비타노비크, 디오고 고메즈, 롭 하우, 벤저민 맥클린, 셍크 셀림, 알파 세랑-데포에
법률 상담: 캐서린 로란, 레이먼드 마샬, 카오리 미나미, 메흐린 모굴

브랜드 전략, 콘텐츠 & 제작, 창작
샘 페이, 캐티 포르데, 폴 오닐
브랜드 파트너십: 줄리엣 도슨
디자인: 에드워드 딜런, 알리사 자이트세바
디지털: 베로니카 아이런스, 알렉스 왈두
제품 마케팅: 루시 액필드, 레베카 램, 에밀리 오스본, 마와 로드리구에스, 루이스 톰스
비주얼 콘텐츠: 샘 버치-마틴, 캐런 길크리스트, 제니 랭그리지, 매튜 무손, 조셉 오닐, 캐더린 피어스, 앨런 픽슬리, 조나단 위트, 마이클 위티
웹사이트 & 소셜 콘텐츠: 데이비드 스터빙스, 댄 쏜

유럽, 중동, 아프리카 & 아시아태평양
나딘 코지
브랜드 & 콘텐츠
마케팅 & PR: 니콜라스 브루커스, 로렌 코그란, 제시카 도스, 이멜다 엑포, 앰버-게오르지나 길, 로렌 존스, 더그 메일, 코니 수지트
출판 판매: 캐롤라인 레이크, 헬렌 나바레, 조엘 스미스
기록 관리: 루이스 블레이크먼, 아담 브라운, 타라 엘 카세프, 대니얼 키다네, 마크 맥킨레이
자문 - UKROW
닐 포스터

클라이언트 계정 서비스: 소니아 캐드하-니할, 페이 에드워스, 사무엘 에반슨, 앤드루 파닝, 윌리엄 홈-험프리스, 소마 후이, 이리나 노하일링, 샘 프로서, 니킬 슈클라, 사디 스미스
이벤트 대행: 피오나 그런치-크레이븐, 대니 힉슨
마케팅 & PR: 리사 램버트, 일리안 스토이체프, 아만다 탱
기록 관리: 마틸다 하그네, 폴 힐먼, 크리스토퍼 린치, 마리아 래기

자문 - MENA
탈랄 오마르
클라이언트 계정 서비스: 나세르 바타트, 모하마드 키스와니, 카멜 야신
HR & 사무실 관리: 모니샤 비말
마케팅 & PR: 아야 알리, 렐리야, 레일라 잇사
기록 관리: 호다 카챕, 사메르 칼로프

동아시아
마르코 프리가티
중국
클라이언트 계정 서비스: 블라이드 피츠윌리엄, 캐더린 가오, 클로에 리우, 티나 란, 아멜리아 왕, 일레이 왕, 아이비 왕, 진 유, 재키 원
HR & 사무실 관리: 티나 쉬, 크리스털 쉬
법률 상담: 폴 나이팅게일, 지아이 텡
마케팅 & PR: 트레이시 쿠이, 캐런 팬, 바네사 타오, 앤젤라 우, 에코 장, 나오미 장, 이본 장, 델링 조, 에미리 증
기록 관리: 페이 장, 테드 리, 레기 루, 찰스 워튼, 위니 장, 알리시아 조
일본
에리카 오가와
클라이언트 계정 서비스: 블라이드 피츠윌리엄, 웨이 양, 타쿠로 마루야마, 유키 모리시타, 유미코 나카가와, 마사미치 야자키
HR & 사무실 관리: 에미코 야마모토
마케팅 & PR: 카자미 카미오카, 비하그 쿨시레스타, 아바 맥밀런, 모모코 사토우, 마사카주 센다, 유미 우오타, 에리 유히라
기록 관리: 아키 이치카, 카오루 이시카와, 모모코 오모리, 코마 사토, 랄라 테라니시, 유키 우에보

아메리카
알리스테어 리처즈
북아메리카
클라이언트 계정 서비스: 알렉스 앤거르트, 맥켄지 베리, 데이비드 카넬라, 다니엘라 레비, 니콜 판도, 킴벌리 패트릭, 미셸 산투치
HR & 사무실 관리: 빈센트 아세베도, 제니퍼 올슨
마케팅, PR & 출판 판매: 발레리 에스포지토, 로렌 페스타, 마이클 푸나리, 레이첼 글루크, 엘리자베스 몬토야, 모르가나 니코프, 레이첼 실버, 크리스틴 스티븐스, 소니아 발렌타
기록 관리: 스펜서 카마라노, 크리스틴 페르난데스, 한나 오르트먼, 칼리 스미스, 클레어 스티븐스, 케이틀린 베스퍼
라틴아메리카
카를로스 마르티네즈
클라이언트 계정 서비스: 캐롤리나 구아나바라-홀, 랄프 한나, 자히메 로드리구에즈
마케팅 & PR: 라우라 앤젤, 앨르스 마리 파간 산체스
기록 관리: 라구엘 아시스, 제이미 오 도

공식 심사관
카밀라 보렌스타인, 조안 브렌트, 잭 브록뱅크, 사라 카슨, 동 첸, 크리스티나 콘론, 스왑닐단가리카르, 캐시 드산티스, 브리타니 던, 마이클 엠프릭, 피트 페어베언, 빅토르 페네스, 푸밀라 푸지부치, 아메드 가브라, 존 갈란도, 시다 수바시 게미치, 앤디 글라스, 소피아 그리나크레, 아이리스 호우, 레이 아이와시타, 루이스 젤리네크, 카주요시 키리무라, 마리코 코이케, 레나 쿨만, 매기 루오, 솔베이 말로우프, 마이크 마코테, 마이 맥밀런, 리시 나스, 치카 오나카, 아나 오르퍼드, 더글러스 팔라우, 켈리 파라이스, 프래빈 파텔, 저스틴 패터슨, 글렌 폴라드, 나탈리아 라미레즈, 스테파니 란달, 캐시 렌, 필립 로버트슨, 파울리나 사핀스카, 토모미 세키오카, 히로아키 신로, 루시아 시니가글리에시, 브라이언 소벨, 케빈 사우담, 리처드 스태닝, 카를로스 타피아, 로렌조 벨트리, 숑 웬, 피터 양

사진 제공

1 신수크 카미오카/GWR, 셔터스톡; 2 알라미, 존 에노크/GWR, 폴 마이클 휴스/GWR, 셔터스톡; 3 보스턴 다이나믹스, NASA, 셔터스톡; 4 (UK) 게티, CPL 프로덕션스; 5 (UK) 알렉스 럼퍼드/GWR; 6 (UK) GWR; 7 (UK) 맷 알렉산더, 셔터스톡; 4 (US) 마이클 사이먼, 필립 로버트슨; 5 (US) 제프 히스, 크리스틴 카터, 캐롤 캘스; 6 (US) 셔터스톡, 디즈니 ABC 홈 엔터테인먼트&TV 디스트리뷰션; 7 (US) 벤 깁스; 4 (AUS) 퀀타스 항공 리미티드; 5 (AUS) 셔터스톡, 케이트 로버츠; 6 (AUS) 제인 하위, 탄바 맥렝로드; 3 보스턴 불 콘텐츠 풀, 제레미 구즈만; 4: 셔터스톡; 6: 알라미; 7: 게임즈 프레스; 5 (ARAB) 무스타파 포토그라피; 6 (ARAB) 슈바이카 프로젝트, 지아 크리에이티브 네트워크; 14 로저 클로스; 15 알라미, 셔터스톡; 16 셔터스톡, 알라미; 17 셔터스톡, 알라미, SPL; 18 셔터스톡, 알라미; 19 셔터스톡; 20 셔터스톡, 알라미; 21 알라미, 셔터스톡; 22 셔터스톡, 칼 브로도스키, M. 산 펠릭스; 23 셔터스톡, 알라미; 24 알라미, 셔터스톡; 25 셔터스톡, 게티, 알라미, 로빈 브룩스; 26 셔터스톡, 믹 페트로프/NASA, 알라미; 27 셔터스톡, 알라미, SPL, 제이슨 에드워즈/내셔널 지오그라픽; 29 셔터스톡, 알라미; 30 셔터스톡, 알라미; 31 알라미, 로비 손, 넥텍; 32 존 에노크/GWR; 34 셔터스톡, 과학 자료/ARDEA, 누부 타무라, 알라미; 35 셔터스톡; 36 알라미; 37 알라미, 셔터스톡; 38 알라미, 셔터스톡;

39 알라미, 셔터스톡; 40 내처 PL, 셔터스톡; 41 알라미, 내처 PL, 아르데아, 알라미; 42 알라미, 셔터스톡; 43 알라미, 셔터스톡; 44 셔터스톡, 알라미; 45 알라미, 셔터스톡; 46 셔터스톡, 아르데아, 알라미; 47 알라미, 내처; 48 셔터스톡, 알라미; 49 알라미, 셔터스톡; 50 셔터스톡, 알라미; 51 셔터스톡, 알라미; 52 존 에노크/GWR, 케빈 스콧 라모스/GWR; 53 셔터스톡, 폴 마이클 휴스/GWR; 54 알라미, 셔터스톡, 클레이볼트: claybolt.com; 55 아르데아, 알라미; 56 존 에노크/GWR; 58 폴 마이클 휴스/GWR; 59 팀 앤더슨/GWR; 60 로이터, 알라미, 케빈 스콧 라모스/GWR; 61 게티, 신수크 카미오카/GWR; 62 존 라이트/GWR, 폴 마이클 휴스/GWR, 리처드 브래드버리/GWR, NBC/NBCU 포토뱅크; 63 크리스 그렌지어/GWR, 존 라이트/GWR, 폴 마이클 휴스/GWR; 64 알라미, 알렉산더 타펙, 하비 니콜스; 65 케빈 스콧 라모스/GWR, 셔터스톡, 알디아즈/GWR; 66 로이터, 셔터스톡, 오리츠-카탈란 등; 67 폴 마이클 휴스/GWR, 페르난다 피게이레두; 68 UGLY 엔터프라이즈 LTD, 폴 마이클 휴스/GWR, 게티, 에브게니 니콜라에프; 69 폴 마이클 휴스/GWR, 셔터스톡; 70 폴 마이클 휴스/GWR, 셔터스톡, 킴벌리 쿡/GWR; 71 케빈 스콧 라모스/GWR, 로이터, 레널드 맥케니/GWR; 72 폴 마이클 휴스/GWR, 셔터스톡, 게티, 크레이그 글렌데이; 77 존 에노크/GWR; 79 브라이언 브라운/GWR; 80 알라미, 리처드 브래드버리, 샘 크리스마스/GWR, 셔터스톡; 81 라이언 슈드/GWR; 82 게티, GWR, 캐런

웨이드/GWR; 83 마블/소니/GWR; 84 케빈 스콧 라모스/GWR, 폴 마이클 휴스/GWR; 85 알렉스 럼퍼드/GWR, 존 에노크/GWR; 87 제임스 엘러커/GWR, 알렉스 럼퍼드/GWR; 88 제임스 크리스티안 호텔/GWR; 89 제임스 엘러커/GWR, 라이언 슈드/GWR; 90 폴 마이클 휴스/GWR, 존 에노크/GWR; 91 폴 브래드버리/GWR, 폴 마이클 휴스/GWR; 93 라이언 슈드/GWR, 폴 마이클 휴스/GWR; 94 리처드 브래드버리/GWR, 폴 마이클 휴스/GWR; 95 트레버 트라이넌/GWR, 폴 마이클 휴스/GWR; 97 라이언 슈드/GWR, 존 라이트/GWR; 98 라이언 슈드/GWR, 레널드 맥케니/GWR, 케빈 스콧 라모스/GWR; 101 라이언 슈드/GWR, 폴 마이클 휴스/GWR; 102 라이언 슈드/GWR, 폴 마이클 휴스/GWR; 103 라이언 슈드/GWR, 셔터스톡; 104 제임스 엘러커/GWR; 105 라이언 슈드/GWR, 케빈 스콧 라모스/GWR; 106 셔터스톡, 마크 대드스웰/GWR, 마리아 마린; 107 라이언 슈드/GWR, 셔터스톡; 108 맷 벤 스톤; 109 알라미; 110 셔터스톡, 외르그 미터/레드 불 콘텐츠 풀; 111 셔터스톡, 제이 네메스/레드 불 콘텐츠 토머스/속도왕자, 알렉스 브로드웨이/레드 불 콘텐츠 풀, 댄 스파이커; 117 앤서니 볼, 로이터, 셔터스톡; 118 사무엘 크로슬런/레드 불 콘텐츠

풀, 게티; 119 마테오 장가; 120 크리스티안 폰델라/레드 불 콘텐츠 풀, 케이스 라드진스키/레드 불 콘텐츠 풀; 123 AP 이미지 포 T-모바일 US, 제나 핸더슨; 124 케빈 스콧 라모스/GWR; 126 셔터스톡, 127 셔터스톡, 알라미; 128 알라미, 게티; 129 이완 반, 게티; 130 셔터스톡, 게티; 131 셔터스톡, 알라미; 132 알라미, 커티스 크리스 레이놀즈, 프레더릭 보딘/퍼드: 셔터스톡; 133 알라미, 셔터스톡; 134 알라미, 셔터스톡; 135 셔터스톡; 136 커티스 본햄, 알라미; 137 알라미, ORNL & 카를로스 존스; 139 알라미, 라파엘 도브르노, 셔터스톡; 140 게티, 셔터스톡; 141 알라미, 셔터스톡; 142 셔터스톡, 알라미; 143 알라미; 144 셔터스톡; 145 채드 둘락 중위, 셔터스톡, 게티, 로이터; 146 JAXA, 보스턴 다이나믹스, 로보레이스; 147 페스토 AG & Co.KG, JSK 랩/도쿄 대학교, 본햄스; 148 DARPA, 셔터스톡; 149 로보레이스, DARPA, 셔터스톡; 150 펜실베이니아 대학교, TU 델프트, 케빈 마야 팡쪼 치라라타나는/하버드 대학교, 아담 라우/버클리 엔지니어링; 151 애덤 라우/버클리 엔지니어링, 페스코 AG & Co.KG, 셔터스톡; 152 보스턴 다이나믹스, 혼다, 게티; 153 셔터스톡; 154 FANUC, 캐런 라넘헤임; 155 크리스티안 스프로고/GWR, 더 헨리 포드, NASA, 셔터스톡; 156 히로시 이시구로 래보러터리, IIT-이시티튜토 이탈리아노 디 테크놀로지아, 키보 로봇 프로젝트; 157 혼다 모터스 Co, JSK 랩/도쿄 대학교; 158 셔터스톡, 보스턴 다이나믹스, 혼다, 퓨터 살라; 159 셔터스톡, 조셉 수/미시건 대학교 공과대학; 160 NASA, 에어버스, DHL, 게티, 노스롭

그루먼사; 161 노스롭 그루먼사, U.S. 해군; 162 보스턴 다이나믹스; 163 비스 연구소/하버드 대학교, ANY보틱스, MIT, 보스턴 다이나믹스, 알라미; 164 알라미, CNSA, JAXA, NASA; 165 NASA; 166 셔터스톡, 알라미, 본햄스; 167 본햄스, 셔터스톡; 168 VCG/게티; 169 알라미; 170 알라미; 171 NASA/BEAM, NASA; 172 존 에노크/GWR, 홀리 마틴/메탈앤드스피드/폴 마이클 휴스/GWR; 173 신수크 카미오카/GWR, 셔터스톡; 174 NASA, U.S. 해군; 175 알라미, ORNL & 카를로스 존스; 177 케빈 스콧 라모스/GWR, 셔터스톡; 178 폴 마이클 휴스/GWR; 179 라이언 슈드/GWR, 케빈 스콧 라모스/GWR; 180 게티, 티센크루프, 마르크스 잉그램/드림스타임, 플라스틱 병 마을; 181 셔터스톡; 182 알라미, 셔터스톡; 184 록히드 마틴사, NASA, 나노락스; 185 NASA; 186 알라미, 크리스티스, 게티, 폴 마이클 휴스/GWR, 셔터스톡; 187 NASA; 190 셔터스톡; 191 셔터스톡; 192 데이비드 제임스/루카스필름 Ltd, 셔터스톡; 193 월트 디즈니 픽처스, 마블 스튜디오, ESPN 필름스, 20세기 폭스; 194 켄 맥케이/ITV/렉스 피처스/셔터스톡; 195 알라미, 셔터스톡, 빌라브 엔터테인먼트 그룹; 196 셔터스톡; 197 유니버설 뮤직 그룹, 셔터스톡; 198 알라미, 셔터스톡; 199 알라미, 셔터스톡; 204 NBC 유니버설 미디어, 알라미, 이완 왓슨/USA 네트워크, 워너 브로스; 205 AMC, 워너 브로스, 셔터스톡, 알라미; 206 비노, 토드 클레인, 이미지 코믹스; 207 니겔 파킨슨/비노, 셔터스톡,

알라미; 208 게티; 209 케빈 스콧 라모스/GWR, 셔터스톡; 210 게티; 211 소니 픽처스 텔레비전; 212 셔터스톡, AMC/BBC; 213 셔터스톡; 214 알라미, 셔터스톡, 게티; 215 알라미, 게티; 216 게티, 알라미; 217 게티; 218 셔터스톡; 219 게티; 220 셔터스톡, 게티; 221 알라미, 셔터스톡; 222 셔터스톡, 마이크리/KLC 포토스, 셔터스톡; 223 셔터스톡, 알라미, 게티; 224 게티, 셔터스톡, PA; 225 셔터스톡; 226 알라미, 셔터스톡; 227 월드 태권도, 게티, 셔터스톡; 228 셔터스톡, 게티, 셔터스톡; 229 폭스바겐 AG; 230 국제역도연맹, 셔터스톡, 아놀드 스포츠 페스티벌; 231 게티, 레오 주코프, 알라미; 232 PBA LLC, 제프리 아우/ WCF, 게티; 233 게티, 셔터스톡; 234 게티, 알라미; 235 셔터스톡, 알라미; 236 게티, 셔터스톡; 237 사로마 100km 울트라 마라톤 조직위원회, 셔터스톡; 238 FINA, 알라미, 셔터스톡, 셉 달리/스포츠파일; 239 USA 수상스키 & 웨이크 스포츠, 발린트 베카시, 세인트 진; 240 셔터스톡, 알라미, 게티; 241 셔터스톡; 242 크리스티안 폰델라/레드 불 콘텐츠 풀, 피터 모닝/레드 불 콘텐츠 풀, 게티, 리카르도 나스시멘토/레드 불 콘텐츠 풀; 243 알라미, 게티, 로이터, 볼프강 베네토; 244 토넨 웟슨, 알라미, 게티; 245 게티, 셔터스톡, 알라미, 엘리니 호을키스트라; 254 셔터스톡, EHT 컬래버레이션, 앤서니 업턴

기네스 세계기록은 이 책에 도움을 주신 다음 분들께 감사의 뜻을 표합니다.

스튜어트 액클랜드(보들리언 도서관), 데이비드 C 에이글(NASA JPL), 미국 어류학자와 파충류학자협회(브루스 콜레트, JP 폰테넬, 키르스텐 헤크트맨), 발티모어 시티 공공공사부(제프리 레이먼드, 뮤리엘 르치), 브리티시 에어로바틱협회(앨런 캐시디, 스티브 토드, 그레엄 퍼지), 요켄 브록스(호주국립대학교), 피터 브라운(로키 마운틴 트리-링 리서치), 벤슨 브라유니스, 부에나 비스타 텔레비전, 마이클 콜드웰(앨버타 대학), 캐나다 러닝 시리즈, CBS 인터랙티브, 체 존 캐논(뉴캐슬 대학교), 존 코코란, 존 커스티(국제에너지에이전시), 아드리엔 데이비스 칼루기어(자선의 릴리 가족 재단), 리안 데세아르, 수잔 데세아르, 디즈니 ABC 홈 엔터테인먼트와 TV 디스트리뷰션, 듀드 퍼펙트, 크리스토퍼 두건, 피터 판크하우저(ANY보틱스), 마티아스 파랄, 코린 핀치(킹스 스쿨 캔터베리), FJT 로지스틱스 Ltd(레이 하퍼, 개빈 헤세시), 마셜 게로에베스(비스사무실), 에밀리 D 길버, 메간 골드테, 제시 그리즈(미시건 대학교), 괴츠 하퍼부르크(프라이부르크 광업대학교), 노라 하르텔(환경교육재단), 티모시 호엘레인(시카고 로욜라 대학교), 조 홀린스, 톰 홈스, 켈리 홈스, 마샤 K 휴버, 추안밍 후(사우스플로리다 대학교), 인터그레이티드 컬러 에디션스 유럽(로저 호킨스, 수지 호킨스), 국제곰연구리협회(쥬로 휴브, 스비트라나 F 라데), 마틴 오바드, 버니 퍼넬, 요한-미하이 팝, 하산 라만, 아 그니에시카 세르기엘, 슈 테 윙, 제니퍼 테위니선 반 마넨, 르네 워드), IUCN(그레이그 힐튼-테일러, 댄 라폴리티), 존스 홉킨스 대학교 응용물리연구소(제프리 F 브라운, 저스티나 서로윅), 캐롤 캘슨, 알무트 켈버(룬드 대학교), 프리야 키슌(웨스트인디스 대학교), KWP 스튜디오 Inc, 로버트 D 레이턴, 브라이언 레비(대시보드 오 메트로폴리탄 간척지역), 로이 롱바트, 스테파노 마물라(토리노 대학

교), 마스터카드, 아만다 맥케이브(포트림프 호텔 & 리저브), 개리 맥크레건(테네시 대학교), 리사 맥그래스, 조르지오 메타(이탈리아 기술연구원), 윌리엄 C 메이어스, 앙케 프로이, 테오 우 엑터르, 마리나 렘페, 라인힐트 레그라귀, 잔넷 시오, 데니스 손, 크리스틴 모엑, 젠스 파훌러), 마이클 모로(NASA 고더드 우주비행센터), 손 모시어(엘라스텍), 캐롤라인 무뇨스-사에스(칠레 대학교), 아드리언 올리비어(클레인 카루 인터내셔널), 윌리엄 페레즈(라 레퓰리카 대학교), 사이먼 피어스(해양 거대 생물 재단), 프란트 포스, 신페이 기통, 레이첼 레이, 릭 리치먼드, 리플리 엔터테인먼트, 키어런 롭스, 로열 보태닉 가든, 큐(마틴 칙, 엘리자베스 다운세이), 알리오스 파존, 마일로 페이, 피터 가슨, 크리스티나 해리스, 헤더 맥클레오드, 윌리엄 밀리런, 폴 리스, 첼시 스넬), 케이트 샌더스(아들레이드 대학교), 에츠로 사와이(개복치 정보 저장 박물관/히로시마 대학교), 스콧 폴라 리서치 연구소(피터 클랜시, 로버트 헤드랜드), 로버트 시엘란트(비스NY GmbH), 존 신턴(하와이 대학교), 서던캘리포니아 타이밍협회(댄 워너, 조안 칼슨), 스택오버 플로(사라 카푸토, 칼리드 엘 카비, 스테파니 스틴(록히드 마틴), 스토라 엔소 베이트실루토, 마이크 스츠키지스(해커데이), 앤디 테일러, 지니 티터블(크로니스 오브 필란스로피), 애리조나 LPL 대학교(에린 모턴, 단테 라우레타), 버밍엄 대학교(레베카 락우드, 스튜어트 힐먼), C 앨런 샬러, 유키 아사노, 크레이그 하이너드, 비벌리 와일리, 비벌리 윌리엄스, 에디 윌슨, 알렉산드라 윌슨(영국 외무성), WTA 네트웍스 Inc, XG 그룹, 리암 욘(세인트헬레나 정부), 수 에시아 장(남서자오통 대학교), 폴 짐니스키 다이아몬드 분석(paulzimnisky.com), ZSL(제임스 한스퍼드, 샤무엘 투르베이), 55 디자인(휴 더그 와일리, 린다 와일리, 할리 와일리-디콘, 토비아스 와일리-디콘, 루벤 와일리-디콘, 앤서니 '대드' 디콘, 비데테 부르니스턴, 루이스 부르니스턴)

국가코드

코드	국가	코드	국가	코드	국가	코드	국가
ABW	아루바	DZA	알제리	LAO	라오스	ROM	루마니아
AFG	아프가니스탄	ECU	에콰도르	LBN	레바논	RUS	러시아
AGO	앙골라	EGY	이집트	LBR	라이베리아	RWA	르완다
AIA	앙귈라	ERI	에리트레아	LBY	리비아	SAU	사우디아라비아
ALB	알바니아	ESH	서사하라	LCA	세인트루시아	SDN	수단
AND	안도라	ESP	스페인	LIE	리히텐슈타인	SEN	세네갈
ANT	네덜란드 앤틸리스	EST	에스토니아	LKA	스리랑카	SGP	싱가포르
ARG	아르헨티나	ETH	에티오피아	LSO	레소토	SGS	남조지아와 남 SS
ARM	아르메니아	FIN	핀란드	LTU	리투아니아	SHN	세인트헬레나
ASM	아메리칸 사모아	FJI	피지	LUX	룩셈부르크	SJM	스발바르 얀마옌 제도
ATA	남극 대륙	FLK	포클랜드 제도(말비나스)	LVA	라트비아	SLB	솔로몬 제도
ATF	프랑스령 남쪽 식민지	FRA	프랑스	MAC	마카오	SLE	시에라리온
ATG	앤티가 바부다	FRG	서독	MAR	모로코	SLV	엘살바도르
AUS	호주	FRO	페로 제도	MCO	모나코	SMR	산마리노
AUT	오스트리아	FSM	미크로네시아 연방 공화국	MDA	몰도바	SOM	소말리아
AZE	아제르바이잔	FXX	프랑스, 메트로폴리탄	MDG	마다가스카르	SPM	생피에르 미클롱
BDI	부룬디	GAB	가봉	MDV	몰디브	SRB	세르비아
BEL	벨기에	GEO	조지아	MEX	멕시코	SSD	남수단
BEN	베냉	GHA	가나	MHL	마셜 제도	STP	상투메르린시페
BFA	부르키나파소	GIB	지브롤터	MKD	마케도니아	SUR	수리남
BGD	방글라데시	GIN	기니	MLI	말리	SVK	슬로바키아
BGR	불가리아	GLP	과들루프	MLT	몰타	SVN	슬로베니아
BHR	바레인	GMB	감비아	MMR	미얀마(버마)	SWE	스웨덴
BHS	바하마	GNB	기니비사우	MNE	몬테네그로	SWZ	스와질
BIH	보스니아헤르체고비나	GNQ	적도 기니	MNG	몽골	SYC	세이셸
BLR	벨라루스	GRC	그리스	MNP	북마리아나 제도	SYR	시리아
BLZ	벨리즈	GRD	그레나다	MOZ	모잠비크	TCA	터크스케이커스제도
BMU	버뮤다	GRL	그린란드	MRT	모리타니	TCD	차드
BOL	볼리비아	GTM	과테말라	MSR	몬트세라트	TGO	토고
BRA	브라질	GUF	프랑스령 기아나	MTQ	마르티니크	THA	태국
BRB	바베이도스	GUM	괌	MUS	모리셔스	TJK	타지키스탄
BRN	브루나이 다루살람	GUY	가이아나	MWI	말라위	TKL	토켈라우 제도
BTN	부탄	HKG	홍콩	MYS	말레이시아	TKM	투르크메니스탄
BVT	부벳 섬	HMD	허드 맥도널드 제도	MYT	마요트 섬	TMP	동티모르
BWA	보츠와나	HND	온두라스	NAM	나미비아	TON	통가
CAF	중앙아프리카 공화국	HRV	크로아티아(흐르바츠카)	NCL	뉴칼레도니아	TPE	대만
CAN	캐나다	HTI	아이티	NER	니제르	TTO	트리니다드토바고
CCK	코코스 제도	HUN	헝가리	NFK	노퍽 섬	TUN	튀니지
CHE	스위스	IDN	인도네시아	NGA	나이지리아	TUR	터키
CHL	칠레	IND	인도	NIC	니카라과	TUV	투발루
CHN	중국	IOT	영국령 인도양 식민지	NIU	니우에	TZA	탄자니아
CIV	코트디부아르	IRL	아일랜드	NLD	네덜란드	UAE	아랍 에미리트
CMR	카메룬	IRN	이란	NOR	노르웨이	UGA	우간다
COD	콩고 민주공화국	IRQ	이라크	NPL	네팔	UK	영국
COG	콩고	ISL	아이슬란드	NRU	나우루	UKR	우크라이나
COK	쿡 제도	ISR	이스라엘	NZ	뉴질랜드	UMI	미국령 마이너 제도
COL	콜롬비아	ITA	이탈리아	OMN	오만	URY	우루과이
COM	코모로	JAM	자메이카	PAK	파키스탄	USA	미국
CPV	카보베르데	JOR	요르단	PAN	파나마	UZB	우즈베키스탄
CRI	코스타리카	JPN	일본	PCN	핏케언 제도	VAT	상좌(바티칸시국)
CUB	쿠바	KAZ	카자흐스탄	PER	페루	VCT	세인트빈센트그레나딘
CXR	크리스마스 섬	KEN	케냐	PHL	필리핀	VEN	베네수엘라
CYM	케이맨 제도	KGZ	키르기스스탄	PLW	팔라우	VGB	버진아일랜드(영국령)
CYP	키프로스	KHM	캄보디아	PNG	파푸아뉴기니	VIR	버진 제도(미국령)
CZE	체코 공화국	KIR	키리바시	POL	폴란드	VNM	베트남
DEU	독일	KNA	세인트키츠네비스	PRI	푸에르토리코	VUT	바누아투
DJI	지부티	KOR	대한민국	PRK	북한	WLF	월리스 푸투나 제도
DMA	도미니카	KWT	쿠웨이트	PRT	포르투갈	WSM	사모아
DNK	덴마크			PRY	파라과이	YEM	예멘
DOM	도미니카 공화국			PYF	프랑스령 폴리네시아	ZAF	남아프리카 공화국
						ZMB	잠비아
						ZWE	짐바브웨

먼지

앞면/1열: 최대 인원이 모여 만든 연필 이미지, 1분 동안 자동차 번호판 많이 찢기, 가장 빠른 원격 조종 틸트로터 항공기 모델, 큰 종이반죽 조각상, 최고 높이에 도달한 발포전지 로켓, 최대 규모 치어리딩 응원.

앞면/2열: 최장거리 일립티컬 자전거 여행(한 국가 내), 줄 위에서 의자에 앉아 오래 균형 잡기, 튜브로 된 가장 긴 성, 최단 시간 조정 대서양 횡단(단독, 캐나다에서 출발), <해피 데이즈> 기념품 최대 수집, 가장 많은 우주선이 선회하는 지구 이외의 행성.

앞면/3열: 날씨(기압)에 반응하는 최초의 보험물, 가장 먼 거리를 이동한 전기 헬리콥터(시제품), 스케이트 신고 림보 10개 빨리 통과하기, 칫솔 위에 농구공 오래 균형

잡기, 야구 유니폼 입고 마라톤 달리기 최고 기록(남자), 1시간 동안 계단 많이 오르기(남자, 수직 높이 기준).

앞면/4열: 로체산 최초의 스키 하산, 최대 규모 휴대전화 영상 모자이크, 가장 청바지, 가장 드림캐처, 가장 많은 인원이 토끼 옷을 입고 모인 기록, 최대 규모 자동 주차시설, <더 머펫> 기념품 최다 수집.

뒷면/1열: 가장 많은 사람이 기차 호루라기를 동시에 분 기록, 한 발가락 위에서 가장 오래 피젯 스피너를 돌린 기록, 가장 빠른 스콘, 란즈엔드에서 존오그로츠까지 잔디 깎는 기계로 가장 빨리 주파한 기록, 1시간 동안 최다 인원 화장, 수확용 콤바인을 동시에 가장 많이 작동한 기록.

뒷면/2열: 무릎에 축구공 올리고 오래 균형 잡기, 최대 규모 베개 싸움, 가장 긴 샤

퀴트리 보드, 가장 큰 스틸 스트링 어쿠스틱 기타, 가장 큰 체스 말, 가장 많이 대접한 베쉬바르마, 한 기관에서 훈련한 가장 많은 의사.

뒷면/3열: 가장 긴 핫휠 트랙, 30초 동안 얼굴에 포스트잇 많이 붙이기, 연장 케이블 최장거리 연결, 가장 큰 티셔츠, 하루에 방 탈출 게임에 가장 많이 참가한 기록, 최연소 조정 대서양 횡단(팀의 일원, 무역풍 II 루트).

뒷면/4열: 최대 규모 견인트럭 퍼레이드, 최대 규모 럭비 스크럼, 30초 동안 입으로 탁구공 벽에 많이 튀기기, 비눗방울 안에서 오래 버티기, 넥타이 최다 수집, 최대 규모 스티커 모자이크(이미지).

GUINNESS WORLD RECORDS

책을 마치며 STOP PRESS

아래는 올해의 정식 기록 제출 기한이 지난 다음 확인돼 데이터 베이스에 추가됐다.

토네이도를 가장 많이 목격한 사람

전문 '폭풍 추적자' 로저 힐(미국)은 1987년 7월 7일~2018년 7월 13일 사이에 676개의 토네이도를 목격한 사실이 2018년 2월 15일 확인됐다.

파이프클리너로 만든 가장 긴 사슬

2018년 3월 9일 미국 라스베이거스에 있는 브룩맨 초등학교의 학생들이 선생님 알라나 런던과 그녀의 남편이자 코미디 마술사 애덤(모두 미국)과 함께 파이프클리너(모루 아트)로 18.09km 길이의 사슬을 만들었다. 이 기록은 읽기와 쓰기 수업시간에 작성됐는데, 학생들은 책을 읽으면 파이프클리너를 받았다.

가장 높은 화장지 피라미드

미국 위스콘신주 애플턴에 대형 소매점 오픈을 기념하기 위해 킴벌리클라크 사(社)와 마이어 사가 2018년 5월 24일 두루마리 화장지로 4.36m 높이의 피라미드를 만들었다. 14명이 10시간 동안 만든 이 화장지 신전에는 총 2만 5,585개의 두루마리 화장지가 사용됐다.

처음으로 호박에서 발견된 새끼 뱀

9,900만 년 전, 갓 태어난 뱀이 간혀 있는 호박이 미얀마 카친주에서 발견되어 크시아오피스 미얀마렌시스라는 새로운 종으로 명명됐다. 머리가 없는 상태였는데 길이는 4.75cm였다. 소실된 부분을 포함한 전체 길이는 8cm 정도로 추정된다. 이는 2018년 7월 18일 〈사이언스 어드밴스〉에 보고됐다.

▶ 손으로 뜨개질한 가장 큰 담요
(코바늘 사용하지 않고)

발레리 라킨(아일랜드)과 니터스 오브 월드가 농구장 4개를 합친 크기와 맞먹는 1,994.81m²의 담요를 뜨개질한 사실이 2018년 8월 26일 아일랜드 에니스에서 확인됐다. 1,000명 이상이 함께 작업했으며 기록이 인정된 후 잘라서 적십자사에 기부했다.

스포츠스태킹 3-3-3 개인 최고 기록

최현종(대한민국)이 2018년 11월 4일 대한민국 서울에서 열린 스피드스택스 월드챔피언십 챌린지 1차에서 3-3-3 스택을 1초322 만에 완료했다. 2018년 9월 16일 작성된 이전 기록을 0.005초 차이로 경신했다.

최대 규모 워터 스크린 프로젝션

2018년 9월 20일 모스크바 국제페스티벌(러시아) '서클 오브 라이트'에서 3,099.24m² 크기의 물의 장막에 빛을 비춰 이미지를 형성하는 공연이 펼쳐졌다. LBL 커뮤니케이션 그룹(러시아)이 마련한 이 축제에서는 가장 많은 불꽃 프로젝션이 동시에 사용되는 기록도 작성됐다(162개).

가장 많은 사람이 모여 만든 국가 지도 형상

2018년 9월 29일 100회째 루마니아 대통합의 날을 맞아 루마니아 알바이울리아에 있는 17세기 성채를 개조한 장소에 4,807명이 모여 국가 지도 형상을 만들었다. 이 행사는 어소시아샤 11레븐, 프리마리아 알바 울리아, 카우플란트(모두 루마니아)가 기획했다.

최대 규모 헐링 강습

2018년 9월 30일 개관 20주년을 맞은 게일 체육회 박물관(아일랜드)이 아일랜드 더블린의 크로크 파크에서 1,772명에게 헐링(하키와 비슷한 아일랜드 구기 종목)을 강습했다. 헐링 진흥담당관인 마틴 포가티가 수업을 진행했다.

하루에 방 탈출 게임에 가장 많이 참가한 기록

리처드 브래그, 다니엘 에그노르, 아만다 해리스(모두 미국)와 아나 울린(스페인)으로 구성된 '블러디 보리스'의 불디는 파란 불꽃단'은 2018년 10월 3일 러시아 모스크바에서 24시간 동안 22개의 방 탈출 게임에 성공했다. 이 팀은 도전한 모든 방에서 탈출했지만 1곳은 시간제한에 걸려 기록에서 제외됐다.

최연소 비행기 세계 일주(단독)

메이슨 앤드루스(미국, 2000년 4월 26일생)는 단일 엔진 항공기 파이퍼 PA-32기를 타고 76일 동안 세계를 돈 뒤 2018년 10월 6일 미국 루이지애나 먼로에 착륙할 당시 나이가 18세 163일이었다.

가장 많은 인원이 참가한 기아 구제 행사(여러 장소)

2018년 10월 16일 라이즈 어게인스트 헝거(미국)가 기획한 기아 구제 행사에 832명이 참여했다. 4,500개 이상의 한 끼 식사가 미국, 인도, 이탈리아, 필리핀, 남아프리카에서 제작됐다.

뒷다리로 서서 10m를 가장 빨리 지나간 개

2018년 11월 11일 3세의 카바푸 견종의 올리버가 미국 테네시주 내슈빌에서 뒷다리로 서서 10m를 3초21 만에 주파했다. 주인이자 조련사인 레이너 프레드릭(미국)이 함께했다.

8시간 동안 가장 많이 제공된 엠파나다

2018년 11월 11일 엠파나다 피자 가게 주협회(아르헨티나)가 아르헨티나 부에노스아이레스에서 2가지 기록을 경신했다. 8시간 동안 라틴아메리카식 파이 요리 엠파나다를 1만 1,472개나 대접한 뒤 12인치 피자를 1만 1,089판이나 구워내 12시간 동안 피자 많이 제공하기(팀) 기록도 달성했다.

가장 많은 인원이 동시에 촛불을 분 기록

미키마우스의 90회째 생일을 축하하기 위해 디즈니의 파트너 킹 파워 인터내셔널(태국)이 2018년 11월 18일 태국 방콕에 마련한 행사에 1,765명이 모여 촛불을 함께 불었다.

가장 작은 진공청소기

탈라바툴라 사이(인도)가 5.4cm 길이의 소형 진공청소기를 만든 사실이 2018년 12월 10일 인도 페다푸람에서 검증됐다. 청소기의 몸체는 펜 뚜껑을 이용해 만들었고 12v 배터리, DC 모터, 작은 구리판이 사용됐다.

가장 많은 인원이 동시에 캔을 찌그러뜨린 기록

2019년 1월 17일 코카콜라 HBC 아일랜드&북아일랜드 사(社)가 영국 벨파스트에 마련한 행사에서 463명이 동시에 캔을 찌그러뜨렸다.

▶ 가장 높은 곳에서 떨어뜨린 크리켓 공 받기

여자 크리켓선수 키퍼 알리사 힐리(호주)는 2019년 1월 31일 호주 빅토리아주 멜버른 82.5m 상공에서 날던 드론이 떨어뜨린 크리켓 공을 안전하게 받아냈다. 이 도전은 2020 ICC T20 남자 및 여자 월드컵 대회를 홍보하기 위해 이루어졌다.

사인이 가장 많이 된 단일 스포츠 기념품 기록도 프로모션의 일부로 작성됐다. 1,033명의 사인이 있는 엄청난 크기의 크리켓 셔츠가 2019년 3월 8일 멜버른에서 확인됐다.

가장 큰 청바지

2019년 2월 19일 파리 페루(페루)가 페루 리마의 몰 델 수르에 길이 65.5m, 폭 42.7m의 청바지

날개 길이가 가장 긴 비행기

마이크로소프트의 공동 창업자 폴 앨런(1953~2018년)과 항공우주 기술자 버트 루탄(둘 다 미국)이 구상한 스트라토런치는 날개 길이가 117.35m나 된다. 2019년 4월 13일 이 비행기는 미국 캘리포니아주에 있는 모하비 항공우주공항에서 처녀비행을 했다. 스트라토런치는 지구의 대기 끝으로 우주로켓을 싣고 가 우주궤도로 발사하기 위해 설계됐다.

최초의 블랙홀 사진(직접상)

2019년 4월 10일 EHT(사건지평선망원경) 공동 연구진은 M87로 알려진 은하의 중심에 있는 블랙홀을 촬영해 이미지를 공개했다. 사진에는 엄청난 온도로 과열된 물질이 나선형을 그리며 검은 '사건지평선(Event Horizon. 우주와 블랙홀의 경계)'을 향하는 모습이 담겨 있다. 블랙홀의 중력은 빛이 빠져나가지 못하게 할 정도로 강력하다.

대양 조정 기록(2018~2019년)		제공: 대양 조정 협회
최단시간 유럽에서 남아메리카까지 조정 단독 항해	60일 16시간 6분 / 리 '프랭크' 스펜서(영국) / 로잉 마린호(오른쪽 사진)	2019년 1월 26일~ 3월 11일
최초로 단독 대양 항해(팔이나 다리 없이)	리 '프랭크' 스펜서, 위와 동일	위와 동일
대양을 조정으로 건넌 최연소 4인 남자 팀	22세 246일(평균) / 리 고든, 콜 바너드, 매튜 보인턴&그랜트 솔(매드4웨이브스 팀, 모두 남아공) / 재스민 2호	2018년 12월 12일 ~ 2019년 1월 20일
대서양을 동에서 서로 조정으로 건넌 최초의 친척 4인 팀	캐스파 소프, 토비 소프, 조지 블랜퍼드&저스틴 이블레이(오어 인스프링 팀, 모두 영국) / 라이온하트호	2018년 12월 12일 ~ 2019년 1월 16일
유럽 대륙에서 시작해 대서양을 조정으로 건넌 최초의 2인 남자 팀	존 윌슨&리키 레이나(애틀랜틱 어벤저스 팀, 둘 다 영국) / 시크 파비스 마그나호	2018년 11월 27일 ~ 2019년 2월 23일
대서양을 동에서 서로 무역풍 I 루트로 건넌 페어 평균 최고 속도 (오픈 클래스)	5.32km/h / 알렉스 심슨&제이미 고든(둘 다 영국) / 히페리온 애틀랜틱 챌린지호	2019년 1월 29일 ~ 3월 8일
3개 대양을 조정으로 건넌 최연소 인물	나이 27세 4일의 알렉스 심슨 (1992년 1월 25일생)	위와 동일
3개 대양을 조정으로 건넌 최고령 인물	나이 66세 359일 페드로 코뉴코프(러시아, 1951년 12월 12일생) / 뉴질랜드에서 남아프리카로 / 아크로스호	2018년 12월 6일 ~ 2019년 5월 9일
대서양과 카리브해를 조정으로 건넌 최초의 다인 팀	아이작 기센(뉴질랜드), 조그반 클레멘트센, 니클라스 올센&제이컵 제이콥센(페로제도) / SAGA호	2018년 3월 12일 ~ 5월 13일

를 전시했다.
이 청바지의 무게는 4.8t으로 50명이 팀을 이뤄 6개월 동안 제작했다.

최단시간에 주기율표 퍼즐 맞추기

학생 알리 가다르(레바논)는 2019년 2월 25일 레바논 사이다에 있는 사피르 고등학교에서 순서가 뒤섞인 주기율표 퍼즐을 6분 44초 만에 정확히 다시 맞추는 데 성공했다. 이 기록은 1869년 드미트리 멘델레예프가 주기율표를 처음 만든 지 150주년을 기념하는 국제 행사 기간에 작성됐다.

UCI 아티스틱사이클링 최고 점수(여자 싱글)

밀레나 스루피나(독일)는 2019년 3월 9일 체코 프라하에서 열린 UCI 아티스틱사이클링 월드컵에서 194.31점을 획득했다. 그녀는 같은 국적의 선수 이리스 슈바르츠헙트의 기록을 경신했다 (231쪽 참조).

50km 경보 최고 기록(여자)

류훙(중국)은 2019년 3월 9일 중국 황산에서 열린 중국 경보 그랜드프릭스 50km에서 3시간 59분 15초를 기록하며 처음으로 4시간 벽을 무너뜨린 여자 선수가 됐다. 그녀의 기록은 아직 IAAF에서 인증되지 않았지만 같은 국적을 가진 선수 류량(4시간 4분 36초)이 세운 기록보다 앞선다.

최다 인원이 전달한 1개의 달걀

2019년 3월 10일 일본 오카야마현 구메의 미사키 마을 주민 353명이 디저트 스푼을 사용해 신선하고 깨지지 않은 날달걀 1개를 전달했다.

NHRA 드래그 레이싱 프로 스톡 모터사이클 경기 최고 기록

앤드루 하인즈(미국)는 2019년 3월 17일 미국 플로리다주 게인즈빌 레이스웨이에서 열린 제50회 아말리모터오일 NHRA 게이토내셔널스 대회 NHRA 프로 스톡 모터사이클 402m 경기에서 6초 720을 기록하며 우승했다.

가장 비싼 비둘기

2019년 3월 17일 PIPA 온라인 경매장에서 경주용 비둘기 아르만도가 141만 7,650달러에 판매됐다. 이 수컷 비둘기는 비둘기 사육자이자 전(前) 도살장 관리자 조엘 베르슈트(벨기에)가 판매하기 위해 내놓은 새들 중 1마리다. 5세인 아르만도는 비록 최근에 은퇴했지만, 마지막 3개 대회인 2018 에이스 비둘기 챔피언십, 2019 비둘기 올림피아드, 앙굴렘에서 우승한 흠잡을 데 없이 뛰어난 혈통의 새다. 아르만도의 가치는 경매 마지막 1분에 중국의 애호가 2명이 경쟁을 벌

이며 하늘 높이 치솟았다.

가장 깊이 잠수한 바다뱀

2019년 3월 18일 〈오스트랄 이콜로지〉의 발표에 따르면, 2014년 11월 16일 호주 북서쪽 브라우즈 유역을 탐사하던 원격 무인 잠수정(ROV)이 245m 깊이에서 헤엄치는 바다뱀(종 미확인) 1마리를 영상에 담았다. 2017년 7월 18일 같은 장소에서 이뤄진 추후 탐사에도 ROV가 239m 깊이의 해저에서 먹이를 찾는 바다뱀 1마리의 모습을 발견했다.

가장 높은 음을 기록한 휘파람 소리

앤드루 스탠퍼드(미국)는 2019년 3월 20일 미국 뉴햄프셔주에서 휘파람을 불어 8,372.019Hz(표준음 C9)의 음높이를 기록했다. 그는 다트머스 대학의 음향 조정실에서 기록을 세웠다.

합계 나이가 가장 많은 살아 있는 2명의 형제자매

형 알바노(1909년 12월 14일생)와 동생 알베르토(1911년 12월 2일

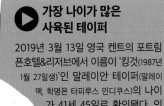

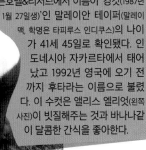

가장 나이가 많은 사육된 테이퍼

2019년 3월 13일 영국 켄트의 포트림픈호텔&리저브에서 이름이 '킹컷(1987년 1월 27일생)'인 말레이안 테이퍼(말레이맥, 학명은 타피루스 인디쿠스)의 나이가 41세 45일로 확인됐다. 인도네시아 자카르타에서 태어났고 1992년 영국에 오기 전까지 후타라는 이름으로 불렸다. 이 수컷은 앨리스 엘리엇(왼쪽 사진)이 빗질해주는 것과 바나나같이 달콤한 간식을 좋아한다.

생, 둘 다 포르투갈) 안드라데의 나이를 합치면 216세 230일로 살아 있는 2명 형제 중 가장 나이가 많다. 이는 2019년 4월 2일 포르투갈 아베이루의 산타마리아 다 페이라에서 확인됐다.

유니버시티 보트 경기 최고령 참가자

2019년 4월 7일 제임스 크랙넬(영국, 1972년 5월 5일생)은 46세 337일의 나이로 제165회 대학 보트 경기에 케임브리지 대학 팀으로 참가해 노를 저었다. 그의 팀은 16분 57초의 기록으로 옥스퍼드 대학 팀을 꺾으며 승리했다. 크랙넬은 이전 최고령 참가자(케임브리지 콕스 앤드루 프로버트, 1992년 출전)보다 8세 많으며, 그다음 최고령(옥스퍼드 조수 마이크 윌리, 2008년 출전)보다 10세 많다.

최대 규모 레고 스타워즈 미니피겨 전시

미국 일리노이주 시카고에서 4월 11일 열린 2019 스타워즈 기념행사에서 레고 그룹(미국)이 3만 6,440개의 스타워즈 미니피겨를 스톰트루퍼 헬맷 모양으로 전시했다. 폭 6.93m에 높이 6.88m로, 12명으로 구성된 팀이 38시간에 걸쳐 제작했는데, 미니피겨를 진열하는 시간만 16시간이 걸렸다.

최대 규모 위스키 시음회

2019년 4월 13일 니가브사(스웨덴)와 브룩라디사(영국)가 스웨덴 예테보리에 마련한 위스키 시음회에 2,283명이 참여했다.

사이클 1시간 최장거리 주행(언페이스드, 스탠딩 스타트)

2019년 4월 16일 빅터 캄페나에르츠(벨기에)는 멕시코 아과스칼리엔테스주에서 55.089km 거리를 1시간에 주파했다. 고도 1,800m의 아과스칼리엔테스는 비토리아 부시가 여자 1시간 기록을 세운 곳이기도 하다 (228쪽 참조).

혀가 가장 넓은 사람(남자)

2018년 7월 30일 브라이언 톰슨(미국)의 혀에서 가장 넓은 부분이 8.88cm로 측정됐다. 이 기록은 2019년 4월 16일 미국 캘리포니아주 라 카나다 플린트그레이드에서 인증됐다. 그는 바이런 슐렌커가 가지고 있던 기록을 빼앗아왔다(70쪽 참조).

가장 큰 황금 욕조

2019년 4월 22일 하우스텐보스 테마파크(일본)가 일본 나가사키현 사세보에서 무게 154.2kg의 18캐럿 금으로 만든 욕조를 공개했다. 이 황금 욕조는 지름 1.3m에 깊이는 55cm로 성인 2명이 들어가기에 충분한 크기다.